Terapia EMDR e Abordagens Auxiliares com Crianças

Trauma Complexo, Apego e Dissociação

Ana M. Gomez

TraumaClinic Edições

Terapia EMDR e Abordagens Auxiliares com Crianças

Ana M. Gomez, MC, LPC

Trauma Complexo, Apego e Dissociação

TraumaClinic Edições

Título: **Terapia EMDR e Abordagens Auxiliares com Crianças:** *Trauma Complexo, Apego e Dissociação*

ISBN-13: 978-1-941727-22-5
ISBN-10: 1-941727-22-0

TraumaClinic Edições
SEPS 705/905 Ed. Santa Cruz sala 441
70390-055 Brasília, DF Brasil

www.traumaclinicedicoes.com.br
info@traumaclinicedicoes.com.br

Tradução: Jackeline Figueiredo Barbosa Gomes
Revisão: Bernadete Cordeiro
Arte: Claudio Ferreira
Layout: Marcella Fialho
Edição: Esly Regina Souza de Carvalho, Ph.D.

Publicado originalmente em inglês:
EMDR Therapy and Adjunct Approaches with Children: Complex Trauma, Attachment, and Dissociation
ISBN: 978-0-8261-0697-1
© 2013 by Springer Publishing Company, LLC, New York, NY 10036.

Dedicatória

Dedico este trabalho à minha mãe, Elizabeth, ao meu pai, Pedro, e ao meu marido e fiel companheiro Jim.

Sumário

Sobre a autora

Ana M. Gomez, MC, LPC é psicoterapeuta em consultório particular, pesquisadora e palestrante, tendo proferido inúmeras palestras no território nacional e internacionalmente sobre o uso da Terapia EMDR e outras abordagens auxiliares com crianças e adolescentes com trauma complexo, transtornos de apego e dissociação. Formou-se em Psicologia Clínica pela Universidade Católica da Colômbia e fez o _ mestrado em psicoterapia (*counseling*)[1] na Universidade Estadual do Arizona, tendo trabalhado como supervisora de estágio no Departamento de Psicologia Educacional da Universidade Northern Arizona. Foi a ganhadora do prêmio 2011 pela Associação do Arizona para Ludoterapia, por atendimento diferenciado. É facilitadora pelo Instituto de EMDR na especialidade de terapia com crianças e treinadora da rede HAP de EMDR, sendo, ainda, autora de vários capítulos de livros sobre o uso da Terapia EMDR com crianças, do *Kit de Pensamentos para Kids* e, do *Dia Ruim... Vá Embora*, um livro para crianças sobre trauma e EMDR já traduzido em quatro línguas.

---

[1] NT: Counseling em inglês refere-se à Psicoterapia.

Colaboradores

Emily Jernberg, PhD, psicóloga em exercício em Ann Arbor e Rochester, Michigan, onde atuou como psicoterapeuta por mais de duas décadas. Atualmente-supervisiona outros terapeutas. Tem contribuído com seu trabalho e saber, tanto nos Estados Unidos quanto no exterior, e publicado títulos, em sua maioria sobre os temas de Adoção, Apego e Teoria de Jogos. Faz parte do Conselho Consultivo no Instituto de Theraplay. É filha da falecida Ann M. Jernberg, PhD, criadora do Theraplay e fundadora do Instituto de Theraplay (Chicago, Illinois).

Pamela K. Krause, LCSW, é assistente social clínica e treinadora sênior do Centro de Auto Liderança, ensinando sobre o modelo terapêutico dos Sistemas Familiares Internos. Sua subespecialidade é adaptar o modelo SFI para uso com crianças mais novas. Possui - consultório particular perto de Harrisburg, Pensilvânia. Além disso, participa do Conselho Diretor de algumas organizações sem fins lucrativos, nas quais ajudou a desenvolver programas para adolescentes em risco.

Pat Ogden, PhD, pioneira em Psicologia Somática e fundadora e diretora do Instituto de Psicoterapia Sensório-motora, uma escola reconhecida internacionalmente, especializada em abordagens cognitivas somáticas para o tratamento do Transtorno de Estresse Pós-traumático e Transtornos de Apego. É clínica, consultora, palestrante e treinadora internacional e primeira autora de *O Trauma e o Corpo: uma Abordagem Sensório-motora para a Psicoterapia*. Atualmente trabalha em seu segundo livro, *O Corpo como Recurso: Intervenções Sensório-motoras para o Tratamento do Trauma*.

Frances S. Waters, LMSW, DCSW, LMFT, é uma treinadora - reconhecida internacionalmente, consultora, cineasta e clínica na área do trauma infantil e dissociação. Ex-presidente da Sociedade Internacional para o Estudo do Trauma e Dissociação, editora colaboradora do *Jornal do Trauma Infantil e Adolescente*, também atua no Conselho de Liderança em Abuso Infantil e Violência Interpessoal.

Prólogo

Estou honrada pelo convite para escrever o Prólogo deste livro de autoria de Ana Gomez que tem o prestígio da Comunidade da Terapia de Reprocessamento e Dessensibilização por Meio de Movimentos Oculares (EMDR) por sua vasta contribuição, incluindo seu tocante DVD com a demonstração do tratamento de EMDR com uma jovem paciente, seus dinâmicos e avançados *workshops* de EMDR e por suas apresentações em conferências internacionais. Nas páginas deste livro, Gomez traz com perspicácia toda sua longa atuação como palestrante bem como suas experiências clínicas, suas habilidades com o EMDR e estratégias criativas. O objetivo desta obra é informar ao leitor a respeito de estratégias apropriadas de desenvolvimento e protocolos para auxiliar no tratamento de crianças com trauma complexo, incluindo sintomas dissociativos, transtornos de apego e comportamentos antissociais. Para mim, os capítulos são de suma importância para a compreensão e devida implementação da prática do EMDR com pacientes de todas as idades e de diversas origens.

O aspecto relacional é ponto-chave quando se proporciona tratamento às crianças e seus familiares; entretanto, algumas vezes pode ser algo extremamente desafiador criar um vínculo terapêutico positivo e de confiança com crianças traumatizadas e altamente reativas. Em sua maioria, elas não escolhem fazer terapia e são resistentes às recomendações dadas por professores, pais, diretores, terapeutas e assim por diante. De acordo com Perry, "Reconhecer o poder dos relacionamentos e de suas nuances é essencial para um trabalho terapêutico eficaz, assim como para uma educação efetiva, para o cuidado e ensino e para qualquer outra atividade humana" (Perry & Szalavitz, 2006). A maioria dos terapeutas infantis é adepta ao estabelecimento do *rapport* com a criança, entretanto, os protocolos clássicos do tratamento de EMDR requerem modificações específicas quando aplicados em pacientes jovens. Como um terapeuta pode explicar a uma criança e ao seu responsável sobre o EMDR e ter o consenso de ambos para se comprometerem com o processo? Este livro é repleto de valiosos recursos para se estabelecer o vínculo terapêutico e ajudar tanto a criança quanto os seus cuidadores a construírem uma relação estável e de confiança, não apenas com o terapeuta, mas, inclusive, entre si. Além disso, atividades práticas prazerosas e concretas estão incluídas para engajar até mesmo as crianças mais relutantes e os pais mais ingênuos. De maneira muito importante, Gomez prioriza o tratamento centrado no cliente, sendo sensível e consciente ao seu contexto cultural, às suas crenças religiosas e aos seus valores.

Saber como preparar um cliente e quando ele está pronto para o tratamento com o EMDR pode ser desafiador e significativamente mais difícil quando se trabalha com crianças e adolescentes extremamente traumatizados. No terceiro capítulo, "Fase 2: Preparação", Gomez introduz o trabalho de Perry, Panksepp, Porges, Siegel e Schore como teorias fundamentais da fisiologia do cérebro para sustentar os protocolos de tratamento abrangente que ela vem desenvolvendo para preparar as crianças relutantes e desreguladas e oferecer aos seus cuidadores oportunidades para interagirem positivamente com as mesmas. Ao longo do livro, são ressaltadas a importância da sintonia, do *rapport* e da atenção. De acordo com Dworkin (2005), "O conceito de sintonia engloba tanto alinhamento quanto ressonância. A sintonia ocorre quando uma pessoa se harmoniza com a outra, ou seja, quando ela percebe e sente a experiência do outro de forma não- verbal. Quando isso ocorre, a outra pessoa sente-se totalmente compreendida. Sintonia é quase sinônimo de empatia, criando uma relação de apego entre as duas pessoas envolvidas. Na prática, ela acontece quando o terapeuta realmente entende o que o cliente está sentindo naquele momento e o este percebe isto. Sintonia é um requisito para um tratamento de EMDR bemsucedido" (Dworkin, 2005). Para explicar os passos da metodologia do EMDR, preparar a criança para a possibilidade de ocorrência do afeto negativo e ajudá-la a construir o lugar seguro, enquanto simultaneamente se estabelece a sintonia, metáforas adequadas ao desenvolvimento e atividades interativas são aqui descritas em detalhes e ilustradas com exemplos de casos emocionantes.

Frequentemente tenho encontrado terapeutas que se confundem sobre a forma de introduzir e implementar o tratamento de EMDR com crianças e adolescentes. Alguns deles acreditam que muitos passos do protocolo clássico deveriam ser eliminados, com a justificativa de que as crianças não têm a capacidade cognitiva para se envolver em todo o processo. Minha experiência quanto à aplicação de EMDR com crianças é de que elas conseguem seguir todas as etapas com sucesso se modificações apropriadas à sua idade e ao seu nível de desenvolvimento mental forem incorporadas. Este livro é sistemático quanto a oferecer ao leitor todos os passos do protocolo clássico de EMDR, inclusive as oito fases, atraindo a participação da criança em cada uma delas por meio de atividades divertidas e criativas, bem como de exercícios práticos. Além disso, Gomez adere ao modelo do Processamento Adaptativo de Informação (PAI) como base teórica para a conceituação de caso e o planejamento do tratamento com jovens clientes. O modelo do PAI como descrito por Shapiro (2001), "Relaciona a maior parte das patologias como provenientes de experiências remotas de vida que põem em movimento um padrão contínuo de afeto, comportamento, cognições e consequentes estruturas de identidade. A estrutura patológica é inerente à informação estática, insuficientemente processada, armazenada no momento do acontecimento perturbador. Em uma ampla variedade de casos a patologia é vista como um desdobramento do impacto de experiências precoces armazenadas no sistema nervoso em 'forma estado-específica'" (Shapiro, 2001). Gomez adere à teoria de Shapiro introduzindo o conceito do PAI e os passos básicos do EMDR com crianças, por meio de uma linguagem prática e inovadora, e de atividades não ameaçadoras, recorrendo à sua imaginação, habilidade cognitiva e à estimulação do lado direito do cérebro enquanto, simultaneamente, constrói uma relação de confiança. Ao longo do livro, o emprego do lúdico e a criação da segurança são os elementos de base utilizados para auxiliar as crianças na compreensão e envolvimento com o processo de cura.

Parabéns aos profissionais que têm compaixão pelo tratamento de crianças e complacência em trabalhar com famílias extremamente disfuncionais. Especialistas em crianças que conheci ao longo dos anos são pessoas criativas, engenhosas e entusiastas. Embasados por uma quantidade inumerável de técnicas e metodologias, a maioria destes clínicos é eclética em sua abordagem para guiar as crianças e os membros de suas famílias em direção aos resultados positivos e aos relacionamentos estáveis, embasados por uma quantidade inumerável de técnicas e metodologias. Neste livro, por meio de comoventes exemplos de casos, Gomez ilustra engenhosamente como constrói o *rapport* e engaja os membros das famílias no processo terapêutico; além disso, descreve detalhadamente como integra a música, a arte, a caixa de areia e os jogos terapêuticos com o EMDR, bem como com as abordagens terapêuticas da Terapia Sensório-motora, Theraplay e o Sistema Familiar Interno (ver capítulos 11-13).

"Crianças traumatizadas estão propensas a apresentar respostas de estresse exacerbado e esta condição pode torná-las agressivas, impulsivas e carentes. Elas são difíceis, perturbam-se facilmente e têm dificuldade para se acalmar, podendo ter reações exageradas ao menor sinal de novidade ou mudança e muitas vezes não sabem como pensar antes de agir. Antes que possam fazer qualquer tipo de mudança em seu comportamento, elas precisam se sentir seguras e amadas. Crianças problemáticas estão vivenciando algum tipo de dor - e a dor as torna irritáveis, ansiosas e agressivas. Somente sendo paciente, amoroso e consistentemente cuidadoso se consegue isto não existindo soluções milagrosas em curto prazo" (Perry & Szalavitz, 2006). Respeitar a dor da criança enquanto ela é ajudada a experienciar seus sentimentos e a normalizá-los (Vide capítulo 9) é um dos princípios deste livro. De acordo com Gomez, isto pode ser alcançado por meio "do uso do brincar – a linguagem natural das crianças". Ela utiliza o riso, metáforas vivas e entrelaçamentos cognitivos apropriados à idade da criança, instrumentos musicais, atividades de coordenação motora grossa e fina e o humor para ajudá-la e aos seus responsáveis a explorar comportamentos alternativos e construírem relacionamentos baseados no amor, na segurança e na confiança.

"O senso do EU da criança é formado pelas interações acumuladas com seus pais e fornece um filtro crucial para as outras experiências vivenciadas. É vital lembrar que as interações interpessoais são o produto de mundos internos convergindo. O relacionamento problemático é simplesmente outro sintoma de um mundo interior ferido" (Shapiro, Kaslow & Maxfield, 2007).

Como o próprio título deste livro menciona, seu conteúdo é específico para a integração do EMDR com crianças. Por isso, encorajo todos os terapeutas que estejam tratando pacientes com relacionamentos problemáticos, trauma complexo, questões de apego e sintomas de dissociação a lere *Terapia EMDR e Abordagens Auxiliares com Crianças: Trauma Complexo, Apego e Dissociação.* Muitas das atividades e protocolos podem ser adaptados à perspectiva adulta, proporcionando ao seu cliente nesta condição a oportunidade de entrar em contato com o lado lúdico e criativo do hemisfério direito do cérebro. A leitura deste livro é uma jornada prazerosa e sem esforço que vale a pena.

Robbie Dunton, MS
Coordenadora do Instituto de EMDR

Prefácio

Este livro é inspirado na história de muitas crianças, adolescentes e adultos que me permitiram testemunhar sua dor, coragem e força, bem como seus incríveis momentos de cura experimentados durante nosso processo terapêutico. Também Contém elementos da minha própria jornada em busca de integração e plenitude pessoal. Por meio do meu próprio trabalho terapêutico com o reprocessamento e a dessensibilização por meio de movimentos oculares (EMDR) e outras abordagens complementares com as quais visitei muitos dos meus recantos internos, tenho sido capaz de experimentar conscientemente como a cura ocorre dentro de mim. A Dra. Francine Shapiro nos ajudou a compreender que oque nos mantém separados são as feridas gravadas na memória e que continuam a influenciar a maneira como escrevemos as histórias do nosso presente e futuro. A crença de não sermos bons o suficiente, a falta de autoaceitação, a vergonha e a dor perturbadora, eternizam para muitos uma existência de julgamento, separação e sofrimento que é transmitida para as novas gerações.

Ao longo dos anos de trabalho clínico com pessoas severamente traumatizadas, tenho sido movida e inspirada por suas histórias a investigar, tentar e até criar novas formas de ajudá-las, sendo participante ativa em suas jornadas de cura por meio do uso do EMDR e de outras abordagens complementares. O objetivo principal deste livro é fornecer estratégias concretas e possíveis que fazem do EMDR uma terapia adequadamente apropriada e eficaz com crianças detentoras de enormes feridas e que, portanto, demandam para seus tratamentos níveis maiores de complexidade. O mesmo traz informações úteis, práticas e aprofundadas sobre a Terapia EMDR com crianças que apresentam trauma complexo, uma área nunca antes abordada na literatura de EMDR. Não busca prover informações sobre os procedimentos básicos do EMDR, mas fornecer a quem o utiliza ferramentas avançadas para tratar crianças com trauma complexo, feridas de apego e tendências dissociativas.

Segundo minha crença e experiência clínica, a Terapia EMDR é melhor utilizada quando o profissional de EMDR possui conhecimentos avançados sobre os procedimentos e aspectos técnicos deste tipo de terapia e, ao mesmo tempo, tenha feito seu próprio trabalho terapêutico para atingir certo nível de integração e assimilação dos seus próprios sistemas de memória. Estando apenas o primeiro aspecto presente, pode até existirem bons técnicos em EMDR capazes de seguir os procedimentos, porém, terão dificuldades para se sintonizarem com seus pacientes em um nível mais profundo. A capacidade de reflexão (Fonagy & Target, 1997) e as habilidades que fazem parte do *mindsight* [2] (Siegel, 2010) são essenciais não apenas aos pais e responsáveis, mas inclusive aos profissionais que trabalham com crianças com grandes feridas emocionais. Sem a resolução e a integração dos nossos próprios sistemas de memórias mal adaptados, nossa capacidade de levar o outro em consideração (Fonagy & Target, 1997) pode ser limitada. Por outro lado, o segundo aspecto sem o primeiro pode resultar em profissionais de EMDR que, apesar de sua capacidade para refletir e sintonizar-se com os seus clientes, não possuem habilidade para utilizar a teoria e os procedimentos do EMDR apropriada e efetivamente. Todos estes aspectos podem influenciar completamente os resultados terapêuticos que os clientes com histórico de trauma complexo poderiam alcançar durante a Terapia EMDR.

---

[2] NT: Mindsight é um termo criado pelo psiquiatra Daniel Siegel e refere-se a um tipo de atenção focada que nos permite perceber nossa mente e a mente do outro. Para saber mais sobre o assunto, consultar Siegel, D. J. (2010). Mindsight: The new science of personal transformation. New York, NY: Bantam Books Trade Paperbacks.

Apesar das descobertas recentes na área da neurociência terem esclarecido nossa compreensão sobre a natureza humana, sobre o funcionamento do cérebro e do sistema nervoso, alguns clínicos e profissionais ainda não sabem "como aplicar" estes conceitos em suas práticas. Este livro é escrito com o objetivo de oferecer um "passo-a-passo" e a abordagem do "como fazer" para profissionais que trabalham com crianças com trauma complexo.

Ao longo de suas páginas, as oito fases da Terapia EMDR são extensamente exploradas, oferecendo em cada uma delas ampla variedade de técnicas e estratégias claras, alcançáveis, práticas e criativas para crianças difíceis de serem tratadas.

Fornece, também, um quadro teórico e fundamentos para a conceituação de casos e para a prática clínica do EMDR com crianças que apresentam o sistema afetivo desregulado. Abrange elementos-chave para desenvolver as ferramentas de conceituação de casos, além do plano de tratamento baseado no Processamento Adaptativo de Informação (PAI). Uma perspectiva mais abrangente é apresentada integrando conceitos da teoria do apego, teoria da regulação afetiva, neurociência emocional e neurobiologia interpessoal. Estes conceitos e teorias não somente endossam o modelo do PAI como, inclusive, ampliam a compreensão e a efetividade do terapeuta quando se trabalha com crianças dissociadas, com apego inseguro e desreguladas.

Apresenta aspectos da nossa compreensão atual sobre como o nosso aparato biológico é orquestrado, como o desenvolvimento apropriado é interrompido precocemente, como o trauma crônico, invasivo e a adversidade estão presentes em nossa vida, bem como a cura pode ser promovida por meio do uso da Terapia EMDR. Além disso, fornece um guia prático para o uso do EMDR numa estrutura sistemática. Ilustra como esta terapia pode ser usada para ajudar os cuidadores a desenvolver sintonia e harmonia psicobiológica, assim como revigorar sua capacidade de reflexão.

Muitos dos casos comentados têm a finalidade de ilustrar o uso adequado das estratégias apresentadas neste livro. No entanto, é importante ressaltar que cada caso representa muitos clientes por mim tratados ao longo dos anos, mas a maior parte é de casos hipotéticos.

Apresentar as estratégias de outras abordagens terapêuticas, como Ludoterapia, Terapia da Caixa de Areia, Psicoterapia Sensório-motora, Theraplay e Sistema Familiar Interno (SFI), para um tratamento de EMDR mais abrangente, enquanto mantém a adesão apropriada ao modelo do PAI e à metodologia do EMDR, é mais um dos importantes propósitos deste livro. Isto é feito para enriquecer o trabalho, muitas vezes necessário, com crianças traumatizadas de maneira complexa e suas famílias.

As estratégias aqui apresentadas têm sido eficazes em minha prática clínica. Tenho recebido diversos relatos de muitos profissionais que participaram dos meus treinamentos e das minhas apresentações e que as utilizaram de forma eficaz, obtendo resultados bastante positivos em seus consultórios e práticas. O mesmo sucesso foi verificado com terapeutas pesquisadores que participam de um estudo utilizando a Terapia EMDR com crianças e adolescentes com depressão profunda. Em suma, terapeutas de EMDR, com clientes difíceis de tratar encontrarão, aqui, ferramentas criativas e estratégias que podem facilitar o processo de cura.

Agradecimentos

Gostaria de homenagear e reconhecer todas as pessoas que me inspiraram e apoiaram durante a jornada para escrever este livro. Começo por todas as crianças e suas famílias que cruzaram meu caminho como clientes. Sua sabedoria, força e persistência me inspiraram de muitas maneiras a criar novos caminhos, trilhar os já existentes e ser parte das aventuras e passagens de sua vida.

Quero expressar a mais profunda gratidão à Francine Shapiro que nos presenteou com a Terapia EMDR e que tem sido uma mentora no processo de escrita deste livro. Muito obrigada pelas inúmeras horas dedicadas à leitura desta obra e por fornecer consultoria especializada e direção. Quero expressar minha estima por Robbie Dunton pelo constante carinho profissional e apoio pessoal. Tem sido um presente imenso tê-la em minha vida. Gostaria de agradecer aos amigos queridos da comunidade de EMDR que acreditaram em mim e me deram carinho e apoio desde o começo do meu trabalho com a Terapia EMDR: Karen Forte, John Hartung, Farnsworth Lobenstine, Sue Evans, Karen Alter-Reid, Robin Gibbs, Donald deGraffenried, Barbara Parrett, Jocelyn Shimoroto, Esly Carvalho, no Brasil, Carmem Casado Ducos, no Chile, Santiago Jacome, no Equador, e Kathleen Reay e Tara Morrison, no Canadá. Muito obrigada ao Michael Scheeringa, da Universidade Tulane, que me deu apoio incondicional ao fazer a pesquisa sobre a eficácia da Terapia EMDR para crianças com depressão. O conhecimento que adquiri por meio deste processo tem sido de valor inestimável para este livro.

Muito obrigada aos clínicos maravilhosos que contribuíram com esta obra: Frances Waters, pelo seu incrível conhecimento no trabalho com crianças dissociadas e pelo seu capítulo maravilhoso sobre este tema. Obrigada à Emily Jernberg pelos muitos presentes ofertados aos terapeutas infantis e especialmente por todo o seu belo trabalho no capítulo sobre a Terapia EMDR e Theraplay. Obrigada à Pamela Krause pelas muitas horas dedicadas à estimulação da minha mente para que eu pudesse atingir um conhecimento maior do SFI e suas incríveis contribuições durante nossa escrita verdadeiramente surpreendente da Terapia EMDR e Psicoterapia SFI. Obrigada à Pat Ogden por todo o trabalho de coautoria e inspiração no capítulo de integração da Terapia EMDR com a Psicoterapia Sensório-motora com crianças.

Não poderia ter completado este trabalho sem o incrível apoio dos meus editores, Sheri Sussman e Joseph Stubenrauch. Foi um deleite trabalhar com vocês. Obrigada pelas experientes recomendações e por terem sido o braço e a mão que me seguravam quando abracei a difícil tarefa de escrever este livro.

Um agradecimento especial a todos os neurocientistas que forneceram consultoria especializada em diversas partes do primeiro capítulo: Jaak Panksepp, Stephen Porges e Onno van der Hart. Gostaria de destacar, ainda, a influência marcante dos meus treinamentos com Daniel Siegel que estiveram presentes em meu trabalho clínico e em minha vida pessoal.

Obrigada ao Richard Schwartz pelo *feedback* oferecido na integração de estratégias SFI na Terapia EMDR. Obrigada a Phyllis Booth, David Myrow e Sandra Lindaman por seus conselhos na integração de estratégias da Theraplay para a Terapia EMDR.

Finalmente, quero transmitir minha mais profunda gratidão ao meu marido e fiel companheiro Jim Mason, que verdadeiramente tem sido o vento sob minhas asas. Obrigada por estar presente comigo nos momentos de luz e de trevas, de altos e baixos e por seus conselhos sensatos no processo de escrita desta obra. Obrigada por pré-editar o livro e orientar-me com sua sabedoria que vai além do seu conhecimento intelectual. À minha linda família colombiana, especialmente minha mãe Elizabeth e minha irmã Oderay pelo amor incondicional, com o qual tenho sido honrada ao longo da minha vida e que me tem erguido, especialmente quando encaro novos desafios. Em memória do meu pai Pedro por seu trabalho duro, por seu amor e por ter me concedido seu máximo de tudo que era e de tudo o que tinha.

A todos os terapeutas que participaram dos meus treinamentos e apresentações em mais de quarenta cidades, em dez países, os quais estimularam minha mente com questionamentos e histórias de suas próprias jornadas com o uso clínico da Terapia EMDR. Vocês todos têm sido a verdadeira inspiração. Aos meus lindos companheiros peludos que têm me proporcionado, ao longo dos anos, amor incondicional: Churrusco, Blaze, Nugget, Amber e Lady. Finalmente, gostaria de expressar minha profunda gratidão aos meus ajudantes, cuja sábia e carinhosa presença foi sentida em cada palavra escrita neste livro.

Capítulo 1 - A Terapia EMDR, o Modelo do Processamento Adaptativo de Informação e o Trauma Complexo

Tem sido uma jornada de mais de vinte anos desde que a Dra. Francine Shapiro desenvolveu o que hoje é conhecido como Terapia de Dessensibilização e Reprocessamento por meio dos Movimentos Oculares (EMDR). Atualmente, a Terapia EMDR é validada como uma abordagem baseada em evidências, estando incluída no Registro dos Programas e Práticas baseadas em Evidências da Administração Nacional dos Serviços de Saúde Mental e Abuso de Substâncias. Além disso, foi apontada de forma independente como uma abordagem psicoterapêutica (Prochaska & Nocross, 2010), tendo sido legitimada por aproximadamente vinte ensaios clínicos aleatórios controlados. (ver **www.emdrhap.org/emdr_info/researchandresources.php**). Resultados da recente meta-análise apontam o EMDR como um tratamento eficaz para o Transtorno de Estresse Pós-traumático (TEPT) em adultos (Bisson & Andrew, 2007; Bradley, Greene, Russ, Dutra & Westen, 2005; Seidler & Wagner, 2006); e em crianças (Rodenburg, Benjamin, de Ross, Meijer & Stams, 2009). Aproximadamente sete estudos controlados aleatoriamente (ex., Ahmad, Larsson & Sudelin-Wahlsten, 2007; Jaberghaderi, Greenwald, Rubin, Dolatabatim & Zand, 2004; Kemp, Drummond & McDermott, 2010) e dez não aleatórios com crianças estabeleceram que a Terapia EMDR é eficaz em reduzir sintomas de TEPT (ex., Fernandez, 2007; Hensel, 2009; Ribchester, Yule & Duncan, 2010; Wadaa, Zaharim & Alqashan, 2010) e problemas de comportamento e autoestima (Soberman, Greenwald & Rule, 2002; Wanders, Serra & de Jongh, 2008). Num recente estudo aleatório conduzido por de Ross et al. (2011), a Terapia EMDR se mostrou tão eficaz quanto o TCC com crianças que experienciaram sintomas de estresse pós-traumático relacionados a desastres. Além disso, The California Evidence-Based Clearinghouse for Children Welfare reconheceu a Terapia EMDR como uma abordagem baseada em evidências para tratar crianças. Esses resultados promissores trazem esperança a milhões de crianças que sofrem por terem vivenciado trauma e adversidades em suas vidas. Este livro é dedicado ao tratamento de crianças com trauma precoce, crônico e complexo.

Definindo Trauma Complexo

O trauma infantil complexo refere-se a uma exposição crônica, precoce e múltipla a eventos traumáticos. Muitas vezes, essas lesões e traumas causam prejuízo à relação entre pai[3] e filho ou entre adulto e criança. Como reflexo, a criança é colocada numa situação sem escapatória na qual a pessoa de quem depende para viver é a mesma que lhe causa a dor. Abuso, negligência, violência familiar, perda traumática e exposição à guerra, quando importantes estruturas neurobiológicas estão em desenvolvimento, podem causar efeitos duradouros e prejudiciais ao desenvolvimento infantil. De acordo com Ford e Courtois (2009), o trauma complexo é resultante da exposição a repetidos e prolongados estressores graves, envolvendo dano ou abandono por parte dos cuidadores, que ocorrem em fases

---

[3] NT: O original em inglês utiliza a palavra *Parent*, que na língua inglesa tanto pode se referir ao gênero masculino quanto ao feminino. Assim, a não ser que seja especificada, a palavra Pai, para fins desta tradução, estará se referindo a ambos os sexos.

críticas de desenvolvimento quando sistemas biológicos fundamentais estão se desenvolvendo. Como resultado da exposição ao trauma complexo, crianças podem apresentar mecanismos regulatórios disfuncionais, apego inseguro, sintomas dissociativos, senso do Eu comprometido, problemas comportamentais e o funcionamento cognitivo e social prejudicados quando na presença de outros.

De acordo com Cozolino (2006), um trauma interpessoal prematuro, sob a forma de abuso emocional e físico, de abuso sexual e de negligência, molda a estrutura e o funcionamento do cérebro afetando negativamente todos os estágios do desenvolvimento social, emocional e intelectual. Trauma precoce, especialmente aquele oriundo dos cuidadores, inicia uma cascata de efeitos que culmina numa reação pós-traumática complexa (p. 230).

O Trauma Complexo na Infância e o Modelo do Processamento Adaptativo de Informação

O Modelo do Processamento Adaptativo de Informação (PAI) constitui peça fundamental da Terapia EMDR (Shapiro, 2001), pois ambos estão constantemente evoluindo. A inclusão dos princípios e descobertas da Teoria Polivagal (Porges, 2011), da Neurociência Emocional (Panksepp, 1998, 2009), da Teoria de Apego (Bowlby, 1973, 1980; Ainsworth, 1978; Main, 1995; Liotti, 1992, 2006), da Neurobiologia Interpessoal (NBIP) (Siegel, 1999, 2010); e da Teoria da Dissociação Estrutural (van der Hart, Nijenhuis & Steele, 2006) pode embasar e expandir enormemente nossa compreensão a respeito do modelo do PAI e do modelo do trauma complexo.

De acordo com o modelo do PAI, o aspecto central da saúde e da doença é a memória (Shapiro, 1995, 2001). Quando crianças enfrentam maus-tratos, abandono, rejeição, negligência e abuso, essas experiências deixam suas marcas no cérebro na forma de redes cerebrais. Já que importantes estruturas encarregadas de integrar e adaptar informações vinculativas situando-as no tempo e espaço, tais como o hipocampo, não amadurecem até por volta dos 18/24 meses (Siegel, 1999), essa informação é codificada no cérebro jovem em desenvolvimento, seguindo um caminho até a memória implícita não consciente e não-verbal. Como resultado, traumas de apego precoce e danos permanecerão subconscientes enquanto moldam a forma como essas crianças responderão às atuais demandas do ambiente. De acordo com Shapiro (2001), os sintomas atuais são manifestações de experiências passadas implicitamente codificadas no cérebro. A codificação implícita aconteceu ou porque estas experiências ocorreram antes do desenvolvimento das estruturas cerebrais capazes de mover a informação para uma memória autobiográfica explícita ou porque o trauma e sua ativação desregulada inibiu o funcionamento apropriado de tais estruturas. (Cozolino, 2011; Siegel, 1999; van der Kolk, 1999).

No mesmo sentido, Cozolino (2011) declara: se tudo o que experimentamos é representado por instâncias dentro das redes neurais, por definição, a psicopatologia de todos os tipos – desde os mais leves sintomas neuróticos até a mais severa psicose – deve ser representada dentro das redes neurais, a psicopatologia seria um reflexo da baixa qualidade do desenvolvimento, integração e coordenação das redes neurais. (p. 24).

Pontos focais na Terapia EMDR são a rede de memória e as vivências que contribuem para a patologia (Shapiro, 1995/2001). Até agora, a pesquisa tem mostrado a eficácia da Terapia EMDR quando se trabalha com memórias do trauma e adversidade e seus rastros neurobiológicos. No entanto, déficits orgânicos não são considerados alvos da Terapia EMDR, apenas sua vivência e sequelas.

Como exposto anteriormente, sistemas de memória contendo representações de si e do outro, no cérebro da criança, são formados e reforçados por padrões de interação entre pais e filhos. O sistema de cuidado[4] e os modelos internos de funcionamento dos pais estão intimamente interligados ao desenvolvimento do sistema de apego infantil. Os pais já possuem sistemas de memória complexos e intrincados, com representações de si e do outro que, por sua vez, influenciam imensamente na maneira como respondem às demandas e às necessidades de sua criança. Mais tarde, quando a criança já tiver desenvolvido redes de memória contendo representações mentais do eu e dos pais, acontece uma ativação recíproca e reforçada dos sistemas de memória.

John, um menino de 7 anos, foi trazido à terapia por sua mãe que se queixava de seu comportamento agressivo e opositor. Após uma exploração minuciosa da sua história e das especificidades de sua dinâmica familiar, a mãe alega sentimento de frustração e desespero quando ele está se comporta mal. Ela ainda considerou como suas crenças negativas: -- "Eu sou uma péssima mãe"; e "Eu não valho nada". Além disso, identificou forte pressão em seu peito e dificuldade para respirar, como sensações disparadas pelo comportamento de seu filho. Afirmou, ainda, ter gritado demais em momentos completamente aleatórios ou quando John estava expondo os comportamentos de ativação. Quando ela flutuou para trás, conectou-se com sentimentos similares, pensamentos e sensações corporais que havia experimentado, no passado, em relacionamentos amorosos nos quais vivenciou abuso emocional e verbal por parte de seus parceiros. Recordou-se, ainda, de imagens dela própria chorando quando olhou pela janela e viu sua mãe partir. Lembrou-se de uma mãe socialmente ativa, mas emocionalmente ausente de casa, uma mãe que nunca lhe dera afeto físico ou verbal. Um olhar mais atento às reações de John deu informações sobre suas respostas somáticas, cognitivas e emocionais. Ele relatou ter se sentido irritado, triste e muito sozinho depois de chegar em casa, após a escola, e sentir como se tivesse falhado, sendo um garoto ruim por não ter tido um bom desempenho escolar. Quando sua mãe lhe pediu para limpar o seu quarto, ele respondeu com raiva e resistência; e quando ela gritou ou saiu do quarto, deixando-o com a sensação de abandono, um imenso sentimento de solidão aconteceu. John identificou a crença negativa "não há nada positivo em mim", além de um sentimento de inquietação (nervoso por dentro) e um forte desejo de correr ou bater em alguém. Estas interações aconteciam diariamente, entretanto, momentos de conexão e amor eram demasiadamente ausentes. Este caso ilustra claramente a mútua ativação dos sistemas de memória, contendo material disfuncional e representações negativas de si e do outro, acontecendo tanto com a criança quanto com a mãe. (Ver as Figuras 1.1 e 1.2). A ativação das conexões de memória da mãe, contendo perda e traumas não resolvidos, inibiu sua capacidade de levar em consideração o que a criança pensava (Fonagy & Target ,1997), bem como de responder adequadamente às necessidades desta. Essas interações disfuncionais preservam e aumentam os sistemas de memória mal adaptados. A transmissão intergeracional de uma informação desintegrada, mal assimilada e mal resolvida, gravada na memória, perpetua a patologia, o trauma e o sofrimento humano.

---

[4] NT: São comportamentos parentais de cuidar e proteger que promovem proximidade e conforto quando o cuidador percebe a possibilidade de a criança estar em perigo.

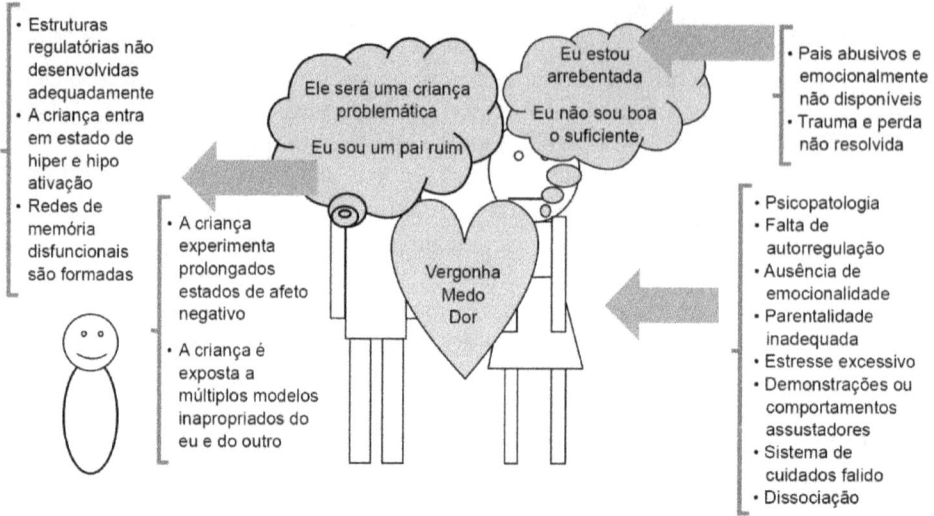

Figura 1.1 - A formação dos Sistemas de Memória

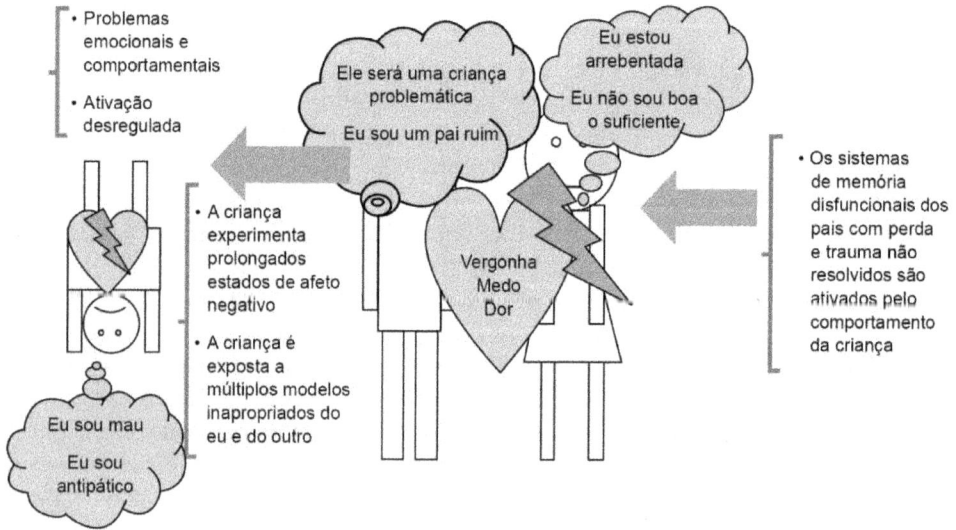

Figura 1.2 - Ativação mútua dos Sistemas de Memória Disfuncionais

Neurociência Emocional, PAI e Terapia EMDR

Panksepp (1998) demonstrou a existência de sete sistemas emocionais presentes no nascimento. Busca, Medo, Raiva, Desejo, Separação-tensão perturbadora Pânico Luto, Cuidado Materno e Sistemas Lúdicos são concentrados subcorticalmente e gradativamente ligados às experiências cognitivas autobiográficas (Panksepp, 2009). Estes sistemas emocionais em estado natural não são criados pelo ambiente, mas formam-se mais tarde em razão de nossas experiências vividas. *Panksepp defende, como primeiro objetivo da terapia, a ideia de harmonizar afetos e cognições com a reconsolidação das memórias cognitivo-afetivas,* o que está de acordo com o modelo do PAI e da Terapia EMDR, cujos principais objetivos são a assimilação e a integração das memórias carregadas de informações cognitivas, afetivas e somáticas. De acordo com Panksepp (2009), os circuitos emocionais que estão nas áreas subcorticais do cérebro constituem, no nascimento, as emoções em estado natural e estas, por sua vez, são moldadas pelas experiências do meio, tornando-se, em seguida, sentimentos socialmente construídos. Quando nascemos, possuímos sistemas biológicos inatos; entretanto, a maneira como eles funcionam é influenciada pelas experiências ambientais encontradas pelo organismo. "A maneira pela qual essas ferramentas emocionais em estado natural, fornecidas pela mãe natureza, se ligam aos eventos do mundo, é importantíssima para viver a vida, algumas vezes procedendo suave e eficientemente, promovendo saúde mental, outras vezes caótica e ineficientemente, promovendo confusão mental" (Panksepp, 2009, p. 6).

Como organizamos nossa percepção da realidade no presente e como antecipamos o futuro depende de experiências passadas que moldaram os sistemas biológicos geneticamente determinados (Panksepp, 2009). Experiências repetitivas podem moldar os sistemas biológicos e emocionais, bem como o circuito regulador da ativação no cérebro (Panksepp, 1998/2009; Porges, 2011; Siegel 1999/2010; Schore, 2009). A forma como experiências prematuras negativas e traumáticas moldam nosso sistema de memória implícita é assim descrito por Siegel (1999): "Repetidas experiências de terror e de medo podem deixar marcas dentro dos circuitos cerebrais como estados mentais. Com ocorrência crônica, esses estados podem tornar-se mais facilmente ativos no futuro, de tal maneira que eles tornam-se traços característicos do indivíduo" (p. 33). De acordo com o modelo do PAI, as redes de memória desenvolvidas como resultado das interações entre o organismo ativo da criança e o meio, tornam-se lentes através das quais a realidade é percebida e organizada no presente. Crianças poderiam olhar por meio destas lentes de medo e vergonha ou, ao contrário, através de olhos de aceitação e entusiasmo.

Um sistema especialmente importante para o terapeuta infantil é o lúdico. De acordo com Panksepp (2009), "brincar pode realmente ajudar a desenvolver cérebros sociais afinados que respondam de forma ideal às demandas do meio; brincar parece ser um dos métodos mais avançados inventados pela natureza para permitir ao cérebro complexo criar a si mesmo" (Brown, 2009, p.40). Entretanto, "...o lúdico é inibido por exposição à fome e às emoções negativas, incluindo solidão, raiva e medo" (Panksepp, 1998, p. 18). Um estudo animal realizado pelo mesmo autor enfoca o efeito do medo na brincadeira. Depois de expor ratos ao odor felino, eles mostraram inibição da brincadeira, não por uma ou duas horas, mas por até cinco dias. De acordo com Brown (2009), quando gatos são privados de brincadeiras de lutas, eles podem funcionar muito bem em diversas áreas, mas a única área na qual terão dificuldade será sua vida social. Gatos criados em ambientes de privação lúdica, não conseguem discriminar entre amigos e inimigos, erram os sinais sociais, tornando-se ou agressivos ou isolados socialmente. Brown (2009) estudou assassinos em prisões no Texas e descobriu a ausência da brincadeira em sua infância. Quando crianças brincam, novas conexões neuronais estão sendo formadas. "As ricas conexões entre os mapas cerebrais são recíprocas e podem envolver milhões de fibras. Minha sensação em relação a esses mapas dinâmicos e interconectados é que eles são enriquecidos de forma mais efetiva pelo "estado" lúdico (Brown, 2009, p. 36). Estudos com animais mostraram que quando ratos são privados de brincar sentem-se mais estimulados para esta atividade. Crianças que crescem em ambientes de relacionamento escasso, caótico e traumático experimentam estados de medo elevado que, por sua vez, afetam o sistema lúdico, bem como sua habilidade para brincar. Como exposto por Panksepp (2009), estas crianças privadas de brincar podem desenvolver uma motivação muito elevada para fazê-lo quando colocadas em sala de aula. Frequentemente diagnosticadas e rotuladas como tendo o Transtorno de Déficit de Atenção e Hiperatividade (TDAH), elas, em geral, são tratadas com psicoestimulantes, os quais, de acordo com Panksepp, são inibidores dos impulsos físicos e lúdicos. Além disso, a privação prolongada do brincar como resultado de viver em um meio desregulador, traumatizante e negligenciador compromete o desenvolvimento social do cérebro, resultando numa criança incapaz de se conectar e de se empenhar socialmente com outros; ou se isolando ou se tornando extremamente agressiva.

Outro importante sistema para o terapeuta infantil é o sistema Pânico-Luto que media a resposta separação-tensão perturbadora. De acordo com Panksepp e Watt (2011), a contínua hiperatividade do sistema separação-tensão perturbadora Pânico dá origem à depressão. A ativação permanente deste sistema leva a reações similares nas respostas infantis quanto à perda, como proposto por Bowlby (1980). A resposta inicial, segundo Panksepp, origina uma agitação resultante da separação e do aumento da ativação dos comportamentos de Busca. Esta fase foi nomeada por Bowlby como "protesto" (vide informações mais detalhadas adiante, neste capítulo). Durante as fases posteriores, "desespero" e "desengajamento", as sensações de insignificância e afastamento são aumentadas levando a uma queda importante no comportamento de Busca (Panksepp & Watt, 2011). Concluindo, a perda do vínculo de apego, se deduzida ou real, tem o potencial de hiperativar as redes cerebrais de Pânico-Luto mediando separação-tensão perturbadora, resultando num aumento inicial e queda posterior no comportamento de Busca. Isto está de acordo com o modelo do PAI como resultado de sintomas de depressão vistos como consequência da ativação dos sistemas de memória contendo informações de eventos relacionados ao trauma, perda e adversidade que permanecem não processadas e não integradas no cérebro. Uma importante contribuição da neurociência emocional é o suporte empírico das conexões entre o desenvolvimento da depressão, das experiências de perda e separação e a hiper e hipoativação de dois importantes sistemas emocionais: Pânico e Busca. Além disso, a neurociência emocional traz mais uma vez a importância do brincar como um agente de cura. De acordo com Panksepp e Watt (2011), "Os sistemas do Cuidado social e do Brincar podem melhorar substancialmente os ganhos terapêuticos" (p. 9). Shapiro (2001/2012) ressaltou a importância de revigorar as conexões neurais existentes contendo estados afetivos positivos, assim como de promover o desenvolvimento de novos padrões de disparadores neurais resultantes da exposição dos clientes a experiências afetivas positivas. Tanto a relação terapêutica (Shapiro, 2001; Dworkin, 2005) quanto a importância da inclusão do brincar e de estratégias lúdicas (Gomez, 2006, 2007b, 2008b, 2009b, 2010a, 2011) têm sido enfatizadas na Terapia EMDR. Este livro apresenta uma vasta gama de estratégias orientadas a partir de simulações, tanto do sistema do Brincar quanto do sistema de Cuidados durante todas as fases da Terapia EMDR.

Teoria Polivagal, PAI e Terapia EMDR

A Teoria Polivagal surgiu a partir do trabalho de Stephen Porges sobre a evolução do sistema nervoso autônomo (SNA). Segundo Porges (2009), nossas dificuldades emocionais e, em última análise, os distúrbios, tornam-se conectados dentro do sistema nervoso. Antes de Porges, a função do SNA era a de um sistema de equilíbrio: o sistema nervoso simpático (SNS) constituía o acelerador e o sistema nervoso parassimpático (SNP) o freio. Contudo, Porges trouxe as complexidades de funcionamento do SNA e de como ele, na verdade, é um sistema hierárquico que responde aos desafios do meio. Esse modelo descreve três diferentes subsistemas associados a respostas comportamentais e fisiológicas específicas que permitem ao organismo responder de forma adaptativa ao perigo e às circunstâncias de extremo estresse: o sistema parassimpático vagal ventral, chamado de sistema de engajamento social; os sistemas simpáticos encarregados da mobilização de respostas de luta-fuga e o sistema parassimpático vagal dorsal responsável por ativar as respostas de imobilização-desligamento e por promover estágios dissociativos. Segundo Porges (2011), ao longo da evolução, os mamíferos desenvolveram os dois sistemas vagais que são programados para responder a conjuntos de estratégias muito diferentes. O sistema vagal dorsal e o sistema vagal ventral, ambas as ramificações do SNP, respondem às demandas externas de maneiras muito diferentes. O sistema vagal ventral estimula os estágios fisiológicos que sustentam o comportamento e a comunicação social, a homeostase visceral, bem como a formação de vínculos sociais. Também nos permite responder de modo flexível e adaptável às demandas externas. Trauma, especialmente o crônico, o precoce e o complexo, podem inibir, em longo prazo, a disponibilidade deste sistema, reduzindo a capacidade da criança para responder de forma adaptativa e autorregulatória ao estresse, assim como desenvolver apego saudável e laços sociais. Por outro lado, o sistema vagal dorsal é conectado a outras estratégias comportamentais como a imobilização e o comportamento de desligar-se (Porges, 2009). Quando memórias do trauma e adversidades são ativadas por estímulos do meio, crianças verão seu ambiente através das lentes dessas redes de memória e, como resultado, farão uma avaliação equivocada da situação em termos de perigo e segurança. Essa neurocepção[5] defeituosa (Porges, 2011), pode ativar o sistema de defesa em situações seguras ou, ao contrário, inibir respostas de defesa em ambientes em que se está verdadeiramente em perigo. Muitas vezes, crianças com histórias de trauma crônico e complexo possuem sistemas de engajamento social indisponíveis e subdesenvolvidos, pois não tiveram as experiências apropriadas que permitiriam a estimulação e o desenvolvimento do sistema vago ativo, resultando numa limitada capacidade de se relacionar com os outros e de responder às demandas do meio de forma adaptativa.

A Terapia EMDR, ao longo de suas oito fases, trabalha inicialmente durante a etapa de preparação para estimular a emergência do ramo vagal ventral do SNA, promovendo a criação de um ambiente seguro, melhorando e desenvolvendo redes neurais com material positivo e adaptativo e estimulando o desenvolvimento de estratégias regulatórias próprias e interativas que permitem aos indivíduos modular seus estados fisiológicos internos. Mais tarde, durante a fase de reprocessamento da Terapia EMDR, as

---

[5] NT: Neurocepção refere-se a um sistema subconsciente de detecção de segurança e ameaça. Mais detalhes a respeito podem ser encontrados em: Porges, S. W. (2011). The polyvagal theory: Neurophysiological foundations of emotions, attachment, communication, self-regulation. New York, NY: W.W. Norton & Company.

memórias que contêm material traumático são assimiladas e integradas, reestruturando essa "neurocepção defeituosa" e promovendo a disponibilidade de sistemas de engajamento social.

De acordo com Porges (2011), circuitos neurais conectando o córtex ao tronco cerebral controlam a regulação de músculos faciais e da cabeça, que afetam diretamente o sistema de engajamento social. A habilidade da criança de interagir com seus cuidadores e com o mundo por meio do uso da vocalização, do contato visual e das expressões faciais, assim como sua capacidade de distinguir a voz humana, é dependente do sistema de engajamento social. Entretanto, a neurocepção de perigo pode modificar o tônus muscular, a atenção aos sons, as expressões faciais, a habilidade de estabelecer contato visual e os comportamentos gerais de engajamento social. O conceito de neurocepção foi criado por Porges para se referir a como o sistema nervoso pode detectar e discernir se o ambiente é seguro ou perigoso. A neurocepção pode ser ativada externamente, por um estímulo do ambiente, ou internamente, como acontece quando se experimenta dor física. Como o bebê ou a criança percebe o sistema de engajamento social dos seus cuidadores é de importância crucial na maneira como as representações internas do eu, do outro e do mundo são formadas. Adicionalmente, as expressões faciais do cuidador, assim como sua voz e seu olhar têm o potencial de ativar a neurocepção de segurança ou perigo. De forma semelhante, as expressões faciais da criança podem gerar os mesmos resultados no sistema do seu cuidador. De acordo com Porges (2011), "a falta de resposta emocional de um pai deprimido ou o embotamento afetivo de uma criança doente pode disparar uma espiral transacional que resulta em regulação emocional comprometida e engajamento social espontâneo limitado" (P.15). Crianças com trauma de apego são frequentemente estimuladas pelo tom de voz, pelo contato visual ou pela expressão facial dos seus cuidadores. Brytney, uma criança de 7 anos de idade, que vive com a mãe, diagnosticada com transtorno de personalidade *borderline*, apresentava emoções altamente desreguladas e comportamentos autodestrutivos. Durante uma entrevista clínica, ela relatou ter a necessidade de cortar e arranhar seus braços quando sua mãe estava frustrada com ela. Uma ampla investigação sobre as razões que ativavam esse seu comportamento, revelou uma clara imagem de suas interações com sua mãe. Quando sua mãe estava frustrada ou zangada, Britney ficava extremamente agitada e tinha a necessidade de correr e fugir de casa ou de se cortar e se arranhar. Ela afirmou quase saber como sua mãe estava se sentindo, podendo ver este fato "no rosto da mãe e sentir em seu tom de voz". Isto, por sua vez, ativava metapercepções, tais como: "eu sou uma menina má", além de reações emocionais sobre as quais ela não estava plenamente consciente naquele momento, já que esta informação permanecia implícita e inconscientemente codificada em seu cérebro. Sua história revelou uma mãe com múltiplas internações decorrentes de ideação suicida. Durante toda a sua vida, sua mãe teve múltiplos e repetidos episódios de fúria e depressão profunda. A inversão de papéis foi identificada como um dos mecanismos de adaptação de Britney por não ter suas necessidades de apego satisfeitas. Sua história não incluía nenhum abuso físico ou sexual e, fora sua relação com sua mãe, nenhum outro evento precoce traumático foi relatado. Não apenas as respostas emocionais desreguladas e a falta de engajamento social da mãe ativavam os estados de agitação de Britney e sua necessidade de se machucar, como também as reações emocionais e expressões faciais de sua professora e de outras figuras de autoridade ativavam uma neurocepção de perigo. Britney também apresentava, apesar de sua pouca idade, crises de pânico ativadas pelo medo do abandono e perda. Quando testemunhou os estados emocionais desregulados de sua mãe, Britney experimentou uma ruptura nos laços de apego com a progenitora. Sua primeira crise de pânico, que aconteceu alguns meses antes da sua primeira sessão de terapia, foi induzida pela perda do seu cão. Experiências de desarmonia, abandono e perda ativavam redes de memória que continham informações relacionadas às suas experiências passadas de apego com seus cuidadores primários, resultando na ativação de uma neurocepção de perigo e, consequentemente, nas crises de pânico. Depois de sua primeira crise, Britney ficou sugestionada por suas próprias respostas fisiológicas e, até mesmo, o batimento acelerado do seu coração ativava uma neurocepção de perigo.

Como afirmado por Porges, "uma neurocepção de segurança é necessária antes que comportamentos de engajamento social possam ocorrer" (p. 17). Interações desreguladas entre pais e filhos ativam, concomitantemente, o sistema de defesa e o sistema de apego (Liotti, 1992/2006). Quando o sistema de defesa é ativado, a criação de ligações sociais é prejudicada. Adicionalmente, isso resulta em uma "neurocepção defeituosa" de segurança e perigo. Segundo Porges, quando há uma neurocepção de segurança, esta resulta na ativação de circuitos cerebrais que inibem respostas de defesa, ativando, por sua vez, comportamentos pró-sociais. Como "estados autônomos estão conectados ao comportamento social" é o ponto central e crucial da teoria polivagal (Porges, 2011, p. 120).

A visão de que órgãos viscerais estão fortemente conectados e ancorados em estruturas cerebrais por meio da conexão bidirecional oferecida pelo SNA é uma importante contribuição da Teoria Polivagal. Em outras palavras, os órgãos periféricos e o sistema nervoso central mantêm uma comunicação bidirecional íntima e próxima por meio do SNA. A teoria Polivagal nos ajuda a entender como a ativação de redes de memória, contendo material traumatogênico, pode ser sentida de forma visceral e também como o estímulo ambiental recebido por órgãos periféricos possui o potencial de ativar sistemas de memórias latentes. "Não é mais apropriado tratar o SNA como algo funcionalmente distinto do sistema nervoso central, pois começamos a reconhecer que os órgãos periféricos não 'flutuam num mar visceral', mas sim ancoram-se em estruturas centrais por meio de vias aferentes que estão constantemente sinalizando estruturas regulatórias centrais." (Porges, 2011, p. 21). Esta conexão bidirecional entre estruturas do sistema nervoso central e o corpo, por meio de fibras aferentes e eferentes do SNA, expande nossa visão sobre a intrincada relação entre redes de memória e o corpo. A Terapia EMDR, por meio das oito fases do tratamento, e especialmente durante as etapas de reprocessamento, promove diferentes níveis de processamento de informação: cognitiva, afetiva e sensório-motora. Segundo o modelo do PAI, as sensações e os estados corporais sentidos durante o trauma e a adversidade tornam-se fixados em padrões de disparo neural. Um importante aspecto da Terapia EMDR é o acesso e a conexão entre estados afetivos e corporais, juntamente com as cognições e meta-assimilações. A reorganização da "neurocepção defeituosa" é alcançada na Terapia EMDR por meio da assimilação, conexão e integração de sistemas de memória que contêm informações implícitas relativas a experiências pregressas de engajamentos sociais reprimidos.

A nova compreensão sobre o SNA, trazida pela teoria Polivagal, enriquece e dá suporte ao trabalho de terapeutas que utilizam o EMDR para a promoção da cura. Um importante aspecto da Terapia EMDR e do reprocessamento de memórias relativas a traumas e adversidades é a presença da atenção dual. Quando indivíduos são capazes de manter a atenção dual durante o reprocessamento de material traumatogênico, o sistema de engajamento social está participando. Além disso, a fase de preparação da Terapia EMDR pode ser vista como uma etapa em que várias atividades, estratégias e técnicas são utilizadas para promover o engajamento social e a estimulação do sistema vagal inteligente. O terapeuta de EMDR também deve estar atento a como o seu tom de voz, seu contato visual, suas expressões faciais e sua habilidade de harmonizar-se com a criança tem um efeito fundamental para o suporte da neurocepção de segurança em seu sistema enquanto mantém o engajamento social. Quando o engajamento social é reduzido durante o reprocessamento, a integração dos sistemas de memória cessa e a atenção dual fica comprometida. Reconhecer as mudanças fisiológicas que ocorrem quando o engajamento social se reduz é de extrema importância para os terapeutas de EMDR. Se a criança torna-se incapaz de manter contato visual, sua voz perde entonação, suas expressões faciais positivas diminuem, sua atenção à voz humana torna-se menos aguda e o engajamento social com outras pessoas decresce, uma neurocepção de perigo foi ativada, resultando em uma participação limitada do sistema vagal inteligente e na redução da sua capacidade integrativa.

A Teoria Polivagal também mostra como disparadores podem ser encontrados nas interações em curso entre pai e filho, em crianças com traumas e transtornos de apego. A voz dos pais, suas expressões faciais, o olhar e o engajamento social ou a ausência destes para com a criança podem ser disparadores bastante potentes, capazes de estimular a neurocepção de perigo. Além disso, a Teoria Polivagal intensifica nossa compreensão sobre a importante relação entre circuitos neurais ao longo das estruturas cerebrais superiores, o tronco cerebral e entre o tronco cerebral e os órgãos viscerais (Porges, 2009).

As Janelas de Tolerância e as Zonas de Ativação

O conceito de Janelas de Tolerância, desenvolvido por Dan Siegel (1999), salienta diferenças individuais relacionadas à capacidade de tolerar diversos níveis de ativação (vide Capítulo 11). Enquanto algumas crianças podem apresentar um limite mais amplo para manejar e responder adaptativamente a diversos graus de ativação de maneira confortável, outras podem possuir capacidade limitada e reduzida de tolerá-los. Este conceito corresponde, de fato, à noção de "atenção dual" apresentada por Shapiro (1995/2001). Quando estão dentro de Janelas de Tolerância apropriadas e em zonas de ativação ideais, as crianças são capazes de manter a consciência plena no presente. O reprocessamento de informação mal adaptativa, codificada no cérebro na forma de redes neurais, ocorre quando elas são capazes de manter uma consciência plena enquanto acessam as memórias de trauma e adversidade. Quando saem da Janela de Tolerância, por estarem experimentando níveis de ativação "muito altos" ou "muito baixos", a integração e a ligação destas redes cessam. Manter as crianças dentro de estados de ativação ideais é essencial para a assimilação de sistemas de memória (Shapiro, 2001, 2011).

NBIP, PAI e Terapia EMDR

A NBIP traz um novo ponto de vista que integra aspectos objetivos de descobertas científicas e aspectos subjetivos do conhecimento humano (Siegel, 2010). De acordo com a NBIP, a mente é corporificada e relacional e "um processo que regula o fluxo de energia e informações". *Mindsight* é um conceito central da NBIP referente ao processo que permite ao ser humano monitorar e modificar o fluxo de energia e de informação dentro de suas relações, da mente e do cérebro (Siegel, 2010). Aspectos essenciais da saúde e do bem-estar, de acordo com a NBIP, são os oito domínios da integração: da consciência; vertical; bilateral; da memória; da narrativa; do estado; temporal; interpessoal; do sistema de neurônios-espelho e da transpiração. `A medida que alcançamos a totalidade, diferentes níveis de integração acontecem. De acordo com Siegel (2010), traumas não resolvidos, negligência e outras experiências pregressas que falharam podem bloquear a integração e resultar em prejuízo na diferenciação e na habilidade de se conectar e de se relacionar com os outros.

Voltada para a promoção da habilidade do cliente em abranger, mais livremente, a experiência presente e se conscientizar de realidades externas e internas ao mesmo tempo em que se mantém contido e regulado, a Terapia EMDR também promove o desenvolvimento de um senso do Eu renovado e coerente, o qual só pode ser alcançado com a participação igual e balanceada dos hemisférios esquerdo e direito do cérebro ou com o trabalho harmonioso das suas áreas corticais e subcorticais. Shapiro (2001) enfatizou a mudança de traço e de estado que ocorre durante as diferentes fases da Terapia EMDR, assim como a crescente integração entre diferentes níveis do processamento de informações: cognitiva, emocional e somática. A atenção dual e uma presença consciente durante o acesso às memórias de trauma e adversidade são importantes aspectos da Terapia EMDR. A atenção consciente aos diferentes elementos da experiência atual enquanto memórias não processadas são ativadas, mantendo presente a consciência da realidade, é um elemento central enfatizado durante as diferentes fases da Terapia EMDR. "Uma das lições práticas essenciais da neurociência moderna é o fato de que o poder de direcionar nossa atenção tem, em sua essência, o poder de moldar os padrões de disparo de nossos cérebros, assim como o de moldar a arquitetura do próprio cérebro" (Siegel, 2010, p. 39). Uma grande contribuição da NBIP é o entendimento sobre como relações sociais e interpessoais modelam e esculpem circuitos neurais e como a capacidade para a consciência e o *mindsight* possui um papel importante e integrativo na promoção da cura do sofrimento humano. À medida em que a NBIP ajuda a elucidar e a alcançar um conhecimento mais sólido sobre a sustentação neurobiológica da experiência humana, baseado em descobertas científicas, porém não limitado por elas (Siegel, 2010), nossa compreensão do modelo do PAI também continua se expandindo.

Teoria do Apego, PAI e Terapia EMDR

Pioneiro no desenvolvimento da teoria do apego, John Bowlby (1969/1982), juntamente com Ainsworth (1967) chamou a atenção para as predisposições biológicas das crianças para buscarem proximidade e segurança em seus cuidadores primários e **se** apegarem enquanto ainda exploram seus ambientes. A este processo, ambos denominaram "base segura". Bowlby também cunhou o conceito de "sistema comportamental de apego"[6] da criança e "sistema de cuidado" do cuidador, ambos voltados para a promoção da proximidade pai-filho e para a proteção e sobrevivência da criança (Cassidy, 1999/2008). De acordo com Bowlby e com pesquisas recentes sobre o apego, a relação com a figura de apego funciona como um regulador externo dos estados afetivos internos da criança (Schore, 2009). Ainda segundo Bowlby, a criança desenvolve, por meio de interações repetitivas com a figura de apego, representações mentais do ambiente, da figura de apego e de si mesma; a isto ele chamou de modelos internos de funcionamento.

De acordo com Schore (2009), "pelo resto da vida, modelos internos de funcionamento das relações de apego com o cuidador primário, armazenados no lado direito do cérebro, codificam estratégias de regulação de afeto que guiam o indivíduo, inconscientemente, por meio de contextos interpessoais" (p. 118). No modelo do PAI, estes modelos de funcionamento são vistos como redes de memórias que emergem a partir de

---

[6] NT: É o sistema motivacional responsável pela busca da sensação de segurança e proteção.

interações repetitivas entre pai-filho, constituindo, em última instância, a fundação para o desenvolvimento do Eu. Estes sistemas de memória no cérebro se tornam as lentes através das quais o indivíduo verá, interpretará e viverá outras relações. Muito embora Bowlby tenha visto estes modelos internos de funcionamento como algo primariamente cognitivo, no modelo do PAI estes padrões de disparo neural, provocados pelas interações com o cuidador, contêm as experiências afetivas e somáticas da criança, assim como as metapercepções que correspondem a como ela interpretou toda a experiência.

Em 1978, Ainsworth et al. desenvolveu um procedimento laboratorial para avaliar as diferentes formas de apego da criança, o que passou a ser conhecido como Situação Estranha (SS). Na SS, a criança fica com a mãe, depois com a mãe e um estranho e finalmente apenas com o estranho. Seu comportamento é observado nos momentos de separação e reunião. A partir deste procedimento laboratorial, três classificações de apego infantil surgiram: seguro, evitativo e ambivalente (Figura 1.3). A informação mais relevante proporcionada pelas diferentes classificações veio do comportamento exibido pela criança no momento da reunião com a mãe. Crianças que exibem um apego seguro procuram por proximidade com suas mães, são reguladas e confortadas pela sua presença e retornam rapidamente para estados lúdicos. Já crianças com estratégias evitativas, não procuram pela proximidade com suas mães, as evitam e ignoram. As crianças com estratégias ambivalentes tornam-se severamente perturbadas pela ausência da mãe, mostrando preocupação com a figura de apego, porém, sua presença não as conforta nem regula.

Main e Salomon (1986) incluíram uma quarta categoria, nomeando-a de desorganizada/desorientada (veja a Figura 1.3). Nela, as crianças exibem comportamentos desorganizados e desorientados que, de acordo com a literatura recente, têm sugerido que os pais ativam tanto o sistema de apego quanto o de defesa das crianças (Liotti, 1992/2009). Esta é a categoria de apego mais intimamente associada ao desenvolvimento de estratégias dissociativas, aos colapsos comportamentais e à presença de estados semelhantes ao transe (Liotti, 2009). Usando o modelo do PAI como uma lente, isto demonstra claramente como as crianças já desenvolveram redes neurais contendo informações relacionadas aos pais, ao Eu e ao ambiente. Essas vias neurais, que permanecem em memórias implícitas, são ativadas pela separação do cuidador, iniciando uma série de estratégias utilizadas para adaptar e modular a ativação interna e aperfeiçoar a experiência para que necessidades de apego sejam atendidas. Pesquisas usando a Entrevista de Apego para Adultos (EEA) sugerem que o estado mental dos pais, relativo às suas experiências de apego e à categoria de apego resultante, pode estar intensamente correlacionado com o tipo de apego que suas crianças formarão com eles.

Dissociação

O estudo da etiologia e da gênese da dissociação gerou a proposição de diversos modelos (Vide Capítulo 6 deste livro). Alguns deles veem a dissociação como um processo intrapsíquico que se desenvolve como um mecanismo de defesa contra trauma e dor (Putnam, 1997). Por outro lado, a dissociação também é vista como o resultado de interações pai-filho que envolvem comportamentos paternos assustados ou assustadores. Estas respostas são geralmente vistas em apegos desorganizados-desorientados. O ponto fundamental para o desenvolvimento da dissociação é a internalização de modelos múltiplos e reciprocamente incompatíveis do Eu e do pai (Liotti, 2009).

Dentro deste modelo, duas variáveis etiológicas proeminentes têm sido ligadas ao desenvolvimento da dissociação: em primeiro lugar, as repetidas interações paternas assustadas ou assustadoras (Liotti, 1992, 2009; Main, 1995; Main & Salomon, 1986), e, em segundo, as repetitivas interações diádicas entre a criança e o cuidador, em que este último é emocionalmente indisponível.

Bowlby e Robertson classificaram as respostas de crianças jovens quanto à perda ou separação da figura materna em três fases (Bowlby, 1980; Figura 1.4). Na fase inicial, chamada de "protesto", a criança mostra sinais de angústia: choro, raiva e medo. Durante toda a segunda fase, "desespero", a criança exibe crescentes níveis de desesperança, desengajamento e isolamento. Durante a fase final, denominada "desapego", a criança mostra ausência de comportamentos de apego quando reunida à mãe, além de expressões neutras e desprovidas de emoções.

Barach (1991) apresentou uma conexão entre os termos desapego (Bowlby, 1973/1980) e dissociação. De acordo com Liotti (1992), o desapego é resultante da indisponibilidade física e emocional prolongadas do cuidador.

Se estas interações recíprocas entre pai e filho tornam-se dominantes, sem que o cuidador proporcione oportunidades de reparação, os estados dissociativos podem tornar-se sensibilizados. De acordo com Perry et al. (2009), os cérebros das crianças estão passando por períodos cruciais de organização e desenvolvimento. Como resultado, se ela entra em estados dissociativos com frequência, estas redes neurais tornam-se sensibilizadas, de forma que estímulos menos intensos são requeridos para gerar novos estados dissociativos.

Evitativo	Ambivalente	Desorganizado
• Cuidador emocionalmente indisponível, rejeitador e não responsivo. • Minimiza e limita oportunidade para conexão e interação. • Há uma "desativação" do sistema de apego e da necessidade de conexão. • Em crianças mais velhas, negação, forte dependência na autorregulação. • Tendência aos estados vagal dorsal parassimpático.	• Cuidador intermitentemente disponível e responsivo. • Cuidador intrusivo e com dificuldade em diferenciar. • Cuidador não responde contingentemente às necessidades da criança. • Respostas do cuidador são voltadas para preencher suas necessidades e não às da criança. • Há uma "supertivação" do sistema de apego. • Forte dependência na regulação interativa. Criança carente e apegada que não é acalmada pela presença do cuidador. • Tendência aos estados simpáticos.	• Cuidadores exibem comportamentos amedrontados, dissociados, inapropriados e assustadores. • Abuso físico, sexual e emocional. • Cuidador tem dificuldade em regular afeto e em regular a criança. • Presença de dissociação. • Estilo controlador da interação nas relações. • Sistema de engajamento social subdesenvolvido e indisponível. • Grande dificuldade na geração de laços sociais. • Experimenta estados de ativação "muito altos" ou "muito baixos".

Figura 1.3 - Categoria de Apego Inseguro

Dados adaptados de Main, 1995; Cassidy. 1999; Siegel, 1999, 2010.

De acordo com Main (1995), pais assustadores criam um conflito impossível de ser resolvido pela criança, porque ela quer, simultaneamente, procurar os pais para obter segurança e satisfação e, ao mesmo tempo, deseja afastar-se deles, pois representam uma fonte de perigo. Como resultado deste dilema, são gerados comportamentos de apego desorganizados e incongruentes. Consequentemente, a criança desenvolve modelos internos de funcionamento do Eu fragmentados e incoerentes (Main, 1995). De acordo com Liotti (1992), estes modelos incoerentes e contraditórios do Eu e a figura de apego não podem ser integrados em razão de sua natureza divergente. Mais recentemente, Schore (2009) mostrou como o cuidador primário induz níveis de ativação extremos e prolongados sem reparo interativo, tornando-se a fonte de perigo e ativando, ao mesmo tempo, tanto o sistema de apego quanto o de defesa. Incapaz de escapar, a criança sente-se desamparada e sem esperança, sendo sua única opção, neste ponto, o desengajamento e o isolamento do mundo exterior. Este estado de submissão e imobilização hipoativada parece ser responsável pela formação inicial de estados dissociativos. De acordo com Schore (2009), "as reações psicobiológicas da criança ao estresse traumático são compostas por dois padrões separados de resposta: hiperativação e dissociação. O paraíso de segurança materno torna-se, subitamente, uma fonte de ameaça. Este estressor materno ativa o eixo de estresse hipotalâmico-pituitário-adrenal (HPA) da criança provocando, assim, um aumento súbito do componente simpático que demanda energia do SNA da criança" (p. 120). Neste mesmo sentido, Schore fala sobre uma segunda reação ao trauma relacional: dissociação. "Esta resposta de formação tardia é dominada por um sistema parassimpático no qual a criança torna-se sem esperanças e indefesa, deslocando-se para um desligamento metabólico" (p. 120). Como visto no modelo do PAI, estas interações desreguladas -- que ativam respostas simpáticas e vagal-dorsal parassimpáticas -- estão enraizadas e impressas em padrões de atividade neural no cérebro, permanecendo não-processadas, desintegradas e isoladas de outros sistemas de memória de formação tardia contendo informação adaptativa.

Por outro lado, Barach (1991) trouxe as implicações etiológicas da ocorrência de interações pai-filho, em que o cuidador não é responsivo. Estas experiências podem definir o cenário para a dependência de respostas dissociativas. De acordo com Dutra, Bianchi Lyons-Ruth & Siegel (2009), num estudo longitudinal, a hostilidade materna ou os comportamentos assustadores podem não ser os indicadores mais fortes da progressão da dissociação. "Ao invés disso, a falta de envolvimento afetivo materno positivo, a indiferença afetiva materna e a comunicação materna comprometida foram os mais fortes fatores preditivos de dissociação na vida adulta jovem" (p.87). A transmissão intergeracional do trauma de apego tem sido descrita por diversos autores (Hesse & Main, 2006; Liotti, 2009). De acordo com Hesse e Main (2006), quando a figura de apego exibe estados dissociativos, isto ativa o sistema de alarme da criança. "Durante esses episódios de transmissão intergeracional do trauma de apego, a criança está combinando as estruturas rítmicas dos estados desregulados da mãe...O enorme e contínuo estresse psicobiológico associado ao trauma de apego desregulado prepara o palco para o uso da dissociação patológica inconsciente do cérebro direito, como traço de caráter, em todos os períodos subsequentes do desenvolvimento humano" (p.123).

De acordo com o modelo do PAI, as interações assincrônicas e desreguladas entre pai-filho criam padrões de disparo neural que se tornam reforçados à medida que são ativados diversas vezes ao longo dos momentos de interação de apego traumático com os cuidadores. Mais tarde, quando diante de estímulos desencadeadores, estes padrões de atividade neural são iniciados juntamente com suas ativações autonômicas típicas. Adicionalmente, ambientes negligentes não provêm a matéria-prima necessária para a construção do Eu, tornando-nos "vulneráveis à criação de um senso de subjetividade frágil, pobremente simbolizado e não moderado..." (Sleed & Fonagy, 2010, p. 156). Experiências de permanecer invisível, desconhecido, não ouvido, não sentido e não reconhecido pelos pais são inseridas dentro da malha das redes neurais do cérebro que formam a base e a fundação da nossa identidade. "O trauma mais profundo ocorre quando um ambiente negligente não oferece nada para a criança trabalhar, sendo apenas ela mesma o material para a construção de uma imagem própria" (Sleed & Fonagy, 2010, p. 156).

De acordo com Liotti (2009), "as comunicações parentais assustadoras ou confusas, mas não obviamente maus-tratos à criança, podem iniciar processos de dissociação mental. Na infância, a dissociação patológica representa uma falha primária na organização de modelos múltiplos e incongruentes do Eu e do outro em estados mentais unitários e estados comportamentais coerentes ao invés de uma defesa intrapsíquica contra dores insuportáveis de experiências severamente traumáticas" (p.56). Estes comportamentos parentais confusos, incongruentes e desorganizados podem ser o resultado de condutas iniciadas pela ativação de redes neurais contendo informações sobre o trauma não resolvido e sobre a perda do cuidador. De acordo com Shapiro (1995/2001), quando memórias de trauma e adversidade são ativadas, elas permanecem isoladas, incapazes de se conectarem com outros sistemas de memórias contendo informações adaptativas. Pelo fato destas memórias não serem assimiladas em um sistema mais amplo de memória adaptativa, o indivíduo permanece preso, vivendo o presente como se o passado ainda estivesse ocorrendo. Consequentemente, as crianças irão perceber fatores de estresse e demandas do ambiente presente através de lentes do passado.

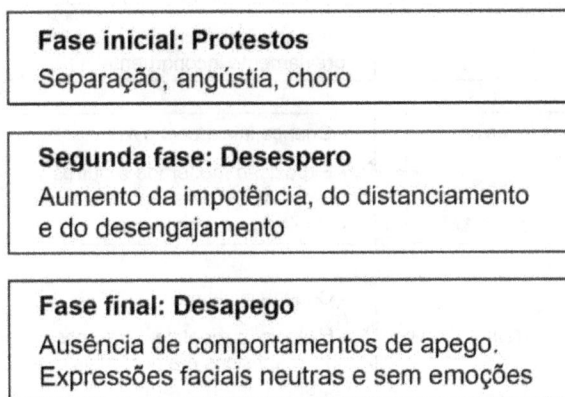

```
┌────────────────────────────────────────┐
│ Fase inicial: Protestos                 │
│ Separação, angústia, choro              │
└────────────────────────────────────────┘

┌────────────────────────────────────────┐
│ Segunda fase: Desespero                 │
│ Aumento da impotência, do distanciamento│
│ e do desengajamento                     │
└────────────────────────────────────────┘

┌────────────────────────────────────────┐
│ Fase final: Desapego                    │
│ Ausência de comportamentos de apego.    │
│ Expressões faciais neutras e sem emoções│
└────────────────────────────────────────┘
```

Figura 1.4 - Respostas das crianças à perda e separação

O Modelo Etiológico de Dissociação de Liotti – Multiplicidade de Estados de Ego

De acordo com Liotti (2006/2009), o desenvolvimento de formas de dissociação de leves a severas tem início com o apego desorganizado (AD). Entretanto, dependendo da presença de outros fatores de risco e da integração das memórias paternas de traumas não resolvidos e perda, a criança com AD pode seguir três diferentes caminhos que culminam no desenvolvimento da saúde mental plena ou no transtorno dissociativo (Figura 1.5).

Enquanto os sistemas de memória do cuidador permanecem não processados e não integrados, a criança pode continuar sendo exposta às mesmas experiências que geraram a base para o desenvolvimento de mecanismos dissociativos. O caso a seguir exemplifica como a ativação de sistemas neurais mal adaptativos do cuidador perpetua a exposição da criança a modelos múltiplos e incongruentes do Eu e do outro. Uma menina de 8 anos de idade, adotada aos 2 anos, foi trazida para a terapia pelos seus pais adotivos. Ela tinha ataques extremos de raiva, principalmente direcionados à sua mãe, a quem ofendia com palavrões e até mesmo com ameaças de morte. A criança relatou não ter nenhuma lembrança dos momentos de fúria e dos seus desdobramentos.

As "linhas de crise"[7] foram chamadas várias vezes e foram necessárias frequentes internações hospitalares. Uma variedade de medicamentos foi usada sem sucesso e, algumas vezes, a troca frequente da medicação piorava as coisas para a criança e para toda a família. Os pais receberam psicoeducação extensiva na terapia e foram informados sobre as estratégias que deveriam utilizar durante os ataques de raiva da filha. Após investigar passo a passo as interações entre os pais e a criança, a mãe afirmou ter vivido uma história extensiva de abusos por parte dos seus pais. Assim, quando sua filha tornava-se agitada e a xingava, não era mais ela em seu estado adulto; ela sentia-se novamente vitimizada, percebendo a filha como o perpetrador. Como resultado, a mãe era incapaz de responder como mãe adulta que era enquanto utilizava as estratégias fornecidas na terapia. Segundo o pai da criança, a mãe ficava completamente alterada durante os episódios de confronto com sua filha.

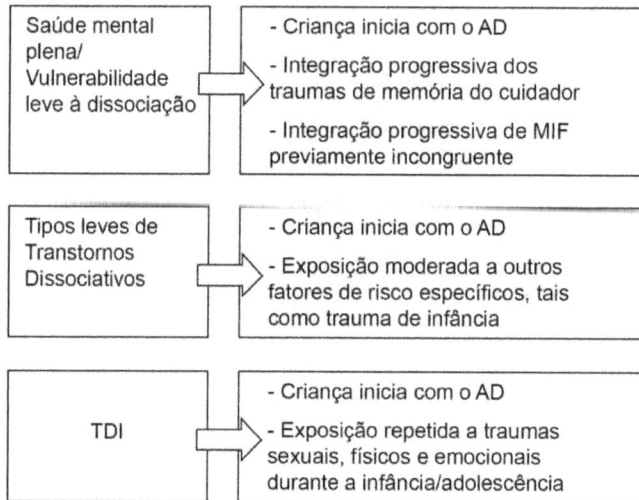

Saúde mental plena/ Vulnerabilidade leve à dissociação	- Criança inicia com o AD - Integração progressiva dos traumas de memória do cuidador - Integração progressiva de MIF previamente incongruente
Tipos leves de Transtornos Dissociativos	- Criança inicia com o AD - Exposição moderada a outros fatores de risco específicos, tais como trauma de infância
TDI	- Criança inicia com o AD - Exposição repetida a traumas sexuais, físicos e emocionais durante a infância/adolescência

Figura 1.5 - modelo Etiológico de Dissociação de Liotti.

Nota: AD - apego desorganizado; TDI - transtorno dissociativo de identidade; MIF - modelos internos de funcionamento

Ainda de acordo com ele, algumas vezes a mãe tornava-se extremamente medrosa e agia como uma "pessoa mais nova". Em outros momentos, tornava-se agitada, gritava e ameaçava abandonar a filha. Depois destes confrontos, a mãe sentia-se extremamente culpada e, para compensar, permitia que ela fizesse o que quisesse, incluindo comer doces

---

[7] NT: Linhas de Crise são centrais telefônicas que funcionam 24 horas por dia, todos os dias da semana fornecendo ajuda imediata a indivíduos, familiares e amigos de pessoas em crise emocional.

em excesso ou quebrar regras importantes da casa. Além disso, como resultado da sua incapacidade para administrar o afeto da filha, ela **se** sentia extremamente incompetente quando ela a ameaçava. Diante disso, ela telefonava constantemente para as "linhas de crise", mesmo quando não havia perigo iminente. Segundo a criança, as frequentes ligações de sua mãe para as linhas de emergência, visitas a médicos e profissionais de saúde mental fizeram com que ela se sentisse "má", "anormal" e "doente". Relatou, ainda, ter de ouvir constantemente sua mãe ao telefone repetindo todos os seus "maus" comportamentos e o quanto ela era problemática. O pai, por sua vez, quando a criança estava agitada, mantinha-se afastado e distante. Algumas vezes, ele também ficava agitado e continha a criança usando força física.

Apesar de todos os esforços realizados pelos diversos terapeutas que trabalharam com esta família ao longo de anos, nenhuma melhora foi obtida. Na verdade, as coisas continuaram a se intensificar e pioraram.

Ao se analisar este quadro clínico, fica claro como o passado dos pais e suas próprias experiências de apego inibiram sua capacidade de mentalização (Fonagy & Target, 1997; Sleed & Fonagy, 2010), expondo a criança, como resultado, a numerosos modelos contraditórios e incongruentes do Eu e do outro. A menos que os pais consigam assimilar, integrar e resolver apropriadamente seus traumas passados, suas respostas irão apenas continuar a desregular ainda mais esta criança, promovendo desorganização interna e estados dissociativos. Se a mãe continuar a responder à criança como se ela fosse às vezes um perpetrador, uma vítima ou uma salvadora, sua filha provavelmente não terá a oportunidade de desenvolver sistemas de memória contendo representações apropriadas e saudáveis do Eu e do outro. De acordo com Liotti (2009), a metáfora do triângulo dramático pode ajudar a retratar a natureza central dos modelos múltiplos e incongruentes do Eu, à medida que a criança pode experienciar, por vezes, ser uma vítima e os pais perpetradores. Ao mesmo tempo, os pais podem ser representados como salvadores (Figura 1.6). Estes, de acordo com Liotti, são os três principais tipos de auto-representação. Como definido por Liotti (2009), "dissociação patológica da infância para a idade adulta é a coexistência de estados de ego reciprocamente segregados e contraditórios" (p.56).

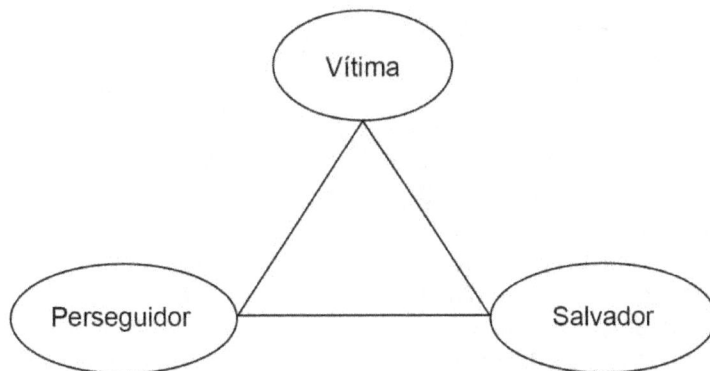

O modelo da dissociação Estrutural

Figura 1.6 - Tipos de representações do Eu e do outro em modelos internos de funcionamento desorganizados. Fonte: Adaptado de Liotti (2009).

A Teoria da Dissociação Estrutural, a Terapia EMDR e o Modelo do PAI

A teoria da dissociação estrutural da personalidade (van der Hart et al., 2006) é baseada na visão da dissociação, de Pierre Janet, como sendo uma divisão entre sistemas que constituem a personalidade de um indivíduo. De acordo com esta teoria, a personalidade é vista como um sistema "formado por vários estados ou subsistemas psicobiológicos que funcionam de maneira coesa e coordenada" (van der Hart et al., 2006, p.2), também descrita por eles como um "sistema biopsicossocial dinâmico como um todo, que determina características mentais e ações comportamentais [do indivíduo]" (Nijenhuis & van der Hart, 2011, p. 418). Segundo a teoria da dissociação estrutural, dois tipos básicos de sistemas de ação compõem, em grande medida, a personalidade de um indivíduo: sistemas de ação que dão suporte à adaptação e sistemas de ação que defendem o indivíduo contra grandes perigos ou ameaças. A falta de coesão e de integração entre eles, como resultado do trauma, constitui o núcleo da teoria da dissociação estrutural. Como resultado desta divisão da personalidade, pode-se ver a presença de partes dissociativas que são mediadas por subsistemas de ação tais como: sistemas de fuga, luta e submissão/desligamento. A dissociação implica a coexistência de partes dissociativas da personalidade, cada qual com seu próprio senso de Eu e perspectiva de primeira pessoa: a Parte Aparentemente Normal da Personalidade (PAN) é guiada por sistemas de ação de adaptação e vida diária, sendo, ao mesmo tempo, fixada em evitar as memórias traumáticas. Por outro lado, a chamada Parte Emocional da Personalidade (PE) é guiada por um subsistema de ação de defesa e pelos sistemas de ação ativados quando o evento traumatizante ocorreu. Segundo a teoria da dissociação estrutural, trauma precoce e crônico ativa sistemas de ação psicobiológicos que, como resultado dos altos níveis de estresse e ativação, permanecem não integrados.

O Modelo do PAI de Shapiro também propõe que altos níveis de perturbação resultantes de experiência traumática inibem e evitam que o sistema de processamento da informação assimile e integre apropriadamente a experiência em redes de memória adaptativas e abrangentes. Isto resulta em memórias não processadas que permanecem não integradas e propensas a serem ativadas na presença de estímulos ambientais relacionados ao trauma.

A dissociação estrutural se estende de leve e simples à severa, com uma divisão mais complexa da personalidade (van der Hart et al., 2006).

1. **Dissociação primária da personalidade.** É considerada como a forma mais simples de dissociação, com a presença de uma única PAN e de uma única PE. Isto é observado em casos simples de Transtorno de Estresse Agudo (TEA), TEPT simples e em tipos simples de transtornos dissociativos.

2. **Dissociação secundária da personalidade.** Este tipo de dissociação ocorre na presença de eventos traumatizantes persistentes e/ou cada vez mais devastadores. A integração de diversos subsistemas de defesa animal é minimizada. Isto é observado no caso de TEPT complexo, também conhecido como Transtornos de Estresse Extremo Sem Outra Especificação (TEESOE), Transtorno Dissociativo Sem Outra Especificação (TDSOE) e Transtorno de Personalidade *Borderline* relacionado a trauma.

3. **Dissociação terciária da personalidade.** Neste tipo de dissociação, em adição à divisão da PE, também há uma divisão da PAN. De acordo com van der Hart et al.

(2006), este tipo de dissociação também é observado em casos de transtorno dissociativo de identidade (TDI).

Ainda segundo van der Hart et al. (2006), um dos principais objetivos do processo terapêutico com indivíduos que apresentam dissociação estrutural é a síntese, a realização, a presentificação e a personificação que correspondem não apenas à integração e à assimilação da experiência traumática, mas também ao crescimento continuado da personalidade. "A síntese inclui a vinculação e a diferenciação de percepções sensoriais, movimentos, pensamentos, afetos e um senso do Eu" (p.11). A realização envolve a ação mental de aceitar plenamente e desenvolver a consciência da realidade, de modo que o indivíduo possa refletir e **se** adaptar a esta realidade presente. Frequentemente, sobreviventes de traumas ou se fixam em evitar tais memórias, e assim perdem a percepção completa de que aquilo realmente aconteceu com eles, ou vivem completamente emaranhados com o passado, não percebendo que ele já passou. A integração de memórias traumáticas envolve a personificação, que se refere à "integração da experiência com um senso de posse explícito e pessoal" (van der Hart et al., 2006, p. 12) e à presentificação, o que significa "estar firmemente enraizado no presente, integrando seu passado, presente e futuro" (p. 12). Segundo esta teoria, todos estes são aspectos importantes da plena integração das memórias traumáticas.

Tanto no modelo do PAI quanto na teoria da dissociação estrutural, o objetivo fundamental do tratamento é a ligação, a assimilação e, finalmente, a integração de memórias traumáticas que foram fisiologicamente codificadas no cérebro (Shapiro, 1995, 2001). Com base no modelo do PAI, o cérebro e os sistemas biológicos são moldados pelas experiências que são codificadas em diferentes formas de memória, implícita e explícita. Memórias de trauma seguirão uma via de codificação implícita e isolamento em relação a outras informações adaptativas e positivas. A PE no modelo do PAI representa redes de memória contendo emoções, pensamentos, sensações e metapercepções de eventos adversos e traumatizantes que não foram integradas em uma memória autobiográfica coerente (a teoria da dissociação estrutural acrescenta que PEs, assim como qualquer outra parte dissociativa, possuem sua própria perspectiva de primeira pessoa). A PE no modelo do PAI também representa respostas de defesa animal diminuídas de luta, fuga, congelamento e imobilização-desligamento que ocorrem durante o evento traumatizante. Além disto, estas respostas contêm os mecanismos de enfrentamento potencialmente autodestrutivos utilizados para proteger e modular o afeto resultante da ativação destes sistemas de memória que guardam material traumatogênico. Com base na teoria da dissociação estrutural, a PE e a PAN possuem várias respostas biológicas e psicológicas, sendo que a PE exibe a ativação de sistemas episódicos de memória e a PAN a ativação de sistemas semânticos de memória (Nijenhuis & van der Hart, 2011).

A meu ver, a PAN é representada no modelo do PAI por sistemas de memória que contêm os mecanismos de adaptação utilizados pelo indivíduo para suprimir, administrar e evitar as memórias de trauma existentes. Isto é alcançado por meio da evitação e manutenção das memórias de trauma distantes, compartimentadas e isoladas. Na teoria da dissociação estrutural, a evitação é conceituada como ações mentais associadas à fobia da memória traumática e fobia das partes dissociativas da personalidade (Nijenhuis & van der Hart, 2011; van der Hart et al, 2006). Promover e facilitar a ligação, a conexão e a assimilação final de tais sistemas de memória, a fim de que eles possam ser integrados em um senso de Eu saudável, é um importante objetivo da Terapia EMDR. Isto permitiria, como relatado por van der Hart et al. (2006), a síntese, a personificação, a presentificação e a realização das experiências traumáticas. A teoria da dissociação estrutural propõe um tratamento orientado em fases, envolvendo a integração de ações e os conteúdos mentais temidos e evitados pelo indivíduo. Durante a fase inicial do tratamento, o terapeuta ajuda o cliente a superar a fobia de ações e conteúdos mentais, fobia de PEs, fobia de PANs um para o outro, fobia de apego, assim como para melhorar o nível de funcionamento das PANs, por exemplo, por meio do treinamento de habilidades (van der Hart et al., 2006). Adicionalmente, o trabalho de acesso direto ao trauma, na fase 2, só é realizado quando a capacidade de integração do indivíduo foi adequadamente melhorada. A última fase do tratamento envolve a integração da personalidade. A Terapia EMDR é, também, uma abordagem de tratamento em fases, objetivando, nas iniciais, o aprimoramento das capacidades regulatórias e integrativas do indivíduo. O terapeuta de EMDR trabalha diligentemente no desenvolvimento de um relacionamento terapêutico baseado na sintonia, ressonância e segurança, assim como na assistência ao cliente para que este supere a "fobia do trauma", ajudando-o a melhorar recursos existentes e a desenvolver novos. Estratégias avançadas também são utilizadas para auxiliar o cliente a explorar, acessar, processar e finalmente integrar sistemas de memória contendo material traumático. O objetivo final tanto da teoria da dissociação estrutural quanto da Terapia EMDR pode ser compreendido como uma integração da personalidade e de seus sistemas de memória.

A Terapia EMDR e o Modelo Neurosequencial de Terapia

O Modelo Neurosequencial de Terapia (MNT) desenvolvido pelo Dr. Bruce Perry e colegas fornece conhecimentos valiosos em relação a intervenções terapêuticas apropriadas que se seguem aos princípios fundamentais do neurodesenvolvimento. Estes princípios são extremamente relevantes e podem enriquecer o trabalho que precisa ser feito durante as diferentes fases da Terapia EMDR, especialmente durante a etapa de preparação. De acordo com o modelo MNT, um elemento crítico do sucesso terapêutico é o fornecimento de atividades que correspondam e combinem com os estágios de desenvolvimento e com as necessidades fisiológicas das crianças traumatizadas. Segundo McLean (1985/1990), quando respostas traumáticas são ativadas, o cérebro reptiliano mais primitivo sequestra as partes superiores do cérebro. Diante do exposto, antes que memórias adversas e traumáticas possam ser acessadas e reprocessadas, partes inferiores do cérebro precisam ser reguladas (Perry, 2006). De acordo com Perry (2006), como as respostas traumáticas se originam no tronco cerebral e no diencéfalo, quando estas partes inferiores estão mal reguladas, elas também alteram e desregulam as partes superiores. A ativação de sistemas de memória contendo material traumatogênico em crianças com histórico de trauma precoce e crônico será acompanhada pela ativação de estruturas cerebrais intimamente conectadas com processos regulatórios. Se o trauma ocorreu quando os circuitos cerebrais que coordenam a regulação e a sobrevivência estavam se desenvolvendo, o funcionamento apropriado de longo prazo destes sistemas pode ficar comprometido. A regulação do tronco cerebral deve ser iniciada precocemente na Terapia EMDR e deve continuar ao longo das suas oito fases. Entretanto, a sequência das atividades terapêuticas terá um maior impacto no resultado da terapia se elas espelharem o desenvolvimento normal do cérebro (Perry, 2006). Assim, Perry sugere que se inicie a terapia com atividades que modulem o tronco cerebral. Na verdade, ele considera a Terapia EMDR como uma das formas de tratamento que auxilia na modulação das partes inferiores do cérebro. Ainda de acordo com Perry, tratamentos e atividades, tais como, música, dança, Terapia EMDR e massagens, dentre outras, podem ajudar a regular o tronco cerebral. Diante disso, antes que uma criança altamente traumatizada possa responder a recursos mais cognitivos, pode ser necessário utilizar atividades e estratégias direcionadas à regulação e ao trabalho com as partes inferiores do cérebro.

Uma Tipologia para a Terapia EMDR: Conceituação de Casos

Após terminar meu treinamento inicial na Terapia EMDR e utilizá-la em vários casos, comecei a perceber que algumas crianças respondiam muito bem e em períodos relativamente curtos de tempo, enquanto outras ou recusavam o tratamento ou apresentavam sintomas que pioravam após uma sessão de reprocessamento usando EMDR. Também notei estar usando uma abordagem padronizada na prática clínica com crianças ao usar a Terapia EMDR. Como resultado, estava manuseando muitas crianças com traumas complexos e capacidades limitadas e reduzidas de tolerar afetos relativos ao processamento de trauma, quando elas ainda não estavam prontas para tal. Comecei, então, a criar categorias que pudessem me ajudar a compreender melhor as necessidades de cada criança, a organizar mais efetivamente os planos de tratamento e a conceituar cada caso de maneira mais eficiente. Desenvolvi uma tipologia que me permitiu organizar o ambiente clínico de cada cliente, gerando expectativas apropriadas em termos da quantidade de trabalho e de tempo necessário para se caminhar ao longo das oito fases da Terapia EMDR.

Casos do Tipo 1

As crianças que se enquadram nesta categoria clínica chegam à terapia com um único ou poucos eventos traumáticos. De forma geral, elas apresentam experiências positivas de apego e recursos internos e externos que podem acessar durante momentos de ativação. Apesar das experiências de trauma e/ou adversidade e do quanto podem estar sintomáticas no presente, elas apresentam níveis apropriados de estabilização e habilidade para usar estratégias autorregulatórias e de aproximação. Redes neurais contendo informações associadas a um senso saudável de segurança e representações apropriadas do Eu e do outro estão presentes no sistema da criança que tende a ter sucesso para encontrar o lugar seguro. Assim, o protocolo de EMDR para o lugar calmo-seguro é normalmente usado sem nenhuma dificuldade, pois a criança não só é capaz de encontrar um lugar seguro, acessá-lo e usá-lo eficientemente como uma estratégia de mudança de estado, como também de mover-se rapidamente em direção ao reprocessamento das memórias de trauma e adversidade. A fase de preparação é geralmente curta e o reprocessamento de material perturbador tende a ser direto, à medida que a criança é capaz de reprocessar diversas memórias, uma após a outra. Em suma, estas crianças têm capacidade de tolerar afetos positivos e negativos e suas Janelas de Tolerância permitem a elas um acesso precoce ao material traumatogênico.

De acordo com Shapiro (2011), durante o reprocessamento por EMDR, síntese e conexões de sistemas de memória acontecem com a consequente assimilação e integração de tais redes neurais em outros sistemas adaptativos de memória, no cérebro. Considerando-se que estas crianças possuem redes de memória contendo informação adaptativa, a assimilação de memórias do trauma tende a ocorrer espontânea, rápida e eficientemente durante as sessões de reprocessamento com o EMDR.

Adicionalmente, o(s) pai(s) destas crianças podem possuir as qualidades que lhe(s) permite(m) promover segurança de apego, reduzindo o tempo que o terapeuta precisará dedicar ao trabalho com este sistema familiar. . Pais com capacidade para sintonizar, mentalizar e sincronizar com suas crianças reduzem significativamente a quantidade de tempo dedicado ao trabalho, diretamente aos cuidadores, durante a fase de preparação da Terapia EMDR. Ademais, nesses casos, frequentemente o pai ou o cuidador não é o agente causador do trauma. Entretanto, se o pai contribuiu de alguma forma para o atual quadro clínico da criança, pais nesta categoria tendem a participar mais ativamente.

Em geral, o tempo necessário para a preparação tende a ser mínimo nesta categoria, com a criança respondendo bem ao lugar seguro e aos protocolos de recurso. Quando crianças nesta categoria possuem redes neurais com informação positiva e adaptativa, o reprocessamento de eventos perturbadores tende a não encontrar muita "turbulência".

Casos do Tipo 2

Estas crianças possuem apresentações clínicas mais complexas, tais como múltiplas experiências traumáticas e um sistema familiar com áreas identificáveis de disfunção. Apesar do trauma que sofreram, elas possuem grande resiliência ou algumas experiências de apego pregressas positivas com pelo menos um dos seus cuidadores. A despeito dos padrões disfuncionais da família, ambos os cuidadores – ou pelo menos um deles – estão abertos e desejosos de participar ativamente na terapia. Estas crianças podem apresentar alguma dificuldade para identificar recursos e o lugar seguro. Quando se utiliza o lugar calmo-seguro e os protocolos de desenvolvimento de recursos, eles podem se tornar contaminados, na medida em que a criança acessa rapidamente elementos negativos e o afeto desregulado associado aos mesmos. Uma fase de preparação mais extensiva pode ser necessária para expandir sua capacidade de modular e tolerar afeto. Adicionalmente, a fase de preparação pode incluir algum nível de trabalho com o cuidador e com o sistema familiar, em geral. Pode haver, também, a necessidade de envolver outros profissionais para atender apropriadamente as necessidades da criança e da família. No entanto, algumas destas crianças, em razão de sua capacidade de resiliência, podem ser capazes de **se** moverem rapidamente para o reprocessamento das memórias perturbadoras. Já algumas outras podem necessitar da exposição gradual, do fracionamento ou do desmembramento das memórias de sofrimento e de trauma durante as fases de reprocessamento da Terapia EMDR.

Casos do Tipo 3

Estas crianças tendem a ser as mais difíceis de tratar e de se engajarem na Terapia EMDR, podendo apresentar traumas precoces crônicos e severos. Provavelmente, apresentem estratégias de apego desorganizado e sintomas dissociativos de moderados a severos. A presença de comorbidade é alta, assim como a ocorrência de comportamentos autodestrutivos e estratégias de regulação. O sistema familiar é frequentemente caótico, altamente desregulado ou ausente. A presença de agências prestadoras de serviços de proteção à criança e de agentes de custódia podem tornar as apresentações clínicas ainda mais complicadas. Com frequência, a presença de transtorno de apego reativo, transtornos de humor e transtornos dissociativos, aliados ao diagnóstico incorreto do trauma implícito, faz com que estas crianças permaneçam no sistema de saúde mental por anos sem que nenhum ganho terapêutico real ocorra. Fragmentação, emoção invasiva e desregulação fisiológica, acompanhadas de Janelas de Tolerância a afetos muito estreitas são, em geral, predominantes nestas crianças. Os recursos internos e de redes neurais contendo informação adaptativa e apropriada sobre o Eu e o outro ou não estão presentes ou são muito escassos. Assim, nestas apresentações clínicas, o uso do tratamento de EMDR tende a ser mais intrincado e variado. Em geral, o tratamento não é um processo linear que vai da geração de recursos ao reprocessamento. Ao invés disso, o terapeuta pode ter de mover-se da geração de recursos para o reprocessamento e então voltar para a geração de recursos. Os sintomas dissociativos podem tornar-se um desafio para essas crianças ficarem presentes e manter a consciência plena. Como resultado, a fase de preparação e as de reprocessamento podem exigir a utilização de estratégias avançadas para manter a atenção dual destas crianças, assim como para mantê-las dentro das janelas apropriadas de tolerância afetiva.

Para auxiliar os terapeutas na conceituação e compreensão do nível de participação e duração do tratamento para cada uma das topologias acima descritas, costumo utilizar a analogia dos "dentes" e do "bife". Os dentes representam os recursos e o bife a quantidade de trauma. Crianças com apresentações clínicas do tipo 1 chegam com todos os seus dentes em boas condições. Caso recebam um pedaço de bife, elas serão capazes de mastigá-lo sem engasgar e sem muita assistência do terapeuta. As crianças com apresentações clínicas do tipo 2 chegam à terapia com vários dentes faltando e grandes pedaços de bife que precisam ser digeridos. Então, precisarão receber "dentaduras" para poder mastigar o bife; ou, talvez, o terapeuta corte o bife para elas, pois, de outra forma, poderiam engasgar ao tentar mastigá-lo. Já as crianças que apresentam condições clínicas do tipo 3 chegam à terapia com pouquíssimos dentes ou nenhum, podendo também apresentar medo extremo do bife. Assim, será necessário realizar uma preparação extensiva para ajudá-las a superar o medo do bife, enquanto elas "colocam" dentaduras. O terapeuta poderá ter de usar estratégias de distanciamento ou começar com quantidades mínimas de bife para auxiliar estas crianças a serem bem-sucedidas em seu tratamento de EMDR. O fracionamento, o desmembramento ou a graduação do material traumático pode ser necessário, assim como uma quantidade suficiente de trabalho para alcançar níveis apropriados de estabilização antes do reprocessamento das memórias traumáticas.

Esta tipologia não tem a intenção de ser rígida e limitar toda criança a apenas uma destas três categorias. Pelo contrário, tem a intenção de iluminar o uso efetivo da Terapia EMDR com vários e diversos tipos de clientes e famílias, assim como auxiliar os terapeutas a desenvolver sua habilidade em conceituar apropriadamente os casos. Respeitar o ritmo e a velocidade de cada criança para se mover por meio das oito fases da Terapia EMDR é um ponto crítico. Para aumentar a eficácia do tratamento, os terapeutas de EMDR que trabalham com crianças devem ser flexíveis e se ajustarem a diferentes ritmos terapêuticos, indo rápido com algumas crianças e adotando um passo mais lento com outras. Em suma, esta tipologia tem a intenção de respeitar o ritmo e o passo de cada criança, não o do terapeuta. Alguns profissionais podem ter a necessidade de trabalhar em ritmo muito veloz para obter resultados o mais rapidamente possível, mesmo quando isto desrespeita o ritmo da criança. Já outros podem querer ir sempre bem devagar, não pela criança necessitar deste ritmo, mas por temer os seus afetos durante o trabalho com a Terapia EMDR.

Além disso, algumas crianças aparentando casos que se encaixam nas apresentações do tipo 3 são incrivelmente resilientes e, como resultado, são capazes de se moverem com relativa rapidez até o reprocessamento das memórias-alvo. Por isso, é de extrema importância enxergar cada criança como um indivíduo único, com qualidades e características muito distintas, e não simplesmente colocá-las dentro de protótipos estereotipados. Manter a mente aberta e a habilidade para compreender a individualidade e o ritmo de cada criança, além de se manter atento ao quadro clínico durante o atendimento para melhorar a prática clínica, são ações altamente encorajadas.

Este livro visa fornecer uma ampla revisão sobre como usar a Terapia EMDR efetiva e eficientemente em relação aos casos dos tipos 2 e 3. Objetiva, ainda, promover uma extensa gama de estratégias que podem ajudar a melhorar os resultados dos trabalhos realizados com crianças difíceis de tratar.

Sumário e Conclusões

Traumas complexos incluem a ocorrência de trauma precoce e crônico e de adversidades, envolvendo, frequentemente, interações assincrônicas e desreguladas entre a criança e seu cuidador. As mais recentes pesquisas e teorias neurocientíficas dão suporte à ideia de que o desenvolvimento do Eu está alta e intimamente conectado às experiências repetitivas com seus cuidadores. Nossa compreensão do modelo do PAI, que apoia e dá sentido ao trabalho realizado com a Terapia EMDR, tem se expandido por meio de princípios e descobertas advindos da teoria polivagal (Porges, 2011), da neurobiologia afetiva (Panksepp, 1998, 2009), da teoria do apego (Bowlby, 1973/1980; Ainsworth, 1967; Main, 1978) e da neurobiologia interpessoal (Siegel, 1999, 2010). Compreender a intrincada conexão entre as experiências precoces de apego, o desenvolvimento de sistemas biológicos e também os circuitos cerebrais é essencial quando se trabalha com casos de trauma complexo. Apesar de o organismo humano chegar ao mundo dotado de sistemas biológicos similares, estes são moldados pelo ambiente e pelas experiências que os circundam, especialmente no início da vida. Assim, a forma como estes sistemas funcionam mais tarde e respondem às demandas do ambiente pode ser diferente para cada indivíduo. O modelo do PAI fornece uma visão de saúde e de patologia enraizadas nos sistemas de memória. Estas redes de memória se tornam a base e o alicerce para o desenvolvimento do Eu. Além do mais, a Teoria Polivagal ilumina a íntima e intrincada conexão entre o sistema nervoso central, as estruturas cerebrais e o corpo. Por meio dos ramos aferentes e eferentes do SNA, o cérebro e o corpo estão intimamente conectados. Quando sistemas de memória contendo material traumatogênico estão num estado de ativação, o corpo também está. A Terapia EMDR acessa aspectos cognitivos, afetivos e somáticos das memórias de trauma, estimulando simultaneamente o processamento de informação cognitiva, emocional e somática. Dessa forma, terapeutas de EMDR devem ser peritos em agir como testemunhas e, por vezes, como participantes ativos em auxiliar as crianças a acessarem os diferentes níveis e modos do processamento de informações. Necessitam, também, ser competentes na compreensão precisa do modelo do PAI, das teorias atuais e das pesquisas que dão suporte e aumentam nossa confiança neste modelo.

Capítulo 2 - Fase Um: História do Cliente e Planejamento do Tratamento

Desenvolvendo o Panorama Clínico

Os princípios básicos da Fase 1 são:
- Desenvolver a aliança terapêutica;
- Determinar se o cliente está apto ao tratamento de dessensibilização e reprocessamento por meio de movimentos oculares (EMDR);
- Determinar se o nível de especialização do psicoterapeuta é apropriado para a complexidade do caso;
- Coletar um desenvolvimento minucioso, assim como um histórico médico e psicossocial;
- Desenvolver um plano de tratamento viável e a conceituação de caso.

Os objetivos listados acima representam tão-somente a base do que constitui a criação de um panorama clínico. Quando se trabalha com casos complexos, um panorama sólido é essencial. Esse plano inicial baseia-se em informações consistentes coletadas sobre o cliente e o seu sistema familiar, incluindo não somente os eventos traumáticos e desfavoráveis, mas também o déficit de desenvolvimento, as etapas não atingidas, a presença de recursos, as experiências positivas e adaptativas e as áreas do funcionamento adequado.

Quem está apto à Terapia EMDR?

Em suas origens, a Terapia EMDR foi desenvolvida como uma forma de tratamento para aliviar e curar o trauma. Segundo o *DSM-IV*, trauma é definido como "um evento que envolve morte ou ameaça ou feridas graves, ou qualquer outra ameaça à integridade física; ou testemunhar um evento que envolva morte, feridas ou ameaça à integridade física de outra pessoa; ou tomar conhecimento da morte inesperada ou violenta; feridas graves; ou ameaça de morte ou lesão física vivenciadas por um membro da família ou outra pessoa muito próxima. A resposta do indivíduo ao evento deve envolver medo intenso, desamparo ou horror" (Associação Americana de Psiquiatria, 2000). Por esta definição, trauma envolve respostas de congelamento e de imobilização-desligamento. Entretanto, muitas crianças com experiências adversas, não se enquadram na definição de trauma, podendo vir a desenvolver problemas comportamentais e emocionais.

Transtornos e feridas de apego que se desenvolvem como resultado de interações disfuncionais entre pais e filhos são gravados no cérebro na forma de redes de memória que se tornam lentes através das quais as crianças organizam sua representação atual do eu, do outro e do futuro. A Terapia EMDR tem como alvo não somente as lembranças traumáticas, mas também aquelas experiências que contribuem para a disfunção e má adaptação (Shapiro, 2007). Assim, ela pode ser eficaz no tratamento de crianças com sintomas decorrentes de experiências adversas, traumáticas ou disfuncionais. Entretanto, se a patologia atual se origina de déficits orgânicos, a Terapia EMDR ajudará, apenas, com o evento negativo ou com as experiências traumáticas ocasionadas por eles. Por exemplo, se uma criança tem um comprometimento neurológico ou foi adequadamente diagnosticada para o Transtorno de Déficit de Atenção e Hiperatividade (TDAH), estas desordens poderiam criar experiências sociais, familiares e escolares desfavoráveis para ela. Experiências de humilhação, rejeição e fracasso escolar, dentre outros, poderiam criar, também, um conjunto particular de sintomas ou agravar os já existentes. A Terapia EMDR, então, poderia ser um tratamento auxiliar para lidar com as sequelas emocionais negativas dos déficits orgânicos.

Nível de Especialização do Terapeuta

Psicoterapeutas que trabalham com traumas complexos devem possuir um entendimento substancial do modelo do PAI e da metodologia do EMDR. Devem, ainda, ter os princípios e procedimentos da Terapia EMDR claramente integrados e consolidados. É absolutamente necessário serem peritos no trabalho com questões de apego e dissociação. Psicoterapeutas treinados recentemente na prática do EMDR, bem como aqueles sem especialização nas áreas mencionadas, devem buscar supervisão e receber treinamento avançado antes de se arriscarem a trabalhar com casos de traumas complexos. Informações provenientes de pesquisa em neurociência enfatizam a importância da sintonia e simultaneidade na relação terapeuta-paciente. Profissionais que não possuam um bom senso de integração do Eu podem apresentar dificuldade em se sintonizar, verdadeiramente, com o mundo interno da criança. Isto pode ocorrer em virtude de as suas redes de memória não processadas estarem sendo ativadas pelas reações e sintomatologia da criança. Trabalhar com crianças dissociadas e inseguramente apegadas pode ativar o material disfuncional implícito do psicoterapeuta. Profissionais em tratamento com EMDR, que estejam explorando experiências precoces de apego, podem ampliar sua capacidade de proporcionar um tratamento eficaz. O estado mental dos cuidadores, quanto às suas próprias experiências de apego prematuro, afeta a maneira como eles percebem e compreendem a mente de suas crianças. Aqui, uma pergunta se impõe: como o estado mental dos psicoterapeutas, em relação ao apego, afetaria sua percepção sobre seus clientes-crianças? Infelizmente, as pesquisas na área são escassas. Baseada em minha própria experiência profissional e clínica, acredito que o nível de integração alcançado pelo psicoterapeuta tem o potencial de influenciar diretamente os resultados da terapia. Se comparados com outros colegas, terapeutas que alcançaram maior integração e consciência sobre si mesmos, que resultou em uma habilidade bem desenvolvida de se conectar com o cliente ao mesmo tempo em que se mantêm diferenciados dele, serão mais efetivos em prover ajuda terapêutica às crianças e às suas famílias.

Conduzindo a Anamnese com o Cuidador

Durante a primeira fase, o profissional trabalha na criação da atmosfera de confiança e segurança para que a aliança terapêutica possa ser formada com a criança e seus cuidadores. Além disso, reúne informações de diferentes fontes para criar um plano de tratamento abrangente, um mapa claro e um panorama psicoterapêutico embasado nos princípios do modelo do PAI. Afinal, a maneira como se conceitualizam e se formulam os casos vai influenciar diretamente na eficácia do tratamento.

A anamnese envolve uma ampla variedade de áreas que devem ser exploradas. As tarefas descritas abaixo devem ser realizadas em cada uma delas:

Apresentação do problema. Identificar como os responsáveis entendem e definem o problema. Descobrir as hipóteses formuladas por eles e como pretendem resolver e lidar com a questão apresentada.

Recursos. Os recursos da criança e dos seus pais e as áreas nas quais eles estão funcionando bem devem ser explorados. Identificar situações e/ou momentos em que o problema não ocorre. Ter uma visão clara destes momentos, perguntando sobre a sequência dos eventos, bem como sobre quem está envolvido e como. O que foi feito e dito tanto pela criança quanto por seus pais resultou numa interação positiva que irá produzir informação sobre seus recursos potenciais. Esta informação é fundamental, pois torna-se parte de um panorama psicoterapêutico que irá embasar como a Terapia EMDR será administrada.

Histórico do desenvolvimento. Obter um histórico ano a ano da vida da criança, começando pelas lembranças pré-natais e concentrando-se nas experiências de apego e relacionamento. A introdução e as questões abaixo relacionadas exemplificam como começar esta exploração:

– *"Agora que você formulou claramente o problema que está tendo com a sua criança, eu gostaria de conhecê-los melhor. Quanto mais conhecer e melhor compreender a história do seu filho, mais estarei apta para ajudar vocês. Começarei fazendo perguntas que abrangem a vida do seu filho desde o momento em que você descobriu que estava grávida:"*

– *"Fico me perguntando, quais foram seus sentimentos e os do seu companheiro, quando você descobriu que estava esperando um bebê. Que tipo de pensamentos você teve a seu respeito e a respeito do seu parceiro quando ficou sabendo que estava grávida? Quais as crenças positivas ou negativas, expectativas ou pensamentos você teve sobre seu bebê e o futuro dele? Você poderia me descrever o clima emocional que envolveu sua gravidez?"*

Informações sobre o parto ou quaisquer outras questões médicas vividas pela mãe ou pela criança são de extrema importância. Fatores relacionados à saúde podem interferir no desenvolvimento da sintonia, do ajustamento e na regulação da interação entre os cuidadores e a criança. Segue, abaixo, um exemplo de como questões médicas podem afetar a qualidade da comunicação entre pai e filho: Após o parto, a mãe de Emily foi submetida a uma cirurgia devido a um grande mioma uterino. Posteriormente, , ela teve uma grave infecção, levando-a a uma série de outras intervenções cirúrgicas. Sentindo dores severas, a mãe foi internada algumas vezes durante os primeiros dois anos de vida de sua filha. Emily costumava estender os braços para sua mãe, mas devido às suas limitações físicas, a mãe não aguentava qualquer tipo de peso e não podia atender aos seus pedidos de aconchego. Mais tarde, Emily desenvolveu severa ansiedade de separação, além de acessos de raiva e comportamentos autodestrutivos.

Este caso ilustra como os problemas médicos da mãe afetaram sua habilidade para atender às necessidades de sua filha em relação à ligação e ao aconchego. Segundo minha hipótese, a incapacidade da mãe de sintonizar, regular e ter eventuais interações com Emily durante os seus dois primeiros anos de vida, devido ao seu quadro médico, talvez tenha sido o fator preponderante para o desenvolvimento da sintomatologia atual desta criança.

A capacidade de resposta da criança para com o cuidador deve ser igualmente explorada. Bebês com muita cólica ou crianças lidando com dor e/ou procedimentos médicos dolorosos tendem a viver estágios prolongados e contínuos de afeto negativo. Fazer perguntas do tipo: – *"Como você acalma seu bebê quando ele está com dor ou está triste? O quanto é fácil para você acalmá-lo? O que você fez quando seu bebê não se acalmou, apesar de já ter feito o possível para acalmá-lo?"* Crianças prematuras nascem com o sistema parassimpático vagal ventral subdesenvolvido. Segundo Porges (2011), o sistema social de engajamento se desenvolve durante o último trimestre da gravidez, permitindo aos seres humanos se conectarem e interagirem com outros. Caso este sistema esteja imaturo no nascimento, a capacidade de a criança relacionar-se e conectar-se pode ser afetada.

Além disso, o histórico do desenvolvimento da criança também deve conter dados sobre a natureza dos estressores, detalhes sobre seu ambiente externo e uma lista detalhada dos seus relacionamentos mais significativos, incluindo, ainda, quaisquer mudanças, separações prolongadas e/ou rompimentos. Experiências com outros responsáveis devem ser investigadas e abordadas, como, por exemplo, quem cuidou da criança enquanto o responsável estava ausente e como ela ou o bebê respondeu a esta separação. Estas informações o ajudarão a compreender os modelos internos de funcionamento do Eu e do outro e as redes de memória desenvolvidas pela criança como resultado de suas experiências de apego. Assim, se estará, também, olhando para experiências que conduziram para o apego seguro ou para aquelas que possam ter acarretado desorientação, desorganização ou estados de dissociação.

Marcos de desenvolvimento atingidos ou não alcançados, métodos de treinamento do controle esfincteriano, assim como as expectativas dos pais sobre higiene e limpeza pessoal, fornecerão informações sobre seu estilo de ensinar e disciplinar.

Coletar dados de outras fontes. Assistentes sociais, professores ou quaisquer outras pessoas que participem do processo de tratamento das crianças podem prover informações valiosas que talvez os pais não tenham. Registros de serviços de proteção à criança devem ser obtidos em casos de crianças que foram colocadas em diversas casas-lares. Casos altamente complicados podem não só exigir longas anamneses, como também a inclusão dos assistentes sociais, dos especialistas de apoio à família e dos treinadores comportamentais que tenham trabalhado ou que trabalham atualmente com a família. Nestes casos, após o psicoterapeuta já haver colhido todas as informações em ordem cronológica, o desenvolvimento da sequência de alvo pode requerer trabalho árduo.

Estilo de disciplina dos pais e capacidade de estabelecer limites. A habilidade dos pais em impor limites saudáveis precisa ser extensivamente explorada. Frequentemente, eles violam os limites da criança ou por serem muito invasivos ou por serem muito distantes. De outro modo, eles têm barreiras muito rígidas, que a criança não consegue transpor, ou têm limites muito permeáveis e sempre ausentes que criam enredamento. Um senso do Eu bem desenvolvido resulta num senso de limite saudável. Visto que experiências de apego afetam **o modo** como desenvolvemos nosso senso do Eu e do outro, elas também afetam a maneira como desenvolvemos nosso senso de limites. Assim como seus pais, as crianças mais inseguramente apegadas, não desenvolveram um senso saudável de limites físicos, emocionais, mentais e espirituais.

Histórico de apego dos pais. A teoria do apego tem enfatizado o papel fundamental das experiências de apego precoce, bem como dos relacionamentos que cultivamos ao longo de nossas vidas, como fundamentais em nosso desenvolvimento. Resultados de pesquisa utilizando a Entrevista de Apego para Adultos (EAA) (ex., Main et al., 2008; Main, 1995) esclareceram conexões entre os atuais estados mentais dos pais, quanto às suas próprias experiências, e o padrão de apego da criança. Talvez o mais relevante em termos de transmissão dos padrões de apego de pais para filhos seja sua habilidade em fornecer, no presente, um relato coerente e organizado da sua própria experiência de apego (Bretherton & Munholland, 1999). Em outras palavras, o relevante não é o conteúdo das experiências de apego na infância, mas sim como o responsável vem organizando tais experiências em uma narrativa coerente. A forma como os pais vem organizando o surgimento das experiências precoces afeta, por sua vez, sua percepção sobre a criança, bem como o resultado do seu comportamento para com os filhos. Assim, considerando estas importantes descobertas, é indispensável coletar informações sobre as experiências de apego infantil dos pais, bem como sobre a presença de trauma não resolvido e/ou perda. Traumas não resolvidos dos cuidadores podem interferir em sua habilidade de interagir de forma regulada e sintonizada com a criança, mantendo-a em constante estado de pânico. Além disso, caso os pais estejam sendo altamente afetados pelo trauma vivenciado pela criança ou vivenciaram um evento traumático parecido, o processamento de memórias traumáticas, usando o EMDR com a criança, pode vir a ser prejudicado. Dessa forma, o cuidador pode continuar aumentando as conexões neuronais disfuncionais devido à manutenção do seu nível de perturbação em associação com as memórias da criança que estão sendo reprocessadas com a Terapia EMDR.

Uma boa maneira de introduzir o tema é ajudar os cuidadores a compreender o benefício e a importância de desenvolverem uma boa imagem da criança e das interações entre pais e filhos, pois isto ajudará a identificar o melhor rumo do tratamento para sua criança. Além disso, também devem ser acrescentadas informações sobre como as experiências de apego influenciam diretamente no desenvolvimento do Eu e em nossa capacidade de administrar e regular a nós mesmos. Deve-se, ainda, acrescentar informações sobre como os traumas não resolvidos do responsável podem influenciar na sua interação com a criança de forma não consciente. No entanto, deve-se ter muita cautela ao abordar o assunto, pois alguns pais que trazem seus filhos para a terapia, podem se sentir envergonhados ou incompetentes, o que pode levá-los a querer evitar ou questionar a necessidade de fornecer informações sobre suas próprias experiências de apego. O terapeuta deve estar consciente de que esta recusa pode estar relacionada com o estilo de apego dos pais ou com o medo de expressar o trauma não resolvido ou a perda. É muito importante o profissional ser capaz de proporcionar sintonia e comunicação empática, bem como de manter um estado de regulação interna. As trocas internas e não-verbais com a criança e o cuidador vão impactar consideravelmente no nível de confiança e segurança que eles experimentarão na relação terapêutica. Estabelecer um relacionamento baseado na aceitação, na empatia e na segurança define a base para a conexão. Como Siegel (2010) brilhantemente estabeleceu, a base para o *mindsight* é "onde o cérebro de cada pessoa entra em ressonância com o sinal do sistema nervoso do outro". Assim, é de suma importância os psicoterapeutas trabalharem para o desenvolvimento de estados mentais autônomos, da habilidade de consciência plena, do pensamento reflexivo e do *mindsight*. Segundo minha experiência clínica, o uso de estratégias e de procedimentos da Terapia EMDR associados a uma habilidade bem desenvolvida para conectar e nutrir o relacionamento terapeuta-cliente resultará em crescimento, saúde e integração. Trata-se de qualidades fundamentais para um terapeuta, especialmente para lidar com crianças feridas pelas suas experiências de apego. Antes de realizar uma exploração mais minuciosa da história dos pais, alguma preparação pode ser necessária, como, por exemplo, considerar o tipo de pais com quem se está trabalhando. Pais Tipo 1 (vide Capítulo 1 para a descrição de cada Tipo) podem responder diferentemente dos pais Tipo 3, pois estes apresentam níveis mais altos de fragmentação e história de trauma crônico mais severo. (Veja, no Capítulo 5, estratégias específicas para usar com cuidadores dentro da Terapia EMDR). Além disso, talvez seja também necessário incluir outros profissionais da saúde mental para trabalhar diretamente com os cuidadores .

As questões a seguir podem ser de grande ajuda para identificar as experiências de apego dos responsáveis e suas habilidades para promover o apego seguro. Em casos de pais com histórias traumáticas extensivas e altamente desreguladas, os psicoterapeutas precisam proceder com cuidado ou possivelmente adiar essa exploração até que alguma preparação e estabilização seja obtida.

Coletar a história de apego tanto do responsável quanto da criança é decisivo para o desenvolvimento de um plano eficaz de tratamento. Assim, o protocolo da EAA pode ser de grande utilidade. Depois de colher essas informações, o profissional deve observar como essas experiências moldaram o sistema de cuidado dos pais. Com isso, estará verificando, também, a presença de experiências de apego que ajudaram o cuidador a desenvolver, posteriormente, a habilidade de conectar-se, amar e ter interações de sintonia com suas crianças. Estará olhando, ainda, para os déficits e dificuldades potenciais para ajudar a criança a sentir-se regulada por meio de interações com o responsável, além de também averiguar a presença de traumas não resolvidos e perdas na vida do cuidador. Entretanto, a coerência e a organização nas narrativas fornecidas pelos pais são os aspectos mais importantes para o terapeuta acessar.

O uso da Entrevista de Apego com o Adulto - EAA. Desenvolvida em 1984 por Carol George, Nancy Kaplan e Mary Main, a EAA é um protocolo semiestruturado, com vinte perguntas, para avaliar o estado geral atual da mente quanto às suas experiências de apego. Em outras palavras, a entrevista avalia como o adulto organiza estas experiências, bem como os significados por ele atribuídos a tais experiências prematuras de apego no presente. Antes de usar este instrumento, o profissional deve adquirir treinamento específico orientado para potencializar a aplicação e a avaliação da EAA. As vinte questões e escalas da EAA esclarecem os "estados mentais" do adulto em diferentes categorias de apego: Seguro/autônomo, desapegado, preocupado e não resolvido/desorganizado. Um dos aspectos de maior relevância da EAA é a sua capacidade de prever o comportamento infantil dos pais durante a "Situação Estranha" de Ainsworth, um procedimento criado por ela para observar relacionamentos de apego entre um cuidador e uma criança (Hesse, 1999). Segundo Main, Hesse & Goldwyn (2008), a análise do teste da EAA é feita em diversos estágios. Durante a primeira leitura, o avaliador examina as experiências inferidas de cada uma das figuras de apego. Nesta etapa, são examinadas cinco escalas para produzir informações relevantes sobre o comportamento dos pais apresentado na infância. Assim, condutas de rejeição, de inversão de papéis e envolvimento negligente, de pressão para atingir um desenvolvimento exemplar e amoroso são meticulosamente examinados. A segunda leitura avalia o atual estado mental com relação ao apego. O passo final é exposto pela inspeção das classificações e subclassificações da EAA e pela determinação dos identificadores que melhor representem o estado mental do adulto.

As categorias classificatórias da EAA são baseadas em como o adulto narra as experiências de apego na infância durante a entrevista semiestruturada. Segue, abaixo, um sumário dos identificadores de cada categoria.

Seguro Autônomo. Adultos com estados mentais Seguro Autônomo tendem a ser abertos e livres para explorar pensamentos e sentimentos relacionados com suas experiências de apego e parecem valorizá-los como influentes em suas vidas. Tendem a mostrar um fluxo estável e coerente de ideias e podem fornecer exemplos específicos e evidências que sustentam a afirmação sobre experiências de apego com os cuidadores. As descrições proporcionadas tendem a ser reflexivas e profundas (Hesse, 1999). Suas narrativas podem conter descrições de experiências negativas e problemáticas em relação à criação de seus filhos, entretanto, são capazes de fornecer uma narrativa coerente e objetiva de suas experiências (Hesse, 2008). O termo "flexibilidade de atenção" tem sido usado para descrever bebês apegados de forma segura na "Situação Estranha" e pais seguro autônomos na EAA. Este importante aspecto de segurança de apego pode ser interpretado como a capacidade de o bebê atender aos comportamentos de apego e exploratórios alternadamente.

O mesmo fenômeno é visto em adultos classificados como seguro autônomos, pois eles também são capazes de responder alternadamente às experiências relacionadas ao apego e de avaliar suas influências na EAA (Main et al., 2008). Já as categorias "desapegado" e "preocupado" mostram, segundo Main et al. (2008), inflexibilidade de atenção. Isto significa que o adulto com estados mentais desapegados será fixado em diminuir e evitar a importância e a influência dos relacionamentos de apego; enquanto que o adulto com estados mentais preocupados ficará emaranhado e fixado em experiências de apego precoce. Uma qualidade importante dos adultos autônomos é a capacidade de refletir e monitorar ativamente seus próprios pensamentos quando relata suas próprias experiências de apego (Hesse, 2008). A isto Fonagy e Target (1997) chamaram de capacidade reflexiva e mentalização, o que vem sendo proposto como característica de adultos categorizados como seguro autônomo. Assim, pode-se concluir que a capacidade de explorar as experiências de apego livremente, de forma colaborativa e flexível, enquanto se cria uma narrativa coerente das experiências de apego, está intimamente ligada a estados mentais seguros (Hesse, 1999, 2008). Ao mesmo tempo, pesquisas sobre apego embasam a noção de que o estado mental seguro dos pais, quanto às experiências de apego, cria um alicerce para o desenvolvimento da segurança na ligação de apego pai-filho.

O adulto com estado mental desapegado. As respostas destes adultos tendem a minimizar a influência das experiências de apego precoce. Eles também se inclinam a idealizar e apresentar uma imagem muito positiva da figura primária de apego (Hesse, 2008). Entretanto, quando indagados sobre exemplos que endossassem suas afirmações, eles eram incapazes de recordar eventos específicos: "Bem, minha infância foi ótima, tive pais excelentes que me ensinaram a ter sucesso na vida. Não me lembro de nada em particular, mas eles eram realmente bons pais". Segundo Siegel (2010), estas respostas mostram a falta de acesso para a memória autobiográfica explícita. As respostas desses adultos também tenderam a ser contraditórias quando falaram de seus cuidadores. Apesar de terem descrito os próprios pais como maravilhosos, eles também relataram rejeição severa e negligência por parte deles. De acordo com Main (1995), esses adultos tendem a apresentar um estado mental que mantém os sistemas de apego desativados. Adultos enquadrados nessa categoria podem ter uma breve conversa extremamente objetiva. Também podem frequentemente dizer não se lembrar ou que não podem se lembrar muito dos seus primeiros anos de vida. Além disso, demonstram uma tendência à restrição e à rejeição de experiências ligadas aos relacionamentos de apego. Segundo Crowell, Treboux e Waters (1999), adultos classificados como desapegados usam estratégias para negar e diminuir o impacto das experiências negativas de apego; são propensos a incluir em suas narrativas o Produto do que seus pais lhes deram e não a Qualidade dos seus relacionamentos, conexão ou comunicação (Siegel, 1999). Podem, ainda, enfatizar a importância das ações e das coisas materiais recebidas dos seus pais. Seus discursos conterão algumas declarações associadas às suas experiências afetivas enquanto diminuem a presença de eventos dolorosos ou ofensivos. Adultos que restringem a atenção para as experiências relacionadas ao apego podem insistir em sua incapacidade para lembrar memórias da infância, restringindo perda, trauma e separação, considerando-os bobos ou ridículos (Main et al., 2008).

O adulto preocupado com experiência relacionada ao apego. Adultos enquadrados nesta categoria provavelmente fornecerão narrativas que parecem maximizar a influência das experiências de apego. Enquanto o adulto com o estado mental desapegado se distrairá e se distanciará das experiências de apego do passado, o adulto com o estado mental preocupado irá concentrar-se nas experiências de apego (Main et al., 2008). Seus relatos tendem a ser muitas vezes longos, assustadores, passivos, críticos ou raivosos. Eles podem mover-se em direção ao presente ou aos relacionamentos atuais, fornecendo descrições vagas dos seus primeiros relacionamentos (Hesse, 1999). Suas narrativas são inexatas e não tratam diretamente da questão da entrevista (Siegel, 1999). A expressão de raiva envolvente e inquietante, como, por exemplo, falar de forma enraivecida de um dos pais como se ele estivesse presente, é um aspecto do discurso visto nesta categoria (Main et al., 2008). Outras características importantes do discurso de adultos situados nesta categoria são a passividade e a imprecisão no discurso, como, por exemplo, expressões vagas, frases incompletas, divagação sobre outros assuntos, uso de termos sem nexo para finalizar as frases ou para completar as sentenças, etc. (Main et al., 2008).

O adulto com estado mental não resolvido/desorganizado. Adultos classificados nesta categoria apresentam lapsos na fala ou no raciocínio quando estão discutindo assuntos ligados à perda ou ao abuso. Tal fato pode indicar mudanças em seu estado de consciência ou estados dissociativos (Hesse & Main, 1999). Eles mostram, por vezes, sinais de desorientação em seus relatos, assim como pausas prolongadas e frases incompletas, além de não conseguirem manter um discurso organizado ao longo da entrevista (Hesse, 1999). Lyons-Ruth e Jacobvitz (1999) relatam que durante a aplicação da EAA, memórias traumáticas surgem associadas às figuras de apego, sendo apresentadas em narrativas incoerentes, sugerindo seu status não resolvido. Segundo diversos pesquisadores, a incoerência apresentada por adultos, quando estão contando suas experiências de apego, pode estar associada a processos dissociativos que ocorrem enquanto eles estão tentando fornecer sua história de apego (Hesse & Main, 2000; Siegel, 1999; Hesse & Van IJzendoor, 1999; Liotti, 2009). Esta categoria de apego tem sido associada ao desenvolvimento de padrões desorganizados de apego infantil. Se o pai tem a classificação de não resolvido na EAA, sua criança provavelmente desenvolverá apego desorganizado com este cuidador. A referida categoria de apego também é associada à gênese de formas patológicas de dissociação (Liotti, 2009).

Ao se trabalhar com crianças com apego inseguro, a EAA pode oferecer informações ricas sobre o estado mental do cuidador relativamente às suas experiências de apego precoce. Para obter um melhor resultado no tratamento do seu filho, muitas vezes os pais precisarão fazer a Terapia EMDR. Neste caso, o uso da EAA fornecerá informação para o que o terapeuta, que está trabalhando com o pai, possa utilizar essa informação no desenvolvimento da sequência de alvo. Em suma, esta é uma forte evidência de que o padrão de apego que a criança desenvolverá com qualquer um dos pais é altamente determinado pelo estado mental destes quanto às suas próprias experiências de apego. O fato em questão tem sido evidenciado pela correlação entre as respostas dos pais à EAA e as respostas da criança à "Situação Estranha".

O Uso da EAA na Terapia EMDR com Crianças e Seus Pais

Quando se utiliza a Terapia EMDR com pares que apresentam apego inseguro, resultados muito melhores podem ser alcançados quando os pais também estão envolvidos. Promover apego seguro com a criança que está em constante interação com pais com status de insegurança pode afetar o resultado do tratamento. Avaliar minuciosamente os padrões de apego e as interações pai-filho pode fornecer uma visão mais clara do panorama clínico da criança e da direção do tratamento. Os sintomas atuais podem estar direta ou indiretamente associados aos padrões de apego pai-filho. Devido à natureza implícita das memórias relacionadas ao apego, esses alvos não estão facilmente disponíveis durante uma anamnese regular. A maioria dos pais, em minha experiência clínica, nem sequer está consciente de como os comportamentos e experiências de apego podem estar participando dos sintomas atuais apresentados por seus filhos. Entretanto, durante a aplicação, pontuação e análise da EAA, terapeutas de EMDR podem obter informações valiosas que podem orientar, de forma mais eficaz, o tratamento. A EAA pode ajudar a identificar: (1) As estratégias profundamente enraizadas usadas para controlar respostas afetivas associadas à discussão de experiências relacionadas ao apego; (2) o estado mental e a coerência do pai quanto à sua própria experiência de apego e a presença de trauma não resolvido e perda. Além disso, como o estado mental do cuidador afeta a maneira como ele ou ela "leva em consideração o que a criança pensa" (Fonagy & Target, 1997) e o resultado do comportamento do cuidador; (3) Alvos potenciais para o processamento de EMDR; (4) Estratégias terapêuticas eficazes para pais que se enquadram em diferentes categorias de apego. Por exemplo, dependendo do estado mental do pai mostrado na EAA, as ferramentas de preparação da Terapia EMDR podem ser diferentes. Em relação ao apego, um pai com estado mental preocupado pode ter necessidades diferentes se comparado ao pai com o padrão desapegado. Assim, além da classificação completa sobre apego oferecida pela EAA, também são fornecidas escalas para possíveis experiências com figuras de apego, bem como escalas projetadas para apreender o atual estado mental e a coerência dos pais. A identificação dos alvos relacionados com memórias implícitas de apego, assim como os mecanismos usados para modular respostas afetivas associadas à recordação de tais experiências, podem não estar acessíveis à mente consciente do cuidador. Questionamento direto, flutuar para o passado e estratégias de escaneamento das emoções, usados na Terapia EMDR podem auxiliar na identificação de tais memórias. No entanto, em muitos casos, alguns pais podem negar ou bloquear quaisquer experiências associadas a traumas e feridas de apego que podem afetar diretamente sua capacidade de promover apego seguro para seus filhos. Em contrapartida, encarar estes traumas e feridas pode ser muito doloroso e deixar à mostra tais experiências, cedo ou rápido demais, podendo criar desregulação no pai e na criança.

Durante o tratamento é importantíssimo identificar as interações precoces, tanto aparentes quanto escondidas, disfuncionais e mal adaptativas entre pai e filho, mas isto pode ser uma tarefa árdua. Em muitos casos, rejeição, negligência, pressão para conseguir e interações de inversão de papéis não são inicialmente visíveis ao terapeuta. A EAA fornece uma visão inicial da presença destas experiências na vida dos pais. Posteriormente, deverá ser realizada uma exploração da existência de experiências similares na vida da criança.

Qualidade da interação atual entre pai e filho. Avaliar como pai e filho passam seu tempo fornecerá informação sobre áreas problemáticas no relacionamento entre eles e em quais delas intervenções terapêuticas são necessárias. O exercício a seguir pode ser utilizado com ambos, pai e filho. No entanto, caso a criança seja muito nova, o mesmo deverá ser usado somente com o cuidador.

Você pode dizer: – *"Por favor, tire algum tempo para olhar as interações que você teve com sua criança nas últimas duas semanas. Usando o círculo fornecido abaixo, divida-o quantas vezes forem necessárias, mostrando como você e seu filho passam seu tempo juntos todos os dias. Usando a lista abaixo, por favor, indique a porcentagem de tempo que você e sua criança se engajaram em tal atividade durante as últimas duas semanas. Por favor, inclua somente as atividades que fazem parte da sua vida, e descarte as que não fazem".*

1. Atividades físicas
2. Brincadeira carinhosa
3. Jogos
4. Toque carinhoso
5. Discussões
6. Brigas
7. Aconselhamento
8. Sem interação
9. Conversas
10. Fazer o dever de casa
11. Atividades separadas no mesmo lugar
12. Dar instruções e ordens

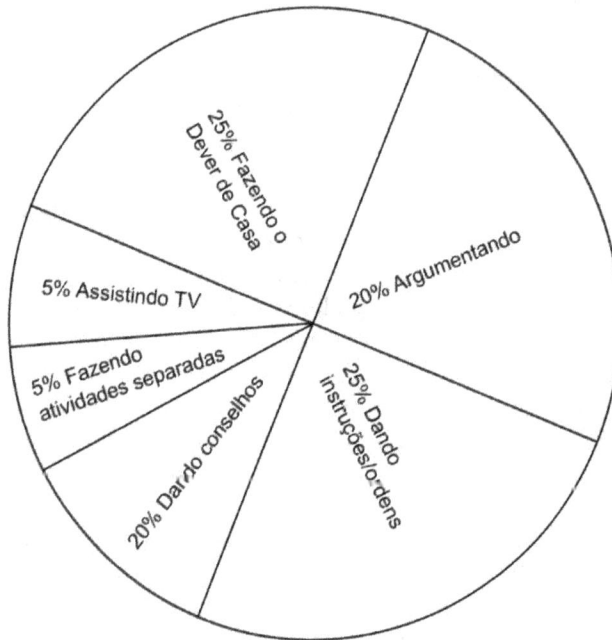

Figura 2.1 - Modelo de Parentalidade

Quando se olha para o modelo de parentalidade, é possível perceber como o responsável passa 70% de seu tempo dando instruções, conselhos, bem como fazendo o dever de casa. Brincadeiras e conexão entre esta criança e seu cuidador são completamente ausentes. Assim, incluir o lúdico e atividades carinhosas na vida desta dupla será uma parte importante do trabalho que precisa ser realizado durante a fase preparatória da Terapia EMDR. Restabelecer a conexão entre o cuidador e a criança provavelmente fornecerá estabilidade e regulação interna para esta última. Dependendo do estilo de apego da criança, essas atividades deverão ser introduzidas progressivamente, de acordo com o que a mesma puder tolerar (vide Apêndice).

Após obter as respostas do cuidador, pode-se criar um mapa das áreas nas quais ele relata ser bem-sucedido ou daquelas nas quais déficits estão presentes. Essa informação se tornará parte do quadro clínico que guiará o trabalho necessário com os responsáveis para melhorar sua capacidade de promover estabilidade, segurança e estados regulados no sistema da criança.

Avaliando a capacidade lúdica do pai. Segundo Brown (2009), quando a sobrevivência não é ameaçada, a brincadeira parece ser a força motriz que forma e modela como o cérebro cresce e se desenvolve. Brincar é essencial para o surgimento de habilidades sociais bem moduladas. A construção do cérebro social pode ser melhor alcançada por meio da utilização da brincadeira. O lúdico tem um efeito extraordinário no córtex, programando-o para tornar-se completamente social (Panksepp, 2009). Brincar parece ser indispensável quando o cérebro está passando por um rápido desenvolvimento. Uma vez que o cérebro adulto não está se desenvolvendo tão rapidamente, a força impulsionadora do brincar pode não ser tão intensa. Brincar pode tornar-se a porta de entrada para um novo Eu, o qual é muito mais sintonizado com o mundo (Brown, 2009). Olhando para o brincar a partir do modelo do PAI, poderíamos dizer que quando pai e filho vivenciam momentos mútuos de brincadeira divertida, este fato gera novas redes neurais. A continuidade da estimulação e da ativação de tais redes aumenta a probabilidade dos seus padrões de disparo serem ativados no futuro. Considerando as conexões neuronais no cérebro desenvolvido numa forma "experiência-dependente" (Siegel, 1999), repetidas interações lúdicas entre pares podem moldar a estrutura do cérebro social da criança, permitindo a ela ter conexões internas associadas à capacidade para interações e conexões sociais.

No tratamento de crianças com trauma complexo, acessar a habilidade do cuidador para brincar é um importante aspecto da fase inicial da Terapia EMDR.

Seguem, abaixo, algumas questões que podem ser incluídas durante a anamnese e a fase de planejamento do tratamento: –*"O que você faz para se divertir e ser brincalhão em sua vida atualmente? Você poderia me dizer qual foi a última vez em que compartilhou um momento de brincadeira com sua criança? Com qual frequência estes momentos acontecem agora? Quando sua habilidade para ser brincalhão desapareceu?"*. Pergunte ao pai sobre sua história lúdica ao longo do seu desenvolvimento. Uma vez estabelecido o patamar sobre a habilidade e disposição atual do pai para ser brincalhão, questione-o a respeito da história lúdica da criança com os outros. A criança está tendo tempo no presente para atividades recreativas? Os capítulos 5 e 12 fornecerão estratégias específicas que podem ser usadas durante a fase de preparação, não só para melhorar a disposição do pai em ser brincalhão, bem como para reconectá-lo à sua própria habilidade para apreciar brincadeiras.

Avaliando a capacidade dos pais para a autorregulação. A estabilidade emocional, a capacidade do responsável para proporcionar um ambiente seguro e protegido e para regular o afeto precisam ser abordadas e investigadas. Allan Schore (2009), dentre outros, enfatizou a papel do cuidador como um regulador psicobiológico externo para a criança. O pai desregulado é incapaz de modular os estados internos de ativação da criança. A presença dos pais pode realmente ativar tanto o sistema de apego quanto o sistema de defesa (Liotti, 2009). Essas interações entre pai e filho geram estados de desorganização interna no sistema da criança. A presença de interações lúdicas, sintonizadas e sincrônicas entre pai e filho podem promover a formação de novas redes neuronais e remodelar sistemas biológicos que se encontram no núcleo da capacidade da criança para regular a emoção.

Questões sobre as estratégias de enfrentamento dos pais fornecerão informações que podem ser usadas para criar um plano de tratamento, o qual incluirá metas para auxiliar o cuidador no alcance de maneiras mais eficientes para lidar e modular estados afetivos: – *"Como você lida com o estresse? O que você faz para cuidar de si mesmo? Como você lida com emoções difíceis? O quanto esses mecanismos de enfrentamento são eficazes para ajudar você a alcançar um estado emocional positivo? Qual emoção ou emoções você acha mais difícil de controlar? Como é o seu sistema de apoio?"*. Avaliar a quantidade de estresse na vida do cuidador é importante: – *"Que fatores estressantes você tem em sua vida no momento? Quais áreas em sua vida são fonte de maior estresse para você? Como é o seu relacionamento com seu cônjuge agora?"*.

Alguns instrumentos padronizados, como o Índice de Estresse dos Pais (IEP) (Abidin, 1995) podem ser usados para avaliar a quantidade de estresse presente no relacionamento pai-filho.

É essencial investigar informações sobre o histórico de saúde mental da família, especialmente no que se refere ao cuidador. Considerando que a depressão e, em geral, a psicopatologia parental, bem como o trauma não resolvido são fatores contribuintes importantes para o desenvolvimento de padrões de apego inseguro em bebês e crianças, uma exploração minuciosa do histórico da saúde dos pais é valorizado. Criar uma linha do tempo da vida da criança com o histórico de saúde mental dos pais será útil na compreensão do impacto da patologia destes cuidadores em diferentes estágios de desenvolvimento (vide figura 2.2). Considerar internações, histórico de suicídios, períodos nos quais os pais estavam estáveis e assintomáticos, assim como as épocas crônicas e agudas. O modelo a seguir refere-se à linha do tempo de uma menina de 7 anos de idade trazida para a terapia devido à depressão e comportamentos autodestrutivos. Durante a anamnese, a mãe relatou ter um diagnóstico de transtorno bipolar, um histórico de tentativas de suicídio e de internações hospitalares.

Avaliando as Forças e os Recursos

A presença de redes de memória adaptativas e positivas é indispensável antes de tentar o reprocessamento de memórias perturbadoras. Uma avaliação detalhada dos recursos internos e externos da criança e do seu responsável deve fazer parte do panorama clínico. A capacidade para utilizar tais recursos na presença de estímulos ambientais disparadores deve ser incluída. A lista ou linha do tempo de todas as experiências relativas à habilidade para fazer bem feito, assim como os recursos da criança e dos seus pais, devem ser identificados durante a entrevista inicial. Descobrir as ocasiões em que o pai sentiu-se bem-sucedido e teve uma sensação de conexão com a criança também é uma meta importante. Para alcançar tal objetivo, peça ao pai para descrever os melhores momentos com a criança e os fatores que fizeram com que ele fosse, aos seus olhos, um vencedor.

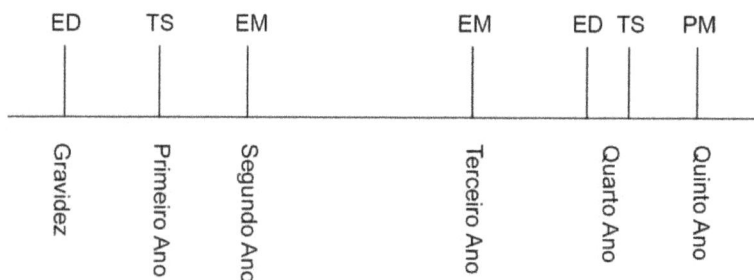

Figura 2.2 - Linha do Tempo da vida da criança e da saúde mental e emocional da mãe

Nota: ED – Episódio Depressivo; EM – Episódio de Mania; PM – Perda de Memória; TS – Tentativa de Suicídio

Baseado nessas informações, um quadro do ambiente que cercava essa criança durante os primeiros anos de sua vida, bem como das experiências de apego às quais ela foi exposta devido à doença de sua mãe, tornou-se evidente.

Desenvolvendo o Plano de Sequência de Alvos

À medida em que se desenvolve a sequência de alvos, deve-se considerar o surgimento dos sintomas, juntamente com uma cuidadosa descrição dos disparadores atuais, incluindo fatores de ativação e de melhora. Siga os seguintes passos:

1. Identifique o sintoma atual. Ele poderá ser um comportamento, uma crença negativa, uma resposta somática ou uma emoção;
2. Identifique situações, eventos e/ou pessoas que dispararam o sintoma;
3. Identifique a primeira vez em que a criança experimentou este sintoma ou problema;
4. Crie uma linha do tempo dos eventos nos quais o sintoma esteve presente;
5. Pergunte sobre os objetivos futuros ou resultado desejado e identifique um objetivo futuro para cada disparador.

Formulário do Plano de Tratamento da Sequência de Alvo

1. Apresentação do problema. *"Quais problemas, sintomas ou questões a sua criança está tendo agora?"*.
2. Acontecimentos que representam o problema ou sintoma. – *"Qual é o acontecimento que melhor representa este problema ou questão?"*.
3. Evento-chave e outros eventos passados. – *"Quando foi a primeira vez que você se recorda de sua criança passar por este problema ou questão que está relatando? Você se recorda de alguma outra vez, no passado, em que este problema ou questão estava presente?"*.

Crie uma linha do tempo onde este problema, sintoma ou acontecimento foi apresentado.
   a. Evento-chave (mais antigo)
   b. Pior evento (de acordo com os pais)
   c. Outros eventos passados

4. Disparadores atuais. – *"Quais situações, eventos ou pessoas dispararam este problema ou questão? O que geralmente acontece antes do comportamento problemático ou o que normalmente faz com que sua criança tenha estes sintomas ou problemas?"*.

Disparador 1 _____
Disparador 2 _____
Disparador 3 _____

5. Modelo de futuro. – *"Como gostaria que seu filho se comportasse, sentisse ou pensasse no futuro quando estiver na presença do disparador 1, do disparador 2 e do disparador 3?"*.

Identifique um objetivo futuro para cada disparador.

Modelo de futuro para o disparador 1 _____
Modelo de futuro para o disparador 2 _____
Modelo de futuro para o disparador 3 _____

Conduzindo a Anamnese com a Criança

Durante a entrevista com a criança, o terapeuta trabalha para estabelecer uma aliança terapêutica e para criar um alicerce de segurança e confiança. Afinal, suas melhores ferramentas são ele mesmo e sua habilidade de promover o senso de confiança e segurança na criança. Suas expressões faciais, o tom de voz, a proximidade física, os gestos, o contato visual e a qualidade das interações com a criança são os melhores containers e maneiras de ajudá-la a sentir-se regulada, enquanto você explora problemas atuais e memórias traumáticas. Enfim, incorporar o brincar é essencial quando se trabalha com crianças. Segundo Brown (2009), brincar representa uma maneira fundamental de manter a criança sentindo-se contida, regulada e engajada na terapia. Por isso, a Terapia EMDR precisa ser apresentada de uma maneira atraente, real e divertida. Atividades lúdicas mantêm o sistema de engajamento social ativo, permitindo à criança explorar com segurança eventos e situações que podem ser perturbadores.

O profissional deve estar consciente de quanta proximidade a criança pode tolerar. Para uma criança que não tenha experimentado experiências apropriadas de conexão e afeto, e que aprendeu a lidar com situações negando sua necessidade de intimidade e proximidade, um terapeuta que mostra demasiada aproximação e afeição pode, de fato, criar desconforto interno. Nestes casos, tanto a aproximação quanto o amparo devem ser desenvolvidos de uma forma regulada e encadeada, devendo ser introduzidos progressivamente, de acordo com a tolerância da criança. Entretanto, os limites da Janela de Tolerância precisam ser expandidos, assim como se deve desafiar a capacidade crescente da criança em aceitar aproximação.

Encontrando a criança pela primeira vez. O primeiro encontro com a criança é decisivo, e molda o alicerce da aliança terapêutica. Portanto, deve ser uma experiência positiva para ela. Em meu exercício profissional, agendar uma anamnese só com os cuidadores, uma sessão com eles e a criança e depois uma somente com a criança, produziu um resultado de excelência, pois me permitiu dar uma atenção integral e indivisível à criança ao encontrá-la sozinha. Em geral, me apresento como "ajudante" para a criança e sua família. O exemplo a seguir pode ser usado como introdução:

-- *"Oi Melanie, meu nome é Ana e estou muito feliz em conhecer você. Conheci seus pais na semana passada e aprendi algumas coisas sobre você e sua família. Estou realmente muito animada em conhecer você e espero que possa me dar a oportunidade de aprender mais sobre você. Tenho um trabalho maravilhoso para ajudar crianças, adolescentes e suas famílias."* Enfatize segurança dizendo: -- *"Este é um lugar muito seguro para as crianças e suas famílias. Como um dos seus ajudantes, meu trabalho é ter certeza que você está segura aqui. Este é um lugar onde você pode ser você. Suas opiniões e seus sentimentos são bem-vindos aqui. Este é um lugar onde você pode dizer ´sim´ e pode dizer ´não´.* Esclareça seu papel dizendo: -- *"Como uma ajudante, irei ouvi-la e juntas encontraremos maneiras de ajudar você a lidar com emoções difíceis, pensamentos e preocupações. Não irei machucá-la de modo algum. Mesmo que eu não seja uma professora de escola, eu também posso lhe ensinar muitas coisas. Sou amigável e de confiança, mas não sou como um dos seus amigos. Estou ao seu lado e trabalharei certificando-me de que você está segura aqui; vou trabalhar também com seus pais para ajudá-los a mantê-la em segurança e para tomarem conta de você. Entretanto, não sou como sua mãe, seu pai ou sua avó... sou uma ajudante. Apesar de não ser como seus pais, seus professores ou seus amigos, estou muito animada em fazer parte da sua vida como cuidadora. Espero que você possa me ajudar a ser a melhor cuidadora que posso ser para você."*

Durante a anamnese, é essencial coletar informações, sobre relacionamentos formados entre a criança e outros terapeutas, pois, muitas vezes, experiências corretivas terão de ser fornecidas. Uma criança cuja primeira terapeuta tornou-se sua potencial mãe adotiva estava extremamente confusa sobre o meu papel durante as sessões iniciais. A profissional anterior, por razões pessoais, acabou não adotando a criança. Entretanto, ela pensou que todo terapeuta, após esta experiência, pudesse tornar-se sua potencial "mamãe". No momento em que começamos a trabalhar juntas, ela tinha uma nova mãe adotiva em potencial com a qual se sentia confortável e segura. Durante as sessões iniciais, ela mostrou desregulação emocional extrema e comportamentos de oposição em relação à sua mãe e a mim, terapeuta. Para ela, estabelecer um relacionamento comigo seria como estar deixando sua mãe adotiva atual. Neste caso, o esclarecimento do meu papel foi fundamental, tendo de ser feito nos estágios iniciais de tratamento e em quase todas as sessões.

Questões associadas à confidencialidade, especialmente com os cuidadores, precisam ser abordadas com eles e com a criança. Tornar este processo previsível promoverá segurança na relação terapêutica.

Perceba o quanto a criança está confortável ou desconfortável no que se refere à proximidade física e ao contato visual. No final da primeira sessão, pode-se tentar desenvolver um bom aperto de mão e uma maneira especial de dizer olá. O terapeuta deve observar se a criança se afasta quando estende a mão a ela para um aperto de mão, ou, ao contrário, se ela dá um aperto de mão bastante agressivo ou um "toca aqui". Deve observar, ainda, sua postura corporal, o seu tom de voz e o seu nível de atividade. A presença do cuidador diminui ou aumenta o nível de atividade da criança? Como ela responde à separação e ao reencontro com o cuidador? A criança demonstra dificuldade para se separar do pai? É muito apegada aos pais ou ao contrário, não interage muito com eles? Quando o pai junta-se à sessão, a criança engaja-se com ele ou simplesmente o ignora? Há alguma diferença na forma como ela interage com a mãe ou com o pai? Assim, mais uma vez, o profissional está à procura de respostas e comportamentos que forneçam dados sobre o nível de segurança e o vínculo de apego da criança com cada um dos responsáveis, ou, então, a presença de ansiedade, evitação ou desorganização nestas interações.

Criando um Panorama Clínico Completo

Uma vez recolhida toda a informação necessária, torna-se indispensável desenvolver um plano de tratamento abrangente e um panorama clínico para guiar o tratamento . Terapeutas podem se sentir obrigados a iniciar o tratamento e usar estratégias logo depois de se encontrarem com os cuidadores. Embora muitas vezes seja necessário iniciar estratégias de intervenção em crise e um trabalho de estabilização quase que imediatamente, um tratamento iniciado sem um esquema de trabalho detalhado e coerente pode fazer com que as estratégias de tratamento utilizadas percam a intencionalidade e a direção, tornando a Terapia EMDR potencialmente fragmentada e ineficiente. Além disso, muitos psicoterapeutas iniciantes no uso do EMDR podem encará-lo como algo muito mecânico ou fragmentado. Deixar de ver o todo para enxergar apenas as partes, pode levá-lo a proporcionar um tratamento desprovido de efetividade e direção, comprometendo o resultado da terapia, bem como aumentando o tempo do tratamento.

A forma como a fase de preparação e todas as demais etapas de reprocessamento são organizadas e alinhadas para cada caso específico é, em última análise, baseada nas informações colhidas durante a fase inicial da Terapia EMDR. Porém, isto não significa dizer que à medida em que a Terapia EMDR avança, não se possam fazer adaptações e mudanças quando se obtém nova informação. Um panorama clínico completo deve incluir as seguintes informações:

1. A sequência de alvo da criança. Sintomas atuais, disparadores, eventos passados e modelos de futuro devem ser desenvolvidos detalhadamente e de maneira clara. Existem duas abordagens principais que podem ser feitas pelos psicoterapeutas quando estão desenvolvendo uma sequência de alvo para a criança. A primeira é o planejamento do tratamento informado pelo sintoma muitas vezes usado com adultos. Ao usar esta abordagem, o terapeuta está interessado, apenas, em identificar o passado desfavorável ou as experiências traumáticas associadas a sintomas atuais. A segunda abordagem usa uma perspectiva mais desenvolvimentista e está interessada em todas as experiências negativas ao longo da vida da criança. O terapeuta pode criar linhas do tempo e trabalhar para destacar todas as experiências de adversidade para cada estágio de desenvolvimento. Muitas vezes, estas duas maneiras de abordar o planejamento de tratamento com crianças podem não produzir uma grande diferença na sequência de alvos, o que talvez possa ocorrer no caso dos adultos. Isto se deve a um número potencialmente grande de experiências adversas e traumáticas que os adultos podem ter em relação às crianças. Este fato somente faz sentido considerando o número de anos vividos pela criança em comparação aos dos adultos. Quando se utiliza o tratamento informado pelo sintoma versus o plano de tratamento focado no desenvolvimento, muitas vezes a informação pode não ser muito diferente em crianças.

2. Se o plano de tratamento informado pelo sintoma foi ou não selecionado, o psicoterapeuta deve ter um histórico completo da criança.

3. O psicoterapeuta deve criar um mapa claro das atuais interações disfuncionais desreguladas entre pai e filho que necessitam de correção e reparo. Além disso, as necessidades de desenvolvimento não atendidas das crianças devem ser identificadas juntamente com os déficits parentais.

4. Os psicoterapeutas precisam localizar, com precisão, os pontos fortes e os recursos internos e externos existentes na criança, no pai e no sistema familiar. Membros da família estendida, como mentores, colegas, professores, dentre outros, constituem outros relacionamentos importantes e figuras de apego. A qualidade destes relacionamentos deve ser cuidadosamente avaliada e explorada.

5. Além disso, o psicoterapeuta deve criar um mapa das interações entre pai e filho reguladas para a criança e para o pai e outros mutuamente ativados. Isso produzirá interações específicas que continuam a ampliar redes de memórias contendo representações positivas e negativas do Eu, do outro e do mundo.

Com o panorama clínico bem delineado, tem início a organização e o planejamento das oito fases da Terapia EMDR. Mesmo que cada fase tenha etapas de procedimentos específicos, cada criança terá necessidades específicas, além de talentos e déficits que devem ser considerados em cada passo da Terapia EMDR. Algumas fases oferecem maior flexibilidade que outras.

A fase preparatória, além de ser especialmente flexível, é completamente organizada de acordo com as necessidades de cada criança e de sua família. Assim, o tempo concedido para corrigir e restaurar interações mal adaptativas entre pais e filhos, para trabalhar individualmente com a criança e/ou com o cuidador, proporcionar psicoeducação e lidar com a regulação do afeto irá variar e depender do plano de tratamento e do panorama clínico definidos para cada criança. As fases de reprocessamento também têm espaço para a flexibilidade. O uso de diferentes tipos de entrelaçamentos poderá ser determinado pelas necessidades de cada criança, as quais já foram destacadas durante a formulação do caso e no planejamento do tratamento em seus estágios inicias.

As estratégias de tratamento selecionadas para cada criança são orientadas pelo modelo do PAI e por procedimentos do EMDR, assim como pelas necessidades específicas da criança e de sua família. Se terapeutas de EMDR começarem a intervir sem um panorama claro, eles correm o risco de fornecer um tratamento sem direcionamento, além de gastar o tempo em estratégias de tratamento sem um propósito claro. Por exemplo, um terapeuta de EMDR que esteja trabalhando com uma criança que sofre com o divórcio dos pais, identifica a presença de sentimentos de raiva em relação a eles. Logo após a anamnese, ele pede para a criança escrever uma carta, com a justifificativa de que ele, ela irá ajudá-la a expressar todos os seus sentimentos de raiva direcionados aos pais. Em seguida, o profissional relata seu desejo de, eventualmente, fazer a Terapia EMDR com esta criança, mas sente que ela ainda não está pronta. Quando se olha para este caso e para as estratégias de tratamento selecionadas, eles evidenciam falta de direcionamento e de conceituação apropriada do caso. Como a carta se encaixa num plano de tratamento abrangente? A criança possui capacidade suficiente para regular o afeto e para sustentar a expressão de tais sentimentos aos seus pais? Além disso, o terapeuta parece equivaler a Terapia EMDR apenas com as fases de reprocessamento. A partir do momento em que o caso é conceituado usando o modelo do PAI, a Terapia EMDR é iniciada. Além do mais, não está claro como o fato de escrever uma carta vai se encaixar nas oito fases da Terapia EMDR. O propósito da carta também é indefinido, ou seja, seria suscitar a catarse para ajudar a criança a liberar seus sentimentos de raiva? Se a resposta for positiva, esta não é a finalidade da Terapia EMDR. Integração e assimilação do material mal adaptativo, não catarse, é o objetivo definitivo da Terapia EMDR. Usando este exemplo fica evidente o quanto, sem um panorama clínico completamente organizado, o tratamento tem o potencial de ser incoerente, fragmentado e definitivamente ineficaz.

Desenvolvimento de contenção antes de explorar memórias traumáticas. Quando se trabalha com trauma complexo, estratégias de mudança de estado devem ser ensinadas antes de explorar o material traumático. Em alguns casos, ampla preparação e estabilização devem ser feitas. Esta área, assim como diversas estratégias que podem ajudar a criança e o cuidador a desenvolverem regulação de afeto, serão minuciosa e amplamente abordadas nos próximos capítulos deste livro.

Sumário e Conclusões

Desenvolver conceituações de caso e planos de tratamento aprofundados e detalhados é essencial para o resultado final da Terapia EMDR. Ao criar um panorama clínico inicial, uma extensiva exploração do passado, do presente e os objetivos para o futuro são fundamentais. Quando se trabalha com trauma complexo, apego inseguro e dissociação deve-se realizar uma exploração minuciosa da interação passada e presente entre pai e filho, assim como da qualidade do seu vínculo de apego. A avaliação meticulosa e abrangente da história do trauma, perdas e feridas de apego, tanto da criança quanto do pai, servirão de alicerce para o desenvolvimento dos planos de tratamento que podem levar a resultados finais bem sucedidos. Em longo prazo, despender tempo suficiente na fase inicial da Terapia EMDR irá economizar tempo e energia.

Este capítulo enfatiza a necessidade de desenvolver planos de tratamento detalhados que fornecerão caminhos e direção claros ao longo das diferentes fases da Terapia EMDR.

Apêndice: Escala de Classificação dos Pais

Nome do paciente:_____ Data:_____
Nome do responsável:_____

Gostaria de saber sobre seu relacionamento com seu filho. Esses formulários enumeram áreas para você, como pai, e áreas de interação com sua criança. Por favor, reflita por alguns instantes sobre o quanto é difícil ou fácil para você executar as seguintes tarefas. Usando a escala de 0 a 10, onde 0 representa nenhuma dificuldade e 10 representa o nível mais alto de dificuldade, circule o número que melhor descreve sua capacidade de realizar cada tarefa. Por favor, escreva abaixo de cada pergunta um exemplo de uma interação entre você e sua criança associado à sua classificação. Por favor, evite pensamentos desejados e tente dar sua resposta da maneira mais intuitiva possível. O quanto mais precisa for esta informação, melhor poderei ajudar você e sua criança a alcançar seus objetivos na terapia:

Estabelecer limites com o meu filho

| 1 | 2 | 3 | 4 | 5 | 6 | 7 | 8 | 9 | 10 |

Este é um exemplo_____

Ter um contato físico carinhoso com meu filho (contato visual, abraços, etc.)

| 1 | 2 | 3 | 4 | 5 | 6 | 7 | 8 | 9 | 10 |

Este é um exemplo_____

Descobrir o sentimento do meu filho a qualquer momento

| 1 | 2 | 3 | 4 | 5 | 6 | 7 | 8 | 9 | 10 |

Este é um exemplo_____

Descobrir a necessidade do meu filho a qualquer momento

| 1 | 2 | 3 | 4 | 5 | 6 | 7 | 8 | 9 | 1 0 |

Este é um exemplo_____

Ajudar meu filho quando ele ou ela está machucado(a)

| 1 | 2 | 3 | 4 | 5 | 6 | 7 | 8 | 9 | 1 0 |

Este é um exemplo_____

Ajudar meu filho quando ele ou ela está com raiva

| 1 | 2 | 3 | 4 | 5 | 6 | 7 | 8 | 9 | 1 0 |

Este é um exemplo_____

Ajudar meu filho quando ele ou ela está com medo

| 1 | 2 | 3 | 4 | 5 | 6 | 7 | 8 | 9 | 1 0 |

Este é um exemplo_____

Ajudar meu filho quando ele ou ela está triste

| 1 | 2 | 3 | 4 | 5 | 6 | 7 | 8 | 9 | 1 0 |

Este é um exemplo_____

Acalmar-me quando meu filho está se comportando mal

| 1 | 2 | 3 | 4 | 5 | 6 | 7 | 8 | 9 | 1 0 |

Este é um exemplo_____

Estabelecer limites com meu filho quando não estou me sentindo bem

| 1 | 2 | 3 | 4 | 5 | 6 | 7 | 8 | 9 | 1 0 |

Este é um exemplo _____

Lidar com minhas próprias preocupações e problemas

| 1 | 2 | 3 | 4 | 5 | 6 | 7 | 8 | 9 | 1 0 |

Este é um exemplo_____

Permitir que o meu filho explore o mundo em segurança por si mesmo

1	2	3	4	5	6	7	8	9	10

Este é um exemplo_____

Confiar no meu filho

1	2	3	4	5	6	7	8	9	10

Este é um exemplo_____

Confiar que como pai ou mãe eu seja capaz de ajudar meu filho

1	2	3	4	5	6	7	8	9	10

Este é um exemplo_____

Apoiar e dar carinho ao meu filho quando ele ou ela não está fazendo ou atingindo o suficiente

1	2	3	4	5	6	7	8	9	10

Este é um exemplo_____

Encorajar liberdade e espontaneidade em meu filho

1	2	3	4	5	6	7	8	9	10

Este é um exemplo_____

Brincar com meu filho

1	2	3	4	5	6	7	8	9	10

Este é um exemplo_____

Capítulo 3 – Fase Dois: Preparação

O trabalho direcionado ao aumento da habilidade da criança para tolerar e regular o afeto, de modo a alcançar o processamento do material traumático , é iniciado durante a fase de preparação. O processo de fornecer uma estimulação neural para melhorar a capacidade da criança de se vincular, regular, explorar e brincar deve começar durante as fases iniciais da terapia de dessensibilização e reprocessamento por meio dos movimentos oculares (EMDR). Estimular a neurogênese e a sinaptogênese, promovendo a formação de novas conexões sinápticas, é necessário com crianças sem experiências apropriadas de desenvolvimento. Isto é alcançado fornecendo experiências repetitivas e corretivas relativas à segurança e à conexão. Crianças com trauma de apego e tendências dissociativas precisarão de um trabalho com maior variedade de recursos durante a fase de preparação. Devido à natureza das experiências difíceis pelas quais elas passaram e ao aspecto global dos seus déficits, o que é feito com casos de traumas simples não será suficiente ou eficaz com esta população. Ao longo da fase de preparação, diferentes sistemas precisam ser acessados: o sistema de apego, o sistema de defesa, os sistemas lúdico e motivacional, bem como os sistemas emocional e afetivo. Em muitos casos, as experiências necessárias para se desenvolver um saudável senso do Eu nunca fizeram parte das vidas dessas crianças. Segundo Perry (2006), "Crianças que cresceram em meio ao caos, à negligência e à ameaça não possuem as experiências fundamentais necessárias para expressar seu potencial genético implícito para autorregulação, relacionamento, comunicação e julgamento" (pág. 28). Frequentemente, memórias de segurança e conexão são totalmente inexistentes em suas vidas. Como resultado, a tentativa de se instalar recursos ou de usar estratégias de mudança de estado, como o "lugar calmo-seguro", por exemplo, pode falhar inicialmente. O reprocessamento de experiências traumáticas não pode acontecer se as redes neurais positivas e adaptativas não existem (Shapiro, 2001). Segundo Perry e Hambrick (2008), "Um sistema neural não pode ser mudado sem ser ativado, assim como não se pode aprender a escrever apenas ouvindo sobre como fazê-lo, é preciso praticar" (pág. 42). Tendo isto em mente, a fase de preparação com esta população pode envolver atividades e experiências que ajudem a criar um novo sistema neural e a trazer os sistemas de engajamento social de volta à ativa. Se a criança nunca experimentou momentos de segurança, então experiências de regulação e segurança são desenvolvidas; se não experienciou o toque carinhoso de forma apropriada e saudável, então experiências nas quais o toque pode ser sentido e integrado como positivo e regulador devem ser encorajadas.

Para que as conexões de memória possam ser formadas nos sistemas de crianças que apresentam déficits profundos, a fase de preparação pode começar fornecendo, por meio de diferentes caminhos, experiências de conexão, carinho, toque, lúdicas e de segurança. Experiências nas quais a criança sente-se regulada internamente podem criar novos padrões de ativação neural, os quais, em contrapartida, podem ser melhorados e integrados pelo uso de procedimentos e protocolos da Terapia EMDR. Dependo do grau de severidade do caso, pode ser necessário utilizar abordagens e atividades auxiliares, como a terapia de jogos, intervenções somáticas, estratégias de estado do ego, terapia da caixa de areia e ludoterapia, além de atividades físicas nas quais o lúdico esteja presente. Além disso, modelos e teorias, como o modelo de terapêutica neurosequencial (Perry, 2006), a neurociência afetiva (Panksepp, 1998, 2009), a neurobiologia interpessoal (Siegel, 1999, 2010), a teoria da regulação (Schore, 2001, 2009) e a teoria polivagal (Porges, 2011) podem enriquecer nossa compreensão sobre o trabalho necessário durante a fase de preparação de crianças com desregulação generalizada do sistema afetivo.

A Fase de Preparação da Terapia EMDR e a Teoria Polivagal

A Teoria Polivagal apresenta um modelo hierárquico do sistema autônomo (Porges, 2011). Segundo Porges, a comunicação recíproca bidirecional entre os estados corporais, órgãos viscerais e estruturas cerebrais é mediada pelo sistema autônomo. A Teoria Polivagal enfatiza a importância do sistema parassimpático vagal ventral, que permite aos indivíduos se adaptarem com flexibilidade ao seu ambiente e conectar-se aos outros. Porges salienta como os estados autônomos estão ligados a comportamentos sociais e a emoções pró-sociais. No caso de crianças altamente traumatizadas, o desenvolvimento desse sistema tem sido comprometido devido às interações prévias desreguladas e traumatizantes com seus ambientes e com os seus cuidadores. Como assinalou Porges (2011), uma característica definidora da psicopatologia é a incapacidade da pessoa de inibir sistemas de defesa em ambientes seguros e sua inabilidade para ativá-los em situações de perigo. A avaliação imprecisa sobre a segurança e o perigo pode ser o núcleo das dificuldades vividas pelas crianças com histórias de abuso e negligência e de exposição às experiências de apego nocivas e assustadoras. Segundo Porges, crianças diagnosticadas com transtorno reativo de apego apresentam "neurocepção defeituosa" de perigo e segurança, assim como sistemas de engajamento social comprometidos. Ainda de acordo com Porges (2009), "O isolamento e a separação social para seres humanos, independentemente da idade, levam a uma profunda perturbação da capacidade de regular os estados fisiológicos, bem como comprometem tanto a saúde física quanto a mental." (pág.119). Promover a estimulação e a ativação do sistema de engajamento social é um objetivo importante da fase de preparação. Atividades realizadas com outras pessoas que ajudam a criança a experimentar um senso de segurança e regulação irão, certamente, dar início à estimulação das estruturas vagais ventrais. Brincadeira, diversão, risadas, prazer, movimento e toque irão fortalecer o sistema vagal ventral e as áreas subcorticais do cérebro. Restaurar algum nível de conexão com outros por meio de sessões terapêuticas familiares, pode ser necessário para algumas crianças e suas famílias durante as fases iniciais da Terapia EMDR. Além disso, Porges (2011) salientou como o engajamento social depende do quanto podemos regular os músculos de nossos rostos e de nossas cabeças. A regulação neural dos músculos faciais e da cabeça influencia a neurocepção de segurança e perigo. O afeto facial pode ativar a neurocepção de perigo e como resultado comprometer a regulação da emoção e o engajamento social. Tendo isto em mente, exercícios que estimulem progressivamente a capacidade da criança para fazer contato visual, modular a voz e apresentar expressões faciais coerentes podem ser incorporados inicialmente durante a fase de preparação e continuar ao longo das diversas etapas da Terapia EMDR.

Acessando e Estimulando Diferentes Sistemas Durante a Fase de Preparação

Estratégias e atividades com o potencial de promover a integração de diferentes sistemas cognitivos e afetivos no cérebro, bem como a homeostase emocional devem ser incorporadas em diferentes fases da Terapia EMDR. Considerando isso, quando se trabalha com crianças com traumas complexos, a fase de preparação deveria incorporar atividades e exercícios para alavancar o desenvolvimento, a integração e a cura dos seguintes sistemas:

O Sistema de apego. Quando se trabalha com este sistema, é importante fornecer experiências corretivas de apego que possam criar novas redes neurais no cérebro e fortalecer as já existentes. Essas experiências podem criar novos padrões de disparo no cérebro com associações positivas sobre o Eu em conexão com os outros. Fortalecer a ligação de apego entre pai e filho e desenvolver um relacionamento seguro e de confiança entre eles proporcionará contenção e equilíbrio emocional, assim como expandirá as Janelas de Tolerância afetiva da criança. Atividades de Theraplay podem ser muito úteis tanto durante a fase de preparação como na abordagem adjunta para a Terapia EMDR (vide Capítulo 12). Envolver outros adultos que possam fornecer experiências corretivas ao sistema de apoio da criança é essencial. Um ambiente relacional revigorante proporcionará a estimulação que o cérebro necessita para desenvolver áreas subcorticais.

O sistema de defesa. Trabalhar com este sistema proporciona a oportunidade para que o sistema de engajamento social da criança se desenvolva e se torne disponível para **ela.** Para muitas crianças, a disponibilidade em longo prazo do sistema de engajamento social tem sido comprometida devido aos traumas prévios e crônicos (Porges, 2009). Respostas de mobilização e imobilização foram condicionadas, resultando em enormes déficits nas interações sociais. Respostas de luta, fuga, congelamento e imobilização (Porges 2011) podem ser provocadas pelo menor estímulo do ambiente. Promover oportunidades para que se comece a exercitar o sistema de engajamento social é importante durante a fase de preparação. Mostrar aos pais a importância de incentivarem seus filhos a participarem de brincadeiras com contato físico, como artes marciais, futebol, dança e atividades musicais, entre outras, pode ser recomendado assim que se inicia a Terapia EMDR. Ter o corpo como participante ativo no processo terapêutico por meio do uso de estratégicas somáticas (vide Capítulo 11) pode ajudar a acalmar e a regular partes inferiores do cérebro.

O sistema lúdico e exploratório. Quando se trabalha com este sistema, devem-se fornecer oportunidades para o lúdico, o riso e o entusiasmo. Pesquisas com animais e humanos têm mostrado que o lúdico não pode ocorrer quando o organismo se encontra num estado de pânico ou medo (Pellegrini, 2009; Panksepp, 2009; Brown, 2009). Crianças que crescem em ambientes inseguros, caóticos, traumatizantes e negligentes não têm a oportunidade de exercer seus desejos lúdicos. Segundo Panksepp (2009), o córtex e o cérebro social são desenvolvidos e construídos por meio de ferramentas como a brincadeira, especialmente a física. Considerando tal afirmação, temos de nos perguntar como a ausência e a privação do brincar experienciadas por crianças traumatizadas poderiam afetar o desenvolvimento de circuitos sociais e afetivos no cérebro. Como afirmado durante a fase da história do cliente e do planejamento do tratamento, uma avaliação minuciosa sobre a história lúdica da criança deve ser incluída.

Os pais devem ser encorajados de maneira contundente a manterem sua criança participando de esportes e de atividades físicas lúdicas enquanto a mesma se submete à Terapia EMDR. Além disso, a incorporação de estratégias e abordagens lúdicas ao tratamento de EMDR é fundamental para estimular e manter ativo o sistema de engajamento social, assim como para promover o desenvolvimento de sistemas de memória adaptativos e positivos no cérebro da criança. Manter um bom senso de humor e ter momentos de riso como parte das interações com a criança e seus cuidadores fortalece sua capacidade de experimentar e tolerar afeto positivo.

Entretanto, o terapeuta deve fazê-lo com sintonia suficiente para que a criança possa se manter dentro de níveis toleráveis de ativação. É preciso ter consciência de que a criança e seus cuidadores possuem diferentes níveis de tolerância para conexão e afeto. Uma criança que tenha desenvolvido um padrão evitativo de apego com seu cuidador primário, pode sentir as interações de aconchego e carinho do terapeuta como altamente ativadoras e desreguladoras. Expor a criança à proximidade e ao aconchego deve ser feito de maneira gradual até que ela possa tolerar o fato. Todavia, o terapeuta precisa proporcionar oportunidades para que tanto a criança quanto seu cuidador experimentem momentos de proximidade e conexão. Isto pode ser feito por meio de terapia de jogos e de estratégias de ludoterapia diretiva e não diretiva, envolvendo o cuidador e a criança em interações lúdicas e divertidas. Além do mais, o terapeuta de EMDR pode melhorar tais experiências positivas, incluindo o toque, a alimentação[8], o canto, o riso, etc., usando a estimulação bilateral (EB) enquanto a criança experimenta estes estados positivos.

Os sistemas afetivo e emocional. Proporcionar experiências interativas para ajudar a melhorar a capacidade da criança de tolerar e administrar o afeto deve ser parte importante da fase de preparação. Como também é essencial ajudá-la a ter um senso de contenção e criar um porto seguro para que emoções, pensamentos e sensações corporais possam ser seguramente alcançados, experimentados, recuperados, processados e integrados .

Durante a fase de preparação, é imperativo focar na expansão da habilidade da criança para tolerar afeto negativo e positivo, um aspecto fundamental da terapia EMDR. Para isso, podem-se usar estratégias e protocolos, tais como, lugar seguro, instalação e desenvolvimento de recurso (IDR) e containers, entre outros.

Experiências que promovam o desenvolvimento de novas e positivas conexões neuronais devem ser fornecidas neste ponto e ao longo de todo o tratamento de EMDR. Trabalhar com o sistema de apoio da criança para estimular sua capacidade de conexão com os outros é essencial. A necessidade de amar, conectar-se e socializar-se é biológica; portanto, tomar medidas para atender a isto e promover certo nível de conexão com os outros pode aumentar o seu senso de contenção e segurança. Simular atividades que incluam brincadeiras, gargalhadas e conexão pode ensinar aos cuidadores como continuar fornecendo esta prática corretiva em casa. Todas estas experiências positivas de afeto podem ser ampliadas por meio do uso da estimulação bilateral e por protocolos de instalação e desenvolvimento de recursos.

---

[8] NT: A autora utilizou a palavra *Feeding* que, para o contexto desta tradução, significa alimentar em seu sentido literal referindo-se à nutrição de clientes durante as sessões terapêuticas como forma de reparação de apego.

Preparando as Crianças Para a Terapia EMDR

Conversando com as crianças sobre Trauma

Crianças que experimentaram trauma tendem a evitar qualquer coisa que as façam lembrar-se do evento traumático. Utilizar metáforas e analogias pode ajudá-las a criar uma distância daquilo que poderia ser esmagador, além de facilitar o acesso ao hemisfério direito do cérebro. Em nossos sonhos, nos comunicamos por meio de símbolos, histórias e analogias. Os valores e as tradições de toda sociedade e geração são transmitidos às novas gerações por meio de histórias. A Terapia EMDR e o trauma podem ser mais facilmente compreendidos por meio do uso de analogias, metáforas e histórias. Veja, abaixo, algumas analogias que podem ser usadas para explicar o trauma às crianças.

1. **A analogia "geodo".** Esta analogia pode auxiliar a criança a enxergar o resultado potencialmente positivo de se trabalhar os eventos traumáticos em suas vidas. Geodos são cavidades rochosas com formações internas de cristal, com tons, cores e composições únicas, apesar de seu exterior grosseiro. A singularidade invisível em cada geodo somente é descoberta quando esta é aberta. Quando os cristais encobertos são expostos, o prêmio é encontrado. Quando encaramos traumas como geodos, o seu exterior é duro. Entretanto, ele conserva em seu núcleo a possibilidade para a expansão e transformação. Somente quando admitirmos isto é que encontraremos os cristais em nossa vida. Segundo Esly Carvalho (comunicação pessoal, 6 de Agosto, 2010), como resultado de experimentar trauma e adversidade, podemos ter aprendido mentiras sobre nós mesmos e sobre quem somos. Podemos ter aprendido que somos incapazes de inspirar amor ou que somos maus, ou ainda, que não merecemos coisas boas.

2. **A analogia da pérola:** Terapeutas de EMDR que participaram de um dos meus programas de treinamento no Equador inspiraram esta analogia. A formação de uma pérola é um evento verdadeiramente extraordinário. A vida da pérola começa com um objeto estranho entrando no interior da ostra. Para se proteger da irritação causada pelo invasor, a ostra secreta uma substância. Ao longo do tempo, este invasor será completamente envolto por camadas e mais camadas da substância protetora da ostra. O resultado é uma maravilhosa e esplêndida pérola, que representa o trabalho do seu sistema de proteção e defesa. Esta analogia magnífica pode ajudar a criança a entender, identificar, honrar e celebrar o que usou para se proteger e para se defender dos eventos negativos. Além disso, também poderá ajudá-las a compreender que nunca encontrarão as pérolas que construíram em suas vidas se não abrirem a concha. Terapeutas de EMDR podem ser engenhosos e inventar modos para a criança criar suas próprias conchas com pequenas pedras coloridas que representam suas "pérolas da vida" e recursos de sobrevivência.

3. **A analogia da árvore:** Esta analogia foi criada com o propósito de auxiliar as crianças na compreensão de como situações desafiadoras podem oferecer oportunidades para transformação. Do trabalho que fazemos para sobreviver, qualidades únicas emergem em nós. Você pode dizer: *"Quando uma árvore está no escuro ou quando seus galhos caem, ela continua a crescer em volta, sempre procurando pela luz. A perda de um galho causa*

transformação e crescimento de maneiras excepcionais que dão à árvore uma forma única. Quando passamos por situações desafiadoras em nossas vidas, também temos de nos esticar para alcançar a luz e, com isso, temos uma oportunidade para crescer e nos transformar. Meu trabalho como ajudante é auxiliar você a encontrar a luz de novo em sua vida. Lembre-se de sempre que, assim como você procura a luz, qualidades especiais em você se desenvolvem e crescem, fazendo de você a pessoa única que é. "

4. **A analogia da sacola de coisas confusas:** Esta analogia ajuda as crianças a compreender o que ocorre quando experimentamos trauma e os efeitos potencialmente negativos de reprimir estas memórias (Gomez, 2007). Você pode dizer: -- *"Quando coisas desagradáveis acontecem conosco, temos muitos sentimentos e pensamentos confusos. Não nos sentimos bem em nossas mentes, corpos e corações. É como se carregássemos bolsas de coisas confusas. Quando estamos muito ocupados carregando todas estas bolsas, não temos espaço em nossos corações, mentes e corpos para os bons pensamentos e as boas emoções. Nosso trabalho é fazer estas bolsas ficarem menores ou até nos livrarmos delas; assim, teremos então espaço para os bons pensamentos e as boas emoções".*

5. **A analogia dos óculos do cérebro:** Foi criada para ajudar a criança a entender como as experiências que tivemos em nossas vidas moldam nosso cérebro e colorem nossa realidade presente. Podemos dizer: -- *"Quando temos experiências ou acontecimentos ruins em nossas vidas, nosso cérebro vai prestar muito mais ou muito menos atenção a qualquer coisa que seja parecida, de certa forma, à coisa ruim que nos aconteceu. O cérebro pode perceber as coisas de modo muito maior ou muito menor do que realmente são. O cérebro não faz isso com má intenção. Na verdade, ele está se certificando de que não iremos sofrer ou sentir dor para que possamos sobreviver. Se o cérebro pensa que o que está acontecendo é grande demais, então agiremos de modo exagerado. Isso pode, na verdade, nos colocar em encrenca. Se o cérebro pensa que o que está acontecendo é pequeno demais, então agiremos de maneira excessivamente inferior ao necessário. Isto pode nos colocar em perigo, porque talvez não consigamos nos defender na presença do perigo real."* Dê exemplos que você conhece ou use exemplos da vida da criança. Diga: -- *"Por exemplo, eu sei que você passou por algumas experiências de "bullying". Agora, quando uma criança diz 'você tem óculos engraçados', você bate nela ou a empurra imediatamente. Mais uma vez, devido às experiências que você teve no passado com provocações, agora seu cérebro percebe algum comentário de outras crianças como, 'eles estão tentando me ameaçar.' Este é um modo de perceber algo de maneira exagerada e, assim, sua reação é muito grande. Por exemplo, você socou outras crianças e isto o deixou em apuros. O que é importante saber sobre isto é que, quando você apresenta estas emoções e comportamentos exagerados, não é porque você seja uma criança má ou problemática, mas sim porque seu cérebro percebe as coisas de modo muito grande ou muito pequeno. Isto está acontecendo por causa das coisas ruins ou desagradáveis que aconteceram com você no passado. Lembre-se sempre que o cérebro faz isto para protegê-lo e para ter certeza de que você irá sobreviver e não se machucará. Agora vamos pensar sobre outras coisas que seu cérebro possa perceber como muito pequenas ou muito grandes."* Continue ajudando a criança a identificar disparadores e reações problemáticas atuais. Diga a ela que o objetivo é ajudar o cérebro, o coração e o corpo a trabalhar as coisas desagradáveis que aconteceram para que eles possam perceber as

coisas como elas realmente são e responder de modo que nos ajude a estarmos seguros, a conviver com os outros e a nos sentir bem.

6. **A analogia do arquivo:** Esta analogia funciona muito bem com crianças mais velhas ou pré-adolescentes. Você poderá utilizá-la como arquivos de computador, então use os termos apropriadamente. Diga: -- *"Quando vivenciamos acontecimentos maus ou negativos em nossas vidas, nosso cérebro cria arquivos que contêm todos os sentimentos, pensamentos e sensações corporais conectados a estes eventos".* *Quando experienciamos eventos que não foram "tão ruins", o cérebro tem capacidade para trabalhar com estes arquivos antes de começar a armazená-los e guardá-los como memórias. O que é armazenado foi resolvido e organizado para que as coisas negativas tenham sido deixadas de lado, permitindo-nos manter as coisas boas e aprender com a experiência. Entretanto, quando o evento é realmente ruim ou aconteceu inúmeras vezes, esses arquivos ficam saturados e o cérebro não consegue fazer o trabalho de resolver as coisas. Como resultado, estes arquivos ficam todos desorganizados e fragmentados, não sendo encaixados ou organizados pelo cérebro. Diferentes acontecimentos da vida são chamados de "disparadores", porque podem abrir estes arquivos ou clicá-los* (se estiver usando a analogia do computador). Por exemplo, (repita alguns disparadores atuais da criança), *quando estes disparadores abrem o arquivo, começamos a ter novamente todos aqueles sentimentos confusos, pensamentos ou reações corporais que tivemos quando a coisa ruim aconteceu. Porque o cérebro não organizou todas as peças desses arquivos, nós nem sequer notamos que os mesmos estão sendo abertos. Isso nos leva a nos comportar ou a agir de maneiras que poderiam ser muito 'grandes'* (respostas exageradas. Repita algumas respostas atuais, sintomas ou problemas da criança) *ou muito 'pequenas'* (falta de reação devido à ativação das respostas de imobilização-desligamento).

Conversando com as crianças sobre a Terapia EMDR

Após o conceito de trauma ter sido abordado com a criança, surge a oportunidade perfeita para apresentar a Terapia EMDR. Se você estiver usando a analogia geodo, diga: -- *"Sei de algo que pode ajudar você com os geodos em sua vida. Podemos trabalhar usando os geodos e encontrar os cristais escondidos em sua vida e a verdade sobre quem você realmente é."* Caso esteja usando a analogia da árvore, explique como vocês podem trabalhar como uma equipe para encontrar a luz na vida da criança. Fazendo isto, ela poderá crescer mais forte nas áreas feridas. Se está usando a analogia da bolsa de sentimentos confusos, poderá dizer: -- *"Conheço algo que se chama EMDR que pode ajudar crianças a tornar as bolsas de sentimentos e pensamentos confusos menores ou até sumirem. Assim, você terá espaço em sua mente, em seu coração e em seu corpo para os bons sentimentos e os bons pensamentos."* Se está usando a analogia das lentes do cérebro, pode dizer: -- *"Sei de algo chamado EMDR que pode ajudar seu cérebro com todas as experiências ruins que você teve no passado. Desse modo, o cérebro não terá de ver as coisas de um jeito 'muito grande ou muito pequeno', mas irá percebê-las do tamanho que elas realmente têm."* Se estiver usando a analogia dos arquivos, diga: -- *"Conheço uma coisa chamada EMDR que poderá ajudá-la a trabalhar estes arquivos que fazem você ter* (repita os sintomas e os problemas atuais da criança). *O EMDR pode ajudar você a separar estes arquivos, juntar as peças e organizá-las de modo que, quando as pessoas e os eventos clicarem nesses arquivos, você não tenha mais esses sentimentos e pensamentos negativos. Ao invés disso, você se lembrará do que aprendeu com essa experiência difícil."*

Continue a explicar sobre a Terapia EMDR dizendo: --"*Quando estivermos fazendo EMDR, você vai pensar na coisa ruim ou desagradável que aconteceu com você enquanto move seus olhos de um lado para o outro. Quando fazemos isto, seu cérebro pode trabalhar separando esses arquivos, colocando as peças juntas e organizando-as para que você possa livrar-se de todos os sentimentos, pensamentos e das sensações corporais confusas enquanto mantém as coisas boas. Se você tiver dificuldade para fazer os movimentos dos olhos, podemos usar o toque ou os fones de ouvido* (mostre o aparelho e permita que a criança o explore). *Quando fazemos o EMDR, você pode dizer qualquer coisa que vier à sua mente, qualquer sentimento, qualquer sensação corporal; não há uma maneira certa ou errada para fazer EMDR.*"

Você também pode usar o livro de minha autoria chamado "*Dia Ruim... Vá Embora*", que explica o EMDR para as crianças. Ele usa a analogia da digestão para explicar o que acontece no cérebro por causa dos acontecimentos traumáticos e adversos, além de esclarecer como o EMDR pode ajudar. Enfatiza como o EMDR pode ajudar as crianças a encontrarem a verdade sobre quem realmente são. Diga: -- "*Quando coisas ruins nos acontecem, aprendemos um monte de coisas ruins sobre quem somos. Talvez tenhamos aprendido que somos maus ou que não merecemos as coisas boas da vida. Talvez tenhamos aprendido a ser tristes ou muito medrosos o tempo todo. Talvez nossos corpos tenham aprendido a sentirem-se cansados ou a estarem em alerta o tempo inteiro. Quando fazemos EMDR, visitamos as memórias das coisas ruins que nos aconteceram para que possamos encontrar a verdade sobre nós mesmos. Lembre-se, estamos apenas visitando a memória. Isto não está acontecendo de novo, é somente uma visita em nossas mentes. Então, podemos descobrir o quanto somos bons e o quanto merecemos as coisas boas da vida. Podemos aprender a ser felizes e a encontrar nossos sentimentos emocionantes outra vez. Nossos corpos podem encontrar uma maneira de se sentirem mais energizados e assim desfrutarem dos nossos momentos de calma. Se mantivermos todas as coisas desagradáveis dentro de nós, provavelmente nunca encontraremos a verdade sobre nós mesmos e continuaremos a viver nossas vidas baseando-nos em mentiras. Então vamos fazer uma viagem para encontrar a verdade.*"

Explicando as Diferentes Formas de Estimulação Bilateral

Ao descrever as várias formas de estimulação bilateral (EB), examine as diferentes opções e pratique-as com a criança. Quando for explicar sobre o movimento ocular, você poderá usar fantoches de dedos – "dedoches" - a quem chamo de "ajudantes de EMDR". Este time consiste num grupo de fantoches de dedos com nomes que se referem à sigla do EMDR: Elizabeth, Mário, David e Robbie (Gomez, 2007, 2009). Os ajudantes podem, ainda, oferecer estimulação tátil se acaso a criança tiver dificuldade para usar o movimento ocular. Você também poderá criar uma música para eles, fazendo com que o processo fique mais divertido e atraente para a criança.

O movimento ocular pode ser feito usando as varinhas mágicas, fantoches, canetas a laser e assim por diante. O abraço da borboleta tem sido largamente utilizado, individualmente e em grupo, com crianças e adultos (Artigas, 1999). Também se pode tocar tambor, caminhar ou bater os pés, assim como, fazer uso de pincéis e penas para proporcionar estimulação bilateral.

Avaliando o Resultado em Potencial de Experimentar o Afeto Negativo durante o Reprocessamento

Este aspecto da Terapia EMDR deve ser abordado logo no início, do contrário, corre-se o risco de a criança interromper o processo quando o afeto negativo é ativado. Ela pode criar a expectativa de alívio imediato logo após o reprocessamento ser iniciado, e, como resultado, pode experimentar a Terapia EMDR como não sendo tão útil ou até mesmo assustadora. Também pode se sentir traída pelo terapeuta que afirmou que a Terapia EMDR a ajudaria a se sentir melhor.

Torne o processo previsível dizendo: -- *"Se você começar a ter pensamentos, sentimentos e sensações corporais que lhe incomodam, é o sinal do seu cérebro para lhe avisar que ele está trabalhando naqueles arquivos ou bolsas; e que partes desses arquivos estão surgindo para o cérebro ser capaz de organizá-los. É muito importante deixar o cérebro fazer seu trabalho. Mas, se visitar estas memórias do passado ou coisas desagradáveis for muito difícil para você, você pode parar de fazer o EMDR a qualquer momento, dizendo pare ou levantando sua mão".*

Enfatizando a Consciência do Presente

Manter a consciência da segurança do presente é imprescindível quando se reprocessam memórias traumáticas (Shapiro, 2001). Crianças altamente traumatizadas procuram evitar relembrar tais eventos traumáticos por medo de ficarem presas nessas memórias e serem incapazes de fugir, como também sentem-se impotentes para mudar ou controlar as emoções associadas a estas lembranças. Isto pode resultar no que muitos autores apontam como "medo do medo" (van der Kolk, 1996) ou "fobia do trauma" (van der Hart, 2006). Fazer o processo de forma previsível e enfatizar o caráter transitório e não permanente da 'visita' à memória pode ajudar a criança a dominar este medo. Segue, abaixo, um exemplo de como esta questão pode ser abordada. Você pode dizer: -- *"Iremos somente VISITAR aquelas memórias em nossas mentes e podemos ir embora e voltar a qualquer hora. Não vamos permanecer lá. Estes eventos ou coisas não estão acontecendo de novo e ninguém vai machucar você enquanto visitamos essas memórias. Lembre-se de que você está seguro aqui e agora."* Recursos suficientes devem ser fornecidos para aumentar o senso de segurança e de contenção da criança. O desenvolvimento de recursos para crianças com trauma complexo será extensivamente descrito neste capítulo.

Outra analogia que pode ser usada com crianças é a da piscina, que também é útil para os terapeutas de EMDR poderem conceituar claramente o trabalho frequentemente necessário quando se trabalha com casos complexos. Um símbolo que pode ser usado para representar as memórias do trauma ou do sofrimento é a 'piscina'. Trauma simples pode ser visto como a 'piscina' na qual a maioria das crianças pode pular de imediato, pois já possui os coletes salva-vidas (recursos) necessários para mergulhar na piscina (trauma e eventos adversos) rapidamente. Entretanto, crianças com trauma complexo chegam para o tratamento com piscinas profundas e desafiadoras, "fobia de piscinas", e sem nenhum equipamento de flutuação. O trabalho inicial, então, deve ser direcionado para ajudá-las a desenvolver os equipamentos de flutuação apropriados e superar sua fobia de piscina. Crianças com trauma complexo terão muito medo de irem para a piscina até mesmo quando estiverem usando os coletes salva-vidas. Assim, estratégias de 'entrar' e 'sair' da piscina deverão ser utilizadas. Inicialmente, a criança irá

Protocolo do Lugar Calmo-Seguro-Feliz

Se a criança passou pelo protocolo calmo-seguro com sucesso, motivá-la a realmente fazer uso dele quando está enfrentando disparadores do ambiente é uma meta importante. Toda vez em que ela é capaz de utilizar o lugar calmo-seguro, sua capacidade para mudar estados afetivos e de regulação interna é revigorada. Para auxiliar a criança a fazer uso do lugar calmo-seguro quando necessário, comece identificando onde os disparadores estão acontecendo em sua vida. Isto irá ajudá-lo a determinar a melhor maneira de auxiliar a criança a se lembrar de fazer uso do lugar calmo-seguro. Se ela fica ativada, principalmente à noite, então uma imagem brilhante do lugar seguro em seu quarto pode ser útil. Se é ativada, sobretudo, na escola, um objeto transicional ou um lenço com a imagem do lugar-seguro para ela levar consigo em seu bolso pode ser oportuno. As ideias seguintes auxiliarão você a tornar o lugar seguro mais acessível, atraente e motivador para a criança.

- Peça à criança para criar o lugar seguro ou feliz na caixa de areia. Tire uma foto e dê a ela uma cópia para colocar em seu quarto.
- Faça a criança desenhar uma imagem do lugar seguro ou feliz usando uma tinta que brilhe no escuro para passar por cima. Posteriormente, ela poderá colocar a imagem do lugar seguro perto de sua cama; assim, se ela acordar com medo, o lugar seguro estará visível para ela. Ela também pode desenhar uma imagem do lugar seguro ou de qualquer outro recurso na fronha do travesseiro usando marcadores de tecido. (Figura 3.1).
- Faça a criança desenhar a imagem do lugar seguro-feliz num pequeno pedaço de tecido usando marcadores de tecido e a instrua a levá-lo em seu bolso para a escola. Assim, se ela for ativada ou tiver sentimentos perturbadores, o lugar seguro estará mais acessível a ela.
- Faça a criança escolher um objeto que represente o lugar calmo-seguro-feliz. Pode ser uma pequena pedra ou uma imagem que ela possa manter junto de si a todo o momento. Se ela ficar ativada, o objeto transicional servirá como uma lembrança do lugar calmo-seguro. Ressalte que o lugar seguro está em sua mente e em seu coração e que ninguém pode tirá-lo dela. Assim, caso ela perca o objeto, ela já sabe que o lugar seguro sempre estará dentro de si.
- Use monitores cardíacos, HeartMath® ou EmWave® em combinação com o protocolo do lugar calmo-seguro. Esta técnica de *biofeedback* pode aumentar a motivação das crianças para usar o lugar seguro quando necessário. Também é muito útil para ajudá-las a se conectarem com seus corpos e estados internos.
- Utilize o cuidado com as mãos como uma forma de fazer o uso do lugar calmo-seguro-feliz mais motivador. Crie um símbolo para o lugar seguro para gravarem cada unha. Símbolos como um ponto, uma linha ou uma unha especial com cores brilhantes associados ao lugar seguro podem ser usados para embelezar as unhas da criança. Isso costuma ser altamente motivador para as meninas. Além disso, o lugar seguro estará pelo menos ao longo de uma semana bem na frente dos seus olhos.
- Use artes, artesanato e estratégias de ludoterapia. Crie braceletes e colares com a palavra-chave ou elementos do lugar seguro. Isso pode aumentar a probabilidade de ela usar o lugar seguro quando se sentir ativada. Quando a criança informa que

está usando o lugar seguro com sucesso, o terapeuta instala esta experiência usando a estimulação bilateral. Peça uma imagem clara do momento em que ela usou o lugar seguro para sair de um estado emocional negativo para um positivo. Identifique as emoções associadas a esta experiência de controle e sua localização no corpo. Em seguida, faça uma série curta e lenta de EB. Isto pode ser feito todas as vezes que a criança for capaz de utilizar efetivamente o lugar seguro ou qualquer outro recurso identificado por ela. Essas experiências constituem atos de triunfo (Janet, 1907; Ogden, 2006). Durante a fase de preparação, é importante criar uma atmosfera na qual a criança se sinta bem-sucedida e empoderada. Destaque até mesmo as suas pequenas tentativas para usar o lugar seguro ou outros recursos instalados e desenvolvidos na terapia.

Figura 3.1 - Meus ajudantes na fronha do travesseiro

Quando o Lugar Seguro não existe

Algumas vezes, apesar de todos os esforços do terapeuta, a criança não consegue encontrar o lugar seguro ou ele se torna contaminado e negativo após a EB ter sido iniciada. O protocolo do lugar calmo-seguro, não apenas pode servir como ferramenta diagnóstica, como também nos ajudar a identificar as crianças que precisam de preparação prolongada, bem como aquelas com grandes déficits na regulação do afeto. Os passos seguintes devem ser utilizados quando a criança é incapaz de identificar o lugar seguro:

1. **Avaliação minuciosa do nível de segurança e estabilização do ambiente familiar e escolar:** Avalie o mais detalhadamente possível o ambiente familiar e escolar da criança. Garantir a segurança no presente é fundamental antes de iniciar ou prosseguir com qualquer exploração ou reprocessamento do material traumático. Se ela se encontra em um ambiente caótico ou traumático, a estabilização do sistema familiar deve ocorrer ou acompanhar qualquer trabalho individual feito com ela. Se o trauma continua acontecendo no presente, parte da fase de preparação deve ser dedicada a alcançar um nível adequado de estabilidade e segurança dentro do sistema familiar. Se a criança está sendo provocada na escola, medidas cabíveis devem ser tomadas para garantir sua segurança neste ambiente. Tendo alcançado o nível adequado de segurança e estabilidade, você pode tentar

usar novamente o protocolo calmo-seguro. Desta vez, a criança poderá ter uma resposta diferente.

2. **Identificar atividades "aqui-e-agora" e momentos de alegria, segurança ou tranquilidade:** Para evitar a criança de acessar o afeto negativo muito rapidamente, enquanto você está tentando instalar o lugar seguro, tente fazer isto de uma maneira mais concreta e presente. Identifique momentos ou atividades apreciados por ela na sessão com você. Se você estiver brincando com o Play-Doh®, peça a ela para perceber sentimentos experimentados no "aqui-e-agora", tão logo esteja envolvida na atividade. Se ela informa emoções positivas, pergunte sobre sua localização no corpo e instale este momento de segurança, alegria, divertimento ou tranquilidade no presente. Pergunte a ela sobre uma atividade de que ela goste. Se ela diz que dançar é algo divertido, coloque uma música e dance com ela. Pare por um momento e pergunte como ela se sentiu ao dançarem juntos e onde esses bons sentimentos se encontram em seu corpo; depois os instale usando séries lentas e curtas de EB. Incorporar estratégias divertidas será útil também para manter a criança num estado emocional positivo. A seguir, apresentamos a atividade do protocolo calmo-seguro-feliz, apropriado para crianças que não conseguem encontrar o lugar seguro ou que mesmo o encontrando, ele rapidamente se torna contaminado . Se a criança tem dificuldade em passar por todo o protocolo, use a versão simplificada e apenas a 'acesse' em momentos de diversão durante a sessão. Identifique as emoções associadas à experiência e onde estão localizadas no corpo e, então, instale estes estados positivos. Algumas crianças podem ser incapazes de usar o protocolo inteiro no começo. Somente após os estados positivos serem revigorados e experimentados plenamente, durante várias sessões, ela poderá ser capaz de se mover de um estado negativo para um positivo.

Atividade Calma-Segura-Feliz

Esta atividade é adaptada do Manual de Treinamento Básico do EMDR Institute (EUA). -- *"Vamos praticar EMDR com coisas boas hoje. Qual ajudante de EMDR você gostaria de ter hoje?"* Dê à criança a oportunidade de escolher o fantoche ou os fantoches que irão ajudar a fazer a EB.

1. **Imagem:** se a criança está envolvida numa atividade divertida que parece ser agradável, você pode dizer: -- *"Posso ver que está muito envolvida com isso, o quanto você gosta de fazer o que estamos fazendo agora?"* Se a criança não está suficientemente comprometida numa brincadeira divertida, você pode perguntar: -- *"Quais são algumas das coisas que você gosta muito de fazer e que podemos fazer aqui juntos?"* Dê uma lista do tipo: -- *"Gosta de dançar ou escutar música? Gosta de jogar bolar ou brincar com o Play-Doh®?.* Estando você e a criança envolvidos numa atividade divertida, engraçada e relaxante, verifique novamente com ela se as atividades possuem associações positivas.

2. **Emoções e sensações.** Você pode dizer: -- *"Como você se sente agora enquanto estamos brincando com* (diga o nome da atividade ou descreva o que a criança está fazendo no presente momento)?" Se ela disser que não está sentindo nada, apresente uma lista de sentimentos. Se, no entanto, relatar sentimentos positivos, então continue a ajudá-la na identificação das emoções e diga: -- *"Você se sente feliz, animada, alegre, segura, calma? Onde você sente estes sentimentos em seu corpo? Você pode usar o caça-sentimentos para encontrar estes sentimentos dentro."* A menos que as emoções sejam

positivas, não fortaleça nada. Se sentimentos e associações negativas ocorrerem, ajude a criança a identificar uma atividade diferente.

3. **Intensificação.** Você pode dizer: --*"Gostaria que você notasse a atividade que está fazendo ou o jogo que está jogando* (faça a descrição do que a criança e você estão fazendo no momento), *assim como o sentimento que você está tendo agora* (repita os sentimentos relatados pela criança) *e onde você o sente em seu corpo."*

4. **Estimulação Bilateral.** Você pode dizer: *"Agora que você está percebendo a atividade que está realizando ou o jogo que está jogando, os sentimentos que está tendo* (repita as emoções relatadas pela criança) *e onde você os sente em seu corpo, quero que você faça o seu abraço da borboleta ou siga o fantoche com seus olhos* (diga o nome do ajudante de EMDR escolhido pela criança) *ou vamos fazer os ajudantes de EMDR tocarem suas mãos."* Você também pode usar pincéis e penas para fazer a estimulação tátil. Faça quatro movimentos lentos de EB. Repita duas ou três vezes se as emoções e associações positivas continuarem aumentando com a atividade calma-segura-feliz.

5. **Palavra-chave.** Você pode dizer: -- *"Você pode pensar numa palavra especial para ajudá-la a se lembrar de todos os bons sentimentos que você sente agora que está* (repita a atividade na qual a criança está envolvida)? *Poderia ser qualquer palavra que você queira.* Você pode seguir: -- *"Agora, gostaria que você continuasse a fazer o que tem feito até agora e que percebesse todos os bons sentimentos* (repita as emoções identificadas pela criança) *e repita em sua mente a palavra* (diga a palavra-chave) *e agora siga* (repita o nome do ajudante de EMDR escolhido pela criança)" faça quatro séries lentas de EB. Repita algumas vezes.

6. **Indução com uma situação neutra.** Quando se trabalha com crianças que apresentam trauma complexo, pode ser útil permitir que elas pratiquem com uma situação neutra antes de abordar um evento perturbador (Adler-Tapia & Settle, 2008). Você pode dizer: *"Gostaria que você pensasse sobre algo em sua vida, como o que vai fazer quando sair deste consultório, um programa de TV ou um personagem de desenho animado. Gostaria que pensasse sobre algo que não é bom nem ruim, algo neutro."* Quando a criança identificar a situação, diga: -- *"Agora, vou dizer a palavra especial* (repita a palavra-chave) *e gostaria que pensasse ou que começasse a fazer a atividade ou o jogo legal que nós fizemos juntos* (repita a atividade)". Permita à criança pensar na atividade ou que ela realmente brinque por algum tempo. Então diga: -- *"Como você se sente agora?"* Se ela relata emoções positivas, então diga: -- *"Ok, pense somente nestes sentimentos positivos* (repita as emoções positivas relatadas pela criança) *e faça o abraço borboleta ou siga com seus olhos* (diga o nome do ajudante de EMDR) *ou deixe que os ajudantes de EMDR toquem suas mãos."* Faça séries curtas e lentas de EB.

7. **Indução com perturbação.** Diga: -- *"Gostaria que pensasse sobre algo em sua vida que é um pouco perturbador."* Quando ela identificar a situação permita que ela fique nesse estado negativo por alguns segundos. Lembre-se de que estamos também construindo tolerância de afeto. Diga: -- *"Agora vou dizer aquela palavra especial* (repita a palavra-chave), *quero que você comece a jogar ou a fazer aquela coisa legal ou o jogo que estávamos jogando* (repita a atividade)." Permita à criança se envolver numa situação calma, segura e feliz por algum tempo. Você pode dizer: -- *"Como se sente agora?"* Se a criança relata emoções positivas, então diga: -- *"Ok, apenas pense nestes sentimentos bons* (repita as emoções positivas informadas pela criança) *e faça o abraço borboleta ou siga com os olhos* (diga o nome do ajudante de EMDR) *ou deixe que os ajudantes de EMDR toquem suas mãos".* Faça séries lentas e curtas de EB.

Tenha em mente que, neste momento, você está, na realidade, fortalecendo o estado de mudança alcançado pela criança e não a atividade.

8. **Autoindução com perturbação.** Diga: -- *"Gostaria que você pensasse novamente sobre aquela coisa de sua vida que o perturba um pouco ou que o incomoda levemente. Deixe-me saber quando estiver pensando sobre isso."* Espere até ela dizer para você o que ele ou ela está pensando. Você pode dizer: -- *"Dessa vez você vai fazer sozinho. Você irá usar a palavra especial e irá fazer ou jogar aquele jogo ou coisa legal que fizemos juntos."* Dê tempo suficiente para ela se envolver na atividade calma, segura, feliz. Você pode dizer: -- *"Como está se sentindo agora?"* Se a criança relata uma diferença positiva, então diga: -- *"Bom trabalho, agora somente pense naqueles sentimentos bons novamente* (Repita as emoções relatadas pela criança) *e dê seu abraço da borboleta ou siga com seus olhos* (diga o nome do ajudante de EMDR) *ou deixe que os ajudantes de EMDR toquem suas mãos".* Faça séries curtas e lentas de EB.

9. **Prática.** Encoraje a criança a usar a palavra especial e a atividade calma, segura, feliz. Se os pais não estavam presentes na sessão, passe algum tempo com eles e repasse as atividades feitas e como eles podem incentivar a criança a usar a palavra-chave e a atividade calma, segura e feliz. Você pode dizer: -- *"Sempre que se sentir para baixo ou entristecida ou com sentimentos confusos, você pode usar sua palavra especial* (repita a palavra-chave) *para que isso te faça lembrar-se do jogo legal ou da atividade que fizemos juntos e traga os sentimentos bons de volta. Você também pode jogar sozinho o jogo legal que jogamos para que possa ter os sentimentos bons e felizes de volta".*

Observe que a EB é adicionada somente depois de a criança ser capaz de mover-se de um estado emocional negativo para um estado emocional positivo. Isso é diferente do que vem sendo ensinado atualmente durante o treinamento básico de EMDR. No meu ponto de vista clínico, isto é importante para fortalecer a habilidade de mudança de estado da criança quando ela ocorre. Mudanças de estados afetivos constituem um "ato de triunfo" que deveria ser reconhecido e instalado. Entretanto, é necessário ser cuidadoso para ministrar a EB somente quando a criança está num estado afetivo positivo. Pois neste momento do tratamento, o que se quer é prevenir a ativação do material traumático e mal adaptativo.

O lugar seguro-feliz ou o protocolo de atividade pode ser fortalecido com dicas lúdicas e concretas. Por exemplo, a criança pode escolher o chapéu, a almofada ou o tapete colorido para usar quando quiser pensar sobre a menor perturbação; e algo diferente quando quiser pensar sobre o lugar seguro. Toda vez que a criança for de um estado afetivo para outro, ela muda de chapéu, segura uma almofada de cor diferente ou fica de pé num tapete diferente. Desde o início, ela pode escolher o chapéu, a almofada ou o tapete para a "pequena coisa desagradável" e outro para a atividade ou o lugar seguro e feliz. O acréscimo de objetos concretos e de diversão tornarão esse processo mais prazeroso e interessante para a criança.

Criando Contenção

A habilidade da criança de se sentir contida é alcançada por vários caminhos. O primeiro é por intermédio dos relacionamentos importantes em sua vida, incluindo os relacionamentos com os cuidadores, com amigos, professores e terapeutas. Ter pais e terapeutas que de forma eficiente regulam os estados internos inconstantes da criança constitui a pedra angular para o desenvolvimento da regulação do afeto (Schore, 2009).

Essas interações recíprocas têm o potencial de fornecer o melhor senso de contenção para a criança. O segundo caminho vem do andamento das sessões terapêuticas; deve-se manter a criança engajada e suficientemente estimulada, mas não a ponto de sobrecarregar a capacidade regulatória do seu sistema. Diferentes atividades e objetos podem, realmente, ajudá-la a se sentir mais contida e regulada. Em minha experiência clínica, o uso de fantoches, de cobertores, almofadas, guarda-chuvas e de outros brinquedos e objetos pode aumentar o senso de contenção da criança. Usar todos estes objetos de modo criativo pode fazer maravilhas por elas. Conheça, abaixo, algumas estratégias lúdicas e criativas desenvolvidas por mim para ajudar a criar, na criança, o senso de contenção durante as diferentes fases da Terapia EMDR.

O Cobertor Tímido e o Chapéu Invisível

Usado com o propósito de ajudar a criança a se sentir contida enquanto explora, compreende e processa material perturbador, o Cobertor Tímido é um cobertor de lã que permite às crianças se esconder debaixo dele e ainda ver o mundo; elas podem ver, mas não são vistas. Ele deve ter algum peso para proporcionar uma experiência sensorial de contenção. Enquanto estão debaixo dele, as crianças podem executar a ação que não poderiam tolerar de outro modo, como ter contato visual com o cuidador, pronunciar palavras nunca ditas antes, bem como concluir respostas de defesa durante as sessões de reprocessamento de EMDR. Elas também podem começar a explorar eventos adversos e traumáticos com o terapeuta enquanto se sentem contidas debaixo do cobertor. Semelhante ao Cobertor Tímido é o Chapéu Invisível. Que deve ser feito com materiais que permitam à criança ver os outros sem ser vista. Com ele, pode-se obter os mesmos resultados conquistados com o cobertor, além de poder ser usado de forma similar.

A Casa de Almofada

Deve ser colocada onde as crianças se sentem mais contidas no consultório de terapia e ser construída com um pouco de criatividade. A Casa de Almofadas pode ser feita debaixo da mesa, rodeando-a com almofadas. Guarda-chuvas também podem ser usados para criar uma "casa de guarda-chuvas". Estes containers concretos são introduzidos no início da terapia e podem ser usados em qualquer ponto da Terapia EMDR. Tendem a ser mais úteis quando a exploração, o processamento e a integração do material perturbador estão ocorrendo. A ideia da Casa de Almofadas nasceu anos atrás depois do trabalho realizado com um menino de 6 anos de idade que se portou de forma sexualizada com outra criança. À medida em que este incidente estava sendo abordado na terapia, ele estava experimentando muita vergonha e constrangimento. Depois de perguntar sobre o que ele precisava para "ajudar seu cérebro a digerir os sentimentos e os pensamentos confusos", ele relatou a necessidade de se sentir seguro e expressou o desejo de esconder-se. Ele identificou sua casa como o lugar onde se sentia seguro e para onde queria ir para se esconder. Perguntei, então, se poderíamos tornar meu consultório parecido com sua casa, criando uma pequena casa de almofadas para ele. Quando ele ouviu sobre a casa, seus olhos se iluminaram. Alguns minutos depois, ele estava solícito e aberto para reprocessar aquela memória. Ele entrou na casa e eu continuei trabalhando com ele do lado de fora. A maioria do reprocessamento desta memória foi feita enquanto ele estava dentro da casa de almofadas. Ele até convidou sua mãe para juntar-se a ele dentro da casa. Durante a instalação da cognição positiva e o escaneamento corporal, ele foi capaz de fazer o trabalho fora da casa de almofada. Neste ponto, não mais precisou desse nível de contenção. Em minha experiência clínica, esta estratégia simples pode ajudar algumas crianças a se sentirem mais contidas e a ficar dentro de adequadas Janelas de Tolerância. Entretanto, crianças chegam à terapia com uma ampla gama de necessidades e desafios. Como resultado, o que pode ser útil para uma criança, pode ser contraproducente para outra. Considerando isso, crianças que foram forçadas a ficar em espaços confinados podem não achar interessante a ideia de irem para uma casa de almofadas; na verdade, isto pode ser provocativo e desregulador.

Os Ajudantes

Ter fantoches de dedos e de mãos e bichos de pelúcia como ajudantes é muito útil. As crianças podem identificar os animais que serão os seus ajudantes e sempre tê-los por perto para apoiá-las. Quando se faz a exploração do material perturbador, ter os ajudantes por perto pode ajudar a criar uma atmosfera de segurança e de apoio. Pode-se ter ajudantes para diferentes situações, problemas ou sentimentos. Em meu consultório, tenho um grande tigre branco chamado Coco. Digo às crianças que Coco gosta de ajudá-las quando estão com medo e que Morris, o gato, gosta de ajudá-las quando estão se sentindo envergonhadas. Sua forma de de ajudar é sentando-se perto da criança ou deixando que ela brinque com eles. Como já dito aqui, criar uma atmosfera lúdica, divertida, segura e de apoio em seu consultório pode facilitar o uso dos protocolos e procedimentos de EMDR.

Walkie-talkies

Quando se utiliza outras estratégias para contenção, como o cobertor tímido, a casa de almofadas ou a casa de guarda-chuvas, os walkie-talkies podem não só torná-las mais divertidas e interessantes, como também facilitar a comunicação entre a criança e o terapeuta. Se ela tem necessidade de se manter distante do terapeuta, a comunicação pode ocorrer por meio dos walkie-talkies, que costumam deixar a comunicação mais lúdica e divertida. Ao manter os sistemas de engajamento social e lúdico ativos durante as sessões de EMDR, também se está mantendo a criança dentro de níveis toleráveis de ativação. A total exploração de memórias, a fase de avaliação e as etapas de reprocessamento podem ser feitas enquanto a criança está dentro da casa de almofadas ou debaixo do cobertor tímido. A comunicação entre a criança e o terapeuta acontece inteiramente por intermédio dos walkie-talkies.

Containers Imaginários

Containers têm sido muito utilizados por terapeutas há bastante tempo para uma variada gama de abordagens terapêuticas, incluindo a Terapia EMDR. Os exemplos a seguir mostram como eles podem ser introduzidos para uma criança. Você pode dizer: – *"Vamos criar uma coisa muito legal que você pode usar para ajudá-lo quando estiver tendo sentimentos ou pensamentos confusos. Vamos começar criando em sua mente ou num desenho uma figura de um container imaginário, uma jarra ou caixa. Esta jarra ou caixa é muito especial, porque você pode colocar dentro dela qualquer coisa que o incomode ou que seja confusa. Primeiramente, escolha a forma da sua jarra ou caixa. Em seguida, escolha o material que vai utilizar para construir seu container. Ele pode ser feito de metal, vidro ou qualquer outro material que você queira. Quando você já tiver a forma e o material, escolha a cor. Agora, tenha certeza de que ele tem uma tampa. Você pode escolher coisas diferentes para decorar seu container. Uma vez decorado, quero que escolha um lugar onde você vai deixar seu container. Pode ser em meu consultório ou em qualquer outro lugar que você queira. Você também pode escolher o protetor da sua jarra ou caixa. Você pode ter o Homem Aranha ou um anjo ou qualquer outro ajudante importante para guardar seu container e mantê-lo seguro."* Após a criança ter criado o seu container, peça a ela para praticar colocando dentro dele qualquer coisa que a perturbe. Diga: -- *"Agora, vamos praticar. Vamos começar pegando todos os seus pensamentos confusos e colocá-los na jarra. Em seguida, vamos encontrar todos os sentimentos confusos e colocá-los na jarra. Agora, vamos observar seu corpo e encontrar qualquer coisa ou parte que sinta estar desagradável ou confusa e vamos colocar isto na jarra. Bom trabalho! Como se sente agora?"* Se a criança relata um estado emocional positivo, pergunte onde estes sentimentos estão localizados no corpo, fortalecendo-o com séries curtas e lentas de EB. Ao longo das sessões seguintes, pergunte à criança sobre as situações em que o container foi usado com sucesso, pois tais situações tornam-se experiências de controle e atos de triunfo, que podem ser fortalecidos com a EB.

Desenvolvendo Limites

Crianças que crescem em ambientes negligentes e traumatizantes, em geral, não possuem um senso saudável de limites pessoais. Ou elas não têm barreiras protetoras ou construíram muros ao redor de si. A maioria das crianças com trauma complexo desconhece a linguagem dos limites. Quando os limites protetores foram violados, ajudar a criança e seu cuidador a desenvolver um senso saudável de limites pessoais deve fazer parte da fase de preparação. As informações somáticas, cognitivas e emocionais necessárias para construir e moldar um senso de limites pessoais e de identidade podem estar ausentes nessas crianças. Para crianças abusadas sexualmente pelos seus cuidadores, proximidade e conexão foram moldadas por meio de interações sexualizadas. Como resultado, respostas posteriores para os outros quando se busca intimidade e conexão serão altamente sexualizadas. Para crianças que nunca experimentaram um toque saudável e apropriado, imaginar, durante as sessões de reprocessamento, o que seria receber um toque acolhedor e saudável é só uma "língua" desconhecida. As redes de memória contendo o alfabeto desta "língua" devem ser ensinadas antes do reprocessamento destas lembranças.

Exercícios de limites e atividades de Theraplay podem, de fato, fornecer experiências para ajudar a construir redes neurais saudáveis e conexões de acolhimento e de toque. Ao fazer exercícios de limites, a criança pode criar barreiras concretas. Use bambolês, cordas e fios para marcar as barreiras físicas. Use cor e luz para ajudá-la a visualizar a "bolha pessoal". Convide-a para visualizar a bolha colorida que a ajuda a se sentir segura e protegida. Deixe-a tocar "a bolha ao seu redor" e ajude-a a ter uma experiência sensorial associada à posse desta "bolha pessoal". Fale sobre as diferentes bolhas que temos para nos proteger. Diga": -- *"A bolha física nos ajuda a manter nossos corpos protegidos e seguros. A bolha de sentimentos nos protege dos sentimentos alheios e nos ajuda a saber onde terminam nossos sentimentos e onde começam os sentimentos dos outros. A bolha mental protege nossas mentes. Ela impede a mente de aceitar as ideias ou as coisas que os outros dizem que podem não ser boas ou nas quais não acreditamos."* Peça à criança para perceber estas "bolhas", as emoções e onde estes sentimentos estão localizados em seu corpo; fortaleça-os com séries curtas e lentas de EB se o relato da criança for positivo. Caso ela experimente emoções negativas, não use a EB. Continue a coletar dados e identifique o que, nesse exercício, dispara reações negativas. Isto pode tornar-se um alvo a ser reprocessado posteriormente.

Ajude a criança a ter uma experiência suave de vivenciar seus limites invadidos. Ultrapasse sua barreira , permitindo que um bicho de pelúcia ou uma boneca entre na sua bolha. Peça a ela para perceber quais sentimentos ou pensamentos surgem e como o corpo se sente quando a bolha é invadida. Peça, então, a ela para tirar o bicho de pelúcia de dentro da bolha e perceber como é a sensação de ter a bolha e seu espaço amplo novamente. Você também pode aproximar-se da criança ou colocar sua mão dentro da bolha. Novamente, peça a ela para perceber ou observar pensamentos, sentimentos ou o que o corpo está dizendo sobre esta experiência. Estimule-a a experimentar impor limites colocando as mãos para cima ou empurrando sua mão gentilmente para fazer você parar. Peça para observar sentimentos, pensamentos e estados corporais que surgem após colocar esta barreira com sucesso. Se ela relata sentimentos positivos após colocar o limite com as mãos, identifique onde estes sentimentos estão localizados no corpo. Fortaleça-os com séries lentas e curtas de EB. Peça à criança para perceber os sentimentos e as reações somáticas de estar numa sala com você, sabendo que ela pode ter sua própria bolha protetora. Se ela relata reações positivas, identifique a localização no corpo e as fortaleça com séries lentas e curtas de EB. Para algumas crianças, será necessário fazer os exercícios de limites por mais de uma vez. Além disso, estimule o cuidador a respeitar estas barreiras em casa. Se os pais continuam a violar os limites da criança em casa, poderá haver confusão entre a informação fornecida por você e o que foi recebido no lar. Portanto, os pais devem ser informados sobre os limites e como eles devem ser incluídos nos exercícios relativos a eles. As sessões sobre limites com o cuidador devem ser feitas individualmente e na ausência da criança (vide Capítulo 5).

A Importância do Toque

A pele é um órgão corporal muito complexo e essencial. Ela possui receptores para o córtex somatossensorial e para o córtex cingulado anterior no sistema límbico (Carlson, 2001). Segundo Cozolino (2006), "toque leve e contato confortável" levam ao aumento da oxitocina e da endorfina que fortalecem os laços sociais por meio de uma associação com a sensação de bem-estar" (p. 103).

Cozolino enfatiza a importância do toque e do contato físico para o apego e a regulação psicobiológica. Ele afirma que as interações diádicas positivas com a mãe podem aumentar os receptores de cortisol no cérebro da criança, criando uma salvaguarda bioquímica para o estresse. Crianças abusadas sexualmente, que criaram associações de intimidade e conexão por meio de interações sexualizadas com os cuidadores ou com outro adulto importante em suas vidas, precisam aprender o novo alfabeto da vinculação e do apego. Toques que aconchegam, que honram e que são saudáveis serão uma importante experiência corretiva que podem criar novos padrões neurais de atividade. Quando a rede de memória contendo a informação sobre o abuso sexual é ativada durante o reprocessamento com o EMDR, a articulação destas redes neurais com as adaptativas, se estas não existirem, não acontecerá. Isto poderia comprometer a reorganização e a integração da informação armazenada nessas redes de memória. Estimulação externa e interna suficiente é necessária para reorganizar e integrar o cérebro e o sistema de uma criança severamente traumatizada. A criação, dentro do processo terapêutico, de uma atmosfera para que ocorra o contato saudável e caloroso entre a criança e seus cuidadores deve ser iniciada na fase de preparação. O Theraplay e outras atividades lúdicas podem ser muito úteis para incorporar o elemento de contato na terapia. Quando a criança e o cuidador podem desfrutar mutuamente destas interações positivas e calorosas, tais experiências podem ser fortalecidas posteriormente por meio do uso da EB (vide Capítulo 12).

A Bagagem de Ajuda e a Analogia da Viagem

Este exercício e esta analogia foram criados para ajudar as crianças não só a identificar os aspectos desafiadores de acessar e processar um evento perturbador, como também os recursos necessários para resolverem esses desafios. A Analogia da Viagem é usada para auxiliar a criança a compreender a natureza temporária do trabalho que elas farão quando estiverem reprocessando uma memória traumática. A ênfase é colocada na "visita" à memória, o que significa que podemos entrar e sair e que não temos que ficar. A "visita" é feita com cinco objetivos: (1) identificar os desafios; (2) identificar os recursos necessários para resolvê-los; (3) identificar os recursos peritraumáticos; (4) construir tolerância afetiva e expandir as Janelas de Tolerância da criança; e (5) reprocessar e integrar o material perturbador. Abaixo, segue um exemplo de como introduzir esta estratégia: Você pode dizer: -- *"Vamos fazer esta atividade bem legal de faz de conta. Vamos fazer de conta que você vai viajar para o Polo Norte."* Dê um tempo para a criança identificar situações desafiadoras e, então, diga: *"Agora que você tem todas as coisas que podem ser difíceis para você, vamos arrumar a bagagem de ajuda que você irá levar. Dentro desta bagagem, quero que você leve todas as coisas que poderão ajudá-la com todos os desafios e situações difíceis que você possa ter numa viagem ao Polo Norte."* A criança pode desenhar a imagem desta bagagem ou simplesmente dizer a você o que tem dentro. Você pode dar opções para ajudá-la na identificação dos desafios e dos recursos. Se ela diz que o clima frio pode ser um desafio, você pode dizer: *"O que você precisa levar para ajudá-la a se sentir aquecida quando fica muito frio? Você precisa de uma jaqueta quentinha ou de um cobertor ou de um pequeno aquecedor?"* Quando ela tiver identificado todos os recursos, você pode dizer: -- *"Agora, vamos imaginar que estamos indo fazer outra viagem, desta vez para o deserto. Este lugar é muito, muito quente mesmo. Vamos pensar sobre o que pode ser difícil para você e o que vai precisar levar em sua bagagem de ajuda."*

Tendo identificado todos os desafios e recursos e a bagagem tenha sido feita diga: -- *"Agora, vamos fazer uma outra viagem. Desta vez iremos visitar a memória daquela coisa desagradável que lhe aconteceu. Vamos pensar sobre o que pode ser desafiador ou difícil para você quando visitarmos esta memória e vamos arrumar sua bagagem de ajuda com todas as coisas que você precisará para lidar com estas coisas difíceis."* Desta vez é importante criar uma bagagem real. Você pode usar uma pequena bolsa ou uma caixa para representá-la. Forneça opções para apoiar os esforços da criança na identificação dos desafios e dos recursos. Você pode dizer: *"Às vezes as crianças podem sentir-se muito amedrontadas ou podem pensar que se visitarem a memória, aquilo vai acontecer de novo ou que os sentimentos são muito grandes ou que não estão seguras ou fortes ou algumas, vezes, elas se preocupam sobre o que eu posso pensar a respeito delas. Algumas vezes as crianças se sentem mal sobre si mesmas e podem preocupar-se com o fato de que, se visitarmos a memória, eu não vou mais gostar delas."* Peça a ela para falar, desenhar ou escrever sobre os desafios. Quando os desafios tiverem sido claramente identificados, ajude a criança a selecionar os recursos necessários. Depois, peça à criança para desenhar todos os recursos escolhidos e instalar um de cada vez usando o protocolo de recurso (Korn & Leeds, 2002; Shapiro, 2005, 2010) ou o protocolo IDR adaptado para crianças (Adler-Tapia & Settle, 2008). Depois de instalados os recursos, coloque-os dentro da bagagem. A criança deve trazer a bagagem para todas as sessões de reprocessamento.

Se a criança teme que a "visita" à memória possa afetar o relacionamento com o terapeuta, forneça nova garantia, demonstrando aceitação e reafirmando que isto é sincero. A seguir, um exemplo do que precisará ser transmitido para a criança: -- *"Estou muito feliz por você confiar em mim o bastante para compartilhar suas preocupações comigo. Quero que saiba que o que eu acho de você e das coisas desagradáveis que lhe aconteceram, não mudará o modo como eu a vejo, o que penso a seu respeito, como me sinto em relação a você e como me importo com você."* A criança pode querer algo concreto como uma lembrança dessa promessa, como, por exemplo, um pequeno cartão do terapeuta ou um desenho ou um objeto que pode ser colocado dentro da bagagem. Você pode dizer: -- *"Se você tiver dúvidas quanto à minha promessa, poderá olhar para este cartão ou objeto e lembrar-se do que eu lhe disse hoje".*

A Analogia da Colheita e os Recursos Peritraumáticos

A recordação dos recursos peritraumáticos pode estar associada a uma menor probabilidade de desenvolver TEPT. Após estudar com a orientação da Dra. Pat Ogden, em março de 2010, sobre como identificar recursos somáticos peritraumáticos, fiquei inspirada a criar uma estratégia lúdica para crianças. A analogia da colheita veio à minha mente para ajudá-las a explorar estes recursos. Esta analogia pode ser usada em conjunto com a da viagem. Quando a criança já tiver identificado os recursos necessários para visitar a memória do trauma, eles devem ser colocados em torno dela. Você pode dizer: -- *"Agora que já temos todas essas coisas dentro da sua bagagem de ajuda, vamos escolher a primeira memória da coisa desagradável que iremos visitar. O objetivo desta primeira visita é encontrar qualquer coisa que você se lembre ter sido positiva ou boa. Enquanto visita esta memória, você também pode ter os ajudantes junto de você. Quero que olhe para qualquer coisa que fez ou que outras pessoas fizeram para ajudá-la. Vamos começar com as coisas que aconteceram imediatamente antes da coisa desagradável e então iremos direto ao momento em que a coisa desagradável aconteceu e depois vamos a todas as outras coisas que aconteceram logo depois. Vamos levar um cesto especial para a colheita e escolher qualquer coisa que você encontre assim que visitarmos esta memória."*

Forneça opções para a criança e você explorarem recursos utilizados antes, durante e depois do evento traumático, ajudando-a a acessar o que ela fez para sobreviver ou as coisas úteis que outras pessoas fizeram para ela. Neste momento, o profissional deve estar à procura de qualquer recurso somático, cognitivo ou emocional, assim como de recurso relacional, recursos simbólicos e experiências de poder. Deve olhar, também, para as coisas simples, como a natureza, por exemplo. Talvez depois do evento, o sol tenha saído e aquecido a criança ou simplesmente o fato de ela ter olhado para as estrelas tenha lhe fornecido um senso de poder. A presença da sintonia por parte do terapeuta pode facilitar esta experiência. Saber quando diminuir o ritmo e parar, ou continuar, será determinado pelas respostas dadas pela criança. Usar orientações não somente lhe ajudarão a encontrar recursos, que de outro modo ficariam inconscientes e codificados no cérebro, como também a manterão focada e dentro de níveis apropriados de ativação.

Neste momento, a criança não deve acessar aspectos perturbadores da memória. Você pode dizer: –"*Vamos começar nossa visita pensando ou desenhando o que aconteceu imediatamente antes da coisa ruim ou desagradável que estamos visitando. Vamos olhar para qualquer coisa que você se lembre sobre aquele dia ou noite que tenha sido positiva ou boa. Pode ser também algo que foi útil mais tarde. Um pensamento que você teve, um sentimento, algo que seu corpo fez ou sentiu ou algo que outras pessoas possam ter dito ou feito. Poderia ser qualquer coisa que viu, ouviu, tocou ou provou. Quando encontrar isto, vamos colocá-lo em sua cesta especial.*" Dê tempo suficiente para a criança acessar os recursos.

Se a criança se perturbou com o resultado deste exercício, você pode parar, fazer uma pausa e continuar mais tarde quando ela se sentir pronta novamente. Lembre-se de que cada criança pode responder de maneira diferente, podendo haver momentos em que as estratégias usadas podem não funcionar bem para uma criança específica. Se existem rupturas no trabalho terapêutico, sempre haverá oportunidade para repará-las. Se a criança rapidamente acessa material perturbador e torna-se agitada, use outra estratégia de mudança de estado. Quando ela for capaz de mudar estados emocionais com sucesso, esta experiência torna-se um ato de triunfo: ela foi capaz de "visitar" a memória e ainda permanecer segura; não se machucou novamente; sendo também capaz de colocar a memória de lado e trazer os sentimentos positivos de volta. A criança deve entender que a visita só vai durar o tempo em que ela se sentir confortável.

Uma vez que ela seja capaz de voltar ao equilíbrio emocional, ajude-a a perceber isto como uma experiência de controle. Você pode também instalar este ato de triunfo usando a EB. Caso a criança esteja respondendo positivamente ao exercício, você pode dizer: –"*Agora, vamos para o momento em que a coisa ruim aconteceu. Vamos começar com o seu corpo. Perceba qualquer coisa que qualquer parte do seu corpo tenha feito para ajudar você. Talvez você tenha corrido e suas pernas o ajudaram a fugir ou você tenha colocado suas mãos na frente e elas o protegeram. Talvez seu corpo tenha escolhido não se mover para não se ferir e, por não se mover, você conseguiu sobreviver. Talvez você tenha lutado bravamente e tenha se afastado e, por lutar, seu corpo manteve você em segurança e o ajudou a sobreviver. Vamos pensar sobre algumas palavras que você tenha dito ou, talvez, não ter dito nenhuma palavra tenha sido o que o ajudou naquele momento. Vamos olhar para todos os pensamentos que você teve e que lhe deram força e coragem ou qualquer coisa que tenha visto em sua mente que ajudaram você a fazer com que a dor fosse menor. Vamos pensar sobre qualquer sentimento que você tenha tido que o ajudou a sobreviver. Talvez você tenha ficado muito nervoso e esses sentimentos de raiva o ajudaram a lutar ou você ficou com muito medo e este sentimento de medo o ajudou a permanecer quieto para que não se machucasse ainda mais. Talvez você tenha ido para um lugar especial em sua mente e isto realmente o ajudou a passar por esta dificuldade. Talvez você tenha paralisado seu corpo ou seus sentimentos e foi assim que se protegeu. Agora, vamos pensar sobre qualquer pessoa, animal ou anjo que tenha ajudado você a passar por aquela coisa desagradável ou algo que tenha sido dito ou um sorriso ou uma mão amiga que você tenha recebido.*"

Lembre-se de estar atento ao seu ritmo, ao seu tom de voz e às suas pausas para a criança ser capaz de procurar por esses recursos, enquanto mantém a atenção focada e o equilíbrio emocional. Conhecer antecipadamente alguns detalhes do evento traumático pode ser útil. Colher estas informações com os cuidadores ou com outras fontes lhe permitirá ajudar a criança na identificação de recursos peritraumáticos. Toda vez que a criança encontrar um recurso, peça a ela para se imaginar colocando-o na cesta. Ela também pode desenhar uma imagem do recurso e colocá-la dentro da cesta. Quando a criança encontrar uma recordação positiva, o terapeuta deve se juntar a ela com entusiasmo e emoção. Deve, ainda, destacar o quanto ela foi valente e o quanto deve estar orgulhosa por todas as coisas que a ajudaram a sobreviver.

Tendo identificado todos os recursos peritraumáticos, pegue um de cada vez e instale. Identifique os sentimentos sobre eles e como o corpo sente este recurso. Peça para a criança deixar o conteúdo do evento traumático e ficar apenas com os bons sentimentos sobre os recursos e os estados corporais. Se em algum momento durante a exploração dos recursos peritraumáticos, ela ficar muito excitada, use os recursos positivos de sua bagagem de ajuda. Se começar a apresentar reações dissociativas, mantenha sua atenção neste recurso. Faça-a ver compreender como a dissociação a ajudou a sobreviver. Quando a criança tiver conseguido perceber essas reações de forma consciente, ajude-a a ficar mais presente no corpo. A estratégia mais simples para restabelecer a orientação presente é pedir à criança que se levante e caminhe. Fale sobre como esta resposta dissociativa foi uma habilidade de sobrevivência que a ajudou a suportar essa experiência. Tendo finalizado esse exercício, encoraje-a a dar um nome para a cesta, tal como: "Minhas habilidades de sobrevivência"; ou "Como me tornei um herói"; ou "As coisas que fazem de mim um herói". Este exercício ajuda a mudar a resposta de orientação da criança. Crianças com tendência a se orientar pelos aspectos negativos do Eu e do outro, frequentemente perdem o que fizeram ou o que os outros fizeram de positivo ou o que as ajudaram a sobreviver. Por outro lado, isto as auxilia a enxergar uma nova perspectiva que, de outra forma, seria negativa e vergonhosa, além de construir tolerância afetiva.

O Kit de Sobrevivência e o Novo Kit de Socorro

Este exercício visa ajudar a criança a transformar habilidades de sobrevivência e recursos em mecanismos de enfrentamento saudáveis. Porém, estes recursos não estão, necessariamente, ligados a uma memória específica, como no exercício anterior. Trata-se de identificar os recursos gerais utilizados até o momento pela criança para lidar com disparadores e perturbações e substituí-los por formas mais adaptativas de enfrentamento. Diga: –"Queria lhe falar um pouco mais sobre algo que chamo de habilidades de sobrevivência. Elas são as coisas que fazemos para superar os momentos difíceis. Para ajudar você a entender isto, vamos imaginar que, no passado, você teve de viver no Polo Norte. Devido ao clima extremamente frio, você teve que usar casacos pesados e botas quentes que lhe ajudaram de verdade a sobreviver e a superar o clima congelante. Vamos dizer que depois de um tempo, você se mudou para um lugar muito quente, como o Arizona, no verão. Embora agora você viva em um lugar bastante quente e não precise mais sobreviver num clima frio, você continua a usar seu casaco pesado e suas botas quentes. Enquanto o casaco e as botas lhe ajudaram a sobreviver no Polo Norte, agora eles tornaram sua vida mais difícil. A mesma coisa pode ter acontecido quando tivemos que viver em lugares ou tivemos que passar por situações difíceis. Provavelmente, tivemos de usar casacos feitos de raiva ou sentimentos de medo para sobreviver. Podemos ter que usar casacos para cobrir nossos sentimentos e fingir que não os tivemos, porque tê-los era bastante difícil. Podemos ter que deixar o corpo e nos olhar à distância. Apesar do casaco e das botas terem realmente nos ajudado a sobreviver, agora eles podem fazer a vida ficar mais difícil. Vamos encontrar o casaco e as botas que você teve que usar quando a coisa desagradável lhe aconteceu. Vamos colocar todas essas coisas que você fez no seu kit de sobrevivência." Uma vez identificadas as habilidades de sobrevivência, ajude a criança a selecionar os novos recursos adaptativos, apoiando-a ao longo do processo oferecendo opções de recursos potenciais (ex: o lugar seguro, recursos simbólicos e relacionais, experiências de controle, exercícios de respiração, música, etc.). Crie um "Novo Kit de Socorro" com todos os novos recursos instalados para substituir o *kit* de sobrevivência antigo. Além disso, você deve honrar o que a criança fez para chegar até aqui, enfatizando como o casaco e as botas do passado foram bons e úteis para garantir a sua sobrevivência, mas agora eles não a deixam receber e desfrutar o sol e o calor que poderia ter agora.

Recursos Criativos Para Crianças: Recursos Relacionais

Esses recursos são extremamente importantes para crianças com padrões de apego inseguro. Cuidadores, membros da família, professores, amigos, anjos, figuras religiosas e um poder superior são exemplos de recursos relacionais. Uma equipe de ajudantes (Greenwald, 1999) é um recurso poderoso. Diferentes nomes podem ser usados para representar este recurso: "meu círculo de pessoas seguras"; "meu círculo de ajuda"; e assim por diante. A equipe pode incluir pessoas, super-heróis, animais, Deus e anjos que ajudem as crianças a se sentirem amparadas, fortes e calmas. Elas podem desenhar figuras da equipe, criá-las na caixa de areia, fazê-las de argila ou Play-Doh® ou trazer figuras e criar um álbum com elas. Quando a equipe já tiver sido montada, a criança é encorajada a identificar os sentimentos associados a esta fonte de recurso e onde eles são experimentados no corpo. Enquanto a criança está pensando na equipe de ajudantes e percebendo as emoções e as sensações corporais, o terapeuta faz a EB. Então, ela é convidada a colocar e manter todos os ajudantes dentro do seu coração. Se existe alguma agitação, ela pode acessar os ajudantes e o afeto associado alcançando o coração. Algumas vezes, ela pode querer ter um perpetrador ou outros personagens conhecidos pelo seu comportamento violento e até mesmo criminoso como parte de sua equipe. Enfim, qualquer coisa trazida pela criança para a sessão oferece uma grande oportunidade para conhecê-la em um nível mais profundo. Eu, por exemplo, nunca impeço uma criança de escolher alguém para fazer parte da sua equipe. Entretanto, uma exploração cautelosa pode ser necessária. Por exemplo, você pode dizer: –"*Posso ver que você quer que o seu tio faça parte da sua equipe! Estou muito feliz que você o esteja trazendo, já que ele parece ser muito importante para você. Você sabe que estamos tentando ter em nossa equipe apenas pessoas, animais, etc., que sejam seguros e que lhe ajudem a se sentir forte e segura, certo? Então, estou um pouco confusa, porque sei que o seu tio não é uma pessoa que a faça sentir-se segura quando está por perto.*" A criança pode dizer que o tio era bom, às vezes, e que tomava conta dela. -- "*Posso ver como você teve momentos em que se sentiu cuidada por ele. Parece que seu tio tinha uma parte que não era segura e que lhe causava dor, mas, às vezes, ele mostrava um outro lado que era bom e cuidadoso. Me pergunto se, por agora, vamos querer mantê-lo numa 'lista de espera' até que tenhamos certeza se é seguro tê-lo em nosso time?*" Se a criança insiste em manter a pessoa ameaçadora, uma outra opção será juntar à equipe somente a parte segura e cuidadora do tio e não convidar a nociva. A mesma estratégia pode ser usada com outros personagens que possuem qualidades perigosas.

Experiências de Empoderamento e Atos de Triunfo: Medalhas, Diplomas e Troféus

Identificar e instalar experiências positivas e marcos de desenvolvimento atingidos pela criança pode ser um bom ponto de partida. Linhas de tempo podem ajudá-la, de maneira importante, a conectar-se com suas experiências de empoderamento. Além disso, constituem o começo da criação de uma narrativa coerente de suas vidas e de quem são. Que melhores exemplos para redescobrir ou reconstruir o Eu do que atos de triunfo que ela tenha realizado ao longo de suas vidas? Além disso, criança com história de negligência e trauma não se orienta pelo que conquistaram e pelos aspectos positivos do Eu; pelo contrário, focam no que percebem de negativo em si mesma. Ela pode precisar de orientação para redescobrir suas conquistas. Comece desenhando uma linha no meio de uma folha de papel em branco e informe à criança que vocês dois vão criar uma história muito especial sobre uma 'criança herói' ou sobre uma criança com um 'grande herói interior'. Ela deve estar ciente de que a história é sobre ela. Peça a ela para desenhar imagens de cada uma de suas experiências no topo da linha, começando com experiências antes e depois do nascimento. Uma menina de 9 anos de idade, que tinha um cordão umbilical defeituoso, nasceu sem problema algum. Segundo o médico, o cordão só não rompeu porque o bebê se virou para o mesmo no momento do nascimento. Essa história se tornou uma incrível experiência de empoderamento para essa criança. Colocada na linha do tempo, esta informação destacou a sua força incrível. Aprender a comer, a andar, a ir ao banheiro, a correr, a falar, a cantar, a ler, escrever e desenhar, dentre outros, são conquistas e experiências de empoderamento que podem ser exploradas e reforçadas para a criança.

Toda vez que a criança identificar um marco de desenvolvimento alcançado, dê a ela uma medalha. Use adesivos e coloque-os no desenho que lhe representa. Depois, desenhe uma linha em torno do pescoço para simbolizar uma medalha. Identifique as emoções que ela está experimentando em conexão com esses atos de triunfo e onde estão localizados no corpo. Você pode perguntar como o corpo está deixando ela saber como é sentir-se bem, feliz ou orgulhosa; e como ele conta esta experiência. Então, instale isto usando séries lentas e curtas de EB. Percorra toda a sua vida até o momento presente. No final, você pode pedir a ela para escutar mais uma vez a história incrível de uma criança corajosa e maravilhosa. Comece com 'era uma vez' e percorra todas as experiências de empoderamento enquanto a criança escuta. O cuidador pode também ser incluído nesta experiência. Além disso, o terapeuta pode fazer movimentos bem lentos de EB enquanto a criança ouve a história. No final, o cuidador e a criança podem criar uma medalha. Isto pode ser feito cortando um pedaço de papel no formato escolhido por ela. Então, coloque uma linha ou uma fita no papel que pareça com uma medalha e possa, de fato, ser usada em torno do pescoço da criança. Ela pode ser decorada com adesivos, *glitter*, entre outros.

Usando a Natureza Como Recurso

Crianças com escassez de recursos devido à exposição a ambientes relacionais empobrecidos podem encontrar uma grande variedade de recursos na natureza, como os relacionados a seguir:

1. **Estações** – Identifique a estação favorita da criança. Por exemplo, se a primavera for a escolhida, peça para ela imaginar um dia maravilhoso de primavera e desenhar uma imagem disto. Ajude-a criar uma imagem específica baseada na sensação dos seus bons sentimentos sobre esta estação, certificando-se de que nada de ruim aconteceu durante esta estação. Então, identifique as emoções e onde elas estão localizadas em seu corpo e faça a EB.
2. **Sons da Natureza** – Para identificar sons da natureza, pode-se usar um CD com sons, um som mecânico ou um bicho de pelúcia com sons gravados. Toque diferentes sons e peça para a criança perceber aqueles que fazem a sua mente, o seu

corpo e o seu coração se sentirem bem. Alguns bichos de pelúcia têm sons gravados de batida de coração, que podem funcionar como um poderoso som calmante. Instale os sons calmantes e oriente a criança a usá-los sempre que sua mente e seu corpo estiverem tendo pensamentos confusos, e sempre que o seu coração estiver tendo sentimentos desagradáveis. O cuidador deve ser instruído a usar estes sons para acalmar e regular a criança quando ela estiver ativada pelo estímulo do ambiente. Na hora de dormir, o cuidador pode criar rituais que incluem sons e toques tranquilizantes.

3. **Cores e luz** – Em geral, a criança responde à cor, podendo, ainda, já ter uma cor favorita. Caso tenha predileção por cores diferentes, identifique os variados sentimentos associados a cada cor e peça a ela que aponte a cor ou as cores relacionadas com calma, segurança ou sentimentos felizes. Programe um 'dia da cor' e peça para a criança e seu pai usarem a cor selecionada por ela. Você, como profissional também deverá usar alguma coisa nesta cor. Eu, por exemplo, tenho diferentes chapéus coloridos que são usados para o 'dia da cor'. Peça para a criança trazer um objeto especial na cor que elicia estados afetivos positivos. Convide-a apenas para perceber os sentimentos experimentados enquanto "sente" a cor. Depois, peça à criança para observar o que o corpo está dizendo ou comunicando sobre essa cor e como ele comunica isso. Se a resposta continua sendo positiva, faça séries lentas e curtas de EB para instalar este recurso. A criança poderá, então, escolher um objeto transicional da cor selecionada e carregá-lo, devendo também ser instruída a usá-lo quando estiver experimentando agitação emocional.

4. **A luz** – A luz também pode ser usada como recurso. A criança pode imaginar a luz conectada com o recurso relacional, como seus pais, poderes superiores, anjos e assim por diante. A criança deve ser instruída a imaginar uma luz de cor especial conectada ao coração do cuidador, podendo também criar uma forma especial ao seu redor para contenção e proteção, como: pirâmides, casas de luz, fortes, praças, entre outros. Depois de a forma imaginária ter sido criada, a criança deve ser convidada a pular para dentro dela. Caso as emoções e as sensações corporais sejam positivas, elas devem ser identificadas e fortalecidas usando a EB. Este recurso pode ser usado na presença do cuidador. Se o mesmo não estiver presente, atualmente, na vida da criança, pode-se usar uma forma simples que a envolva. Entretanto, caso a criança possua quaisquer valores espirituais ou religiosos positivos, a forma pode ser ligada ou conectada a tal recurso relacional.

5. **Animais** – Bichos de estimação e outros animais encontrados em livros e histórias podem ser recursos poderosos para a criança. Assim, perguntar qual o animal favorito da criança e que qualidades ele possui que são atraentes para ela, é um bom ponto de partida. Identificar encontros passados com este animal, se houver, pode fornecer uma experiência sensorial mais concreta para a criança. Faça, então, um desenho do animal e de suas qualidades, identificando os sentimentos positivos e como o corpo os comunica. Vale lembrar que a criança não deve ter nenhuma experiência traumática associada a este animal específico. Imaginar como ela se sentiria se possuísse as qualidades do animal por ela escolhido, como força, poder, alegria e tranquilidade, deve ser encorajado. Quando as emoções e a localização delas no corpo já tiverem sido identificadas, esta experiência e recurso podem ser instalados usando a EB. Deve-se enfatizar o uso especial dessas qualidades, para que as mesmas não sejam empregadas para ferir ou machucar. A criança pode criar um animal ajudante e mantê-lo dentro do seu coração. Sempre

que as qualidades do animal ajudante forem necessárias, ela pode chegar dentro do seu coração e conectar-se com o animal especial e suas qualidades.

Terapia com Suporte Animal

O uso de bichos de estimação reais pode ser útil com crianças que cresceram em ambientes caóticos, desreguladores e traumatizantes. Cães e gatos, normalmente, são os melhores bichos de estimação para a criança levar para o consultório. Cães, em especial, são altamente impulsionados para conectarem-se e cuidar. Não estimulo o uso de répteis, insetos ou roedores, mesmo que a criança possa aprender lições valiosas com estes animais. Caso a criança já possua um forte laço com o animal, isto pode ser uma boa ponte para a construção de conexões com humanos. Convidar o animal de estimação para a sessão pode ser muito motivador para a criança. Deve ser dado tempo suficiente ao animal de estimação, durante a primeira sessão, para que ele explore o consultório até que possa se sentir confortável e seguro. Uma grande variedade de atividades terapêuticas pode ser feita com estes animais ao longo das diferentes fases da Terapia EMDR. Durante a fase de preparação, o animal de estimação pode ser um recurso para se desenvolver a consciência sobre os outros, estados mentais e emocionais, empatia, assim como autorregulação. Perceber e adivinhar o que o animal possa estar sentindo pode exercitar os neurônios-espelho e a capacidade de sintonia com os outros. Pode-se pedir que a criança toque gentilmente o animal e perceba o que acontece por dentro. Assim, ela é convidada a perceber os sentimentos e as sensações corporais que surgem associados ao contato e conexão com o animal. Enquanto o terapeuta realiza séries lentas e curtas de EB, a criança deve ser orientada a observar somente os seus sentimentos e onde eles estão situados em seu corpo. Se o animal de estimação for um cachorro que sabe fazer alguns truques, como sentar, deitar e rolar, dar a pata, buscar um objeto, entre outros, isto pode ser uma experiência de poder para a criança, como por exemplo, o fato de o cão obedecer aos comandos dados por ela. Além disso, o animal de estimação pode se tornar parte da equipe de ajudantes que a criança leva consigo em seu coração. Exercícios de regulação envolvendo a criança e o seu animal podem ser muito úteis. Atividades que incluam desacelerar e acelerar permanecendo consciente do que está acontecendo dentro da criança e do corpo de seu animal pode ajudá-la a reconhecer emoções e reações somáticas.

Objetos como Recurso

Crianças podem já possuir objetos queridos e importantes com associações positivas. Bichos de pelúcia, símbolos e presentes especiais podem servir como recurso por eliciarem estados emocionais positivos. Peça para a criança trazer esses objetos para o consultório e para segurá-los enquanto ela identifica suas emoções e sensações corporais. Novamente, use a EB para instalá-los. Quando a criança estiver pronta para iniciar o reprocessamento do trauma, instrua-a para trazer esses objetos especiais. Eles também podem ajudá-la a se sentir mais regulada e dentro de níveis apropriados de ativação durante o reprocessamento de eventos perturbadores. Além disso, eles podem ser usados alternativamente ao protocolo do lugar calmo, seguro e feliz, se necessário, durante o reprocessamento ou como um procedimento de fechamento.

Preparação Para O Resultado em Potencial das Sessões com A Terapia EMDR

As repostas imediatas pós-sessão de Terapia EMDR podem variar significativamente de paciente para paciente. Muitas crianças experimentam alívio imediato dos sintomas após o início das sessões de reprocessamento da Terapia EMDR. Quando se trabalha com TEPT simples e trauma de evento único, a resposta pode ser imediatamente muito positiva. Entretanto, quando se trabalha com trauma complexo, crônico, múltiplo e severo, a resposta pós-início das sessões de reprocessamento pode ser repleta de carga emocional. Algumas das crianças e dos adultos que fizeram a Terapia EMDR relataram terem se sentido "emocionalmente cansados" ou "emocionalmente desgastados" logo após o início das sessões de reprocessamento. Entretanto, na maioria das vezes, o "cansaço" não dura e tende a melhorar depois de alguns dias. Alguns clientes têm relatado que após a "irritação", eles se sentiram melhores do que se sentiam antes da sessão de reprocessamento com o EMDR. Levando isto em consideração, o terapeuta deve estar preparado para uma potencial "irritação" que alguns clientes podem experimentar, embora nem todos que recebem a Terapia EMDR sintam a "irritação emocional". Afinal, muitos relataram terem se sentido melhor logo após a sessão. Entretanto, quando se trabalha com crianças altamente traumatizadas, devemos tornar o processo o mais seguro e previsível: Diga a ela: –"*Quando fazemos EMDR, nós exercitamos músculos diferentes que, na maior parte do tempo, não têm sido usados: o músculo de autoajuda, os músculos dos sentimentos e o músculo de acesso à memória. Quando exercitamos estes músculos, podemos ficar desgastados no início. Mas quanto mais nós os exercitamos, eles vão ficando cada vez mais fortes, e não vão mais machucar tanto ou não vão mais machucar nada. Vamos nos preparar para que, se sentirmos dor, nós já tenhamos um plano.*" Encoraje a criança a usar os recursos desenvolvidos e instalados durante a fase de preparação.

Uma maneira bem divertida de se preparar para a potencial "irritação" é fazer do dia do reprocessamento com EMDR um dia especial. Você pode, junto com a criança, dar a este dia um nome especial. Algumas crianças o chamam "meu dia de mimos especiais", "o dia de me amar", ou "o dia de cuidar de mim". A criança e o pai podem estar preparados para ter um dia especial juntos. A criança pode ter tempo nesse dia para ouvir uma música especial, saborear uma guloseima e assim por diante. As crianças, na maioria das vezes, tendem a aguardar pelo dia em que exercitarão esses músculos e buscarão sustento em diferentes fontes. As crianças também podem ser encorajadas a usar "a caixa de ajuda" e vários outros recursos previamente instalados entre sessões.

Sumário e Conclusões

A complexidade do panorama clínico de crianças com dissociação e com apego inseguro requer uma aplicação da Terapia EMDR com maior variedade de recursos. Ao longo de sua vida, estas crianças não conseguiram atingir os marcos de desenvolvimento básicos. Abordar os déficits de desenvolvimento e proporcionar experiências que possam promover o desenvolvimento de novos e adaptativos sistemas de memória é fundamental com esta população.

A integração e a reorganização de redes mal adaptativas durante o reprocessamento com o EMDR requer a presença de sistemas de memória adaptativos

(Shapiro, 2001). Estimular a formação de tais sistemas pela exposição a interações positivas, reguladoras e de sintonia com o terapeuta e com os cuidadores é um objetivo importante da fase de preparação, que deve continuar a ser observado durante todo o tratamento. Durante a fase de preparação, a criança deve ser exposta a experiências que expandam sua capacidade de tolerar e modular afeto negativo e positivo. Além disso, devido à natureza complexa e confusa das apresentações clínicas desses casos, preparação extensiva e abrangente pode ser necessária. Isto pode incluir uma equipe de clínicos capaz de trabalhar não apenas com a criança, mas com todo o seu sistema familiar. Crianças com trauma complexo podem vir de um ambiente relacional empobrecido e caótico. Como consequência, encontrar recursos e experiências positivas de conexão e segurança pode ser um desafio. O terapeuta de EMDR precisa ser criativo e habilidoso para acessar e desenvolver novos recursos. Este capítulo oferece uma grande variedade de ideias e estratégias para crianças que necessitam de um tratamento mais abrangente e com recursos variados.

Capítulo 4 - A Fase de Construção de Habilidades e Jogos EMDR

As crianças que não internalizaram um senso de segurança e proteção devido ao trauma vivenciado dentro do sistema de cuidado tendem a ter dificuldade em regular estados internos. Novas situações, mesmo quando positivas, podem aumentar o nível de ativação e de desorganização interna. Essas crianças têm uma necessidade maior por previsibilidade, estrutura e organização em suas vidas cotidianas. Todas as estratégias oferecidas neste capítulo têm o objetivo de fornecer uma grande variedade de oportunidades lúdicas para abordar o que, de outra forma, seria extremamente difícil. Explorar memórias de trauma e disparadores atuais pode ser difícil para indivíduos traumatizados. Além do mais, alguns eventos adversos e traumáticos podem ter ocorrido pré-verbalmente e, como consequência, eles ainda estão codificados implicitamente. Além disto, crianças traumatizadas tendem a rejeitar qualquer coisa que possa ser remanescente do evento traumático. Como resultado, incorporar uma grande variedade de abordagens lúdicas e criativas para a exploração do que poderia ser potencialmente perturbador para a criança, pode facilitar este processo.

A importância do Brincar

É importante diferenciar exploração e brincadeira uma vez que os dois, muitas vezes, são confundidos. Anthony Pellegrini tem feito um trabalho extensivo no campo do brincar. Segundo Pellegrini (2009), quando crianças e animais são expostos a um novo estímulo, inicialmente, ocorre a exploração. À medida em que o objeto ou a situação se tornam familiares, a brincadeira começa. *"Enquanto a criança, ao brincar, é caracterizada como estando relaxada, com afeto positivo e batimento cardíaco relativamente baixo, durante a exploração a criança apresenta afeto embotado ou negativo e um aumento do batimento cardíaco"* (p. 17).

Assim, pode-se concluir que a familiaridade e o senso de segurança em relação a um objeto ou situação aumentam a propensão para brincar. Durante os estágios iniciais da terapia de dessensibilizaçao e reprocessamento por meio dos movimentos oculares (EMDR), deve-se ajustar o acesso e a exploração ao material perturbador para minimizar a desregulação do sistema da criança e maximizar a sua estabilização. Durante meus primeiros treinamentos com EMDR, as crianças só eram expostas aos passos processuais da terapia EMDR quando a memória do trauma estava prestes a ser reprocessada. Primeiramente, esperávamos a criança acessar o evento traumático, identificar as crenças, as emoções e onde elas estavam localizadas no corpo, enquanto eram usadas duas escalas de medidas: validação da crença positiva (VoC) e unidades subjetivas de perturbação (SUDS). Elas foram expostas a situações e experiências relativamente novas enquanto pensavam sobre um evento traumático. Essas eram questões sobre as quais as crianças nunca foram questionadas anteriormente. A maioria delas nem sequer teve a habilidade de identificar pensamentos, emoções ou sensações corporais. Sem a compreensão cognitiva, emocional e sensorial, as crianças com traumas complexos podem ter grande dificuldade em acessar diferentes aspectos das memórias de adversidade durante as fases de avaliação e reprocessamento (dessensibilização, instalação e checagem corporal). Em minha experiência clínica, é importante permitir que as crianças explorem e brinquem com os elementos dos passos processuais da terapia EMDR durante a fase de preparação, antes das memórias traumáticas serem acessadas e reprocessadas. Permitir que a criança explore e se familiarize com os diferentes aspectos da terapia EMDR fortalece sua capacidade de explorar material traumático enquanto está em estados lúdicos e sentindo-se amparada e contida.

A fase de avaliação da terapia EMDR é desenvolvida para criar uma linha de base e para acessar os diferentes aspectos do evento traumático ou negativo. Entretanto, acessar as várias partes da memória requer habilidade para identificar crenças, emoções e reações somáticas. A maioria das crianças não possui a habilidade de acessar tais informações contidas em suas redes de memória devido a diferentes fatores, como: a falta de compreensão cognitiva, sensorial e emocional e a falta de exposição e familiaridade com questões e estratégias usadas para acessar estas informações na terapia. A maioria das crianças, e até mesmo os adultos, têm dificuldade em identificar e caracterizar emoções, pensamentos e reações somáticas. Diante do exposto, um período de construção de habilidades com as crianças, onde elas possam se familiarizar com os passos processuais da terapia EMDR, pode facilitar o acesso, o processamento e a integração de memórias traumáticas. Incorporar abordagens lúdicas é crucial para aumentar o senso de contenção e de segurança da criança. Brincar também mantém o sistema de engajamento social ativo e tem o potencial de manter a consciência dual e níveis ótimos de ativação. Quando as crianças estão em segurança e em estados lúdicos, as memórias de trauma podem ser exploradas, acessadas, processadas e integradas de maneira mais eficiente. O uso da fase de construção de habilidades oferece uma oportunidade de expandir a capacidade da criança para tolerar o afeto. É imperativo que o terapeuta esteja suficientemente sintonizado com as mudanças dos estados internos da criança. Se a criança tornar-se muito ativada e os níveis de ativação ficarem muito altos enquanto ela brinca com os jogos de EMDR, o terapeuta sintonizado precisará diminuir o ritmo ou prover distância ou contenção. Neste ponto, a criança deve ter acesso ao sinal de Pare, se necessário. Além disso, o terapeuta deve estar atento às mudanças que indicam que os comportamentos de engajamento social da criança encontram-se reduzidos e que ela está se movendo para fora das janelas de tolerância afetiva. Algumas mudanças fisiológicas às quais se deve estar atento são: ritmo respiratório, tom da pele, dilatação da pupila, fechamento das pálpebras, entonação da voz, expressões faciais, consciência reduzida dos sons e da voz do terapeuta, dentre outros. A consciência do presente deve ser mantida enquanto se explora o material traumático. A exploração lúdica de experiências que eliciam afeto negativo podem também dar à criança um senso de domínio. Expandir a capacidade da criança para acessar o material traumático e construir tolerância afetiva é um objetivo da fase de preparação e construção de habilidades. A habilidade do terapeuta e o nível de conforto afetivo são fatores fundamentais quando se trabalha com crianças altamente traumatizadas, pois elas podem sentir o desconforto do terapeuta como desregulação e desorganização. O estado interno do terapeuta pode aumentar as sensações de contenção, segurança e o senso de regulação interna da criança. Entretanto, isso também pode gerar uma reação contrária.

Quando se trabalha com crianças que se dissociam, a avaliação e a exploração de experiências dissociativas e o desenvolvimento de um plano para manejar a dissociação deve preceder a utilização de jogos EMDR.

A incorporação da fase de construção de habilidades e os jogos EMDR podem fortalecer e facilitar, intensamente, a utilização da terapia EMDR com crianças com histórico de trauma complexo. A construção de habilidades e os jogos EMDR podem:

- Auxiliar o terapeuta a construir o *rapport* com a criança;
- Engajar o sistema lúdico da criança para modular o afeto enquanto ela está explorando e processando memórias que podem ativar sentimentos negativos e altos níveis de ativação;
- Construir tolerância afetiva;
- Tornar os protocolos e procedimentos da terapia EMDR mais previsíveis, familiares e concretos para a criança;
- Fazer com que a criança sinta um senso de controle e poder apropriado e adequado à sua idade à medida que o material traumático é acessado, processado e integrado.
- Usar brincadeiras para ajudar a criança a permanecer dentro de níveis controláveis de ativação enquanto ela identifica, acessa e reprocessa memórias do trauma, facilitando desta forma a integração;
- Ajudar a criança a familiarizar-se com os passos processuais da terapia EMDR;
- Auxiliar a criança a identificar recursos e redes de memória que contêm informação positiva;
- Assistir a criança na identificação de alvos potenciais para o reprocessamento EMDR;
- Ajudar a criança a desenvolver compreensão cognitiva, emocional e somática;
- Ajudar a criança a seguir os passos processuais da terapia EMDR mais eficientemente.

Os jogos EMDR são classificados de acordo com o panorama para o qual o cérebro é direcionado, assim como para o aspecto da terapia EMDR introduzido. Alguns jogos EMDR trabalham com habilidades cognitivas, outros com habilidades emocionais, enquanto outros com o corpo e a linguagem sensorial. Estes jogos envolvem a participação tanto do lado direito quanto do lado esquerdo do cérebro.

Veja, abaixo, as categorias de jogos EMDR:
- Jogos EMDR que exercitam as habilidades cognitivas e auxiliam a criança a identificar crenças positivas e negativas;
- Jogos EMDR direcionados para o sistema emocional, ajudando a criança a identificar emoções;
- Jogos EMDR direcionados ao corpo e às reações somáticas;
- Jogos EMDR direcionados às duas escalas de medição: VoC e SUDS.

Com estas categorias em mente, muitos jogos e exercícios existentes podem ser potencialmente transformados em jogos EMDR. Embora este capítulo esteja apresentando uma série de jogos e de estratégias , deve-se selecionar os jogos e as estratégias que mais se adaptem às necessidades de cada criança, à sua tolerância afetiva e ao seu estilo de aprendizagem e de comunicação. Em seguida há uma relação de jogos de EMDR desenvolvidos por mim, com o uso de cubos, cartões, bolas e pinos de boliche, contendo crenças, emoções e sensações corporais.

Desenvolvendo A Compreensão Cognitiva

As crianças com traumas complexos tendem a ter maiores déficits e dificuldades na identificação e verbalização de pensamentos, emoções e sensações corporais. Segundo Cozolino, "Quando a criança é deixada em silêncio devido à inabilidade parental de verbalizar a experiência interna, ela não desenvolve a capacidade de compreender e gerenciar seu próprio mundo. A habilidade de linguagem para integrar as estruturas neurais internas e organizar a experiência em um nível consciente é quase indisponível" (p. 232). As crianças com estratégias ambivalentes e desorganizadas podem apresentar uma ativação elevada no hemisfério direito. As pessoas com excesso de fluxo no hemisfério direito, sem uma ligação suficiente para o hemisfério esquerdo, podem sofrer de explosões emocionais e de desregulação do sistema afetivo (Siegel, 2010). Para estas crianças é fundamental suavizar o hemisfério direito, enquanto se estimula o esquerdo, promovendo integração horizontal, até mesmo durante os primeiros estágios da terapia EMDR. De outro modo, as crianças com estratégias de evitação podem apresentar níveis reduzidos de atividade no hemisfério direito em favor do hemisfério esquerdo. Distanciar e reduzir a participação do hemisfério direito pode ter servido como um mecanismo de enfrentamento para evitar a dor e o sofrimento pela falta de conexão com importantes figuras em suas vidas (Siegel, 2010). Estimular o cérebro por meio de brincadeiras e jogos que promovam a participação, tanto do hemisfério direito quanto do esquerdo, cria um estado para o rápido e apropriado processamento e assimilação de memórias traumáticas.

A identificação e a verbalização de pensamentos, emoções e reações somáticas devem fazer parte da fase preparatória com crianças altamente traumatizadas. A construção de redes neurais que conectem a linguagem e os estados afetivos e exercitem o "músculo cognitivo", o "músculo emocional", (Panksepp, 2009) e o "músculo somático sensorial" constitui a via principal do crescimento neural e da integração. Mesmo que a integração ocorra mais rapidamente durante as fases de reprocessamento, uma grande parte da integração e do processamento já está acontecendo durante as fases iniciais da terapia EMDR. Um estudo conduzido por Cresswell et al. (2007) concluiu que caracterizar o afeto melhora as integrações neurais.

Os participantes deste estudo foram orientados a escolher o afeto caracterizado por um par de palavras que combinavam com o rosto que estava servindo de alvo. Os resultados mostraram reduzidas respostas da amígdala durante a caracterização afetiva. Segundo Siegel (2010): "Nós podemos usar os centros esquerdos de linguagem para acalmar as áreas direitas de disparo emocional. A chave é ligar o esquerdo ao direito e não substituir um e desequilibrar o outro" (p. 116). Diante desta informação, estimular a comunicação horizontal no cérebro (direito e esquerdo) assim como a vertical (tronco cerebral, áreas subcorticais e corticais) pode constituir a base para a integração e para o processamento adaptativo de informação.

É importante ressaltar que, durante a fase de avaliação, mesmo que o aspecto cognitivo da rede de memória seja identificado primeiro, isto não significa que ele seja mais importante. Segundo Shapiro (2001): "Apesar de as crenças pessoais negativas e das auto-atribuições serem transformadas, simultaneamente, com outras manifestações do trauma, elas não têm maior peso do que as experiências sensoriais" (p. 44). Na verdade, Shapiro destacou como *"o afeto que está alimentando a crença da pessoa é o elemento principal da patologia"* (p. 44). Ainda que as crenças não possuam maior importância ou tenham um papel causal no desenvolvimento da patologia, elas podem ser usadas para acessar as memórias que estabelecem a base dos sintomas atuais. Quando se identificam as crenças com as crianças, um desafio é apresentado devido ao seu desenvolvimento cognitivo. No EMDR, uma crença negativa é interpretativa ao invés de descritiva. Entretanto, as crianças tendem a fornecer descrições ao invés de interpretações e autoatribuições. Os jogos EMDR podem ajudar as crianças a se tornarem conscientes das autoatribuições e das interpretações que elas possam ter a respeito de si mesmas e como essas interpretações continuam a afetar o modo como elas experimentam a vida. As crenças negativas tais como "minha mãe não me amou" ou "eu estava com medo", mesmo que sejam somente relatos descritivos, representam crenças negativas apropriadas para a idade no caso de crianças muito novas. Algumas crianças podem trazer uma crença relacionada ao evento como: eles me deixaram ou ele era mau para mim. Se isto parece adequado para a criança, deveremos honrar o seu senso de escolha. No entanto, devemos nos perguntar primeiro, "O que o fato de eles o terem deixado diz sobre você. Vamos encontrar um sentimento confuso ou alguma coisa ruim que você aprendeu sobre você mesmo porque eles o deixaram". As crianças podem ser encorajadas a identificar, pelo uso dos jogos EMDR, a crença autorreferente, caso uma mera descrição ou uma crença relacionada ao evento tiver sido fornecida por elas.

A seguem, á exemplos representativos de crenças negativas e positivas apropriadas para as crianças. Lembre-se de que a crença negativa é:

- A crença atual da pessoa ;
- A crença de autorreferência;.
- Uma crença irracional;.
- A crença que tem ressonância com a memória.

Crenças Negativas – Crenças Positivas
Adaptado de Shapiro (2010)

Responsabilidade: Defeituosa

Eu sou mau	Eu sou bom
Não existe nada bom em mim	Eu sou bom
Eu não posso ser amado	Eu posso ser amado
Eu não sou bom o suficiente	Eu estou bem como sou
Eu só mereço coisas ruins	Eu mereço coisas boas
Eu sou feio	Eu gosto de mim do jeito que sou
Eu sou burro (não sou inteligente)	Eu sou inteligente
Eu não sou importante.	Eu sou importante
Eu sou diferente (não pertenço)	Eu pertenço
Tem alguma coisa errada comigo	Estou bem em ser assim
Eu não faça nada certo	Eu posso fazer muitas coisas certas
Eu sou fraco	Eu sou forte
Eu não pertenço	Eu pertenço
Eu não mereço ser amado	Eu mereço ser amado

Responsabilidade: Ação

É minha culpa	Não é minha culpa
Eu deveria ter feito alguma coisa*	Eu fiz o melhor que pude
Eu fiz alguma coisa errada*	
*O que isto diz a seu respeito? (exemplo: isto faz você pensar: Eu sou mau/ Eu sou burro).	

Segurança/ Vulnerabilidade

Eu não posso confiar em ninguém	Eu posso escolher em quem confiar
Eu não estou seguro	Eu estou seguro agora
Coisas ruins vão acontecer	Eu estou seguro agora
Eu não posso mostrar meus sentimentos	Posso mostrar o que sinto com segurança

Controle/poder

Eu sou fraco	*Eu sou forte*
Eu não posso ser feliz	*Eu posso ser feliz*
Eu não posso suportar	*Eu posso suportar*
Eu não consigo fazer o que quero	*Eu posso fazer o que quero*
Eu não posso me defender	*Eu posso me defender*
Eu não posso pedir ajuda	*Eu posso pedir ajuda*
Eu não tenho saída/Estou preso	*Eu tenho escolhas agora*
Eu não posso confiar em mim mesmo	*Eu posso confiar em mim*

Jogando Com Crenças Positivas Utilizando Cubos de Crença Positiva

Estes cubos contêm crenças positivas apropriadas para crianças (Figura 4.1). Os terapeutas podem comprar cubos simples de madeira e escrever em cada uma de suas faces uma crença positiva. Deve, ainda, encorajar a criança a compartilhar qualquer outra crença positiva não ainda incluída no cubo. Você precisará de números de 1 a 7 para criar o VoC ou a Escala de Pensamento. Para crianças de pouca idade, use números feitos com esponja ou papel, com largura suficiente para que elas possam ficar de pé sobre eles, para ter uma experiência mais palpável, concreta e sensorial da Escala de Pensamento.

Segue, abaixo, um exemplo de como usar e brincar com os cubos da crença positiva e a escala VoC:

"Eu conheço um jogo que nós podemos jogar com todos esses cubos legais que mostram pensamentos bons que as crianças, algumas vezes, têm. Este jogo é sobre descobrir os pensamentos bons que temos sobre nós mesmos agora. Eu também tenho isto aqui chamado Escala de Pensamento, para ajudar as crianças a checarem o quanto os pensamentos bons são verdadeiros para elas. Deixe-me mostrar como funciona".

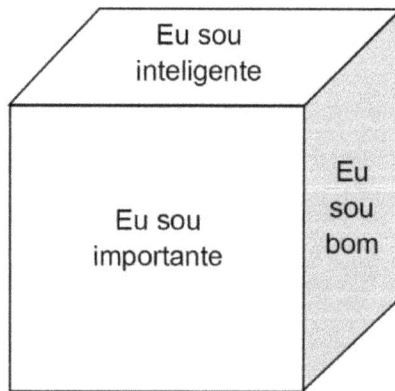

Figura 4.1 - Cubo da crença positiva

Jogue o cubo e leia em voz alta a crença positiva escrita no mesmo. Diga em voz alta se você possui ou não esta crença positiva. Caso você não a tenha, informe isto, e jogue o cubo, novamente, até você encontrar uma que possua. Depois de encontrar a sua crença positiva, fale sobre os eventos e as pessoas que o fazem ter este pensamento positivo. Então, fique de pé na Escala de Pensamento e mostre à criança como usá-la. Ande sobre a escala de VoC; explique que o 1 significa que os bons pensamentos NÃO SÃO SENTIDOS como verdadeiros e que o 7 significa que o bom pensamento É SENTIDO como muito verdadeiro. Diga à criança que agora é a vez de ela jogar: – *"Ok, vamos jogar o cubo e encontrar um bom pensamento que você tem sobre si mesmo agora. Conte-me que coisas na sua vida fazem você ter este bom pensamento e use a Escala de Pensamento"*. Uma vez que a criança identifique a crença positiva, você pode dizer: – *"Pense sobre esta coisa que o faz ter o pensamento bom e fique de pé na Escala de Pensamento. Ande sobre ela enquanto está pensando no que o faz ter o pensamento bom. Pare quando encontrar o número certo. Lembre-se de que o 1 significa que o bom pensamento não é sentido como verdadeiro e que o 7 significa que o pensamento bom é sentido como muito verdadeiro. Quando você fizer isto, cheque o que sente em sua barriga e em seu coração e não o 1 de sua cabeça"*. Escreva o pensamento bom em um pedaço de papel e o coloque próximo ao número 7 ou você pode ficar de pé próximo ao número 7 e segurar o cubo com o pensamento bom na frente. Continue a brincar, encontrando os bons pensamentos e andando na Escala de Pensamento. Se a criança tiver uma crença positiva com um VoC baixo, muito provavelmente ela possui uma crença negativa oposta. Pergunte o que a impede de acreditar completamente que o pensamento positivo é verdadeiro. *"Eu posso perceber que o pensamento bom* (repita a CP relatada pela criança) *é sentido como pouco verdadeiro. Você pode me dizer mais sobre isso? Tem algum pensamento confuso que você tenha sobre você mesmo que não lhe deixa acreditar que o pensamento bom é verdadeiro"?* Documente todas as CPs relatadas pela criança. Isto representa informação sobre as redes neuronais positivas e adaptativas que a criança já possui. Posteriormente, elas podem ser fortalecidas usando os MBL ou o protocolo de Instalação e de Desenvolvimento de Recurso (IDR). Por outro lado, se a criança relatar estar tendo cognições negativas, você pode perguntar a ela sobre eventos ou memórias passadas associadas a este fato.

Utilizando Cartões de Crença Positiva

Os cartões oferecem uma ótima oportunidade de brincar e usar a grande variedade de jogos de cartas. Você pode adquirir cartões ilustrados que contenham crenças positivas apropriadas às crianças, como O Kit de Pensamento Para Crianças (Gomez, 2009). Também pode baixar imagens da Internet e criar seus próprios cartões. De posse dos cartões plastificados, os jogos irão ajudá-lo a introduzir o uso de crenças positivas e o VoC com as crianças. Coloque as cartas com as crenças positivas viradas para baixo e jogue com a criança revelando uma a uma. Lembre-a do sinal de Pare e do quanto é importante ela informá-lo quando algum desses jogos ficarem muito desconfortáveis ou sufocantes. *"Eu tenho esses cartões com pensamentos bons que, às vezes, as crianças podem ter. Eu também tenho essa coisa legal chamada Escala de Pensamento, que ajuda as crianças a checar o quanto o pensamento bom é sentido por ela. Deixe-me mostrar como funciona"*. Mostre o uso da Escala de Pensamento para a criança. Desvire o primeiro cartão e leia a crença positiva escrita no mesmo em voz alta. Identifique o que, em sua vida, faz com que você tenha essa crença positiva sobre si mesmo. Fique de pé sobre a Escala de Pensamento e ande sobre o VoC. Explique como o 1 significa que o pensamento positivo NÃO É SENTIDO como verdadeiro e que o 7 significa que este pensamento é SENTIDO como muito verdadeiro, enquanto você pensa sobre o evento ou a situação em sua vida associada a esta crença positiva. Em seguida, convide a criança a desvirar o cartão de pensamento positivo e a usar a Escala de Pensamento. Novamente, caso a criança tenha uma crença positiva com um VoC baixo, pergunte a ela o que a impede de acreditar, plenamente, que o pensamento bom é verdadeiro (ver os jogos com cubos).

Você também pode dar todos os cartões com as crenças positivas para a criança. Em seguida, peça-lhe para colocar suas cognições positivas atuais de um lado e as que não possui de outro. Então, você pode pegar uma crença por vez e perguntar por eventos ou situações associados à crença positiva e usar a Escala de Pensamento.

Utilizando Bolas e Pinos de Boliche com Crença Positiva

Se você estiver trabalhando com uma criança que precisa de movimento ou que não consegue ficar quieta, usar bolas lisas e pinos de boliche será mais efetivo. Escreva na bola ou nos pinos as crenças positivas adequadas para ela. Tenha também disponível a Escala de Pensamento. Jogue a bola para a criança e peça que ela se concentre na crença positiva escrita na bola mais visível. Peça a ela para observar se este é um pensamento bom para ela. Siga os mesmos roteiros usados para os jogos com cartões e cubos. Se vocês estiverem jogando com pinos de boliche, peça à criança para rolar a bola. Em seguida, peça a ela para olhar para os pinos que ainda estão de pé, que contenham os pensamentos positivos, e escolha aqueles que representem o que ela pensa sobre si mesma no momento. Escolha um de cada vez e pergunte por eventos ou situações que eliciem esta crença positiva. Utilize os mesmos passos do jogo de cubo e dos cartões para jogar com a Escala de Pensamento.

Jogando Com Crenças Negativas
Utilizando Cubos de Crenças Negativas

Mais uma vez, você precisará de cubos de madeira, devendo em todas as suas faces escrever crenças negativas adequadas para crianças (ver figura 4.2). Veja, a seguir, como usar os jogos de crença negativa. *"Eu conheço um jogo muito legal, que nós podemos jogar com cubos que têm pensamentos confusos que crianças têm algumas vezes. Deixe-me mostrar a você como funciona".* Jogue o cubo e diga em voz alta a crença negativa escrita no cubo. Conte uma pequena história de um tempo no qual você teve este pensamento. Certifique-se de que seja algo apropriado para compartilhar com seu cliente, simples e de fácil compreensão. Isto é feito com a finalidade de exemplificar como se pode ser transparente e capaz de compartilhar sua história para construir confiança e *rapport*. Passe a vez para a criança, ressaltando que o seu consultório é um lugar seguro onde ela pode falar sobre seus sentimentos e pensamentos ou qualquer coisa que a incomode. Documente as crenças negativas e os eventos relatados por ela. Se o cubo cair em uma crença negativa que a criança não possua, peça a ela para jogar novamente até que a crença negativa seja encontrada. Uma vez encontrada a crença negativa, você pode dizer: – *"O que a faz ter esses pensamentos confusos? Vamos pensar em qualquer coisa que você escute, toque, veja ou cheire ou em qualquer coisa que alguém diga ou faça que faz com que você tenha estes pensamentos misturados sobre você".* Tão logo a criança tenha conseguido identificar o evento ou a situação associado à crença negativa, você pode dizer: –*"Quando você pensa nisto* (repita a situação associada à crença negativa pela criança) *e nos pensamentos confusos* (repita a CN identificada pela criança) *quais sentimentos você tem agora"?* Você pode, ainda, ter cartões com rostos que expressam emoções para ajudar a criança a identificar as delas. Documente toda essa informação fornecida pela criança. Com este exercício, você está identificando disparadores atuais, eventos adversos passados ou eventos traumáticos e, além disto, cognições associadas a estas conexões de memória. Você pode seguir com o flutuar para trás para identificar outros eventos passados associados à crença negativa selecionada pela criança. Veja mais adiante, neste capítulo, o uso do flutuar para trás e do escaneamento da emoção abordado de forma mais detalhada.

Figura 4.2 - Cubo da crença negativa

Utilizando Cartões de Crenças Negativas

Você pode adquirir os cartões de crença negativa como os encontrados no Kit de Pensamentos para Crianças (Gomez, 2009) e o EMDR Journey[9] (Courtney, 2009) ou você pode criar os seus próprios. De posse deles, dê uma série destes para a criança e diga: – *"Todas essas cartas são sobre pensamentos confusos que as crianças têm, às vezes. Gostaria que você os olhasse e escolhesse os pensamentos confusos que pode ter sobre você mesma agora. Se existir algum pensamento confuso que você tenha, mas que não esteja entre estes cartões, pode me dizer, escrever ou desenhar uma imagem disso"*. Assim que tiver acesso às CNs, pergunte por aquela que mais incomoda a criança e diga: –*"O que a faz ter este pensamento confuso (repita a CN relatada pela criança)"*? Informe que ela pode usar diferentes métodos de comunicação, como desenhos, comunicação verbal ou escrita.

Utilizando Bolas e Pinos de Boliche de Crenças Negativas

Escreva nos pinos de boliche, nas bolas de futebol ou de praia CNs compatíveis com as crianças. Usando a bola de crença negativa ou os pinos de boliche você pode dizer: – *"Vamos brincar com um jogo muito especial com a bola ou com o boliche. Esta bola (ou pinos de boliche) têm pensamentos confusos que, muitas vezes, as crianças possuem. Deixe-me mostrar como funciona"*. Jogue a bola para cima e a receba-a de volta em suas mãos; leia em voz alta a crença negativa que está à sua frente quando a bola chegar em suas mãos (ver a Figura 4.3). Conte uma breve história de um momento em que você teve este pensamento. Esteja certo

---

[9] NT: O EMDR Journey é um jogo de tabuleiro utilizado nas sessões de EMDR com crianças e adolescentes. Este jogo proporciona o acesso às fases de 3 a 7.

de que é algo apropriado para se compartilhar com as crianças. Então, jogue a bola para a criança e convide-a a explorar suas crenças negativas. Se a bola cair em uma crença negativa que a criança não tem, jogue a bola novamente até que ela encontre uma que possua. Siga os mesmos procedimentos com os cubos e com os cartões para auxiliar a criança a identificar os estímulos externos que desencadeiam as crenças negativas, as emoções e sua localização no corpo.

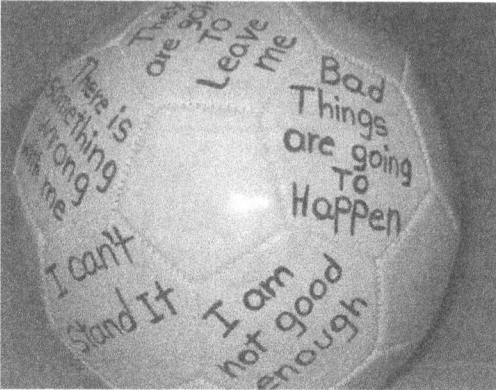

Figura 4.3 - A bola de pensamentos confusos

Tradução do texto na figura:
Eu não sou bom o suficiente
Eu não posso suportar isso
Existe alguma coisa errada comigo
Eles vão me deixar
Coisas ruins vão acontecer

Desenvolvendo Compreensão Emocional
O Detector de Sentimentos

Ajudar as crianças a identificarem os sentimentos e sua localização no corpo é um importante aspecto da terapia EMDR, bem como um ponto relevante da integração e do processamento de memórias. O Detector de Sentimentos ajuda a tornar mais concreto, divertido e atraente para as crianças o processo de indentificação dos sentimentos corporais. Ele pode ser qualquer objeto usado pela criança para fazer o escaneamento corporal da cabeça aos pés. Eu, por exemplo, tenho usado lupas e outros objetos que podem despertar o interesse das crianças. Ao mostrar para as crianças como utilizar o Detector de Sentimento, você pode adicionar sons lúdicos como um bipe ou um zumbido. Estes sons são feitos pelo terapeuta e, posteriormente, pela criança, assim que o corpo é investigado, da cabeça aos pés, em relação aos sentimentos e às suas localizações. Abaixo, exemplos de como usar o Detector de Sentimento .

"Agora, nós vamos usar uma coisa muito divertida chamada Detector de Sentimento ou localizador. O Detector de Sentimento ajuda as crianças a encontrarem sentimentos em seus corpos (mostre à criança como utilizar o Detector de Sentimento adicionando zumbidos ou bipes à medida em que você escaneia seu corpo). *Vamos praticar com o Detector de Sentimento em seu corpo. O que você pensa a respeito de* (repita a situação identificada pela criança associada à CN) *e do pensamento confuso* (repita a CN identificada pela criança); *o que sente agora?* (Forneça os cartões com figuras de rostos que expressam sentimentos). *Agora, use o Detector de Sentimento e veja onde você os encontra* (repita os sentimentos identificados pela criança) *em seu corpo."*

Utilizando os Cubos de Sentimentos

Os cubos contêm diferentes emoções básicas apropriadas para crianças. Os terapeutas podem adquirir cubos lisos de madeira e escrever neles diferentes sentimentos. Para as crianças mais novas, desenhe rostos que expressem sentimentos de cada lado do cubo (Figura 4.4). *"Eu conheço um jogo que nós podemos jogar com estes cubos bem legais, que possuem emoções que as crianças têm, às vezes. Este jogo é sobre descobrir os sentimentos que nós temos agora. Deixe-me mostrar como funciona"*. Jogue o cubo e leia em voz alta a emoção escrita nele, informando se você teve algum evento ou situação em sua vida que o fez ter esse sentimento. Caso você não o possua, jogue o cubo novamente até encontrar um que você tenha. Depois disso, discorra sobre eventos ou pessoas que fazem você ter este sentimento. Passe a vez para a criança. *"Ok, vamos jogar o cubo e encontrar um sentimento que você tenha agora em sua vida. Conte-me sobre as coisas em sua vida que a fazem ter este sentimento. Agora, vamos usar o Detector de Sentimentos e descobrir onde ele está em seu corpo"*. Você também pode usar um espelho para ajudar a criança a conectar-se com o corpo e descobrir como ele comunica esse sentimento. Crianças com trauma complexo tendem a ser desconectadas e dissociadas do corpo. Tomar consciência de como o corpo experimenta e comunica as diferentes emoções dá início à jornada rumo à integração. Criar ou usar imagens de rostos que expressem diferentes sentimentos e usar o espelho para que a criança possa passar pela experiência de observar suas próprias expressões faciais, bem como caracterizar as emoções, é uma atividade divertida e altamente integrativa. Você pode, também, fazer uma expressão de sentimento e pedir para que a criança a imite e a caracterize. Se o pai estiver presente durante a sessão, ele também poderá fazer algumas expressões faciais. Esteja atento ao fato de que para algumas crianças com transtornos e traumas de apego, as expressões faciais dos pais representam estados emocionais que podem ser altamente disparadores.

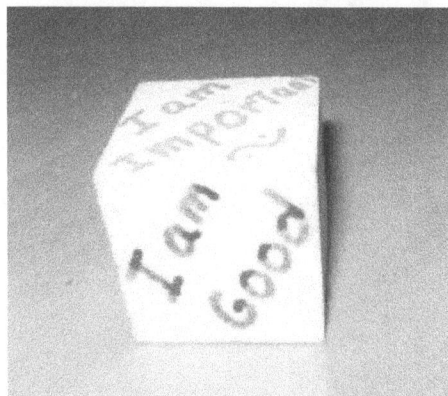

Figura 4.4 – O Cubo de sentimentos

Tradução do texto na figura:
Eu sou importante
Eu sou bom

Uma vez identificada e localizada a emoção no corpo, você também pode perguntar para a criança sobre sua crença associada a esta emoção e evento. *"Quando você pensa sobre* (repita a situação identificada e associada à emoção pela criança) *e o sentimento* (repita o sentimento identificado por ela) *e onde você sente este sentimento no seu corpo, qual pensamento confuso você tem sobre si mesma agora"*? Você pode fornecer os cartões, os cubos ou a bola que contém a crença negativa. Tome nota de todos os eventos relatados pela criança para que você possa começar a organizá-los em ordem cronológica e desenvolver a sequência de alvo.

Utilizando os Cartões de Sentimentos

Uma grande variedade de jogos de cartas pode ser usada com os cartões de sentimentos (Figura 4.5). Para isso, você precisará criar cartões plastificados com ilustrações de expressões faciais de sentimentos para ajudar a criança a identificar e a conectar-se com a grande variedade de emoções. Você pode, inclusive, baixar imagens da Internet e criar seus próprios cartões. De posse disso, você pode colocar todos os cartões de sentimentos virados para baixo e brincar com a criança, revezando com ela para desvirar cada cartão e nomear as emoções. Quando o primeiro cartão for desvirado, encoraje a criança a identificar qualquer situação, pessoa ou evento associado a esta emoção. Use o Detector de Sentimentos para a criança poder praticar a pesquisa da localização no corpo. Você pode também pedir para a criança pegar todos os cartões de sentimentos e selecionar aqueles que ela sente no momento. Então, você pode pegar um sentimento de cada vez e perguntar pelos eventos ou situações a ele associados. Além disso, você pode ainda criar uma bola de sentimentos e escrever ou desenhar expressões faciais de sentimentos em uma bola de futebol ou de praia. Use a bola de sentimentos para ajudar a criança a identificar e acessar os sentimentos, enquanto você joga com ela, jogando a bola para frente e para trás. Escrever ou desenhar em pinos de boliche é outro jogo que pode ser desenvolvido para identificar os sentimentos enquanto você joga com a criança. Toda vez em que um sentimento for identificado, pergunte por eventos passados ou presentes a ele associados. Também as expressões faciais e a postura corporal associadas a cada emoção podem ser exploradas.

Figura 4.5 – Expressões faciais de sentimentos

Desenvolvendo Compreensão Sensorial

O processamento de informação e a resolução de memórias traumáticas são alcançados por meio da intervenção de diferentes sistemas e ocorrem em diferentes níveis da experiência humana: cognitiva, emocional e sensório-motora. Assim, o uso de jogos que estimulam o desenvolvimento da compreensão sensorial em crianças constitui um importante aspecto da fase de construção de habilidades. O uso de intervenções somáticas durante as diferentes fases da terapia EMDR será extensivamente explorado no Capítulo 11.

Desenvolvendo A Sequência de Alvo Com Crianças

Ao se desenvolver a sequência de alvo com a criança é importante fazer uso da informação contida na sequência de alvo criada pelo cuidador, bem como da informação coletada com a criança durante os jogos EMDR. Quando o cuidador estiver ausente, use a informação fornecida pelos responsáveis pelo caso e por outros adultos envolvidos na vida da criança. Em geral, o uso de jogos EMDR é suficiente para coletar as informações necessárias para se desenvolver a sequência de alvo. Entretanto, outras abordagens e estratégias lúdicas eficazes para auxiliar as crianças no processo de identificação de alvos potenciais para o processamento com o EMDR também estão listadas neste capítulo. Caso o cuidador esteja presente enquanto a criança identifica os alvos ou brinca com os jogos EMDR é importante esclarecer seu papel no curso das sessões de EMDR. Este tópico será amplamente abordado no Capítulo 5.

Muitas vezes, criar uma sequência de alvos com crianças, não é um processo simples. Muitos fatores devem ser considerados quando se direciona o material traumático, como se pode ver abaixo:

1. **O uso de formas não verbais de comunicação** – Ao recuperar memórias traumáticas, muitas crianças traumatizadas são incapazes de usar palavras. A produção da fala, a compreensão da linguagem e o seu processamento têm sido associados com a área de Broca do cérebro, l que está localizada no hemisfério esquerdo, nos giros frontais inferiores. Esta importante área parece ser altamente afetada pelo trauma. Pesquisas conduzidas por van der Kolk (1996) usando tomografias TEP[10] (*PET scans*) com indivíduos diagnosticados com TEPT, durante a recordação dos eventos traumáticos, mostraram uma diminuição significativa da atividade na área de Broca. Estas descobertas apontaram a incapacidade destes indivíduos traumatizados de usarem palavras quando estavam experimentando estados afetivos desregulados. Essas pessoas podem ser somática ou emocionalmente ativadas, mas são incapazes de traduzir as experiências em palavras. Diante disso, é essencial dispor de formas de comunicação não verbais na terapia. Isto pode auxiliar as crianças na organização e na integração de suas realidades internas quando estão identificando, selecionando e processando memórias traumáticas. Arte, desenho e estratégias terapêuticas lúdicas podem auxiliá-las a comunicarem, mais eficientemente, o conteúdo de experiências traumáticas codificadas no cérebro em um nível somático e implícito.

2. **O uso do lúdico e de jogos durante a identificação e o processamento das memórias de trauma** – Manter o sistema de engajamento social ativo e a consciência dual, enquanto se explora material traumático, é imprescindível durante as diferentes fases da terapia EMDR. Quando a criança tem um senso de conexão com o terapeuta e, como resultado, se sente contida e internamente regulada, a exploração do material perturbador pode ser alcançada. Brincar pode

---

[10] NT: A Tomografia por Emissão de Pósitrons (TEP) é um exame da medicina nuclear que produz uma imagem tridimensional de processos funcionais do corpo.

facilitar imensamente a conexão e o senso de segurança que a criança experimenta com o terapeuta durante as sessões de EMDR.

3. **Manter a criança em janelas de tolerância apropriadas** – Quando se acessa informação perturbadora durante as fases de preparação e de reprocessamento, o terapeuta precisa ser um regulador eficaz para o sistema da criança. Durante o processo de identificação dos eventos traumáticos e negativos com a criança, o nível de sintonia do terapeuta com o estado interno dela é essencial. Saber o momento certo para explorar memórias traumáticas, para garantir distância, ou quando mudar de tema e se envolver em uma atividade diferente é o que faz a terapia EMDR ser diversificada e, ao mesmo tempo, fascinante com os casos de trauma complexo.

A habilidade do terapeuta para regular a criança quando seu nível de ativação está muito alto ou muito baixo impacta, enormemente, no resultado do tratamento. O estado interno do terapeuta e a comunicação verbal e não verbal têm o potencial de regular ou desregular a criança. Se o terapeuta está frequentemente depressivo e em um estado de hipoativação, ou se está chateado ou frustrado com a criança ou com o comportamento dela, as interações diádicas entre eles podem ser, na verdade, desorganizadoras do sistema da criança. As referidas interações podem tornar-se, na realidade, uma barreira para a apropriada exploração e processamento do material implícito e mal adaptativo. O tom de voz do terapeuta, o contato visual, o toque, a proximidade física e as expressões faciais tanto podem conduzir para um senso interno de regulação da criança quanto podem criar um senso interno de perturbação. Um terapeuta sintonizado está consciente de como suas interações com a criança podem facilitar ou inibir o processo para acessar e integrar o material disfuncional da mesma. Todas as estratégias descritas neste livro foram desenvolvidas para ajudar as crianças durante as oito fases da terapia EMDR e serão mais eficazes nas mãos de terapeutas sintonizados e plenamente conscientes.

Veja, abaixo, uma lista contendo algumas estratégias para auxiliar as crianças no processo de identificação das experiências que contribuem para os sintomas atuais, assim como os estímulos do presente que ativam essas redes de memória. E também estratégias para ajudar as crianças na identificação de memórias pré-verbais. Você pode escolher a que considere mais apropriada, dependendo da preferência da criança, do estilo de comunicação e das necessidades especiais.

Usando O Flutuar Para Trás e O Escaneamento de Sentimentos Com Crianças

O flutuar para trás e o escaneamento de emoções são extremamente úteis para auxiliar os indivíduos a ligarem o presente ao passado. Entretanto, compreender estas estratégias pode ser difícil para as crianças. Por isso, os roteiros publicados a seguir podem ser úteis quando você for usar o flutuar para trás ou o escaneamento de emoções com crianças. Vale lembrar que, independente do momento em que você esteja utilizando o flutuar para trás ou o escaneamento de emoções, a informação necessária já deverá ter sido identificada durante o uso dos jogos EMDR. Você já tem o evento disparador atual, a CN e as emoções. Se a criança foi incapaz de encontrar qualquer crença negativa, mas foi capaz de identificar as emoções e os estados corporais, o escaneamento de emoções pode ser usado. Veja, a seguir, os roteiros referentes ao flutuar para trás e ao escaneamento de emoções:

Roteiro do Flutuar para trás

"Agora que nós já sabemos o que lhe incomoda no presente, tem algo que você pode fazer para ajudar o cérebro a encontrar as memórias das coisas difíceis que lhe aconteceram no passado. Isto é chamado de "exercício do trabalho de detetive". Eu gostaria que você pensasse sobre (repita o evento disparador atual) *e os pensamentos confusos* (repita as CN identificadas pela criança, anteriormente, enquanto ela estava envolvida com os jogos EMDR) *e os sentimentos* (repita os sentimentos identificados por ela) *e deixe que sua mente faça o trabalho de detetive e encontre outras vezes em sua vida em que teve os mesmos pensamentos e os mesmos sentimentos. Quando você os encontrar, pode fazer um desenho, escrever sobre eles ou contar-me a respeito deles".* Para tornar o exercício de detetive mais divertido e atraente para a criança, certifique-se de ter disponíveis alguns equipamentos de detetive, como uma lupa e um chapéu de detetive, por exemplo.

Caso a criança não consiga identificar o aspecto cognitivo da memória, mas é capaz de comunicar as emoções e onde elas se localizam no corpo, você pode fazer o escaneamento das emoções (Shapiro, 2001).

Roteiro do Escaneamento de Sentimentos

"Eu gostaria que você pensasse sobre (repita o atual evento disparador) *e sobre os sentimentos* (repita os sentimentos anteriormente identificados pela criança enquanto a mesma estava envolvida em uma das atividades de jogos EMDR) *e onde os sente em seu corpo e deixe que sua mente faça o trabalho de detetive e encontre as outras vezes em sua vida em que você teve os mesmos sentimentos em seu corpo. Você pode me contar, escrever sobre eles ou desenhar qualquer coisa que venha à sua mente".*

Utilizando Desenhos Para Auxiliar as Crianças na Criação da Sequência de Alvo

Algumas vezes, as crianças têm dificuldades de verbalizar e revelar experiências negativas ou traumáticas para o terapeuta. O que se segue é um método que auxilia as crianças na identificação dos diparadores atuais e dos alvos potenciais para o reprocessamento com o EMDR. Se a criança se dissocia, o terapeuta deve prestar atenção a qualquer comportamento ou mudanças fisiológicas (vide Capítulo 7 para estratégias de preparação com crianças dissociativas). Você pode dizer: –*"Estou muito feliz por estarmos nos conhecendo melhor. Eu já sei muitas coisas sobre você, coisas das quais você gosta e que a fazem sentir-se bem, e coisas que são ruins, e que a fazem sentir-se confusa. Vamos falar sobre algumas dessas coisas que a aborrecem. Vamos, também, ouvir as diferentes linguagens que as crianças e os seres humanos falam. Afinal, somos criaturas incríveis e falamos diferentes línguas. Por exemplo, temos uma mente que fala a linguagem dos pensamentos, um coração que fala a linguagem dos nossos sentimentos e um corpo que fala a linguagem muito especial das sensações. Vamos começar olhando para algumas das coisas difíceis ou problemas que você tem. Quais são algumas das coisas que preocupam você agora"?*

Caso a criança seja incapaz de identificar algum problema ou se ela mencionar várias questões insignificantes e nenhum dos problemas relatados pelos pais, então diga: – *"Eu gostaria que você soubesse que eu já conheci* (sua mãe, seu pai) *e eles me contaram algumas coisas com as quais você pode estar tendo problemas. Quero que saiba que sou uma ajudante para as* *crianças e suas famílias e é muito importante que eu saiba o que, realmente, está acontecendo para que eu possa ajudar você e sua família. Esta é razão pela qual seus **pais** me contaram todas aquelas coisas sobre você e sua família. Quero que saiba que aqui é um lugar muito seguro para crianças e que você pode me contar sobre qualquer coisa que lhe incomode ou preocupa. Espero que me ajude a ser a melhor ajudante que eu possa ser para você. Por favor, saiba que os bons ajudantes estão muito interessados em conhecer melhor as crianças que os ajudam, por isto eles tentam obter o máximo possível de informações que puderem para conhecê-las e entendê-las de verdade".*

Fale sobre alguns dos problemas ou sintomas relatados pelos cuidadores. Esclarecer, o melhor possível, como os problemas de confidencialidade serão tratados irá criar uma atmosfera apropriada para se desenvolver confiança. As crianças devem ter plena certeza de que as questões serão discutidas aberta e honestamente com o propósito não apenas de ajudá-las a se curarem, como também para auxiliar os pais a serem os melhores pais que eles puderem ser. Comece com um assunto de pequena extensão para ver se a criança pode tolerá-lo. Desnecessário dizer que, se a criança nega os relatos fornecidos pelos cuidadores, ou se recusa a se envolver com o tema, deve-se respeitar sua necessidade de manter distância desses assuntos. Afinal, isto talvez possa ser não só muito devastador, como também exigir o atingimento de um alto nível de estabilização antes de estes assuntos serem explorados.

Você pode dizer: –*"Escutei de* (mãe, pai, gestor do caso) *que* (diga algo muito geral sobre o problema, como, por exemplo: escutei sobre algumas coisas difíceis que lhe aconteceram com um adulto, ou que você teve alguns problemas na escola, ou que, às vezes, você fica bravo ou entristecido". Faça a criança saber que ela pode falar, desenhar ou escrever sobre o assunto). – *"Fale-me sobre a última vez que a coisa difícil, o problema ou a preocupação lhe aconteceu. Você também pode desenhar o que aconteceu ou, se quiser, posso desenhá-lo para você".* Dê à criança um pedaço de papel. Se ela não quiser desenhar a questão ou o problema, você mesmo pode desenhar, em um pedaço de papel, a cena que está sendo descrita por ela, para torná-la mais palpável e concreta para **ela** mesma.

Figura 4.6 - Desenho de uma menina de 7 anos de idade relativo ao disparador atual acompanhado da crença negativa.

Tradução do texto na figura:
Sentimentos: Tristeza; Pensamentos confusos: Eu sou feia x Não, eu não sou.
Sim, você é feia, um monstro. Você é gorda e feia

– "*Quando você pensa sobre* (repita o problema ou preocupação identificado pela criança) *quais pensamentos confusos você tem sobre você mesma*"? Se a criança for incapaz de identificar a crença negativa, dê a ela uma série de cartões, o cubo, a bola e os pinos de boliche que contêm CNs e diga: –"*Todos estes cartões, a bola ou os cubos têm pensamentos confusos que as crianças, às vezes, têm. Eu gostaria que você olhasse para eles e escolhesse os pensamentos misturados que você possa ter sobre si mesma agora. Se há algum pensamento confuso que você tenha e que não esteja nos cartões me conte, desenhe ou escreva*". Quando a criança já tiver fornecido a CN, desenhe um balão de pensamento ao lado da cena que você ou a criança tenha desenhado para representar o problema. Escreva a CN dentro (ver a Figura 4.6). Você pode dizer: –"*Ok, bom trabalho! Agora, quero que você pense sobre o assunto* (repita o problema ou a preocupação identificada pela criança e aponte para o desenho criado por você ou por ela própria) *e o pensamento confuso* (repita a CN identificada pela criança) *e vamos achar quais sentimentos você tem agora*". Desenhe um coração próximo à imagem criada por você ou pela criança e escreva todos os sentimentos relatados por ela dentro do coração (vide Figura 4.7). Caso a criança seja incapaz de identificar as emoções, dê-lhe os cartões, o cubo ou a bola que contêm os sentimentos e, então, diga: –"*Estes cartões, este cubo ou esta bola têm sentimentos que as crianças sentem às vezes. Gostaria que você os olhasse e escolhesse um sentimento que aparece quando você pensa sobre* (repita o problema ou a preocupação identificada pela criança) *e o pensamento confuso* (repita a CN identificada por ela)".

Figura 4.7 - Usando desenhos para auxiliar crianças a desenvolverem a sequência de alvo

Flutuar para Trás

Você pode dizer: –"*Agora, eu quero que você pense sobre este problema ou preocupação que você tem e o pensamento confuso* (repita a CN identificada pela criança) *e os sentimentos que você tem sobre isto. Agora, deixe sua mente fazer o trabalho de detetive e encontrar as outras vezes em sua vida em que você teve os mesmos pensamentos e os mesmos sentimentos*". Escreva quaisquer eventos relatados pela criança. Quando a criança relatar um evento, pergunte por um evento anterior até encontrar o evento mais antigo. –"*Ok, bom trabalho. Agora quero que continue a fazer o trabalho de detetive e encontre outras vezes em que teve os mesmos pensamentos e os mesmos sentimentos*". Se a criança for incapaz de trazer quaisquer eventos e você possui informação obtida previamente com o cuidador, que possa ajudá-la, você pode dizer: –"*Sabe, eu ouvi do seu* (pai, mãe, gestor do caso) *que algo lhe aconteceu* (fale uma coisa geral). *Você se lembra disso? Eu fico me perguntando se quando você pensa nesta coisa, você tem os mesmos pensamentos confusos e os sentimentos sobre os quais temos conversado"*. Escreva os eventos em ordem cronológica e identifique o nível de perturbação associado a cada um deles. Tenha em mente que esta é, ainda, a fase de preparação. Afinal, este é apenas o começo da exploração dos eventos adversos e das memórias traumáticas que são a base dos atuais sintomas. Esta informação será usada para criar o cenário terapêutico completo, bem como a sequência de alvo. Esta exploração não deve ocorrer a menos que níveis suficientes de estabilização e de preparação já tenham sido estabelecidos com a criança. Se a criança mostrar sinais de emoção desregulada, desacelere o processo ou pare completamente, utilizando, ao invés disto, estratégias que a auxiliem no desenvolvimento de habilidades de regulação afetiva.

Escaneamento de Sentimentos

Este recurso é utilizado quando a criança é incapaz de encontrar a crença negativa, quando ela está mais aberta para falar sobre os sentimentos ou nas vezes em que o flutuar para trás não forneceu informação suficiente sobre as memórias traumáticas passadas. Neste caso, o afeto torna-se a rota de acesso para a rede de memória.

Você pode dizer: – *"Quando você pensa sobre* (repita o problema ou a preocupação identificada pela criança), *quais sentimentos você tem agora"?* Desenhe um coração perto da imagem criada pela criança ou por você e escreva todos os sentimentos relatados pela criança dentro dele (vide Figura 4.7). Caso a criança seja incapaz de identificar emoções, dê a ela os cartões, os cubos ou a bola que contém as expressões faciais com sentimentos e, então, diga: –*"Estes cartões, estes cubos e esta bola contêm sentimentos que as crianças podem ter, às vezes. Gostaria que você os olhasse e escolhesse qual sentimento você tem quando pensa sobre* (repita o problema identificado pela criança). *Agora, vamos usar o Detector de Sentimentos para encontrar estes sentimentos em seu corpo e quero que você me diga onde eles estão"*.

Você pode dizer: –*"Agora, gostaria que você pensasse sobre este problema ou preocupação que você tem, quais sentimentos e onde você os sente em seu corpo. Agora, deixe sua mente fazer o trabalho de detetive e encontrar outras vezes em sua vida quando você se sentiu da mesma forma"*. Escreva qualquer evento relatado pela criança. Quando a criança relata um evento, sempre peça por um evento anterior até que encontre o mais antigo de todos dizendo: –*"Ok, bom trabalho. Agora, eu quero que você continue a fazer o trabalho de detetive e encontre outras vezes quando teve os mesmos sentimentos"*. Se a criança for incapaz de fornecer qualquer evento ou informação e você obteve informação que possa ajudá-la por meio dos cuidadores, você pode dizer: –*"Você sabe, escutei de* (sua mãe, seu pai) *que algo lhe aconteceu* (fale algo bem geral) *você se lembra disso? Eu fico me perguntando se quando pensa nisto, você tem os mesmos sentimentos sobre os quais nós vimos falando"*. Escreva os eventos em ordem cronológica, identificando o mais antigo, o mais fácil e o pior de ser lembrado.

A Varinha de Memória

A Varinha de Memória oferece outra abordagem lúdica para o processo de identificação de eventos traumáticos com as crianças. Para usar esta estratégia, os seguintes materiais são necessários (Figura 4.8):

- Fitas de diferentes cores;
- Varinha de madeira;
- Fita adesiva;
- Adesivos em branco;
- Escala numérica de 0 a 10 (escala de SUDS).

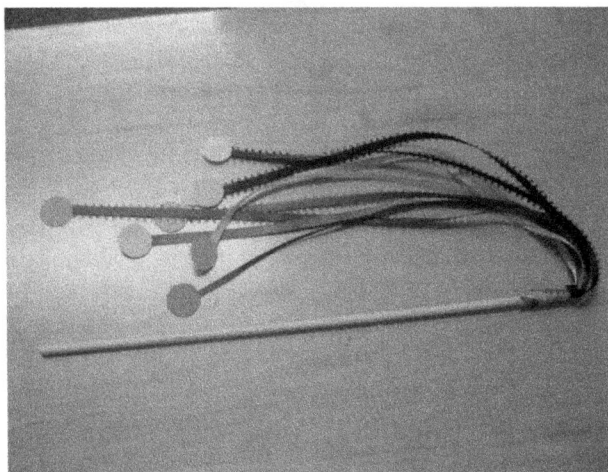

Figura 4.8 – A Varinha de Memória

As fitas são usadas para representar a memória traumática e a varinha de madeira serve para prendê-las para dar forma a uma varinha especial. A seguir, veja um exemplo de como introduzir este exercício com a criança. Você pode dizer: – *"Estou muito feliz que estejamos nos conhecendo melhor. Já sei de muitas coisas a seu respeito, coisas que você gosta e a fazem sentir-se bem, e coisas difíceis que a deixam confusa. Vamos falar sobre algumas dessas coisas que estão aborrecendo você. Eu conheço uma coisa bacana que nós podemos fazer juntos, e é chamada "A Varinha de Memória". Esta varinha é muito especial porque se refere a todas as coisas difíceis ou ruins que já aconteceram ou ainda acontecem a você. Tenho todas essas fitas de cores diferentes, uma vara de madeira, adesivos em branco e uma fita adesiva para criar a sua varinha. Também tenho algo que chamo de "A Escala de Perturbação", que ajuda as crianças a checarem o quanto as coisas as incomodam ou as fazem sentir-se mal. Deixe-me mostrar como funciona. A Escala de Perturbação tem números que vão de 0 ao 10. O número 0 significa que o assunto não incomoda você ou que é um assunto neutro e o número 10 significa que lhe incomoda muito. Gostaria que você pensasse sobre todas as coisas difíceis ou ruins pelas quais já passou e sobreviveu. Escolha uma fita que represente cada uma dessas coisas negativas. Quando você escolher a fita, quero que pense na memória difícil e use a escala de perturbação para deixar a fita mais longa ou mais curta, dependendo do quanto pensar nesta memória incomoda você agora. Então vamos começar criando sua 'Varinha da Memória' e praticar com 'a Escala de Perturbação'. Pense sobre a primeira memória difícil que lhe aconteceu e, então, escolha a fita. Usando a 'Escala de Perturbação', pense no quanto isso a incomoda agora ou no quanto se sente ruim agora. Lembre-se de que 0 significa nenhuma perturbação ou neutro e 10 muita perturbação. Agora, corte a fita exatamente no número que escolheu usando a 'Escala de Perturbação' e cole-a com fita adesiva na varinha de madeira. Usando o adesivo, escreva nele o título desta memória para que possamos lembrar a que ela se refere e coloque o adesivo na ponta da fita. Bom trabalho! Agora, vamos fazer o mesmo com as outras memórias ruins que você tem."* Você poderia utilizar os jogos EMDR e perguntar à criança sobre os pensamentos confusos e sobre as reações somáticas e emocionais associadas a esta memória. Você pode usar os cartões, a bola ou os cubos para auxiliar a criança na identificação destes aspectos da memória. Você pode dizer, *"Quando você pensa sobre* (repita o evento negativo identificado pela criança), *quais pensamentos confusos você tem sobre você mesma agora? Quais são os seus sentimentos agora quando pensa naquela coisa difícil que lhe aconteceu? Onde você sente isso em seu corpo"?* Você pode fornecer os cartões, os cubos ou a bola que contém cognições, emoções e sensações. Observe o quanto a criança responde a esta informação que está sendo acessada. Esteja em sintonia com as respostas não-verbais e fisiológicas que lhe informam para continuar ou desacelerar. Lembre-se de que cada criança terá uma janela de tolerância afetiva diferente. Algumas serão capazes de tolerar uma exploração mais profunda do material perturbador, enquanto outras se beneficiarão de um simples exercício como o da varinha, sem quaisquer outras questões.

Quando a criança terminar o processo de criação da 'Varinha de Memória', destaque a força demonstrada por ela durante este exercício. É importante sugerir que a varinha deve permanecer em seu consultório, pois a mesma deverá ser utilizada novamente durante a seleção do alvo e na fase de Reavaliação. Esta varinha fornece informações sobre as memórias traumáticas passadas, sintomas atuais ou disparadores e sobre o nível de perturbação associado aos mesmos. Quando se seleciona os alvos, o terapeuta pode iniciar com o mais antigo, o mais recente, o pior ou com o evento menos perturbador dependendo da habilidade da criança para tolerar afeto. Criança do tipo 1, com a habilidade de utilizar os recursos de forma mais eficaz, provavelmente terá mais capacidade de tolerar o reprocessamento do evento mais antigo ou do pior acontecimento. Por outro lado, criança do tipo 3, sem uma preparação mais abrangente, poderá tornar-se altamente desregulada se você começar com a memória mais antiga ou com a pior lembrança.

Assim que os disparadores atuais tenham sido reprocessados, a "Varinha de Memória" será usada, ainda, durante a fase de reavaliação de todas as memórias tramáuticas, Durante essa etapa, a "Varinha de Memória" oferece uma oportunidade lúdica para reavaliar o nível de perturbação de cada memória. Nesta etapa do trabalho, quando a memória não apresentar nenhuma perturbação, cada fita pode ser cortada da varinha e substituída por uma nova contendo uma informação adaptativa do Eu. O uso da varinha durante a fase de reavaliação será, minuciosamente, descrita no Capítulo 10.

A "Sacola de Coisas Confusas"

Se você está usando a analogia da "Sacola de Coisas Confusas" para explicar o trauma e o EMDR, criar a "sacola de coisas confusas" é a melhor opção para ajudar as crianças no processo de identificação de memórias traumáticas passadas e de disparadores atuais. O seguinte material será necessário para criar a sacola:
- Uma sacola feita de papel, tecido ou outro material;
- Pedras de diferentes cores e tamanhos;
- Papéis de dobradura em três cores diferentes: vermelho, amarelo e verde;
- Adesivos em branco (usados somente nas pedras).

Quando você cria a sacola, a criança pode escolher pedras ou desenhos que representem as memórias de traumas. Veja, abaixo, um modo de introduzir e explicar este exercício. Você pode dizer: -*"Nós conversamos sobre os sentimentos e os pensamentos confusos que vivenciamos quando coisas difíceis nos acontecem. Não nos sentimos bem em nossas mentes, corpos e corações. É como se carregássemos sacolas de coisas confusas. Vamos criar nossa própria "Sacola de Coisas Confusas". Aqui está a sacola e algumas pedras de diferentes cores e tamanhos. As pedras representam as coisas difíceis ou ruins que lhe aconteceram ou as coisas que ainda lhe incomodam. Gostaria que você pensasse sobre a primeira coisa difícil ou ruim que lhe aconteceu e escolhesse uma pedra para representar isto. Se esta memória lhe incomoda muito agora, pegue uma pedra bem grande. Caso ela lhe incomode só um pouco, pegue uma pedra pequena. Tenha certeza de que o tamanho da pedra está baseado no quanto esta memória lhe incomoda agora ou no quanto ela faz com que você se sinta mal. Você pode escrever um título para a memória neste adesivo e colocá-lo na pedra para lembrar-se do que se trata esta memória. Quando você tiver feito isto com todas as memórias, coloque-as dentro da sacola".* Caso você tenha feito usa da analogia das "Geodes" para explicar o trauma para a criança, você pode combinar tal analogia com a da "Sacola de Coisas Confusas". Use as pedras para representar "as geodes de nossas vidas" e encoraje a criança a encontrar todas as geodes que ela possa ter. Enfatize o quanto fazemos isto com o propósito de encontrar a singularidade invisível presente em cada geode. Até mesmo abrir cada geode pode ser um desafio e fazemos isto com o objetivo de encontrar os cristais escondidos em cada uma delas. Lembre às crianças que os cristais representam a força, um novo senso do Eu, sabedoria e uma nova admiração pela vida.

Caso a criança esteja usando desenhos, você pode dizer: –*"Vamos criar sua própria "Sacola de Coisas Confusas". Eu tenho aqui papéis de três cores diferentes: vermelho, amarelo e verde. Nestes pedaços de papel você pode desenhar todas as coisas difíceis e ruins que aconteceram a você, ou coisas que continuam lhe incomodando. Eu vou pedir a você para pensar sobre a primeira coisa difícil ou ruim que lhe aconteceu e pegar um pedaço de papel que irá representá-la. Se esta memória lhe perturba demais, pegue um pedaço de papel vermelho, se ela lhe perturba só um pouquinho, pegue um pedaço de papel verde e caso ela lhe incomode meio a meio, pegue um pedaço de papel amarelo. Depois, você pode desenhar do que se trata esta memória. Depois que você tiver feito isto com todas as memórias, coloque-as dentro da sua sacola".* Encoraje a criança a deixar a sacola em seu consultório e encontre um lugar especial para ela ficar segura. Caso a criança insista em levar a sacola para casa, um contrato especial deve ser feito com o cuidador e a criança. Deve-se tomar especial cuidado para evitar que o pai ou outros membros da família possam acessar a informação considerada privada pela criança, para evitar possíveis violações de limites. Proporcionar experiências corretivas nas quais a criança sinta-se respeitada e honrada, e onde aprender bons limites seja importante. Quando for inevitável manter a sacola no consultório, os pais e a criança devem ser instruídos a trazer a sacola em cada sessão terapêutica. Após todas as memórias terem sido reprocessadas, os desenhos ou as pedras podem ser substituídos por outros desenhos e outras pedras que contenham informação positiva e adaptativa sobre o Eu. Quando isso acontecer, então, a criança, estará pronta para levar a sacola para casa.

Os "Arquivos da Minha Vida"

Se você estiver usando a analogia dos "arquivos" para explicar sobre o trauma e o EMDR, a criança pode criar uma caixa com todos os seus arquivos de memórias traumáticas e os disparadores atuais. Caso esteja utilizando a analogia do computador, os arquivos podem ser desenhados numa ilustração de computador. A Figura 4.9, abaixo, mostra uma ilustração feita por uma criança de 12 anos de idade usando a analogia do "arquivo".

Ao final do tratamento, uma vez que todas as memórias passadas e os disparadores atuais tenham sido completamente reprocessados, novos "arquivos" podem ser criados contendo a nova informação adaptativa. Estes "arquivos" refletem uma nova visão sobre o Eu, os outros e sobre o futuro.

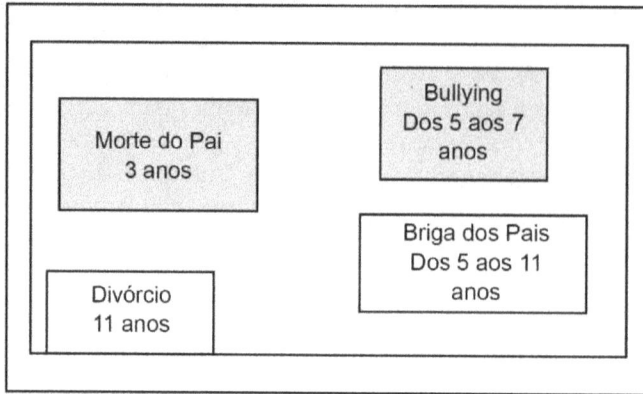

Figura 4.9 - Analogia dos arquivos

Linhas do Tempo

As Linhas do Tempo são muito úteis quando se trata de identificar experiências positivas e negativas de vida. As experiências de empoderamento e os marcos de desenvolvimento devem ser identificados para que possam ser instalados, posteriormente, como possíveis recursos. As experiências traumáticas e negativas podem ser apontadas na medida em que a criança conta suas experiências de vida. Imagens podem ser muito úteis para facilitar a recordação de memórias passadas. Um pedaço de papel grande o bastante pode ser usado para colocar todas as imagens ou desenhos dos vários estágios de vida e dos momentos importantes da vida da criança. Uma linha do tempo deve começar com experiências pré-natais e memórias. Isto inclui as informações que a criança pode saber sobre cada etapa. Caso a imagem seja da mãe quando estava grávida da criança, cole-a na linha do tempo. Depois, convide a criança a compartilhar os sentimentos atuais conectados com este momento específico. Identifique os pensamentos, sentimentos e estados corporais resultantes do fato de olhar para as imagens de cada estágio de desenvolvimento. O que se segue são questões que podem ser úteis para ajudar a criança a acessar informação passada explícita e implícita sobre o Eu. "Como você se sente agora quando pensa naquele tempo em que sua irmã nasceu? Quais são os pensamentos confusos que você tem agora sobre aquela época de sua vida"? Você também pode criar distância perguntando sobre o "eu mais novo" ou o "pequeno você". "Como você pensa que o "pequeno você" estava se sentindo dentro da barriga da mamãe? O "pequeno você" estava feliz, triste ou preocupado? Tinha alguma coisa preocupando o "pequeno você"? Teve alguma coisa que o "pequeno você" precisava e que ele não teve?" Existe alguma coisa sobre a qual a criança saiba que estava acontecendo na sua família naquele tempo? Também estamos interessados nas histórias que o corpo pode nos contar sobre aquele momento na vida da criança. É importante auxiliar a criança a ouvir como o corpo conta a história. Convide-a a perceber o que acontece dentro de si quando olha para as imagens dos diferentes estágios de desenvolvimento. Além disso, convide-a a observar se o coração ou a mente sabe de algo de alguma determinada idade ou tempo. Se o pai está presente, oriente-o a não divulgar nenhum evento traumático desconhecido pela criança. Estamos mais interessados nas histórias da própria criança e em como elas foram codificadas em seu cérebro. Caso a criança relate que tenha ficado com medo no momento do nascimento, convide-a para observar o que pode ter causado o medo. Se a criança relata reação somática como sensações de formigamento nas mãos, convide as mãos para participarem contando a história. "O que as mãos estão dizendo?" Deixar que as mãos nos levem onde é preciso ir para obter a história pode ser muito poderoso. A mão pode desenhar, mover ou esconder. É importante não forçar a linguagem do corpo, mas ensinar à criança sobre consciência interopceptiva. Uma vez que a linha do tempo esteja completa, as memórias das experiências de empoderamento podem ser instaladas usando MBL, ao passo que as experiências negativas podem ser colocadas na sequência de alvos. Algumas memórias, em que as palavras sejam inexistentes, podem surgir em forma de emoções ou estados corporais. Estes podem, mais tarde, **se** tornar alvos e serem reprocessados. Estas memórias podem, ainda, ser incluídas na sequência de alvo. Mãos trêmulas e sentimentos de medo, associados ao nascimento do primeiro irmão, podem ser um alvo. Uma completa avaliação e reprocessamento podem ser feitos apenas com a mão trêmula, o medo e a imagem de um estágio de desenvolvimento específico, idade ou evento.

Detectores de Memória: Explorando Memórias Pré-verbais

Esta estratégia criativa pode auxiliar a criança a fazer um apropriado desenvolvimento do flutuar para trás. Um Detector de Memória pode ser criado usando uma vara e anexando ou colando um pedaço de papel de qualquer formato no final da vara. Este detector deve parecer e funcionar como um detector de metal. Um pedaço de papel grande o bastante também pode ser colocado no chão onde a linha do tempo da criança foi criada previamente. Esta linha do tempo é muito simples e inclui desenhos básicos representando diferentes estágios de desenvolvimento, começando pela gravidez. Os terapeutas podem ter linhas do tempo feitas anteriormente que podem ser usadas com diversas crianças. De modo a criar uma linha de tempo, desenhe uma linha num pedaço de papel longo o bastante. Nesta linha, desenhe a imagem de uma mãe grávida com seu bebê bem definido dentro de sua barriga. Depois, desenhe um bebê recém-nascido, seguido de um bebê engatinhando, uma criança em idade escolar e assim por diante. Quando a linha do tempo e o Detector de Memória estiverem prontos, utilize um disparador atual para a criança e identifique o seguinte: a imagem, a crença negativa e as respostas emocionais associadas ao mesmo. Anexe o desenho do disparador atual, a crença negativa e as emoções ao Detector de Memória usando fita adesiva. Fique de pé em frente à linha do tempo junto com a criança, enquanto segura o Detector de Memória e aja como se ambos estivessem procurando por um metal precioso ou ouro. Neste caso, ao invés de procurar por um metal, você está procurando por memórias associadas ao disparador atual. Você pode adicionar um som de "bip" para tornar o exercício mais divertido. Você pode dizer: – *"Agora que encontramos o que lhe incomoda, o pensamento confuso e os sentimentos que você tem, vamos usar nosso Detector de Memória e descobrir outras vezes que você se recorde de ter tido os mesmos pensamentos confusos e os mesmos sentimentos. Quando olhar para estas memórias, vamos deixar nossos corações ou a sensação na barriga nos guiar. Na verdade, o Detector de Memória está dentro de você, assim como o poder para sentir e encontrar as coisas do passado que ainda podem chateá-lo. Vamos iniciar nossa pesquisa desde muito cedo, começando por quando você estava dentro da barriga da sua mãe. Perceba o que acontece quando você pensa naquele tempo de sua vida e note se os sentimentos e pensamentos confusos que você tem agora estavam presentes naquela situação ou veja se o "pequeno você" pode ter sentido a mesma coisa difícil que você sente agora"*. Neste caso, estamos procurando pelas memórias somáticas implícitas que possam estar conectadas aos sintomas atuais. Além disso, a criança pode conhecer as informações relacionadas aos estágios iniciais de desenvolvimento, que podem ter uma conexão com os sintomas atuais. Por exemplo, uma menina de 7 anos de idade veio para a terapia porque estava ficando extremamente nervosa com sua mãe, a quem acusava de não amá-la. Acusava, ainda, o seu pai e sua irmã de também não amá-la o bastante. A crença negativa identificada por esta criança foi, é claro, "ninguém me ama", e os sentimentos de raiva, tristeza e frustração. Quando ela usou o Detector de Memória, começou a olhar para o tempo em que estava no útero da sua mãe. Ela disse, imediatamente, que já havia vivenciado anteriormente este pensamento negativo e os sentimentos quando estava na barriga da sua mãe, afirmando ter ouvido que havia arruinado a vida da sua progenitora, por esta ter de desistir de estudar devido à gravidez. Respondendo a mais perguntas que lhe foram feitas, ela afirmou que sua mãe gostaria de ter sido médica, mas não pode sê-lo por sua causa. A mãe confirmou a informação e, posteriormente, relatou ter desistido da escola para criar sua filha. Segundo ela, sua filha poderia ter escutado uma conversa que teve, há muito tempo, com seu marido, a respeito dessa questão. A mãe reconheceu que sua gravidez foi inesperada e que, inicialmente, ela não queria ter a criança, porque desejava construir uma carreira. Entretanto, ela estava feliz com a sua família e essa questão foi deixada no passado. Nenhum dos cuidadores nem a criança haviam divulgado esta informação até o momento em que o Detector de Memória foi usado. A linha do tempo também pode ser feita com fotos da criança em diferentes idades. Anote todas as memórias relatadas pela criança para que elas possam ser colocadas em ordem cronológica, na sua sequência de alvo.

A História de Um Herói: Era Uma Vez...

As histórias são uma maneira maravilhosa de acessar memórias adaptativas e perturbadoras. Também oferecem uma abordagem agradável e atraente para a identificação de memória. Além de ser uma maneira de ajudar as crianças a perceberem os heróis que vivem dentro delas. Enfatizar como suas histórias são, na verdade, histórias de bravura e sobrevivência, pode começar a dar um novo significado às suas experiências de vida. Assim como nas linhas do tempo, comece com a história antes do nascimento da criança. Convide-a a dar um título para a sua história, que honre sua força. A criança pode contar a história escrevendo ou desenhando. O terapeuta pode servir de secretário da criança escrevendo os importantes aspectos da história enquanto ela desenha as imagens. O pai também pode ser convidado a participar sendo o escritor. Com o objetivo de tornar a atividade mais atrativa para a criança, utilize adesivos e material de desenho para que ela possa decorar e destacar as experiências importantes. Adesivos especiais podem ser usados apenas para as experiências positivas, enquanto que outros podem sinalizar a presença de uma dificuldade ou de eventos negativos. Encoraje a criança a deixar que a mente, o coração e o corpo participem da história. Faça-a saber que, às vezes, enquanto a mente pode dizer que certa parte ou evento em nossas vidas foi bom ou positivo, o corpo pode dizer o contrário. Ou seja, o corpo pode ficar fazendo zumbidos, tendo formigamentos ou sentimentos de pressão assim que pensamos em um momento de nossas vidas que sinaliza que alguma coisa tenha sido difícil ou ruim. Devemos prestar atenção não só em nossos pensamentos, mas também nos sentimentos em nosso coração e nas reações do corpo. Faça a criança saber que a mente pode querer nos proteger, tentando nos convencer de que algo era realmente bom, quando, na verdade, era muito difícil. A mente não tem más intenções, ela está apenas tentando nos defender. Por isto é tão importante escutar a história inteira de como a mente, o coração e o corpo a conta. Quando a criança estiver escrevendo sobre um momento ou evento específico, lembre-se de perguntar a ela o que o coração e/ou o corpo estão dizendo também. Pode levar mais tempo para escrever uma história com esses elementos. Entretanto, enquanto a criança trabalha na história, ela está usando também a consciência plena e desenvolvendo a compreensão emocional, somática e cognitiva. Além disto, tanto a integração vertical quanto a horizontal estão sendo estimuladas no cérebro. Depois de a história já ter sido escrita, o terapeuta pode pegar todas as experiências de domínio positivas e instalá-las usando MBL. Já os eventos negativos ou traumáticos devem ser colocados em ordem cronológica e na sequência de algo. Ao longo da história, deve-se sempre destacar a habilidade de sobrevivência da criança.

Medalhas, Troféus e Diplomas

As medalhas, os troféus e os diplomas podem acompanhar as linhas do tempo e as histórias. Eles ainda podem ser usados para destacar, mais uma vez, a habilidade da criança para sobreviver e sua força. Enquanto a criança está contando a história ou criando a linha do tempo, os momentos de bravura, assim como os recursos de sobrevivência, podem ser identificados. A medalha pode ser dada à criança ou ao 'pequeno eu' toda vez que um desafio é superado. Um adesivo redondo ou quadrado pode ser colocado próximo à imagem do 'pequeno eu' ou a medalha pode ser criada pelo pai para dar à criança. Use fita, papel, *glitter* e bijuterias para criar uma medalha imponente. Estas "medalhas de momento" podem ser instaladas por meio do uso dos MBL. Identifique as emoções e sua localização no corpo, assim que a criança estiver consciente do momento de sobrevivência ou da força, e adicione os MBL.

Identificando os Disparadores Atuais

Explorar o estímulo atual que elicia e ativa o material traumático é um importante aspecto do tratamento EMDR. Veja, abaixo, uma estratégia lúdica que pode prestar assistência às crianças no curso da identificação de disparadores.

Coisas que me fazem ter Pensamentos e Sentimentos Confusos

Esta estratégia é baseada no exercício, "coisas que me fazem lembrar do abuso sexual" (Crisci, Lay, & Lowenstein, 1998). Seu propósito é auxiliar as crianças a fazerem uma exploração profunda dos disparadores atuais usando os cinco sentidos. Para este exercício, você precisa de seis folhas brancas de papel. Escreva no topo de cada folha as seguintes informações:

- Página 1: coisas que eu vejo e que me fazem ter sentimentos e pensamentos confusos e sensações corporais.
- Página 2: coisas que eu toco e me fazem ter sentimentos e pensamentos confusos e sensações corporais.
- Página 3: coisas que eu cheiro e me fazem ter sentimentos e pensamentos confusos e sensações corporais.

- Página 4: coisas que eu escuto e me fazem ter sentimentos e pensamentos confusos e sensações corporais.
- Página 5: coisas que eu sinto o sabor e que me fazem ter sentimentos, pensamentos e sensações corporais confusas.
- Página 6: coisas que as pessoas dizem ou fazem que me fazem ter sentimentos e pensamentos confusos e sensações corporais.

Peça para a criança desenhar, em cada página, o que está eliciando os pensamentos e as moções negativos e as reações somáticas. Você pode dizer: –"*Eu conheço esse exercício bem legal que pode nos ajudar a encontrar coisas em sua vida que façam você ter sentimentos confusos, pensamentos confusos e sensações corporais. Nosso cérebro e nosso corpo se comunicam conosco de muitas maneiras. Nosso cérebro nos comunica usando palavras, nossos corações usam sentimentos e nossos corpos as sensações e os movimentos. Vamos começar pelo primeiro. Gostaria que pensasse em qualquer coisa em sua vida que você VEJA que te faça ter sentimentos, pensamentos e sensações corporais confusos. Você pode desenhar nesta página todas as coisas que a façam sentir-se confusa*". Forneça as mesmas instruções para avaliar todos os potenciais gatilhos. Em outra sessão, você pode usar os cartões, os cubos e a bola para ajudar a criança a fazer uma exploração mais minuciosa. Então, você pode ajudar a criança na identificação de pensamentos negativos, emoções e sensações específicas associadas a cada disparador. O flutuar para trás ou o escaneamento de emoções pode ser realizado para auxiliar a criança a explorar as experiências adversas passadas ou traumáticas que são a base para os sintomas atuais.

Meus Botões

Este exercício foi inspirado por Paris Goodyear-Brown (2010) Material necessário:

- Botões;
- Bonecas de papel ou contornos corporais de papel;
- Cola.

O que vem a seguir elucida como esta estratégia pode ser introduzida com as crianças. Você pode dizer: –" *Eu tenho aqui esta boneca de papel que vai representar você. Tenho também todos estes botões que irão representar as coisas de sua vida que a façam ficar confusa. Gostaria que pensasse sobre as coisas que você vê, toca, escuta, sente o sabor e nas coisas que as pessoas falam ou fazem que a façam ter sentimentos e pensamentos confusos. Uma vez que acesse isto, você pode pegar um botão que represente esta coisa em sua vida. Agora, vamos achar onde você sente isso em seu corpo e colar o botão nesta parte. Vamos escrever ao redor do botão uma pequena frase que informe o que ele representa*". Faça a mesma coisa com todos os outros disparadores. Caso haja tempo ou durante a sessão seguinte, os jogos EMDR podem ser introduzidos para ajudar a criança a encontrar a crença e as emoções. O flutuar para trás, ou o escaneamento das emoções, pode ser usado para identificar as experiências passadas associadas ao disparador.

Identificando Eventos Perturbadores e Recursos Enquanto se Avalia a Aptidão Para o Processamento do Trauma

Um exercício muito útil inspirado por Paulsen (2009) e, posteriormente, adaptado para crianças (Gomez, 2006), pode auxiliar os terapeutas a avaliarem a prontidão da criança para suportar o processamento de trauma com o EMDR. Esta estratégia fornece informação a respeito dos disparadores atuais, das experiências adversas passadas, assim como sobre os recursos. Além disso, capta como a criança percebe subjetivamente sua própria habilidade para utilizar recursos e enfrentar as dificuldades e adversidades do presente. Para este exercício, você precisará de balões de diferentes cores. O primeiro balão representará a percepção atual da criança relativa às situações problemáticas passadas e atuais e o segundo a percepção da criança sobre os recursos atuais disponíveis e sua própria habilidade para utilizá-los quando as situações difíceis são enfrentadas. O roteiro a seguir exemplifica como introduzir este exercício.Você pode dizer: –"*Este exercício muito divertido tem o objetivo de conhecê-la melhor e de ajudá-la a se conhecer melhor. Eu tenho esses dois balões para você: o primeiro balão representará todas as coisas que são difíceis para você, no presente, e todas as coisas ruins que aconteceram em sua vida. Tire um momento para pensar sobre todas estas coisas difíceis e veja o quanto elas são grandes para você agora, no seu coração e na sua barriga. Então, pegue o primeiro balão e assopre-o ou, se quiser, eu posso fazer isto até que atinja o tamanho que esta coisa ruim tem para você agora, do tamanho que você a sente. Por favor, deixe o balão pequeno, médio ou grande dependendo de como você sente essa coisa difícil agora. Se as coisas difíceis são sentidas de uma maneira pequena, deixe o balão pequeno. Se as coisas difíceis são muito pesadas para o seu coração e para a sua barriga, então, deixe o balão muito grande*".

Quando a criança estiver com o balão pronto, peça a ela para escrever nele todos os eventos negativos do passado e do presente. Certifique-se de que esta informação está documentada ou escrita em um cartão. Continue dizendo: –"*O segundo balão representa todas as coisas que você tem em sua vida que a fazem sentir-se bem, todas as coisas boas que você faz ou que os outros fazem e que a ajudam quando você está se sentindo confusa ou tendo pensamentos misturados. Novamente, quando você pensar sobre todas estas coisas boas que você faz para se ajudar, observe em seu coração e em sua barriga e veja o quanto elas são grandes para você e assopre o balão do tamanho que você as sente*". Convide a criança a escrever todos os recursos neste segundo balão. É importante olhar para o tamanho dos balões. Se o balão representando o recurso é menor que o balão que representa a quantidade de perturbação, está clara a necessidade de se desenvolver mais recursos. Este fato sinaliza ainda, a necessidade de fortalecer a capacidade da criança para utilizar os recursos existentes de uma maneira mais eficaz quando se encara a perturbação. Se a quantidade de trauma excede a capacidade do sistema, o processamento do trauma pode desregular a criança ainda mais. Faça a criança saber que vocês dois estão trabalhando juntos para deixar o balão das "coisas boas" maior. Quando o balão já estiver grande o bastante, vocês podem trabalhar para tornar o balão das "coisas difíceis" menor. Este exercício pode ser usado diversas vezes, ao longo da fase de preparação, para avaliar se a capacidade da criança para administrar as emoções e a perturbação aumentou. Caso este exercício seja utilizado mais de uma vez, a criança não precisará escrever no balão todas as memórias de trauma ou os disparadores, a menos que surjam novas lembranças.

Explorando os Alvos Associados às Interações Pai-Filho

O que se segue é uma forma divertida de explorar e identificar as interações pai-filho. Estas interações podem ter como resultado o desenvolvimento de mecanismos de adaptação, tais como, o comportamento de controle, de agradar, a inversão de papéis, as relações de apego evitativo e desapegado, a ansiedade e a preocupação relativas às figuras de apego e o excesso de proximidade, dentre outros. Comportamentos parentais e respostas como, enredamento, negligência, rejeição, ênfase em altos resultados, amor condicional, desapego, estratégias comportamentais preocupadas e desorganizadas em relação aos relacionamentos de apego, dentre outros, devem ser identificados. O desafio para identificar estes padrões de interação diz respeito à sua natureza implícita. O que se segue, refere-se a uma entrevista lúdica e agradável embasada nos aspectos da EAA. Para esta entrevista, uma boa seleção de figuras da caixa de areia e de animais é necessária.

1. Peça para a criança escolher três figuras que representem o seu relacionamento com cada um dos seus pais. Caso haja outras importantes figuras de apego, elas também devem ser incluídas. A criança pode ter tido um pai biológico pelos primeiros cincos anos de vida e um pai adotivo pelos últimos dois anos. A criança deve identificar as figuras e as memórias tanto do pai biológico quanto do pai adotivo. Mais do que quatro figuras de apego pode ser muito pesado para a criança, especialmente quando trauma e perda acompanham as memórias associadas a tais relacionamentos. Certifique-se de focar apenas nas figuras primárias de apego. Então, diga: – *"Gostaria muito de conhecê-la melhor; o que me diz de começarmos deixando-me conhecer mais sobre seu relacionamento com seus pais, ou a forma como você lida com eles? Por favor, conte-me sobre sua vida, sua família e sobre as pessoas que tomaram conta de você".* Dê um tempo para a criança contar sua história e identifique as figuras primárias de apego. Siga perguntando sobre a natureza do relacionamento com cada cuidador dizendo: – *"Gostaria que você escolhesse três figuras ou animais que representem ou mostrem como é seu relacionamento com sua mãe".*

2. Tendo a criança identificado as figuras, pegue uma por vez e peça a ela para descrever a figura e como esta descreve ou se conecta com o relacionamento com este pai. Diga: – *"Vamos começar com a primeira figura que representa como é o seu relacionamento com sua mãe. Por favor, conte-me primeiro sobre a figura que escolheu. Então, gostaria que me contasse como esta figura representa seu relacionamento com sua mãe".* Permita que a criança descreva e fale sobre a figura. Algumas vezes ela pode se esquecer de conectar a figura ao relacionamento com seu pai. Neste caso, induza gentilmente a criança a falar sobre como a figura ou animal é e como se relaciona com o pai. Vá para a próxima figura e para a descrição do relacionamento com o pai até que todas as quatro figuras sejam descritas. Então, pergunte à criança sobre memórias mais específicas ou eventos atuais para cada figura. Por exemplo, se a criança escolhe um urso de pelúcia porque o relacionamento com a mãe é muito acolhedor e amável, convide-a a falar sobre isso ou a desenhar imagens das memórias "ternas" com este cuidador. Assim como na EAA, primeiro olhe para o grupo de figuras e descrição a respeito do relacionamento com o pai. Depois, identifique eventos que sustentam tal descrição ou adjetivo. As memórias podem ser de eventos passados ou atuais com o pai. Perceba se os adjetivos ou as descrições são negativas, muito negativas, neutras, positivas ou muito positivas.

Então, olhe para os detalhes específicos de cada memória para identificar incidentes potenciais de:

- Rejeição
- Negligência
- Comportamentos parentais invasivos ou envolventes
- Comportamentos amáveis ou não amáveis
- Pressão para realizar ou alcançar algo
- Inversão de papéis

Perceba se a criança está aberta para compartilhar experiências de apego, para expressar sentimentos, para reconhecer feridas ou, pelo contrário, se ela está fechada ou receosa. Observe os sinais de idealização ou de anulação dos pais, assim como as observações sobre não ter ou não se lembrar de nenhum detalhe sobre o passado ou sobre as interações atuais com o cuidador. Por outro lado, esteja atento às expressões de raiva e aos eventos que a provocam. O terapeuta deve estar atento a qualquer referência à autocondenação, à parentificação e à inversão de papéis. Identifique eventos negativos, adversos ou traumáticos, assim como perdas associadas às principais figuras de apego. Esteja atento às respostas de medo ou às reações dissociativas potenciais. Esta entrevista lúdica não constitui um instrumento formal padronizado. Trata-se somente de uma maneira divertida de aprender mais sobre a relação pai-filho usando alguns aspectos do sistema da EAA com crianças. A informação coletada deve ser uma parte importante do panorama clínico. O reprocessamento de experiências negativas e mal adaptativas com a criança deve ser feito quando o pai está trabalhando para mudar esses padrões de interação. De outro modo, o pai continuará a aumentar tais mecanismos de adaptação e, por fim, as conexões de memórias que os contenham.

A "Jarra do Coração"

A "Jarra do Coração" é um exercício maravilhoso válido tanto como ferramenta terapêutica e recurso quanto como instrumento para explorar a qualidade da conexão entre a criança e o pai. Quando se faz este exercício, há uma troca de interações positivas, englobando: contato visual, contato físico, dar e receber elogios e declarações de amor. Quando se trabalha com a "Jarra do Coração", a criança e o pai são convidados a criarem um container muito especial que pode ser colocado no coração. Eles podem imaginá-lo, visualizá-lo, desenhá-lo de fato em um pedaço de papel ou criá-lo usando Play-Doh® (massinha de modelar). Você pode dizer:

– "Vamos imaginar, desenhar ou fazer um coisa realmente muito, muito especial que podemos ter em nossos corações. Ela é chamada a 'Jarra do Coração'. Esta jarra é especial porque serve para guardarmos somente as coisas boas e especiais que nós sentimos ou temos com aqueles com os quais nos importamos, especialmente as pessoas próximas de nós, como nossos pais, etc. Todas as vezes que temos um momento especial, como um abraço que nos faz bem, um elogio, um sorriso, etc., podemos colocar todas essas coisas em nossas jarras. Podemos fazer isto de uma maneira muito fácil: olhamos para a pessoa que nos dá a coisa especial, então respiramos isto e imaginamos que estamos colocando a coisa especial dentro da jarra em nossos corações. Nós podemos decidir o quê e a quantidade que iremos colocar dentro da jarra. Então, vamos começar com você e o papai criando a jarra, no formato, cor e material que quiserem".

Uma vez que a criança e o pai tenham tido tempo suficiente para criar a jarra, peça-lhes para descrevê-la.

"Agora, nós vamos para a prática de colocar as coisas boas dentro da jarra do coração. Os pais sempre vão começar e darão coisas especiais para as crianças colocarem em suas jarras do coração. As crianças, por outro lado, podem escolher dar ou não coisas especiais para que seus pais coloquem em suas jarras. Algumas crianças o fazem enquanto outras escolhem não fazê-lo, de qualquer forma está tudo bem. Quando colocamos coisas na jarra do coração, primeiro, damo-nos as mãos; segundo, olhamos para os olhos da outra pessoa; terceiro, falamos ou fazemos aquilo que estamos dando para a outra pessoa colocar em sua jarra do coração. Então a pessoa pode 'inspirar' o quanto queira disto em sua jarra do coração. Vamos começar com o papai. Papai, gostaria que você conectasse seu coração à sua voz e assim que olhar para os olhos de John e segurar suas mãos, apenas diga ou faça algo bom e realmente especial, que venha bem lá do fundo do seu coração".

Quando o pai terminar o exercício, a criança é encorajada a inspirar o quanto queira colocar dentro de sua jarra do coração. Deve-se perguntar a ela se existe alguma coisa que queira dar ao pai para que ele coloque em sua jarra do coração. Lembre-se de que a criança é livre para fazê-lo ou não. Perceba, em cada passo, como o pai e a criança trabalham juntos para fornecerem informação valiosa e *insight* sobre sua habilidade de tolerar as experiências interativas positivas. Como eles respondem ao contato visual? Ambos estão abertos à experiência de ter contato físico? O conteúdo oferecido pelo pai à criança pode ter também uma carga grande de sentimento. Alguns pais podem expressar amor, mas muito condicionadamente, como:

–*"Você me faz muito feliz quando vai bem na escola"*; ou
–*"Esta semana você fez tudo o que eu pedi, que criança boa você é"*. Alguns pais fornecerão afirmações que não mostram muita conexão como, por exemplo:
– *"Você tem olhos muito bonitos e você é uma menina muito bonita"*.

Quando foi pedido à mãe de uma menina de 5 anos de idade para colocar algo na jarra do coração de sua filha, ela expressou, com uma voz amorosa, o quanto estava orgulhosa de ser sua mãe e o quanto se sentia honrada por sê-lo. Ela continuou dizendo que a filha era uma garota maravilhosa e forte e o quanto ela sentia amor em seu coração por ela. Esta mãe transmitiu o amor profundo que tinha por sua filha com todo o seu corpo, seus olhos e sua voz. Este foi um momento comovente até para mim como terapeuta. Eu me senti honrada por ter sido capaz de testemunhar o amor desta mãe por sua filha.

Observando o que está sendo dito pelo pai verbal e não verbalmente, e como o hemisfério direito e esquerdo participam na experiência, pode ser muito revelador. Também é preciso estar atento às reações da criança. Por exemplo, ela parece estar sobrecarregada pelas respostas do pai, ou, ao contrário, ela está calma e aberta para receber contato visual, toque físico e o que seu pai está oferecendo para colocar em sua jarra? Algumas crianças podem, na verdade, recusar aceitar qualquer coisa oferecida por seus pais, enquanto outras tentam, imensamente, oferecer a eles vários elogios para encher sua jarra o máximo possível. O pai deve ser encorajado a praticar em casa a Jarra do Coração para promover proximidade e conexão com a criança. Entretanto, muitos pais têm dificuldade em tolerar proximidade e conexão e, muitas vezes, voltam para a sessão seguinte relatando que se esqueceram de usar a Jarra do Coração.

Já que este exercício pode, na verdade, ser desregulador e ativador tanto para o pai quanto para a criança, um exercício de fechamento deve ser realizado antes de finalizar a sessão, tal como ir para o lugar seguro ou envolver-se em alguma atividade física divertida. Deve-se utilizar certo tempo da sessão seguinte apenas com o pai e depois só com a criança para explorar suas experiências com o exercício da Jarra do Coração, pois a experiência com a jarra para crianças e pais com estratégias de evitação e desapego, pode ser altamente ativadora e, como resultado, pode eliciar afeto negativo. Por outro lado, crianças e adultos com estratégias ambivalentes e preocupadas, podem ser extremamente enredados e querer encher a Jarra do Coração todo o tempo. O pai de uma menina de 11 anos de idade sentiu-se muito magoado quando a filha escolheu não dar nada para a sua Jarra do Coração e expressou, durante as sessões seguintes, um profundo sentimento de tristeza oriundo da experiência que havia tido, quando criança, com a rejeição de seu pai. Ele estava extremamente preocupado com a possibilidade de sua filha não possuir proximidade suficiente com ele. Esta experiência serviu como um meio de vincular os comportamentos parentais atuais com os traumas de apego passados deste pai.

Em minha experiência clínica, o exercício da Jarra do Coração tem permitido aos pais e às crianças acessar profundas feridas de apego que poderão, mais tarde, ser tomadas como alvo e reprocessadas. Quando se explora o exercício da Jarra do Coração, podem surgir tanto respostas positivas quanto perturbadoras. Os momentos e as experiências positivos podem ser explorados mais profundamente, por meio da identificação das emoções e dos estados corporais. Posteriormente, eles também podem ser aumentados com o uso dos MBL. Caso surja perturbação, ela também pode ser explorada. Sendo necessário, o flutuar para trás ou o escaneamento de emoções pode ser usado para acessar experiências passadas que alicerçam a ativação e os aborrecimentos atuais. É muito importante identificar de onde vem a perturbação. Ela é eliciada pelo contato visual, pelo contato físico, pelo fato de receber experiências de interação positivas ou, ao contrário, pelo fato de dar algo positivo para o outro? Enfim, a Jarra do Coração e os seus diferentes aspectos podem, de fato, ser por si mesmos o alvo que pode ser reprocessado com os passos do processamento padrão.

Sumário e Conclusões

A fase da construção de habilidades e o uso dos jogos EMDR são adequados para auxiliar as crianças enquanto elas exploram o material perturbador e traumático. Manter a criança dentro de janelas de tolerância afetiva apropriadas e o sistema de engajamento social ativo durante os jogos permite à criança fazer uma exploração, o que, do contrário, poderia ser potencialmente desregulador. A presença sintonizada e lúdica do terapeuta é um aliado importante para o senso interno de contenção e regulação da criança. Crianças dissociativas e inseguramente apegadas exibem uma considerável dificuldade de tolerar afeto, podendo ficar hiper ou hipoativadas com facilidade enquanto exploram o material traumático. Quando a criança já for capaz de explorar ludicamente as memórias devastadoras do passado, um novo senso de domínio começa a emergir. A fase de preparação e, dentro dela, a etapa de construção de habilidade, oferece a oportunidade de ampliar a capacidade integrativa da criança, desenvolvendo compreensão sensorial, emocional e cognitiva, bem como consciência. Os jogos que fortalecem a capacidade da criança para identificar, caracterizar e explorar o corpo, as emoções e as cognições possuem o potencial de estimular a atividade dos hemisférios direito e esquerdo, assim como as áreas cerebrais corticais e subcorticais. Mesmo que grandes níveis de integração sejam atingidos durante as fases de reprocessamento da terapia EMDR, os jogos e as atividades lúdicas, descritas neste capítulo, podem começar a promover e a estimular diferentes níveis de processamento de informação enquanto fortalecem a capacidade da criança para a tolerância afetiva.

Capítulo 5 - Trabalhando com os Pais e com o Sistema Familiar: O Modelo do PAI e a Teoria do Apego

A inclusão dos pais e dos cuidadores ao longo das oito fases da terapia de dessensibilização e reprocessamento por meio dos movimentos oculares (EMDR) é essencial para um melhor resultado do tratamento com crianças altamente traumatizadas e internamente desorganizadas. "Respostas parentais servem, ao mesmo tempo, para amplificar e reforçar estados emocionais positivos das crianças, bem como para atenuar seus estados emocionais negativos. Essas experiências repetitivas tornam-se codificadas numa memória processual" (Kandel, 2006, p. 374). Para crianças cujos pais têm sido os agentes causadores de sofrimento, essas recorrentes experiências traumáticas fornecidas pelo cuidador poderiam continuar a reforçar e moldar os sistemas neurais. Tentar processar e integrar estas redes neurais mal adaptativas, enquanto o cuidador reforça constantemente, poderia afetar o resultado da Terapia EMDR. A compreensão do cuidador sobre o papel das interações repetitivas, entre pai e filho, no desenvolvimento do cérebro e do senso do Eu é fundamental. Por sua vez, a compreensão do terapeuta sobre o sistema de cuidado e sua relevância na transmissão do estilo de apego dos pais para a próxima geração é também essencial. Segundo George e Solomon (2008), o desenvolvimento do sistema de cuidado e os comportamentos de responsabilidade resultantes são produto de transações complexas entre fatores biológicos e experienciais. Especificamente, quando se trabalha com crianças que apresentam apego desorganizado e tendências dissociativas, é necessário compreender o "sistema de cuidado deficiente" (George & Solomon, 2008). Estes autores propuseram que o sistema de cuidado de crianças desorganizadas é caracterizado por falhas de proteção, cuidado renunciado e desamparo. Quando trabalhamos com crianças que têm pais com o sistema de cuidado renunciado, interações cotidianas repetitivas entre pai e filho podem continuar a fortalecer a má adaptação. Mais do que isto, frequentes interações desreguladas e negativas com o cuidador manterão a criança num constante estado de ativação interna. Quando a criança permanece em persistentes estados de hipo e hiperativação, estes estados serão sensibilizados e eventualmente se tornarão traços (Perry, 2009).

Estresse parental, depressão, psicopatologia e falta de suporte apropriado têm sido identificados como importantes fatores de influência na qualidade do cuidado parental. É muito importante destacar que as dificuldades atuais do responsável em cuidar podem não somente estar enraizadas em seu trauma de apego e perda não resolvidos, mas também em experiências atuais de angústia. Lyons-Ruth e Jacovitz (2008) foram incapazes de diferenciar entre grupos organizados e desorganizados de crianças enquanto interagiam com suas mães em condições de baixo estresse. Entretanto, sob estresse, mesmo os pais enquadrados numa categoria segura/adquirida[11] na Entrevista de Apego para Adultos (EEA) podem desenvolver apego desorganizado em suas crianças. Segundo o modelo do PAI, situações estressantes atuais podem servir de estímulo ao retorno a um estado de ativação dessas redes de memórias de traumas de apego prévio. Quando essas redes são

---

[11] NT: A autora utiliza a expressão *Earned-secure* referindo-se ao estado mental seguro que não foi desenvolvido na infância por meio do apego seguro, mas que foi alcançado pela pessoa por sua capacidade de resiliência ou por meio do processo terapêutico.

ativadas, isto faz com que o indivíduo aja de modo mais compatível com o passado do que com o presente (Shapiro, 2001).

Muitos pesquisadores têm destacado a percepção materna da criança e o seu relacionamento como o fator mais relevante de influência no cuidado parental (ex., Bokhost et al., 2003). Segundo George e Solomon (2008), a consciência da mãe e sua visão sobre a criança, bem como seu relacionamento com ela, são altamente afetados pela própria memória materna e seu sentimento sobre suas experiências de apego. Como apresentado por Sroufe et al. (2005), é muito importante destacar que os comportamentos parentais não são estáticos e que eles realmente mudam em resposta aos estágios de desenvolvimento da criança. Além disso, cada criança pode provocar diferentes respostas em cada pai ou responsável. Em observações clínicas, certos padrões de comportamento parental sedutor sexualizado, foram apresentados por mães com história de abuso sexual ou exploração sexual. (Sroufe & Ward, 1980). Esses comportamentos parentais não foram observados para todas as crianças de mesmo pai e eles se apresentaram somente quando o bebê ou a criança não atendeu aos pedidos do pai. Observações similares foram feitas sobre pais que sofreram abuso físico. Vários aspectos importantes foram observados e merecem destaque. Primeiro, o cuidado sexualizado só foi disparado por bebê ou criança do sexo masculino. Segundo, foi provocado quando o pai experimentou estresse e fracassou em fazer a criança obedecer. Terceiro, os comportamentos parentais, se sexualizados ou fisicamente abusivos, tenderam a intensificar-se na medida em que o nível de estresse do pai aumentou, começando com manifestações sutis até chegar às muito evidentes (Sroufe & Ward, 1980). Analisando estas descobertas por meio da perspectiva do PAI (Shapiro, 2001), pode-se perceber como o comportamento da criança, gênero ou temperamento em diferentes estágios de desenvolvimento têm o potencial de ativar as redes de memória contendo as experiências precoces de abuso sexual ou físico dos pais. No caso de pais que exibem comportamento parental sexualizado, o gênero da criança e a resposta que estressou a mãe pareceram servir como agente ativador. Vale a pena observar como as experiências pré-natais e a composição genética de cada criança resultarão em seu temperamento global. As características e o temperamento da criança, por sua vez, podem ativar diferentes sistemas de memória do pai, resultando em interações potencialmente disfuncionais entre pai e filho.

O caso seguinte ilustra este ponto: uma menina de 5 anos de idade foi trazida para a terapia em virtude de suas constantes birras quando seus pedidos não eram atendidos. A mãe a descreveu como manipuladora e desafiadora. Segundo a mãe, sua filha era difícil de ser acalmada desde quando era um bebê e tinha muitas cólicas nos primeiros seis meses de vida. Sua filha mais velha, por outro lado, foi descrita como muito calma e cordata. Mesmo quando criança, ela era tranquila e muito fácil de acalmar. Após uma avaliação mais minuciosa, a mãe foi capaz de identificar crenças negativas, emoções e sensações corporais associadas ao comportamento de sua criança. Ela afirmou que se sentia fora de controle e pensava ser uma mãe incompetente. Seu histórico revelou experiências de separação dos seus pais biológicos, rejeição e negligência dos seus pais adotivos. Assim, pode-se ver como o temperamento da criança mais nova tinha o potencial de ativar os sistemas de memória da mãe contendo informações de suas próprias experiências adversas de apego. Convidada a descrever suas respostas em relação ao comportamento da filha quando ela fazia birras, a mãe afirmou que, algumas vezes, ela a espancou repetidamente, gritou com ela e outras vezes simplesmente se trancou em seu quarto enquanto a criança continuava a gritar do lado de fora. O trauma e a adversidade não resolvidos da mãe obscureceram sua capacidade de sintonizar-se às necessidades da sua filha e de responder de forma eventual a essas necessidades. As necessidades atuais da sua criança e seus comportamentos foram vistos, interpretados e experimentados pela mãe através de lentes de memórias não integradas e não resolvidas. Importante destacar que os comportamentos abusivos e rejeitadores da mãe só eram eliciados quando ela era incapaz de acalmar a criança e suas respostas intensificavam-se quando suas capacidades regulatórias continuavam a ser desafiadas por sua filha. Já a filha mais velha, entretanto, não provocou tais respostas nem mesmo quando era um bebê, devido ao seu temperamento calmo. Essas redes de memória, que permanecem em estado latente na ausência de eventos disparadores, provavelmente permanecerão desativadas. Entretanto, é quase impossível se ter uma vida livre de disparadores e de estímulos externos que, mais uma vez, detêm o poder de trazer estas redes de memória de volta ao estado de ativação.

Além disso, as respostas parentais que criam desregulação no sistema da criança também parecem estar relacionadas à capacidade dos pais de refletir, representar e dar significado ao mundo interno dos seus filhos.

Um estudo feito por Koren-Karie, Oppenheim, Dolev, Sher e Etziom-Carasso (2002) avaliou a percepção de 129 mães de bebês de 12 meses de idade. As mães assistiram a vídeos de suas crianças e delas mesmas. Posteriormente, foram entrevistadas sobre seus próprios pensamentos e sentimentos, assim como sobre suas experiências subjetivas a respeito dos pensamentos e sentimentos dos seus filhos. De acordo com os resultados, a capacidade de *insight* materno está associada à capacidade dos pais de estarem sensíveis às necessidades da criança e ao seu apego seguro. Isto se refere, segundo Fonagy & Target (1997), à *"capacidade do cuidador em considerar o que a criança pensa"* (p. 152). Outros estudos conduzidos por Meins, Fernyhough, Fradley e Tuckey (2001) e Meins et al. (2002) usando vídeos e brincadeiras livres mostraram como a capacidade reflexiva (conhecida como mente-espírito) dos pais sobre o comportamento da criança é preditiva do apego seguro. Sleed e Fonagy (2010) propuseram uma ligação entre o estado mental dos pais em relação às suas próprias experiências de apego, às suas respostas, às suas interações com a criança e à sua capacidade de representar a mente do filho. A ativação das memórias de apego dos pais parece interferir em sua capacidade para compreender e ressoar com a mente da criança. Em outras palavras, o estado mental dos pais no que diz respeito à sua própria história de apego pode afetar diretamente a sua habilidade para criar uma narrativa e uma visão organizada, coerente, coesa e integrada sobre a criança. O resultado das representações parentais da mente da criança pode afetar diretamente a contingência e a coerência da interação e respostas desses pais a ela.

Uma descoberta surpreendente de um estudo feito por Ainsworth et al. (1978) mostrou como bebês que acabaram desenvolvendo padrões de apego evitativo com suas mães eram, muitas vezes, aguardados tanto quanto seus outros filhos. Entretanto, as mães destas crianças não as pegavam no colo quando elas, realmente, mostravam sinais de desejarem isto. A equipe de Ainsworth observou como estas mães, na verdade, se distanciaram e rejeitaram a criança quando esta mostrou, explicitamente, que queria ser abraçada ou acolhida. Uma hipótese viável, considerando como estas mães podem ter tido estados mentais desapegados em relação às suas próprias histórias de apego, é que a carência do bebê, na verdade, ativou as memórias prévias de experiências mal adaptativas de apego. Além disso, as estratégias usadas por estas mães em resposta à falta de disponibilidade emocional dos seus próprios cuidadores, mais uma vez, seriam ativadas pelas respostas da criança. No estudo longitudinal de Minnesota (Sroufe et al., 2005), verificou-se que a compreensão psicológica do cuidador sobre a criança era um forte sinalizador da qualidade do cuidado parental. Alguns cuidadores falharam em compreender as necessidades do bebê e o perceberam como "carente". Outras mães falharam em perceber o bebê como um ser autônomo e o viu como responsável por atender as necessidades dos pais. Duas variáveis importantes foram encontradas como significantes na qualidade do cuidado parental: a capacidade para compreender e perceber a criança como um ser separado; e a capacidade para perceber a criança como um ser que precisa de cuidado.

Outro aspecto merecedor de exploração é o efeito potencialmente nocivo de se expor bebês e crianças a representações conflitantes e contraditórias do Eu e do pai. Segundo Liotti (2009), "comunicações parentais que são ameaçadoras ou confusas, mas não obviamente maus-tratos à criança, podem colocar processos mentais dissociativos em movimento. A dissociação patológica na infância é uma falha primária na organização de modelos múltiplos e incongruentes do Eu e do outro num estado mental único e estados comportamentais coerentes, mais do que uma defesa intrapsíquica contra a dor insuportável de experiências severamente traumáticas" (pág.56). Estes comportamentos parentais confusos, incongruentes e desorganizados podem ser o resultado de comportamentos movidos pela ativação de redes neurais contendo informação sobre trauma não resolvido e perda do cuidador. Enquanto os sistemas de memória do cuidador permanecerem não reprocessados e não integrados, a criança pode continuar sendo exposta às mesmas experiências que são o alicerce para o desenvolvimento dos mecanismos dissociativos. O caso que se segue exemplifica como a ativação dos sistemas neurais mal adaptativos do cuidador perpetua a exposição da criança a modelos múltiplos e incongruentes do Eu e do outro. Uma menina de 8 anos de idade adotada aos 2 anos foi trazida à terapia pelos seus pais adotivos. Ela tinha ataques extremos de raiva, principalmente direcionados à sua mãe, a quem ofendia com palavrões e até mesmo com ameaças de morte. A criança relatou não ter nenhuma lembrança dos momentos de fúria e de seus desdobramentos. As linhas de crise foram chamadas várias vezes e frequentes internações hospitalares foram necessárias. Uma variedade de medicamentos foi usada sem sucesso e, algumas vezes, a troca frequente de medicação piorava as coisas para esta criança e toda a família. Os pais receberam psicoeducação extensiva na terapia e foram informados sobre estratégias que deveriam utilizar durante os ataques de raiva da criança. Após investigar passo a passo as interações entre os pais e a criança, a mãe afirmou ter vivido uma história extensa de abusos por parte de seu pai e de sua mãe. Quando a criança se tornava agitada e a xingava, ela não mais estava em seu estado adulto, se sentia novamente vitimizada e a criança era percebida por ela como o perpetrador. Como resultado, a mãe era incapaz de responder como uma mãe adulta que era enquanto utilizava as estratégias fornecidas na terapia. O pai relatou que a mãe ficava completamente alterada durante os episódios de confronto com sua filha. De acordo com o pai, algumas vezes a mãe tornava-se extremamente medrosa e agia como "uma pessoa mais nova". Em outros momentos, ela tornava-se agitada, gritava e ameaçava abandonar a criança. Depois destes confrontos, a mãe se sentia extremamente culpada e, para compensar, permitia que a criança fizesse qualquer coisa que quisesse, incluindo comer doces em excesso ou quebrar importantes regras da casa. Além disso, como resultado de sua incapacidade para administrar o afeto da criança, ela sentia-se extremamente incompetente quando esta a ameaçava e então ela telefonava para as linhas de crise constantemente, até mesmo quando não havia perigo iminente. A criança relatou que as frequentes ligações para as linhas de emergência, médicos e profissionais da saúde mental fizeram com que ela se sentisse "mal", "anormal" ou "doente". A criança afirmou que ela teve de ouvir constantemente sua mãe ao telefone repetindo todos os seus "maus" comportamentos e o quanto ela era problemática. Por outro lado, quando a criança estava agitada, o pai permanecia altamente isolado e distante. Algumas vezes o pai também se tornava agitado e continha a criança usando força física. Apesar de todos os esforços dos diversos terapeutas que trabalharam com esta família ao longo dos anos, nenhuma melhora foi obtida. De fato, as coisas continuaram a se intensificar e até pioraram.

Ao se analisar este quadro clínico, fica muito claro que, a menos que os traumas e as experiências de apego dos pais sejam apropriadamente assimilados, integrados e resolvidos, suas respostas continuarão a desregular ainda mais esta criança, promovendo desorganização interna e estados dissociativos. Se a mãe continuar experimentando e respondendo à sua criança como se ela fosse, muitas vezes, o perpetrador, a vítima e a salvadora, ela provavelmente não terá a oportunidade de desenvolver sistemas de memória contendo representações apropriadas e saudáveis do Eu e do outro.

Com base em todas as descobertas e construções acima, é essencial o trabalho com cuidadores e com pais de crianças apegadas de forma insegura, dissociadas e traumatizadas. É fundamental auxiliar os cuidadores no desenvolvimento da capacidade de mentalização (Fonagy & Target, 1997; Sleed & Fonagy, 2010), mente-espírito (Mein et al., 2002), mindsight (Siegel, 2010), capacidade de insight (Koren-Karie et al., 2002) e habilidades metacognitivas de monitoramento (Flavell, 1979; Main, 1991), todas elas construções vinculadas ao desenvolvimento da segurança de apego da criança.

Podemos concluir, então, que a coerência mental dos pais, no que diz respeito às suas próprias experiências de apego, está vinculada à sua narrativa coerente sobre o mundo da criança. A fim de promover a habilidade dos pais para terem discernimento, funcionamento reflexivo, empatia e, por fim, coerência mental, suas experiências prévias de apego não resolvido, traumas e perdas, necessitarão ser integradas, assimiladas e movidas para uma resolução adaptativa.

Um dos objetivos fundamentais da Terapia EMDR é promover integração e síntese dos sistemas neurais. Quando nos tornamos integrados e alcançamos níveis maiores de completude dentro de nós mesmos, conseguimos abarcar plenamente quem somos e como resultado seremos capazes de englobar e ressoar com os outros. Segundo Siegel (2010), "ressonância requer que permaneçamos diferenciados – que saibamos quem somos – enquanto nos tornamos também conectados" (p. 63). Como afirmado previamente, pais com estados mentais inseguros podem atingir diferenciação, mas serão incapazes de se conectarem e de se ligarem às suas crianças e, como resultado, tenderão a promover, de maneira intensa, a independência prematura. Outros pais são incapazes de se tornarem diferenciados e podem falhar em perceber suas crianças como organismos separados, resultando numa relação enredada entre pai e filho.

A participação dos cuidadores de crianças com experiências de trauma e adversidade que ocorrem dentro do sistema de cuidado é fundamental. Fica aqui, a pergunta: quando e como fazer o trabalho com os cuidadores dentro da Terapia EMDR?

Ainda que o trabalho com o cuidador seja iniciado de maneira intensa durante a fase de preparação, esse cuidado deve continuar ao longo das oito fases da Terapia EMDR. A estabilização do sistema dos cuidadores e da família expande enormemente o senso interno de segurança, de contenção e de regulação da criança. A promoção de mudança nas interações familiares disfuncionais e desreguladas pode ser abordada em níveis diferentes nas oito fases da Terapia EMDR. Os pais chegam com diferentes ideias e expectativas sobre a terapia e sobre sua própria participação no processo de cura da criança. Alguns pais querem limpar a casa, alguns estão dispostos a limpar o quarto e alguns só querem limpar a mesa. Levando isto em consideração, as expectativas sobre o tratamento devem ser esclarecidas logo no início. O nível de participação pode variar dependendo das necessidades da criança e do desejo dos cuidadores em serem participantes ativos. Usando uma abordagem honrosa, carinhosa e respeitável, o terapeuta deve promover a responsabilização e a participação do lado do cuidador. Para mim, três níveis potenciais de envolvimento e interação com o cuidador podem ser apropriados. Tenha em mente que consentimentos apropriados devem ser obtidos no que se refere ao fornecimento de intervenções diretas com os cuidadores. Além disso, o esclarecimento sobre quem será o cliente principal, neste caso a criança, deve ser discutido abertamente. Fora isso, pode ser mais do que necessário incluir outro(s) terapeuta(s) para trabalhar com os cuidadores. Se este for o caso, deve ser mantida uma estreita comunicação entre os terapeutas.

Alguns pais podem precisar apenas de psicoeducação, a fim de promover a mudança nas interações mal adaptativas entre pai e filho. Outros necessitarão trabalhar para melhorar sua capacidade de regulação de afeto e também receberem psicoeducação. Entretanto, para melhorar o resultado do tratamento, a maioria dos pais de crianças dissociadas, fragmentadas e apegadas de maneira insegura precisarão reprocessar redes de memória associadas aos seus próprios traumas de apego e transtornos que continuam a ofuscar suas percepções a respeito de sua criança. Enquanto o pai continuar a fortalecer modelos múltiplos e incongruentes sobre o Eu e o outro, a integração das redes de memória da criança pode ser comprometida.

Durante a fase 1 (um) da Terapia EMDR, a EEA representa um instrumento muito poderoso para os terapeutas de EMDR quando se trabalha com casos de trauma complexo. Se o pai é incapaz de promover apego seguro para sua criança devido à presença de estados mentais desapegados, preocupados ou não resolvidos, o trabalho com a criança pode ser vagaroso ou comprometido. Considerando que a aplicação da EEA leva entre 60 e 90 minutos, ela poderia ser facilmente incorporada como parte inicial da anamnese. Esta iniciativa pode economizar grande tempo e esforço para delinear as interações diádicas e os padrões específicos de apego da criança com cada pai e os estados mentais do cuidador com relação às experiências de apego.

Determinar quando e como incluir o pai é sempre uma questão e uma decisão complexa. Para a maioria, quando a criança exibe sintomas ou tem dificuldades relacionadas ao trauma, à adversidade ou ao caos originado dentro da relação pai-filho, os pais também devem ser incluídos o máximo possível. A escolha do pai para tomar parte em um dos níveis de participação descritos neste capítulo deve ser, acima de tudo, reverenciada. Entretanto, informação suficiente a respeito dos benefícios e dos perigos da participação plena ou da ausência de participação deve ser aberta e gentilmente discutida com os pais. De posse desta informação, o pai pode tomar uma decisão informada das potenciais consequências de curto e longo prazo. Veja, a seguir, uma lista de potenciais dificuldades parentais que, muitas vezes, levarão à necessidade de proporcionar a Terapia EMDR ao cuidador:

- Pais com estados mentais desapegados, preocupados e não resolvidos em relação às suas próprias experiências de apego;
- Pais com experiências traumáticas passadas não resolvidas ou perdas;
- Pais com estilo parental intrusivo ou controlador;
- Pais que tendem a rejeitar e negligenciar a criança;
- Pais que tendem a pressionar a criança para conquistar;
- Pais perfeccionistas incapazes de fornecer verdadeiro amor incondicional;
- Pais com tendências sexualizadas ou de inversão de papéis (Isto pode não ser, necessariamente, um pai que se envolva em uma atividade sexual com a criança, mas o cuidador que se relacione secretamente com a criança como se ela fosse o companheiro. Um pai com limites físicos e emocionais pobres que engolfa a criança emocionalmente para satisfazer suas necessidades pessoais);

- Pais com limites difusos que renunciam aos seus papéis parentais. Como resultado, a criança é tratada como um igual, companheiro ou cuidador;
- Pais sem a habilidade de autorregulação;.
- Pais vivenciando quaisquer transtornos médicos ou psicológicos que possam interferir em sua capacidade para regular seus filhos de forma interativa;
- Pais que exibem respostas ameaçadoras ou temerosas nas interações com seus filhos;
- Pais que abusam física, emocional ou sexualmente de seus filhos, esposa, etc.;
- Pais com sistemas de apoio pobres e alto nível de estresse;
- Pais dissociativos;
- Qualquer pai que se envolva numa interação disfuncional pai-filho que continue a ferir a criança e reforçar os sistemas de memória mal-adaptativas.
-

Nível I – Psicoeducação

Para ajudar os pais a atingirem um nível mais profundo de compreensão a respeito de seus papéis parentais e criar uma base sólida para tal, pode-se usar o modelo do PAI, a teoria do apego, a teoria da regulação e os princípios da neurobiologia interpessoal. Fornecer informação simples e de fácil compreensão é fundamental. Utilizar metáforas e analogias pode ser útil quando se apresenta informação que, de outra maneira, poderia ser estranha e densa para a maioria dos pais. Deve-se sempre enfatizar como as metáforas são também a linguagem do hemisfério direito. Levar em consideração o objetivo final de auxiliar os pais no desenvolvimento de uma compreensão profunda e clara dos seus papéis parentais irá também ajudar o terapeuta a encontrar a melhor maneira de transmitir esta informação. Assim, as analogias descritas abaixo podem auxiliar os pais a alcançarem este objetivo. Elas também contêm fatos e construções teóricas que podem envolver o hemisfério esquerdo. Porém, elas não são o único modo de transmitir esta informação, pois alguns pais podem responder melhor a uma explicação mais linear e factual. Se este for o caso, forneça informação sobre a bibliografia atual da teoria do apego, neurociência e sobre o processamento da informação adaptativa.

A analogia do Espelho: Entendendo os Princípios Básicos da Teoria do Apego e do PAI

Esta analogia destina-se a auxiliar os pais a compreenderem como o senso do Eu da criança não se desenvolve no isolamento, mas por meio de repetidas interações com importantes figuras de apego. Ela pode ajudá-los no sentido de trazer consciência para as atuais trocas diádicas com seus filhos, que podem estar fortalecendo redes de memória adaptativas ou mal adaptativas. Diga: –"*Quando chegamos a este mundo, nós temos um cérebro, um corpo e um sistema nervoso pronto para ser moldado pela experiência e pelo ambiente em que se encontra. Neste momento, temos todos os ingredientes para formar um senso do Eu, mas precisamos de experiências daqueles mais próximos de nós para formar e desenvolver um senso consciente do Eu, já que nós não o temos ainda. É como se o pai tivesse um espelho na sua frente e pudéssemos ver o reflexo do Eu através deste espelho*". Coloque um espelho real na frente do seu peito, virado para o cuidador. – "*Através deste espelho, aprendemos se somos bons ou ruins ou se somos agradáveis ou desagradáveis. As palavras dos nossos pais, ações, estados internos, expressões faciais, presença ou ausência espelham quem somos e do que somos merecedores na vida. Cada experiência é codificada no cérebro da criança e também no dos seus pais. Essas experiências espelhadas formam arquivos no cérebro da criança que contém todas as informações sobre o Eu, os pais e o mundo. Esses arquivos são normalmente trancados, a menos que algo ou alguém em nosso meio externo os abra. Quando estes arquivos são abertos ou ativados, todas as emoções, sensações corporais e crenças sobre nós mesmos também estão em um estado de ativação. Isso nos leva a ter emoções, pensamentos e sensações corporais no presente, que são reminiscências de experiências passadas que tivemos com figuras de espelhamento importantes em nossa vida. Em outras palavras, o passado pode continuar a moldar como reagimos ao presente e, finalmente, como podemos moldar nosso futuro. Com o que foi dito, eu gostaria que você tirasse um minuto só para observar o que seu filho pode ver neste espelho diariamente. Você pode pensar sobre o que você diz ou faz ou o que seus sinais não verbais comunicam ao seu filho? O que você acha que sua criança precisa ver, sentir ou ouvir sobre ela mesma? O que seu filho recebeu logo no início, de você e dos outros, para formar os arquivos sobre o Eu, sobre você e sobre o mundo"?*

Estabeleça um panorama clínico dos comportamentos parentais e interações que promovem o desenvolvimento de um senso saudável do Eu, assim como um senso interno de regulação. Por outro lado, inclua os comportamentos parentais que promovem desorganização, evitação ou padrões de apego ansioso e, em última instância, a desregulação do sistema da criança. Além disso, até mesmo os pais capazes de promover apego seguro em seus filhos podem ter passado por experiências adversas e trauma. Eles podem demonstrar coerência mental quando discutem suas experiências e, na perspectiva da EAA, o que pode ser um sinal de resolução dessas experiências. É muito importante observar que a EAA não verifica o nível de perturbação associado a estas memórias; mas, ao contrário disto, ela visa a coerência mental e a narrativa ao explorar estas experiências (Hesse, 2008). Um pai enquadrado em um estado mental seguro-autônomo, no que diz respeito às experiências de apego, pode ter memórias que ainda guardam perturbação e, como resultado, elas têm o potencial de serem ativadas na presença do comportamento da criança ou de outros estressores. Ajudar os pais a compreender como redes neurais contendo experiências adaptativas e mal-adaptativas são pilares e mediadores do modo como estão sendo pais, e como respondem ao seu filho no presente, é fundamental.

Um importante aspecto da díade com apego seguro é a capacidade do cuidador de restaurar momentos de ruptura nas interações diárias entre pai e filho. Segundo Schore (2009), a capacidade do pai em refazer a sintonia em tempo hábil, depois de ter momentos de dissintonia, resultará em estados positivos de ativação e modulação da ativação negativa. Ajudar os pais a reconhecer os momentos de dissintonia e a importância da reparação feita a tempo deve ser parte dos estágios iniciais do tratamento com os cuidadores.

A Analogia do Termostato: Compreendendo os Princípios da Teoria da Regulação

Esta analogia foi desenvolvida para auxiliar os pais na compreensão de seus papéis como reguladores psicobiológicos externos do sistema da criança (Schore, 2009). Além disso, também os ajuda a enxergar as potenciais consequências invasivas de deixarem a criança vivenciando prolongados estados de ativação negativa. Diga: –*"Quando nascemos, nosso cérebro, corpo e sistema nervoso não têm a capacidade de gerir e regular os estados emocionais internos. É como ter um novo termostato que está aprendendo a administrar e a modular como nos sentimos internamente. A natureza, no entanto, forneceu termostatos externos para todos nós:*

nossos pais, cuidadores e outras figuras importantes em nossas vidas. A constante interação entre os termostatos da criança e do seu cuidador resultará em um apropriado desenvolvimento do termostato da criança. Entretanto, se o termostato do cuidador permite que os estados internos da criança atinjam níveis muito altos ou muito baixos sem qualquer intervenção para esfriá-los ou aquecê-los a criança é deixada experimentando estados internos muito altos e muito baixos. Às vezes, os pais podem se sentir muito estressados e ansiosos ou entristecidos e depressivos. O bebê ou a criança pode, realmente, sentir os sentimentos do pai; o batimento cardíaco, a tensão muscular e os gestos de medo. Essas experiências podem, realmente, criar um medo exacerbado e estados emocionais muito altos ou muito baixos para a criança. Agora, o termostato que está criando caos e desregulação é o mesmo termostato do qual a criança necessita para ser regulada. Como resultado de não possuir um termostato externo e ter de experimentar estados emocionais extremos, o termostato da criança nunca se desenvolve apropriadamente. A combinação das influências genéticas e de todas as experiências às quais a criança tem sido exposta, desde o nascimento e também antes dele, moldam a maneira como este termostato responde às demandas da vida. O termostato da criança ainda vai tentar regular os estados emocionais em alta ou em baixa, mas geralmente nós não percebemos ou rotulamos estas tentativas como ruins ou problemáticas. Agressividade, evitação do olhar, furto, acúmulo, rebeldia, chupar dedos, agitação e comportamentos autodestrutivos são, de fato, uma tentativa para regular esses estados emocionais. Quanto mais o termostato da criança usa tais estratégias para regular o Eu, maior a probabilidade de esta se tornar um adulto com grandes dificuldades em regular as oscilações mais duradouras e persistentes. De fato, a transmissão intergeracional de termostatos e estratégias regulatórias é bastante conhecida atualmente. Cuidadores que cresceram com pais apresentando dificuldades nos termostatos podem ter dificuldade para regular suas próprias oscilações assim como as de seus filhos. Diante disso, a fim de ajudar seu filho a desenvolver maneiras mais saudáveis de encontrar equilíbrio, temos de fornecer experiências interativas diárias que possam ajudar sua criança a sentir-se regulada e a desenvolver um termostato eficaz. Com o intuito de fornecer estas experiências para seu filho, temos de começar com o trabalho de sintonização do seu próprio termostato. Um objetivo importante do tratamento é ajudá-lo a se tornar o melhor termostato que você puder ser para você mesmo e para seu filho". Ensinar aos pais sobre as ferramentas que a natureza lhes forneceu para regular e sincronizar interativamente com suas crianças é o primeiro passo para desenvolver habilidades parentais que levam ao apego seguro. O estado interno dos pais, a sua capacidade de ressoar com os estados internos da criança e para se conectar por meio do toque, o contato visual, o tom de voz e as expressões faciais, dentre outros, constituem algumas das ferramentas básicas para a sintonia e a regulação emocional. Avalie a capacidade atual do cuidador para regular a criança dizendo:

–*"Você pode me dizer sobre seu próprio termostato e sua capacidade de usá-lo quando seus estados emocionais oscilam aos extremos? Onde você tende a ir mais vezes, para estados emocionais mais altos, como raiva, alta ansiedade ou medo, ou para estados emocionais mais baixos, como tristeza, depressão ou entorpecimento emocional? Como você acha que as experiências prévias com seus pais afetaram a maneira como você regula a si e à sua criança agora? Que estados emocionais você diria estarem mais frequentemente presentes em sua criança? Quais são os mais fáceis para você e sua criança manejarem? Quais são os mais difíceis para você e sua criança manejarem? O que você percebe que sua criança faz para regular níveis altos e baixos de estados emocionais? O que você faz para ajudar sua criança a regular os estados emocionais? Como isto é semelhante ou diferente da forma como seus próprios pais ajudaram você a regular suas oscilações internas?"*.

Peça exemplos específicos. De posse de um panorama claro e bem delineado em termos de interações pai-filho, forneça educação e ensaie estratégias parentais diferentes. É muito importante fazer essa exploração em um ambiente emocional livre de julgamento. Esta exploração e trabalho visam curar a ambos, a criança e seu pai. Convide o pai para ser seu coinvestigador. Encoraje a curiosidade, não o julgamento. O trabalho de Dan Hughes em seu livro *Attachment Focused Parenting*; Karen Purvis e seu livro *The Connected Child* e Heater Forbes e Bryan Post no livro *Beyond Consequences Logic and Control*, fornecem estratégias muito úteis e práticas. Além disso, os livros de Daniel Siegel, *Parenting from the Inside Out* e *The Whole-Brain Child* são ótimos recursos para pais. Estes livros são fáceis de ler e fornecem informação de maneira clara e simples. Eles constituem um recurso muito bom para pais de crianças com trauma complexo.

Ensinando aos Pais como Parentar usando o PAI e a Perspectiva do Apego

A maioria dos pais trazem seus filhos à terapia com a perspectiva de mudá-los. Segundo Forbes (2009), a pergunta que muitos pais deveriam se fazer é como eu posso compreender meu filho e suas necessidades não satisfeitas, ao invés de como eu posso mudar o comportamento do meu filho. Deve-se estimular a curiosidade dos pais e motivá-los a conhecerem sua criança em um nível mais profundo. Pais biológicos e adotivos de crianças com desregulação severa do sistema afetivo, muitas vezes chegam ao limite, gritam e distanciam-se destas crianças aumentando seu nível de isolamento e desconexão em relação a estes pais. Trata-se de uma tarefa muito difícil para os pais promoverem um vínculo saudável com a criança que se engaja no que eu chamo de comportamento "empurra" e "puxa". Eu o quero perto, mas fique longe de mim – esta é uma mensagem recorrente recebida pelos pais destas crianças. Esses comportamentos, frequentemente vistos em crianças com traumas de apego e transtorno de apego reativo (TAR), podem ser extremamente difíceis de manejar. Em geral, isto está ligado ao grande dilema que essas crianças enfrentam: o fato de o cuidador ativar simultaneamente o sistema de apego e o sistema de defesa (Liotti, 2009; Main, 1995; Schore, 2009). A pessoa da qual a criança depende para sobreviver é, ao mesmo tempo, aquela que ativa as defesas animais. Estar presente, ressoando por meio do amor e da aceitação com limites apropriados, é a chave do sucesso quando a criança tem os dois sistemas ativados.

Quando se trabalha com pais adotivos deve-se explicar que quando os cuidadores anteriores exibiam comportamentos assustados ou assustadores, a criança os experienciava como uma fonte de medo e perigo. Como resultado, seu sistema de defesa foi estimulado, fazendo com que ela quisesse lutar ou fugir desse pai. A criança incapaz de escapar da fonte de perigo opta por render-se, entrando, potencialmente, em estados semelhantes ao transe, que parecem ser o início do desenvolvimento de respostas dissociativas (Liotti, 2009). Outro sistema também estimulado por esses pais foi o sistema de apego. Este sistema é organizado para garantir que as necessidades da criança por conexão e, finalmente, sobrevivência sejam atendidas. Agora, quando o novo pai tenta aproximar-se, colocar limite ou cuidar dessa criança, a ativação dos sistemas neurais que carregam informação sobre interações disfuncionais de apego prévias entre pai e filho, é inevitável. Quando esses sistemas neurais são ativados, as defesas animais, juntamente com forças biológicas conflitantes que levam a criança a buscar proximidade, ficam enredadas. Quando pais aprendem a reconhecer que a criança não é ruim, má ou deficitária, como muitos pais desesperados acreditam, mas ao invés disso aprendem a reconhecer sua dor e suas feridas profundas e marcantes, a cura pode começar. Quando se apresenta esta informação aos pais biológicos, que foram a fonte de medo e perigo para a criança, deve-se ter cautela. É muito importante encorajar a responsabilidade saudável sem ativar culpa e vergonha. Guarde esta informação até que os pais estejam em uma posição de poder compartilhar este material de forma apropriada. .

Nível II - Autorregulaçao

Um importante objetivo da fase de preparação da Terapia EMDR é auxiliar os pais a desenvolverem a capacidade de regular a si mesmos e à sua criança. Segundo Schore (2011), "apego é a regulação da sincronia interativa" (p. 21). As interações pai-filho conduzidas pelo apego seguro mostram a presença de uma sincronia de afeto que cria estados de ativação positivos e reparo interativo. Estes dois processos, em última instância, resultam no desenvolvimento da autorregulação (Schore, 2010). Entretanto, crianças que crescem em ambientes provocadores de estresse e empobrecidos afetivamente já exibem desregulação de afeto generalizada. Se ela continuar a interagir diariamente com um cuidador que exibe interação assincrônica, o futuro pode não ser dos mais promissores. Esses casos requerem trabalho direto e extensivo com o cuidador ou com o pai. Fortalecer recursos já existentes, desenvolver novos, e, por fim, ajudar os pais a acessarem e utilizarem esses recursos quando na presença de comportamentos de ativação da criança é imprescindível nesta etapa do tratamento. Este nível de intervenção dentro de um tratamento abrangente de EMDR inclui: ensinar aos pais habilidades de relaxamento; exercícios de enraizamento (*grounding*); limites; atenção plena;, lugar calmo seguro; e IDR. Além disso, envolve exercícios voltados para auxiliar os pais a desenvolverem ou fortalecerem a capacidade de sintonia, empatia, conexão emocional, comunicação afetiva e funcionamento reflexivo. Se o terapeuta da criança for o único a trabalhar com o pai neste nível, deve-se assinar consentimento apropriado e fornecer informação adequada para ajudar os pais na tomada de decisão informada. Neste ponto, um encaminhamento também pode ser feito para outro terapeuta de EMDR.

Relaxamento e Exercícios de Enraizamento

Pais de crianças com desregulação generalizada do sistema afetivo encaram um desafio diário para parentar estas crianças. Exercícios de relaxamento, como o feixe de luz (Shapiro, 2001), o relaxamento muscular progressivo (Jacobson, 1938), exercícios de imaginação e visualização, por meio dos quais o cuidador encontra um lugar de paz e conforto, podem ser muito benéficos. Frequentemente, pais precisam de exercícios de enraizamento e podem beneficiar-se de aulas de yoga. Também encorajá-los a incluírem exercícios físicos em sua rotina diária, assim como ensiná-los sobre atenção plena, pode ser muito útil.

Auxiliando os Pais no Desenvolvimento de Sintonia

O conceito de sintonia é muito complexo e requer a capacidade de ressoar com o sistema de outro ser humano. Ajudar os pais a expandirem sua capacidade de experimentar inteiramente seus próprios sentimentos e estados corporais pode ser um bom ponto de partida. Além do mais, trabalhar em estreita colaboração com eles, auxiliando-os a experimentarem e perceberem as respostas e a inconstância dos estados internos da criança pode ser extremamente benéfico. O uso da atenção plena e do *mindsight* (Siegel, 2010) com os cuidadores ao longo das oito fases da teoria EMDR pode auxiliá-los a desenvolverem sensibilidade e começarem a se conectarem verdadeiramente com seus filhos. O uso de vídeos terapêuticos pode ser muito poderoso para ajudar os pais e o terapeuta a alcançarem este objetivo. Sessões nas quais Theraplay e atividades de ludoterapia estejam sendo usadas podem ser filmadas com o consentimento apropriado dos cuidadores ou de outras entidades envolvidas. O vídeo é um excelente instrumento de avaliação e de ensino. O terapeuta pode explorar minuciosamente a capacidade do pai para refletir e dar significado às respostas e ao mundo interno da criança. O terapeuta observa vídeos da criança com seu cuidador enquanto faz perguntas que identificam as reações internas do pai para os comportamentos observados. O terapeuta também explora o significado e a narrativa criada pelo pai sobre o comportamento e as respostas da criança.

Muitas modalidades terapêuticas usam vídeos para fortalecer a capacidade dos pais em se conectar e sintonizar com as necessidades da criança. Theraplay, dentre outros, encoraja o uso de vídeos para promover a consciência do pai e sua habilidade em compreender as necessidades da criança, assim como seu mundo interno.

O terapeuta pode filmar sessões lúdicas nas quais o pai, a criança e o profissional estejam presentes ou sessões apenas com a criança e o pai. Posteriormente, o terapeuta pode assistir aos vídeos com o pai para observar as diversas respostas da criança enquanto pratica atenção plena e sintonia. Quando estiver assistindo às sessões lúdicas, pare o vídeo o tempo suficiente para observar diferentes respostas da criança e de seu pai. As questões que se seguem são úteis para promover consciência, atenção plena e sintonia:

– *"O que você está percebendo por dentro e em seu corpo agora quando observa o que seu filho está fazendo? O que seu corpo está comunicando a você sobre este momento? O que seu coração está comunicando a você sobre este momento; você está consciente destes sentimentos? O que a sua mente está comunicando a você sobre este momento; você está percebendo algum pensamento? O que você percebe que seu filho está experienciando agora no vídeo? O que você percebe que seu filho possa estar precisando agora no vídeo? Na medida em que você se torna mais consciente do que o seu filho está experimentando e precisando agora, o que você percebe ou sente em seu corpo agora? Como você percebe o que seu filho sente e precisa; o que você gostaria de ser capaz de fazer por ele ou dizer a ele? Como você acha que essa resposta irá afetar a maneira como seu filho está se sentindo e se comportando? Quando você respondeu no vídeo* (repita a resposta do pai no vídeo), *o que você percebeu acontecer com seu filho? Ele se acalmou ou tornou-se mais agitado? Seu filho tornou-se mais conectado ou, pelo contrário, mais distante de você? Como seu filho estava comunicando a você que ele já tinha estimulação suficiente ou que precisava de uma presença mais ativa de sua parte"?*

Esteja ciente de que você pode tocar no trauma de apego não resolvido do pai ou em seu trauma de desenvolvimento. Se isso acontecer, convide-o gentilmente para estar consciente desta resposta e também de como a reação da criança está conectada às suas próprias experiências de apego passadas. Um container pode ser criado neste momento com o pai. Neste ponto, você pode encorajá-lo a colocar o evento traumático ou adverso, bem como o afeto associado a ele, num container. Se o pai está dentro de janelas de tolerância afetiva, gentilmente convide-o a explorar como essas experiências passadas estão afetando as interações com seu filho no presente. Além disso, quando o pai experimenta momentos de autoconsciência e de compreensão plena da mente da criança, pare e convide-o a perceber os sentimentos presentes. Se os sentimentos são positivos, identifique sua localização no corpo e instale-os usando séries lentas e curtas de movimentos bilaterais (MBL).

Continuando o trabalho com o cuidador enquanto assiste ao vídeo, use qualquer oportunidade para fortalecer quaisquer reações positivas e momentos de autoconsciência em associação com a compreensão plena, o sentimento e o ressoar com a criança. Em primeiro lugar, sempre destaque qualquer passo positivo tomado pelo pai, qualquer novo *insight* ou compreensão positiva sobre a resposta da criança. Então, identifique as emoções associadas a esta nova consciência, pensamento ou *insight*. Terceiro, identifique a localização no corpo, e por fim, instale-as usando MBL.

O que segue descreve o processo inicial de compreensão das representações parentais internas sobre a criança. Uma menina de 7 anos de idade foi trazida à terapia por sua mãe adotiva por ter sido diagnosticada por seu psiquiatra como sofrendo potencialmente de transtorno bipolar. Foi informado que a criança havia sofrido extensivo trauma antes de sua adoção na idade de 3 anos. A mãe relatou que a criança tinha uma enorme dificuldade para dormir à noite e tornava-se agitada facilmente. Também a descreveu como manipuladora e mentirosa. Atividades lúdicas foram filmadas em duas sessões consecutivas e posteriormente observadas pelo pai e pelo terapeuta. Durante a sessão, a criança quis mudar de atividade constantemente e afirmou estar entediada com frequência. Ela também disse que queria comer, mesmo sua mãe tendo afirmado que ela havia feito uma refeição farta antes da sessão. O terapeuta pausou o vídeo muitas vezes para ajudar a mãe a perceber suas respostas internas. A mãe expressou irritação com o comportamento da sua filha e até mesmo com a atividade. A mãe construiu uma narrativa que envolvia uma criança que "sabia muito bem" o que estava fazendo e estava apenas tentando manipular a sessão de terapia. A mãe também afirmou que sua filha era como sua própria mãe, enganadora e cabeça-dura. Essa sessão forneceu um panorama claro sobre a natureza do relacionamento pai-filho. A mãe estava constantemente lutando com os estados afetivos negativos da criança, os quais, por sua vez, ativavam as experiências negativas de apego desta mãe com sua própria mãe. Como resultado, as respostas da mãe adotiva eram sempre carregadas de irritabilidade, aborrecimento e raiva. Tornar-se tão imersa em suas próprias experiências obscureceu a capacidade desta mãe para ter empatia e sintonia com as necessidades mais profundas de amor e conexão apresentadas por esta criança.

Tendo estabelecido a linha de base, o terapeuta começou a trabalhar para ajudar a mãe a tornar-se consciente e atenta ao seu estado interno afetivo, cognitivo e às suas respostas somáticas enquanto ela assistia aos comportamentos de sua filha. Entre os trabalhos realizados pelo terapeuta, destacam-se: o auxílio dado à mãe para esta tornar-se consciente do significado atribuído por ela às reações e ao mundo interno da criança; e outras alternativas para ajudá-la a expandir sua capacidade de reflexão e *insight*. Em seguida, gentilmente convidou a mãe a perceber o medo e a ansiedade que estavam sendo experimentados pela criança, bem como as mudanças na postura, contato visual, voz e nível de atividade que foram demonstrando alterações na ativação fisiológica. Também se discutiu com a mãe, em momento apropriado, as interferências de suas próprias experiências de apego quando esta percebia o comportamento de sua filha e como elas influenciavam sua percepção. Esse trabalho preparatório começou a criar algum nível de integração e consciência sobre o Eu e a criança. Houve momentos em que a mãe foi capaz de perceber as necessidades da criança e enxergar seus comportamentos como mecanismos de adaptação. Em alguns pontos, a mãe foi capaz de entender, de fato, quando e porque a criança se afastava dela e evitava o contato visual. Quando isso acontecia, eu ressaltava o fato de ela ter sido capaz de enxergar além de sua própria dor e sofrimento. Então solicitei a ela que observasse como era sentir essa nova consciência. Quando a mãe expressou sentimentos positivos, convidei-a a percebê-los e observar onde eles estavam localizados em seu corpo e seguir os MBL. Outras vezes, as respostas eram marcadas por emoções negativas. Desnecessário dizer que os MBL não foram feitos nessas ocasiões. Ao longo do processo, os momentos em que as emoções negativas foram experimentadas serviram para identificar os sistemas neurais ativados pela criança. Estas memórias foram apresentadas à mãe para que ela, então, pudesse tomar uma decisão informada em termos de se mover para o terceiro nível de intervenção de EMDR com os pais. As memórias da mãe, que obscureceram sua percepção sobre sua filha, foram colocadas em uma sequência de alvos e reprocessadas posteriormente usando procedimentos completos da Terapia EMDR. O trabalho com os vídeos criou um clima apropriado para identificar e acessar as redes de memória materna, interferindo em sua capacidade para ter empatia e engajar-se afetivamente com sua filha sem se tornar desregulada. Em minha experiência clínica, mesmo que os pais não escolham reprocessar tais redes de memórias, algum nível de processamento e compreensão é atingido. Alcançar pelo menos um ponto de compreensão já possui o potencial de, no mínimo, atingir positivamente as interações pai-filho. Embora haja pais que precisam de certo tempo para pensar e integrar algum nível de *insight* por eles obtido, alguns deles costumam voltar mais tarde para desenvolverem outros trabalhos. Na verdade, a casa não precisa ser toda limpa de uma só vez. Os pais podem escolher fazer parte do trabalho agora e voltar mais tarde para terminarem.

Desenvolvendo Limites

Trazer a consciência para os limites pessoais dos pais é extremamente relevante. Como os pais podem reconhecer os limites dos outros e ensinar aos seus filhos sobre seu espaço pessoal se eles não são capazes de reconhecer o seu próprio? Como podemos desenvolver um senso do eu coerente e coesivo se nosso próprio senso de espaço e limites não está reconhecido? Em minha experiência clínica, pais com estados mentais inseguros em relação às suas próprias experiências de apego, tendem a possuir um senso muito empobrecido dos seus próprios limites. Eles podem violar os limites da criança tornando-se intrusivos e enredados como em geral acontece com pais que apresentam estados mentais preocupados. Por outro lado, pais com estados mentais apegados podem violar os limites mantendo-se muito distantes. Já os pais com estados mentais não resolvidos violam os limites engajando comportamentos assustadores ou assustados. Às vezes, a criança pode relacionar-se com o pai que está sendo muito intrusivo e às vezes muito distante e desapegado. Ensinar aos pais sobre como nós desenvolvemos nosso senso de limites pessoais deve ser feito durante a fase de preparação. Se as interações pai-filho são marcadas por violação de limites, o processo de individuação da criança é reduzido e bloqueado. Dependendo do estado mental dos pais em relação ao trauma, perda e experiências de apego, desafios específicos e forças podem estar presentes. Quando se trabalha com limites, auxiliar os pais na identificação de tendências limitadoras, além de identificar as forças que impulsionam as respostas parentais, é geralmente útil e relevante. Por exemplo, uma criança de 12 anos de idade que estava demonstrando extrema raiva em relação à sua mãe afirmou que se sentia sufocada pelo nível de proximidade desta, assim como pelas suas manifestações físicas espontâneas de carinho. Então, eu pedi à mãe que se concentrasse no momento em que ela queria abraçar sua criança enquanto percebia de quem eram as necessidades que estavam sendo atendidas naquele momento. A mãe respondeu que, na verdade, ela quem precisava ser abraçada. Ela foi realmente muito sincera ao me dizer que era ela quem queria experimentar novamente os mesmos sentimentos que costumava ter quando seu pai a abraçava. Disse, ainda, acreditar que as crianças deveriam atender às necessidades dos seus pais. Segundo ela, era esta a mensagem clara que havia recebido de ambos os pais enquanto filha, principalmente do seu pai.

Exercícios de Limites Para Pais

Peça ao pai para sentar-se confortavelmente enquanto você, o terapeuta, senta-se distante, mas em frente a ele. Teste diferentes níveis de distância física até que o pai encontre a distância em que sinta-se confortável mental, emocional e somaticamente. Encoraje-o a estar consciente dos pensamentos, emoções e estados corporais que estão sendo explorados em diferentes níveis de distância. Quando o pai já tiver encontrado a distância correta, incentive-o a construir limites físicos usando travesseiros, cordas, etc. Convide-o a perceber seus limites físicos, assim como a observar os estados corporais e as emoções associadas a eles. Se as emoções associadas aos limites físicos são positivas, peça a ele para identificar sua localização no corpo e faça séries curtas e lentas de MBL. Se o pai relata reações negativas, não faça os MBL, pois o trabalho aqui, neste momento, é fortalecer o que possa ser positivo em associação à consciência de se ter limites. Entretanto, se o pai pode tolerar as emoções ou as reações corporais, uma exploração adicional pode fornecer informação valiosa em termos de redes de memória sendo ativadas por esta experiência. Em seguida, convide o pai a perceber os limites emocionais, observando conscientemente o que é e qual é a sensação de estar consciente dos seus próprios sentimentos e dos sentimentos de outra pessoa; e dessa vez percebendo uma linha clara onde o espaço emocional do pai termina e a do terapeuta começa. Siga os mesmos procedimentos para ajudar o pai a perceber limites mentais e espirituais.

Posteriormente, peça ao pai para visualizar seu filho ou filha em seu quarto e para criar um espaço para ele ou ela, escolhendo uma distância apropriada. Caso a visualização seja algo difícil para ele, o pai pode, ainda, ser instruído a trazer uma foto da criança para a sessão. Peça ao pai para tornar físico o espaço da criança, usando almofadas, cordas, etc. Crie um círculo em torno da foto da criança ou peça ao pai para visualizá-la dentro deste círculo. Observe o quão próximo ou distante o pai coloca a criança. Convide-o a perceber se a distância ou a proximidade parece mais fácil de ser tolerada. Dependo das experiências de apego do pai, uma pode ser mais fácil do que a outra. Para pais que tendem a ser invasivos e têm dificuldade em perceber a criança como uma entidade separada, convide-os a perceberem de maneira plenamente consciente como seria colocar a criança como separada deles enquanto permanecem conectados. Use objetos concretos para simbolizar esta conexão. Por exemplo, uma corda ou uma fita a partir do espaço do pai para o espaço da criança pode servir como um símbolo e uma forma concreta para o pai continuar experienciando a conexão com a criança. Mais uma vez, convide o pai a perceber o que o corpo e o coração comunicam sobre esta experiência. Se as respostas emocionais e somáticas são positivas, peça para ele focar nas emoções positivas, nas sensações corporais e instale-as usando séries curtas e lentas de MBL.

Por outro lado, trabalhar na expansão das janelas de tolerância afetiva resultantes de experiências interativas de conexão e proximidade com pais com dificuldade de tolerar este fato pode ser o objetivo. Deve-se começar com uma distância que pareça apropriada para o pai e lentamente ir movendo-se na direção de níveis maiores de aceitação de proximidade pode ser um ponto de partida. Com base na pesquisa de apego, pais com janelas restritas de tolerância para a conexão emocional podem ter enorme dificuldade quando a criança exibe, explicitamente, a necessidade de afeto. Pedir uma foto da criança ou convidar o pai a visualizar tais expressões da criança em relação a ele também pode fortalecer a experiência. Crie uma hierarquia a partir do mais para o menos tolerável e novamente dê pequenos passos para auxiliar o pai a explorar conscientemente cada passo e cada nível de proximidade. Quaisquer momentos positivos devem ser estudados. Identifique os sentimentos positivos associados a esta experiência e sua localização no corpo e use MBL. Entretanto, como os pais focam sua atenção de maneira plenamente consciente às suas respostas somáticas, emocionais e até mesmo cognitivas, perturbação e desconforto podem ser encontrados. Por serem estes momentos também importantes de autoconhecimento, vale a pena explorá-los, desde que o pai possa tolerar o afeto associado e esteja aberto a uma exploração mais profunda. A flutuação para o passado e o escaneamento de sentimentos podem ser utilizados para dar suporte ao pai enquanto ele explora as experiências passadas que estabeleceram a base para as reações e respostas parentais atuais. Alvos potenciais para o reprocessamento com o EMDR podem ser identificados durante este exercício quando o pai escolhe participar das sessões completas de reprocessamento com o EMDR. Se experiências passadas de adversidade forem exploradas e acessadas durante a sessão, estratégias de mudança de estado devem ser utilizadas para trazer o pai de volta ao equilíbrio psicológico. Exercícios de respiração, de relaxamento e de contenção talvez sejam necessários antes do término da sessão. Como regra de ouro, em toda sessão em que redes de memória contendo material perturbador forem acessadas e ativadas deve-se incluir o uso de estratégias de mudanças de estado. Trazer sempre o pai de volta à homeostase afetiva deve ser lembrado e realizado até o seu final .

Durante um exercício de limite, a mãe de um menino de 9 anos de idade com agressividade extrema em relação aos seus irmãos afirmou que estava visualizando seu filho em uma bolha separada criando alta ansiedade. Ela afirmou desejar sentir seu filho muito próximo de si, tendo grande dificuldade em experienciar os sentimentos do seu filho como sendo separados dos dela. Uma das principais barreiras para esta mãe ao lidar com os episódios de violência de seu filho foi diferenciar onde ela terminava e ele começava. Vale destacar que esta informação, que permaneceu implicitamente codificada no cérebro, não estava conscientemente disponível para a mãe. Este exercício permitiu ao terapeuta explorar com mais profundidade as raízes da ansiedade materna e trabalhar a criação de limites saudáveis com seu filho enquanto permanecia conectada.

Desenvolvendo Recursos

O uso do lugar calmo-seguro e dos protocolos de IDR podem ajudar os pais a expandirem sua capacidade de tolerar e modular afeto. O protocolo de IDR (Korn & Leeds, 2002), não é apenas uma excelente maneira de ajudar os pais a desenvolverem recursos, mas também de fortalecerem sua habilidade de utilizá-los na presença de comportamentos disparadores da criança. Antes de iniciar o IDR é importante identificar os comportamentos parentais que interferem no desenvolvimento de interações saudáveis entre pai e filho. Além disso, vale ressaltar que quando comportamentos parentais abusivos estão presentes, medidas cabíveis devem ser tomadas para corrigir e reportar a situação aos serviços de proteção à criança.

Segue, abaixo, uma lista de reações parentais ineficazes que precisam ser corrigidas:

- Tornar-se agitado e empreender uma guerra pelo poder;
- Gritar ou perturbar;
- Fazer longos discursos sobre o que a criança deve ou não fazer;
- Distanciar-se e desapegar-se;
- Tornar-se invasivo e violar limites;
- Não impor limites quando necessário;
- Não cumprir com o combinado;
- Faltar com assertividade e demonstrar dificuldade em dizer "não" quando necessário;
- Julgar e criticar a criança;
- Usar de sarcasmo e provocação;
- Usar o "tratamento do silêncio";
- Usar a criança para atender às necessidades dos pais;
- Evidenciar os comportamentos negativos constantemente;
- Controlar e dar excesso de poder à criança.

Esses comportamentos parentais ineficazes são, provavelmente, o resultado de como o pai foi moldado pelo meio e pelas experiências de apego. Além disso, as reações parentais podem ser vistas por meio do modelo do PAI como uma manifestação de experiências mal-adaptativas prévias que estão, provavelmente, codificadas no cérebro num nível implícito (Shapiro, 2001). Como resultado da natureza implícita destas memórias, o pai pode não ter a experiência subjetiva de lembrar-se (Siegel, 1999) quando esta informação é eliciada por um estímulo atual. Considerando isto, auxiliar o pai na identificação dos disparadores atuais e das experiências passadas que estão colocando em movimento as reações parentais disfuncionais, pode ajudá-lo a ligar o passado com o presente. Também ajudar os pais a tornar esta informação disponível à sua consciência atual é um importante passo rumo à integração. Para pais com desregulação afetiva severa, estabilização apropriada deve ser alcançada antes de explorar os disparadores e as contribuições experienciais. Além disso, a presença de dissociação deve ser avaliada e descartada antes de iniciar o IDR e de enfrentar traumas de apego e lembranças traumáticas. Se existir trauma extenso, o encaminhamento deve ser feito para outro profissional de EMDR que mantenha uma comunicação estreita com o terapeuta da criança.

Segue, abaixo, uma visão geral das etapas processuais do IDR (Leeds, 2009) adaptadas por mim para usar com os cuidadores.

1. Situação alvo: – Identificar os comportamentos da criança, emoções ou situações que ativam o material mal adaptativo dos pais. Estas são as situações que tendem a ser desafiadoras para o pai nas quais ele falha em mostrar comportamentos parentais adequados. Assim, o pai pode tornar-se agitado, envolver-se em lutas pelo poder, ou ainda, ter dificuldade em impor limites adequados quando necessário. Aqui, cabem perguntas, como: "Que reações emocionais ou comportamentos do seu filho você acha difícil manejar ou que tendem a irritá-lo?" Tire um momento para refletir sobre as coisas que sua criança faz ou diz que você tem dificuldade para gerir; "Que reações você tem em relação ao seu filho que gostaria de mudar, ou nas quais você gostaria de sentir, pensar ou se comportar de maneira diferente?".
2. Identificar o comportamento parental desejado e a crença de apoio, emoções e estados corporais: auxiliar o pai na seleção do comportamento parental baseado em conscientização sobre o apego. Uma vez identificado, explore as potenciais crenças

positivas, emoções, postura e estado corporal que irão apoiar este comportamento parental.

3. Explorar recursos potenciais: apoie o cuidador na seleção de recursos que possam ser úteis para lidar com comportamentos disparadores da criança.

- Experiências de empoderamento: identifique, na vida do pai, às vezes em que o comportamento parental desejado ou a qualidade foi exibida. Identifique os momentos nos quais as emoções ou crenças positivas estavam presentes.

- Recursos relacionais: selecione a figura de apoio do pai ou os modelos que incorporem tanto a qualidade parental quanto forneçam assistência ao cuidador. Ter o cuidador cercado por todos os "ajudantes" e figuras de apoio pode ser um poderoso recurso de visualização.

- Recursos simbólicos: faça com que o cuidador identifique um símbolo que irá facilitar a qualidade da relação ou o comportamento parental. Pode ser um símbolo associado à crença positiva, emoção ou sensações corporais que apoiem esta capacidade.

- Recursos somáticos: identifique a postura ou o estado corporal que apoie, fortaleça ou facilite o comportamento parental desejado.

4. Pegue um recurso por vez e crie uma imagem sensorial. Identifique emoções, estados corporais e posturas associadas a este recurso.

5. Avaliar a validade do recurso: peça ao pai que visualize a interação problemática com a criança e verifique a utilidade deste recurso. Use a escala de 1 a 7. Nesta escala, 1 quer dizer não é útil e 7 quer dizer é muito útil. Se o pai estabelecer que este recurso não é útil para ajudar na qualidade da criação dos filhos ou em seu comportamento parental, selecione um recurso diferente. Explore diferentes recursos até encontrar um apropriado.

6. Instalação: crie novamente uma imagem sensorial do recurso. Traga as emoções e os estados corporais associados a ele e faça séries curtas e lentas de MBL (4-6). Repita algumas vezes.

7. Modelo de futuro: peça ao pai para visualizar o recurso que apoia o uso do comportamento ou da estratégia de parentalidade que se quer ensinar. Depois, peça a ele para se imaginar no futuro estando na presença da criança enquanto ela apresenta o comportamento ou a condição disparadora. Tendo o pai conseguido visualizar este evento futuro, e sendo ele capaz de utilizar eficientemente, tanto o recurso quanto o comportamento parental baseado em informações sobre o apego, faça séries curtas e lentas de MBL (4-6). Repita duas ou três vezes desde que se mantenha a positividade.

Esteja ciente de que antes de usar o protocolo de IDR, o terapeuta deve ensinar e praticar com o pai a nova estratégia parental. A encenação é muito útil para auxiliar o pai, tanto a compreender completamente esta nova estratégia quanto para integrá-la em seu repertório parental. Depois disto, o protocolo de IDR pode ser usado para ajudar o cuidador a acessar e utilizar recursos e estratégias parentais mais eficientemente quando ele se encontrar na presença do comportamento de ativação da criança.

Nível III – Reprocessamento de Memória e Integração

Quando os diferentes níveis de intervenção são apresentados aos pais, eles podem pensar que este terceiro nível pode ser muito dispendioso ou muito extenso. Em minha experiência clínica, em longo prazo não fornecer a melhor forma de tratamento no presente tem o potencial de acabar custando mais, durando mais e sendo menos eficaz. Além disso, o terapeuta deve enfatizar a grande plasticidade do desenvolvimento do cérebro e a importância da intervenção precoce para fornecer saúde mental e emocional.

Este nível de intervenção é extremamente relevante para pais de crianças com dissociação. Segundo o modelo etiológico de dissociação de Liotti (ver o Capítulo 1), a trajetória da criança em dissociação começa com a formação de apego desorganizado com o cuidador primário. Entretanto, até mesmo quando um padrão de apego desorganizado já existe, a saúde mental plena pode ser alcançada se o cuidador primário alcança um estado mental organizado no que se refere às suas próprias experiências de apego. Para esse fim, o terceiro nível de intervenção com os pais dentro de um tratamento abrangente de EMDR envolve o reprocessamento das experiências de criação relativas à parentalidade problemática. Ajudar os pais a alcançar certo nível de integração e organização interna, por sua vez, ajudará a criança a desenvolver modelos unitários e mais apropriados do Eu e do outro. A estabilização apropriada do cuidador a ponto de alcançar um nível adequado de tolerância afetiva deve ser atingida. A avaliação e a exploração apropriadas das experiências dissociativas devem ser realizadas cautelosamente. É extremamente importante manter-se dentro do seu nível de experiência clínica. Alguns terapeutas de EMDR que trabalham com crianças podem não ter se especializado no trabalho com adultos altamente dissociados. Assim, o encaminhamento apropriado deve ser feito para o pai poder contar com um terapeuta de EMDR mais qualificado.

Para alcançar o melhor resultado possível no tratamento, a comunicação entre o terapeuta do pai e o da criança deve ser mantida, com o devido consentimento dos envolvidos para a informação ser compartilhada. Além disso, antes de tentar trabalhar diretamente com o pai da criança, o terapeuta de EMDR da criança deve rever as regras e os regulamentos do Conselho Estadual de Psicologia para trabalhar com os pais. Se ambos, pai e mãe, concordam em receber tratamento, cada qual deve ser atendido por um terapeuta de EMDR diferente, para evitar conflito de interesse, enquanto eles mantêm uma comunicação constante com o terapeuta da criança.

Uma vez tendo sido estabelecidas a conduta apropriada do pai e do terapeuta para este nível de intervenção, a exploração de contribuições experienciais e das experiências de apego passadas associadas à interação parental problemática podem ser concluídas. Mais uma vez é essencial estimular a curiosidade e o desejo dos pais de conhecer a criança. Geralmente, eu convido os pais para serem meus coinvestigadores, ou seja, a fazerem o "trabalho de detetive" e a aprenderem mais sobre parentar a criança e sobre suas dinâmicas implícitas e explícitas.

Veja, a seguir, uma descrição dos passos necessários para se criar a sequência de alvos do pai (ver a Figura 5.1).

1. Identifique o padrão atual de resposta parental disfuncional. Estas respostas incluem, mas não se restringem a: desapego emocional e físico; intromissão; batalha pelo poder; desligamento; perturbação; controle; inversão de papéis;, desregulação emocional durante as interações com a criança; e crítica, dentre outros.

2. Identifique as respostas disparadoras da criança e crie um mapa de gatilhos. Os disparadores podem estar presentes em diferentes níveis da experiência humana. O pai pode encontrar certas emoções, pensamentos, comportamentos, sintomas, etc, que os estejam ativando. Crie uma imagem de um evento recente em que respostas parentais negativas estejam presentes.

3. Identifique a imagem que representa este evento.

4. Identifique a crença negativa que o pai tem no presente enquanto pensa sobre o comportamento ativador da criança. Diga: – *"Quando você pensa na imagem da sua criança (descreva a resposta ativadora da criança), que crenças negativas você tem a seu respeito agora?"*.

5. Identifique as reações emocionais associadas a esta imagem e à crença negativa. Diga: – *"Quando você pensa sobre essa imagem da sua criança (descreva a resposta ativadora da criança) e nas palavras (repita a crença negativa), que sentimentos ou emoções você sente agora?"*

6. Use o flutuar para o passado ou se o pai é incapaz de identificar a crença negativa, use o escaneador de emoções (Shapiro, 2011). Diga: – *"Eu gostaria que você pensasse sobre (descreva a resposta ativadora da criança), as palavras (repita a crença negativa) e as emoções que você tem e onde você as percebe em seu corpo e deixe que sua mente flutue para o passado, onde você recorda ter tido essas mesmas crenças negativas e estas mesmas reações emocionais e corporais".*

É importante o terapeuta auxiliar o pai na flutuação para o passado, o mais precocemente possível, para identificar as experiências de apego prévias associadas às respostas atuais disparadas pela criança. Sintonizar com o estado emocional parental e observar plenamente suas reações fisiológicas orientarão esse exercício para que ele seja, de fato, eficaz. Se o pai vai além das janelas de tolerância afetiva, o terapeuta sintonizado pode utilizar estratégias para trazê-lo de volta à homeostase emocional. O uso de declarações de apoio, respiração, atenção plena e estimulação da consciência presente, dentre outros, devem ser usados para restaurar o equilíbrio emocional.

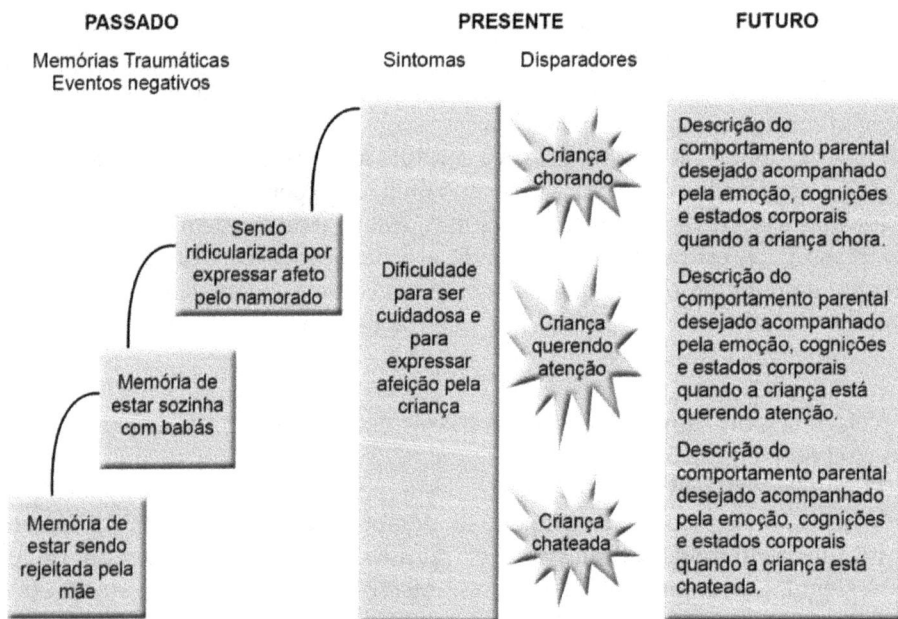

Figura 5.1 - Sequência de Alvos do Pai

Uma vez que o pai identifique experiências passadas, organize-as numa ordem cronológica para criar um alvo sequencial. É importante apresentar para os pais um quadro dos problemas, assim como um plano de tratamento potencial. É imprescindível criar uma atmosfera de proximidade respeitosa, honrosa e lúdica em que a exploração desse material profundo possa acontecer. O bom senso de humor e as gargalhadas são sempre ferramentas maravilhosas. Por meio delas, os seres humanos podem se unir para explorar não apenas quem são, como também as áreas que necessitam de cura. Neste ponto, o propósito não é disparar ou ativar as defesas do pai, mas sim estimular sua abertura para a exploração da autoconsciência.

Segue um exemplo de como um quadro de problemas atuais pode ser apresentado.

Esta é a história de um menino de 10 anos de idade, adotado no nascimento por dois pais muito competentes, que trouxeram a criança para o tratamento devido ao seu baixo rendimento escolar. Ele não demonstrava muita motivação nem para fazer seu dever de casa nem para cumprir suas responsabilidades em casa. Os pais, mais especificamente a mãe, sempre tinham de fazer marcação cerrada para o menino cumprir quaisquer de suas responsabilidades. Um olhar mais atento sobre a dinâmica familiar mostrou uma mãe muito preocupada com o sucesso e com a realização. Na verdade, ela nunca estava satisfeita com o desempenho do filho. Ela relatou sentir-se tão desesperada que ficava extremamente nervosa e explosiva com a falta de resposta do seu filho. O menino começou a criar histórias e a mentir sobre as questões mais simples da sua vida. A mentira provocou ainda mais raiva na mãe e, algumas vezes, o seu desejo de separar-se da criança. Estas foram as principais respostas identificadas pela mãe: agitação e desapego. O pai tentou, sem sucesso, mediar a situação entre o filho e a mãe. Ele havia vivenciado muito conflito em sua família de origem e como resultado evitava o conflito a todo custo.

Quando o conflito surgia entre a mãe e a criança, ele tentava intervir, mas se a tentativa era mal sucedida ele se distanciava completamente. O pai também tinha grande dificuldade em lidar com as mentiras do filho. Ele afirmou ficar devastado com a possibilidade de o seu filho terminar na cadeia ou tornar-se um criminoso se continuasse naquele caminho. As sessões com a mãe revelaram as crenças negativas ("Eu sou impotente" e "Eu não sou uma mãe suficientemente boa") relacionadas à mentira e ao baixo desempenho do filho na escola e em casa. Quando a mãe flutuou para o passado, ela relatou imagens do seu padrasto vitimizando-a. Ela sempre se sentia responsável pelo abuso e também por sua mãe, a quem via como incompetente e pouco assertiva. Ela também contou sempre ter tentado ser perfeita e fazer tudo direito. Ela tornou-se uma advogada criminal e dedicou sua vida à sua carreira até se casar e adotar seu filho. Ela também afirmou que, de alguma forma, seu filho a lembrava de seu padrasto, que era "preguiçoso" e "mentiroso". Por outro lado, o pai relatou ter crescido numa família muito pobre com pais que entravam e saiam da cadeia. Seu irmão mais velho tomava conta dele enquanto seus pais estavam na prisão. Após identificar as redes de memória que seu filho ativava nele, o pai afirmou sentir muita vergonha do estilo de vida dos seus pais e temia que seu filho pudesse ficar como eles.

É muito importante destacar, aqui, que toda esta informação não havia sido fornecida durante a anamnese. Por isso, é necessário eliciá-la no tempo certo, juntamente com a educação sobre o modelo do PAI. Estando esta informação implicitamente codificada no cérebro e permanecendo de forma subconsciente mesmo quando ativada, os pais normalmente não a divulgam durante a anamnese ou podem enxergá-la como não relevante para o trabalho terapêutico com a criança. Quando o quadro completo veio à tona, fui capaz de sentar-me com os pais e apresentá-lo juntamente com um plano de tratamento em potencial. Eu lhes disse: –*"Por favor, saibam o quanto me sinto honrada em acompanhar você e sua família nesta jornada rumo à cura. Eu sei o quanto esta exploração pode ser difícil, mas vocês têm sido verdadeiros soldados! Eu vou repetir para vocês toda a informação que ambos me forneceram, juntamente com a informação que obtive do seu filho. Eu irei colocar tudo junto e formular algumas hipóteses para vocês. Por favor, saibam que vocês são os especialistas em suas vidas, então, sintam-se livres para corrigir-me. Por favor tentem perceber o que acontece em sua mente, coração e corpo quando eu apresento o assunto e veja se o mesmo ressoa em algum nível com vocês. Eu os convido a serem sempre meus coinvestigadores; por favor sintam-se à vontade para adicionar ou mudar algo nessas informações que apresentarei. Lembrem-se que não se trata de julgamento ou crítica, mas de cura, consciência e compreensão. Ok, lá vou eu: quando seu filho recusa-se a cumprir com as responsabilidades e tarefas e mente sobre esta questão, isso ativa redes de memória de eventos perturbadores de sua vida, Mãe. Ativa crenças negativas como "eu não sou boa o bastante" e "eu sou impotente", juntamente com as emoções de desespero, raiva e tristeza. Estas são velhas crenças negativas que se formaram em sua infância, em suas experiências com seu padrasto e com a incapacidade de sua mãe para proteger e cuidar de você. Você aprendeu a adaptar-se a estas experiências negativas e crenças associadas, emoções, etc., mas sempre tentando duramente ser perfeita e atingir resultados. Este é um dos modos que você, como criança, encontrou para atender às suas necessidades de conexão e aceitação, autoestima, união, etc.*

Quando seu filho mente, não segue exatamente o direcionamento e parece preguiçoso, isto dispara em você memórias antigas do seu padrasto. Estas memórias e todas as crenças, emoções e reações em seu corpo vêm da ativação destas memórias que obscurecem a percepção sobre seu filho, levando você a vê-lo como preguiçoso e mentiroso. Quando você sente raiva, desespero e tristeza, conecta-se a essas memórias passadas e se torna mais agitada com seu filho, entrando numa batalha de poder com ele ou, algumas vezes, se separa e se tranca em seu quarto.

Por outro lado, pai, você tem redes de memória que são ativadas pelas reminiscências da vergonha que vivenciou com seus pais. O medo de que sua criança possa vir a ser como eles, faz com que você se afaste dela quando, na verdade, o que ela precisa é que vocês dois se conectem mais a ela. Uma outra questão: desde que sua criança era mais nova, atingir os objetivos tornou-se a maneira de conseguir amor e atenção de vocês dois. As demandas por conquistas têm sido percebidas por ele como tão imensas que, às vezes, ele desiste. É mais fácil para ele não tentar do que tentar e falhar por não atingir seus padrões, então ele desistiu de tentar. Por favor, saibam que estamos ligados para ter conexão; quando ele não atende aos seus padrões, ele não somente sente que está perdendo sua aprovação, como sente que está perdendo seu amor e conexao. Quando qualquer problema sobre seu desempenho é direcionado a ele, as redes de memória contendo informação sobre ele não ser esperto o bastante são ativadas juntamente com a dor e a ferida. Então, quando você Mãe, se torna nervosa ou desapegada, ativa a rede de memória no cérebro de seu filho que diz, "Eu sou uma criança ruim e eu não sou amado", juntamente com a dor e o medo de sentir-se rejeitado e, às vezes, emocionalmente abandonado. Essas emoções negativas, crenças e estados corporais que seu filho experimenta estão conectadas às experiências prévias, começando com abandono por parte de sua mãe biológica, seguida pelas memórias conectadas às experiências nas quais seu desempenho não é bom o suficiente para vocês. Por favor, percebam que não estamos falando sobre uma criança ruim e sobre pais que não bons o bastante. Estamos falando sobre uma criança boa e sobre pais bons o suficiente que quando têm seu material não resolvido do passado ativado, acabam obscurecendo suas boas intenções e sabedoria, tornando as coisas mais difíceis para ambos no que se refere a estarem inteiramente presentes e conectados à sua criança, para oferecerem amor verdadeiramente incondicional e aceitação.

Agora, tirem um momento para perceber se esta informação ressoa em algum nível. Existe algo que precisamos modificar para fazer com que esta hipótese fique próxima do que está acontecendo com vocês e com seu filho?" Convide os pais a comentar e a mudar partes da hipótese se esta não descreve precisamente o problema atual. Encoraje a atenção plena e a curiosidade reforçando o convite para serem os coinvestigadores.

Perceba que não estamos interpretando a partir de uma perspectiva psicodinâmica, mas estamos apresentando o retorno das informações fornecidas pelos pais e pela criança. Todo o material coletado da atividade de flutuar para o passado, do escaneamento da emoção e da anamnese é apresentado assim que os pais o oferecem ao terapeuta. O terapeuta apenas une o material e o apresenta de volta aos pais para que eles possam tomar decisões informadas sobre como querem prosseguir no tratamento. Quando você já tiver formulado o panorama clínico, apresente os diferentes níveis de intervenção, como segue: – *"Agora que nós temos uma visão clara do problema atual, aqui estão os diferentes níveis de intervenção:*

1. Nível um: Limpando a mesa. Sua criança fará o tratamento completo de EMDR com o objetivo final de processar e digerir as memórias antigas de abandono e desempenho associadas à atual falta de motivação e autoestima negativa. Enquanto seu filho passa pelo tratamento, vocês serão muito envolvidos, mas neste nível, estamos apenas limpando a mesa. Eu me encontrarei com vocês apenas para fornecer psicoeducação e estratégias parentais específicas que possam usar com sua criança.
2. Nível dois: Limpando o quarto. A criança recebe o tratamento completo e nós faremos algum trabalho para ajudá-los a regular suas emoções a respeito do assunto. Este nível incluirá psicoeducação, assim como ajudará vocês a desenvolverem recursos para auxiliá-los na regulação de suas respostas emocionais e para serem capazes de usar as estratégias parentais de forma mais eficiente.
3. Nível três: Limpando a casa. Além do trabalho com o seu filho, vocês também farão a Terapia EMDR completa. Deste modo, poderão trabalhar com aquelas experiências passadas que a sua criança continua a ativar no presente. Este nível de intervenção irá requerer mais trabalho no presente, contudo menos trabalho em longo prazo. Também irá requerer uma equipe com abordagem orientada, assim como iremos precisar incluir mais dois terapeutas de EMDR que irão trabalhar com cada um de vocês. Saibam que estou aqui para acompanhá-los, independente de quererem limpar a mesa, o quarto ou a casa inteira. Tomem o tempo necessário para pensar sobre isto e me digam o que decidiram. Além disso, vocês podem decidir fazer o trabalho terapêutico por etapas e cativar sua criança. Vocês podem querer fazer um nível do trabalho e voltar posteriormente para fazer outro".

Com este método, a maioria dos pais que realmente precisa do tratamento completo de EMDR tende a escolher "limpar a casa". Se o pai não precisa do tratamento completo de EMDR, não há necessidade de apresentar tal alternativa. Quando trabalhamos com crianças feridas e traumatizadas pela relação pai-filho e por pais com sistemas de cuidado renunciados, provavelmente os pais se beneficiarão do terceiro nível da intervenção com EMDR apresentado neste capítulo. Não obstante, quando trabalhamos com pais altamente traumatizados e dissociados, ter outro terapeuta ou terapeutas envolvidos em seus tratamentos seria mais benéfico.

Participação dos Cuidadores Durante as Sessões da Criança

A questão sobre o nível de envolvimento dos pais durante as sessões da criança permanece em aberto. Alguns terapeutas infantis incluem os pais em suas sessões, enquanto outros raramente o fazem. Alguns terapeutas acreditam que convidar os pais para participar das sessões de terapia da criança, enquanto a mesma ainda está em um estado vulnerável, apenas serviria para perpetuar o ciclo de agressão do pai para o filho. Para estes terapeutas, o pai só deverá ser incluído depois de ter sido realizado o trabalho terapêutico necessário com ele mesmo. Terapeutas de várias linhas concordariam que, trabalhar apenas com a criança, quando a interação pai-filho é o agente causador da ferida, comprometeria o resultado do tratamento. Neste caso, as intervenções deverão ser direcionadas, principalmente, à reparação da ligação de apego entre pais e filhos, em torno da qual se estabelecerá a base para a cura da criança. Especificamente quando se realiza a Terapia EMDR, diferentes fases oferecem a oportunidade para vários níveis de participação. Alguns terapeutas de EMDR podem convidar os pais a participar das sessões de preparação, mas não das sessões de reprocessamento. Para mim, a cura acontece em vários níveis: individual e sistêmico. A Terapia EMDR pode promover a cura nos sistemas da criança e do pai, assim como no vínculo de apego pai-filho. Como resultado, em minha experiência clínica, a combinação das sessões individuais com a criança e com o cuidador e as sessões pai-filho alcançam os melhores resultados do tratamento. É extremamente relevante, sempre, ter um direcionamento claro e um propósito para cada sessão. Por exemplo, quando se usam atividades de Theraplay durante a fase de preparação, o objetivo é iniciar a base para a conexão, sintonia e sincronia nas interações pai-filho. Auxiliar o cuidador a desenvolver uma conexão plena com a criança e fazer uma leitura das mudanças de estado da criança seria um objetivo adequado a esta fase. Neste ponto, discutir quaisquer memórias traumatogênicas prematuramente na frente do pai, provavelmente impediria mais do que facilitaria o processo terapêutico. É muito importante considerar o nível de autoconhecimento e de integração adquirido pelo pai para ser capaz de considerar o que a criança pensa de modo a estimular a cura em seu sistema . A combinação das sessões individuais com o cuidador, com a criança e em conjunto pode ser usada ao longo das oito fases da Terapia EMDR. Focar inicialmente na restauração de algum nível de conexão entre o cuidador e a criança é possível por meio das sessões em conjunto nas quais a brincadeira, as gargalhadas e o toque carinhoso são usados. Encontros individuais com o cuidador nos quais os vídeos relativos às sessões em conjunto são utilizados para auxiliar o pai a desenvolver maior sensibilidade para perceber e considerar o que a criança pensa, podem ser apropriados. Inicialmente, os encontros com os cuidadores podem ser mais frequentes que as sessões individuais com a criança. Quando a compreensão dos cuidadores, o nível de sintonia e o autoconhecimento aumentam, as sessões individuais de preparação com a criança aumentarão, seguidas por algumas sessões de reprocessamento individual e em conjunto (vide Figura 5.2). Tão logo a criança esteja pronta para iniciar as fases de reprocessamento do trauma, o pai já alcançou um nível que permite a ele ser participante ativo na promoção da integração e da assimilação de tais memórias. Ao invés de continuar ferindo a criança, agora o pai está preparado para fazer a reparação. Nem todas as sessões de reprocessamento necessitarão da presença do pai. De fato, a combinação das sessões de reprocessamento individuais e coletivas parece ser o melhor arranjo. Por um lado, trabalhar individualmente com o terapeuta poderia ser empoderador para a criança. Experienciar seu próprio poder curativo pode ser estimulante e emocionante para a criança também. Por outro lado, trabalhar com o pai presente pode possibilitar à criança sentir-se ouvida e considerada, assim como pode favorecer a experiência da reparação durante os momentos cruciais de integração das memórias traumáticas. Quando a reparação é necessária, a presença do pai para fornecer as conexões reparativas, sob a supervisão do terapeuta, pode ser muito poderosa para ajudar a criança na assimilação de certa informação. Ter um panorama clínico inicial claro e detalhado favorecerá enormemente os terapeutas na organização do plano de tratamento que, verdadeiramente, atenda às necessidades da criança. Como resultado, como e quanto o pai participará ao longo de todo o tratamento dependerá da necessidade de cada caso individualmente.

Quando Não Há Pais

Para os terapeutas que trabalham com crianças nos Sistemas de Serviço de Proteção à Criança, às vezes o pai pode não estar presente ou pode estar passando por processos judiciais que levarão à separação ou à reunificação. Algumas destas crianças podem estar vivendo com pais adotivos ou em abrigos. Nestes casos, algum nível de trabalho deve ser feito com os pais adotivos para promover conexão apropriada, enquanto ajuda a criança a sentir-se diferenciada e regulada. Os dois primeiros níveis de trabalho, psicoeducação e autorregulação, podem ser apropriados para os pais adotivos. Os administradores dos abrigos também poderiam beneficiar-se da psicoeducação para ajudar a criança a sentir-se segura e regulada. Nestes casos, a maior parte do trabalho ao longo das oito fases será feito individualmente com a criança. O relacionamento com o terapeuta torna-se, então, um importante agente de mudança e de cura. A nossa capacidade para manter a criança acalentada enquanto passa por cada uma das oito fases da Terapia EMDR é essencial.

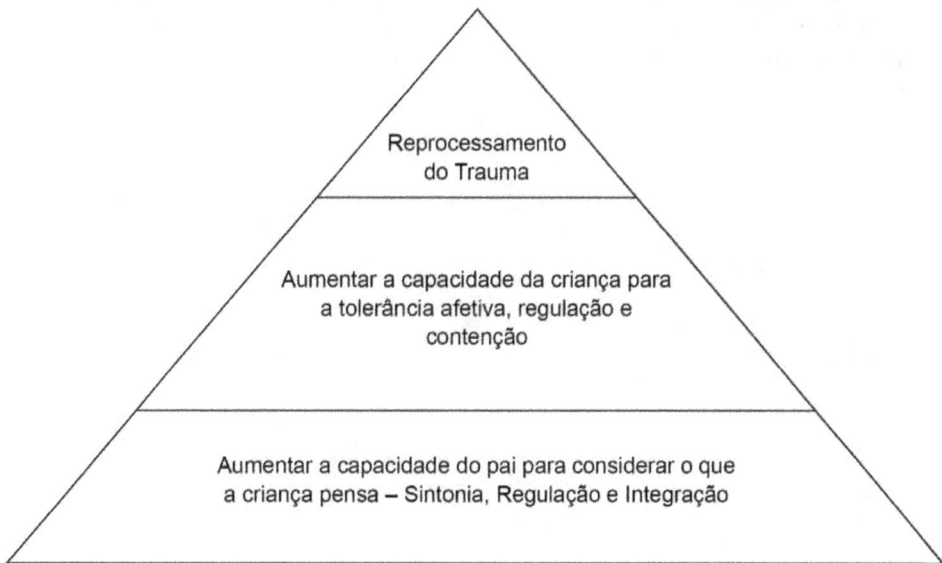

Figura 5.2 - Quando os cuidadores são os agentes que ferem a criança, um trabalho intensivo com eles pode ser necessário. Este diagrama mostra o trabalho progressivo com a Terapia EMDR que, inicialmente, se concentra mais expressivamente nos pais e na reparação do vínculo de apego pai-filho. O mesmo é seguido pelo fortalecimento do trabalho individual com a criança e, depois no reprocessamento das memórias traumáticas e de adversidade.

Sumário e Conclusões

Muitas crianças com trauma complexo têm sido feridas pelo próprio sistema de cuidado. Elas podem também ter vivenciado abusos emocionais, físicos, sexuais e espirituais repetidamente. Elas experimentaram invasão e enredamento em seus relacionamentos com seus pais ou desapego e falta de conexão. Elas podem ter vivenciado respostas parentais assustadoras ou assustadas e, como resultado, desenvolvem redes de memória contendo modelos múltiplos e incompatíveis do Eu e do outro. Pais com trauma não resolvido e perda têm o potencial de perpetuar altos níveis de desorganização interna no sistema da criança. Uma ligação foi estabelecida na pesquisa sobre o apego entre os estados mentais dos pais em relação às suas próprias experiências de apego, à capacidade parental para considerar o que a criança pensa, aos comportamentos parentais resultantes e aos padrões de apego da criança com o cuidador. Enquanto o cuidador continuar a ser obscurecido pelo passado, as presentes interações pai-filho serão influenciadas e, às vezes, sequestradas pelo passado. Este fato continuará a perpetuar a passagem e a migração do trauma não resolvido e da perda do cuidador para as mentes das próximas gerações. Quando o pai ou os antigos cuidadores têm sido o agente agressor, o trabalho com os mesmos é fundamental para o melhor resultado da Terapia EMDR. A inclusão de outros terapeutas de EMDR pode ser necessária. Manter estreita comunicação entre os outros terapeutas melhorará enormemente o resultado do tratamento. Este capítulo apresenta um modelo para trabalhar com os cuidadores, envolvendo três níveis de tratamento. O quanto e quando o pai precisa participar será determinado pelas necessidades de cada criança. O desenvolvimento de um plano de tratamento completo e de um cenário clínico objetivo irá orientá-lo mais precisamente em como, quando e quanto de envolvimento parental será necessário no tratamento completo de EMDR da criança.

Capítulo 6 - Avaliando e Diagnosticando a Dissociação na Criança: Começando a Recuperação (Frances S. Waters)

O primeiro caso de dissociação infantil foi relatado por Antoine Despine em 1836, sobre uma menina de 12 anos de idade chamada Estelle (Ellenberger, 1970). Entretanto, apenas um século depois reapareceram escritos sobre crianças dissociadas (Bowman, Bix, & Coons, 1985; Braun, 1985; Riley & Mead, 1988; Chu & Dill, 1990; Coons, 1985; Fagan & McMahon, 1984; Kluft, 1984, 1985; Weiss, Sutton & Utecht, 1985). Desde então, houve um aumento considerável na literatura sobre este tema incluindo perspectivas históricas (Silberg, 2000; Silberg & Dallam, 2009), estudos de investigação (Becker-Blease et al., 2004, 2011; Kisiel & Lyons 2001; Macfie, Ciccehtti, & Toth, 2001; Shimizu & Sakamoto, 1986), estudos sobre comorbidade (Kaplowa, Hallb, Koenenc, Dodged, & Amaya-Jackson, 2008; Malinosky-Rummel & Hoier, 1991), estudos de caso (Coons, 1996; Dell & Eisenhower, 1990; Stolbach, 2005; Waters, 2011), teoria (Putnam, 1997) e livros clínicos (Shirar, 1996; Silberg 1996/1998; Wieland, 2011), *checklists* sobre dissociação (Armstrong, Putnam, Carlso, Libero, & Smith, 1997; Dell, 2006; Evers-Szostak & Sanders, 1992; Putnam, Helmers, & Trickett, 1993; Steinburg,1994; Stolbach, 1997) e conferências ao redor do mundo. Para acrescentar à nossa compreensão mais profunda sobre a nosologia da dissociação, a recente publicação de Dell e O'Neil (2009) fornece uma extensa fonte de consulta.

A Sociedade Internacional para o Estudo do Trauma e da Dissociação (SIETD; (**www.isst-d**) patrocinou inicialmente o jornal, *Dissociação* (o qual pode ser baixado gratuitamente da biblioteca da Universidade de Oregon, **https://scholarsbank.uoregon.edu/xmlui/handle/1794/1129**). Em 2000, a SIETD lançou seu próprio jornal, O *Jornal do Trauma e da Dissociação*, que continua oferecendo trabalhos acadêmicos para profissionais. O site da SIETD tem expandido para incluir diretrizes para a avaliação e o tratamento da dissociação infantil e FAQs (questões feitas frequentemente) para pais e professores. O Instituto de Formação Profissional da SIETD oferece extensos cursos sobre dissociação infantil, que são ensinados internacionalmente e online. SIETD também patrocinou o DVD de Treinamento: *Trauma e Dissociação em Crianças* (Waters, 2007), para auxiliar os profissionais, particularmente avaliadores forenses e promotores, na compreensão de sinais dissociativos e estratégias eficazes para a investigação de abuso infantil e negligência.

Enquanto a maior parte da literatura continuou predominantemente focada na dissociação adulta, esses esforços lançaram luz sobre a forma de avaliar com precisão a dissociação infantil e estão, lentamente, ganhando força na formação de profissionais, acadêmicos, pais e professores sobre as complicadas apresentações da juventude dissociativa. Entretanto, devido ao fato de as crianças dissociativas apresentarem uma alta incidência de comorbidade, associado à contínua desinformação sobre dissociação, estas crianças continuam a ser equivocadamente diagnosticadas com os mais populares ou conhecidos diagnósticos, como o Transtorno de Déficit de Atenção e Hiperatividade (TDAH), Psicose Bipolar, Transtorno de Conduta, etc. (McElroy, 1992; Waters, 2005a).

Desenvolvimentos Teóricos e Conceituação da Dissociação

Desde o início da década de 1990, muitos modelos teóricos oriundos de diferentes disciplinas têm surgido fornecendo uma perspectiva mais ampla para nossa compreensão sobre o rompimento da memória, consciência e identidade. Contribuições no campo da neurobiologia (Bremner et al., 2003; Bremner, 2005; Stein, Koverola, Hanna, Torchia, & McClarty, 1997; Vermetten, Schmahl, Lindner, Loewenstein, & Bremner, 2006) examinaram como o trauma afeta certas estruturas cerebrais, prejudicando a consciência e a memória. O apego e as teorias relacionais (Liotti, 1992, 2009; Lyons-Ruth & Jacobvitz, 1999; Main & Solomon, 1986; Siegel, 1999) concentraram-se no relacionamento traumático da criança com seu pai e no desenvolvimento de transtornos e processos dissociativos.

No campo da dissociação tem surgido uma série de teorias, como algumas delas aqui citadas por mim, de forma resumida. Putnam (1997) vê a dissociação como um mecanismo de defesa para o medo esmagador da aniquilação resultando na compartimentalização de sentimentos, de memórias dolorosas e na alienação do Eu.

Putnam analisa, ainda, em seu *Modelo de Estados Comportamentais Discretos* (1997) o desenvolvimento precoce de mudanças discretas de uma criança, em resposta ao cuidado abusivo e instável da mãe, que criam os modelos responsáveis por segmentar as experiências confusas e assustadoras, desde os estágios iniciais da formação do Eu dissociativo.

van der Hart, Nijenhuis e Steele (2006) detalharam seu modelo, a *Dissociação Estrutural da Personalidade*, com base no trabalho prévio de Pierre Janet, no qual o Eu traumatizado se separa de acordo com dois complexos sistemas de ação. No primeiro sistema, a personalidade aparentemente normal (PAN) permite ao indivíduo realizar funções necessárias, como o trabalho. No segundo, a personalidade emocional (PE) é o sistema de ação fixado no momento do trauma para defender contra ameaças. A PE contém memórias traumáticas, bem como emoções, pensamentos e comportamentos traumáticos associados. Esse sistema de ação pode, ainda, fragmentar-se em sistemas terciários contendo muitas PAN's e PE's que assumem ações adicionais para o Eu.

Stein e Kendall (2004) apresentaram o *Modelo dos Efeitos Psicológicos Globais do Estresse Traumático Crônico em Crianças*, com base nos primeiros trabalhos de Lenore Terr's, Trauma Tipo 2 (1991), o qual examina o impacto do trauma crônico no desenvolvimento do cérebro da criança, alterações na consciência e memória, distúrbio de identidade, dificuldade na regulação das emoções e no nível de ativação, hiperatividade e atenção, problemas de relacionamento e alterações no sistema de crenças.

O Transtorno Traumático do Desenvolvimento (van der Kolk et al., 2009) proposto para análise no DSM-V centra-se no impacto de múltiplas exposições ao trauma interpessoal, que causam desregulação somática, afetiva do Eu e relacional, bem como sintomas de espectro pós-traumático. Este transtorno dura mais de seis meses, causando prejuízo funcional significativo, incluindo dissociação.

Abrangente, o *Modelo Quadri-terapêutico para o Tratamento de Crianças Dissociativas* de Waters (1996, 2011) combina o uso de quatro teorias para a avaliação e o tratamento de crianças dissociativas: apego (Bowlby, 1973, 1980; Mahler, Pine, & Bergman, 1975; Main & Solomon, 1986), desenvolvimento (Erikson, 1968; Piaget, 1954), sistemas familiares (Bowen, 1978; Minuchin, 1974; Satir, 1983); e teoria dissociativa (Putnam, 1997).

A teoria do apego deste modelo deriva do quadro de Bowlby relativo às respostas psicológicas da criança em relação à perda do pai. Ele descreve estágios de dor e luto vivenciados pela criança como um comportamento dirigido ao objeto da perda, hostilidade, apelo por ajuda, desespero, revogação, regressão, desorganização e reorganização do comportamento dirigido a um novo objeto. Meu modelo, baseado no modelo de Bowlby, de como uma criança lida com a separação do pai é, comparativamente, *uma janela* sobre como a criança deve sobreviver ao impacto psicológico devastador quando exposta a pais assustadores, confusos ou abusivos. Em meu modelo de comparação, estando a criança em uma situação devastadora, desamparada e insustentável, ela encontra uma saída por meio da dissociação afetiva, das sensações, perda do pai idealizado, etc. A resposta da criança é a internalização de intenso e insuportável sentimento de medo subjacente, tristeza, luto e vulnerabilidade, além da transformação dos comportamentos de enfrentamento em estados do Eu, como o estado internalizado do pai abusivo, o estado ajudante/amigável, o estado de ira, o estado depressivo, o estado sexualizado, etc. Os estados podem ser fragmentados, menos desenvolvidos ou mais desenvolvidos como visto no Transtorno Dissociativo de Identidade (TDI).

A Teoria do Desenvolvimento deste modelo inclui a Teoria do Desenvolvimento Psicossocial de Erickson (1998) que analisa a formação da identidade do ego e o senso de consciência do Eu moldado por interações sociais diárias. O desenvolvimento do Eu está constantemente mudando por meio de novas experiências. Erickson detalha oito estágios de experiências relacionais que começam no nascimento e, que, se alcançam sucesso, constroem competência, capacidade de intimidade e um senso de Eu seguro na velhice. Entretanto, meu modelo reconhece que as experiências traumáticas durante a infância interrompem o desenvolvimento da identidade, confiança, autonomia, intimidade, etc, resultando em algum grau de fragmentação e de transtorno da identidade.

A teoria de Mahler (Mahler et al., 1975) sobre a separação e a individuação também fornece a conceituação das fases de desenvolvimento que começam na infância para atingir uma identidade saudável. A supremacia de cada fase ajudará a desenvolver um senso de identidade individual. Entretanto, maus- tratos precoces à criança, particularmente pela mãe, interrompem seu processo de desenvolvimento para alcançar individuação saudável. Assim, a exploração segura das emoções e do ambiente são, então, impedidas. Consequentemente, a criança pode contar com a dissociação e com a fragmentação do Eu como uma maneira de se defender contra o sentimento devastador proveniente do trauma original e dos posteriores disparadores traumáticos do ambiente. Isto irá, portanto, prejudicar sua habilidade para conquistar individuação com uma identidade do Eu unificada.

A Teoria do Sistema Familiar no Modelo Quadri-teórico é baseada nos trabalhos de Bowen (1978), Satir (1983) e Minuchin (1974), que percebem a família como uma unidade emocional e examinam a interação entre os membros da família. Interações destrutivas dentro da família, como maus-tratos ou rompimento no apego, por exemplo, podem causar ou influenciar defesas dissociativas. A abordagem dos sistemas familiares examina os membros da família e sua própria história de trauma, apego não resolvido, dissociação, doenças mentais, etc. Meu modelo enfatiza a importância de envolver toda a família na avaliação e no tratamento para melhorar a efetividade da comunicação e dos relacionamentos, eliminando quaisquer comportamentos que influenciam a dissociação, proporcionando um ambiente seguro.

O modelo Quadri-teórico fornece uma perspectiva ampla e integrativa examinando como múltiplas teorias se cruzam para fornecer uma base para compreender o desenvolvimento e as complexidades das defesas dissociativas em crianças. Esta conceituação é útil na avaliação e no decorrer de todo o processo de tratamento.

Todos esses modelos teóricos – o neurológico, o do apego, o relacional, o dissociativo – são derivados de várias disciplinas e convergem para construções sobrepostas para fortalecer intensamente a credibilidade e a compreensão da etiologia da dissociação. *Todos eles reconhecem as causas subjacentes da dissociação resultante do trauma infantil, abuso e negligência.*

Atualmente, apesar de estudos contemporâneos, modelos teóricos e oportunidades de formação, a dissociação na infância é, frequentemente, ignorada, mal compreendida ou desacreditada. Kluft (1984, 1985) atribui este fenômeno à falta de reconhecimento de comportamentos dissociativos em crianças, que se manifestam de maneira diferente nos adultos dissociados, cuja sintomatologia aparece de forma mais discreta. Além disto, existe uma descrença ou ceticismo no que se refere aos relatos das crianças sobre vozes respondendo por seus maus comportamentos ou à negação da criança sobre seu comportamento. Pelo fato de os cuidadores poderem puni-las por "mentirem" ou por relatarem separação, as crianças dissociativas são mais inibidas para revelar tais influências.

van der Hart, Nijenhuis e Steele (2005) também postularam outro motivo fundamental para o ceticismo na dissociação em indivíduos traumatizados. Profissionais negligenciam como o trauma pode implicar certo grau de divisão ou dissociação do Eu e a visão da dissociação como sendo periférica, não uma caraterística central do TEPT.

Transtornos mais populares ou amplamente conhecidos, como o TDAH, os transtornos de ajustamento, os transtornos de somatização, os transtornos de desenvolvimento e os transtornos bipolares são atribuídos às crianças traumatizadas, mas a dissociação não é reconhecida, (McElroy, 1992; Waters, 2005ª),resultando em um acúmulo de anos de dor emocional, confusão de identidade, problemas de memória, traumas não resolvidos e tratamento ineficaz.

O Processo de Avaliação da Dissociação Para a Criança e o Adolescente

Realizar uma avaliação completa de crianças com trauma complexo não ocorre em uma única sessão ou em uma série de sessões prévias, mas no decorrer de um processo.

Tal como acontece no Modelo do Processamento Adaptativo de Informação (PAI) e na dessensibilização e reprocessamento por meio dos movimentos oculares (EMDR) (Shapiro, 2001), cada fase traz uma reavaliação da capacidade do cliente para seguir eficazmente no processamento do trauma. Os terapeutas estão continuamente obtendo mais informação por meio de todas as fases e reavaliando como intervir. Sintomas dissociativos podem não aparecer até os últimos estágios do tratamento de EMDR, particularmente durante o processamento do trauma. Por isso, é aconselhável avaliar o grau de dissociação antes de prosseguir.

Explorar todas as formas de trauma, incluindo o físico, o emocional, o sexual, o testemunho à violência doméstica, a saúde/doença, a exposição à guerra ou a desastres naturais e acidentes, sua cronicidade e respostas familiares é essencial para avaliar como a criança se defende de tais experiências e se processos dissociativos estão envolvidos. Compreender estes processos irá auxiliar o terapeuta de EMDR a se preparar para um efetivo processamento de memórias de trauma e adversidade com crianças em uso do tratamento de EMDR e do modelo do PAI.

A dissociação pode ser ou não patológica. Alguns sinais de dissociação não patológica são o sonhar acordado ou ficar hipnotizado, a fantasia ou a absorção durante um jogo de videogame. Essas experiências não envolvem qualquer fragmentação do Eu e, geralmente, não impedem o ajustamento global da criança, a menos que haja algum componente compulsivo, como horas jogando no computador, o que poderia interromper o sono ou o dever de casa.

A dissociação patológica pode variar de moderada a severa. As formas moderadas são a desrealização e a despersonalização. Seguindo para um contínuo de severidade está a formação dos estados do Eu, que só podem operar internamente, sem exercer o controle executivo do corpo, mas podendo influenciar, enormemente, no humor da criança, em suas sensações, comportamento e memória. Estas crianças são diagnosticadas como apresentando o Transtorno Dissociativo Sem Outra Especificação (TDSOE). A forma mais severa de dissociação é a presença de estados do Eu discretos que exercem o controle executivo do corpo, resultando em consideráveis problemas de memória, confusão de identidade, humor mais intenso e mudanças de comportamento. Estas crianças seriam diagnosticadas com o TDI. Veja, abaixo, uma descrição mais completa destes indicadores.

Indicadores do Núcleo Dissociativo e Descrição de Caso

Peterson (1991) fornece uma lista de verificações para o problema da dissociação na infância e Hornstein e Putnam (1992) examinam a fenomenologia clínica da criança e do adolescente com transtornos dissociativos. Ao se avaliar os indicadores do núcleo dissociativo, a utilização de *checklists* dissociativos válidos com processos de entrevista completa é uma necessidade. Os indicadores do núcleo dissociativo apresentados são, muitas vezes, inter-relacionados, influenciados, e/ou dependentes de outros indicadores. Sintomas dissociativos podem, repentinamente, aparecer e desaparecer ou somente aparecer ocasionalmente dependendo do que os ativa. Devido à fluidez de tais sintomas, muitas vezes eles são ignorados ou mal interpretados.

Para descrever cada um dos indicadores do núcleo dissociativo, relato, aqui, como exemplo, o caso de Lisa, uma menina asiática de 9 anos de idade, adotada, de quem tratei. Lisa vivia com seus pais adotivos e dois irmãos. A mãe forneceu um extenso histórico de piora e severos problemas emocionais e comportamentais desde sua adoção. Lisa só foi capaz de suportar a escola por meio período desde o início da sua vida escolar e, muitas vezes, foi mandada de volta para casa devido aos seus frequentes comportamentos explosivos na escola, além de graves problemas com colegas. Aos 9 anos, Lisa ainda era incapaz de abrir uma garrafa ou segurar talheres.

Quando Lisa veio para os Estados Unidos, com quatro meses de vida, sua mãe adotiva percebeu que ela dormiu a viagem inteira, independentemente de estar muito agasalhada e encharcada. Ela era indiferente ao calor e mostrava sinais de dificuldades no processamento sensorial desde muito mais nova. Os pais não relataram nenhum histórico de trauma quando Lisa foi adotada por eles, mas perceberam que ela tinha um inchaço na gengiva parecido com um tumor. Um exame realizado por uma odontopediatra indicou não se tratar de um tumor, mas de algum trauma desconhecido na gengiva. Desde sua infância na pré-escola, Lisa era extremamente defensiva oralmente e alimentar-se era uma experiência traumática, tanto para ela quanto para seus pais, com a sua recusa de aceitar garrafa ou colher até estar morrendo de fome. Caso alguém se aproximasse, ela balançava seus bracinhos violentamente e chutava de maneira furiosa. Ela lutava contra escovar seus dentes. Ela estava se comportando como se tivesse sido traumatizada oralmente. Sua língua ficava para fora da boca e ela babou até os cincos anos de idade, como se não tivesse desenvolvido os músculos faciais ainda. Ela não reconhecia sua imagem refletida no espelho até que sua mãe a ensinou aos 3 anos de idade. Frequentemente ela mostrava um olhar vazio em seu rosto. Lisa descompensava, Lisa apresentava um padrão de apego desorganizado gritando e se debatendo caso sua mãe se aproximasse para confortá-la. Quando sua mãe se afastava, ela a perseguia num estado de medo e agonia, protestando pelo afastamento da sua mãe. Lisa estava completamente inconsolável, gravemente perturbada e ficava brava por horas; sua mãe estava desesperada por soluções. Lisa, frequentemente, não se recordava dos ataques de raiva e ficava com um olhar vidrado quando questionada. Estes humores variáveis e mudanças de comportamento eram, muitas vezes, aleatórios ou imprevisíveis. Este era um padrão comumente repetido ao longo de sua vida. Lisa ficava inconsolável e gravemente perturbada por horas.

O comportamento prévio e cada vez mais perturbador de Lisa levou sua mãe a buscar, freneticamente, por respostas e por várias avaliações. Aos 18 meses de idade, Lisa foi avaliada por terapeutas ocupacionais e por fonoaudiólogos, sendo diagnosticada com baixo desenvolvimento motor e habilidades físicas "fragmentadas". Ela apresentava grande atraso na fala e linguagem. Ela fazia tratamento fonoaudiológico e terapia ocupacional desde esta época e continuava a fazê-lo.

Sua mãe consultou a agência de adoção buscando por direcionamento sobre como cuidar de Lisa durante seus anos de pré-escola. Ela foi informada que Lisa apresentava Transtorno de Apego Reativo e foi encaminhada para fazer *holding therapy* (Welch, 1988), uma técnica na qual o pai ou o terapeuta segura a criança de modo forçado e prolongado a fim de desenvolver apego com o pai. Esta técnica tem recebido muitas críticas. A mãe foi aconselhada a não largar Lisa até que ela começasse a se conectar com ela. Lisa lutou vigorosamente, desmaiou e acordou, em seu esforço de escapar da mãe que a segurou por horas. Ser segurada dessa forma ativou em seu cérebro o sistema de resposta ao estresse, aumentando seu medo e consequentemente sua dissociação. A raiva de Lisa aumentou.

Um psiquiatra avaliou Lisa aos 6 anos de idade. Ele relatou não ter certeza sobre o diagnóstico desta criança, mas diagnosticou-a com transtorno de ansiedade e transtorno desafiador opositivo (TDO). Ele prescreveu um antidepressivo e, posteriormente, adicionou uma medicação antipsicótica, contudo sua mãe interrompeu o uso dos medicamentos devido à falta de melhora do quadro.

Desesperada, a mãe de Lisa procurou a ajuda de um respeitado e reconhecido centro de orientação infantil no qual Lisa foi diagnosticada com o transtorno global do desenvolvimento sem outra especificação (TGDSOE) e TDO. Considerou-se descartar o transtorno afetivo. Lisa era famosa por seus problemas comportamentais, sensoriais, emocionais, cognitivos e acadêmicos. Foi, então, recomendada a terapia comportamental, que se mostrou ineficiente. Devido ao comportamento explosivo de Lisa, sua família havia limitado, severamente, suas atividades.

Então sua mãe solicitou minha avaliação, ao mesmo tempo em que levou Lisa para um quiroprático, que, independente de um diagnóstico, forneceu impressões magníficas e complementares às minhas, sobre as quais discorrerei, mais adiante, após destacar os sintomas de núcleo dissociativo de Lisa sob os títulos abaixo.

Amnésia

Crianças podem ter flutuações em suas memórias, incluindo não se recordarem de experiências traumáticas e/ou não traumáticas do passado ou do presente. Suas memórias podem ser inconscientes ou episódicas. Elas podem, ao mesmo tempo, se lembrar de eventos e em outro momento podem não ter conhecimento desses eventos ou elas podem ter, apenas, uma lembrança vaga dos eventos. Elas podem se lembrar de partes dos seus traumas e descrevê-los acompanhados de distorção sensorial, como visão de túnel, ou somente ouvir pedaços do evento. Elas podem não se recordar dos professores, deveres de casa, feriados ou até mesmo de seus pais, como no caso de Lisa.

Em minha primeira entrevista com Lisa, enquanto ela brincava com a casa de bonecas, eu perguntei se havia algum problema de memória. Ela simplesmente relatou de modo claro: – *"Eu levo algum tempo para lembrar quem são meus pais"*. Ela também disse que levava algum tempo para se lembrar dos seus irmãos. Seguindo com o questionamento, ela relatou não reconhecer seu dever de casa, as provas que havia feito e as atividades realizadas com sua família. Também argumentou ter sido acusada de ter batido em seus irmãos, mas não se recordava de tal comportamento.

A memória inconsistente para o comportamento disruptivo com crianças dissociadas pode ser mal interpretada pelos pais e profissionais sob a perspectiva de que elas estejam mentindo ou manipulando para evitar as consequências. Embora seja irritante para os adultos lidarem com esses episódios, é muito mais confuso, frustrante e assustador para as crianças dissociadas serem acusadas de algo que não se recordam de terem feito. Enquanto as crianças podem manipular para evitar repercussões, as crianças traumatizadas, muitas vezes, têm problemas significativos de memória e dissociação que devem ser minuciosamente explorados como uma possibilidade. Uma abordagem empática irá diminuir a vergonha destas crianças e encorajá-las a explorar suas barreiras dissociativas e quais fatores subjacentes contribuem para sua amnésia.

A memória episódica das crianças pode ser dependente de muitos fatores, tais como, se elas possuem força egóica suficiente para suportar a memória, particularmente se ela for traumática, a segurança do ambiente e a consciência de um estado de transe que contém informação de eventos presentes ou passados. Além disso, simplesmente perguntar às crianças, de forma empática sobre tais experiências irá, muitas vezes, fornecer a elas a oportunidade de discutir suas experiências amnésicas, assim como ocorreu com Lisa, que pareceu estar aliviada em contar-me sobre elas.

Comportamento de Transe e Estados de Transe ou Estados do Eu

Ao longo do continuum da dissociação de moderada à severa, crianças podem ficar aéreas ou "se desconectarem", quando elas querem escapar devido à ansiedade ou a recordações traumáticas. Com crianças que sofreram abuso prolongado, o comportamento de transe pode tornar-se habitual até com os estressores mais leves, que são normalmente apontados por professores. Durante esses momentos, as crianças podem ter dificuldade para relatar o que aconteceu um pouco antes de se desconectarem ou o que motivou tal comportamento. Algumas vezes, por se sentirem envergonhadas, elas dirão que estavam entediadas na escola. É importante explorar se estes períodos têm outros significados e um padrão relacionado a certas emoções, disparadores traumáticos e/ou a presença de estado do Eu.

A forma mais severa de dissociação é a presença de estados do Eu. As crianças muito novas que apresentam alucinações auditivas ou visuais de pessoas podem identificá-las como sendo "amigos imaginários" que não se distinguem dos estados do Eu, até se tornarem mais velhas e sejam capazes de assimilar seu significado. Esses "amigos imaginários", no entanto, podem expressar emoções intensas e conflitos uns com os outros

(Frost, Silberg, & McIntee, 1996) e causar sofrimento considerável às crianças. Eu tratei um grande número de crianças que insistiam, enfaticamente, que seus "amigos imaginários" ou a "voz furiosa" eram reais e não inventados.

Crianças podem criar estados do Eu de várias idades, com diferentes papéis, emoções e comportamentos, que podem diretamente relacionar-se às suas experiências traumáticas (Waters & Silberg, 1998). Elas podem dar a eles nomes que descrevem sua função e têm um significado especial para elas, como a figura do herói, do perpetrador ou da parte raivosa. Eles podem ter vários níveis de influência sobre o humor da criança, comportamento, sensações, pensamentos e relacionamentos.

Alguns dos estados do Eu que se identificam com o perpetrador se engajam em um comportamento agressivo ou autodestrutivo, como cortar a si, atacar os outros, etc.; normalmente atraem maior atenção dos pais e dos profissionais. Eles são, muitas vezes, o foco das intervenções, sendo diagnosticados como transtorno de conduta - TDO (transtorno desafiador opositivo). Pode haver também estados do Eu que assumem uma identificação com as figuras de heróis e que "salvam" a criança quando estas sofrem abuso "ajudando-as a voar para bem longe" ou sendo abusados no lugar delas.

Algumas vezes os estados do Eu são simplesmente os "repórteres" da memória traumática, *sem nenhuma emoção*. Essa apresentação pode confundir os profissionais, levando-os a duvidar da ocorrência do trauma ou a minimizar o impacto do trauma sobre a criança. Mas como explicou Steele no DVD de treinamento: *Trauma e Dissociação em Crianças* (Waters, 2007), "... essa é uma marca da dissociação. Isso não aconteceu comigo ou isso aconteceu e realmente não importa. Não existe emoção nisto. Não há nenhum tom de sentimento. Não há nenhum sentido de propriedade pessoal". (Este também é um sinal de despersonalização, o qual é destacado abaixo).

Pelo fato de as crianças traumatizadas por longo período e dissociadas serem mais facilmente sensibilizadas ao menor estímulo, elas podem mudar de estados do Eu rapidamente quando diante de disparadores. Esses estados de transe podem aparecer e desaparecer repentinamente sem provocação aparente e podem conter, apenas, memórias específicas relacionadas com suas próprias experiências. Sua consciência dos outros estados do Eu ou do seu ambiente atual pode ser precária dependendo das barreiras protetoras entre eles. Eles podem aparecer depois de estarem escondidos por anos e assumirem o controle executivo sobre o corpo da criança ou atormentá-la internamente com comentários degradantes ou pressioná-la a realizar atos autodestrutivos ou agressivos. Estados do Eu podem aparecer, se envolver em comportamento agressivo e, então, desaparecer, deixando a criança desconcertada. Estas crianças são frequentemente acusadas de estarem mentindo quando elas negam tal comportamento.

Lisa descreveu um total de cinco estados do Eu ao longo de alguns meses. Durante o período de tempo em que foi avaliada pelo quiroprático, Lisa me revelou dois estados do Eu bebês, Mary e Tommy. O quiroprático, desconhecendo os estados dissociativos de Lisa, fez uma avaliação notável de que ela tinha retido seus reflexos infantis primitivos. Lisa foi diagnosticada com reflexo tônico cervical assimétrico (RTCA) que os bebês apresentam até os seis meses de idade e então desaparecem. Os sinais são quando os olhos se movem em uma direção, o pescoço se move na mesma direção; quando a cabeça se move em certa direção, as pernas e os braços se movem nesta direção, etc. Os reflexos infantis de Lisa foram atribuídos à presença desses estados bebê! Além disso, eles continuaram a influenciar e a limitar sua destreza física e força, assim ela era incapaz de abrir uma garrafa e efetivamente segurar talheres.

Lisa também identificou um ajudante, a mãe internalizada. Também identificou outro ajudante adulto, Shadow, que surgiu depois de ela relatar ter visto, internamente, uma figura sombria. Cindy, um estado do Eu raivoso de 9 anos de idade tornou-se conhecida durante uma de suas explosões. Lisa apareceu rapidamente para mudar para o estado bebê indefeso com extrema ansiedade de separação de Cindy, que agiria com fúria caso sua mãe se aproximasse para consolá-la quando ela chorava. O ajudante bebê e Shadow estavam, frequentemente, em conflito direto com a mãe internalizada de Lisa, com o objetivo de assumir o controle. A mudança de um estado para o outro era acompanhada por significativa amnésia, resultando numa vida caótica de medo e confusão que, não apenas prejudicava gravemente sua memória, comportamento e emoção, como também afetava desfavoravelmente sua capacidade de apegar-se à sua mãe.

Quando crianças têm mudanças de estado extremas e contraditórias, particularmente atrasos graves de desenvolvimento (comportamento regredido), a existência de estados de transe de diferentes idades deveria ser considerada e cuidadosamente acessada. Enquanto os estados do Eu, inicialmente, ajudam a criança a sobreviver ao trauma, posteriormente, podem causar estragos em sua vida até que sua presença seja conhecida e os seus papéis traumáticos tenham sido processados. A resistência às intervenções, os comportamentos de negação e as mudanças instáveis de estado são alertas de sinais fundamentais para os terapeutas explorarem a presença dos estados do Eu.

Mudanças Extremas de Humor e de Comportamento

Flutuações extremas e rápidas no humor e no comportamento podem ser vistas frequentemente como uma forma de Transtorno Bipolar ou TDO, particularmente se forem tomadas pelo que apresentam e não forem compreendidas como parte da etiologia da dissociação. Crianças dissociativas, com mudanças de estados repentinas, são imprevisíveis, confusas e um desafio para serem cuidadas. Como observado acima, essas flutuações são, muitas vezes, atribuídas às mudanças rápidas dos estados do Eu, que possuem emoções divergentes como alegria, raiva, tristeza, medo, etc. Elas podem demonstrar preferências mutáveis por alimentos, vestimenta, brinquedos, atividades, bem como padrões de pensamentos contraditórios e queixas somáticas repentinas como dores de cabeça, dores de estômago e extremidades doloridas. Enquanto isto parece confundir o cuidador ou o profissional, estas mudanças extremas de humor e de comportamento devem ser exploradas para verificar se são resultado de uma fragmentação e criação dos estados do Eu. Um mapeamento detalhado destas mudanças, por parte dos pais, pode fornecer ao profissional de EMDR uma valiosa diversidade de disparadores e mudanças na apresentação para um diagnóstico preciso.

Lisa demonstrou mudança rápida quando se sentiu ameaçada fisicamente, quando esteve no meio da multidão, quando testemunhou alguém da escola ser machucado, quando fez viagens longas (como a que fez para chegar a este país quando foi adotada) e quando seu pai viajou a negócios (medo do abandono, pois ela era mais próxima a ele). Estas foram todas as recordações traumáticas que estimularam as defesas dissociativas. Partes dela que assumiriam o controle executivo ou partes por meio das quais ela sentiria internamente suas emoções. Seu humor oscilava entre medo, agressão e desânimo, período durante o qual ela lamuriava, por horas, querendo morrer. Seus níveis de habilidade eram instáveis e, particularmente, dependentes de seus estados bebê, por meio dos quais ela podia regredir à fala de bebê, aos maneirismos infantis ou capacidades físicas.

Alucinações Visuais e Auditivas

A presença de vozes e de imagens de objetos flutuantes, rostos, figuras ou sombras são características frequentes de crianças com TDSOE ou TDI. Essas alucinações originam-se de experiências traumáticas e são indicadores de fragmentação. Como afirmado anteriormente, as vozes podem ser antagonistas, amigáveis, auxiliares ou destrutivas.

Os adolescentes podem ficar hesitantes em relatar vozes por medo de serem vistos como "doidos". Perguntar para as crianças, de modo empático, sobre estas alucinações, enquanto se explica que outras crianças com histórias parecidas contaram passar por essas mesmas experiências, pode minimizar sua resistência em revelá-las. Eu, muitas vezes, explico que *"as vozes são partes delas que as ajudam, de algum modo, com as coisas ruins que aconteceram a elas, até mesmo a voz que parece furiosa"*. Esta abordagem tem ajudado às crianças a começarem a entender o significado das vozes e a reduzir sua ansiedade e fobia a respeito deste estado. Isto também aumentará a vontade do estado de raiva a cooperar com a terapia.

Para compreender a percepção da criança sobre as alucinações visuais, como as "figuras assustadoras" etc, e avaliar as respostas dissociativas mais detalhadamente, eu peço para ela desenhar uma imagem destas figuras durante as fases iniciais do tratamento de EMDR. Seus desenhos fornecerão, diagnosticamente, muitos dados sobre a percepção da criança em relação às suas vozes ou estados do Eu, tal como suas identidades são formadas, quão poderosas elas são e o quão assustadoramente a criança as percebe. Algumas crianças podem desenhar a cabeça ou o corpo inteiro bem grande, com braços desproporcionalmente maiores e rostos assustadores.
Na fase de preparação da Terapia EMDR, fornecerei mais psicoeducação sobre essas partes contendo os sentimentos com os quais a criança era incapaz de lidar sozinha e de como estas partes também precisam de ajuda para aprenderem a expressar-se de uma maneira apropriada. Ajudar a desmistificar essas alucinações pode auxiliar as crianças a expressarem suas experiências internas.

Lisa era muito aberta para relatar suas alucinações visuais e auditivas. Foi um alívio para ela entendê-las e começar a ter algum controle sobre sua influência. Sua mãe, frequentemente, presente durante essas sessões, não a julgava, era empática e lhe dava o apoio necessário, o que ajudou Lisa expressivamente a superar sua vergonha sobre as alucinações, particularmente no que se referia ao comportamento de constrangimento.

Quando as crianças compreendem que suas vozes assustadoras ou imagens foram originalmente formadas para ajudá-las a sobreviver, o medo e a resistência em divulgá-las é menor.

Despersonalização e Desrealização

Mesmo que a despersonalização e a desrealização tenham sido mencionadas acima, vale destacá-las aqui de maneira mais aprofundada.

Steele, Dorahy, van der Hart e Nijenhuis (2009) descreveram expressivamente a despersonalização como: (1) a existência de um ego observador e experienciador ou parte da personalidade (Fromm, 1965); (2) o desapego da consciência do eu ou do corpo (ex.: sentimentos de estranheza ou de desconhecimento com o Eu, experiências fora do corpo); (3) o desapego das emoções, como entorpecimento; (4) um senso de irrealidade, como se estivesse em um sonho; e (5) alterações de percepção ou alucinações em relação ao corpo (Noyes & Kletti, 1977). A Desrealização envolve um senso de irrealidade ou estranhamento com o próprio ambiente, bem como distorções de espaço e de tempo (Steinberg, 1995, p. 162).

Steele et al. (2009) acreditam que muitas formas de despersonalização e de desrealização são alterações da consciência e da memória.

As pesquisas de Shimizu e Sakamoto (1986) descreveram dezesseis casos de despersonalização com desenvolvimento anterior aos 15 anos. A maioria das crianças dissociativas por mim tratadas que descreviam experiências de despersonalização e de desrealização, também possuíam estados do Eu presentes naquele tempo. Entretanto, trabalhei com um adolescente adotado que não revelou qualquer estado do Eu relacionado aos seus sentimentos de despersonalização e desrealização.

A respeito de Lisa, ela apresentava uma despersonalização considerável, predominantemente relacionada à sua boca, incluindo outras partes do seu corpo que eram ativadas quando ela comia. Por exemplo, Lisa não sentia sua boca, não sentia o gosto nem o cheiro da comida e não tinha conhecimento de que mastigava a comida. Ela era insensível à comida que derramava em seus braços, colo e pernas. Em uma exploração mais profunda, enquanto os estados bebê de Lisa não assumiam o controle executivo do seu corpo, eles estavam, internamente, influenciando suas perdas sensoriais. Este exemplo ilustra a complexidade para ajustar o que está afetando o prolongamento dos sintomas das crianças que podem mostrar-se aos pais como displicentes, desleixadas e resistentes à correção, mas que na verdade são insensíveis aos seus sentidos corporais.

Ferramentas de Avaliação

Juntamente com um processo de entrevista completa, existem algumas ferramentas-padrão preciosas, válidas e confiáveis para crianças e adolescentes. Elas podem auxiliar ainda mais o profissional de EMDR no diagnóstico como parte de uma avaliação completa.

Um *checklist* popular para cuidadores é o *Child Dissociative Checklists* (CDC, Putnam et al. 1993). Voltado para crianças da pré-escola até os 12 anos de idade, ele também tem sido usado por professores para avaliar o comportamento dos seus alunos.

A medida padrão mais amplamente utilizada por cuidadores e professores é o *Child Behavior Checklists* (CBCL, Achenbach, 1992). O CBCL avalia os comportamentos internos e externos das crianças, sendo frequentemente usado para diagnosticar o TDAH. Entretanto, este *checklist* possui os seguintes itens que se sobrepõem aos sintomas dissociativos: age de forma imatura para a idade, não se concentra, não presta atenção por muito tempo, é confuso ou parece estar distante, sonha acordado ou se perde em seus pensamentos, olha fixamente, muda repentinamente o humor ou os sentimentos. Estudos (Malinosky-Rummel & Hoier, 1991; Sim et al., 2005) incluíram o CBCL na categoria eficaz para detectar a dissociação nas crianças.

Existe um grande número de *checklists* de autorrelato de dissociação. O mais comumente usado é um questionário com 30 itens, *Adolescent Dissociative Experience Scale* (ADES) (Armstrong et al., 1997). Um questionário mais abrangente, com 218 questões, é o *Adolescent Multi-Dimensional Inventory of Dissociation v.6.0* (Dell, 2006), que avalia as 14 principais facetas da dissociação. Ele pode ser obtido entrando em contato com o Dr. Dell por meio do endereço eletrônico: **pfdell@aol.com**.

A *Children's Dissociative Experiences Scale & Posttraumatic Symptom Inventory*, de Stolbach (1997) (CDES-PSI) é um auto relatório destinado para crianças de 7 a 12 anos de idade. Todavia o autor o considera muito útil também para adolescentes, (Stolbach, comunicado pessoal, Maio de 2006). Este *checklist* é válido para diferenciar crianças traumatizadas de crianças não traumatizadas, sendo de fácil preenchimento para essa faixa etária. Enquanto não há normas válidas para a dissociação, eu o achei muito útil para detectar sintomas dissociativos em crianças traumatizadas. Para as crianças muito novas que não lêem, eu li para elas as questões, o mais fielmente possível, para não distorcer os resultados.

A *Children's Perceptual Alteration Scale* (CPAS, Evers-Szostak & Sanders, 1992) é uma medida de um autorrelato da dissociação para crianças entre 8 e 12 anos. Ela se deriva da *Perceptual Alteration Scale for adults* (Sanders, 1986), sendo um instrumento muito útil para a dissociação na infância, assim como para o desenvolvimento normal e a psicopatologia infantil.

O autorrelato de Briere (1996), *Trauma Symptom Checklist for Children* (TSCC), possui seis escalas clínicas: Ansiedade, Depressão, Estresse pós-traumático, Dissociação, Raiva e Interesses Sexuais. Existem três questões sobre dissociação que podem ser usadas para sinalizar a necessidade de uma avaliação mais minuciosa com um *checklist* específico. Particularmente, quando a criança revela sintomas dissociados, ainda que o TSCC não tenha sinalizado a dissociação, eu ainda aplico um dos *checklists* específicos.

Steinberg desenvolveu a *Structural Clinical Interview for DSM Dissociative Disorders* (SCID-D) (1994), que requer treinamento e pode ser usada com adolescentes que sejam capazes de manter a atenção e apresentarem um nível médio ou superior de funcionamento cognitivo.

Quando cuidadores e crianças confirmam expressivamente itens nos *checklists*, dou continuidade em busca de esclarecimento.

Diagnósticos Diferenciais e Comorbidades

O modelo do Processamento Adaptativo de Informação de Shapiro (2001) explica que, quando um indivíduo apresenta altos níveis de ativação como resultado do trauma, o processamento de informação falhou. Consequentemente, a experiência traumática é armazenada de forma mal adaptativa, resultando em sintomas. Crianças e adolescentes traumatizados, frequentemente apresentam alto nível de comorbidade como resultado de trauma não processado. Estes sintomas podem confundir ou mascarar sua origem traumática e a sequela da dissociação. Uma quantidade imensurável de sintomas é vista em crianças traumatizadas, como, oscilações extremas de humor, falta de atenção e comportamento opositor, que é mais comumente conhecido e tem os diagnósticos mais aceitos, como o transtorno bipolar, o transtorno desafiador opositor e transtorno de déficit de atenção e hiperatividade (TDAH). Até mesmo quando laudos recentes sobre experiências traumáticas são emitidos, infelizmente alguns terapeutas desconsideram sua relevância e as diagnosticam de acordo com o sintoma mais emblemático ou mais perturbador, ignorando, assim, qualquer fenômeno dissociativo (Waters, 2005[a]). Este fato é muito grave, pois a detecção precoce e o processamento apropriado do trauma, incluindo o

EMDR, podem salvar crianças de anos de agravamento dos sintomas resistentes aos tratamentos anteriores e à medicação.

O predomínio da complexidade dos sintomas das comorbidades em crianças dissociativas refere-se ao fato destes sintomas poderem ser breves e intensos ou durarem dias, meses, anos e, repentinamente, desaparecerem. Devido ao fato destes sintomas instáveis estarem, frequentemente, presentes nos estados do Eu das crianças com TDI ou TDSOE, como destacado acima, é muitas vezes confuso para quem emite o diagnóstico perceber a correlação entre os sintomas esporádicos e repentinos contidos, brevemente, nos estados do Eu. Os estados do Eu podem apresentar problemas comportamentais ou emocionais específicos que resultam da forma como eles foram afetados pelo trauma. *Consequentemente, pode haver uma enorme lista de sintomas de comorbidade e diagnósticos atribuídos às crianças dissociativas.*

Sintomas de comorbidade ou diagnósticos vistos frequentemente em crianças dissociadas são: TEPT, TDAH, TDO, transtorno bipolar, transtornos psicóticos, abuso de substâncias, transtorno obsessivo-compulsivo, problemas sexuais, transtorno de conduta, transtornos somatoformes, ansiedade, depressão e transtornos de alimentação.

A mãe de Lisa era uma excelente repórter dos seus sintomas e mantinha anotações descrevendo, em detalhes, as confusas mudanças de estado da sua filha. Apesar disto, Lisa foi diagnosticada com transtorno de ansiedade e TDO pelo psiquiatra e, posteriormente, pelo terapeuta infantil. Nenhum deles considerou seu histórico precoce de trauma infantil e de sintomas dissociativos.

Para auxiliar o avaliador de EMDR, abordarei, aqui, três diagnósticos comumente equivocados e atribuídos às crianças dissociativas com sobreposição ou mudanças de estados similares, apresentando diferenças distintas que são ignoradas.

Transtorno de Déficit de Atenção e Hiperatividade

Há muitos sintomas que se sobrepõem com TDAH e a dissociação que, frequentemente, mascaram a dissociação. Terapeutas não familiarizados com os sinais dissociativos dos estados de transe atribuirão à falta de atenção das crianças traumatizadas ou ao fato de estas ficarem sonhando acordadas ao TDAH. Uma pesquisa realizada por Malinosky-Rummel e Hoier (1991) citou tais similaridades com crianças traumatizadas que obtiveram pontuação significativa nos *checklists* para a dissociação, assim como para os sintomas dissociativos do CBCL. Como ressaltado, no tópico *Ferramentas de Avaliação*, os sinais comuns do CBCL para a dissociação, particularmente observados em crianças com TDAH, são: falta de atenção, ficar aéreo, olhar fixo e sonhar acordado. Portanto, para um tratamento apropriado, o trauma e a dissociação devem ser avaliados antes de se assumir tratar-se de um tipo de desatenção por TDAH.

Transtorno Bipolar

O transtorno bipolar é a desregulação do sistema afetivo em que há oscilações de humor da hipomania para a depressão, geralmente durante semanas ou meses. Na última década, tem havido uma mudança dramática no que se refere a diagnosticar crianças com transtorno bipolar, observando-se maior permissividade e um padrão menos rigoroso, sendo que 90% das diagnosticadas estão recebendo medicação pouco testada relativamente à sua eficácia ou segurança (Moreno et al., 2007). O percentual de diagnósticos pediátricos para o transtorno bipolar cresceu 40 vezes nos últimos dez anos (Instituto Nacional de Saúde Mental [INSM]), 2007). Os diagnósticos de transtorno bipolar em crianças e jovens aumentaram 4,000% de 1994-1995 para 2002-2003, resultando em uma controvérsia considerável sobre eles.

Uma das marcas da dissociação é a mudança rápida e extrema no humor e no comportamento, que pode durar de segundos a horas, sendo acompanhada, algumas vezes, de amnésia. Como explicado acima, estas mudanças extremas podem ser atribuídas aos estados do Eu com emoção intensa, porém, muitas vezes, o diagnóstico não considera a dissociação.

Um artigo marcante de Parry e Levin (2011) examina criticamente os fatores multidimensionais que influenciam o ato de sub ou superdiagnosticar o transtorno bipolar em crianças, incluindo o impacto dos livros populares, dos meios de comunicação e da indústria farmacêutica, bem como a falha em se examinar o desenvolvimento do trauma e as causas do apego na desregulação afetiva.

Janice Papolos, coautora do livro *"The Bipolar Child: the Definitive and Reassuring Guide to Childhood's Most Misunderstood Disorder"* (Papolos & Papolos, 2000) em uma entrevista na National Public Radio's Infinite Mind (Lichtenstein, 2005) referiu-se a pais que descreviam seus filhos como:

> Dr. Jekyll e Sr. Hyde ... a criança tem o OLHAR [em letras maiúsculas em seu relato]. Seus olhos ficam muito vidrados e a criança fica com um olhar feroz como se estivesse lutando por sua vida ... depois que isto termina, a criança não se recorda do que aconteceu. Ela, frequentemente dorme e não se lembra disso; e se lembrar, ela se sente muito mal.

Esta é uma descrição literal dos relatos de dúzias de pais sobre suas crianças dissociativas em idade pré-escolar e crianças mais velhas descritas por mim (Waters, 2005b) e outros (Silberg, 1998; Wieland, 2011).

Há uma escassez de estudos sobre bipolaridade que apontam um histórico de abuso físico e sexual na infância (Blader & Carlson, 2006; Hyun, Friedman & Dunner, 2000; Levitan et al., 1998; Mueser et al., 1998, Wexler, Lyons, Lyons, & Mazure, 1997). Há uma necessidade de educação mais profissional sobre o discernimento da diferença entre sintomas de sobreposição do transtorno bipolar e a relação entre trauma e dissociação em crianças e adultos. Houve apresentações sobre este assunto em conferências (Levy, 2009; Waters, Laddis, Soderstrom, & Yehuda, 2007).

Há um artigo no qual Harris (2005) descreve um exemplo do caso de um menino de 10 anos de idade, previamente tratado de transtorno bipolar, com o aumento de uma série de medicamentos. Após uma análise cuidadosa do caso, o menino descreveu ser severamente espancado por seus avós, bem como relatou, com clareza, sintomas dissociativos de despersonalização e de desrealização que surgiam diante de disparadores. Ele relatou, "Eu só vejo vermelho... Eu realmente não sei onde estou, nem o que estou fazendo... não sinto nada em meu corpo". (Harris, 2005, p. 530). Mais pesquisas são necessárias para a compreensão da correlação entre traumas, desregulação afetiva e dissociação.

Segundo o centro de orientação à criança que avaliou Lisa, ela apresentava transtorno afetivo, mas pareceu confuso quanto a atribuir as causas deste transtorno. A dissociação não foi discutida.

Alucinações, Psicose ou Esquizofrenia

Moskowitz (2011) oferece uma valiosa descrição histórica de dois paradigmas opostos quando se examinam as alucinações e como as alucinações auditivas e visuais têm sido vistas, predominantemente, como psicóticas com origem primariamente biológica (transtorno cerebral) mais do que influenciadas por fatores psicológicos, como as experiências traumáticas. Esta afirmação contundente, que reforça a posição de que as alucinações sejam psicóticas, influenciou de forma expressiva o DSM e ofuscou o trabalho pioneiro de Bleuler (1911/1950), que descreveu a esquizofrenia como uma "cisão" de personalidades.

Devido a essa "divisão" nos paradigmas e ao expressivo foco no fato das alucinações serem um transtorno cerebral, o reconhecimento da sobreposição dos sintomas dissociativos das alucinações auditivas e visuais tem contribuído enormemente para o diagnóstico equivocado de pacientes dissociativos como sendo psicóticos ou esquizofrênicos (Bliss, Larson, & Nakashima, 1983; Rosenbaum, 1980; Ross, Joshi, & Currie, 1990; Ross, Norton & Wozney, 1989).

A principal distinção entre psicose e esquizofrenia e TDSOE ou TDI é que os relatos sobre as alucinações visuais ou auditivas dos clientes dissociativos são atribuídos aos estados do Eu que se formam *como resultado de experiências relacionadas ao trauma* (Kluft, 1987a; Ross, Joshi, & Currie, 1990). Além disso, Sar e Ozturk (2009) explicam:

> *A alegação de pacientes dissociativos sobre a existência de uma outra pessoa, ou de ter mais de uma personalidade, não pode ser considerada uma ilusão. Tais alegações não se originam de um transtorno primário do pensamento, mas sim da experiência de um eu real experienciado como um outro "não eu" (Sullivan, 1953). Em contrapartida, os delírios de um paciente esquizofrênico são vistos como o resultado de uma perturbação primária do conteúdo do pensamento. (p. 536-537).*

Em minha prática, tenho me deparado com muitas crianças e adolescentes traumatizados que relatam alucinações auditivas e visuais provenientes de estados do Eu, sendo diagnosticados previamente com transtorno psicótico. A modalidade de tratamento direcionada a eles foi a abordagem psicofarmacológica sem qualquer eficácia e atenção ao significado das vozes e de sua origem traumática.

Numerosos estudos e casos clínicos têm descrito a alucinação em crianças e adolescentes dissociativos com TDSOE e TDI (Coons, 1996; Dell & Eisenhower, 1990; Hornstein & Putnam, 1992; Putnam, 1997; Silberg, 1996/1998; Shirar, 1996; Waters, 2005b, c; Wieland, 2011).

Para a recuperação das crianças dissociativas, é essencial que os diagnósticos de EMDR se tornem familiares no que se refere às alucinações relacionadas ao trauma no âmbito dos estados do Eu, para que esses sintomas não sejam diagnosticados como psicóticos ou esquizofrênicos e para não se prescrever um regime de tratamento contrário à terapia efetiva e integrativa da juventude traumatizada e fragmentada. Para uma análise mais detalhada de diagnóstico diferencial de alucinações, incentivo o leitor a ler a *Parte X: Dissociação e Psicose de Dell e O'Neil* (2009, p. 519-568).

Os Componentes no Processo de Entrevista

Como em outras avaliações, muitos fatores determinam como proceder com a entrevista em relação à criança e aos membros de sua família. Os fatores relevantes a serem considerados são os padrões profissionais, o estilo e a avaliação clínica, o propósito da entrevista, a idade da criança e o quanto é confortável para a criança vir sozinha ou com os pais. Eu costumo receber a criança ou o adolescente, inicialmente, com o pai ou o cuidador, a menos que o adolescente queira vir sozinho, para reunir referência básica e informação de identificação, assim como um pouco da história do desenvolvimento. Percebo, particularmente, como o(s) pai(s) e a criança interagem entre si e definem o problema. Em algum momento do processo, converso apenas com o pai para coletar mais detalhes do desenvolvimento e histórias de trauma e sintomas. E também entrevisto a criança sozinha para avaliar seu funcionamento global, seu relacionamento com os membros da sua família e com colegas da mesma idade, a história acadêmica e de trauma, assim como sintomas. Caso considere necessário, também entrevista com outros membros da família.

Quando a mãe de Lisa solicitou, por telefone, que eu avaliasse sua filha, ela estava desesperada e cheia de preocupação. Sua breve descrição sobre a vida da filha deixou claro para mim ser necessário reunir uma história detalhada, antes de ver Lisa, para poder intervir rápida e eficientemente com ela. Assim, encontrei-me com a mãe de Lisa por 2 horas, a fim de coletar uma descrição cronológica bem organizada dos seus sintomas, desde a sua adoção por eles aos 4 meses de vida até agora, incluindo a história de desenvolvimento, a acadêmica, a familiar e a social, além de ter revisto as avaliações e intervenções prévias. Segundo minha hipótese inicial, a origem dos sintomas de Lisa se referia a um trauma oral, de causa desconhecida, ocorrido em algum momento durante sua estadia no lar adotivo asiático; e que ela estava exibindo defesas dissociativas.

Lisa tinha uma grave desregulação emocional. A primeira fase do tratamento de EMDR inclui a avaliação das capacidades de regulação emocional. Adler-Tapia e Settle (2008) apontam a importância do desenvolvimento das habilidades de regulação afetiva, particularmente com crianças dissociativas, a fim de que possam permanecer conectadas para a terapia. Este também era meu objetivo desde que Lisa identificou os estados do Eu que respondiam pelo seu humor instável.

Avaliando o Ambiente Familiar

O impacto do ambiente familiar no desenvolvimento da dissociação na infância não pode ser subestimado, assim como também não pode sê-lo na formação prévia dos mecanismos dissociativos. Por isso, é quase consenso o fato de que crianças necessitam de um ambiente seguro para serem tratadas. Silberg aponta:"Eu acredito que os ambientes cada vez mais hostis e solitários, que formam conexões reais e relacionamentos impossíveis, colaboram para consolidar os sintomas dissociativos". (Silberg, 2001, p. 1). Outros também têm descrito as influências de ambientes negativos na formação das defesas dissociativas em crianças, em particular com pais que também demonstram dissociação (Benjamin & Benjamin, 1992; Benjamin, Benjamin, & Rind, 1996; Mann &

Sanders 1994; Peterson & Boat, 1997; Yeager & Lewis, 1996). Essas crianças são particularmente vulneráveis ao abuso recorrente. Entretanto, Kluft (1987b) discute a aptidão parental das mães com o TDI.

Em minha vida profissional tenho tratado pais dissociativos de ambas as extremidades do espectro, desde os que fornecem um ambiente seguro até aqueles que abusam de suas crianças, necessitando de um encaminhamento para a proteção à criança. Os adultos dissociativos que pareciam fornecer um ambiente estável para suas crianças foram os que procuraram, ativamente, tratamento e processaram sua dor, além de também mostrarem capacidade de serem pais sensíveis, empáticos e protetores.

Um histórico parental minucioso, que inclua qualquer trauma, apego com seus próprios pais, dissociação e condições legais, financeiras, médicas e de saúde mental, ajudará o avaliador a determinar sua relevância para a sintomatologia da criança dissociativa.

Tenho trabalhado com muitos pais adotivos dedicados, com trauma significativo, questões de apego não resolvido e dissociação disparados por seus filhos dissociativos demandantes. Alguns abusaram de suas crianças. Encaminhar os pais para a terapia, grupos de apoio e cuidados específicos pode prevenir maus tratos ou restabelecer um ambiente seguro.

Felizmente para Lisa, seus pais adotivos vieram de um ambiente estável com apego saudável em relação aos seus próprios pais, que lhes forneceram sustentação. Ambos os pais aparentavam ter um casamento tradicional e saudável, em que a mãe permanecia em casa enquanto o pai era o provedor financeiro. Eles não tinham nenhum problema significativo aparente. Depois de Lisa ter sido adotada, sua mãe teve uma gravidez de alto risco, necessitando manter repouso na fase final da gravidez. Este fato exacerbou os sintomas de Lisa. Os dois outros filhos eram saudáveis e bem ajustados. Eles toleravam o fato de Lisa se portar mal, mas isto os colocava sob estresse.

Reunindo as Histórias dos Pais Sobre Seus Filhos

É muito importante questionar sobre trauma e dissociação, até mesmo quando o problema apresentado não relaciona trauma. Em geral, pais procuram atendimento para a maioria dos sintomas de perturbação, como comportamento opositor, problemas de atenção e questões relativas à raiva, podendo desconhecer as causas subjacentes. Quando os pais relatam alguma forma de trauma vivenciado por sua criança, eles podem não compreender a relevância deste fato para os sintomas do seu filho.

Coletar a história completa do desenvolvimento da criança, desde antes do seu nascimento até a idade atual, por meio do relato dos pais permitirá determinar qualquer relação causal com os sintomas apresentados. As perguntas devem incluir todas as formas de trauma interpessoal, separação dos pais, condições médicas dolorosas e intervenções, acidentes, exposição à guerra, desastres naturais, assim como o relacionamento com os pais, irmãos e colegas, desempenho acadêmico, atividades extracurriculares e qualquer envolvimento com situação relativa à lei. Construir uma linha do tempo dos eventos significativos correlacionando-os à idade da criança e ao surgimento dos sintomas irá auxiliar no desenvolvimento da relação causal.

Uma atenção especial na coleta da história de trauma deve ser dada ao fato de os pais da criança serem capazes de ajudá-la a colaborar. Quaisquer sinais de dissociação devem ser explorados. Como os pais, frequentemente, desconhecem os sinais dissociativos, educá-los acerca dos indicadores resultará em respostas mais completas e precisas. Os temas a serem abordados são: sinais, frequência e duração de quaisquer comportamentos de transe, negação persistente de comportamento instável ou explosivo mesmo depois de serem punidos; mudanças extremas de humor e de comportamento ativadas pelos menores estímulos ou "sem razão aparente" e outros problemas de memória, além do esquecimento normal de eventos significativos e/ou diários, particularmente após um incidente explosivo. Embora seja muito fácil perceber a negativa de uma criança sobre tal comportamento, como uma negação da responsabilidade pelo mesmo, os problemas de memória são comuns em crianças dissociativas. Solicitar detalhes de um incidente ajudará a rastrear lacunas na memória da criança.

Para auxiliar na identificação de sintomas dissociativos, segue, abaixo, uma lista de perguntas voltadas a este fim. Dependendo da resposta dos pais, algumas perguntas podem não ser necessárias. Este guia deve ser usado com discernimento pelos terapeutas. Muitas destas perguntas se correlacionam com as Questões frequentemente feitas aos Pais da SIETD (**www.isst-d.orge**). (Como as perguntas se aplicam para ambos os sexos, para simplificar, o gênero masculino é usado abaixo).

Lista de Perguntas a Serem Feitas aos Pais

- Você percebe seu filho com o olhar fixo, indiferente ou em seu próprio mundo (sem incluir quando ele está jogando videogame ou vendo televisão)? Com que frequência e por quanto tempo?
- Seu filho tem mudanças extremas de humor e de comportamento? Em caso afirmativo, descreva estas vezes e o que você percebeu em seu comportamento e emoção? Ele parece diferente nestas vezes? Em caso afirmativo, de que maneira?
- Seu filho tem uma comida favorita, atividade, roupa, etc., mas as odeia outras vezes?
- Você percebe algumas mudanças nos olhos de seu filho, tais como, piscar, tremer, revirar e/ou mudança da voz, maneirismos durantes estes momentos?
- Seu filho nega seu comportamento agressivo/instável mesmo quando você testemunha isto? Como ele responde a você nestes momentos? Ele continua a negar tal comportamento até mesmo depois de ser punido? Ele nega outros comportamentos ou situações não problemáticos, ou seja, conversas ou atividades?
- Seu filho já disse alguma vez que ouve vozes ou vê coisas/pessoas, mas ninguém estava por perto? Descreva essas ocasiões.
- Você já ouviu seu filho conversar com ele mesmo e/ou referir-se a si mesmo na terceira pessoa? Ele parece estar usando uma voz diferente durante estas ocasiões? Ele parece ser mais novo ou mais velho do que sua idade real?
- Seu filho tem um companheiro de brincadeira imaginário (maior que 8 anos de idade?) Descreva o que você percebe.
- Seu filho parece se comportar de maneira diferente em momentos não atribuídos à doença? Descreva detalhadamente essas vezes.
- Seu filho tem problemas de memória para eventos que ele deveria recordar, como feriados, aniversários, etc, passados e presentes?
- Seu filho nega veementemente que você disse a ele para fazer seu dever de casa, ou tarefas, quando você está de frente para ele, conversando, e ele não está envolvido em outra atividade, como computador, tv, etc?

Estas questões, feitas anteriormente à mãe de Lisa, foram a base para minha entrevista com Lisa.

Entrevistando a Criança

Criança dissociada pode, muitas vezes, mostrar mudanças sutis quando passa de um estado para o outro, particularmente se a idade dos estados do Eu é próxima da sua idade biológica, dificultando a detecção de tais alterações. Mudanças podem ocorrer tanto em crianças que apresentam TDI como também TDSOE. Crianças com TDSOE podem ter estados internos que influenciam mudanças sem assumir controle executivo do corpo. Mudanças sutis podem ocorrer, mas são de difícil detecção.

A seguir, uma relação de alguns sinais de mudança:
- Olhar fixo ou vidrado repentino quando está falando com alguém;
- Olhos piscando, tremendo ou revirando sem qualquer aviso;
- Outras mudanças faciais - morder os lábios ou fazer careta;
- Mudanças no tom e na inflexão da voz ou na linguagem, como, por exemplo, falar igual a um bebê ou como um adulto exigente;
- Postura corporal de relaxada a rígida ou de organizada a desajeitada;
- Pensamentos contraditórios percebidos na mesma sentença, como "eu não me dou bem com minha mãe"; "nós nos damos super bem"; ou "Eu odeio futebol" "eu gosto de jogar futebol".
- Mudanças drásticas nas preferências: de gostar de desenhar para odiar fazer tal tarefa;
- Mudanças na consciência em relação ao que foi dito pela criança, ou pelo terapeuta, ou confusão, discrepância e negação de relatos anteriores sobre eventos traumáticos e não traumáticos.

É importante estar ciente de que até perguntas comuns podem funcionar como disparadores para as crianças traumatizadas. Elas podem, espontaneamente, causar dissociação e mudanças nos estados do Eu, especialmente quando são relativas às recordações traumáticas, como o nome do perpetrador, eventos ou sintomas relacionados ao acontecimento traumático. Explorar o que desencadeia tais mudanças é um passo importante para esclarecer o início dos processos dissociativos. Devido ao fato de as crianças dissociativas desconhecerem, com frequência, o que ocasiona as mudanças repentinas, uma análise minuciosa é necessária para descobrir o que *aconteceu segundos antes das mudanças* (Silberg, 2012). Questões relacionadas ao que ocorreu na mente da criança, quais sensações corporais são sentidas, quaisquer conflitos internos, vozes internas ou quaisquer lembranças perturbadoras fornecerão informação valiosa sobre o que ocasionou essas mudanças. Se mesmo após o questionamento, a criança não está consciente, catalogar tais momentos e voltar a eles mais tarde, principalmente quando mudanças similares ocorrerem, poderá fornecer esclarecimentos. Quando o entrevistador passa mais tempo com a criança, um padrão sobre tais mudanças se torna mais perceptível e um panorama mais abrangente emerge.

Essas mudanças na emoção e nos processos de pensamento podem sinalizar evidências de confusão ou conflito interno que, por sua vez, podem estar relacionados a alguns estados do Eu sobre os quais a criança pode ou não estar consciente. Estados do Eu podem ter preferências variadas por comida, roupa, atividades e terem um relacionamento desigual com os pais, irmãos, amigos, professores, etc. Eles podem ter níveis de habilidades divergentes para o desempenho acadêmico e social, dependendo da sua idade e de como foram formados, bem como de seus propósitos. Algumas mudanças podem ser sutis enquanto outras podem ser mais extremas. Crianças dissociativas podem mudar tão rapidamente, tornando difícil perceber tais mudanças ou atribuí-las a outros motivos, como o fato de a criança ser nervosa ou apresentar um déficit cognitivo. Entretanto, essas mudanças podem ser pistas para a dissociação. As perguntas devem ser orientadas para explorar as mudanças que ocorrem na sessão, assim como para avaliar, de forma geral, as alterações repentinas ou mudanças vivenciadas pela criança. .

As alucinações auditivas e visuais devem ser questionadas, como em qualquer outro exame de estado mental. Caso sejam confirmadas, os detalhes das alucinações devem ser investigados, para conhecer a frequência, os disparadores e os detalhes sobre o que é dito ou visto, assim como o impacto sobre a criança. Quando investigo, especificamente, os sintomas dissociativos, faço estas perguntas de maneira indireta, explicando que tenho trabalhado com muitas crianças com experiências similares, e que elas ocorrem devido ao estresse e aos eventos perturbadores. Assim, as crianças ficam à vontade para falar sobre suas alucinações.

Habitualmente, eu me encontro primeiro com criança e com o cuidador para saber quais são as preocupações e para começar a construir um bom *rapport*. É importante começar com um assunto mais neutro como, por exemplo, os interesses da criança, *hobbies*, jogos favoritos e programas de televisão, qualquer herói ou pessoas que eles admirem (Adler-Tapia & Settle, 2008).

Em algum ponto do processo avaliativo, solicito à criança e ao cuidador para preencherem o *checklist* dissociativo. Aos adolescentes, peço para explicarem os itens por eles escolhidos. Silberg (1998) discute estratégias de entrevistas que ajudam crianças a revelarem suas experiências internas. Para crianças mais novas, geralmente faço as perguntas sobre experiências dissociativas quando elas estão brincando, devido ao fato de isto ser bem menos estressante para elas. Para adolescentes inquietos dou uma bola mole para eles apertarem, material de desenho ou alguma outra atividade para ajudá-los a se acalmarem e a se sentirem mais confortáveis. Algumas das perguntas são similares às do *checklist* dissociativo.

Seguem algumas sugestões de perguntas para explorar sintomas dissociativos com crianças e adolescentes. Dependendo da idade e do nível de desenvolvimento da criança, pode ser necessário modificar ou reformular as perguntas. As perguntas devem ser feitas de acordo com a capacidade da criança de lidar com elas.

Sugestão de Perguntas Para se Fazer aos Jovens

- Você já teve ou tem algum amigo imaginário? Eles parecem reais para você? Se afirmativo, de que maneira?
- Algumas crianças que passaram por situações similares relataram ouvir vozes dentro ou fora da sua cabeça. Isso já aconteceu com você?

Se as respostas forem positivas, siga com as seguintes perguntas:
- Estas vozes parecem ser amigáveis, nervosas, tristes, amedrontadas, etc? O que elas dizem? Você as escuta com que frequência? O que está acontecendo pouco antes de você ouvi-las? Que sentimentos você tem quando as escuta? Que pensamentos você tem quando as escuta? Você fala com elas?

- Você sempre vê as coisas, objetos ou pessoas e depois percebe que aquilo que você viu não está mais lá ou você não tem certeza se elas estiveram lá?

Caso as respostas sejam afirmativas, prossiga com as seguintes questões: Você escutou vozes daquela vez? Em caso afirmativo, o que elas estavam dizendo? Por favor, descreva o que você viu. Quando é que você os viu? Com qual frequência você os vê? O que você estava fazendo, sentindo ou pensando na vez em que os viu?

- Você se percebe desconectando ou não tem conhecimento do que está acontecendo no aqui e agora?

Se positivo, siga com as seguintes questões:

- Com que frequência isto acontece? O que está ocorrendo imediatamente antes de você se desconectar? O que você estava sentindo ou pensando momentos antes de se desconectar? Por quanto tempo isso acontece? Qual foi a vez que durou mais tempo e quando durou menos? Onde você vai em sua mente? (Crianças podem não saber). Outras pessoas percebem isso, como seus pais ou professores, e, se afirmativo, o que eles dizem para você? Você tem algum controle sobre isso, ou simplesmente acontece?
- Você já teve dificuldade para reconhecer ou se lembrar de seus pais, irmãos, a migos, professores, etc.?

Se as respostas forem afirmativas, siga com as questões:

- Em quais períodos isto acontece (quando você acorda pela manhã, na hora de dormir, em momentos estressantes)? Quem você teve dificuldade para reconhecer ou lembrar? Você ouviu vozes nestes momentos? O que você estava pensando ou sentindo, então? Com que frequência isto ocorre? Você conta para alguém sobre estes momentos?
- Você tem dificuldade para se lembrar do que fez, como do caminho???? para casa, por exemplo? Você recebe seu dever???? para casa e não se recorda de tê-lo feito? Ou não se lembra de ter desenhado, jogado, realizado tarefas ou outras atividades, mas pessoas afirmam que você as fez?

Se positivo, prossiga:

- Você pode, por favor, me contar sobre estas vezes? Com que frequência? O que parece estar ocorrendo nestes momentos para que você não se recorde? Você está bravo, sob estresse, ou tendo um conflito? Você escuta vozes ou vê coisas dentro da sua mente ou fora dela que podem não estar lá mais tarde quando você tem problemas para se recordar?
- Você tem dificuldade de se recordar de coisas assustadoras ou ruins que lhe aconteceram?

Caso as respostas sejam afirmativas, siga:

- Você pode me contar sobre eles? (Esteja ciente de que você pode não querer buscar tantos detalhes, como também a criança pode não estar pronta para revelar ou pode não ser forte o bastante para suportar tal revelação. Você pode presenciar algumas mudanças dissociativas, que são diagnósticos. Perceba as reações da criança e siga as orientações e os princípios terapêuticos).

Lembre-se de que estas perguntas podem ser feitas ao longo de todo o processo de avaliação, como também durante a fase de tratamento conforme indicado. Elas são, apenas, um ponto de partida para explorar ainda mais a amnésia, os estados de transe ou outras experiências dissociativas.

No meu primeiro encontro com Lisa, nós nos sentamos no chão e brincamos com a casa de bonecas, enquanto eu abordava questões gerais sobre o que ela gostava de fazer, etc. Depois perguntei a ela sobre seus problemas de memória. Ela relatou levar algum tempo para lembrar-se dos seus pais e irmãos, sendo acusada, muitas vezes, de fazer coisas das quais não se recordava. Ela afirmou ouvir vozes parecidas com vozes de bebês e outra que era inaudível. Informei Lisa que outras crianças também relataram experiências similares, garantindo saber como ajudá-las com essas experiências. Na manhã seguinte, recebi um telefonema da sua mãe. Ela alegremente me disse que, depois da sessão, na sala de espera, Lisa, olhou para os olhos dela e sorriu. A mãe, então, abraçou sua filha. Ela estava emocionada pelo fato de Lisa não estar com um olhar vazio no rosto! Este relato confirma que meus questionamentos e afirmações abriram uma porta para o começo da cura de Lisa. Ela pareceu aliviada por, finalmente, ter encontrado alguém que a compreendia.

Outras Entrevistas e Relatórios Suplementares

Autorizações adequadas são imprescindíveis para contatar professores, escola e conselheiros de saúde mental anteriores, médicos e advogados, serviços de proteção à criança e outros profissionais que coletaram informação pertinente à história traumática, diagnóstico prévio e experiências de tratamento que falharam. Crianças traumatizadas, com uma longa história de episódios de tratamento clínico e psicofarmacológico ineficazes, muitas vezes têm processos dissociativos subjacentes que afetam sua resistência às terapias convencionais.

Diretores e professores são frequentemente os primeiros a detectarem sinais claros de dissociação em seus alunos, como amnésia, comportamentos de transe e mudanças extremas de humor, essenciais tanto para o meu diagnóstico quanto para o desenvolvimento do tratamento (Waters, 2011). . Quando recebo crianças demonstrando sinais de dissociação, costumo indicar aos educadores o *website* da Sociedade Internacional para o Estudo do Trauma e da Dissociação da Criança e do Adolescente FAQ para Professores (http://isst-d.org/education/faq-teachers.htm). Então, prossigo orientando os professores e conselheiros escolares sobre os sinais e as estratégias eficazes para diminuir os comportamentos dissociativos das crianças na sala de aula.

Buscar consultoria junto aos serviços de apoio à criança e com a polícia, recebendo seus relatórios investigativos, pode fornecer uma cronologia do trauma, bem como as reações iniciais relacionadas. Explicar sobre os sinais de dissociação para os investigadores pode ajudá-los a formular uma compreensão mais precisa dos comportamentos de transe da criança ou dos relatos inconscientes. Costumo fazer referência ao DVD de treinamento (Waters, 2007) para os trabalhadores do serviço de proteção à criança, avaliadores forenses e advogados, para que possam ter uma compreensão mais avançada sobre as respostas das crianças dissociativas.

Colaborei com a quiroprática de Lisa, informando a ela sobre minha avaliação dos estados do Eu infantis da referida menina e sobre o nosso trabalho complementar. Ela estava intrigada e receptiva. Ela prescreveu para Lisa uma série de exercícios de fortalecimento do núcleo e exercícios bilaterais integrativos que a ajudaram a ultrapassar a linha média em direções opostas com a cabeça e os braços. Quando trabalhei com Lisa, o avanço da idade dos seus estados do Eu infantis, houve uma melhora espetacular em sua habilidade para fazer tais exercícios. Ela foi capaz de, finalmente, abrir garrafas e segurar adequadamente os talheres.

Informei à agência de adoções sobre a complexa mudança de estados de Lisa, que exigia um tratamento especializado para a dissociação, e solicitei seu apoio e patrocínio financeiro para um tratamento intensivo, o qual foi concedido.

Devido ao fato de Lisa não mais estar agindo mal na escola e, por isso, não estar mais sendo mandada para casa, não precisei falar com sua professora. Monitorei o progresso acadêmico de Lisa por meio dos relatórios constantes da sua mãe.

Sumário Clínico e Conclusões

Este caso destaca como o trauma pode ter um impacto profundo sobre um bebê indefeso que não possui nenhum recurso, mas escapa dissociando (Liotti, 2006, 2009; Solomon & George, 1999). Durante a avaliação, terapeutas de EMDR precisam coletar um extenso histórico precoce sobre qualquer trauma, além de reconhecer que as crianças "não são novas demais para sentir" e confiar que a dissociação é uma fuga eficaz para eles.

Ao avaliar crianças, examinar a eficácia de tratamentos anteriores pode fornecer uma pista para algum processamento dissociativo que pode ser responsável pelas falhas no tratamento. Relativamente ao caso de Lisa, intervenções terapêuticas padronizadas, aceitáveis ou questionáveis, involuntariamente agravaram sua dissociação. A medicação foi ineficaz na regulação afetiva devido aos seus mecanismos dissociativos. A Holding Therapy teve um impacto desfavorável na capacidade de Lisa para construir apego com sua mãe e pareceu agravar suas respostas dissociativas. A terapia comportamental foi ineficiente com seus estados dissociativos controlando seu comportamento. Sem identificar sua presença e papéis, consequências comportamentais ou recompensas tiveram um significado mínimo na retificação do seu comportamento perturbador.

Como no caso de Lisa, a dissociação deve ser considerada quando crianças traumatizadas mostram habilidades fragmentadas, regredidas ou atrasos de desenvolvimento, comportamentos de transe, mudanças extremas de humor e problemas de memória. Falhas nos tratamentos anteriores garantem uma exploração mais aprofundada dos mecanismos dissociativos subjacentes que podem prejudicar o progresso.

Finalmente, mas fundamentalmente importante, o ambiente seguro de Lisa e a astúcia, empatia e consciência de sua mãe, que mantinha anotações relativas às suas mudanças de estado repentinas, foram determinantes na avaliação da presença de seus estados dissociativos.

A dissociação precoce, desconhecida e não tratada pode ser devastadora. Crianças e adolescentes que dissociam podem ser propensos a uma vida inteira de sintomas debilitantes. Embora as crianças traumatizadas apresentem um quadro complicado que pode facilmente ser mal interpretado e incompreendido devido a uma infinidade de sintomas em constante mudança, o fato de a sua apresentação ser tão complexa e inconstante é característico da dissociação. Os profissionais de EMDR não devem se deixar distrair pelos sintomas, para não correrem o risco de perder os processos dissociativos subjacentes que desempenham um papel principal na manutenção dos sintomas. Caso contrário, as crianças dissociativas continuarão a ter prejuízo em sua identidade, memória e percepção do ambiente, o que irá impedir sua capacidade para atingir seu potencial.

A identificação precoce dos processos dissociativos é um passo fundamental para o desenvolvimento do curso de um tratamento eficaz, juntamente com um ambiente seguro que irá nutrir a capacidade da criança para libertar-se dos mecanismos dissociativos. Este fato abrirá caminho para a criança dissociativa tornar-se um Eu unificado, o qual é capaz de buscar uma vida satisfatória.

Depois de Lisa sofrer nove turbulentos anos de severa depressão, perturbação sobre si e seu ambiente, gatilhos constantes de lembranças traumáticas precoces, várias avaliações e intervenções falhas, seus sintomas dissociativos foram reconhecidos. Investigar questões simples, mas relevantes, foi fundamental para desvendar suas defesas dissociativas que, severamente, contribuíram para seus sintomas persistentes e debilitantes. A recuperação de Lisa pode começar agora.

Capítulo 7 - Estratégias de Preparação Avançadas Para Crianças Dissociativas

Conversando com Crianças Sobre Dissociação

Frequentemente, crianças com leve, moderada ou severa forma de dissociação precisam de preparação extensiva para compreender a dissociação, aprender a comunicar sobre ela e familiarizar-se com as estratégias de atenção dual. Depois de realizar uma avaliação completa das experiências dissociativas da criança, ela deve ser educada sobre o significado da dissociação: o que é, como ela acontece, porque acreditamos que ela acontece, e como podemos comunicar a respeito dela. O livro *The Different Colors of Me* (Gomez & Paulsen, no prelo) é um dos primeiros a explicar a dissociação para crianças. Aborda não somente o que é a dissociação, como também explica para as crianças os diferentes níveis de dissociação existentes, usando metáforas e analogias agradáveis para elas. Esta obra também pode ser usada como uma ferramenta para estabelecer uma primeira linha de comunicação com as crianças sobre o que elas fazem quando se dissociam. Várias crianças que se dissociam têm dado sentido a tais experiências por conta própria. Apresentamos, a seguir, as reflexões de uma mulher de 20 anos de idade, diagnosticada com o transtorno dissociativo de identidade (TDI), sobre suas próprias reações dissociativas como uma criança:

"Tínhamos nomes para as coisas, até nomes para as coisas que eles fizeram por nós, mas em relação às coisas que nós fizemos para lidar... Eu tinha nomes diferentes para as coisas, dependendo do que eu estava fazendo ou tentando fazer. Eu fazia o que eu chamava "tornando-se uma boneca"; quando eu paralisava, eu simplesmente não tinha, ainda, palavras ou compreensão sobre o que era "paralisada", mas eu tinha meu próprio nome para isto. Eu até entendia os diferentes níveis de dissociação que eu tinha. "Flutuando", "Dobrando", "Indo Embora", "Encolhendo"... Quando eu dissociava completamente, a ponto de sair do ar, eu chamava de o jogo do "meu mundo", eu me desligava no meu próprio mundo, deixando o real para trás. Eu também fiz o que eu chamava de "esconder". Eu focava em coisas como paredes ou portas, algo com protuberância, uma textura ou um grão, e achava formas neles. Tenho memórias estranhas de várias paredes e tetos diferentes que estiveram presentes ao longo da minha vida. Isto é algo que nós fizemos desde uma idade muito, muito precoce. Isto começou com a fixação em coisas. Existem memórias de contar as ripas em nosso berço. Não realmente "contar" mas... ir de uma extremidade do apoio para o próximo, sem parar, metodicamente. "

Importante destacar como em um nível tão primitivo esta mulher foi capaz de apresentar algum nível de consciência, mesmo sendo uma criança tão nova, a respeito do que sua mente e seu corpo estavam passando. Apesar de sua capacidade para refletir sobre estas experiências em um nível explícito consciente, não foi revelado até mais tarde, quando ela estudou com consciência focada suas próprias reações dissociativas, como uma criança conseguiu dar algum significado a elas. Terapeutas que trabalham com crianças dissociativas devem ter uma importante qualidade: a curiosidade. Olhar para as crianças com um interesse genuíno em compreender as formas distintas e excepcionais atingidas por cada uma delas, para organizar suas próprias percepções subjetivas do mundo, vai melhorar significativamente o processo de avaliação e evolução da presença da dissociação.

Diante disto, quando estiver falando a respeito da dissociação, convide a criança a compartilhar como ela conseguiu entender e nomear os diferentes níveis de dissociação.

Pergunte se ela tem nomes ou maneiras de chamar tais experiências, ou se ela compartilhou tais experiências excepcionais com alguém no passado. Algumas crianças que se dissociam podem não ter uma consciência tão explícita sobre tais experiências. Caso as crianças tenham alguma consciência, elas podem pensar que qualquer outra criança envolve-se em comportamentos dissociativos. Caso já tenham divulgado tais experiências para outras pessoas, elas podem ter sido envergonhadas ou desacreditadas. Como resultado, elas podem não estar abertas para compartilhar estas experiências em terapia. Por isso, é importante enfatizar a natureza positiva e de sobrevivência da dissociação. Comece ajudando as crianças a verem, pela primeira vez, como elas sobreviveram e como isso faz delas "heróis" de verdade. Ver-se, pela primeira vez, por meio dos olhos da aceitação e da admiração dá início à construção de novos modelos internos de funcionamento do Eu. Várias estratégias, analogias e metáforas serão apresentadas neste capítulo para abordar a dissociação em diferentes ângulos e perspectivas. Os terapeutas terão uma vasta gama de métodos para introduzir e explicar a dissociação para as crianças. Encorajo você a fazer uso das estratégias que melhor atendem às necessidades de cada cliente, honrando seus pontos de vista e estilo como terapeuta.

As Diferentes Partes do Eu

Usar uma linguagem que alcance ambos os hemisférios cerebrais, especialmente o direito, é sempre útil com crianças dissociativas. Analogias e histórias que as ajudem a entender a multiplicidade do Eu podem ser apresentadas durante a fase de preparação da terapia de dessensibilização e reprocessamento por meio dos movimentos oculares (EMDR). Uma maravilhosa analogia inspirada pela natureza pode ajudar as crianças a entenderem as diferentes partes do Eu. A analogia do arco-íris usada no livro de Gomez & Paulsen (no prelo) pode ajudar as crianças a entenderem os estados dissociados por meio do uso de histórias infantis agradáveis. Estas estratégias de preparação e analogias são úteis para crianças a partir dos seis anos de idade.

A Analogia do Arco-Íris

A analogia do arco-íris pode ser apresentada da seguinte forma: *"Quando nascemos, todos nós temos um "eu que brilha" e todos os lápis coloridos para criar um arco-íris dentro de nós. Quando começamos a tocar, ouvir, cheirar, provar e ver o mundo, começamos a pintar o nosso próprio arco-íris especial. Nosso arco-íris interno tem diferentes cores. Algumas vezes estamos vermelhos outras vezes estamos azuis. É como uma família interna de cores. Por exemplo, algumas crianças têm uma cor interna que ama dançar ou fazer esportes. Outras podem ter uma cor que fica com muita raiva quando as coisas não estão do jeito dela. Todas as cores se conhecem e trabalham juntas quando as coisas vão bem. Algumas vezes, quando temos coisas difíceis ou negativas acontecendo com a gente, nós passamos a ter cores com pensamentos e sentimentos confusos. Quando isto acontece as cores têm problema para se conectarem umas às outras e com o "Eu que brilha". Algumas cores têm todos os pensamentos e sentimentos misturados sobre as coisas ruins que nos aconteceram. Estas cores também têm todas as coisas que nós fazemos para nos protegermos das coisas confusas. Por exemplo, nós podemos ter aprendido a ser, sempre, um camaleão (camuflar-se) e agradar a todos, ou podemos ter aprendido a ir embora e nos dissociarmos. Podemos ter aprendido a nos anestesiar para que não tivéssemos que sentir. Estas cores ficam realmente apavoradas quando nos lembramos das coisas ruins que aconteceram e dos pensamentos e sentimentos confusos. Quando estas cores se apavoram, elas podem querer dar o fora e correr, lutar, ou podem, simplesmente, congelar. Elas podem fazer coisas que machuquem a si mesmas e aos outros. Algumas vezes, elas simplesmente fazem muitas coisas perigosas e arrepiantes para que elas não sintam como as outras cores que têm coisas confusas. É sempre importante lembrar que, apesar de termos várias cores, nós somos um lindo arco-íris com apenas um "talentoso Eu que brilha".*

Algumas vezes, estas cores se distanciam tanto que uma cor pode não perceber ou saber o que a outra cor fez. Isto pode ser muito confuso para as crianças quando elas se envolvem em confusão e não se lembram qual de suas cores fez isto. Quando a coisa confusa não está mais lá, todas as cores podem conectar-se com o "talentoso Eu que brilha" e trabalharem juntas, e as crianças desfrutam de seu próprio arco-íris.

Você pode convidar a criança para fazer um desenho do "talentoso Eu que brilha" e das diferentes cores do Eu, ou esperar até que a cor apareça durante a sessão e convidar esta cor específica para ser ouvida, vista, etc. Outra abordagem pode ser ajudar a criança a criar um mapa com as cores do arco-íris. Cada cor vai representar uma parte do Eu. Pode ser a parte que fica com raiva e violenta quando a criança não consegue o que quer, ou pode ser a parte que agrada as pessoas e quer satisfazer as suas necessidades, especialmente as dos seus cuidadores. Depois de já identificada cada cor, você pode usar as intervenções de estado de ego ou as intervenções dos Sistemas Familiares Internos (vide Capítulo 13). Se você escolher criar um mapeamento inicial do sistema usando microfones, entreviste cada cor ou parte. Você pode ter chapéus de cores diferentes para a criança poder usar um chapéu ou alguma coisa nas cores que estão sendo entrevistadas. Convide a criança a desenhar um arco-íris com as diferentes cores do Eu. Convide cada parte para entrar e escolher sua própria cor. Diga: –*"Eu me pergunto se nós podemos conhecer as diferentes cores do seu arco-íris. Percebo que há uma parte que enfrenta um momento difícil quando as coisas não acontecem do seu jeito. Então, eu gostaria de convidar esta parte para escolher sua própria cor para representá-la".*

Quando a parte tiver escolhido sua cor e der permissão para ser entrevistada, o terapeuta pode convidar a criança para ser a testemunha da parte, independente de como esta cor ou parte gostaria de ser vista e conhecida. Peça à parte para mostrar à criança o que é necessário ela saber sobre si mesma. O que a parte quer que a criança saiba a respeito do que a faz querer sair? Esta informação pode ser gravada na sequência de alvos da criança. Além disto, descobrir a respeito do trabalho que esta cor ou parte tem feito para a criança é fundamental. Honrar e apreciar o trabalho que as partes têm feito é um passo inicial importante. Esteja consciente do quanto de exploração a criança pode aguentar. A habilidade do terapeuta em estar alinhado com os estados internos da criança vai servir como base principal para qualquer atividade terapêutica. Deve-se ficar atento a quaisquer mudanças fisiológicas ou comportamentais que lhe informem que outras partes ou cores estão presentes, ou quais estratégias devem ser usadas para trazer a criança de volta ao equilíbrio emocional. Siga o ritmo e o passo do fluxo de energia da criança. A analogia do arco-íris ajuda a criança a entrar em contato com a diversidade e a multiplicidade nela existentes. Também auxilia a criança que mais se identifica com os aspectos negativos do Eu a ter uma perspectiva mais ampla e expandida de quem ela é e da existência de seu "talentoso Eu que brilha". Ela aprende que é muito mais do que suas partes feridas. Somando-se a isto, promove e encoraja a aceitação, o entendimento e, por fim, a compaixão para com as partes feridas e com o trabalho que ela tem feito para ajudar e proteger a criança.

Na medida em que a criança aprende sobre multiplicidade, a totalidade também é enfatizada. Apesar de a criança ter cores diferentes, há somente uma pessoa e um "Eu que brilha" em cada um de nós. (Vide Capítulo 13 para ter acesso a mais estratégias sobre o Sistema Familiar Interno dentro do tratamento de EMDR).

O Kit de Dissociação Para Crianças

Uma boa maneira de introduzir o conceito de dissociação é usando "O *kit* de Dissociação Para Crianças" (uma caixa com pelo menos três gavetas pode ser usada para criar o *kit*). Informação sobre dissociação, cartões ilustrados mostrando uma grande variedade de respostas dissociativas e ferramentas para ajudar as crianças a manter a atenção dual estão colocadas no *kit*. Este *kit* oferece uma experiência mais concreta do que seja a dissociação. Os itens nele contidos são divididos em três categorias: itens que ajudam as crianças a entenderem os sintomas dissociativos e a dissociação; itens que ajudam o terapeuta e a criança a avaliarem a consciência presente e o nível de energia; e itens direcionados para ajudar a criança a restaurar a consciência dual.

Ferramentas Para Explicar e Ajudar as Crianças a Compreenderem os Diferentes Níveis de Dissociação

1. Livros Infantis sobre Dissociação.
2. Cartões plastificados com desenhos ou símbolos mostrando diferentes experiências dissociativas. Experiências como flutuação, despersonalização, desrealização, sentir-se anestesiado, ouvir vozes, ou ter lapsos de memória, dentre outros. *Cliparts* baixados da *internet* também podem ser úteis.

Ferramentas Para Explicar, Manter e Restabelecer a Consciência Dual

1. Formas geométricas em várias cores.
2. Diferentes texturas ou um livro infantil com texturas.
3. Pequenas caixas com fragrâncias básicas que as crianças podem identificar com facilidade. Essência de fruta, chiclete, massa de biscoito, baunilha e lavanda são algumas das fragrâncias que podem ser adequadas para crianças. Seu uso com crianças alérgicas não é aconselhável.
4. Chicletes de diferentes sabores.
5. Fantoches de dedo ou pequenos bichos de pelúcia.
6. Cartões com desenhos de crianças em pé, pulando, etc.

Ferramentas Para Auxiliar as Crianças a Explorarem e Avaliarem a Consciência do Presente

1. Cartões com uma grande variedade de animais que representem diferentes níveis de energia interna, consciência presente e nível de ativação.
2. Sinais feitos com papel de dobradura nas cores verde, amarelo e vermelho. Corte três quadrados e cole uma vara de madeira na parte de trás de cada um. Escreva a palavra "DENTRO" no quadrado verde, a palavra "FORA" no quadrado

vermelho, e as palavras "MEIO A MEIO" no quadrado amarelo. Estes são os três sinais que podem ser usados pela criança para relatar o quanto ela está presente. A criança usará o quadrado verde quando se sentir completamente presente, o quadrado vermelho quando não estiver se sentindo presente de maneira alguma, e o quadrado amarelo quando estiver se sentindo moderadamente presente.

3. Leques que se abrem para formar um círculo ou semicírculo.
4. Figuras ou marionetes desajeitadas com corpos flexíveis que possam ser movidos de posturas rígidas e inflexíveis para completamente colapsadas.
5. Cartões plastificados que mostram crianças cantando.

O *kit* deve ser decorado com adesivos para ficar mais atraente para as crianças. A seguir consta a ordem em que o *kit* e o conceito de dissociação devem ser introduzidos.

Primeiro Passo: Usando o livro ou os cartões, revise o que acontece quando as crianças se dissociam. Explique porque as pessoas se dissociam e enfatize os aspectos adaptativos da dissociação. No entanto, converse a respeito de como a dissociação pode criar dificuldades para a criança no momento presente. Auxilie a criança a identificar as situações específicas e especiais nas quais ela pode dissociar-se. Use as analogias apresentadas nos capítulos anteriores que mostram a dissociação como um recurso de sobrevivência. Crie uma lista e ponha estas experiências em um cartão, de uma maneira simples e clara, para mostrar como elas podem ser desenvolvidas. Este cartão irá permanecer na ficha clínica da criança, devendo estar acessível ao terapeuta durante as sessões de reprocessamento de EMDR.

Segundo Passo: Identifique as palavras que devem ser usadas para se falar a respeito de experiências dissociativas. Convide a criança a compartilhar como ela tem chamado as diferentes experiências dissociativas. Se ela não tiver nomes específicos, pergunte a ela como vocês devem se referir a tais experiências, para que um vocabulário comum possa ser desenvolvido.

Terceiro Passo: Encorajar a consciência nos diferentes níveis da experiência humana: cognitivo, emocional e sensório-motor. Deixe a criança saber sobre as diferentes línguas faladas pelos seres humanos. Você também pode usar a analogia dos diferentes canais com os quais sintonizamos quando escutamos rádio ou televisão. Introduza a linguagem do canal da mente. Informe à criança como a mente fala a linguagem dos pensamentos e das palavras. Siga com o coração e a língua dos sentimentos. Em seguida, converse a respeito de como o corpo fala a língua das sensações e do movimento. Depois de as experiências dissociativas terem sido identificadas, convide a criança a explorar e observar o que a mente, o coração e o corpo comunicam a respeito de cada experiência. Convide-a, muitas vezes, para sintonizar com cada canal, um de cada vez. Lembre-se de que neste nível, estamos ajudando a criança a dar os primeiros passos para desenvolver a consciência, a atenção plena e a compreensão de como e quando a dissociação ocorre.

Quarto Passo: Use as estratégias descritas a seguir para avaliar a consciência presente da criança e o campo de consciência:

Sinais DENTRO, MEIO A MEIO e FORA: Estes sinais são desenvolvidos para auxiliar a criança a entender e identificar os diferentes níveis de consciência presente. Quando for usá-los, comece explicando como eles são como um compasso interno que nos deixa saber o quanto estamos DENTRO do presente. Eles também permitem checar nossa experiência interna de estarmos completamente DENTRO do presente, MEIO A MEIO ou completamente FORA da consciência presente. O que se segue exemplifica uma forma de introduzir os sinais: Você deve dizer: – *"Eu tenho estes sinais bem legais que ajudam as crianças a entenderem o quão presente elas estão. Algumas vezes as crianças podem estar aqui comigo, mas elas não estão necessariamente presentes. Algumas vezes seus corpos estão, mas em suas mentes e em seus corações, elas estão em outro lugar. Algumas vezes elas podem pensar que seus corpos estão presentes, mas elas não os sentem tanto. Eu tenho três sinais, um que diz DENTRO, outro que diz MEIO A MEIO e o último que diz FORA. Quando você está DENTRO, você pode me escutar bem, me ver bem, você sabe muito bem que você está aqui no meu consultório e você se sente completamente acordado. Quando você se sente FORA, você me escuta realmente, realmente, bem longe. Você pode se sentir bem sonolento e apesar de você estar na minha frente, você sente como se eu estivesse bem longe de você. Você pode começar a se sentir bastante pequeno e você pode sentir somente partes de seu corpo ou, definitivamente, não sentir o seu corpo. Você também pode ir a um lugar especial na sua mente onde você vai quando as coisas não vão bem e você não está se sentindo bem. Quando você está MEIO a MEIO, você escuta minha voz um pouco longe. Você pode me ver, mas eu posso parecer um pouco distante de você. Você pode sentir só um pouquinho da sua cabeça flutuando ou se sentir um pouco sonolento. Vamos praticar! Eu quero que você observe o quanto está presente agora e segure o sinal DENTRO, MEIO a MEIO ou FORA."* Se a criança está se dissociando, pratique com algumas das ferramentas inclusas no Kit de Dissociação Para Crianças. Isto é feito com os seguintes propósitos: (1) Ajudar a criança a familiarizar-se com as ferramentas da consciência dual; (2) Identificar as estratégias mais efetivas para restabelecer a consciência dual da criança; (3) Tornar o processo previsível, para que quando estas ferramentas forem usadas durante as fases de reprocessamento, elas sejam familiares à criança. Quando a criança já tiver praticado com cada uma das ferramentas de consciência dual e relate suficiente consciência do presente, convide-a a perceber este fato e faça séries lentas e curtas de MBL. Isto é feito com o propósito de fortalecer a capacidade da criança para estar presente. Além disto, está ajudando a criança a reconhecer estes momentos nos quais ela se sente enraizada e presente. A seguir, estão relacionadas as ferramentas adicionais que podem ser usadas para aumentar a compreensão da criança a respeito dos diferentes níveis de consciência e alerta.

Leques que se abrem para formar um círculo ou semicírculo: Leques são ótimas ferramentas para explicar os diferentes níveis de dissociação, como também para auxiliar a criança a compreender o campo da consciência. O leque aberto até a metade, 180°, representa a mente, o coração e o corpo capazes de alcançar, por completo, uma grande variedade de estímulos, além de permanecerem presentes, enquanto acessam diferentes elementos e aspectos do material perturbador. Significa, também, que a mente, o coração e o corpo ainda são capazes de conter informação que possa funcionar como uma distração e, ainda assim, permanecerem dentro de níveis apropriados de ativação. Um leque completamente aberto, 360°, representa uma mente, coração e corpo que podem estar sobrecarregados com informações perturbadoras. Mostra ainda que a criança está se movendo para estados de hiperativação e está perdendo a consciência dual por estar acessando material muito perturbador. Um leque completamente fechado ou ¼ fechado representa a total perda da consciência dual. Significa a restrição parcial ou total do campo da consciência. Para mim, a criança está, de alguma forma presente, quando ela for capaz de mostrar ao terapeuta, usando o leque, qual é o nível de consciência presente. Peça à criança que use o "leque termômetro ou lecômetro" ou "o leque da dissociação" e mostre a você o quanto ela está presente agora. Novamente, este leque especial deve ser introduzido com ou no lugar dos sinais: Dentro, Meio a Meio e Fora. Ele tem o mesmo objetivo destes, além de fornecer uma variedade maior de possibilidades quando se avalia o campo da consciência e a consciência dual.

Figuras desajeitadas ou bonecos desajeitados de corda com corpos flexíveis que podem ser movidos de rígido e inflexíveis para posturas completamente colapsadas: Da mesma forma que o leque da dissociação ou o "lecômetro", também as marionetes de madeira e corda podem auxiliar crianças a expressarem diferentes níveis de ativação e estados dissociativos. Apertando no centro de alguns animais e figuras desajeitadas, o animal pode ficar bastante ereto e rígido ou ele pode entrar em colapso quando a pressão das cordas que seguram o animal é reduzida. Peça para as crianças usarem a figura/animal para mostrarem o quanto elas estão se sentindo em seus corpos naquele momento. Uma figura ereta representaria um nível apropriado de energia e ativação. Uma figura que mostra um corpo flácido, mole, representaria a desregulação do sistema afetivo a ponto de cair em completo colapso. O leque da dissociação e os bonecos da dissociação (Figura 7.1) são ferramentas lúdicas e adequadas ao desenvolvimento para ajudar as crianças a entenderem os diferentes níveis de consciência, energia e consciência presentes.

Quinto Passo: Pratique com a criança usando as ferramentas para restaurar a consciência dual. Identifique aquelas que a criança considera especialmente úteis e eficazes. Um dos objetivos principais para se utilizar estas ferramentas, nas palavras de Pierre Janet, é expandir o campo da consciência e restaurar a consciência presente. Considerando como o cérebro direito abriga nossas emoções e está mais conectado às áreas subcorticais do cérebro (Siegel, 2010), durante o reprocessamento de memórias de apego e adversidade, o hemisfério direito estará altamente envolvido e ativado. Quando a criança se move para fora das janelas de tolerância afetiva, com a finalidade de modular a ativação e balancear a atividade cerebral direita-esquerda, estimular o cérebro esquerdo pode ser benéfico. Uma vez que o cérebro esquerdo esteja envolvido em listar e enumerar as tarefas lógicas e linguísticas (Siegel 2010), usar atividades que convidem o cérebro esquerdo a participar pode ajudar a criança a restaurar a consciência dual e voltar para as janelas de tolerância afetiva apropriadas. Além disto, estimular o lobo frontal com a sua capacidade integrativa, bem como dar início às atividades talâmicas (Lanius, 2005), pode também auxiliar as crianças na restauração de sua consciência dual. A seguir, estão listados alguns exemplos de ferramentas de consciência dual que podem ser usadas com crianças.

O uso de formas geométricas: Figuras geométricas de diferentes cores são projetadas para manter a criança envolvida no processo de descrever, listar ou selecionar formatos e cores. Figuras geométricas de diferentes cores já cortadas devem ser mantidas dentro do Kit de Dissociação Para Crianças. O terapeuta pode pedir à criança para descrever um formato geométrico ou para selecionar uma figura de uma cor específica.

O uso de texturas: Texturas podem ser usadas de várias formas. Pode-se pedir à criança para identificar uma textura pelo toque e objetos ou animais que têm a textura que ela está tocando.

O uso de fragrâncias: Alguns estudos têm sugerido o papel fundamental desempenhado pela atividade talâmica na dissociação. Níveis reduzidos de atividades talâmicas podem estar associados a reações dissociativas. (Lanius et al., 2002; Lanius, Blum, Lanius, & Pain, 2006). Além disto, sabe-se que a informação olfativa é a única forma de estimulação sensorial que não passa pelo tálamo. Todas as demais informações sensoriais recebidas são encaminhadas pelo tálamo. Lanius (2005) sugeriu que o uso da estimulação olfativa pode ser uma forma efetiva de dar início à atividade talâmica. Diante desta informação, com a finalidade de restabelecer a consciência dual por meio da estimulação talâmica, a criança é convidada a adivinhar ou a identificar fragrâncias. Estas fragrâncias, parte do Kit de Dissociação Para Crianças, contêm aromas básicos e agradáveis. Após a criança ter identificado duas ou três fragrâncias, o terapeuta usa de novo os sinais Dentro, Meio a Meio e Fora, o leque da dissociação ou os bonecos. Isto é feito com o propósito de avaliar o quanto a criança está presente naquele momento, como também para avaliar a eficácia de cada estratégia em restaurar a consciência dual.

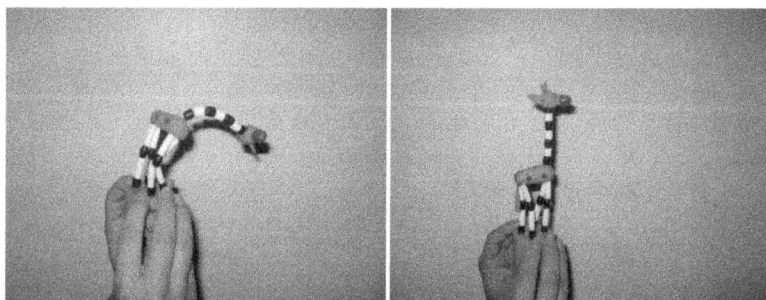

Figura 7.1 – O boneco da dissociação

O uso de chicletes: Durante o reprocessamento das memórias relativas aos eventos adversos, o sistema de engajamento social deve ser ativado para que a integração e a assimilação de tais memórias ocorram. Quando se faz uso de chicletes, a ativação do sistema parassimpático vagal ventral é realizada por meio da estimulação do sistema digestivo, da salivação e dos músculos faciais envolvidos na mastigação. Para crianças altamente dissociativas, o chiclete pode ser dado no começo das sessões de reprocessamento de trauma. O terapeuta pode ainda optar em dar o chiclete à criança somente quando a mesma exibir estados de hipoativação que tenham potencial para se desenvolver em estados dissociativos.

O uso de animais de pelúcia ou fantoches de dedo: Outra forma de expandir o campo da consciência é pedindo à criança para descrever um animal de pelúcia ou um objeto. Diferentes objetos pequenos e animais de pelúcia podem ser colocados dentro do Kit de Dissociação Para Crianças. Quando a criança demonstra sinais fisiológicos de hiper ou hipoativação, tais como mudanças na respiração, no tom da pele, na voz, no tamanho da pupila ou no tônus muscular, o terapeuta pode pedir a ela para segurar o objeto e descrevê-lo. Quando ela tiver terminado de descrever o objeto, o terapeuta deve novamente avaliar a consciência presente da criança com os sinais, com o leque ou com a marionete. Além disto, brincar de pegar e atirar o fantoche ou o bicho de pelúcia para trás e para frente com a criança pode ajudá-la a ficar alerta e restaurar a consciência presente. (Knipe, 2010).

O uso de cartões com fotos de crianças em diferentes posturas e posições corporais: Uma das melhores e mais rápidas formas de restaurar a consciência dual e trazer a criança de volta para o presente é o movimento. Crie cartões usando *cliparts* baixados da *Internet* ou desenhos simples de crianças em diferentes posições: crianças em posição ereta, crianças se levantando, crianças com braços levantados ou abaixados, etc. Peça para a criança olhar a figura e imitar o movimento. Uma vez executado o primeiro movimento, ou a postura corporal, avalie o nível de energia e a consciência presente e convide a criança a notar a mudança.

Imitando gestos faciais: Envolver os músculos faciais e o contato facial com o terapeuta pode auxiliar a criança a restaurar a consciência presente por meio da estimulação do sistema de engajamento social. Faça uso de cartões plastificados com frases para lembrar a você e à criança desta estratégia. Uma frase como "gestos faciais no espelho" pode sugerir a você e a criança a usá-los. Use seu rosto para fazer gestos ou expressões de sentimento e então convide a criança a se espelhar em você e imitar as expressões faciais. Quando a criança já tiver obtido sucesso em espelhar os gestos faciais, peça para ela reparar o que acontece com o nível de energia interno dela.

Cantar e usar nossas vozes: Cantar e entoar, de acordo com Levine (2010), abre o peito, o pulmão, a boca e a garganta, estimulando *"os vários ramos sinuosos do nervo vago"* (p. 125). Cantar músicas ou somente cantarolar com a criança pode ser bastante poderoso. Como Levine graciosamente afirma, o contato *"rosto-com-rosto, olho-com-olho, voz-com-ouvido, eu-com-tu... faça o possível para que o cliente negocie uma pequena abertura no sistema de engajamento social"* (p. 127).

Usando cartões com fotos de animais: Tenha cartões plastificados de diferentes animais. Os diferentes animais representam as diferentes posturas corporais, níveis de ativação e estados internos. Por exemplo, uma girafa tem uma posição ereta e está em um estado calmo, um gorila anda com o tronco dobrado, uma tartaruga é bem lenta, e um cavalo pode ser muito rápido. Perguntar à criança qual animal melhor representa seu nível de energia e postura corporal irá informar sobre seu nível de consciência presente e ativação. Manuseie os cartões com a criança e explore os diferentes animais, explicando o que cada um deles pode representar. Diga, por exemplo: *"Quando nós nos sentimos como uma girafa, nos sentimos grandes e altos e por dentro nos sentimos fortes e calmos. Este sentimento não tem nada a ver com nosso tamanho real. Podemos ser pequenos e ter altos e grandes sentimentos por dentro e podemos ser altos e grandes e nos sentirmos bem pequenos e mal por dentro. Quando você se sente como uma girafa, você pode me ver e me escutar e saber que você está seguro neste* *lugar. Quando nos sentimos como uma tartaruga, nos sentimos assustados e podemos precisar de muita proteção. Por esta razão, precisamos de uma boa concha que possa nos manter contidos e abrigados. Nós nos movemos devagar porque nos sentimos lentos por dentro e tudo à nossa volta parece passar bem devagar. Quando nós nos sentimos como um rato, nos sentimos bem pequenos e não vistos por ninguém, mesmo se formos grandes; nós não nos sentimos muito fortes e, por dentro, nos sentimos bem assustados. Então nós tentamos nos mover bem rápido ou congelar e não nos mover. Quando nós nos sentimos como um rato, sentimos que as coisas estão acontecendo muito rápido dentro de nós, mesmo que não possamos nos mover".*

Depois de você ter passado por todos os cartões e animais, convide a criança a observar qual animal melhor representa como ela se sente agora. Então, pratique com as diferentes ferramentas do Kit de Dissociação Para Crianças para trazer a criança de volta ao "estado girafa". Uma vez que a criança relate estar de volta ao "estado girafa", peça que ela perceba como é se sentir com uma girafa. Convide-a a observar todas as coisas boas por estar em um "estado girafa" e onde a coisa boa é sentida no seu corpo e, então use séries lentas e curtas de MBL.

Usando bolas de exercício: Durante o reprocessamento de memórias perturbadoras, manter a criança sentada numa bola de exercício pode auxiliá-la a preservar a consciência interoceptiva e a consciência corporal por todo o tempo. Considerando que o equilíbrio sobre uma bola envolve consciência muscular, enraizamento e centramento, como também, estar em contato com as sensações internas (Levine, 2010), esta é uma ótima ferramenta para manter a consciência dual durante a exploração e o reprocessamento de material perturbador. No entanto, de acordo com minha experiência clínica, este recurso deve ser usado somente com níveis de dissociação de leves a moderados, com a finalidade de prevenir potenciais danos físicos caso a criança caia da bola.

O Kit de Dissociação Para Crianças deve estar sempre próximo da criança e do terapeuta durante as sessões de reprocessamento. Além disto, todas estas estratégias devem ser utilizadas, inicialmente, durante a fase de preparação para familiarizar a criança com as estratégias. Estas podem ajudar a criança a melhorar sua capacidade para o engajamento social e a consciência interoceptiva. Mais tarde, durante o processamento do trauma, elas podem ser usadas para restaurar a consciência dual. Para melhor utilizar as referidas estratégias, durante o reprocessamento do trauma, os terapeutas devem estar atentos a sutis mudanças fisiológicas que sinalizam a presença de dissociação e a perda resultante da consciência presente.

Melhorando A Conexão Mente-Corpo: Estratégias de EMDR Sensório-Focadas

Quando crianças vivenciam trauma, negligência e sofrimento, suas relações com seus corpos tornam-se frustradas e caóticas (Levine, 2010). Estas crianças exibem grande dificuldade para aprender com a experiência devido à inabilidade de seus corpos para abranger a totalidade desta e aprender com ela. Como resultado, de acordo com Levine, elas se engajam em estratégias ineficientes para lidar e adaptar-se a seus ambientes. Realizar a estimulação da consciência interoceptiva é um aspecto fundamental do trabalho a ser feito com crianças dissociativas, durante a fase de preparação da Terapia EMDR. A consciência muscular visceral proprioceptiva, como também sinestésica, deve ser estimulada. Ajudar as crianças a experimentarem um "mundo completo" ao invés de um "mundo fragmentado" requer delas encontrar integração em um nível sensório-motor, afetivo e cognitivo. Estimular a integração e o processamento sensório-motor durante as diferentes fases da terapia EMDR é também essencial, especialmente com crianças que se desconectaram de seus corpos. A seguir, listamos algumas estratégias avançadas de EMDR usadas para estimular tanto a consciência presente quanto a interoceptiva.

Melhorando A Consciência Interoceptiva Presente da Criança

Esta estratégia, extremamente útil para crianças altamente dissociativas, tem a intenção de fortalecer a consciência interoceptiva da criança relativa à realidade do aqui e do agora. Enfatize uma abordagem do aqui e do agora e convide a criança a se envolver sem julgamento de bom ou ruim, certo ou errado. Esta estratégia deve ser introduzida durante a fase de preparação, mas pode ser usada durante as sessões de reprocessamento caso a criança comece a se dissociar.

Inicie melhorando a consciência da criança do AQUI e AGORA, dizendo: – *"Vamos começar a praticar com coisas que você vê, escuta, cheira, toca e prova aqui no meu consultório. Vamos começar com as coisas que você está VENDO agora. O que os seus OLHOS estão lhe dizendo a respeito de onde você está agora?"*

Criança: – *Meus olhos estão me dizendo que eu estou em seu consultório.*

Terapeuta: – *Eu quero que você perceba como é VER onde você está agora com seus olhos.* Faça séries curtas e lentas de MBL.

Terapeuta: – *Repare que você está TOCANDO com suas MÃOS e seu corpo. O que suas mãos e seu corpo estão lhe dizendo a respeito de onde você está agora?*

Criança: – *Minhas mãos estão me dizendo que eu estou sentado em um sofá que está no seu consultório.*

Terapeuta: – *Eu quero que você observe o que é escutar o seu corpo e as suas mãos lhes dizendo que você está aqui no meu consultório sentado em um sofá.* Novamente, faça uma série lenta e curta de MBL. Se a criança relatar perturbação ou reações negativas, não use MBL. No entanto, se ela puder tolerar isto, explore a perturbação fazendo um "trabalho de detetive" com a criança. Explore o que os olhos ou os ouvidos estão relatando para a criança sobre o que é experienciado como perturbador. O que a mente, o coração ou o corpo estão informando a respeito desta experiência deve ser investigado. Você pode, ainda, usar microfones para entrevistar os olhos ou os ouvidos para deixar a atividade mais divertida.

Terapeuta: – *Eu quero que você use agora o seu NARIZ e perceba o que o cheiro está lhe dizendo a respeito de onde você está agora.* Ter uma fragrância habitual em seu consultório pode ajudar a criança a criar uma associação olfativa com ele.

Criança: – *Seu consultório normalmente cheira como algo doce, então meu nariz está me dizendo que eu estou aqui.*

Terapeuta: – *Eu quero que você perceba como é acessar esta informação do seu nariz e note os cheiros deste lugar.* Faça séries curtas e lentas de MBL.

Terapeuta: – *Quando você presta atenção aos seus ouvidos e aos sons que você escuta, o que os seus ouvidos estão lhe dizendo a respeito de onde você está agora?*

Criança: – *Eu escuto pássaros e eu escuto a sua voz, então eu sei que eu estou no consultório da Ana.*

Terapeuta: – *Eu quero que você observe como é ter acesso a esta informação por meio dos seus ouvidos e que perceba por eles os pássaros e a minha voz.*

Terapeuta: – *Eu vou lhe dar um pedaço de chiclete. Eu quero que você o mastigue e repare o que o seu gosto está lhe dizendo a respeito do que você está fazendo e onde você está agora.*

Criança: – *Minha boca está me dizendo que é um chiclete de morango e que eu estou mastigando o chiclete no local da Ana.*

Terapeuta: – *Muito bom! Agora continue a sentir o chiclete de morango e repare que você está mastigando o chiclete no local da Ana.* Faça séries curtas e lentas de MBL.

Estas intervenções sensório-focadas, orientadas para o presente, têm a capacidade de melhorar a habilidade da criança em permanecer presente e atenta. As referidas estratégias também podem ser usadas durante as fases de reprocessamento da Terapia EMDR se a criança perder a consciência dual e mostrar sinais de dissociação.

Melhorando A Consciência Cinestésica: Resposta Muscular

Ensinar às crianças como, quando e o que os nossos músculos comunicam, pode melhorar sua capacidade para se conectarem aos seus corpos e entender as mensagens importantes que eles têm para nós. Sem estas mensagens, poderíamos ficar perdidos e reagir à situação de segurança como se estivéssemos diante do perigo e reagir ao perigo como se estivéssemos seguros. A sobrevivência e a adaptação requerem a integração apropriada da informação recebida no cérebro de nossos amigos, "os músculos".

Usando a sabedoria da natureza, podemos transmitir a importância de ouvir a forma como os nossos músculos falam. Ajudar as crianças a experienciarem e a integrarem a informação sinestésica, tal como firmeza, fraqueza, flacidez, maciez, rigidez e falta de elasticidade pode ser feito usando os animais e a natureza. Por exemplo, árvores diferentes oferecem níveis diferentes de rigidez e flexibilidade. Convidar a criança a experimentar como seria se sentir como um carvalho e depois mudar para se tornar uma longa e flexível palmeira pode dar a ela a experiência de tencionar e relaxar os músculos. Oscilar experienciando uma mão ou uma perna ou o corpo inteiro como se fossem feitos de madeira, e experimentar as mesmas partes do corpo como se elas fossem feitas de macarrão. Convide a criança a perceber em qual das experiências se sente melhor ou pior e ou quais mensagens estes estados corporais costumam passar para ela. Este exercício pode, ainda, fornecer informação relevante sobre as experiências atuais e passadas da criança, pois quando nos engajamos nestes exercícios, diferentes estradas e avenidas podem ser seguidas. Quando a criança aprende a se conectar e a escutar o corpo, mais tarefas cognitivas podem ser estimuladas.

À medida que acessamos a memória processual, o terapeuta pode-se perguntar sobre quando essas respostas musculares geralmente estão presentes. Como as cognições negativas são também acompanhadas por posturas corporais específicas e reações somáticas, então, uma vez que um canal seja acessado, outros podem ser abertos também. Os diferentes protocolos e exercícios são usados dependendo dos objetivos específicos, necessidades da criança e da fase da Terapia EMDR na qual estamos. Intervenções somáticas específicas que podem ser usadas ao longo de todas as diferentes fases da terapia EMDR serão abordadas em outros capítulos deste livro.

Exercícios de Respiração e de Enraizamento Para Crianças

Ajudar as crianças a desenvolverem raízes e asas pode promover equilíbrio, integração e cura. Conectar-nos com a terra e com o céu nos dá segurança e uma base, além de liberdade e possibilidades. Encoraje a criança a se envolver em observações centradas e de consciência focada no aqui e agora. Além disto, promova consciência sem julgamento de bom ou ruim, certo ou errado. Converse a respeito de todos os nutrientes que as plantas retiram de dentro da terra. O carvalho, depois de passar por um nível de crescimento, vai fundo dentro da terra e dentro de si mesmo antes de entrar em um novo ciclo de crescimento. Convide a criança a conectar-se com a terra, para que ela possa sentir como a terra pode nos alimentar e nos sustentar. Convide-a, também, a criar raízes, para sentir-se conectada com a terra e encontrar equilíbrio da mesma forma que as árvores o fazem.

Outra analogia pode incluir animais. Por exemplo, convide a criança a imaginar como seria possuir pernas de sapo, que têm o poder de grudar no chão de uma forma equilibrada. Peça a ela para notar como suas pernas podem sentir a terra e somente reparar e ficar com a sensação de conectar-se com o chão e com a terra. Peça para a criança sentir as pernas que os sapos têm – que são ao mesmo tempo firmes e flexíveis –, permitindo a eles pularem e aterrissarem em tão perfeita sincronia e alinhamento. Se a criança relatar emoções e estados corporais positivos, melhore esta nova consciência usando séries lentas e curtas de MBL. Pratique com a respiração também e convide a criança a perceber como a respiração pode acontecer de maneira rápida e lenta, pedindo para ela notar com qual das duas se sente melhor e mais familiarizada. No final, peça a ela para ficar com o ritmo mais confortável e relaxante. Quando a criança encontrar o passo e o ritmo certos use séries curtas e lentas de MBL. Se a qualquer momento do processo algum material negativo for ativado, e, caso julgue apropriado, gentilmente explore-o ou mude a atividade para trazer a criança de volta a um estado de homeostase. Além disto, mantenha a criança enraizada na realidade, conscientizando-a de que com estes exercícios estamos simplesmente nos permitindo ter experiências diferentes em nossos corpos.

Outro exercício divertido inspirado por London (2004) consiste em convidar a criança a notar a sua respiração enquanto embala um bebê para dormir. Para esta atividade, você vai precisar de um pequeno animal de pelúcia ou de bebê que deve ser colocado em cima da barriga da criança. Enquanto experimenta diferentes ritmos de respiração (desde devagar, passando pelo médio, até o rápido), a criança deve estar deitada. Então, a criança é convidada a perceber como os diferentes ritmos são sentidos pelo bebê. O objetivo final é ter o bebê sentindo-se tão bem que ele possa cair no sono. O pai também pode estar presente, assim como em todos os exercícios presentes neste capítulo. À medida que a criança experimenta o processo com regularidade e ritmo diferentes, convide-a a perceber o fato e fortaleça com MBL. Reiterando, os MBL para este nível de Terapia EMDR somente poderão ser utilizados quando a criança estiver em um estado neutro ou positivo. Se ocorrer o surgimento de material negativo, gentilmente, explore-o. Se a criança tornar-se agitada ou desregulada, traga-a de volta ao equilíbrio usando quaisquer das estratégias de mudança de estado descritas nos capítulos anteriores.

Usando Bolhas

Estratégias lúdicas para ajudar a criança a aprender sobre o ato de respirar e a perceber o ritmo do ar e dos pulmões podem ser realizadas com bolhas de sabão. Soprar bolhas usando velocidades e ritmos diferentes pode ser bastante divertido e prazeroso para as crianças. Durante diferentes fases da terapia EMDR, podem ser usadas "bolhas rápidas", à medida em que a criança sopra rápido, e "bolhas lentas", para quando ela é convidada a soprar bem devagar. Durante a fase de preparação, os pais podem ser convidados a assistirem estes exercícios ao longo das sessões de terapia, para que eles possam continuar a praticá-los com a criança, em casa, diariamente.

Ajudando as Crianças a Recuperarem Seus Corpos

Crianças com alta tendência à dissociação possuem uma consciência muito pobre sobre seus próprios corpos. Elas se sentem anestesiadas ou sentem um corpo desarticulado e fragmentado. Várias crianças, em suas tentativas para sentirem seus corpos e para terem algum senso de contenção, podem usar estratégias normalmente incompreendidas pelos pais e profissionais da saúde mental. Em um esforço para ter alguma conexão sensorial com seus corpos, elas podem fazer coisas que, em certos momentos, podem parecer confusas para os pais.

Em minha experiência clínica, me deparei com crianças que insistiam em usar roupas ou peças íntimas bem apertadas. Outras crianças insistiam em carregar mochilas bastante pesadas, todos os dias para a escola, sem nenhuma razão ou necessidade aparente. Quando questionadas sobre isto, elas afirmaram, simplesmente, que gostavam da sensação. Uma menina de 6 anos, apresentando sintomas dissociativos moderados, fazia, todas as manhãs, um pedido que parecia estranho para sua mãe. Na hora de arrumar seu cabelo, ela pedia para sua mãe puxá-lo, repetidamente, com bastante força, formando um rabo de cavalo, a ponto de causar dor, de acordo com a mãe. No entanto, a criança nunca expressou nenhuma dor, ficando nervosa com a mãe quando ela não atendia aos seus pedidos. Para várias crianças dissociativas, a inabilidade para sentir seus corpos pode levar a comportamentos autodestrutivos. Ajudar as crianças a se reconectarem com seus corpos é fundamental, mas isto deve ser feito gradualmente. Conectar com o corpo muito rapidamente e antes da hora pode, potencialmente, causar desregulação no sistema da criança. Quando o terapeuta identificar a ausência de consciência interoceptiva, os passos em direção à reconexão com o corpo devem começar durante a fase de preparação. Formas leves, moderadas e severas de dissociação e de separação do corpo podem ser encontradas em crianças. O quanto de seus corpos elas sentem, deve ser avaliado. No caso de crianças dissociativas, trazer a atenção plena para o corpo e para os estados corporais deve ser um aspecto importante da fase de preparação. Seguem, relacionamos algumas estratégias que podem ser usadas com crianças em diferentes estágios de desenvolvimento e faixas etárias.

Estratégias com Crianças Jovens

As estratégias lúdicas que usam a habilidade de pensamento mágico das crianças jovens podem ser muito benéficas. Quando o pai é disponível, a relação pai-filho fornece o clima perfeito para o corpo sentir-se vivo. O toque carinhoso e a brincadeira constituem formas bastante poderosas para acordar o corpo. Atividades de Theraplay que combinam brincadeira, conexão e toque são ótimos caminhos para estimular a consciência corporal. Considerando o fato do senso do Eu não se desenvolver no isolamento, mas por meio das repetitivas interações pai-filho, a reparação e a reconexão com o corpo, no caso de crianças muito novas, deve acontecer em conexão com o cuidador. Ajudar as crianças a se sentirem "sentidas" (Siegel 1999) cria o estágio apropriado para o desenvolvimento da consciência corporal saudável. Desenvolver atividades, tais como, contornos corporais, impressão dos pés e das mãos, bem como a pintura facial, dentre outras, pode criar o ambiente apropriado para reconectar-se ou conectar-se pela primeira vez com o corpo. (Vide Capítulo 12 para o uso do EMDR em conjunto com a Theraplay).

Estratégias Para Crianças em Idade Escolar

Crianças em idade escolar também podem se beneficiar de atividades lúdicas que envolvam o corpo. Além disto, estimular a atividade cerebral e a neurogênese, por meio da consciência plena do corpo, pode revelar-se bastante poderoso. Para algumas crianças, suas experiências de apego moldaram seus cérebros em formas originais. Dependendo das estratégias desenvolvidas pela criança para lidar com as necessidades do apego, a atividade cerebral direita ou esquerda pode ser mais proeminente ou reduzida. Os indivíduos com padrões de apego evitativo ou desapegado reduziram a participação do hemisfério direito, com a finalidade de evitar lidar com a dor, por não ter tido suas necessidades por conexão supridas.

Por outro lado, indivíduos ansiosos, ambivalentes e preocupados podem ter um hemisfério direito inundado e caótico, afetando a capacidade das regiões frontais para atuar (Siegel 2010). Além disso, crianças que passaram por trauma e sofrimento quando as regiões inferiores do cérebro estavam se desenvolvendo irão experienciar maiores dificuldades para regular as respostas de luta, fuga e congelamento. Estas respostas podem ser ativadas pelos menores estímulos ambientais no presente (Perry 2006). Integração "vertical" e "horizontal" (Siegel 2010) deve ser estimulada ao longo das diferentes fases da Terapia EMDR. A integração é promovida durante a fase de preparação, todavia, é mais rapidamente atingida durante as fases de reprocessamento. Um dos objetivos importantes relativo aos exercícios propostos em diferentes capítulos deste livro refere-se a estimular as áreas subcorticais e inferiores do cérebro da criança para que ela possa trabalhar em sincronismo com as regiões cerebrais superiores. Ademais, é igualmente relevante promover a integração "horizontal", a fim de que os hemisférios esquerdo e direito possam, sincronicamente, trabalhar juntos. Atividades, tais como a descrita abaixo, são desenvolvidas para estimular a consciência plena do corpo e promover a articulação de sistemas diferenciados. (Vide Capítulo 11 para o uso de mais intervenções somáticas).

Para este exercício, você pode usar microfones para envolver cada parte enquanto a criança é convidada a perceber atentamente as diferentes partes e órgãos do corpo. O *script* a seguir exemplifica como introduzir esta atividade.

> Terapeuta: – *Vamos aprender a respeito dos nossos corpos e de como nossos corpos falam e cantam para nós. Vamos checar como seu corpo fala e canta para você. Vamos começar simplesmente percebendo sua mão direita. Você consegue sentir sua mão direita? Ela se sente fria, quente ou muito quente?*

> Criança: – *Ela se sente meio quente.*

> Terapeuta: – *A sensação de calor em sua mão direita parece boa ou ruim?*

> Criança: – *Boa.*

Se a criança relatar sensações negativas, convoque-a para observar este fato e para usá-lo como uma oportunidade de exploração. Entreviste a mão. Tenha um microfone e envolva a mão direita ou esquerda em uma conversa. Convide as partes para falarem umas com as outras. Se a mão direita tem sentimentos positivos e a mão esquerda negativos, peça para que elas conversem. O que a mão direita diria para a esquerda?

> Terapeuta: – *Ok, eu quero que você, simplesmente, repare ou preste atenção à sua mão direita e à sensação quente.* Faça MBL curtos e lentos.
> Terapeuta: – *Você sente todos os seus dedos e a palma direita ou só um pouco deles?*

> Criança: – *Eu sinto todos os meus dedos.*

> Terapeuta: – *Ok, vamos simplesmente sentir todos os dedos da sua mão esquerda e perceber como é ter todos os dedos.* Faça MBL curtos e lentos.

> Terapeuta: – *A mão direita quer se mexer ou quer permanecer parada?*

> Criança: – *Eu sinto que ela quer se mexer.*

> Terapeuta: – *Qual movimento você acha que a mão direita gostaria de fazer? A mão direita quer se mexer para cima e para baixo? Balançar? Apertar? Se fechar? Ou quer fazer outra coisa?*

> Criança: – *A mão direita quer se fechar.*

> Terapeuta: – *Ok, vamos fazer fechar a mão e apenas perceber o que a sua mão direita está fazendo.* Faça séries curtas e lentas de MBL.

Dependendo da criança você pode querer estimular, inicialmente, um lado do cérebro mais do que o outro. Além disto, depois que você trouxer a consciência para ambos os lados do corpo, convide a criança a perceber ambas as mãos ou ambos os pés ao mesmo tempo. Somando-se a isto, envolva órgãos como o coração, o estômago e os pulmões. Se a criança não relatar nenhuma consciência, sensações ou sentimentos nas mãos ou em qualquer outra parte do corpo diga: – "*Ok, vamos trabalhar para ajudar você a sentir suas mãos um pouco de cada vez. Vamos começar colocando um pouco de loção em sua mão direita e fazer uma cópia dela."* A criança pode usar a tinta para dedos ou a loção ou o terapeuta pode orientar os pais a colocarem loção na mão da criança e então colocá-la em um pedaço de papel para fazer uma cópia da mão. Uma vez que a cópia da mão tenha sido feita, coloque pó em cima dela para deixar o molde mais visível. A cópia da mão vai tornar a sua existência mais real e mais concreta para a criança. Convide a criança a perceber a mão impressa no papel e os sentimentos associados a ela. Faça séries lentas e curtas de MBL enquanto a criança está observando a cópia da mão. No entanto, se a criança relatar reações ou sentimentos negativos, ao invés de usar MBL, use a oportunidade para explorar esta ocorrência. Entreviste a mão ou a dor ou as sensações desconfortáveis. Lembre-se de que qualquer resposta, seja positiva ou negativa, representa uma oportunidade. Se a resposta é positiva ou neutra, esta é uma oportunidade para melhorar tal consciência ou respostas positivas usando os MBL. Se for negativa, é uma oportunidade para exploração. Se as reações continuam neutras ou positivas, faça o mesmo com a outra mão e ambos os pés. Você também pode usar uma folha de alumínio para para criar o formato de ambos os pés, pernas, mãos, braços, cabeça e torso. Quando as cópias estiverem sendo criadas, o terapeuta deve instruir os pais a enrolarem a folha de alumínio em volta das partes do corpo e também ajudá-los a embrulhar as mãos e os pés. No entanto, o consentimento apropriado dos pais e da criança para o uso do toque deve ser obtido no início do tratamento.

O terapeuta deve permanecer sintonizado com os estados internos das crianças enquanto elas se envolvem nestas atividades. Algumas delas podem ser capazes de se envolverem por completo nesta atividade, enquanto outras podem tolerar, apenas, uma porção deste processo. Fique atento ao fato de que a qualquer momento durante a fase de preparação, qualquer trabalho, mesmo que seja informação positiva, pode tornar-se potencialmente negativo. Se a criança tornar-se agitada ou relatar emoções negativas, trabalhe para ajudá-la a sentir-se contida e regulada, usando outras estratégias de preparação descritas neste livro. Além disto, use seu próprio sistema para ressoar com a criança e trazê-la de volta à homeostase emocional. Use o que a natureza lhe deu: seus estados internos, o contato visual, o tom e a qualidade da sua voz e o seu toque regulador. Se a criança estiver experimentando emoção negativa, a habilidade do terapeuta para tolerar e modular a própria emoção vai influenciar a experiência do pequeno. A experiência completa de tornar-se agitado, ou com medo, seguida do uso eficaz de estratégias reguladoras, torna-se uma experiência de controle para a criança. Caso o terapeuta seja capaz de manter uma presença sintonizada e de restabelecer, gentilmente, o equilíbrio emocional, esta experiência vai tornar-se um ato de triunfo para a criança. No entanto, se o terapeuta também tornar-se desregulado e com medo ou frustrado, a experiência pode reforçar o senso de desesperança da criança, bem como a fobia da emoção negativa. Caso a estratégia que está sendo utilizada não seja eficaz para trazer a criança de volta ao equilíbrio, esteja ciente de que sempre haverá uma oportunidade de reparação.

O quão bem o terapeuta possa ressoar fisiologicamente com a criança é de grande importância. De acordo com Siegel (2011), os indivíduos com a consciência corporal elevada estão mais disponíveis a demonstrarem mais empatia para com os outros. "Quando nós podemos sentir nosso próprio estado interno, o caminho fundamental para ressoar com os outros está aberto também" (Siegel, 2011, p.62). Ajudar as crianças a desenvolverem a consciência interoceptiva exigirá terapeutas capazes de sentir plenamente e experienciarem a si mesmos e aos seus corpos.

Quando o Corpo é Inexistente

Algumas crianças podem relatar não ter nenhuma consciência ou reconhecimento de sensações em seus corpos. Medidas sincronizadas devem ser tomadas para ajudá-las a se reconectarem com o corpo. Crianças diagnosticadas com TDI podem ter um senso corporal confuso e distorcido. Diferentes partes, alters ou estados do Eu podem ter chegado a acreditar que tinham corpos diferentes. Na minha experiência clínica, no entanto, estas barreiras dissociativas não estão, ainda, tão consolidadas e rígidas como as encontradas em adultos com TDI. Como resultado, a integração de diferentes partes pode acontecer mais rápido.

Encontrando o Corpo Pela Primeira Vez

Gerar curiosidade e um desejo genuíno para conhecer o corpo poderia criar uma base sólida. Encontrar as partes do corpo e os órgãos como se os estivéssemos encontrando pela primeira vez, pode incorporar alguma ludicidade ao processo de abranger o corpo. Várias crianças, quando questionadas sobre o que estão experienciando no corpo, podem responder com um trivial "Eu não sei". As estratégias descritas a seguir não requerem que a criança tenha consciência anterior das sensações corporais, somente a curiosidade para conhecer o corpo pela primeira vez. Elas são uma boa maneira de começar o processo de aprendizagem sobre a linguagem do corpo, enquanto estados lúdicos são experienciados.

Terapeuta: – *Vamos aprender a respeito de como o corpo conversa com a gente. Algumas vezes, nós paramos de escutá-lo, porque vivenciamos muitos sentimentos misturados dentro do corpo. Agora, vamos começar a trabalhar para, simplesmente, conhecer nossos corpos pouco a pouco. Vamos tirar um momento para, apenas, ouvir se o corpo está comunicando algo para nós. Este é um tipo de linguagem diferente. O corpo fala com palavras relacionadas às sensações e ao movimento. Tensão, sensações de formigamento, frio na barriga, entorpecimento e muitas outras são as palavras usadas pelo corpo. Você poderia se imaginar criando um satélite corporal ou uma antena do corpo que pode ajudá-lo a encontrar os sentimentos no seu corpo. Quero que você comece a usar seu satélite ou antena; veja se você consegue captar quaisquer sinais corporais. Eu também tenho um "detector de sentimentos" ou "detector". Quando você usa este detector, você escaneia e verifica seu corpo da cabeça ao dedo do pé e vê se encontra alguma coisa".* Dê a criança tempo suficiente para usar este detector de sentimentos, que é uma lente de ampliação que pode ser usada por ela para verificar o corpo inteiro. Devem ser fornecidos itens para auxiliar a criança a se conectar com o corpo (vide Capítulo 11). Estratégias para crianças capazes de se conectarem com algumas sensações são explicadas previamente neste capítulo. No entanto, este exercício é apropriado para crianças que, inicialmente, relatam não perceberem sentimentos ou sensações em conexão com o corpo.

Criança: – *Realmente não, eu não sinto nada.*

Terapeuta: – *Ok, sem problema. Vamos, simplesmente, começar encontrando o corpo pela primeira vez. Lembre-se de uma vez que você se encontrou com alguém pela primeira vez.*

Eu o convido a ficar apenas curioso a respeito disto. Nós vamos começar este primeiro encontro com o seu corpo desenhando uma imagem ou fazendo um contorno dele.

Quando isto estiver pronto, percorra o contorno corporal e verifique com a criança qual parte ou órgão tem um pouco mais de sensação ou com o qual a criança se sente mais conectada. Você pode pedir a ela para usar cores diferentes para representar as partes sem sentimentos e as que têm algum sentimento. Você também pode usar *play-doh®* ou argila para criar esta parte do corpo. Deixe a criança escolher a parte do corpo, ou o órgão, que tem algumas sensações ou sentimentos. Peça para ela desenhar uma imagem desta área ou parte. Convide-a para conversar com esta parte. Quando o trabalho é realizado com crianças muito novas, você pode fazer uso de um microfone com o qual você e a criança entrevistam a parte do corpo.

Terapeuta: – *Vamos ficar curiosos a respeito desta parte. Vamos ver qual é a temperatura desta parte. Vamos adivinhar. Você acha que pode ser morna, fria ou quente? Esta parte é tensa e rígida ou é calma e flexível? Ela é parada ou tem movimento dentro?*

Ao aprender o ABC desta nova língua, opções devem ser fornecidas pelo terapeuta à criança. Se a criança está experienciando o corpo ou parte específica dele que estão separadas ou distantes, busque a conexão com esta parte. Convide a criança a visualizar ou, de fato, criar cordas e cabos reais para estabelecer alguma conexão com esta parte. Quando algum nível de conexão for estabelecido, oriente a criança para ficar cada vez mais próxima desta parte até que ela possa ser envolvida e sentida, por completo, como uma parte do corpo. Caso surjam sensações neutras ou positivas, use os MBL para fortalecê-las. Mas, se ao invés disto, respostas negativas forem relatadas, explore-as de maneira lúdica. O medo de conectar-se com o corpo ou com uma parte dele pode ainda ser um alvo a ser processado usando a Terapia EMDR.

Uma cliente bem nova afirmou, claramente, nunca ter tido nenhum sentimento em seu corpo. Quando ela começou a trabalhar com o exercício acima, identificou o seu coração como sendo o órgão com o qual ela se sentia mais conectada. Ela, na verdade, desenhou uma imagem da sua cabeça e do seu coração desconectados do seu corpo (Figura 7.2). Também desenhou seu coração dentro de uma cesta que ela estava segurando na mão. Nós abordamos o desenho com curiosidade e sem julgamento. Quando comecei a entrevistar o coração, esta cliente desenhou uma outra imagem do coração dentro de uma caixa, que estava trancada (Figura 7.3). Do lado de fora da caixa, e com curiosidade, como se estivéssemos encontrando o coração pela primeira vez, eu a ajudei a adivinhar o que o coração estava dizendo, bem como as sensações, a temperatura, a textura, o formato e a cor do coração por ela desenhado. Para isso, usamos jogos de adivinhação e algumas opções fornecidas por mim para que ela pudesse olhar para diferentes possibilidades. Novamente, desta vez apenas adivinhando, como se estivéssemos encontrando, como já dito acima, com o coração pela primeira vez. À medida em que as sessões foram progredindo, um dia, a cliente relatou que o coração estava, agora, fora da caixa. Ela foi encorajada a se imaginar se aproximando do coração e perceber o que aconteceu com ele e com as outras partes do seu corpo. Quando a resposta foi positiva, séries lentas e curtas de MBL foram feitas para melhorar esta experiência sensorial positiva. Mais tarde, uma corda foi criada para auxiliá-la a conectar-se com o coração e, eventualmente, ela desenhou imagens, em que o coração estava dentro do seu corpo. Quando a criança conseguiu envolver e sentir por completo seu coração, foram feitos mais MBL. Novamente, vale dizer que se a criança responder com um "eu não sei", ela deverá ser encorajada a adivinhar o que o coração ou qualquer outro órgão está experienciando enquanto está sendo descoberto pela primeiríssima vez. Estas estratégias podem ser usadas como entrelaçamentos durante as fases de reprocessamento de Terapia EMDR.

Não é incomum uma criança identificar um órgão sexual como sendo aquele com o qual está havendo mais conexão ou respostas sensoriais. Será importante auxiliá-la, cuidadosamente, a aceitar e compreender seu corpo sem ter vergonha. Quando a criança estiver vivenciando alta ativação sexual, pendule para outras partes do corpo, ou realize uma tarefa mais cognitiva, com a finalidade de regular o nível de ativação. Faça uso da atenção plena para perceber as sensações com aceitação e sem julgamento. Você pode usar quaisquer das seguintes perguntas: – *"Enquanto você percebe suas partes íntimas tendo uma sensação de formigamento, o que está acontecendo em seu coração?"* Ou: – *"Vamos observar seu estômago e o que ele possa estar sentindo enquanto suas partes íntimas estão vivenciando esta sensação de formigamento. Se as sensações de formigamento fossem traduzidas em palavras, o que as suas partes íntimas estariam dizendo? Do que elas precisam?"*

É sempre muito importante os pais participarem destas experiências, com a compreensão de que os terapeutas estarão conduzindo a sessão. O pai deve estar preparado e seguro de que o terapeuta vai administrar o que possa surgir e o orientará por meio de quaisquer intervenções, onde suas ações forem necessárias. Isto, claro, requer um bom senso de eficácia e de experiência por parte do profissional. Caso o terapeuta tenha experiências passadas traumáticas ou adversas que não tenham sido processadas, integradas e resolvidas, a criança poderá disparar vergonha e desconforto no momento em que se estiver conversando a respeito do corpo e das partes íntimas. Por isso, o terapeuta deve estar ciente sobre os limites apropriados dentro dos quais deve atuar. Como profissionais, ir além do nosso próprio nível de conhecimento, ou trabalhar com temas para os quais não tenhamos um nível mínimo de resolução e compreensão em nós mesmos, não constitui a melhor forma de atuação clínica.

Jogos Para Desenvolver e Estimular a Regulação Afetiva

Apesar de longos períodos de preparação, crianças com padrões de apego inseguro e sintomas dissociativos podem, ainda, apresentar dificuldade para acessar as memórias do trauma e adversidade. Como consequência, estas memórias, que estão no centro dos seus déficits atuais em várias áreas de funcionamento, continuam sendo ativadas por estímulo ambiental do presente (Shapiro, 2001). Com a finalidade de promover a cura, estas memórias, em algum momento, precisarão ser reprocessadas e assimiladas. Ajudar as crianças a superar "a fobia da memória" (van der Hart et al., 2006) é um importante aspecto da fase de preparação com estes jovens altamente traumatizados. Os jogos e os protocolos descritos a seguir foram desenvolvidos para auxiliar as crianças a controlar o medo implícito das memórias traumáticas. Uma forma de entender estas estratégias é fazer uso da "analogia da piscina" e das estratégias "dentro e fora". Nesta analogia, a piscina representa as memórias relativas aos eventos adversos e traumas que, implícita ou explicitamente, essas crianças temem e evitam. Crianças com desregulação afetiva generalizada não possuem "coletes salva-vidas" necessários para entrar com segurança e nadar nestas piscinas. Elas, na verdade, desenvolveram uma "fobia de piscina", que, apesar de longos períodos de preparação, ainda persiste. Durante a fase de preparação, o terapeuta atuou para ajudar a criança a desenvolver habilidades para nadar e para construir coletes salva-vidas.

No entanto, apesar de possuir todas as habilidades e o traje apropriado para nadar, a criança pode, ainda, estar temerosa de mergulhar nestas memórias. O terapeuta terá de adotar um passo a passo para ajudar a criança a controlar o medo de entrar nestas "piscinas". Fazer uso de estratégias "dentro e fora" para acessar a "piscina", enquanto se honra o que a criança pode tolerar, é um bom ponto de partida. De posse destas informações, inicialmente, a criança pode tolerar, apenas, colocar a ponta do dedo dentro da piscina e tirar rapidamente. Mais tarde, o terapeuta pode ajudar a criança a construir melhores capacidades regulatórias para nadar pela "piscina". Vários autores propuseram protocolos como a instalação permanente da orientação e da segurança atuais (ICOPS; Knipe, 2010), as quais eu classifico como estratégias "dentro e fora". Estes protocolos e estratégias também podem ser vistos como pendulação (Levine, 1998/2010), oscilação (Ogden, 2006) e atividades de titulação. Independente da maneira como nos referimos a esses protocolos e estratégias, eles, são projetados para ajudar a criança a superar a fobia implícita da memória, aumentar a tolerância afetiva e a capacidade integrativa da criança, bem como melhorar suas competências regulatórias. Eles podem, ainda, melhorar a capacidade da criança para permanecer presente e manter a consciência dual enquanto os aspectos cognitivos, afetivos e sensório-motores da memória estão sendo acessados e ativados.

Figura 7.2 - Experiência subjetiva do corpo. A idade, o gênero e outros detalhes deste caso foram alterados para preservar a identidade do cliente.

Figura 7.3 - O coração dentro da caixa.

O Músculo Que Visita a Memória

Superar a fobia da memória traumática pode ser um dos maiores desafios de crianças altamente traumatizadas e dissociativas. Frequentemente, apesar da extensiva preparação e do trabalho de tolerância afetiva, elas podem continuar se recusando a reprocessar as memórias traumatogênicas. A analogia do "músculo que visita a memória" foi desenvolvida para auxiliar as crianças que permanecem temorosas até mesmo de pensar nestas memórias. Apresentamos, a seguir, um *script* para exemplificar o uso desta estratégia:

Terapeuta: – *Sei que é difícil pensar a respeito daquela coisa ruim que aconteceu com você. Também sei que você quer que as coisas ruins que aconteceram parem de incomodá-lo e fazer você sentir-se mal. Existe uma coisa que nós podemos fazer para facilitar sua visita à memória do que aconteceu. Você sabe o que acontece quando nos exercitamos ou levantamos pesos? Bem... os músculos de nossos corpos ficam maiores e mais fortes, por isto podem nos dar maior força física. Algumas vezes o "músculo que visita a memória" pode necessitar fazer algum trabalho para que ele possa ficar maior e mais forte. Ele pode até mesmo ficar ainda maior do que as memórias ruins. Então, visitá-las mais tarde pode não ser tão duro ou difícil. Vamos começar fazendo um desenho do que aconteceu com você. Eu sei que ainda é difícil pensar ou desenhar o que aconteceu com você, então vamos fazer isto bem devagar e também vamos usar ajudantes. Quais são os ajudantes que você gostaria de ter?"*

Dê um tempo à criança para que ela possa identificar os ajudantes ou até mesmo para ela desenhar uma imagem deles. Na sessão anterior, você pode pedir ao cuidador e à criança, para trazer de casa, fotos de figuras importantes na vida da criança.

– *"Gostaria que você desenhasse ou só imaginasse os ajudantes que poderiam auxiliar você a se sentir seguro, bem ou forte, ou que o ajudassem a ter quaisquer sentimentos dos quais você possa precisar para começar a visitar a memória ruim. Quero que você imagine estes ajudantes sentados próximos a você."* Utilize certo tempo para auxiliar a criança na identificação dos lugares específicos no consultório nos quais ela quer os ajudantes. – *"Agora, me diga como você se sente quando pensa em seus ajudantes".*

Resposta potencial da criança: – *Me sinto bem e seguro. Eu quero meu cachorro Amber sentado ao meu lado aqui no chão, minha prima Susie sentada do meu lado direito e minha mãe sentada do meu lado esquerdo.*

Terapeuta: – *Como você se sente quando imagina o seu cachorro Amber, sua prima Susie e sua mãe próximos de você?*
Criança: – *Eu me sinto feliz e segura.*
Terapeuta: – *Onde você sente estes sentimentos por dentro? Você pode usar o detector de sentimento para encontrar os sentimentos no seu corpo?*
Criança: – *No meu estômago.*
Terapeuta: – *Ok, eu gostaria que você pensasse a respeito dos seus ajudantes e os sentisse ao seu redor e sobre os sentimentos bons que você vivencia e onde estes sentimentos estão alojados no seu corpo. Faça séries curtas e lentas de MBL.*
Terapeuta: – *Ok, o que você percebe agora?*
Criança: – *Eu me sinto bem e segura.* Repita isto por duas ou três vezes.
Terapeuta: – *Agora, com seus ajudantes em volta de você, quero que comece a desenhar a coisa ruim que lhe aconteceu. Enquanto você está desenhando, repare se os sentimentos e pensamentos misturados surgem e quando isto se tornar muito difícil e ruim, quero que você use o seu sinal "eu preciso dar um tempo" quantas vezes precisar. Então vamos começar desenhando neste pedaço de papel.*

Este pode ser o primeiro sinal para você escrever "eu preciso dar um tempo" e colar uma vareta de madeira na parte de trás. Ou então, a criança pode, simplesmente, levantar a mão para sinalizar a necessidade de parar. Esta estratégia pode ser usada com a caixa de areia também. Peça à criança para criar a história da memória ruim e a instrua a parar quantas vezes for necessário.

Criança: *(após fazer metade da figura) – Eu quero usar o meu sinal, "eu preciso dar um tempo".*

Terapeuta: *– Você, realmente, sabe como usar os seus sinais. Vamos parar. Durante esta parada, gostaria que você pensasse sobre seus ajudantes ou olhasse para o desenho deles.*

Deixe que a criança permaneça com os ajudantes por alguns segundos.

–Como você se sente agora enquanto pensa a respeito de seus ajudantes, Amber, Susie e sua mãe?

Criança: *– Eu ainda me sinto um pouco confuso!*

Terapeuta: *– Estou feliz por você estar me deixando saber como se sente. Gostaria que você continuasse pensando nos seus ajudantes. Imagine Amber, sua prima Susie e sua mãe próximos de você e fique com eles por um tempo.* Dê um tempo para a criança experimentar o recurso, por completo, e então pergunte: *– Como você se sente agora?*

Criança: *– Eu me sinto bem e feliz outra vez!*

Terapeuta: *– Ok, agora, verifique onde estes sentimentos bons estão em seu corpo e siga meus dedos. O que você percebe agora?*

Criança: *– Eu me sinto muito bem!*

Terapeuta: *– Agora, se estiver tudo bem para você, gostaria que você voltasse a visitar a memória daquela coisa ruim que aconteceu com você e veja o quanto você consegue avançar com o desenho ou com a história na caixa de areia. Lembre-se de que você está exercitando o "músculo que visita a memória" e você pode parar e dar quantos intervalos quiser.*

Criança: *– Ok.*

Criança: *– Eu terminei.*

Terapeuta: *– Ok, bom trabalho. Você foi muito corajoso para fazer isto. Você fez o desenho da coisa ruim que aconteceu com você!*

Esta estratégia também pode ser utilizada com limites específicos de tempo, permitindo à criança voltar ao recurso relacional. Por exemplo, peça à criança que pare a cada 10 ou 20 segundos e convide-a a pensar a respeito dos ajudantes ou sobre qualquer outro recurso. Toda vez em que a criança voltar ao recurso e relatar uma mudança positiva na emoção, o terapeuta deve fazer uma série lenta e curta de MBL. Perceba que não estamos reinstalando o recurso, estamos apenas melhorando a capacidade da criança para mover-se de um estado negativo para um estado afetivo positivo. Diante do exposto, o terapeuta deve fazer os MBL todas as vezes em que a criança voltar ao recurso e relatar estados afetivos positivos.

Instalação da Resolução no Presente (IRP)

O IRP foi inspirado em um exercício desenvolvido por Steele e Raider (2001). Nele, pede-se à criança para desenhar uma imagem do evento traumático passado e uma imagem da criança no presente. Adaptei este exercício maravilhoso para que ele possa ser usado como um protocolo de EMDR com crianças que, apesar da preparação extensiva, continuam a apresentar medo intenso da memória perturbadora. Este protocolo deve ser usado somente com crianças que não estejam mais experienciando o evento traumático ou adverso. Caso a criança esteja trabalhando com uma memória de *bullying*, e ainda esteja sofrendo, este protocolo não deve ser usado. Neste caso, deve-se usar o protocolo a seguir descrito:

Você pode dizer: – *"Vamos criar duas imagens, uma de você "Antes" e outra de você "Agora". Eu sei que é ainda difícil pensar ou fazer desenhos do que aconteceu com você, então nós vamos usar ajudantes. Quais ajudantes você gostaria de ter? Gostaria que você desenhasse uma imagem ou só imaginasse os ajudantes que o auxiliariam a se sentir seguro, bem ou forte ou que o ajudariam a ter quaisquer emoções que você possa precisar para começar a visitar a memória ruim. Quero que você imagine aqueles ajudantes sentados próximos de você. Agora, me diga como você se sente enquanto está pensando sobre eles".*

Possibilite o tempo necessário para a criança fornecer a você as respostas ou os desenhos dos ajudantes. Assim como ocorre com a analogia do "músculo que visita a memória", para crianças com um medo muito intenso da memória, é altamente benéfico ter um recurso em mãos.

– *"Agora que você tem a imagem dos seus ajudantes, quero que você observe como se sente e, então, encontre onde estes sentimentos estão em seu corpo. Agora, enquanto você está pensando a respeito do seu ajudante, sinta estas emoções boas e observe onde elas estão no seu corpo."* Faça os MBL e repita a instalação deste recurso por duas ou três vezes enquanto o mesmo continuar associado com estados positivos. Você pode dizer:

– *"Agora que você tem seus ajudantes, vamos começar desenhando uma imagem ou, se você preferir, você pode usar a caixa de areia. O título do primeiro desenho é "Este sou eu antes". Pense a respeito da coisa ruim que aconteceu com você e desenhe o que estava acontecendo à sua volta, quem estava lá com você, como você estava se sentindo, o que você estava fazendo ou qual era o seu tamanho. Se enquanto você estiver desenhando, os sentimentos tornarem-se muito grandes, você pode usar seu sinal "eu preciso dar um tempo" e pensar sobre seus ajudantes. Lembre-se de que podemos parar quantas vezes precisarmos."*

Uma vez que o primeiro desenho esteja feito, diga:
– *"Agora eu quero que você faça um segundo desenho chamado "Este sou eu agora".*

Assim que a criança completar o desenho, auxilie-a a fazê-lo o mais detalhado e específico possível. Faça perguntas para ajudá-la a reconhecer o que é diferente agora, como: *"Qual é o seu tamanho agora? O quanto você está forte? O que você sabe agora que não sabia antes?"* Para completar, pergunte sobre as habilidades que a criança adquiriu com os ajudantes que estão presentes em sua vida, sobre as forças e os recursos que não estavam presentes antes e que estão presentes agora. De uma maneira geral, pergunte a respeito de qualquer coisa que evidencie qualquer nível de resolução ou que mostre que a adversidade e o evento traumático acabaram.

Tão logo os dois desenhos estejam prontos, comece a pendular e a titular. Peça para a criança olhar para o desenho do "agora" e observar os sentimentos e onde eles estão localizados no seu corpo. Caso eles sejam positivos, faça uso de séries lentas e curtas de MBL. Peça, então, à criança para olhar o desenho do "antes" e perceber qualquer coisa que venha à sua mente, ao seu coração ou ao seu corpo. Comece com poucos segundos, cinco ou dez, dependendo do quanto a criança pode tolerar, pensando a respeito do evento perturbador. Convide-a voltar ao desenho do "agora" e olhar para ele outra vez. Algumas vezes dar instruções para a criança é de grande ajuda para reorientá-la ao presente. Você pode, novamente, fazer perguntas enquanto vocês dois estão olhando para o desenho do "agora". Pergunte:

– *"Você está segura agora? A coisa ruim ainda está acontecendo? Você tem ajudantes agora? Você está mais forte? Você sabe de coisas que podem te ajudar a se defender agora?* Espere a criança responder a cada pergunta antes de fazer a próxima. Encoraje a criança, novamente, a olhar para o desenho e perceber os sentimentos e sua localização no seu corpo. Se a criança relatar sentimentos positivos, faça os MBL, usando séries lentas e curtas. Aguarde o tempo necessário para que os estados afetivos da criança mudem para estados positivos. Retorne ao desenho do "antes" e permita que a criança olhe para ele e repare quaisquer emoções ou estados corporais por alguns segundos. Faça a dosagem aumentando o tempo à medida em que a criança demonstra uma habilidade ampliada para tolerar o evento perturbador do passado. Oscile ou dose entre os desenhos do "antes" e do "agora" quantas vezes a criança puder tolerar durante a sessão. Lembre-se de que os MBL só deverão ser realizados quando a criança se encontrar em um estado afetivo positivo eliciado pelo desenho do "agora". A caixa de areia também poderá ser usada com este protocolo. Divida a caixa de areia em duas, ou use duas caixas de areia se você as tem em seu consultório. De um lado, a criança cria o desenho do "antes" e do outro o desenho do "agora". Quando a criança estiver pendulando ou titulando entre os dois, alterne cobrindo um lado e depois o outro. Depois de utilizar este protocolo com diversas crianças, com sucesso, as crianças puderam transitar, facilmente, pela avaliação completa e pelo reprocessamento da memória perturbadora. Minha hipótese é de que este protocolo pode ajudar o cérebro da criança a iniciar a localização da memória no tempo e espaço.

Instalação da Mudança de Estado

Algumas crianças podem não tolerar pensar sobre ou desenhar suas memórias de adversidade. Como resultado, o terapeuta pode necessitar começar com disparadores atuais ou com perturbações menores. O objetivo deste protocolo é melhorar a habilidade da criança para mudar estados afetivos e aumentar suas capacidades regulatórias.Você pode dizer:

–"O que você acha de começarmos a brincar e a trabalhar para que você crie "músculos do sentimento" mais fortes e maiores? Algumas vezes, os "músculos do sentimento" podem precisar de alguma atividade, então se conseguirmos fazer com que eles fiquem maiores e mais fortes, você pode ser capaz de lidar melhor com os sentimentos. Eu conheço um exercício que nós podemos fazer para começarmos a trabalhar com seus "músculos do sentimento" para que eles fiquem maiores e mais fortes. Vamos iniciar desenhando seu corpo neste grande pedaço de papel que eu tenho no chão".

Crie um contorno do corpo da criança. Para isto, você vai precisar de um pedaço de papel grande o suficiente no qual a criança possa se deitar enquanto você ou o cuidador desenham o contorno do seu corpo. Veja, abaixo, uma descrição de como usar este protocolo:

Terapeuta: - Quero que você pense a respeito do seu lugar seguro ou sobre uma das coisas que nós colocamos dentro da sua "caixa de ajuda" que você pode usar para te ajudar mesmo quando estiver se sentindo confusa. Consulte o capítulo anterior para mais informações sobre como criar a "caixa de ajuda".

Criança: - Eu quero ter meus "bons ajudantes" aqui comigo.

Terapeuta: -Vamos pensar a respeito dos seus ajudantes. O que você sente agora quando pensa em seus ajudantes?

Criança: – Eu me sinto feliz e bem.

Terapeuta: - Onde você sente isto em seu corpo? Ou onde estes sentimentos estão no seu corpo? Como o seu corpo está comunicando estes sentimentos para você? Ou, você pode usar o detector de sentimento e encontrar estes sentimentos dentro do seu corpo.

Criança: – Eu sinto estes bons sentimentos em meu estômago.

Terapeuta: - *Vamos fazer um desenho dos seus ajudantes no contorno do seu corpo, bem no seu estômago!* A C pode querer fazer um desenho ou usar adesivos para representar cada ajudante.

Terapeuta: - *Agora, eu quero que você pense em algo que te incomoda só um pouquinho e me avise quando você o encontrar.*

Criança: - *Eu o encontrei.*

Pode ser de grande valia verificar com a C o evento perturbador selecionado. Deve-se começar com as menores perturbações. Quando a C já tiver praticado o suficiente, mudando de estados afetivos, o T pode encorajá-la a trazer um evento que contenha um nível maior de perturbação.

Terapeuta: - *O que você sente quando você pensa a respeito disso?*

Criança: - *Eu me sinto meio triste.*

Terapeuta: - *Onde você sente isto em seu corpo?*

Criança: - *No meu coração.*

Terapeuta: *Agora vamos desenhar estes sentimentos tristes no contorno do seu corpo, bem dentro do seu coração. Veja se estes sentimentos têm uma forma, uma cor, uma textura ou uma temperatura e os desenhe como você os vê, os sente e pensa sobre eles.*

Dê tempo suficiente à C para que ela possa identificar e desenhar os diferentes aspectos destes sentimentos. Uma vez que a C tenha terminado, comece a pendular do estado afetivo negativo para o estado afetivo positivo eliciado pelo recurso selecionado pela C.

Terapeuta: - *Eu gostaria que, agora, você focasse nos ajudantes novamente e onde você os sente em seu corpo. Pense a respeito deles sentados à sua volta e veja que sentimentos vêm.*

Criança: - *Eu estou começando a sentir os bons sentimentos no meu estômago de novo.*

Terapeuta: - *Bom trabalho! Agora, simplesmente, continue a imaginar seus ajudantes e todos os sentimentos bons que você está começando a sentir no seu estômago.*

Dê à C tempo suficiente para que ela se mova para um estado positivo. Convide-a a focar na imagem do recurso anteriormente desenhado no contorno do seu corpo.

Criança: - *Eu estou sentindo os sentimentos bons em meu estômago outra vez.*

Terapeuta: - *Gostaria que você continuasse a olhar para o desenho dos seus ajudantes e focasse na sensação boa no seu estômago.*

Faça séries curtas e lentas de MBL.

Terapeuta: -*O que você está percebendo agora?*

Criança: - *Que eu estou me sentindo segura e feliz.*

Terapeuta: - *Agora vamos voltar para aquela coisa que lhe incomoda um pouco. Vamos encontrar o desenho dos sentimentos misturados no contorno do seu corpo e, simplesmente, observar o que acontece quando você começa a pensar a respeito disto.*

Criança: - *Eu sinto os sentimentos e pensamentos misturados em meu coração, de novo.*

Terapeuta: - *Muito obrigada por me deixar saber como você se sente. Eu sei que isto pode ser muito difícil, mas lembre-se de que estamos exercitando os "músculos do sentimento", então somente preste atenção aos sentimentos. Repare o que eles estão fazendo, se estão se movendo ou permanecendo parados. Vamos, simplesmente, observá-los com curiosidade, como se esta fosse a primeira vez em que estivéssemos nos encontrando com eles e os conhecendo.*

Criança: - *Eles estão tentando 'se empurrar' para fora e estão se movendo um pouco.*

Terapeuta: - *Ok, vamos simplesmente ficar com eles por alguns segundos.*

Dê tempo suficiente para que a C note as respostas afetivas negativas associadas com a menor perturbação. Você pode, também, definir uma quantidade de tempo e alternar a cada 15 ou 20 segundos. Você pode, ainda, simplesmente deixar a C ficar no estado negativo até o sinal de "pare" ou até que o sinal "eu preciso dar um tempo" for usado. A quantidade de tempo que a C gasta pensando a respeito do evento negativo pode ser aumentada, vagarosamente, à medida que ela expande as capacidades de tolerância afetiva. Certifique-se de que as instruções apropriadas foram dadas para a C, no que diz respeito ao uso de sinais, ou se a mudança vai acontecer baseada no tempo decorrido. A C pode ser convidada, ainda, a usar dois chapéus diferentes, de duas cores diferentes, um para o estado positivo e o outro para o estado negativo. Isto vai tornar este protocolo mais divertido e engraçado, além do fato de que a mudança de estado será feita de forma mais concreta para a C.

Terapeuta: – *Agora, vamos voltar a pensar a respeito dos ajudantes. Vamos novamente olhar para o desenho deles no contorno do seu corpo e para as boas sensações no seu corpo e ver o que acontece.*

Criança: – *Eu me sinto bem novamente.*

Terapeuta: – *Onde estão localizadas estas boas sensações em seu corpo?*

Criança: – *No meu estômago e no meu coração também.*

Terapeuta: *Ok, então vamos observar estas sensações boas em seu corpo e agora siga os meus dedos ou me deixe tocar seus joelhos.*

Continue a oscilar ou a titular na medida em que você vai e volta do evento negativo para os recursos positivos e para as emoções associada a eles. Você pode também mudar o evento e perguntar à criança sobre um acontecimento com um nível maior de perturbação.

Instalação da Mudança de Estado Com o Cuidador

O protocolo acima pode ser usado com as crianças e seus cuidadores. Quando o trabalho é realizado com o sistema de apego, a inclusão do cuidador é fundamental. Experimentar os estados afetivos e se envolver com estes, estando na presença carinhosa e confortante do cuidador e do terapeuta, pode melhorar esta experiência afetiva. O pai, ou o cuidador, deve receber informação clara antes da sessão para que os papéis estejam esclarecidos e o processo seja previsível. Quando a criança está experimentando estados afetivos positivos, o pai é instruído a juntar-se e a conectar-se com os seus sentimentos positivos . Um cordão pode ser criado para conectar o pai às emoções e aos estados corporais da criança. Ambos, o pai e a criança, devem ser instruídos a simplesmente permanecerem neste estado positivo. Para uma criança que possa tolerar o afeto positivo e a proximidade física, o pai pode ser instruído a ficar próximo ou a segurar a criança enquanto participa deste exercício. Se a criança desenvolveu estratégias de apego evitativo, a proximidade com os pais não deve ser forçada. A criança pode escolher uma distância do pai na qual se sinta bem. Deve-se fornecer informação suficiente para que o pai possa seguir as orientações do terapeuta na medida em que se sinta habilitado e honrado durante a sessão.

Com a finalidade de auxiliar o pai e a criança a se juntarem, enquanto se movem para diferentes estados afetivos, o terapeuta pode pedir a eles para criarem uma corda ou um cordão. Esta corda pode tornar a conexão mais concreta para a criança.

Você pode dizer:

– *"Vamos criar uma "corda de sentimento" muito especial. Esta corda ou cordão ajudará a você e ao seu pai ou à sua mãe a conectarem seus sentimentos e a se conectarem um com o outro. Você pode fazer a sua corda na cor ou na textura que você quiser. Você também pode decorá-la da maneira que quiser. Vamos tirar um tempo para criar esta corda especial em sua mente e quando você a tiver, me avise. Ok, vamos começar com a mamãe. Por favor, me conte sobre a sua "corda de sentimento".*

Dê à mãe o tempo necessário para ela descrever a corda e, então, faça o mesmo com a criança. Você pode começar com a criança ou, ainda, com qualquer um que queira fazê-lo primeiro. Com as cordas já descritas, use o protocolo de instalação de mudança de estado apresentado acima, começando com um dos recursos da criança. Assim que a criança relatar estados emocionais e corporais positivos, peça para a mãe e para a criança se conectarem na corda da outra, para a mãe também poder sentir o que o seu filho está sentindo. Um dos principais objetivos desta estratégia é ajudar a criança a "sentir-se sentida", além de ajudar o pai a se conectar e ressoar, verdadeiramente, com ela. Quando a criança já tiver se movido para um estado afetivo negativo, convide o pai e a criança para conectarem suas "cordas de sentimento", mantendo o pai conectado com o estado da criança.

Instalação Constante da Orientação Presente de Segurança (ICOPS)

Este protocolo foi desenvolvido por Jim Knipe (2006, 2010) e, mais tarde, modificado por Eckers (2010), para ser usado com crianças. De acordo com Knipe, o método ICOPS visa auxiliar clientes dissociativos a acessarem material traumático de uma forma dosada, controlada e previsível. Quando se utiliza o ICOPS, o cliente é orientado para a segurança do presente no consultório do terapeuta. Despende-se tempo para orientar o cliente, inteiramente, sobre a realidade presente do consultório do terapeuta. Este método pode ajudar crianças dissociativas não somente a restaurarem a consciência dual, como também a estarem plenamente conscientes de quando estão presentes e de quando não estão. Além disto, auxilia a criança a trabalhar com o medo das memórias contendo material perturbador.

Esta é, a seguir minha própria adaptação do ICOPS, que tenho utilizado com sucesso com crianças altamente dissociativas desde 2008. O ICOPS pode ser usado com ferramentas como o Kit de Dissociação Para Crianças com o objetivo de fortalecer o seu senso de orientação para o presente. Quando o método ICOPS for utilizado, deve-se obter a permissão para a participação. A criança deve sentir-se segura ou, no mínimo, contida no consultório do terapeuta. O *script* a seguir irá ajudar você a introduzir o trabalho a ser feito. Você pode dizer:

– *"Eu tenho um exercício legal que podemos fazer juntos hoje. Mas, em um certo momento deste exercício, vamos pensar, desenhar ou escrever sobre a coisa difícil ou ruim que aconteceu com você. Também vamos trabalhar para ajudá-lo a saber e a sentir como é estar completamente aqui e presente neste consultório comigo."*

É importante, especialmente quando se trabalha com crianças, que estas se sintam seguras no consultório e na presença do terapeuta. Também é necessário ajudar a criança a compreender que o evento traumático ou adverso acabou e não está acontecendo no presente. Com a finalidade de reforçar a orientação atual da criança, perguntas sobre a realidade presente, como as apresentadas a seguir, por exemplo, devem ser acompanhadas pelo uso dos MBL.

– *"Você pode me dizer onde está agora? Quantas casas de boneca você vê no meu consultório? Onde você está sentado bem agora? O que suas mãos estão tocando agora? Que tipo de barulho você escuta neste lugar agora?"*

Após a criança responder a cada pergunta, convide-a a perceber o fato e use séries curtas e lentas de MBL.

Usando o Kit de Dissociação Para a Criança com o Protocolo ICOPS

Um importante aspecto deste protocolo é orientar a criança para o tempo presente e restabelecer a consciência dual se ela tiver sido perdida. Uma estratégia adicional sugerida no protocolo ICOPS é fazer jogos de captura com o cliente. Lançar para a criança um dos animais de pelúcia do *kit*, ou uma bola ida e volta, pode ser uma estratégia eficaz para trazê-la de volta ao presente. Utilizar todas as ferramentas de atenção dual do Kit de Dissociação para Crianças e também o Protocolo ICOPS pode ser útil tanto para o terapeuta quanto para a criança, para:

1. Ajudar a criança a se familiarizar com as ferramentas da consciência dual;.
2. Permitir ao terapeuta testar estas ferramentas e identificar as estratégias mais eficazes para restabelecer a consciência dual e trazer a criança de volta para o presente;
3. Após usar e testar cada uma das diferentes ferramentas do Kit de Dissociação para Crianças, utilize os sinais DENTRO, MEIO a MEIO e FORA. Você também pode usar o "leque da dissociação" ou a "marionete da dissociação". Isto é feito com o propósito de avaliar se a criança está suficientemente presente. Por exemplo, depois de jogar um animal de pelúcia para a criança e ela o tiver devolvido para você, convide-a a usar os sinais e avalie o quão presente ela está depois deste exercício. Caso ela esteja completamente presente, melhore a sua consciência presente usando séries curtas e lentas de MBL.

Acessando as Memórias

Você pode convidar a criança a desenhar o evento ou começar a criar uma história sobre ele na caixa de areia. Estabeleça um tempo limite (entre 10 e 20 segundos) para ela trabalhar no desenho, com a caixa de areia, ou na história, com o *Play-doh®* (massinha de modelar). Quando o tempo limite tiver se esgotado, peça para a criança parar, e diga:

– *"Muito bom, agora vamos focar sua atenção, outra vez, em onde você está agora".*

Use uma das estratégias de atenção dual do Kit de Dissociação Para Crianças e dê a ela tempo suficiente para voltar ao presente. Uma adaptação incorporada por mim ao ICOPS, após a criança ter acessado a memória do trauma e ter usado uma ferramenta de atenção dual, foi o uso dos sinais, leque dissociativo, etc. Diga:

– *"Agora, vamos usar os sinais, o leque ou o fantoche para ver o quanto presente você está".*

Se a criança não estiver suficientemente presente, use outra estratégia de atenção dual até que ela esteja completamente presente. Então, peça a ela para continuar a desenhar ou construir a história da memória. Repita o processo até que o desenho ou a história tenha sido completado. Entretanto, se em algum momento a criança tornar-se altamente desregulada, continue a usar as ferramentas de atenção dual e as estratégias de regulação apresentadas neste livro até que a consciência dual seja restaurada e a criança atinja estabilidade suficiente, bem como equilíbrio emocional.

Sumário e Conclusões

Estratégias avançadas são, normalmente, necessárias para ajudar as crianças com tendências dissociativas a permanecerem, suficientemente, enraizadas e presentes para suportarem os procedimentos de processamento do trauma. Ajudá-las a entender a dissociação e suas características de sobrevivência, a familiarizarem-se com uma grande variedade de estratégias de atenção dual e testar a eficácia destas com cada criança é um aspecto sumamente importante da fase de preparação. Logo após as respostas dissociativas específicas serem escolhidas, o terapeuta e a criança devem estar preparados para quando estas forem ativadas.

Durante a fase de preparação da Terapia EMDR pratica-se e ensaia-se uma forma comum de comunicar sobre experiências dissociativas, como também o que pode ser feito quando elas surgirem. Este capítulo fornece uma gama de estratégias divertidas e adequadamente desenvolvidas para manter a criança presente, assim como para restaurar sua consciência dual. Depois destes procedimentos, pode ser realizado o processo de assimilação e de integração das memórias que estão no núcleo do sofrimento da criança.

Capítulo 8 - Fase Três: Avaliação

Os principais objetivos da fase de avaliação são:

- Acessar a rede de memória que contém material traumatogênico;
- Acessar e ativar os aspectos cognitivos, afetivos e somáticos da memória;
- Criar uma linha de base da memória usando duas escalas: (Validação da cognição positiva (VoC) e Unidades subjetivas de perturbação (SUDS).

Tendo alcançado um nível suficiente de estabilidade e estabelecido a prontidão da criança para mover-se ao longo do processamento do trauma, o terapeuta, em colaboração com ela e com o pai, deve selecionar o alvo para o processamento. Visando a preparação para o reprocessamento do material perturbador, os passos abaixo listados devem ser seguidos:

- A criança deve ser encorajada a trazer para o consultório os recursos anteriormente instalados. Se ela criou uma "caixa de ajuda", um "escudo de segurança" e assim por diante, ela deve trazê-los para a sessão de reprocessamento;
- Necessidades biológicas básicas tais como sono, fome e descanso físico, devem ser apropriadamente supridas pelos cuidadores. As janelas de tolerância afetiva podem se expandir ou se contrair em conexão com as necessidades biológicas básicas. Uma criança que não tenha dormido o suficiente na noite anterior a uma sessão de terapia pode estar cansada e ficar facilmente agitada, quando se compara a mesma criança em uma condição na qual o descanso e o sono foram suficientemente fornecidos pelo sistema. Certificar-se de que as necessidades orgânicas essenciais foram supridas, pode definir o estágio para uma produtiva sessão de dessensibilização e reprocessamento por meio dos movimentos oculares (EMDR);
- Todos os recursos que possam facilitar o processamento de memórias traumáticas, mantendo a criança dentro de níveis de ativação administráveis, devem estar à mão. Caso animais de estimação tenham participado durante a fase de preparação e tenham ajudado a criança a se sentir segura e calma, peça aos pais e à criança para trazerem o animalzinho para a sessão. Se o animal já tiver se familiarizado com o consultório e com o terapeuta, ele não causará interrupções;
- Os cartões, os cubos e as bolas contendo cognições, emoções e sensações devem estar disponíveis para a criança;
- Caso recursos para contenção tenham sido usados durante a exploração das memórias e tenham trazido conforto, eles podem ser novamente utilizados durante a fase de avaliação e ao longo de todas as fases de reprocessamento. A casa de almofada, o cobertor tímido, a casa de guarda-chuvas, os chapéus invisíveis, etc, devem estar disponíveis para a criança;
- Antes de acessar e reprocessar uma memória, o terapeuta deve ter direção e plano claros sobre os recursos potenciais necessários, entrelaçamentos, etc. Isto deve ser preparado quando já se tiver estabelecido que a criança está pronta para se mover ao longo das fases de reprocessamento da Terapia EMDR. Neste ponto, o nível de envolvimento do cuidador deve também ter sido estabelecido e algum nível de trabalho deve ter sido iniciado com ele, caso possível;

- Caso os cuidadores estejam presentes durante o reprocessamento do material perturbador, eles já devem ter entendido, claramente, os seus papéis. O terapeuta deve fornecer informação em relação ao que vai acontecer durante a sessão, para que o processo seja previsível para os pais, como também para a criança.
- Caso as fases de reprocessamento da Terapia EMDR aconteçam imediatamente após a fase de avaliação, o terapeuta deve ter preparado, com antecedência, entrelaçamentos potentes no momento em que o processamento da memória da criança ficar bloqueado. Ou seja, os terapeutas nunca, em hipótese alguma, devem estar despreparados para uma sessão de reprocessamento, especialmente, quando se trata de casos de trauma complexo;
- Caso tenha ocorrido estabilização e preparação adequadas e completas para a presença da Dissociação, o Kit de Dissociação Para Crianças deve estar disponível a todo instante para ela e para o terapeuta. Relembre a criança para usar os sinais DENTRO, MEIO a MEIO e FORA, o "leque da dissociação", ou os "fantoches da dissociação". Torne o processo o mais previsível possível, para reduzir qualquer ansiedade de desempenho;
- Relembre a criança de que não há um jeito certo ou errado de se fazer o EMDR, o jeito que ela fizer está bem;
- Prepare o seu próprio estado interno para sintonizar e conectar com a criança durante estes momentos de profundo envolvimento com o passado e encontre liberdade a partir disso. Tome um momento para respirar e encontre dentro de você mesmo a força, a sabedoria, a calma, a aceitação, assim como suas possibilidades para acalentar ou qualquer outra coisa da qual você necessite para testemunhar e facilitar o processo de integração.

Trabalhando com Crianças com Sistemas Simpáticos Sensibilizados

Crianças com histórias de traumas complexos podem possuir sistemas sensibilizados que as tornam propensas a permanecer no modo de luta e fuga, mesmo diante de situações seguras (Cozolino, 2006; Porges, 2011). Quando respostas de luta-fuga são constantemente ativadas em decorrência de memórias traumáticas, frequentemente inflamadas por estímulos ambientais atuais, o "sistema de alarme do corpo" permanece em um constante estado de ativação. Consequentemente, durante o acesso e o reprocessamento de material traumatogênico, estas crianças podem tornar-se facilmente hiperativadas, comprometendo sua habilidade para manter a consciência dual. Crianças propensas a se moverem rapidamente para níveis muito altos de ativação podem se apresentar como agressivas, com severos ataques de raiva, assim como apresentarem a tendência para se desligarem ou fugir diante do menor estímulo do ambiente. A fase de preparação para elas irá fornecer recursos adequados para modular a ativação de maneira apropriada. No entanto, se as memórias do trauma ainda não tiverem sido processadas, mesmo o profissional tendo realizado muita preparação prévia, estas crianças podem sair das janelas de tolerância afetiva quando ativadas durante a fase de avaliação. Por isso, o terapeuta de EMDR precisa preparar, cuidadosamente, as sessões de reprocessamento para aprimorar o nível de ativação e a capacidade de integração da criança. Modular a ativação aumentando os graus de segurança, contenção e conexão pode auxiliar as crianças a assimilarem, de maneira mais efetiva, as memórias de trauma e adversidade. Por exemplo, recursos que ofereçam um melhor senso de segurança e calma podem ser trazidos para as sessões antes de começar a fase de avaliação. Pode ser dito à criança que ela pode estar com os ajudantes, quando estiver "visitando" a memória. Um círculo pode ser criado em volta dela e de todos os seus ajudantes, reais ou imaginários (Shapiro, 2001; Gomez, 2008). Se os ajudantes forem representados com fantoches, desenhos ou, simplesmente, se a criança imagina estar com a mãe, com o pai, com animais de estimação, com anjos, etc., ela recebe a mensagem de que não precisa fazer este trabalho ou "visitar" a memória sozinha. O terapeuta também deve fazer uso do Eu mais ativamente: –"*Quando fazemos isto juntos, eu estou com você por todo o caminho. Lembre-se, você não está sozinho, eu e todos os seus ajudantes estamos com você.*"

A criança pode, também, ter "conselheiros" prontos, caso eles forem necessários (vide Capítulo 9). À media em que a criança passa a se sentir com recursos, acompanhada e segura, sua capacidade para manter a consciência dual e permanecer presente é expandida. Estando a fisiologia da criança já modulada, pode-se fazer uma "visita" à memória do trauma ou adversidade.

Trabalhando com Crianças com Sistemas Parassimpáticos Vagal Dorsal Sensibilizados

Crianças mais cronicamente traumatizadas podem apresentar-se com sistemas vagal dorsal sensibilizados (Levine 2010). Nessa situação, elas tendem a responder automaticamente aos menores desafios do ambiente, entrando em colapso e se rendendo. Ou seja, quando memórias de trauma e sofrimento são acessadas e ativadas durante a fase de avaliação da Terapia EMDR, respostas de colapso podem surgir. Estas crianças podem tender a "viver" em estados de hipoativação. Consequentemente, podem ter uma tendência ao isolamento, a se desligarem, a sonharem acordadas e a dissociarem-se. Algumas delas desenvolveram maneiras para se adaptarem e elevarem seus próprios níveis de ativação. A fantasia e a criação de mundos paralelos imaginários são, na maioria das vezes, mecanismos de enfrentamento usados por elas para adaptarem-se a uma realidade de sofrimento e adversidade. Algumas outras se adaptaram em sempre "fazer" em vez de "ser". Elas podem relatar sentirem-se sempre "entediadas" e precisando de entretenimento constante. Como resultado, incluir movimento e maior nível de atividade durante a fase de avaliação e, mais tarde, durante as sessões de reprocessamento pode ajudá-las a ficar mais engajadas, focadas e presentes. Usar o lúdico para preparar o sistema nervoso e motivar a criança a "visitar" as memórias de adversidade e trauma pode ser útil. Além disto, o movimento pode auxiliá-las a manterem a consciência dual e a permanecerem dentro de janelas de tolerância afetiva apropriadas. Por exemplo, usar "estações" enquanto se move pela fase de avaliação pode torná-la mais divertida e interessante. A "técnica da estação" consiste em criar sete estações com sete objetos, cada qual representando as sete etapas do processo realizadas durante a fase de avaliação da Terapia EMDR. Almofadas ou papel de dobradura de cores diferentes são colocados no chão. A criança é então informada de que "visitar" a memória vai envolver passar por sete estações. O terapeuta e criança começam sentando-se na primeira almofada ou próximos ao primeiro retângulo de papel de dobradura. O profissional solicita à criança a imagem que representa a memória. Tendo ela respondido à pergunta, ela se move para a próxima estação, para identificar a cognição negativa. Cartões de cognição, bolas ou cubos podem ser colocados na estação para ajudar a criança a identificar a cognição negativa. Quando a criança se mover para a terceira estação, ela deve ser convidada a identificar a cognição positiva, e assim por diante, até completar a fase de avaliação. Quando ela chegar à última estação e identificar onde a perturbação está localizada no seu corpo, a fase de dessensibilização deve ser iniciada.

Seleção do Alvo

Quando se trabalha com um incidente único ou com TEPT simples, o processo seguido ao longo das oito fases da Terapia EMDR tende a ser direto. Procedimentos básicos de EMDR nos guiam para selecionar o primeiro evento, ou evento chave, como o alvo inicial, seguido, por exemplo, pelo pior evento. No entanto, quando se faz a seleção dos alvos para crianças com trauma crônico e de desenvolvimento, aconselha-se cautela aos terapeutas. Durante o trabalho com crianças que apresentam reduzida capacidade para modular a ativação, pode ser necessário o fracionamento das memórias traumáticas, ou a sua divisão em camadas,. Por outro lado, o terapeuta deve estar ciente de que várias destas experiências de adversidade e trauma foram experimentadas em estágios pré-verbais de desenvolvimento. Como resultado, a criança pode não ter a lembrança cognitiva destas memórias. No entanto, elas continuam a ser acessadas e ativadas somaticamente pelo ambiente atual.

Crianças com reduzida capacidade para a regulação afetiva podem precisar começar com alvos com baixos níveis de perturbação. Em virtude disto, o terapeuta pode ter de trazer a criança mais frequentemente para o alvo originário, para evitar que ela não se mova para outras memórias que contenham uma carga emocional excessiva; o que significa usar, amiúde, procedimentos de EMDR. Por outro lado, caso a criança não consiga se conectar afetivamente com alvos precoces, o profissional pode, algumas vezes, necessitar começar com alvos mais recentes, como pode acontecer, muitas vezes, com crianças que façam uso da evitação como um mecanismo de enfrentamento.

Kitchur (2005), em seu Modelo Estratégico de Desenvolvimento, sugere processar primeiro os alvos da meia infância (4-11 anos) antes de processar o que ela chama de memórias de "processamento de primeira ordem". Estas memórias correspondem a experiências precoces não-verbais e pré-verbais. Memórias da meia infância podem ser facilmente lembradas pela criança, desde que tenham ocorrido quando importantes estruturas no cérebro, necessárias para o desenvolvimento da memória explícita, já estivessem em funcionamento. A criança pode acessar, mais facilmente, os diferentes aspectos da memória, tais como os cognitivos, os afetivos e os elementos somáticos. Como resultado, pode ser mais fácil, tanto para o terapeuta quanto para a criança, acessar por completo o sistema de memória e ter uma primeira experiência de sucesso com a Terapia EMDR. Ao se trabalhar com crianças em idade escolar, que apresentem traumas múltiplos e de desenvolvimento, começar com memórias que elas possam, mais facilmente, verbalizar e articular pode facilitar o trabalho a ser feito na Terapia EMDR. De acordo com Kitchur (2005), "alvos da primeira infância não-verbais e fragmentados", frequentemente, envolvem profundo processo somático, emoção intensa e pouco dos processos cognitivos ou do lado esquerdo do cérebro..." (p. 33). Isto, de acordo com Kitchur, é a razão para alterar a ordem de processamento começando com alvos da meia infância seguidos por "alvos de memórias de primeira ordem". "Ao se trabalhar com memórias muito antigas, as crianças podem ser altamente vulneráveis e menos capazes de articular verbalmente suas necessidades" (Kitchur, 2005, p.33). O panorama clínico global da criança, o nível atual de tolerância afetiva, a estabilidade, etc, podem precisar ser levados em consideração no momento em que se for decidir a ordem em que as memórias serão reprocessadas. Entretanto, em minha prática clínica, o processamento de memórias profundas, implicitamente enraizadas, traz imensa transformação para crianças, adolescentes e adultos que sofreram experiências traumáticas muito cedo na vida, geralmente ocasionadas por importantes figuras de apego.

Acessando O Trauma Pré-Verbal e a Adversidade

O processamento de memórias que não possuem os aspectos cognitivos e verbais devido ao fato de estarem codificadas quando regiões superiores do cérebro estavam subdesenvolvidas, pode ser um desafio. O protocolo de trauma precoce do EMDR (O'Shea, 2009), forneceu uma forma de acessar e processar trauma pré e perinatal. Ele foca em períodos sequenciais e nas sequelas somáticas do trauma precoce. Quando se trabalha com crianças, especialmente aquelas com trauma complexo, focar em trauma pré-verbal pode ser inevitável. Como resultado, será necessário fazer uso de estratégias apropriadas para elas, que possibilitem o acesso às memórias precoces de trauma. Para isso, desenvolvi uma série de estratégias, algumas das quais são coerentes com o protocolo de trauma precoce para acessar experiências pré-verbais de trauma e adversidade.

Seguem algumas possibilidades para acessar a perturbação associada às memórias pré-verbais e experiências precoces de apego.

Acessando Memórias Pré-verbais por Meio de Disparadores Atuais Usando Linhas do Tempo, Detectores de Memória, Histórias de Vida, Satélites Internos e Antenas

O uso de "flutuação para o passado direcionada", "detectores de memória", histórias e linhas do tempo que acessam memórias pré-verbais, pode ser de grande valia para encontrar tais memórias implícitas (vide Capítulo 4 para uma descrição completa). Quando estas memórias são acessadas, elas podem carecer do componente cognitivo e a conexão com elas pode acontecer por meio dos seus atributos somáticos. No entanto, as emoções, os estados corporais e, até mesmo, as cognições relacionadas com os estímulos eliciadores atuais podem servir como uma rota de acesso para a rede da memória. A criança pode ser convidada a criar uma história de vida; enquanto ela explora os diferentes estágios do seu desenvolvimento, o terapeuta deve procurar por qualquer coisa que ela possa saber ou ter ouvido a respeito daquele tempo em sua vida. Caso a criança não relate eventos conhecidos ligados aos estágios iniciais de desenvolvimento, procure pelas pegadas emocionais e somáticas deixadas por estas memórias não conscientes. Perguntar a respeito do que a mente, o coração ou o corpo têm a dizer sobre um determinado período na vida da criança irá fornecer informação fundamental. Todos estes dados podem tornar-se alvos potenciais para o processamento.

Os disparadores são importantes vias de acesso para estas redes neurais que permanecem escondidas em memória implícita e não consciente. Quando os disparadores atuais forem identificados e avaliados, a flutuação para o passado direcionada, as linhas do tempo e o uso do detector da memória devem começar com uma exploração minuciosa de experiências pré e pós-natal. Como afirmado no Capítulo 4, desenhos do "pequeno eu" dentro da mamãe ou "a barriga da mamãe", assim como desenhos de diferentes estágios de desenvolvimento na vida da criança devem ser criados em parceria com ela . O problema atual ou disparador deve ser acessado primeiro e então conectado ao detector de memória com as suas respectivas cognições e emoções negativas. O escaneamento das emoções (Shapiro, 2001) também pode ser realizado ligando as emoções e os estados corporais ao detector de memória, como uma alternativa. Embora o detector de memória seja uma ferramenta externa, a criança é sempre encorajada a vê-la e senti-la dentro, pois ela é apenas uma representação do detector de memória real que está no coração da criança.

Quando o detector de memória é colocado em cima dos desenhos de cada estágio de desenvolvimento da criança, ela deve ser convidada a pesquisar por dentro. e a perceber os atuais pensamentos misturados, as emoções e/ou os estados corporais, enquanto procura pelas memórias ao longo do caminho. Por exemplo, um garoto de 6 anos de idade, apresentando um medo enorme de dormir sozinho, identificou a crença negativa: "coisas ruins vão acontecer". Ele expressou medo e solidão, enquanto pensava a respeito de dormir sozinho em seu quarto. Os pais, durante a anamnese, afirmaram que o seu filho não havia vivenciado quaisquer eventos traumáticos ou adversos. Ele tinha sido adotado no nascimento sem quaisquer dificuldades durante o processo de adoção. Convidado a fazer um desenho do seu "pequeno eu", o mais precocemente possível, e a usar o "detector de memória", para descobrir o que estava acontecendo com o pequeno eu, o menino começou desenhando uma figura da sua mãe biológica grávida com o "pequeno eu" dentro. Segundo ele, o seu "pequeno eu" estava se sentindo seguro dentro da barriga da sua mãe biológica. Mas, quando ele colocou o detector de memória ao lado do desenho do seu eu mais novo, logo depois do seu nascimento, ele disse que estava com medo. Disse, ainda, que seu "pequeno eu" não se sentia seguro e pensou que coisas ruins iriam acontecer naquela época. Perguntei a ele, então, o que estava fazendo com que o seu "pequeno eu" se sentisse assustado? Ele respondeu que estava assustado e muito triste, porque sua mãe tinha ido embora e ele estava sozinho no hospital. Segundo sua mãe adotiva, ele não ficou sozinho no hospital. No entanto, a percepção subjetiva deste garoto e, provavelmente, a forma como tal memória foi codificada em seu cérebro tinha este profundo senso de solidão e desespero. Como se pode ver, o disparador atual serviu como uma rota de acesso para encontrar a memória pré-verbal que estava sendo constantemente ativada, todas as noites, quando a criança tinha de ir dormir sozinha em seu quarto.

Uma garota de 8 anos de idade, Beth, diagnosticada com transtorno de humor, apresentando extremos ataques de raiva e intensos episódios de tristeza e choro, relatou que ninguém a amava porque ela era uma criança muito ruim. Ela tinha sérias dificuldades de socialização na escola e, apesar de ser uma estudante exemplar, sempre se isolava dos seus colegas. Depois de a preparação apropriada ter sido feita, a exploração de memórias passadas foi iniciada. O maior disparador para esta criança era o estado emocional da sua mãe e a falta de demonstração de amor e de cuidado desta para com ela e para com suas três irmãs. Quando os gatilhos foram explorados, todos eles compartilharam a mesma crença negativa: "Minha mãe não me ama". Tal crença foi interpretada como: "Eu sou uma criança má, difícil de ser amada". A mãe se apresentou com um histórico de sérios problemas emocionais, assim como dissociação. Ela não tinha muita recordação do período relativo ao segundo até o quarto ano de vida da sua filha. Ela não conseguia nem mesmo encontrar fotos de Beth dos dois aos quatro anos de idade. Eu a encorajei a juntar informações de amigos e parentes para descobrir o que havia acontecido durante estas épocas fundamentais na vida da sua filha. Seus amigos e parentes relataram que, mais ou menos, por volta dos dois anos de idade da sua filha, ela passou por uma depressão realmente profunda e, sem tratamento, dormia e fumava o dia inteiro. Uma de suas vizinhas relatou ter ajudado a tomar conta de Beth, algumas vezes. Quando ela fez quatro anos, sua mãe conseguiu iniciar um tratamento psiquiátrico e passou a fazer uso de medicação psicotrópica. A mãe relatou uma vida repleta de lutas com extrema desregulação emocional e um passado cheio de trauma e sofrimento. No entanto, a depressão da mãe de Beth, bem como seus problemas emocionais quando ela tinha apenas dois anos, nunca foram levantados ou discutidos com ela nem mesmo durante a anamnese.

Então, Beth foi convidada, por mim, a escrever o livro da sua vida, intitulado *O Herói em Mim*. Ela começou seu livro quando estava no útero da sua mãe. Com os disparadores em mente e os pensamentos e sentimentos confusos identificados em sessões anteriores, Beth foi encorajada a procurar e a encontrar, ao longo do seu livro, quando estes pensamentos e sentimentos haviam nascido. Enquanto buscava por sua história, ela também foi incentivada a sintonizar-se com o seu "satélite ou compasso interior". Ela afirmou não possuir tais sentimentos ou pensamentos quando estava na barriga da sua mãe ou em seu nascimento. Eu a convidei para olhar de perto o compasso interior em seu coração e intestino e ver quando a coisa ruim havia começado. Ao convidá-la para conectar-se com seu corpo enquanto estas memórias eram exploradas, eu estava procurando pela entrada do cérebro direito. Ela apontou para a idade de dois anos como a época em que estes sentimentos e pensamentos tinham surgido. Ela não tinha imagens sobre o que havia acontecido, apenas um sentimento em seu coração. Eu estava extremamente tocada pela habilidade desta criança para encontrar o momento exato em que sua mãe se desconectou dela e do seu coração, completamente. Outras memórias, como sua mãe gritando ou rejeitando-a também foram acessadas e, por sua vez, tornaram-se alvos para reprocessamento. A mãe, então, criou uma história do que havia acontecido quando Beth tinha dois anos de idade. A história foi contada a Beth como um entrelaçamento durante o reprocessamento desta memória. Este caso vai ser discutido mais amplamente no próximo capítulo deste livro.

Comportamentos de Apego Como Alvo

Os atuais comportamentos de apego e cuidado podem oferecer uma abertura para o sistema de apego. Identificar experiências de apego precoce que ferem e permanecem tão profundamente impregnadas na memória implícita pode ser uma tarefa árdua. Evitação, preocupação e desorganização em torno de experiências relacionadas com o apego, geralmente, não estão disponíveis para a criança ou para os pais. A exploração e o acesso a estas memórias de apego podem começar com o estímulo eliciador do presente que ativa o sistema de apego.

Trabalhando com Crianças com Estratégias de Evitação

Atuais comportamentos de apego e cuidado têm potencial para ativar o sistema de apego e com ele as experiências de apego disfuncionais passadas. Para crianças que apresentam padrão de apego evitativo em relação aos seus pais, distanciamento e desapego têm sido o mecanismo primário de adaptação. Para se protegerem da dor de não terem pais capazes e disponíveis para satisfazerem suas necessidades por amor e conexão, estas crianças têm usado a evitação e o distanciamento para sobreviverem. Para elas, o contato visual, o contato físico e as experiências interativas positivas compartilhadas com os cuidadores e outros podem, potencialmente, ativar emoção negativa e dor emocional. Um simples contato olho-no-olho com o pai pode deixar estas crianças desconfortáveis na medida em que isso toca nas memórias dolorosas e implícitas de apego. Importante lembrar que estes filhos tiveram ou têm pais que incentivaram a independência precoce e a autossuficiência; pais que, diante da possibilidade de estas crianças experimentarem dor física e emocional, disseram a elas para se reestabelecerem e ficarem fortes.

Quando trabalhamos com estas crianças, estamos lidando com um sistema de apego que pode estar desligado ou desativado (Main, 1995; Siegel, 2010). A entrevista de apego para adulto (EAA) desenvolvida em 1984 por Carol George, Nancy Kaplan e Mary Main fornece uma janela para dentro da mente dos adultos com estados mentais inseguros. Alguns dos resultados da EEA podem ser estendidos para a forma como a mente das crianças, em idade escolar, e também daquelas mais velhas, pode funcionar como um resultado de suas experiências de apego precoce. Algumas vezes, crianças com padrão de apego evitativo podem ter grande dificuldade para se lembrar de quaisquer eventos relacionados ao apego e/ou a eventos negativos do passado. Mesmo quando se utiliza a flutuação para o passado direcionada e o escaneamento de emoções, elas podem relatar falta de memórias. Isto tende a ser característico de adultos com estados mentais desapegados em relação ao apego, como também em crianças evitativas. Além disto, a carência de memórias e a idealização dos cuidadores também podem estar presentes. Eles tendem a relatar experiências atuais e antigas excelentes, mas falham ao fornecer quaisquer fatos de apoio ou memórias específicas. Em terapia, geralmente estas crianças informam que está tudo bem, apesar dos relatos dos pais e professores sobre o quanto elas estão sintomáticas. Na ausência de memórias de experiências de apego do passado, que podem ser atribuídas aos sintomas atuais, comportamentos de apego podem ser usados como alvo. O processamento de comportamentos de apego pode ser contraproducente caso os pais continuem a reforçar uma conexão evitativa e desapegada. Para se obter um melhor resultado do tratamento, o trabalho com o cuidador deve preceder o direcionamento de comportamentos e memórias de apego.

Quando um trabalho é realizado com crianças com padrões de apego evitativo, uma hierarquia dos comportamentos de cuidado e de apego pode ser desenvolvida. Pode ser apropriado iniciar com os mais toleráveis e, em seguida, com aqueles que ativam os maiores níveis de perturbação. A seguir, alguns exemplos de comportamentos de apego que podem ser um alvo:

- Contato visual com o cuidador. Esteja ciente de que um cuidador pode disparar mais perturbação do que o outro;
- Um abraço distante;
- Um abraço bem próximo;
- Um elogio;
- Uma expressão de amor com ou sem o contato visual;
- Sentar-se no colo dos pais;
- Alimentar a criança, até mesmo para uma criança mais velha;
- Atividades acolhedoras, tais como, pintar o rosto, pintar as unhas e, em geral, receber carinho;
- Atividades lúdicas tais como pegar bolhas com o cuidador.

Uma vez estabelecida a hierarquia , o terapeuta deve seguir com os procedimentos de avaliação, dessensibilização, instalação e escaneamento corporal com cada comportamento de apego. Todavia, se os pais continuarem rejeitando e negligenciando a necessidade da criança por conexão, não é recomendado focar nos comportamentos de apego. Além disso, o profissional deve estar ciente que, caso o pai não tenha recebido algum nível de tratamento (vide Capítulo 5 - estratégias para trabalhar com pais), estes alvos também podem ser ativadores para eles. Importante lembrar que, muito provavelmente, as estratégias de evitação da criança foram desenvolvidas em resposta aos comportamentos de cuidado dos pais. Algumas vezes, o foco nos comportamentos de apego pode começar sem o pai estar presente na sessão. Neste caso, você pode usar fotos dos pais ou pedir à criança para imaginar-se olhando nos olhos do pai ou da mãe, ou que está sentada no colo dele ou dela. Mais tarde, o pai pode ser convidado para fornecer uma experiência mais concreta. Caso o foco do comportamento de apego não seja considerado apropriado para a criança, trabalhar com eventos recentes pode ser um ponto de partida comum com crianças que apresentem padrões de apego evitativo. Como resultado da falta de memórias ou da inabilidade para conectar-se afetivamente com experiências do passado, começar com eventos recentes, e até mesmo futuros, pode ser necessário. Crianças que têm usado a evitação como principal estratégia para lidar com a falta de conexão dos seus cuidadores podem, algumas vezes, relatar lembranças de algumas memórias passadas de adversidade. Mas, muitas vezes, elas podem não conseguir se conectarem afetivamente com essas memórias. De acordo com Porges (2011), as emoções primárias têm uma influência do hemisfério direito. As crianças com padrões de apego evitativo estão aprendendo a depender, fortemente, dos processos do hemisfério esquerdo, como uma forma de lidar com emoções dolorosas conectadas às experiências de apego (Siegel, 2010). Seu hemisfério esquerdo pode tender a dominar e, como resultado, elas podem demonstrar uma tendência para falar de uma maneira emocionalmente desligada. Mesmo quando memórias dolorosas e não resolvidas são acessadas, muitas vezes estas crianças vão relatar novamente grande dificuldade relacionada com os aspectos emocionais e somáticos destas recordações. Elas podem afirmar que estes eventos não as incomodam mais e que não há nenhuma razão para se trabalhar com eles. Um grande esforço de preparação deve ser feito com elas para ajudá-las a despertar os processos do hemisfério direito. Uma série de estratégias, listada em capítulos anteriores deste livro, pode ajudar a alcançar este objetivo.

Trabalhando com Crianças com Estratégias Ambivalentes

Por outro lado, crianças com padrões de apego ansioso-ambivalente podem se recordar de várias memórias passadas. No entanto, o nível de ativação pode ser tão alto que elas podem ficar assustadas ao ter de falar ou se lembrar delas. Apresentando sistemas de apego superativados (Main, 1995; Siegel, 1999), elas tendem a ser agarradas, e sentem que a atenção recebida do cuidador nunca é suficiente. A inversão de papéis, a confusão emocional e os limites difusos estão normalmente presentes na relação com seus cuidadores atuais ou passados. Para estas crianças, a separação do cuidador pode ser uma fonte de grande ansiedade. Presenciar os pais dando atenção, presentes ou elogios para um irmão é uma fonte de perturbação. Estas crianças, ao contrário daquelas com padrões evitativos de apego, podem ter um hemisfério direito superativado, como observado em adultos com estados mentais preocupados (Siegel, 2010). Elas podem estar inundadas de emoções; consequentemente será necessária extensiva preparação para ajudá-las a modular o afeto mais eficientemente. Auxiliar o hemisfério esquerdo a acalmar o hemisfério direito e promover integração horizontal e equilíbrio é um importante objetivo durante as fases iniciais da Terapia EMDR. Além disso, trabalhar com o cuidador será fundamental para ajudar estas crianças a alcançarem equilíbrio e integração. Alguns alvos e disparadores de extrema importância para estas crianças, podem permanecer ocultos em memória implícita. Como resultado, nem a criança, nem o pai vão relatar esta informação durante a anamnese.

Assim, os terapeutas de EMDR podem ficar pensando que talvez a adversidade não esteja presente na vida da criança, já que os alvos podem não ser encontrados. Para crianças com características de ansiedade, decorrentes de experiências de apego com o cuidador, os estados emocionais dos pais e suas expressões faciais podem ser poderosos estímulos de ativação. Lembre-se de que estas crianças foram sobrecarregadas pela emoção dos pais e, sem limites e individuação claros, os estados internos da criança são constantemente afetados pelos estados emocionais dos pais. As emoções inconsistentes e devastadoras dos pais foram os agentes que feriram e podem estar no cerne dos sintomas e da ansiedade atual da criança. Alvos potenciais para estas crianças são os estados emocionais dos pais, sua voz, expressões faciais de desaprovação, frustração, etc. Perguntar para a criança sobre os pensamentos e emoções confusas e sobre as reações somáticas quando o pai está aborrecido, triste ou com raiva, pode elucidar alvos relevantes para o processamento. Solicitar fotos do cuidador ou desenhar as diferentes expressões faciais deste pode melhorar muito bem a experiência. Vale ressaltar que este trabalho só deverá ser feito depois de os pais conseguirem chegar a um claro entendimento dos seus próprios estados mentais, e de como tais estados têm afetado a criança. Soma-se a este fato, a necessidade do cuidador também estar recebendo Terapia EMDR. As fotos dos pais podem servir como um ponto de partida para a exploração de outras experiências de apego no passado. Você pode usar a linha do tempo, o detector de memória ou uma história em combinação com a exploração da rede da memória por meio de estímulos provocadores do momento (os estados emocionais dos pais e as expressões não verbais). Convide a criança para desenhar imagens da face dos sentimentos dos seus pais. Peça para ela observar o que acontece quando ela olha para a imagem do rosto dos pais. Caso a criança relate sentimentos e reações negativos, convide-a a explorar a experiência. Peça a ela para identificar pensamentos e sentimentos misturados, bem como os estados corporais associados à imagem do rosto dos pais. Convide-a para identificar momentos ou eventos onde os pais exibiram as emoções que estão sendo exploradas. Quando a criança consegue identificar um evento específico, então, a imagem do evento juntamente com a expressão facial dos pais podem ser usadas como o alvo. Caso haja necessidade de ficar a uma distância maior de certa expressão facial de "uma pessoa" que está com raiva, frustrada, triste, etc, este evento pode ser o alvo.

Crianças com Estratégias Desorganizadas

Uma terceira categoria refere-se às crianças com apego desorganizado. Provavelmente, elas foram expostas a comportamentos de cuidado assustadores ou assustados. Assim, sua interação com os cuidadores atuais ou passados foi marcada por assincronia, desregulação e falta de sensibilidade, além de, possivelmente, terem sido deixadas experimentando estados prolongados de alta ou baixa ativação (Schore, 2009). Assim como acontece com as crianças com padrões de apego ambivalente e evitativo, alvos também podem ser encontrados nas interações pai-filho. Muitas vezes, os disparadores atuais desta população podem ser os primeiros alvos, antes de se trabalhar com o sistema de apego.

Processar experiências de apego precoce assustadoras pode ser uma sobrecarga inicial muito intensa para a criança, mesmo após um extenso trabalho de preparação. Os pais de crianças com padrões de apego desorganizado devem, inclusive, receber completa Terapia EMDR. Além disto, estas crianças podem estar mais propensas a exibirem respostas dissociativas e, como resultado, será necessária uma extensa preparação no que diz respeito à dissociação, ao longo de um trabalho abrangente com o sistema familiar. Soma-se a estes fatos, a possível necessidade de se dividir em camadas e de se titular o reprocessamento de memórias perturbadoras.

A "Jarra do Coração" Como Um Alvo

O exercício da Jarra do Coração, descrito minuciosamente no Capítulo 5, pode ser uma via de acesso aos sistemas de memória contendo experiências de apego prejudicial e, em alguns casos, ele pode ser um alvo por si próprio. Uma hierarquia pode ser criada com os diferentes comportamentos de apego ativados durante o exercício da Jarra do Coração: contato visual, contato físico, receber e fazer elogios. Cada um deles deve ser acessado separadamente e a ordem irá depender da tolerância afetiva da criança. Quando ela apresentar uma capacidade boa o suficiente para tolerar estados emocionais, o comportamento de apego que provoca o maior nível de perturbação pode ser acessado. No entanto, crianças com capacidade limitada para modular afeto devem começar com o comportamento de apego que é menos ativador.

Estágios de Desenvolvimento Como Alvo

Quando a criança não consegue se recordar explicitamente de eventos traumáticos precoces, diferentes épocas e estágios de desenvolvimento em sua vida podem ser utilizados como alvo (Gomez, 2009b, 2010a; Kitchur, 2005; O'Shea, 2009). Com a ajuda do terapeuta, a criança pode ser encorajada a criar uma linha do tempo. Como dito anteriormente, a primeira linha do tempo deve ser dedicada a encontrar os "atos de triunfo" e ao recebimento de "medalhas" pela criança. Tanto as experiências de empoderamento quanto os recursos podem ser mapeados e melhorados com MBL antes de se explorar os eventos negativos com crianças altamente desreguladas. A utilização de desenhos (Kitchur, 2005; Gomez, 2008) pode facilitar o processo de acessar experiências positivas e negativas. Cada estágio de desenvolvimento, especialmente depois dos 3 ou 4 anos de idade, pode conter pensamentos "misturados", sentimentos e estados corporais. Apesar de o evento ter ocorrido quando a capacidade do cérebro para mover informação para a memória explícita ainda não estava desenvolvida, o profissional está avaliando como a criança reage agora quando pensa a respeito de um certo estágio de desenvolvimento. E também olhando para a forma como ela chegou a organizar esta experiência, cognitiva, somática e emocionalmente, no aqui e agora. Apesar de a memória estar inicialmente codificada e os aspectos cognitivos não estarem presentes, algumas crianças podem ter chegado a desenvolver uma "meta-percepção" desta experiência. Para algumas outras, a experiência pode, ainda, permanecer somática e implicitamente codificada. De acordo com Siegel (2012), toda vez que uma memória é recuperada, ela é transformada. Novas experiências que ativam padrões similares de disparo neural podem ter adicionado, melhorado ou mudado a informação originalmente codificada em um sistema específico de memória. Assim, o terapeuta deve começar avaliando os aspectos da memória que a criança é capaz de acessar e criar uma linha de base com esta informação.

– "Enquanto você olha para a foto de quando tinha 4 anos de idade, vamos ver se você tem algum pensamento confuso a respeito de si mesmo referente a esta época da sua vida".

Caso a criança não seja capaz de encontrar uma cognição, acesse a emoção perguntando a ela pelos sentimentos associados àquela época da vida dela, tome o SUDS e a localização no corpo. Aqui, novamente, o profissional está estimulando a criança a ouvir as diferentes línguas por nós faladas: a língua da mente, que fala com pensamentos e palavras; a língua do coração, que fala por meio dos sentimentos; e a língua do corpo, que fala usando as sensações e o movimento. Então, a criança deve ser encorajada a apenas olhar para a foto real ou para o desenho por ela criado sobre um estágio de desenvolvimento específico, ou período de tempo, para os sentimentos associados a isto, e onde eles estão sendo experimentados no corpo neste momento, e aí, fazer uso dos MBL. Enfim, o terapeuta convida a criança a escutar e a perceber de perto o que a sua mente, o seu coração e o seu corpo estão dizendo. Consulte o capítulo 11 para ter acesso ao uso de intervenções somáticas na Terapia EMDR com crianças.

Como discutido anteriormente neste capítulo, a criança pode começar com a época em que ela estava "dentro da barriga da mãe", devendo explorar qualquer coisa que ela saiba a respeito desta época da sua vida. Assim, qualquer informação negativa revelada se torna um alvo. Mesmo que a criança não possua memórias ou recordações explícitas, apenas pensar sobre uma época ou idade em sua vida pode trazer pensamentos negativos, afetos e estados corporais que podem tornar-se alvos. Novamente, o estágio de desenvolvimento ou a idade pode ser o alvo. A criança deve ser convidada a trazer ou a desenhar uma foto desta idade. No entanto, caso ela seja incapaz de identificar cognições durante a fase de avaliação, as emoções, o SUDS e a localização no corpo podem ser acessadas. A falta de uma crença negativa pode acontecer quando memórias pré-verbais são acessadas, já que tais lembranças estavam codificadas na época em que importantes estruturas cerebrais necessárias à codificação explícita não estavam completamente desenvolvidas. Durante o reprocessamento de estágios de desenvolvimento, memórias mais específicas podem surgir, podendo ser reprocessadas mais tarde.

Trabalhando Dentro da Janela de Tolerância Afetiva

Trabalhar com crianças com boa tolerância afetiva pode não requerer a intervenção ativa do terapeuta enquanto as memórias de adversidade são acessadas. No entanto, crianças com trauma complexo e baixa tolerância afetiva, normalmente requerem níveis mais altos de participação do profissional. O terapeuta de EMDR pode ter de trabalhar para modular e reduzir a intensidade da ativação, como também para restringir as redes neuronais ativadas durante as fases de avaliação e de reprocessamento. Estabelecemos, a seguir, algumas estratégias que podem ser importantes ao objetivo de restringir e titular a quantidade de material perturbador acessado durante a fase de avaliação:

Diagramando e Delineando a Memória: Encontrando o
Tesouro Perdido

Uma das etapas do processo da fase de avaliação é a identificação da imagem que representa a pior parte da memória. Uma adaptação avançada para casos de trauma complexo pode começar acessando a imagem que representa a parte menos perturbadora da memória. Trata-se de uma estratégia divertida por permitir às crianças acessarem e reprocessarem a memória inteira enquanto permanecem em estados lúdicos. Esta estratégia possui, por si só, o potencial para reduzir o nível de ativação experimentado pela criança quando a memória é ativada. A criança pode ser convidada a pensar sobre a memória em três cores diferentes: verde, amarelo e vermelho. Delinear a memória com estas três cores, que representam diferentes níveis de intensidade e carga, possibilitará acessar as partes mais toleráveis da memória. A memória pode ser delineada usando desenhos ou histórias. A criança pode ser convidada a desenhar a sequência de eventos usando papel verde, amarelo e vermelho. A criança pode, ainda, escrever a história usando pequenos cartões das três cores diferentes. Cada parte da memória vai ter uma cor para representar o nível de perturbação, indo do verde claro ao amarelo médio e deste para o vermelho escuro. Comece pela área verde da memória, buscando a imagem que a representa. Uma avaliação completa é realizada identificando a cognição negativa, a cognição positiva, o VoC, as emoções, o SUDS e a localização no corpo. O objetivo da primeira parte deste jogo é chegar ao tesouro perdido: a cognição positiva. Durante a fase de dessensibilização, o terapeuta pode precisar trazer a criança de volta para a imagem, mais frequentemente, visando evitar que ela vá para as áreas vermelhas que estão altamente carregadas por perturbação. A criança pode identificar uma ou várias áreas verdes e assim que o nível de perturbação associado à primeira área verde alcançar nível zero de perturbação, o acesso à próxima área verde é realizado. Se mais de uma área verde for identificada, coloque-as em ordem cronológica. Quando todas elas alcançarem um SUDS zero, as áreas amarelas devem ser liberadas enquanto se previne o acesso às áreas vermelhas. O terapeuta pode, gentilmente, convidar a criança a visitar as áreas amarelas: – *"Agora, que você destrancou as áreas amarelas, o quanto se sente ruim, de zero a dez, à medida em que você observa as primeiras partes amarelas desta memória?"*. Toda vez que a criança relatar o acesso à área vermelha de perturbação elevada, ela deve ser novamente convidada a voltar para a área amarela. Quando as perturbações associadas às áreas amarelas atingirem um SUDS zero, o terapeuta e a criança podem deslocar-se para as áreas vermelhas. Por sua vez, quando todas as áreas vermelhas atingirem SUDS zero, as fases de instalação e de escaneamento corporal deverão ser realizadas.

Esta estratégia pode transformar-se em um jogo muito divertido no qual o SUDS = 0 se torne a chave para destrancar a próxima área. Um labirinto pode ser desenhado assim que as diferentes áreas da memória tiverem sidas delineadas. As partes identificadas como "verde" são desenhadas com portas para as áreas amarelas e as partes identificadas como "amarela" são desenhadas com portas para as áreas vermelhas. Nomes divertidos, como, por exemplo, "em busca do tesouro perdido" ou "a história de (nome da criança) e o tesouro perdido" podem ser dados a esta estratégia, tal como, "em busca do tesouro perdido" ou "a história de (nome da criança) e o tesouro perdido". O tesouro é a cognição positiva. A cognição positiva é, então, colocada no final do jogo e uma vez que seja encontrada (quando todas as áreas vermelhas atingirem SUDS zero, a fase de instalação e a checagem corporal deverão ser executadas.

Dispondo a Memória em Camadas

Similar ao protocolo do evento recente, a memória pode ser disposta em camadas de cenas menores. Inicialmente, ela deve ser dividida em camadas, começando imediatamente antes de o incidente traumático ter acontecido, até o momento que marca o final do evento. Fragmentar a memória em cenas menores pode possibilitar que a quantidade de material perturbador seja mais manejável para a criança. Introduza o conteúdo de forma lúdica, pedindo para a criança ser um diretor de cinema, criando cenas de filmes diferentes, começando precisamente antes do evento traumático ou adverso ter ocorrido. Algumas crianças podem gostar de usar um verdadeiro "chapéu de diretor", o qual somente deve ser usado quando se trabalha em uma memória específica.

Cena 1	Cena 2	Cena 3	Cena 4

Crie uma história da memória ou peça para a criança desenhar cenas separadas em diferentes pedaços de papel. A criança pode ainda escolher criar um show de fantoches para cada cena. Quando a história inteira da memória já tiver sido criada, como é feito no protocolo do evento recente (Shapiro, 2001), o terapeuta deve começar com a imagem do primeiro sinal recebido pela criança de que algo ruim estava prestes a acontecer. Quando a cena já estiver delineada, o profissional deve fazer uma completa avaliação, dessensibilização e instalação para aquela parte da memória. Continue em ordem cronológica com cada cena, até que cada uma delas atinja um SUDS zero e um VoC sete.

Quando todas as cenas já tiverem sido trabalhadas com avaliação, dessensibilização e instalação completas, identifique o SUDS da memória inteira. Se o SUDS for maior do que zero, deve-se convidar a criança a continuar pensando a respeito da memória completa até que o SUDS atinja um nível zero de perturbação. Então, deve-se prosseguir com a instalação completa da cognição positiva em relação à memória inteira, seguindo o procedimento padrão de instalação de EMDR. Em seguida, a criança deve ser convidada a fazer uma checagem corporal sobre a memória como um todo. Peça para ela pensar a respeito da memória completa enquanto usa o "detector de sentimento" ou o "detector", ou, simplesmente, faça o escaneamento corporal da cabeça até os dedos dos pés. Uma das diferenças para o protocolo do evento recente é que a pior parte da memória não é acessada em primeiro lugar. Ao invés disto, as cenas periféricas que se referem aos instantes que antecedem o evento tornam-se o alvo inicial. O reprocessamento de todas as outras cenas em ordem cronológica deve ser feito posteriormente. As cenas periféricas tendem a ser menos ativadoras e, como resultado, mais fáceis de serem reprocessadas, primeiro por crianças com grande dificuldade em lidar com a regulação afetiva.

Apesar de todos os passos que precisam ser seguidos pelo terapeuta para reprocessar uma memória altamente ativadora, um processo realizado de maneira satisfatória é aquele que flui para a criança. Isto é como uma coreografia de dança, ou seja, apesar de necessitar de passos e técnicas praticadas e incorporadas pelo dançarino profissional à sua rotina completa de dança, o público vai ver e sentir todo o processo como uma obra-prima inteira. Em outras palavras, se o terapeuta não possuir os procedimentos e os protocolos de EMDR bem integrados, a criança ou o cliente de qualquer idade pode ter uma experiência de processamento turbulenta e fragmentada.

O Kit de EMDR Para Crianças

O referido *kit* é bem conhecido pelos terapeutas de EMDR tendo sido mostrado em um dos vídeos usados durante a formação básica de EMDR nos Estados Unidos. O novo *kit* consiste em uma caixa com seis gavetas de um lado e duas gavetas do outro. O *kit* original só tinha três gavetas de um lado e uma do outro (vide Figura 8.1). Desenvolvi este *kit* com o objetivo de tornar os procedimentos da Terapia EMDR adequadamente apropriados, atraentes, concretos e, como resultado, seguros para as crianças. O exposto a seguir, refere-se a alguns dos benefícios que o "Kit de EMDR para Crianças" oferece àquelas em tratamento com o EMDR.

- Fornece uma maneira divertida de introduzir a Terapia EMDR.
- Fornece dicas visuais para guiar as crianças durante a fase de avaliação e de reprocessamento da Terapia EMDR.
- Fornece ferramentas para as crianças brincarem durante a fase de preparação, enquanto desenvolvem o alfabeto emocional, cognitivo e sensorial.
- Contém, de uma maneira bem concreta, a mesma sequência da fase de avaliação, o que facilita a identificação da cognição negativa (CN), da cognição positiva (CP), do VoC, das emoções, do SUDS e da localização no corpo quando se elege uma memória como alvo.
- Torna o EMDR mais atraente, familiar, previsível e seguro para a criança.

As seis gavetas contêm cada um dos passos processuais da fase de avaliação da Terapia EMDR e estão organizadas como se segue:

1. A primeira gaveta contém todos os cartões ilustrados das cognições negativas;
2. A segunda gaveta contém todos os cartões ilustrados das cognições positivas;
3. A terceira gaveta contém um pequeno quebra-cabeça de espuma, numerado de um a sete, que pode ser montado para formar a "escala de pensamento". Ele também possui pequenas imagens de crianças de diferentes raças. Você pode usar animais que conseguem "andar" na "escala de pensamento", como uma alternativa;
4. A quarta gaveta contém cartões ilustrados com uma grande variedade de caras de sentimento;
5. A quinta gaveta contém números de espuma de zero a dez para formar a "escala da chateação". Ela também inclui algumas imagens de animais ou de crianças de diferentes grupos étnicos e raciais que podem "andar" na "escala da chateação";
6. A sexta gaveta contém "o detector de sentimento" ou "detector", que é representado por uma lente de aumento;
7. As duas gavetas do lado direito da caixa contêm os fantoches apresentados para a criança como os "ajudantes de EMDR", assim como os cubos com cognições, emoções e sensações. A primeira gaveta é chamada de "ajudantes de EMDR" e a segunda de "os jogos de EMDR". A primeira gaveta contém todos os cartões de cognição negativa ilustrados.

Ter à mão todos os passos processuais disponíveis para a criança, de maneira concreta, torna o acesso à rede de memória mais fácil e menos devastador para ela.

Figura 8.1 - O *kit* original de EMDR para crianças, com quatro gavetas.

Tradução do texto na figura:
EMDR - olhos se movendo para digerir e recuperar (melhorar) – CAIXA
Pensamentos Misturados (ou Confusos)
Bons Pensamentos
Pensamentos Misturados (ou Confusos)
EMDR Caixa de ferramentas
EMDR Coisas legais
Legal!

A Equipe de EMDR

Baseada nas mesmas ideias do Kit de EMDR Para Crianças, a equipe de EMDR pode ser construída com bonecas russas (Veja a Figura 8.2). Também conhecidas como Matrioshka, este brinquedo tradicional da Rússia é constituído por uma série de bonecas de tamanhos diferentes, em geral em madeira, que se encaixam umas dentro das outras, da maior (exterior) até a menor, a única que não é oca. O número de figuras pode variar, mas os conjuntos contendo seis ou sete bonecas são os mais comuns.

O profissional vai precisar de seis bonecas para colocar cada passo da fase de avaliação dentro de cada uma delas. Cada boneca deve receber um nome, por exemplo: Emma irá conter pequenos cartões com cognições negativas apropriadas para crianças; Marques terá todos os cartões com as cognições positivas, Dora os números de 0 a 7 e instruções para usar a "Escala de Pensamento"; Rose terá os cartões com expressões faciais de sentimentos, Rita, os números de 0 a 10, bem como as instruções para usar a "Escala de Chateação". Por último, Moe terá as instruções para usar o "Detector de Sentimento" e encontrar a localização no corpo. Durante a fase de avaliação, a criança deve ser convidada a olhar dentro de cada boneca e descobrir a tarefa ou perguntar o que cada uma delas contém. Nesta etapa, ao se acessar a memória , a criança deve ser convidada a abrir cada boneca e encontrar as mensagens e perguntas contidas dentro delas. Enquanto abre a primeira boneca, o terapeuta deve encorajá-la a encontrar o pensamento confuso associado à memória que está sendo acessada. Quando o pensamento for encontrado, a criança deve ser incentivada a abrir a próxima boneca, e assim sucessivamente, até que a linha de base da memória esteja completa e com ela a fase de avaliação. A equipe de EMDR também pode ser usada com o exercício das "estações" explicado anteriormente neste capítulo (vide também o Capítulo 9). Cada membro da equipe deve ser colocado em uma das sete estações, que podem ser representadas por almofadas ou outros objetos. Então, a criança deve visitar cada estação e o membro da equipe relativo a ela até que a fase de avaliação esteja completa.

Em minha experiência clínica, quando a primeira memória já foi reprocessada com sucesso e a criança já está familiarizada com as metodologias e os procedimentos do EMDR, ela tende a tomar posse de uma posição e do processo. Muitas crianças possuem autonomia para se mover pelos passos da fase de avaliação usando o Kit Para Crianças ou a Equipe de EMDR. Em geral, sabem o que vem pela frente, podem abrir as gavetas ou as bonecas com condução mínima do terapeuta. Como resultado, a criança irá experimentar um melhor senso de controle e posse do seu próprio processo de cura. Porém, ter atuação, controle e posse não significa estar sozinha no processo. Pelo contrário, à medida em que a memória é explorada, acessada e movida para uma resolução adaptativa, a cura acontece enquanto a criança é sustentada no poder por meio de uma conexão gentil com o cuidador e com o terapeuta.

O Kit de EMDR Para Crianças e a Equipe de EMDR tornam a fase de avaliação divertida, lúdica, previsível e concreta para a criança. Ambos facilitam imensamente o processo de seguir com os passos da fase de avaliação. Estes jogos podem introduzir um elemento lúdico ao processo que, de outra forma, poderia ser difícil e abstrato para as crianças.

Figura 8.2 – A Equipes de EMDR
(E-D)
EMMA - Eu obtenho a CN
MARQUES - Eu obtenho a CP
DORA - Eu obtenho o VoC
ROSE - Eu obtenho os sentimentos
RITA - Eu obtenho o SUDS
MOE - Eu obtenho a localização no corpo
EVE - Eu pergunto à criança sobre os MBL

Usando a Terapia EMDR e a Terapia da Caixa de Areia

Uma das melhores abordagens auxiliares que podem ser usadas dentro de um tratamento abrangente de EMDR é a Terapia da Caixa de Areia. De acordo com Homeyer e Sweeney (2011), "A terapia da caixa de areia dá expressão a questões emocionais não verbalizadas. Já que brincar é a linguagem da infância, como também o é para um cliente de qualquer idade que não consiga ou não esteja disposto a verbalizar, a caixa de areia fornece um meio seguro para a expressão. Se brincar é a linguagem, então as miniaturas são as palavras" (p. 8).

Devido à natureza simbólica do trabalho com a caixa de areia, ela se constitui em uma das formas de tratamento que oferece vários níveis de distância e uma via de acesso suave ao Eu "implícito" e ao hemisfério direito. Acessar memórias que permanecem ocultas em memória não consciente implícita pode ser desafiador, uma vez que elas podem não estar disponíveis durante a anamnese ou durante as entrevistas regulares com os pais e a criança. Experiências de apego profundamente enraizadas, tais como a negligência, a inversão de papéis e a indisponibilidade emocional, dentre outras, podem raramente ser expressas de maneira aberta pelos cuidadores ou pela criança. Além disto, o uso de símbolos e figuras no trabalho com a caixa de areia permite às crianças a distância necessária para explorarem experiências que poderiam, de outra maneira, ser opressivas (vide Figura 8.3). Ela também permite o fácil acesso às memórias pré-verbais e precoces de trauma e adversidade. Crianças altamente traumatizadas e desreguladas podem começar com uma grande distância da memória criando uma história ou um mundo de uma maneira não diretiva. Uma criança pode, ainda, criar uma história representando uma dificuldade, aborrecimento ou algo com o que ela se preocupa no presente; ou uma criança pode, de fato criar, na caixa de areia a história do que aconteceu durante o evento traumático e adverso.

Figura 8.3 - Níveis de distância do evento traumático ou adverso usando a terapia da caixa de areia dentro de um tratamento abrangente de EMDR.

As histórias criadas pela criança na caixa de areia podem ser ótimos alvos, especialmente quando esta, apesar de preparação extensiva, ainda acha devastador o acesso às memórias de trauma. Por outro lado, crianças que tenham se adaptado usando estratégias evitativas podem conseguir, fazendo uso da caixa de areia, envolver-se paulatinamente com as experiências dolorosas que permanecem implicitamente codificadas e das quais elas trabalharam tão arduamente para se separar. Especialmente no caso de crianças com estratégias evitativas, as histórias iniciais por elas apresentadas na caixa de areia podem tender a ser superficiais e muito influenciadas pelo cérebro esquerdo. De acordo com Badenoch (2008), "uma pessoa sofrendo com apego evitativo pode criar um quadro que seja quase inteiramente um produto de processos do cérebro esquerdo" (p. 225). Vários terapeutas sentem-se desencorajados quando encontram uma criança que não faz nenhum trabalho terapêutico. Muitas vezes, quando o trabalho de EMDR é iniciado, os mecanismos de adaptação usados pela criança irão aparecer na medida em que eles estão também impregnados nas redes da memória. Por outro lado, crianças com estratégias ambivalentes vêm com sistemas afetivos altamente desregulados. O trabalho de terapia com a caixa de areia pode ajudá-las a acessar memórias de sofrimento de uma forma dosada, sem lhes causar inundação afetiva.

Importante ressaltar o quão imprescindível é fazer uma seleção adequada das figuras da caixa de areia. "Uma coleção aleatória de miniaturas da caixa de areia não é apropriada, já uma seleção intencional e deliberada é. Um cliente pode ficar confuso com uma coleção desorganizada, emocionalmente inundado por uma coleção ilimitada ou confinado por uma coleção limitada" (Homeyer & Sweeney, 2011, p. 3).

A seguir estão os diferentes níveis de distância oferecidos pelo trabalho de terapia com a caixa de areia para crianças em Terapia EMDR.

1. **História livre** – Quando a criança, independente de possuir recursos extensivos, continua se opondo ao reprocessamento de memórias de trauma, histórias livres ainda podem capturar seus conflitos internos, fornecendo um maior nível de distância. Neste caso, a criança deve ser convidada a escolher as figuras da caixa de areia pelas quais se sintam "chamadas" sem pensar muito. "O ator da caixa de areia está formando uma história extensa do cérebro direito, frequentemente baseado em temas implícitos, anteriormente não conscientes" (Badenoch, 2008, p. 223). Depois de escolher as figuras, a criança deve ser convidada a criar uma história ou um "mundo". É preciso dar tempo suficiente para que ela possa olhar para a história e "experimentar uma sensação de realização".

   De acordo com Badenoch (2008), conversar sobre a história criada na caixa de areia pode ajudar a promover a conexão entre o cérebro direito e o esquerdo trazendo palavras para a experiência e uma história que se desenvolveu não verbalmente. O terapeuta de EMDR pode começar convidando a criança a contar a história e, mais tarde, perguntar sobre sentimentos gerais e sobre a experiência afetiva impressa no mundo da caixa de areia. Pode, também, fazer perguntas sobre quem é o personagem principal e se a criança é parte da história. A fase de avaliação com seus passos processuais será feita com o personagem principal da história ou com a criança se ela é parte da história.

   No entanto, para criar um nível de distância maior, se a criança escolheu um "macaco" para representá-la, então todas as perguntas deverão ser feitas ao "macaco". Por exemplo: –" *Eu me pergunto qual parte da história se destaca ou qual a pior parte da história para o macaco"*? A criança também pode ser convidada a ser a voz ou o tradutor para o personagem principal. As crenças negativas e positivas, como também os outros aspectos da fase de avaliação deverão ser direcionados ao personagem principal.

   Noa, uma garota de 9 anos, vivendo em um orfanato, estava exibindo sintomas de depressão, tendo ataques de raiva e comportamentos sexualizados. Ela cresceu com ambos os pais e presenciou violência doméstica severa, enquanto seu pai, brutalmente, abusava da sua mãe. Noa criou a história de um porquinho vivendo em uma fazenda com outros animais da fazenda. Tinha um "fazendeiro muito ruim" que tratava todos os outros animais "muito mal". Noa afirmou que o personagem principal, o porquinho, estava bravo e queria ajudar os outros animais, mas estava com medo do fazendeiro. Noa negou-se a fazer parte da história, mas, por meio do "porquinho" ela acessou aspectos importantes das redes da memória contendo material perturbador. Os próximos capítulos irão enfocar o trabalho com a caixa de areia durante a dessensibilização e outras fases de reprocessamento.

2. **Uma história sobre uma preocupação ou dificuldade presente** – A criança pode se opor a lidar com eventos reais traumáticos e, apesar de preparação extensiva, ela pode ainda não estar pronta para dedicar-se por completo ao sistema de memória que contém o evento adverso. No entanto, ela pode estar aberta para lidar com uma preocupação ou dificuldade presente. Este pode ser um disparador presente ou um estímulo eliciador do ambiente que ainda mantenha conexão com

a rede neural. A criança deve ser convidada a criar uma história ou uma "imagem de sua família na caixa de areia". Esta abordagem pode ser muito valiosa quando os agentes prejudiciais estão no sistema e nas dinâmicas da família. Deve-se, então, pedir à criança para escolher miniaturas que representem cada membro da família e criar uma história ou um mundo com todos eles. Nela, "o Eu" é parte da história, sendo representado por uma figura. Com a finalidade de criar distância, e depois de a história ter sido concluída, o cérebro esquerdo da criança deve ser convidado a dar apoio ao surgimento de uma narrativa coerente (Badenoch, 2011) e à integração de sistemas de memória. Primeiramente, o terapeuta deve convidar a criança a observar a caixa de areia inteiramente preenchida para que "a cena completa possa ser visualmente percebida como uma unidade única" (Homeyer & Sweeney, 2011, p.40). Após a criança ter descrito a história, o personagem principal deve ser novamente identificado, de modo a realizar com ele, os passos processuais da fase de avaliação da Terapia EMDR.   Outra abordagem pode ser pedir à criança para ser a uma observadora da história; e, a partir deste ponto, olhar para a mesma por meio de sua perspectiva para identificar qual parte dela, ou do mundo, se destaca como a "pior parte para si". -"Enquanto você olha para esta história ou para este mundo, quais pensamentos misturados você tem a seu respeito agora"? Ou: - "Que pensamentos confusos o 'cavalinho' ou 'o garoto' na história tem a respeito dele próprio agora, enquanto ele olha para esta parte da história? Que bom pensamento o 'cavalinho' ou o 'garoto' gostaria de ter a respeito de si mesmo, enquanto ele olha para esta parte da história"? Todos os outros passos da fase de avaliação podem ser feitos com o personagem representando a criança na história.

3. **Uma história a respeito do verdadeiro evento traumático: o Eu está explicitamente presente –**

Se a criança estiver pronta para acessar por completo a memória e para ter "o Eu" sendo um participante ativo, ela pode ser convidada a realmente criar na caixa de areia a história do evento traumático ou adverso. Neste estágio, ela pode escolher criar distância usando animais em vez de figuras humanas. O terapeuta de EMDR pode, novamente, fazer ao personagem principal todas as perguntas habituais durante a fase de avaliação. A criança já identificou o personagem principal como uma figura que a representa. Crianças altamente traumatizadas podem trabalhar por um tempo, durante as sessões de reprocessamento, com "histórias livres" e então mover-se para "histórias sobre preocupações no presente", para, mais ao final, focarem por completo na memória, seja na caixa de areia, seja usando outros meios, como desenhos, por exemplo.   Importante notar que estão sendo acessados os mesmos sistemas de memória, tanto na história livre quanto na do evento traumático real. No entanto, começar com uma história livre, possibilita à criança entrar na rede de memória pela "porta dos fundos" de uma maneira titulada. Enquanto a memória é vagarosamente integrada, o nível de perturbação é reduzido, permitindo à criança se mover a cada momento para novos canais de memória e maiores níveis de assimilação. O acesso e o reprocessamento da memória são feitos progressivamente e em camadas, para que a transição da memória implícita para a emergência de memória autobiográfica explícita seja feita sem causar desregulação adicional ao sistema da criança.

O Roteiro da Fase de Avaliação

A seguir apresentamos um exemplo de como a fase de avaliação pode ser programada para as crianças. Modificações na linguagem podem ser necessárias dependendo do alvo selecionado.

- *"Hoje iremos começar a ajudar seu cérebro a mastigar e a digerir algumas das coisas difíceis que aconteceram com você. Vamos trabalhar para ajudar seu cérebro a juntar todos os pedaços e a organizar os arquivos que guardam aquela coisa difícil que lhe aconteceu. Enquanto estamos fazendo o EMDR, vou lhe pedir para prestar atenção ao que sua mente, seu coração ou seu corpo estão lhe dizendo. Também vou lhe perguntar coisas como, o que aconteceu? O que você percebe? Gostaria que você me deixasse saber de quaisquer pensamentos que possa ter, quaisquer sentimentos, qualquer coisa que você possa ver na sua mente ou qualquer coisa que você possa sentir no seu corpo. Não há uma forma certa ou errada de fazer o EMDR, qualquer que seja a sua maneira está bem, apenas deixe seu cérebro fazer o trabalho. Lembre-se de que se você começar a ter sentimentos e pensamentos confusos, ou se você começar a ter sentimentos desconfortáveis no seu corpo, é o sinal do seu cérebro dizendo: 'Ei, sou eu mastigando a coisa confusa. Estou apenas juntando todos os pedaços e organizando estes arquivos'. Se ficar muito difícil, lembre-se de que você pode usar seu sinal de Pare. Vamos praticar seu sinal de Pare. Ótimo trabalho"*!

Quando o trabalho estiver sendo realizado com crianças dissociativas, o terapeuta pode lembrá-las de usar o "kit de Dissociação Para Crianças", dizendo: - *"Também tenho aqui o Kit de Dissociação para Crianças", com o qual nós brincamos antes. Vamos usar os sinais dentro, fora e meio a meio se precisarmos deles ou o fantoche de dissociação ou o leque. Estas coisas irão ajudá-lo a ficar presente aqui e agora e não ir embora enquanto nós trabalhamos para organizar esta memória. Se você começar a ficar distante, não ouvir tanto a minha voz, ou se você começar a me sentir e me ver bem longe, me avise usando os sinais, ou, simplesmente, seu sinal de Pare".* Repita algumas das experiências dissociativas relatadas pela criança durante as fases iniciais da Terapia EMDR e peça a ela lhe informar se e quando estas experiências surgem.

Selecione o ajudante escolhido pela criança para lhe fazer os MBL (Elizabeth, Mario, David ou Robbie).

- *"Qual ajudante de EMDR você gostaria de ter hoje"?* Caso a criança não queira fazer o movimento visual, identifique o tipo de MBL preferido por ela. Selecione a memória que deverá ser processada da sequência de alvo desenvolvida anteriormente com a criança e o cuidador. Diga à criança:
- *"Você me contou sobre algumas das coisas difíceis que lhe aconteceram. Agora, vamos escolher a coisa que seu cérebro vai mastigar, digerir e organizar hoje".* Se a criança criou uma "caixa de memória" ou uma "varinha de memória", tenha-as disponíveis para selecionar o alvo.
Você pode dizer:
- *"E se a gente começar com aquela coisa ruim que aconteceu quando você tinha ..."* (defina a idade ou a referência temporal). Se a criança concordar, siga em frente com a fase de avaliação. Se, no entanto, ela estiver insegura em trabalhar com esta memória, identifique e explore de onde vem a insegurança. Ela pode precisar de recursos específicos para "visitar" esta memória. Explore se há outra memória com a qual a criança esteja mais disposta a trabalhar e também o que torna "a visita" a esta memória mais fácil para ela.

1. **Imagem:**

    Primeira opção: – *"Qual é a imagem, parte ou figura que se destaca a respeito da coisa difícil que aconteceu com você? Vamos desenhar esta imagem".*
    Segunda opção: – *"Qual é a imagem ou figura da parte mais fácil desta coisa ruim que aconteceu com você? Vamos desenhar uma imagem da parte mais fácil desta memória".*
    Terceira opção: *"Qual é a imagem ou figura da pior parte desta coisa ruim que aconteceu com você? Vamos fazer um desenho desta parte que é a mais difícil para você".*

2. **Cognição Negativa (CN):**

    "Quando você pensa sobre (repita a imagem que representa a memória ou mostre o desenho), *qual pensamento misturado e negativo, você tem a respeito de si mesmo agora"?*
    Ou: – *"Qual é o pensamento confuso e negativo a respeito de si mesmo que acompanha (repita a imagem que representa a memória ou mostre o desenho)? Você pode olhar para os cartões de pensamentos negativos ou confusos, bola ou cubos e encontrar o pensamento negativo e misturado que você tem".*

3. **Cognição Positiva (CP):**

    "Quando você pensa a respeito de (repita a imagem que representa a memória ou mostre o desenho), *qual é o pensamento bom ou positivo que você gostaria de ter a respeito de si mesmo agora"? Você pode olhar para os cartões, para a bola ou para os cubos e encontrar o pensamento bom ou positivo que você gostaria de ter."*

4. **VoC (a "Escala do Pensamento" – Validação da Cognição Positiva):** Use a "Escala do Pensamento" e coloque os números de espuma de 1 a 7 na frente da criança (veja o diagrama abaixo). Dê a ela o ajudante ou uma pequena boneca que possa andar na Escala do Pensamento. Coloque o cartão com a cognição positiva (CP) no número 7 e diga:

    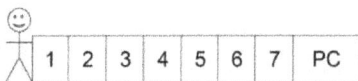

    – *"Agora, vamos usar esta coisa legal chamada de Escala do Pensamento. A Escala do Pensamento ajuda as crianças a verificarem o quanto o pensamento bom é sentido como verdadeiro por elas. Vou lhe mostrar como funciona. A Escala do Pensamento tem números que vão de 1 a 7. O número 1 significa que o pensamento bom não é nada verdadeiro e o número 7 significa que ele é muito verdadeiro. Agora, vamos praticar usando a Escala do Pensamento com o pensamento bom escolhido por você. Quando você pensa a respeito de* (repita a imagem que representa a memória ou mostre o desenho), *o quanto estas palavras* (repita a CP) *parecem verdadeiras para você agora? Lembre-se de que 1 quer dizer completamente falso e 7 completamente verdadeiro".* Permita que a criança 'ande' com a boneca ou com o ajudante na Escala do Pensamento até que ela possa fornecer o VoC.

5. **Emoções:**

    Você pode dizer: – *"Quando você pensa a respeito de* (repita a imagem que representa a memória ou mostre o desenho) *e as palavras* (repita a CN), *quais sentimentos você tem agora"?*

6. **SUDS- A "Escala da Chateação" – Unidades Subjetivas de Perturbação:**

Usando a Escala da Chateação, coloque os números de espuma de 0 a 10 na frente da criança (veja o diagrama abaixo). Dê a ela o ajudante ou uma pequena boneca que possa andar na Escala de Chateação.

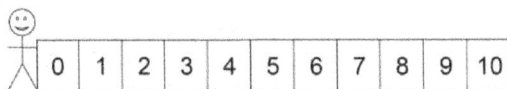

| 0 | 1 | 2 | 3 | 4 | 5 | 6 | 7 | 8 | 9 | 10 |

– *"Agora vamos usar esta coisa divertida chamada de Escala da Chateação. Esta escala ajuda as crianças a verificarem o quanto as coisas lhes incomodam ou as fazem sentir-se mal. Vou lhe mostrar como funciona. A Escala da Chateação tem números que vão de 0 a 10. O número 0 significa que não lhe incomoda, ou que é neutro, e o número 10 significa que lhe incomoda muito. Agora, vamos praticar usando a Escala com a coisa ruim que aconteceu com você. Quando você pensa a respeito de* (repita a imagem que representa a memória ou mostre o desenho) *e do pensamento confuso* (repita a CN), *o quanto lhe incomoda agora ou o quão ruim você se sente agora? Lembre-se de que 0 significa que é neutro e 10 significa que lhe incomoda muito"*. Permita que a criança 'ande' com a boneca ou com o ajudante pela Escala da Chateação até que ela possa fornecer o nível de perturbação.

7. **Localização da Sensação no Corpo:**

Esteja com o "detector de sentimento" disponível. Lembre-se de que a criança já foi familiarizada com estes procedimentos durante a fase de preparação, então encontrar a localização no corpo pode ser fácil neste estágio.
– *"Agora você pode usar o "detector de sentimento" e encontrar onde você sente isto em seu corpo".* Ou: – *"Onde você sente isto por dentro"?*
– *Gostaria que você pensasse a respeito de* (repita a imagem que representa a memória ou mostre o desenho), *do pensamento negativo ou misturado* (repita a CN) *e dos sentimentos e de onde você sente isto em seu corpo e siga o ajudante* (repita o nome do ajudante ou use o MBL selecionado pela criança). Comece a dessensibilização.

Sumário e Conclusões

A fase de avaliação da Terapia EMDR representa um momento crucial para a criança e para o terapeuta. Neste estágio, preparação suficiente com a criança e com os seus pais foi atingida, sendo apropriado o reprocessamento do material traumatogênico. No entanto, casos complexos de trauma muito provavelmente irão requerer uma participação mais ativa do terapeuta para manter a criança dentro de níveis apropriados de ativação e tolerância afetiva. Já que mais não significa o melhor para os indivíduos com capacidades regulatórias restritas, limitar a quantidade de informação perturbadora e as redes neuronais acessadas pelas crianças em qualquer estágio pode ser necessário.

Várias estratégias para limitar as redes ativadas durante o reprocessamento estão descritas neste capítulo. Entre elas, destacam-se; selecionar os alvos que, inicialmente, contenham baixa perturbação; selecionar os eventos recentes, em vez do evento chave; e usar estratégias de fracionamento e divisão em camadas. Possibilitar à criança praticar e experimentar a Terapia EMDR, inicialmente, com eventos que contenham um nível de perturbação tolerável, pode ser apropriado para esta população. No entanto, gostaria de destacar a importância de focar em todos os eventos precoces, o mais cedo possível, para o melhor resultado do tratamento. Tendo a criança já praticado e obtido sucesso com eventos menos ativadores, desloque-se para as memórias mais precoces e perturbadoras. Ainda assim, algumas crianças traumatizadas de maneira complexa demostram grandes níveis de resiliência. Como resultado, elas podem conseguir mergulhar no processamento mais rápido que imaginamos. Um panorama clínico inicial claro e meticuloso pode guiar a prática do terapeuta e o passo apropriado do tratamento para cada criança individualmente. Fazer uso do lúdico, bem como de estratégias divertidas deve ser uma premissa da fase de avaliação. O Kit de EMDR Para Crianças e a equipe de EMDR podem tornar os passos processuais da fase de avaliação fáceis de serem seguidos. Estes recursos também possibilitam que o processo para acessar as redes contendo informação de trauma e de adversidade seja mais atraente, concreto e divertido para as crianças.

Capítulo 9 - Fase Quatro: Dessensibilização

Esta é uma importante e complexa fase da dessensibilização e reprocessamento por meio dos movimentos oculares (EMDR). Apesar de, durante a fase de preparação, algum nível de integração do material perturbador já ter ocorrido, um processamento mais rápido acontece durante a fase de dessensibilização e de outras etapas de reprocessamento da Terapia EMDR. Quando se realiza um trabalho com crianças que podem tolerar afeto e permanecer contidas, à medida em que acessam e processam material perturbador, a fase de dessensibilização pode ser um processo bastante simples e um tanto direto, podendo requerer intervenção mínima do terapeuta. Entretanto, quando se trabalha com crianças que apresentam desregulação generalizada do sistema afetivo, a fase de dessensibilização pode ser, de fato, mais complexa e intrincada. Estas crianças vão, inclusive, requerer maiores níveis de sintonia, ressonância emocional e atenção plena por parte do terapeuta. Estratégias avançadas para mantê-las dentro de níveis administráveis de ativação serão necessárias à medida em que as memórias traumáticas forem acessadas e movidas para uma resolução adaptativa. Crianças com trauma complexo, com padrões de apego inseguro e que dissociam, podem se mover para estados de hiper ou hipoativação relativamente rápido. Caso o terapeuta não se mantenha sintonizado e atento o suficiente às mudanças fisiológicas apresentadas pelo organismo da criança, o mesmo poderia provocar desregulação e retraumatização, em vez de integração da memória.

Importante destacar que o objetivo da fase de dessensibilização e, em geral, de todas as etapas de reprocessamento, não é provocar e produzir catarse, mas sim assimilação, ligação e integração do material traumatogênico. Quando a criança se move para fora das janelas de tolerância afetiva, sua capacidade integrativa fica comprometida. Como resultado, os terapeutas EMDR devem estar bem capacitados a usar estratégias para administrar estados de hiper ou hipoativação. Ao se trabalhar com crianças que possuem sistemas de engajamento social comprometidos, os terapeutas podem necessitar, na verdade, reduzir a quantidade de material perturbador e de afeto acessado em qualquer ponto durante o reprocessamento. Durante a fase de dessensibilização, manter a ativação parassimpática vagal ventral é essencial. Este capítulo dedica-se às estratégias infantis agradáveis e os entrelaçamentos que dão suporte, bem como estimulam o sistema de engajamento social, mantêm a consciência dual e despertam as capacidades integrativas das crianças.

Também objetiva apresentar estratégias avançadas e entrelaçamentos que possam facilitar a assimilação das memórias traumáticas e de adversidade, como também a promover integração horizontal (processamento de informação do cérebro direito e esquerdo) e vertical (processamento de cima para baixo e de baixo para cima). Todavia, os procedimentos básicos não serão revistos, em função de necessitarem ser adequadamente conhecidos e usados pelo terapeuta EMDR antes de ele trabalhar com casos de trauma complexo.

O Entrelaçamento

Shapiro (2001) desenvolveu uma estratégia para "dar a partida" ao processamento bloqueado, chamando-a de "Entrelaçamento Cognitivo". Considerando os diferentes níveis de processamento da informação acessados durante o reprocessamento e, para evitar confusão ao se nomear os entrelaçamentos como cognitivo, emocional ou somático, irei me referir ao entrelaçamento cognitivo apenas como entrelaçamento. De acordo com Shapiro (2001), os entrelaçamentos são usados quando o cliente está trabalhando de maneira circular e repetitiva ("*looping*") e o processamento permanece bloqueado. O processamento espontâneo é preferido e encorajado e, desta forma, o terapeuta deve "ficar fora do caminho". Permitir às crianças que se envolvam com sua própria realidade, sem muita interferência do terapeuta, é o ideal. Verifica-se que, durante o reprocessamento do material traumatogênico, ocorrem síntese e ligação das redes de memória. De acordo com o modelo do PAI (Shapiro, 1995, 2001), o material disfuncional fica preso em neuro-redes em forma estado-específica. Estes sistemas neurais se mantêm isolados de outras memórias de experiências adaptativas.

Durante o reprocessamento de EMDR, estas redes se vinculam para que possa acontecer assimilação e ligação entre as memórias contendo informação perturbadora e aquelas contendo material positivo e adaptativo. "Usando o entrelaçamento cognitivo, o terapeuta busca mudar a perspectiva do cliente, respostas somáticas e referência pessoal... para a perspectiva adaptativa" (Shapiro, 2001, p.252).

À medida em que estas memórias são integradas, elas podem finalmente ser localizadas no tempo e no espaço, o afeto negativo que elas possuem pode ser descarregado, as respostas de defesa podem ser concluídas, as emoções podem ser recuperadas e a energia somática reprimida pode ser liberada. Quando se desenvolve um trabalho com crianças que apresentam trauma precoce e complexo, a escassez de memórias contendo experiências positivas e adaptativas torna as fases de reprocessamento da Terapia EMDR mais elaboradas e complicadas. O terapeuta EMDR precisa lidar com a possibilidade de estas crianças moverem-se rapidamente para estado de hiper ou hipoativação. Elas também podem apresentar sintomas dissociativos, necessidades de apego não supridas, falta de informação adaptativa, privação de experiências de desenvolvimento apropriadas, capacidade integrativa comprometida e reduzida e sistemas de engajamento social comprometidos, dentre outros.

Considerando os déficits apresentados por estas crianças , os terapeutas EMDR necessitam de uma grande variedade de estratégias que possam ajudá-las efetivamente e com sucesso a se envolverem com as memórias de adversidade. O uso de estratégias durante a fase de dessensibilização, sem a capacidade apropriada para sintonizar e ressoar com os estados afetivos da criança, pode não ser tão efetivo. Uma grande flexibilidade e regulação interna por parte do terapeuta irá melhorar, consideravelmente, a experiência de reprocessamento com o EMDR para a criança. Em minha experiência clínica, em geral, trabalhar com crianças altamente desreguladas pode requerer uma participação mais ativa do terapeuta em comparação ao nível de absorção requerido quando se trabalha com crianças com TEPT simples, evento traumático único e com experiências de apego apropriadas.

Com a finalidade de facilitar mais eficientemente a assimilação de material adaptativo no caso destas crianças, os terapeutas precisarão ter um caminho e uma direção claros quando entrarem em contato com estas memórias fragmentadas e perturbadoras. Antecipar os prováveis pontos de "estagnação", baseados no histórico da criança, pode melhorar altamente o resultado das sessões de reprocessamento de EMDR. Os terapeutas devem se dedicar à seleção dos potenciais entrelaçamentos que possam ser necessários para usar com cada criança. Como e quando estes entrelaçamentos serão fornecidos, e quem irá fornecê-los, depende do panorama clínico de cada criança e de sua família. Ao fazer a seleção dos entrelaçamentos potenciais, o terapeuta deve determinar se os pais estarão ou não presentes durante as sessões de reprocessamento. Os pais precisam fazer reparação? Os pais estão em um lugar onde a reparação possa acontecer? Os pais foram antecipadamente preparados para a sessão de reprocessamento? A criança irá acessar uma memória para a qual as necessidades de apego não foram supridas? Auxiliá-la a suprir tais necessidades pode ser necessário? A criança experimentou trauma no qual as respostas de defesa foram insuficientes e agora elas podem precisar ser completadas? A criança apresenta a tendência de se mover para estados elevados de ativação e, como resultado, entrelaçamentos que modulam a ativação podem ser necessários? Ou, ao contrário, a criança tende a se mover para estados de baixa ativação? A criança apresenta-se com falta de informação que possa necessitar ser fornecida durante a sessão de reprocessamento? Antecipar as áreas latentes, nas quais o processamento de informação possa parar, com estratégias apropriadas que possam transformar esta informação em resolução adaptativa, vai melhorar altamente a experiência de reprocessamento para a criança.

Deve estar claro que, o terapeuta somente utilizará tais estratégias quando for necessário, ou seja, quando o processamento espontâneo de informação estacionar. Algumas vezes, a "turbulência" antecipada não ocorre e o entrelaçamento não precisa ser usado; no entanto, se ocorrer, e o terapeuta estiver despreparado, a criança pode ser retraumatizada pelos estados desregulados prolongados que refletem a mesma experiência que a trouxe para a terapia. O propósito de acessar a memória traumática não é revivê-la, mas sim integrá-la.

Promovendo Integração Horizontal: Quando Podemos Ver as Partes e o Todo

O termo "integração horizontal" foi trazido por Siegel (1999/2010) para se referir à abertura da sabedoria dos nossos dois cérebros: o direito e o esquerdo. No entanto, McGilchrist (2009), em sua obra-prima, *The Master and his Emissary*, traz a evidência final e apela para a necessidade de integração inter-hemisférica.

Chegar a uma maior compreensão sobre como nossos "dois cérebros" funcionam, vai melhorar, de forma importante, a nossa capacidade para entender a sabedoria de cada um deles em momentos diferentes ao longo do processamento de memórias durante a Terapia EMDR. De acordo com Siegel (2010), "o lado direito desenvolve-se mais cedo e é o reino das imagens, do pensamento holístico, da linguagem não-verbal e da memória autobiográfica". (p. 72). De acordo com McGilchrist (2009), o hemisfério direito possui um campo mais vasto de atenção e de integração sobre o tempo e o espaço que o possibilita distinguir padrões mais amplos e mais complexos. Em outras palavras, ele consegue ver o todo e a imagem geral em contraste com o esquerdo, que vê as coisas fragmentadas, em partes.

O lado direito do cérebro está mais intimamente conectado aos sistemas límbico e subcortical e às memórias da linguagem emocional, enquanto o esquerdo é especializado em emoções sociais superficiais. O lobo frontal direito também regula o eixo hipotalâmico-pituitário e é responsável pela nossa experiência subjetiva dos sistemas que regulam o corpo. De acordo com McGilchrist (2009), com exceção da raiva que está fortemente ligada à ativação frontal esquerda, o cérebro direito é essencial para a expressão emocional de qualquer tipo, por meio do rosto e da postura do corpo. Além disso, o lado esquerdo do cérebro processa padrões de causa e efeito cognitivos, verbais e previsíveis, além de ser responsável pela lógica, pela linguagem, pelos dados e pelo pensamento linear (Badenoch, 2008; Siegel, 2011).

Como afirmado por McGilchrist (2009) de maneira magistral, cada cérebro tem seus próprios talentos e vozes, ambos essenciais, mas *"sozinhos eles são destrutivos"* (p. 93). Importante destacar como as experiências de apego são organizadoras fundamentais do desenvolvimento cerebral (Schore, 2010). Experiências precoces de sofrimento, adversidade e trauma, dentro do sistema de cuidado, podem interferir na capacidade do cérebro para integrar a atividade direita e esquerda e o fluxo de energia. Os indivíduos podem apresentar-se com desregulação emocional extrema devido à ativação excessiva do hemisfério direito sem a intervenção apropriada do esquerdo (Siegel, 2010). O contrário pode acontecer com indivíduos nos quais o hemisfério esquerdo tornou-se extremamente dominante.

Quando se trabalha com crianças com histórias de trauma que se apresentam com excessiva participação do hemisfério esquerdo, como é comum no caso daquelas com padrões de apego evitativo, a estimulação da consciência somática e emocional deve ser realizada gradualmente. Conhecer o bom desempenho destas crianças no que refere à forma de reprocessamento do hemisfério esquerdo e, gentilmente, convidar o hemisfério direito a participar, pode trazer integração e maior capacidade de tolerância afetiva.

No entanto, pode ser necessário convidar com mais frequência a voz do lado direito do cérebro quando a criança consegue tolerar este fato. Os entrelaçamentos que, de forma gentil, estimulam a consciência emocional e corporal das crianças devem ser utilizados sem desonrar suas capacidades cognitivas de processamento.

Por outro lado, crianças com padrões de apego ambivalentes podem apresentar grandes dificuldades para regular os estados afetivos, além de grande ansiedade, preocupação e fixação com necessidades de apego e com figuras de apego. Elas podem precisar entrar no hemisfério direito com a assistência das habilidades lógicas e de marcação do hemisfério esquerdo. Em outros momentos, elas podem beneficiar-se de apenas visitarem as memórias do "eu implícito" (Schore, 2010) e do lado direito do cérebro, sem a interferência do esquerdo. Em nossa sociedade ocidental, a forte participação do hemisfério esquerdo foi proposta (McGilchrist, 2009), nos deixando em um mundo de grandes avanços tecnológicos, mas de vidas relacionais empobrecidas. Como resultado, os "ativistas do cérebro direito" podem, agora, advogar por um maior envolvimento da voz do cérebro direito no processo terapêutico. No entanto, honrar as duas maneiras maravilhosas de conhecer o mundo irá nos levar para um lugar de completude e de integração, esta é a única maneira. A melhor forma de honrar a assimilação, a conexão e a integração de memórias durante as sessões de reprocessamento da Terapia EMDR com crianças, será permitir, encorajar e estimular os dois modos de processamento da informação.

Considerando que os hemisférios direito e esquerdo têm diferentes vozes e suas próprias maneiras de processar a informação, ambos devem ser convidados a participar, em momentos diferentes e de modo original, durante a Terapia EMDR. Já que o hemisfério direito contém todas as memórias do "eu implícito", para muitas crianças, ele pode precisar ser alimentado e acessado primeiro; no entanto, o esquerdo pode ser convidado a complementar e suavizar o cérebro direito. O oposto pode ser verdade para as crianças que aprenderam a "viver" em seus hemisférios esquerdos. Mover-se muito rápido para o hemisfério direito e acessar emoções, quando precisaram desligar-se destas para sobreviverem, poderia ser assustador e desregulador. Trazer equilíbrio e harmonia entre os dois, não criando mais uma separação, pode ser a chave.

Promovendo Integração Vertical

De acordo com Siegel (2010), que deu vida ao termo "integração vertical", "nosso sistema nervoso é distribuído, ascendendo do próprio corpo por meio do tronco cerebral e áreas límbicas e, finalmente, chegando ao córtex. Da cabeça aos pés e vice-versa, a integração vertical liga estas áreas diferenciadas em um todo funcional".

Direções diferentes do processamento da informação foram propostas: processamento de cima para baixo e de baixo para cima (Ogden et al., 2006). Os clientes vêm para a terapia com tendências diferentes para o processamento da informação: cognitiva, emocional e somática. Para alguns, conectar-se com o corpo e com o movimento pode ser desafiador, ao passo que manter o processamento da informação, principalmente em um nível cognitivo, pode parecer confortável. Perceber qual processamento de informação está melhor disponível para o cliente, bem como aqueles que representam um desafio, e gentilmente abarcá-los, pode aprofundar o resultado da Terapia EMDR. Ter entrelaçamentos disponíveis que estimulam e acessam aspectos cognitivos, emocionais e somatossensoriais da memória, pode melhorar altamente a assimilação e a ligação de sistemas de memória. Um dos aspectos únicos da Terapia EMDR é como ela honra o sistema do cliente e escolhe a rota e a direção do processamento de informação. Uma vez que a memória e seus diferentes aspectos são acessados, os indivíduos vão onde eles querem, ou precisam ir, em seu próprio tempo e ritmo. Alguns indivíduos podem ir espontaneamente para o corpo e suas reações somáticas ou sensório-motoras. Alguns clientes podem acessar emoções e novas imagens. Outros podem ter novos *insights* e trazer novas cognições e pensamentos. Quando necessário, o terapeuta suficientemente sintonizado consegue intervir de uma maneira gentil, para manter o processamento de informação em movimento. No entanto, o *timing* e o modo de processamento de informação escolhidos pelo cliente devem ser, acima de tudo, honrados.

Em alguns casos, quando a desregulação do sistema afetivo ocorre durante o reprocessamento de EMDR, o terapeuta EMDR pode, de maneira gentil, guiar o cliente para um modo de processamento de informação mais tolerável. O terapeuta EMDR pode, ainda, estimular a habilidade do cliente para acessar diferentes canais de associação, assim como modos de processamento da informação que ele não tenha conseguido acessar espontaneamente, por serem menos familiares para ele. – *"Quando você tem este novo pensamento, o que você percebe estar acontecendo em seu corpo?"* O contrário também pode ser usado com o cliente que fica perdido e empacado com a ativação fisiológica elevada: – *"À medida em que você observa a pressão em seu peito, há um pensamento ou uma crença que venha junto com esta sensação?"* A terapia EMDR acessa o fluxo de processamento da informação de baixo para cima e de cima para baixo; no entanto, o ponto de partida, o *timing* e o modo são guiados e orquestrados pelo sistema do cliente.

Diante da alta ativação, os terapeutas EMDR recém-formados podem tender a parar ou sinalizarem para a criança que dar um tempo pode ser necessário. Além disto, eles podem tentar trazer, imediatamente, um recurso ou o lugar seguro, temendo que a criança se mova para fora das janelas de tolerância. Para usar uma analogia, poderíamos ver o reprocessamento de uma memória como uma viagem aérea, e o que acontece quando a criança está se movendo para a hiper ou hipoativação, como a turbulência encontrada durante o voo. O piloto experiente irá avaliar a situação dependendo do tamanho e da força do avião, da intensidade da turbulência e do quanto os passageiros podem tolerá-la e pode decidir, neste momento, se mover para uma altitude diferente ou ficar e enfrentar a turbulência. O piloto experiente não vai pousar o avião só porque há uma alta turbulência; em vez disto, ele encontrará uma altitude onde a turbulência é reduzida e mais tolerável. Mas mesmo um piloto inexperiente pode tornar-se temeroso e buscar um pouso de emergência; o que também fazem muitos terapeutas EMDR recém-formados na presença de "turbulência", movendo-se para encontrar recursos e parar o reprocessamento. As diferentes altitudes são representadas pelos diferentes níveis de processamento da informação: cognitivo, afetivo e somático. Por exemplo, mover-se para a "altitude do corpo" pode reduzir a intensidade da "turbulência", trazendo a ativação novamente para um nível ideal, sem ter de, necessariamente, buscar por um pouso de emergência e parar o processamento.

Vários dos entrelaçamentos propostos neste capítulo podem acessar mais de uma direção e nível de fluxo de processamento da informação. É importante destacar o uso do brincar, que é a língua nativa das crianças. Brincadeiras, metáforas e um bom senso de humor durante as fases de reprocessamento da terapia EMDR podem ser agentes integrativos bem poderosos. Conhecer e entender a história da criança, os modos de processamento de informação aprendidos e utilizados por ela com mais frequência, como também sua tendência para a hiper ou hipoativação, não só irão auxiliar o terapeuta a selecionar entrelaçamentos potenciais, como também a definir a sessão, para manter níveis ideais de ativação que irão se traduzir em uma habilidade de atenção plena e de consciência dual.

Como discutido no Capítulo 8, algumas crianças podem apresentar-se com sistemas simpáticos altamente sensibilizados, tornando-as propensas a experimentarem estados elevados de ativação. Ou seja, elas podem exibir mais emoções e reações durante o reprocessamento de memórias. Por outro lado, as crianças com o sistema parassimpático vagal dorsal sensibilizado podem estar propensas a experimentarem estados de hipoativação durante o reprocessamento das memórias e relatarem se sentir sonolentas, cansadas e, muito frequentemente, entediadas. Os terapeutas EMDR precisam definir a sessão com recursos capazes de aumentar ou reduzir a ativação. Por exemplo, para uma criança que demonstre a tendência para experimentar estados de hipoativação, a sessão de reprocessamento de EMDR pode conter movimento e maior engajamento do corpo, bem como a estimulação da consciência presente. Usar música, por exemplo, pode manter algumas crianças mais engajadas e presentes. Considerando agora existir uma tecnologia que permite conectar um *CD player* a um dispositivo que toca música bilateralmente, o uso da música durante as sessões de reprocessamento de EMDR fica mais fácil. Vale ressaltar que, dependendo da criança, qualquer estímulo poderia criar mais desregulação. Até a música pode ser potencialmente prejudicial para algumas delas. Por favor, fique atento às diferenças individuais. Além disso, tornar uma sessão super divertida, tal como usar as "estações de almofada", descritas no Capítulo 8, irá preparar o sistema da criança, bem como configurar o sistema nervoso para um nível ideal de ativação, tornando otimizados o reprocessamento e a assimilação de memórias perturbadoras. Além disto, a presença do terapeuta, o contato visual, o tom, o ritmo e a inflexão da sua voz podem, ainda, trazer a ativação para um nível ideal em que a capacidade integrativa da criança é maximizada. Ajudar a criança a **se** sentir segura e contida irá, por sua vez, expandir sua habilidade para permanecer presente e evitar que ela se mova para estados de colapso ou imobilização.

Por outro lado, quando se trabalha com crianças que apresentam a tendência para se moverem para estados de hiperativação, trabalho extra será necessário para criar um senso de segurança. Por exemplo, os pais, o animal de estimação, entre outros, podem ser convidados para a sessão, desde que promovam um grande senso de confiança e de segurança. Estas estratégias irão amplificar o resultado da Terapia EMDR, assim como reduzir a probabilidade de as crianças se recusarem a fazer o EMDR. Caso necessário, os entrelaçamentos que modulam a ativação deverão estar disponíveis.

Considerando o fato de as crianças com histórico de trauma complexo terem tolerância reduzida para experimentar afeto negativo e até mesmo positivo, a ativa intervenção sintonizada do terapeuta EMDR para manter o processamento de informação, pode ser necessária. Fique atento para o fato de apenas interferir quando necessário, ou porque o processamento de informação estagnou ou porque a capacidade para a consciência dual foi perdida.

Os Platôs do Processamento de Informação: Responsabilidade, Segurança e Controle/Poder

De acordo com Shapiro (2001), os clientes movem-se espontaneamente por meio de três platôs: responsabilidade, segurança e controle/poder, para uma perspectiva mais adaptativa durante o reprocessamento. Uma exploração mais detalhada e as especificidades para auxiliar as crianças complexamente traumatizadas a percorrerem cada um destes platôs, podem ser vistas abaixo:

Responsibilidade

A maioria das crianças feridas e traumatizadas na relação pai-filho carrega com elas mesmas a responsabilidade pelo evento. Atribuir a responsabilidade apropriada e colocá-la no lugar certo, nas mãos do perpetrador ou do agente provocador, é importante aspecto da cura e da integração de tais memórias.

De acordo com Shapiro (2001): "Ao permitir que a responsabilidade pelo abuso recaia sobre os ombros do perpetrador ou do agente que provocou o sofrimento... o cliente é capaz de mover-se de uma identificação primária com o trauma para um ponto de vantagem exteriorizado de julgamento apropriado" (p. 260). Quando se lida com o abuso passado evidente e o perpetrador não faz mais parte da vida da criança, atribuir responsabilidade e obter um senso presente de segurança pode ser facilmente atingível. Além disto, se o perpetrador não for uma figura de apego primária, isso irá acelerar ainda mais o processo.

No entanto, grandes dificuldades podem ser encontradas quando o agente provocador do sofrimento é uma figura de apego importante e a criança continua a viver e a depender deste cuidador que se envolve em evidentes formas de abuso, inversão de papel e violações de limite (vide Capítulo 5 para acessar as estratégias de como trabalhar com cuidadores). Deve-se tomar muito cuidado quando se faz uso de entrelaçamentos que coloquem a responsabilidade na figura de apego primária, já que a sobrevivência da criança está, ainda, dependendo dela. No entanto, entrelaçamentos que forneçam informação corretiva e promovam organização na mente da criança devem ser utilizados, gentil e cuidadosamente, quando o processamento de informação fica bloqueado. Por exemplo, o terapeuta direta ou indiretamente, usando os "ajudantes de EMDR", pode dizer: – *"Até as boas mães e os bons pais podem ter alguma "ferida" em seus corações que apenas eles podem curar. As crianças não podem fazer isto pelas suas mães e pelos seus pais. Quando as mães e os pais se prendem a estas "feridas", eles podem dizer ou fazer coisas que podem machucar os outros, especialmente, seus próprios filhos. Algumas vezes estas feridas não os deixam sentir ou mostrar amor por seus filhos e estes filhos podem achar que há algo de errado com eles ou que eles são crianças que não merecem amor, quando na realidade são as próprias feridas do pai e da mãe que ficam no caminho. Lembre-se que não é trabalho da criança ou sua responsabilidade tomar conta destas feridas. Esta responsabilidade é, exclusivamente, dos pais. Lembre-se, ainda, que não é culpa do filho se os pais agem de uma maneira nociva. Isto não significa que os pais sejam ruins, significa que eles carregam feridas em seus corações. No entanto, os filhos têm o direito de se protegerem das feridas dos seus pais."* Após a informação corretiva ser fornecida, o método Socrático pode ser usado, como pode ser visto abaixo:

Terapeuta: – *Quando o papai bebe e fica nervoso, isto é sua culpa ou pode ser que o papai carregue feridas em seu coração?*
Criança: – *Não, não é minha culpa, ele pode ter feridas.*
Terapeuta: – *É o seu trabalho resolver isto?*
Criança: – *Não.*
Terapeuta: – *Simplesmente perceba ou pense sobre isto.*

Se a criança tiver desenvolvido uma forma de adaptar-se resgatando os pais, conversar sobre o fato de eles terem feridas pode desencadear a necessidade de ela de proteger, resgatar e consertar a situação para os pais. Caso outro entrelaçamento for necessário para lidar com as tendências de inversão de papel da criança, o terapeuta deve usar a "analogia das jaquetas", como um entrelaçamento: – *"Nós humanos, algumas vezes, temos de viver em diferentes lugares em nossas vidas. Por exemplo, se tivéssemos de viver e sobreviver no Polo Norte, nós teríamos de aprender a sobreviver usando jaquetas pesadas. A mesma coisa acontece quando temos de viver com mães e pais que têm feridas e nós trabalhamos muito duro para resolver estas feridas. Podemos nos sentir responsáveis por fazer os pais se sentirem bem novamente... mas você sabe...isto é uma "missão impossível", porque somente eles podem resolver isto. Algumas vezes as crianças aprenderam a usar a "jaqueta da missão impossível porque elas se esforçaram muito para serem o pai, em vez de serem o filho. Lembre-se, nunca é o trabalho do filho resolver e corrigir os problemas do pai."*

Terapeuta: – *Então... quando você* (descreva o comportamento de inversão de papel), *você estará usando a "jaqueta da missão impossível?"*
Criança: – *Acho que sim, eu estou usando esta jaqueta muito.*
Terapeuta: – *Siga com isto ou pense nisto.*

Algumas vezes as crianças desenvolvem vínculos traumáticos com o perpetrador e internalizam aspectos deste como um mecanismo de sobrevivência. A "analogia da jaqueta", mais uma vez, pode ser usada como um entrelaçamento conforme se segue: – *"Algumas vezes, as crianças aprendem a usar outra jaqueta que pode ajudá-las a sobreviver. Eu a chamo de "jaqueta do urso". Enquanto vivíamos no Polo Norte, se tivéssemos sido atacados ou feridos por um urso grande e assustador, poderíamos tentar ser como ele para nos sentir poderosos, acreditando que, desta forma, não seríamos machucados de novo pelo urso. Podemos criar uma jaqueta com a mesma pele e também querer ser amigos do urso, agradar o urso, acreditar que o urso não fez nada de prejudicial, defender o urso e agir como o urso. Até mesmo quando o urso vai embora, ainda continuamos a agir como ele. Tudo isto com o objetivo de não nos sentirmos tão pequenos e assustados de novo, como ficamos quando o ataque do urso aconteceu. É claro que esta jaqueta não nos protege, porque ficar perto de ursos grandes e selvagens não é seguro, mesmo quando nós os agradamos, os defendemos ou agimos como eles. Se nós agirmos como um urso com os outros, então os outros não se sentirão e não estarão seguros perto da gente".*

Terapeuta: – *"Sei que aquilo que o seu tio fez foi prejudicial para você, então eu me pergunto se, para sobreviver, você tem usado a "jaqueta do tio"?*

A criança pode ser incentivada, até mesmo, a desenhar a "jaqueta do tio", contendo todas as internalizações e as características do perpetrador que a criança atribui a si. Então, à medida em que são feitos os MBL, ela pode ser encorajada a olhar para a jaqueta. O propósito da "analogia da jaqueta" é ajudar as crianças a entenderem que elas a usaram para sobreviver ao "frio", mas agora que o sol saiu (o perpetrador se foi ou não faz mais parte da sua vida), a jaqueta as impede de sentir o calor do sol.

Segurança

No que se refere à área específica da segurança, as crianças estão em um lugar muito diferente se comparadas aos adultos. Elas, ainda, são dependentes dos seus cuidadores para receberem proteção e segurança. No entanto, elas podem aprender dicas de segurança e coisas que elas podem fazer para se ajudarem e para ajudarem aos seus pais a mantê-las seguras. Quando o processamento de informação fica paralisado nesta área, ajudar as crianças a compreender o que elas podem fazer para ficarem e se sentirem seguras, pode, ainda, empoderá-las. – *"Apesar de ser o trabalho da sua mãe e do seu pai manter-lhe segura, o que você pode fazer para ajudá-los a manterem você em segurança (tal como contar, pedir ajuda, dizer "não", etc)"?*

Por outro lado, as crianças podem estar seguras no presente, mas continuam a experimentar o presente como se o passado ainda estivesse acontecendo (Shapiro, 1995/2001), resultando na ativação do sistema do medo e do sistema de defesa na ausência do perigo real. Auxiliar a criança a sentir-se orientada no tempo e no espaço irá ajudar a localizar a memória onde ela deveria estar, no passado. O exercício de Instalação da Resolução no Presente (IRP), descrito no Capítulo 7, também pode ser usado como um entrelaçamento durante as fases de reprocessamento da terapia EMDR. Nele, pede-se à criança para fazer um desenho do evento traumático passado, seguido de um desenho da criança no presente. Inspirado no exercício desenvolvido por Steele & Raider (2001), "este sou eu antes e este sou eu agora", este entrelaçamento endereça questões de segurança, responsabilidade e poder. Quando se faz uso dele, a criança é convidada a pensar ou a desenhar "este sou eu antes" e "este sou eu agora" e também a olhar para os dois desenhos enquanto os MBL são feitos. O terapeuta pode dar prosseguimento às perguntas, da seguinte maneira:

Terapeuta: – *Enquanto você olha ou pensa a respeito de "você antes" e de "você agora", você pode dizer ou ver se você está seguro agora?*
Criança: – *Sim, eu estou segura agora.*
Terapeuta: – *Perceba isto.*

Um exemplo usando o método Socrático enquanto a criança está olhando ou pensando a respeito dos desenhos (antes e agora) seria:
Terapeuta: – *Você está segura agora?*
Criança: – *Sim, eu estou segura agora.*
Terapeuta: – *A coisa ruim ainda está acontecendo agora?*
Criança: – *Não.*

Terapeuta: – *Você tem ajudantes que a mantêm segura agora?*
Criança: – *Sim, eu tenho ajudantes agora.*
Terapeuta: – *Você está mais forte, maior, etc.?*
Criança: – *Sim, eu estou maior e mais forte agora.*
Terapeuta: – *Você conhece coisas que podem ajudá-la a se defender e a mantê-la segura agora?*
Criança: – *Sim.*
Terapeuta: – *Siga com isto ou pense nisto.*

Controle/Poder

Este terceiro e último platô de informação "evoca o senso de confiança do cliente em ser capaz de fazer escolhas eficazes no futuro que deve incorporar um locus interno de controle" (Shapiro, 2001, p. 261). Crianças, no entanto, são ainda muito dependentes dos seus cuidadores e de outros adultos em suas vidas. Ao utilizar a terapia EMDR com adultos, o terapeuta está auxiliando o cliente a mover-se de um locus externo de controle para um locus interno. No entanto, as crianças estão em um estágio de desenvolvimento diferente e mantêm necessidades de apego diferentes se comparadas aos adultos. Apesar de as crianças confiarem no cuidado do adulto, elas podem encontrar e desenvolver um senso de empoderamento por dentro. Ter algum senso de controle sobre o seu ambiente e não se sentir completamente à mercê das circunstâncias da vida, é importante. Por outro lado, as crianças ainda precisam de uma dependência saudável dos adultos. Além disto, algumas delas podem ter aprendido a se adaptarem usando o controle como um mecanismo de adaptação; então, aprender a contar com o seu sistema de apoio pode ser uma experiência corretiva e curativa. Abandonar algum nível de controle para abranger confiança e contar com o cuidado adulto seguro em suas vidas pode, eventualmente, ser o necessário.

O processamento das crianças pode emperrar quando os sentimentos de impotência assumem o controle e quando lhes falta, completamente, o senso de poder interno. Ajudá-las a recuperarem um senso saudável de poder pessoal e de escolhas, pode ser fundamental. Aprender a identificar as pessoas seguras em suas vidas e a contar com seus "ajudantes" internos e externos, pode ser realizado por meio de entrelaçamentos. Os Estados de ego e as estratégias dos Sistemas Familiares Internos (SFI) (vide Capítulo 13) podem auxiliar as crianças a encontrarem uma confiança saudável no "eu que brilha" e no "arco-íris interno", assim como nos "ajudantes externos de segurança". Se você não está utilizando uma abordagem de estado de ego, convide-a a pensar sobre os "ajudantes internos", que são representações dos recursos internos e das forças da criança, como também para pensarem nos recursos externos. Estes podem ser relacionais por natureza ou atividades reguladoras e tranquilizadoras que agem como "ajudantes externos".

Entrelaçamentos Amigáveis

Os terapeutas EMDR devem ser versáteis e flexíveis enquanto auxiliam as crianças a acessarem diferentes caminhos, níveis e direções de processamento da informação. Usar a capacidade do hemisfério esquerdo para verbalizar e usar palavras, como também a voz do hemisfério direito para recuperar e processar os aspectos não verbais e afetivos da memória pode enriquecer a experiência para a criança. O uso de metáforas, símbolos, histórias, música e intervenções focadas no corpo pode melhorar e acelerar o acesso, a assimilação e a ligação de redes neurais contendo material mal adaptativo. Os entrelaçamentos a seguir foram desenvolvidos para honrar as diferentes vozes da mente e os diferentes níveis e modos de processamento da informação.

O Entrelaçamento do Vômito

Este entrelaçamento pode ser usado com crianças que, apesar de toda a preparação, ainda carecem de entendimento apropriado sobre limites e, consequentemente, tendem a tornar tudo muito pessoal. Em virtude de um espelhamento pobre e da falta de modelagem do limite apropriado, elas são constantemente definidas pelas opiniões, ações e palavras dos outros. O terapeuta pode decidir dar esta informação durante a fase de preparação e, simplesmente, lembrar à criança o que ela aprendeu durante o processamento, ou fornecê-la, inteiramente, como uma intervenção para restaurar o processamento bloqueado. Este entrelaçamento é ainda apropriado para crianças vítimas de *bullying* ou que fizeram *bullying* com outras crianças (Figura 9.1).

Você pode dizer:

– *"Você sabe o que acontece quando as pessoas comem muito a ponto de sentirem seu estômago doente? Elas vomitam. Elas vomitam porque não se sentem bem por dentro. Você já viu o vômito alguma vez? Você viu todas as coisas dentro do vômito"?*

A maioria das crianças já viu vômito. Além disto, já que a pergunta é tão grosseira, na só chama a atenção da criança como, ainda, favorece um sorriso.

– *"Então a coisa que você vê dentro do vômito é sua ou pertence à pessoa que vomitou, porque aquilo é o que elas comeram"?*

As crianças sempre dizem, não, isto não é meu.

– *"Ok, você tentaria pegar o vômito e comê-lo"?* Neste ponto as crianças estão dizendo algo como, ah, não !, isto é nojento, é claro que eu não comeria.

– *"Ok, porque se você comer, pode ficar doente ou pelo menos feder. Bem, a mesma coisa acontece com as pessoas quando elas não se sentem bem em suas mentes e em seus corações; elas vomitam, mas desta vez elas vomitam com palavras e ações. Então, quando as crianças dizem ou fazem coisas malvadas, estas são 'palavras e ações de vômito'. Elas fazem isto porque não se sentem bem por dentro a respeito de si mesmas. Isto não significa que elas sejam maldosas, elas simplesmente não se sentem bem".*

Agora vá para a memória na qual a criança "pegou o vômito" e diga:

– *"Então, quando a Rosie disse que você era uma criança má, isto era uma palavra de vômito? Este vômito é seu ou dela? Você vai pegá-lo e comê-lo"?*

Depois de a criança responder, diga:

"Simplesmente pense ou perceba isto", e comece com os MBL. Este entrelaçamento também pode ajudar aquelas crianças que praticaram o *bullying* a entenderem que elas não fizeram aquilo porque são "más", mas porque elas têm "grandes sentimentos por dentro", e elas não se sentem bem.

Figura 9.1 - O entrelaçamento do vômito.

Os Conselheiros de EMDR

Com a finalidade de tornar os entrelaçamentos mais divertidos para as crianças mais jovens, eu criei os conselheiros de EMDR. Eles podem ser muito úteis para elas quando os pais não estão presentes e são incapazes de fornecer informação corretiva. Estes conselheiros são fantoches que representam a mãe, o pai, a avó, o avô, o irmão e a irmã. Também incluí, entre eles, um fantoche que representa um animal ou uma pessoa que costuma fazer "escolhas ruins", para a criança saber sobre pessoas que fazem estas escolhas. Cada conselheiro é bem informado em diferentes assuntos. Por exemplo, Ed, o "pai", sabe a respeito dos assuntos dos pais. Ele pode conversar sobre como os adultos e os pais podem cuidar de si mesmos e de como não é responsabilidade da criança tomar conta dos seus pais. Ele também sabe que quando os pais têm emoções como raiva, eles são os responsáveis por tais emoções e pela maneira como a expressam. Os conselheiros usam o método Socrático para auxiliar as crianças a acessarem certa informação e para conectá-la a outra informação existente codificada na memória. Por exemplo, se uma criança está trabalhando com uma memória associada ao divórcio dos pais e está ficando bloqueada em questões de responsabilidade, o pai "Ed", ou a mãe "Maria", pode fornecer a informação para a criança. Eles podem dizer algo como: – *As crianças não são responsáveis pelas escolhas feitas pelos adultos. Mães e pais não se divorciam por causa do que as crianças fazem ou não. As crianças não fazem os pais se separarem e também não podem fazê-los ficarem juntos novamente".* O conselheiro segue com uma pergunta antes de iniciar os MBL: *"Então, você é responsável pelas escolhas que a sua mãe e o seu pai fizeram"?*

Outro cenário possível refere-se a uma criança que está processando uma memória de ambos os pais brigando, ficando bloqueada por continuar a acreditar ser ela a responsável pelas emoções e pelo comportamento de ambos os pais. O conselheiro, neste caso a mãe, "Maria", pode dizer: – *"Mães e pais e adultos são responsáveis por tomar conta dos seus sentimentos e com o que fazem com eles. As crianças estão, apenas, aprendendo a tomar conta dos seus sentimentos, então elas não podem ser responsáveis pelos sentimentos da mãe e do pai. Quando a mãe e o pai têm sentimentos de raiva e fazem "coisas loucas" um com o outro, quem precisa tomar conta destes sentimentos estranhos"?* Caso seja necessária alguma informação adicional, o conselheiro pode fornecê-la. Isto é feito interativamente, enquanto o conselheiro faz perguntas para a criança, com o objetivo de auxiliá-la na síntese e na ligação dos sistemas de memória.

George, "o lobo que fez escolhas ruins, pode auxiliar quando a criança está lidando com memórias relativas a ser maltratada por outros seres humanos. Por exemplo, para uma criança que sofreu *bullying*, e o processamento de informação ficou bloqueado como resultado desta se definir pelas ações do outro, George pode ser convidado. Ele pode dizer: – *"Sabe, quando eu disse coisas ruins para os outros foi porque eu estava me sentindo mal a respeito de mim mesmo. Quando eu disse aos outros que eles eram ruins ou estúpidos, foi porque eu estava me sentindo mal e estúpido. Quando esta criança na escola lhe xingou, era verdade o que ela disse ou era ela a pessoa que não estava se sentindo bem"?* Em casos de abuso, por exemplo, é óbvio que o George não pode dizer que ele fez estas coisas, mas ele pode dizer que conheceu pessoas que machucaram crianças. Ele pode fornecer informação a respeito de como a criança não foi responsável, de como ela não merecia o que aconteceu e de como isto reflete, apenas, na pessoa que o fez . Importante reiterar, aqui, a importância do uso de linguagem e histórias apropriadas para as crianças. Os conselheiros também podem contar histórias sobre alguém que eles "conheciam" que assemelham-se ao que a criança possa estar experienciando, para dar a ela a informação e as dicas necessárias para a assimilação apropriada da memória alvo.

Usando Ilustrações

As ilustrações e os recursos visuais são ferramentas maravilhosas para auxiliar as crianças quando o processamento da informação é interrompido. Eles também envolvem o hemisfério direito, ajudando-as a olhar para o quadro com uma visão mais geral. Seguem alguns destes entrelaçamentos:

- **Famílias vêem em cores e em formatos diferentes** – Este entrelaçamento foi desenvolvido para ajudar as crianças que experimentaram mudanças em seus sistemas familiares resultantes de divórcio, de morte, de mudança para outro país ou estado, ou da ausência de um pai, por um período prolongado de tempo, devido a um serviço militar, entre outros motivos. Várias destas crianças, quando estão reprocessando estas memórias, podem ficar travadas por sentirem que não têm mais uma família, já que o arranjo original familiar foi perdido. Este entrelaçamento as auxilia a olhar para a imagem geral do que é uma família.

Nesta ilustração, famílias de diferentes grupos raciais e orientação sexual são apresentadas. O terapeuta pode fazer o *download* de vários *clip-arts* da *Internet*, mostrando uma variedade de famílias. Por exemplo, uma família pode ser a mãe e a criança ou dois avós e uma criança ou um pai e três crianças ou, ainda, duas mães e duas crianças. Depois de organizar os *clip-arts* em um pedaço de papel, deve-se plastificá-los. O profissional pode ter de cortar e colar ilustrações únicas para formar famílias diferentes e ter várias opções que honrem a herança cultural do sistema familiar de cada criança. É importante avaliar os valores das famílias e dos pais para determinar quais ilustrações podem ser apropriadas para ela.

Quando for trabalhar com esta ilustração plastificada, passe por todas as opções e diga: – *"Tudo neste universo maravilhoso vem em cores, formatos e tamanhos diferentes: flores, animais, arco-íris, árvores e plantas. O mesmo acontece com as famílias; elas vêm em diferentes tamanhos, cores e formatos. Uma família pode ser, entre outros, uma mãe, um pai e uma criança; ou uma mãe e duas crianças; ou um pai e uma criança;. ou uma avó e quatro crianças; ou um avô e uma criança; ou uma mãe e um pai que vivem separados, cujos filhos passam certo tempo com cada um deles, em momentos diferentes. Uma família também pode ser uma mãe e três crianças com um pai que está longe trabalhando".* A criança pode também ser convidada a circular sua família, depois de encontrá-la nas ilustrações plastificadas. Depois de ter passado por todas as pequenas imagens da família, o profissional deve perguntar à criança: – *"Então, a sua família mudou, como muitas famílias mudam, mas você ainda tem uma família"?* Uma vez que a criança tenha respondido, siga com os MBL.

- **As famílias mudam** – Este é outro entrelaçamento maravilhoso que pode ajudar as crianças a entenderem o ritmo da vida e como tudo aquilo que existe está destinado a passar por mudanças. Caso o profissional sinta-se confortável em compartilhar sua família e os diferentes estágios de transformação pelos quais ela vem passando, ele pode mostrar o diagrama da sua própria família. Pode usar, ainda, uma ilustração padrão de uma família dele conhecida e as metamorfoses pelas quais ela vem passando. Este entrelaçamento convida as crianças a enxergarem a mudança como parte da vida, ajudando-as a sentirem que não estão sozinhas na metamorfose da vida. Tendo a criança testemunhado como as famílias mudam, deve-se prosseguir com uma pergunta que a auxilie a ligar esta informação à memória alvo, além de fazer os MBL.

- **Todos nós temos "dores"** – Este entrelaçamento tem como objetivo ajudar as crianças a não se sentirem sozinhas em suas experiências de dor. Ele deve ser usado somente após o terapeuta já ter feito um suficiente reconhecimento da dor e um amplo trabalho para suprir as necessidades não satisfeitas da criança, e, mesmo assim, ela continuar presa na postura de vítima. Então, as crianças devem ser convidadas a olhar para as situações difíceis experienciadas pelos seres humanos. No entanto, este entrelaçamento, não visa passar mensagens, do tipo: "pare de reclamar", ou "controle-se, todos nós temos problemas", mas, sim, de honrar a dor da criança enquanto o terapeuta a ajuda a sentir-se acompanhada e normalizada. As crianças podem sentir-se diferentes, estranhas, anormais e estigmatizadas pelas mágoas e dores por elas experimentadas. Ao trabalhar com este entrelaçamento, o profissional deve ter disponíveis, para oferecer à criança, uma variedade de situações adversas. . Alguns desenhos animados infantis e amigáveis podem ser baixados da *Internet*. O terapeuta pode, então, dizer: – *"Você sabe, é difícil mas todos nós, pessoas, animais e toda coisa viva neste mundo passa por experiências difíceis.*

Algumas pessoas experimentaram doença, divórcio, acidentes, incêndios, separações das pessoas que elas amam, etc. Todos nós temos de passar por mágoas e sustos na vida. No entanto, a dor tem o poder de nos tornar mais fortes e mais sábios". Depois de passar por todas as ilustrações, prossiga com uma pergunta como: – *"Você é o único que sente dores e passa por dificuldades, ou todos nós passamos por elas de formas diferentes"?* Normalmente a criança irá responder: – *"Não, eu acho que eu não sou a única".* Então, ela deve ser convidada a, simplesmente, "observar isto", enquanto os MBL são iniciados. Ao longo dos anos em que tenho feito uso deste entrelaçamento, não tive sequer uma única criança que tenha respondido: – "Sim, eu sou única". No entanto, se este for o caso, convide a criança a continuar observando, enquanto a envolve nos MBL. Neste caso, entrelaçamento pode ser necessário, ou, ainda, uma exploração mais ampla do que esteja mantendo a criança neste lugar.

- **Eu não sou o único** – Embora este entrelaçamento possua uma intenção similar à do entrelaçamento anterior, desta vez, em lugar de situações adversas, o profissional deve utilizar super-heróis e pessoas apreciados pela criança, para transmitir a mesma mensagem. Ou seja, se a criança se sente acompanhada e a dor é normalizada por haver heróis ou pessoas admirados por ela, com dores e experiências difíceis (similares àquelas experimentadas pela criança), então, estas experiências podem não ser vistas como vergonhosas por ela. Felizmente, os super-heróis, geralmente, têm histórias incríveis que mostram uma boa habilidade para sobreviver e superar dificuldades e sofrimento.

  Encontrar um super-herói que tenha passado por algo similar ao que ocorreu com a criança é o ponto de partida. Por exemplo, o Homem Aranha testemunhou o assassinato do seu tio e o Super Homem foi adotado de outro planeta, dentre outros. Vários destes super-heróis desenvolveram seus poderes como resultado da adversidade duradoura. Aquaman, que foi abandonado na água quando era bebê, e viveu sua infância entre golfinhos, desenvolveu o poder de se comunicar e de obter ajuda de todos os animais marinhos. .A História é repleta de pessoas que, apesar do trauma e do sofrimento, conseguiram sobreviver e até ajudar outras pessoas. A humanidade e o reino animal têm histórias maravilhosas de sobrevivência capazes de propiciar entrelaçamentos incríveis e poderosos que podem trazer esperança, por nos possibilitar enxergar a capacidade incrível que nós, seres humanos, temos para superar a adversidade.

Estimulando a Atenção Plena Durante o Reprocessamento

- **O "eu observador"** – A consciência plena em EMDR é essencial durante as fases de reprocessamento. A capacidade para manter a consciência dual requer a presença do Eu observador. Com a finalidade de ajudar as crianças a usarem a atenção plena direcionada, analogias e estratégias lúdicas podem ser usadas. Desenvolvi o uso do "eu observador" ou do "me observando", para explicar sobre a atenção plena para as crianças. Para simbolizar este aspecto do ser humano, que pode estudar e observar as coisas, uso um par de óculos bem grandes, sem lentes. Para tornar a experiência mais concreta para as crianças, o terapeuta pode pedir a elas para colocarem os óculos grandes, quando for necessária a atenção focada e direcionada durante a fase de dessensibilização e de outras etapas de reprocessamento. É sumamente importante enfatizar, inclusive, o poder de "ver" e de "observar". Como os super-heróis, nós, seres humanos, também possuímos "poderes especiais", sendo um deles o poder da observação e da atenção plena. Quando o processamento de informação da criança fica bloqueado e os procedimentos básicos, como, por exemplo, a manipulação mecânica não funcionam, a atenção plena pode ser usada como um entrelaçamento. Convide a criança a ver e a perceber onde isto está ocorrendo em seu corpo e, simplesmente, observar. O terapeuta pode dizer: –"*Onde estão andando estes sentimentos em seu corpo*"? Se a criança disser: "*Eu sinto isto no meu estômago*", então diga: – "*Vamos convidar o "observando você" para aproximar-se e realmente ver/perceber/observar o que está acontecendo em seu estômago. Você pode colocar os óculos 'observando você', enquanto você convida o 'observando você' a vir e observar*".

- **A câmera ou telescópio de zoom interno e externo:** – Com a finalidade de ajudar as crianças a usarem a atenção plena e a atenção focada, os recursos de "zoom interno" e de "zoom externo" da "câmera interna" ou do "telescópio interno" podem concretizar e tornar mais lúdico o conceito de observação plena. Mel, uma garota de 6 anos, foi trazida para a terapia porque estava vivenciando grande ansiedade à noite e tendo pesadelos frequentes. Aos 4 anos de idade, Mel tinha testemunhado sua irmã mais velha sendo estuprada por seu padrasto. Enquanto Mel estava reprocessando a memória de um de seus sonhos no qual monstros estavam atacando sua irmã e comendo-a viva, os monstros começaram a crescer em número e força após cada série de MBL. Apesar de mudar a velocidade e a direção dos MBL, os monstros estavam assumindo e o medo de Mel crescia. Ela foi encorajada a trazer seu Eu observador e a perceber o que estava acontecendo no corpo enquanto ela estava vendo os monstros e sentindo o medo. Mel afirmou que seu corpo estava se sentindo "mal", sobretudo, em seu coração e no estômago. Mel foi encorajada a pegar seu telescópio e a ver seu estômago e seu coração. Após uma série de MBL, ela relatou que os sentimentos assustadores estavam se aproximando cada vez mais do coração. Ela foi convidada a usar o recurso de "zoom interno" e a olhar de perto os sentimentos de medo, com o que eles pareciam, qual formato eles tinham, de qual cor eles eram e se eles eram frios ou quentes. Mel afirmou, após os MBL, que os sentimentos eram bastante frios, pesados e tristes e pareciam com triângulos. Ela continuou a explorar estes sentimentos com o recurso de "zoom interno". Ela, inclusive, teve uma conversa com os sentimentos, perguntando a eles do que eles precisavam para sentirem-se melhores. Mais tarde, o recurso de "zoom interno" foi usado enquanto Mel foi convidada a procurar por outras partes ou áreas no corpo onde ela sentia o oposto ou onde estes sentimentos não estavam presentes. Ela encontrou em si um lugar de força. Neste momento, o recurso de "zoom interno" foi usado novamente para ajudar Mel a entrar em contato com sua força.

Os recursos de "zoom interno" e de "zoom externo" são úteis, ainda, quando se olha para a memória de um evento, para as pessoas envolvidas ou, até mesmo, para eventos passados e suas relações com os sintomas presentes. Algumas vezes, um aspecto da memória de um episódio traumático pode parecer prejudicial quando se olha para ele de perto, mas quando usamos o "zoom externo" e ganhamos uma perspectiva maior e melhor, o mesmo evento, pessoa ou sentimento pode não ser tão prejudicial ou tão grande e poderoso. Um "monstro" pode parecer enorme e poderoso, no entanto, quando usamos o "zoom externo", o monstro pode parecer, na verdade, pequeno. As crianças também podem conseguir encontrar recursos que estão fora do seu campo de percepção. Entretanto, quando há uma visão maior e a ampliação do campo de percepção acontece, "ajudantes" e recursos que podem capacitar, dar um novo significado e/ou auxiliar a criança podem ser encontrados. Da mesma forma, o recurso de "zoom interno" pode, a qualquer momento, ajudar uma criança sobrecarregada a reduzir a quantidade de material que está sendo acessada durante o reprocessamento. A criança pode ser convidada a focar apenas numa pequena porção da memória.

Usando Imagens e Histórias Inspiradas na Natureza: Totens de Animais e de Plantas

As maiores inspirações e histórias vêm da natureza. Animais e plantas e tudo o mais da natureza que nos rodeia contêm ensinamentos incríveis e cheios de sabedoria. Devido ao fato de essas histórias conterem imagens, analogias e metáforas que podem tocar o hemisfério direito, profundamente, elas podem ser extremamente poderosas. O simbolismo e o significado contido em cada totem de animal ou da natureza pode auxiliar as crianças a aprenderem sobre si mesmas.

De acordo com Andrews (2011) existem poderes arquetípicos que estão por trás de todas as manifestações da natureza. *"Estes arquétipos têm suas próprias qualidades e características que são refletidas por meio dos comportamentos e das atividades de animais e de outras expressões da natureza"* (Andrews, 2011, p 2). O processo de auxiliar as crianças a identificarem seus próprios totens animais e da natureza, durante a fase de preparação, foi coberto anteriormente neste livro. Uma vez que o animal ou a planta tenha sido identificado, ele pode, então, acompanhar a criança ao longo de sua jornada completa em direção à integração e à inteireza. Os totens de animais e da natureza são ótimos companheiros à medida em que a criança se envolve com as memórias de trauma e de sofrimento. Já que os animais e as plantas selecionados durante a fase de preparação contêm as qualidades possuídas ou desejadas pela criança, eles podem ser ótimos ajudantes e suporte das sessões de reprocessamento da criança. Durante a sessão, o animal ou a planta, é convidado a estar presente em um lugar especial; uma almofada pode ser colocada para o brinquedo ou para a figura que representa o animal. Quando chegar o momento de convidar o animal a participar, porque o reprocessamento ficou bloqueado, perguntas, ou conselhos são pedidos ao animal, como: – "O que a borboleta lhe diria a respeito disso?"; – "O que a árvore Tabanuco faria nesta situação?"; – "Como o seu animal especial veria o que você está vendo?"; – "Que talentos especiais a palmeira diria que você tem?"; – "Como o seu animal especial pode ajudá-lo nesta situação?" Ademais, a criança pode, algumas vezes, incorporar o animal ou a planta e ver a situação através dos seus olhos e perceber o que vem, naturalmente, para eles. Máscaras representando o animal podem ser usadas para tornar esta uma experiência mais tangível e divertida para a criança. O uso da natureza e dos animais tem o grande benefício de manter envolvidos o foco da atenção, o engajamento social, os sistemas lúdicos da criança e o hemisfério direito. Isto resultará em uma maior habilidade da criança para permanecer presente e manter a consciência dual.

A seguir, apresento alguns pequenos exemplos de totens de animais e da natureza que podem ser usados com as crianças.

- **Carvalhos –** Os carvalhos são um dos símbolos de longevidade, já que estas árvores podem viver por muitos anos e alcançar aproximadamente 18 metros de altura ou mais. Esta árvore gasta certo tempo para ir profundamente dentro de si mesma, entrando em contato com as suas próprias raízes, antes de voltar a crescer no mundo exterior. Quando as crianças e seus pais estão muito ocupados, abrangendo apenas o mundo externo, sem tempo para olhar para dentro, o carvalho torna-se o mestre da importância de termos tempo para mergulhar profundamente dentro de nós mesmos. Talvez isto seja o responsável por fazer o carvalho atingir tal altura, força e longevidade. Quando convidamos as crianças a olharem para dentro de si mesmas durante as sessões de reprocessamento de EMDR, o carvalho pode ser o guia e o exemplo. Esta metáfora, de uma maneira gentil e poderosa, pode auxiliá-la a se embrenhar na exploração do seu corpo e acessar o hemisfério direito. Em minha experiência clínica, com as metáforas e as imagens fornecidas pela natureza, as crianças podem não só compreender profundamente, como também abraçar abertamente suas "raízes".

- **Entendendo a necessidade de conexão com os outros: a história das árvores Tabanuco: –** Várias crianças que chegam à terapia EMDR com experiências difíceis e com transtornos de apego desistiram de suas necessidades por conexão com os outros. Elas acham difícil compreender que, por meio de conexões profundas com os outros que ofertam segurança e são confiáveis, o ser humano pode florescer e sobreviver. Algumas delas desligaram suas necessidades e o desejo de se conectarem, mesmo na presença de ambientes seguros e novos relacionamentos promissores.

    As árvores Tabanuco, que vivem na floresta tropical onde a vida pode ser bastante desafiadora, oferecem uma linda história de conexão e sobrevivência, que pode ser compartilhada com as crianças durante suas jornadas de reprocessamento. As árvores Tabanuco sobrevivem a furacões e a intensas tempestades, que causam deslizamentos de terra e instabilidade estrutural, conectando-se umas com as outras, de forma cooperativa, por meio do enxerto de suas raízes. Estes relacionamentos e alianças aumentam suas chances de sobrevivência durante as grandes tempestades. Além disso, estas ligações de raízes melhoram a condição do terreno, permitindo que os nutrientes sejam conservados. Foi descoberto que, devido ao enxerto de raiz, as árvores Tabanuco compartilham nutrientes umas com as outras. A história da árvore Tabanuco não é apenas de sobrevivência, mas de ligação, conexão e união, podendo ser compartilhada durante a fase de preparação da terapia EMDR com crianças e famílias. Ela também pode ser usada como um entrelaçamento durante o reprocessamento. Entrelaçamento este que foi usado com Cary, uma garota de 8 anos adotada aos 5 anos de idade. Depois de passar por vários lares adotivos, e por várias adoções interrompidas, Cary não deixava ninguém se aproximar dela. Apesar de ter novos pais adotivos que a estavam recebendo com seus corações abertos, ela não permitiu nenhum nível de proximidade. Quando ela estava reprocessando uma memória de ter sido rejeitada por uma possível família adotiva, Cary disse que nunca se aproximaria das pessoas. Quando o reprocessamento começou a ficar bloqueado, eu contei a história a Cary e mostrei a ela as fotos das incríveis árvores Tabanuco. Cary foi convidada a pensar a respeito desta história enquanto recebia os MBL. Ela então afirmou que queria fazer o mesmo que as árvores Tabanuco fizeram, mas que estava com muito medo de que as outras "árvores" não a quisessem. A história das árvores Tabanuco abriu a porta para Cary conectar-se com sua necessidade interior por vinculação e para expressar o medo de uma possível rejeição.

- **As Palmeiras e a flexibilidade** – As palmeiras, por sua flexibilidade, são um exemplo de sobrevivência. Elas nos ajudam a entender que a força vem do fato de sermos flexíveis e não rígidos. É sabido que as árvores com troncos elásticos sobrevivem melhor do que aquelas com troncos quebradiços. As palmeiras podem dobrar-se, o que as ajuda a resistirem às tempestades e até aos furacões mais fortes. Quando a rigidez está presente, ou a inabilidade para "dobrar-se" e adaptar-se aos "ventos" da vida, as palmeiras podem ser ótimas professoras para as crianças.

- **As Borboletas e a transformação** – As borboletas têm uma incrível jornada repleta de sabedoria e coragem. Elas suportam uma das maiores transformações e metamorfoses ao longo da vida. A gênese da lagarta é iniciada pelo que foi chamado de "discos imaginários". Uma vez dentro do casulo, estas células imaginárias começam a mudar a estrutura física e o destino da lagarta. Esta transformação consome uma grande quantidade de energia, fazendo a lagarta perder quase metade de seu peso. Quando a incrível metamorfose está completa, a nova borboleta terá outra batalha para superar: o rompimento do casulo. Ao romper o casulo, a borboleta, na verdade, fortalece suas asas. No entanto, se for ajudada, ela nunca irá voar. Graças ao grande simbolismo de sua jornada, diferentes aspectos da sua metamorfose podem ser apresentados à criança durante o reprocessamento do material traumático. Na verdade, a fase de preparação pode ser iniciada convidando a criança a envolver-se com a borboleta "dentro". Os discos imaginários representam os recursos latentes e explícitos ativados para ajudar a criança na gênese e no nascimento de suas novas asas. Durante as sessões de reprocessamento, à medida que abarcamos as memórias dos eventos ruins, há momentos de "derretimento" e períodos de suportar a escuridão. No entanto, exatamente quando estamos "visitando" a memória e podemos estar sentindo os sentimentos "sombrios", nossos "discos imaginários" começam a criar nossas asas que irão ajudar-nos a encontrar nosso verdadeiro Eu, nosso arco-íris interno e nossa liberdade. A borboleta nos ensina que, para fortalecer nossas asas enquanto rompemos o casulo, algum esforço, deve ser feito.

  Durante o reprocessamento, diga à criança que as asas não estão apenas crescendo, mas ficando mais fortes. Além disso, ajude-a a entrar em contato com a incrível força que nós possuímos por dentro. Afinal, se insetos tão pequenos, e aparentemente tão frágeis como a borboleta, são capazes de mudanças tão heróicas, imagine o que nós, seres humanos, podemos fazer. A história da borboleta pode, na verdade, acompanhar as crianças em sua jornada por todas as oito fases da terapia EMDR.

- **O camaleão** – Os camaleões são animais maravilhosos que mudam de cor para se camuflar, e se proteger do predador. Sua capacidade para mudar de cor parece também estar associada às sinalizações sociais. Crianças com tendências à inversão de papéis e com tendências a agradar têm grande dificuldade em ver e em reconhecer tais mecanismos de sobrevivência, muito provavelmente devido ao fato de tais estratégias de enfrentamento permanecerem ocultas tão profundamente na memória implícita. No entanto, os camaleões, por meio de suas histórias de mudança de cor e de sobrevivência, nos dão uma experiência de hemisfério direito, visual e metafórica, do que seja adaptar-se, se conformando e se tornando o que e quem os nossos ambientes exigem. Eles nos oferecem a oportunidade de honrar nossas habilidades de camuflagem, quando conseguimos compreender o profundo propósito de nos tornarmos a cor que nosso entorno pode exigir de nós. Assim, pais com limites difusos, estilos dominadores e excessivos, bem como aqueles descritos pelos filhos como incompetentes, frágeis e impossibilitados de cuidar de suas crianças, podem suscitar filhos que agradam e se adaptam para suprir suas necessidades e de outras figuras de apego importantes.

Além disso, crianças sem experiência de espelhamento apropriada ou que têm recebido representações múltiplas e impróprias do Eu e do outro, podem nunca desenvolver um senso apropriado de quem elas são. Como resultado, elas podem aprender a "mudar de cor", conforme as cores que as cercam, nunca encontrando quem elas realmente são e quais são suas cores reais.

Paige, uma garota de 7 anos, foi trazida à terapia porque seu corpo estava ficando paralisado e impossibilitado de se mover. Depois de passar por diversos testes médicos e de não terem sido encontrados déficits orgânicos, ela foi encaminhada para receber atendimento psicológico. Paige vivia com ambos os pais e os avós paternos. Descobriu-se, então, que tanto o seu pai quanto o seu avô paterno eram bastante rigorosos, estabelecendo padrões extremamente rígidos para ela. Bastante submissa, a mãe de Paige, também por isto, tinha grande dificuldade de se impor. Sempre se exigiu que Paige fizesse as "escolhas certas" quando suas primas e amigos a visitavam. Com a finalidade de ajustar-se às regras de "altruísmo" impostas pelo avô e pelo pai, Paige tinha de compartilhar todos os seus brinquedos e permitir que todo mundo entrasse e saísse do seu quarto sem restrições. Assim como sua mãe, ela aprendeu a não ter voz própria e a se conformar com a situação.

Não fosse bastante, sua escola também era extremamente exigente e esperava que ela fosse a "criança perfeita" e suprisse as necessidades dos seus cuidadores, como seus pais, por exemplo, e, principalmente, seus avós. Um ano antes de começar a terapia, Paige foi, acidentalmente, trancada no banheiro por cerca de trinta minutos. Depois do incidente, a ansiedade e os sentimentos de aprisionamento aumentaram significativamente. Paige começou a temer espaços fechados, não podendo ficar no banheiro ou em qualquer outro cômodo pequeno sozinha. Ela sofreu de ansiedade em silêncio, mas seu corpo começou a expressar o que sua voz não podia. Paige começou a ter pesadelos e grande dificuldade para dormir à noite. Todos os dias, ela tentava ser exatamente aquilo o que os seus cuidadores queriam que ela fosse, sem espaço para honrar o que estava sentindo por dentro. Um intensivo trabalho foi realizado com os cuidadores em paralelo com o reprocessamento das memórias de Paige ligadas à sua ansiedade. Além da memória de ser trancada no banheiro, Paige identificou memórias de sua mãe não se impondo por ela quando suas primas a estavam intimidando em sua própria casa, bem como a forçando a dar seus brinquedos e pertences mais preciosos. Quando chegou a hora, durante o reprocessamento da memória com suas primas, o camaleão contou sua história. Um fantoche representando o camaleão falou de suas "estratégias de mudança de cor" e dos seus esforços por nunca poder encontrar suas cores verdadeiras, assim como sobre as raras ocasiões em que ela as encontrava e, mesmo assim, não conseguia honrá-las. Paige, então, foi encorajada a encontrar o camaleão que havia nela e a estabelecer uma relação com ele. Mais tarde, ela honrou o trabalho que ele havia feito por ela, mas conversou a respeito de como ela poderia encontrar suas próprias cores e mostrá-las ao mundo. Como seus pais foram envolvidos na terapia, eles tiveram uma oportunidade de reparar e honrar o direito de Paige por seu espaço e por suas próprias cores. Eles também interagiram com o camaleão e pediram desculpas a Paige por não permitirem a ela honrar e expressar suas próprias cores. Estes entrelaçamentos foram acompanhados por MBL e pelos procedimentos padrão de EMDR voltados a eles. A história do camaleão permitiu, enfim, de forma gentil, a Paige entrar em contato com a honra e integrar estes mecanismos de adaptação, além de movê-los para uma resolução adaptativa.

- **O cogumelo ostra:** – Este cogumelo, com seu poder mágico, como quebrar ligações de químicos tóxicos, por exemplo, é um dos incríveis sobreviventes da natureza. Tem o poder de matar bactérias e algumas substâncias altamente tóxicas e de transformá-las em algo nutritivo e saudável. Se uma planta tão pequena é capaz de façanhas tão heróicas e extraordinárias, imagine, então, o que nós, seres humanos, podemos fazer. Os cogumelos ostra têm a capacidade de, não apenas retirar a toxicidade, mas de transformá-la no que agora está sendo investigado como agentes de cura. Metaforicamente, quando estamos diante da adversidade, experimentamos mentiras, "coisas ruins" e "toxicidade", mas, como o cogumelo ostra, também temos a capacidade de transformar esta toxicidade em um agente de cura para nós mesmos e para os outros. Seguindo o exemplo do cogumelo ostra, o terapeuta pode convidar as crianças a transformarem as "coisas ruins" advindas dos eventos negativos em nossas vidas e transformá-las durante a terapia EMDR. Quando elas relatam não querer fazer EMDR novamente, e após explorar as razões subjacentes, a história do cogumelo ostra pode ser compartilhada com elas. Este pode ser um bom entrelaçamento para a criança se conscientizar sobre os poderes de "cogumelo ostra" que traz dentro de si, que vão ajudá-la a transformar o "ruim" no "brilhante".

As histórias de animais podem acompanhar as crianças desde a fase de preparação. Elas podem ajudá-las a encontrarem memórias alvo, recursos, a honrarem sua capacidade de sobrevivência e, finalmente, a encontrarem a cura e a completude dentro de si mesmas. As crianças, auxiliadas pelo terapeuta de EMDR, podem encontrar o animal companheiro durante a fase de preparação. Perguntas, como: – Qual animal ou planta se assemelha e representa melhor a jornada da criança? Depois de escutar histórias de animais diferentes, qual animal ou planta mais a atrai ? Estas questões podem ajudar o profissional na missão de auxiliar a criança a encontrar seu "totem animal ou planta". Enfim, diferentes animais e diferentes tipos de plantas podem acompanhar a criança ao longo da jornada de EMDR. Uma vez encontrado, ele, o animal, ou ela, a planta, pode facilitar muito a abertura da criança para envolver-se por completo com a terapia EMDR.

Histórias ilimitadas inspiradas pela natureza estão disponíveis e podem requerer um livro à parte. A sabedoria nos rodeia todo dia, e a todo o momento e, muitas vezes, ela vem das criaturas menos esperadas deste planeta.

Juntando Tudo: Criando as "Ferramentas e os Conselheiros" da Criança

Esta é outra maneira incrível de utilizar todos os recursos da criança e os entrelaçamentos criativos. A sessão é, na verdade, estabelecida com os recursos potenciais e os conselheiros necessários à criança. Por exemplo, um semicírculo pode ser criado em volta da criança com os conselheiros e os ajudantes, escolhidos e trabalhados por ela desde a fase de preparação. Os "conselheiros pessoais" e as "ferramentas" da criança devem ser colocados em volta dela. O terapeuta pode sugerir os conselheiros, baseando-se em forças potenciais, déficits e necessidades de cada criança. A borboleta pode ser parte dos conselheiros, como também o Homem Aranha. O cogumelo ostra pode estar presente juntamente com ferramentas, como, os óculos representando o "eu observador" e o "telescópio interno". Estes conselheiros e ferramentas podem não ser necessários, requeridos ou usados, mas, se a oportunidade surgir, eles devem estar acessíveis à criança e ao terapeuta. Eles fornecem um senso maior de segurança, contenção e suporte para a criança, mesmo que nunca sejam convidados a participar com um conselho ou com uma sugestão.

Ao realizar um trabalho com crianças que necessitam de constante movimento, ou com crianças com sistema parassimpático vagal dorsal sensibilizado, diversão extra e movimento podem ajudá-las a atingirem níveis ideais de ativação e, como resultado, manterem a consciência dual, facilmente. Elas podem, ainda, estar mais engajadas e motivadas para participar. Em vez de os conselheiros e as ferramentas estarem em um semicírculo, também podem ser criadas "estações de EMDR". Cada estação deve ser demarcada com almofadas de cores diferentes ou, na ausência delas, pode-se utilizar papel colorido com o nome da estação. Por exemplo, se a borboleta fizer parte dos conselheiros, ela deverá ter sua própria estação, "a estação da borboleta", assim como o telescópio, o "eu observador", os super-heróis, os camaleões, as árvores Tabanuco, etc.

Quando o processamento de informação da criança tornar-se bloqueado e o terapeuta estiver pronto para intervir e usar um entrelaçamento, a criança deve ser direcionada para a estação específica. Se ela precisar de um conselho da árvore Tabanuco, use os óculos do "eu observador" ou o "telescópio interno". Crianças com estados crônicos de hipoativação, que constantemente relatam sentirem-se "entediadas" e "cansadas", irão beneficiar-se do divertimento e do movimento oferecidos por esta estratégia .

Sage, um garoto de 7 anos, foi trazido à terapia devido a sintomas de depressão, isolamento social e dificuldade para relacionar-se com seus pares em casa. Seu pai, que estava no serviço militar, o trouxe para a terapia. Ele divorciou-se da mãe de Sage depois de descobrir que ela havia negligenciado gravemente os cuidados com o filho. Com o pai de Sage confinado, a mãe estava no comando completo do cuidado desta criança. De acordo com o pai, a mãe deixava Sage em seu berço o dia inteiro e somente o alimentava e trocava suas fraldas uma vez por dia. O serviço de proteção à criança foi chamado e a custódia foi concedida ao pai depois de ele retornar ao país. Sage, desde o início, relatou sentir-se aborrecido e referiu-se ao EMDR como "entediante". Seu tom de voz era suave e ele parecia cansado e desmotivado. Percebendo que Sage estava na maior parte do tempo "vivendo" em estados de hipoativação, tive um cuidado especial para encontrar aquilo que ele gostava e o que trazia mais entusiasmo para sua vida. Ele gostava de filmes, videogames e histórias. Seu super-herói favorito era o Homem Aranha e ele reagiu bem à história da borboleta. Antes de cada uma das sessões de reprocessamento, trabalhamos para "preparar" o sistema nervoso por meio de atividades físicas, como pular corda ou brincar com o controle remoto do "congelar" e "descongelar", por exemplo, enquanto nos movíamos e pulávamos pelo consultório. Depois de 5 a 10 minutos, estávamos prontos para ir para o reprocessamento de EMDR. Estas atividades pareceram elevar o nível de ativação de Sage.. Também incluímos as "estações de almofada" e Sage estava bem entusiasmado para escolher seus próprios conselheiros e ferramentas para a "visita" às memórias "ruins". Tínhamos a primeira estação para o Homem Aranha, a segunda para a borboleta, a terceira para o "eu observador", a quarta para o "telescópio interior", e a última para os seus ajudantes e todas as pessoas, anjos, etc., o que lhe deu força e um senso de segurança.

Quando começamos a reprocessar uma memória de crianças praticando *bullying* contra ele, Sage relatou sentir-se como se quisesse ajudar a si mesmo, mas não podia. Então, ele começou a mover-se em direção a um profundo sentimento de impotência. Como entrelaçamento, sugeri que ele fosse para uma das estações de aconselhamento. Ele foi para a estação borboleta e pediu ideias sobre o que fazer para ajudar a si mesmo. Quando perguntei a Sage sobre o que a borboleta havia dito, ele afirmou: – *"A borboleta disse para eu aguentar firme e ser forte e que as minhas asas estão saindo"*. Eu lhe disse, então: – *"Perceba o conselho da borboleta"*, e iniciei os MBL. Depois, também pedi a Sage para ir até sua estação de ajuda e encontrar quem poderia ajudá-lo, e ele trouxe a foto do seu pai e de Deus. Pedi, então, a ele para, simplesmente, perceber seu pai e Deus ajudando-o enquanto ele se envolvia com os MBL. A estimulação visual, o movimento e a diversão oriundos dos entrelaçamentos mantiveram o sistema de engajamento social de Sage estimulado, permitindo a ele estar presente enquanto usava suas ferramentas, recursos, conselheiros e ajudantes. À medida que as sessões de reprocessamento foram progredindo, Sage estava mais engajado e motivado. Algumas vezes, mudávamos as estações e tínhamos "conselheiros convidados", além dos "conselheiros habituais". Em uma das sessões, quando reprocessamos a memória do divórcio dos seus pais, recebemos Apolo Ohno em uma de nossas estações. Apolo é um patinador de velocidade e um medalhista de ouro olímpico admirado por Sage. Os pais de Apolo divorciaram-se quando ele era uma criança e seu pai o criou. De posse dessa informação, pesquisei a vida de Apolo e fiquei feliz em descobrir que Sage tinha várias coisas em comum com ele: ambos experienciaram o divórcio dos seus pais, ambos gostavam de esportes, os dois viviam com o pai e eram birraciais. Quando reprocessamos a memória do divórcio dos seus pais, Sage ficou bloqueado ao perceber-se como deficiente por não ter ambos os pais. Então, eu o convidei para mover-se até a estação Apolo. Enquanto nos movíamos para ela, contei a Sage a história de Apolo, e lhe perguntei o que Apolo diria a respeito de sua afirmação "de ser menos que outras crianças por não ter ambos os pais". Gastamos algum tempo nesta estação realizando vários entrelaçamentos com a história de Apolo.

As estações podem variar e mudar à medida que as sessões progridem. Ao se conhecer a criança e o que interessa a ela, novos "conselheiros convidados" podem ser chamados e novas estações podem ser adicionadas, para manter a criança motivada.

Ferramentas Inspiradas no Mundo dos "Super-Heróis" e dos "Contos de Fada"

Incríveis ferramentas e tesouros vindos de diferentes histórias, e até mesmo dos videogames, podem ser usados durante as fases de reprocessamento da terapia EMDR. A história e as passagens de *Harry Potter* podem ser inspiradoras, além de trazer diversão para a integração de memórias de adversidade em crianças. O Time Turner, o colar de Xenofílio Lovegood, a varinha do Harry Potter, entre outros objetos, também podem ser usados pela criança à medida em que ela entra em contato com as memórias de trauma e sofrimento. Estes instrumentos podem auxiliar a criança a enfrentar o medo, a impotência e as circunstâncias dolorosas embutidas nas memórias traumáticas. Além disto, eles mantêm a criança engajada e em estados lúdicos. Videogames como "Super Mário" possuem ajudantes e poderes que auxiliam Mário e seus amigos a enfrentarem as situações negativas. Por isso, explorar o que é motivador para a criança e investigar os personagens e os jogos pelos quais ela possa sentir-se atraída, é muito importante para o processo terapêutico. Se, por exemplo, a criança gosta muito de *Guerra nas Estrelas, Harry Potter, O Senhor dos Anéis, Super Mário*, entre outros, este interesse torna-se valioso recurso para envolver e empoderar a criança durante as diferentes fases da terapia EMDR. O profissional deve lembrar à criança do poder maravilhoso da imaginação e do faz-de-conta, e como, por meio deles, podemos nos ajudar, mutuamente, a superar a adversidade. Entretanto, deve manter a criança presente e enraizada no aqui e agora, sem que ela se perca em fantasia.

Ajudantes do Eu Interior

O conceito de "ajudantes do Eu interior" chegou até mim através de um cliente adulto diagnosticado com Transtorno Dissociativo de Identidade (TDI). O trabalho realizado com ele proporcionou-me uma entrada para uma melhor compreensão sobre os clientes diagnosticados com TDI. Assim, os "Ajudantes do Eu Interior" podem também ser de incrível ajuda para a criança que se envolve com a busca, com a recuperação e com a integração de memórias traumáticas. Quando se visitam as memórias difíceis, o terapeuta pode pedir para a criança criar ou convidar ajudantes capazes de lhes fornecer suporte, orientação e força. Ela pode ter vários ajudantes, desde aqueles que a auxiliem a encontrar as memórias de adversidade até os que a ajudam com conselho, empoderamento, etc. Por exemplo, um cliente identificou "borboletas internas" com os ajudantes que o auxiliaram a encontrar "eventos escondidos" e deram uma voz para eles. Existiam alguns "eventos secretos" que, segundo este cliente, estavam trancados e as chaves estavam com "as borboletas". Havia também uma "fada-madrinha" que lhe forneceu suporte e uma sensação de segurança quando estes "segredos" foram revelados. O simbolismo e o divertimento adicionado pelos "Ajudantes do Eu Interior" permitiram a esta criança primeiramente acessar memórias de abuso sexual com a ajuda das "borboletas sábias"; e, mais tarde, reprocessar as memórias de abuso com a ajuda da "fada-madrinha". Com crianças mais novas, deve-se esclarecer se tratar de ajudantes "imaginários" e que eles não necessariamente existem em forma real dentro dos nossos corpos, pois algumas delas podem, na verdade, acreditar terem uma fada vivendo dentro delas. No entanto, quando se explica isto de forma simples e clara, eles podem ser recursos surpreendentes que acompanham as crianças em suas jornadas em direção à cura, além de facilitar a exploração, o acesso e o processamento das memórias.

Utilizando Objetos e Equipamentos Para Promover Diversão e Contenção

O uso de *walkie-talkies*, telefones de brinquedo e microfones, dentre outros, pode maximizar o senso de contenção da criança, bem como sua capacidade integrativa ao se estimular o circuito lúdico. Por exemplo, quando ela está experimentando perturbação e consegue localizá-la no coração, o terapeuta pode usar um microfone e pedir permissão para entrevistar o coração: --*"Senhor Coração, eu ouço que você está sentindo algo ruim. Por favor observe se esta coisa ruim tem um formato".* Quando o coração responder, o terapeuta deve convidá-lo a perceber a perturbação e o formato identificado, enquanto realiza os MBL. -- *"Qual temperatura ela tem? É fria, morna ou muito quente"?* Quando as perguntas são direcionadas para o coração, o microfone deve ser colocado em frente a ele, em frente ao estômago ou da parte ou lugar onde a perturbação é experimentada no corpo. Os *walkie-*

talkies podem ser usados da mesma maneira. Se a criança está dentro da "casa de almofada", a certa distância, o terapeuta pode pedir a ela para colocar o coração ao telefone ou deixar que ele fale por meio de você usando o *walkie-talkie*.

Já as figuras da caixa de areia podem auxiliar as crianças a expressarem uma emoção, sensação ou qualquer informação que elas tenham dificuldade em verbalizar. Por exemplo, um garoto de 6 anos de idade que estava experimentando muito medo durante o reprocessamento da memória do seu pai molestando-o, teve grande dificuldade para usar palavras. Porém, seu rosto e sua linguagem corporal mostraram o medo incrível que ele estava sentindo. Inicialmente, eu o encorajei a trazer o Eu observador e a perceber. Mas, o medo pareceu continuar a crescer. Apesar de mudar a direção e a velocidade dos MBL, este menino estava, claramente, bloqueado em estados elevados de medo. Garanti a ele que tudo bem não existirem palavras, já que este era apenas um dos tipos das várias línguas que nós, seres humanos, somos capazes de usar. Então, pedi para ele olhar para as minhas figuras da caixa de areia e encontrar aquela que representava o que ele estava sentindo por dentro. Como ele escolheu uma pequena cobra, solicitei a ele para somente observar a cobra e notar como ele era bem maior que ela. Afinal, as crianças podem experimentar os seus sentimentos negativos como sendo maiores e mais poderosos do que eles mesmos. Ele seguiu a cobra enquanto fez os movimentos oculares. Quando perguntei a ele o que estava percebendo, ele disse que a cobra era maldosa, mas que se sentia bem em saber que ele era maior do que ela. Então, eu o convidei a continuar observando se a cobra tinha alguma mensagem para ele. Depois da série, a criança afirmou que a cobra estava simplesmente mostrando a ele seus sentimentos de medo. Conseguir exteriorizar um sentimento, conflito ou uma sensação corporal por meio de uma figura ou símbolo, fornece à criança a distância necessária para explorar o sentimento. A experiência permitiu, ainda, a este garoto, dar uma voz e um rótulo ao sentimento, por meio da participação do seu hemisfério esquerdo.

O Cobertor Tímido e os Chapéus de Invisibilidade

Um entrelaçamento bem criativo e poderoso pode ser feito com o uso de objetos que promovem contenção e, como resultado, regulam a ativação. Várias crianças, especialmente as altamente traumatizadas e desreguladas, frequentemente expressam a necessidade de se esconder. Depois de observar em meu consultório diversas crianças se acalmarem e relaxarem, quando elas conseguiam se esconder, comecei a usar objetos que poderiam ajudá-las a se esconder como uma forma de regular a ativação. O "cobertor tímido", por exemplo, é um instrumento maravilhoso para ajudar as crianças a se esconderem e desaparecerem. Este cobertor deve ter as seguintes características importantes: 1) a criança deve conseguir ver através dele, mas não ser vista; 2) ele precisa ter um certo peso para que a criança possa experimentar a sensação de sentir-se contida; 3) ele deve ser grande o suficiente para cobrir o corpo inteiro da criança. Como já explicado em capítulos anteriores, antes do reprocessamento a criança deve estar familiarizada com o uso do cobertor. Quando o reprocessamento ficar bloqueado, o terapeuta pode perguntar à criança se o uso do "cobertor tímido" poderia ajudar. Quando a criança for para debaixo do cobertor, ela deve ser convidada a notar o que acontece quando ela pode ver os outros, mas não pode ser vista. Enquanto a criança está vivenciando tal experiência de contenção, o terapeuta deve seguir com os MBL. Ela pode, ainda, ser convidada a continuar visitando a memória ruim, enquanto se sente contida e segura embaixo do cobertor.

Uma garota de 7 anos reprocessando a memória de um dos seus pesadelos, nos quais monstros grandes a atacavam, expressou o desejo de ter o cobertor tímido em volta dela para proteção. Uma vez debaixo do cobertor, ela afirmou que iria lutar contra os monstros e eu a convidei, então, a seguir em frente. Percebi muito movimento debaixo do cobertor enquanto realizava os MBL táteis. Quando fiz as intervenções habituais, tais como, respire fundo, solte, e agora, o que aconteceu, ela saiu debaixo do cobertor e disse: -- "Ainda estou lutando contra eles, estou quase acabando". Quando perguntei a ela se precisava de ajuda, ela afirmou que estava muito bem sozinha. Depois de quatro séries completas de MBL, ela saiu debaixo do cobertor e disse que havia terminado e não precisava mais do cobertor. Neste momento, o nível do SUDS baixou significativamente, enquanto os monstros foram derrotados e a criança conseguiu sair triunfante.

O cobertor tímido pode ser de extrema utilidade quando se desenvolve um trabalho com crianças que não podem tolerar o contato visual devido aos seus transtornos de apego e traumas", por oferecer a oportunidade à criança de ver os outros sem ser vista. Assim, elas podem engajar-se em uma forma de contato visual mais tolerável para elas. Quando se estabelecem alvos de comportamentos de apego, tal como o contato visual, o cobertor tímido oferece à criança a oportunidade de olhar para os pais sem ser vista.

Francisco era um garoto trazido para a terapia devido aos seus frequentes pesadelos e à agressividade com seus irmãos. Ele não apresentava nenhum histórico de abuso, contudo, seus pais relataram que a mãe sofreu depressão severa nos três primeiros anos de sua vida. O pai tinha grande dificuldade de conectar-se emocionalmente com Francisco e usava o trabalho como uma forma de permanecer periférico e não ligado a ele. Francisco estava ficando muito assustado de permanecer sozinho e dizia aos seus pais que havia monstros em seu quarto. Quando tentei reprocessar seus pesadelos, os monstros cresceram e tornaram-se mais fortes. Ele não reagiu bem a nenhum dos entrelaçamentos e pediu para parar com o EMDR. A mãe apresentou-se com trauma não resolvido ligado ao abuso sexual, físico e emocional imposto por seus pais. Devido às experiências de Francisco com ambos os pais, modelos do Eu incongruentes e múltiplos foram criados. Como resultado, ele não conseguia desenvolver um senso de permanência e nem a internalização de pais capazes de suprir suas necessidades por conexão e segurança. Sem este senso de permanência, Francisco não podia internalizar um "senso de segurança sentido" e de proteção. Percebi que ele não podia tolerar o contato visual com ambos os pais. Era muito difícil e desregulador olhar para os olhos de sua mãe. Uma hierarquia de comportamentos de apego foi criada (vide Capítulo 8). Francisco não podia tolerar, também, contato físico, principalmente com a mãe, e expressões de afeto faziam com que ele se sentisse "altamente constrangido". O primeiro alvo foi o contato visual. A crença negativa era "não é seguro mostrar meus sentimentos quando eu olho para a minha mãe. Francisco relatou sentir-se envergonhado e o SUDS estava em dez. Quando o reprocessamento começou, ele afirmou que se sentiu mal e, logo em seguida, começou a dizer: -- "Eu não sei, eu não entendo nada". Com a ajuda do cobertor tímido, ele conseguiu olhar para a sua mãe enquanto recebia os MBL táteis. Segundo Francisco relatou, com o cobertor tímido, o SUDS estava em zero, mas sem ele estava em dez. Depois de uma sessão de reprocessamento, ele foi capaz de fazer contato visual com sua mãe, enquanto a mesma verbalizava palavras de amor. Francisco avançou da condição de sentir-se perturbado, para uma próxima, na qual se sentiu neutro, e desta para uma outra, em que sentiu "amor", enquanto ele fazia contato visual com sua mãe. Importante destacar, neste caso, que a mãe fez seu próprio tratamento extensivo de EMDR. Além disso, o estabelecimento dos alvos dos comportamentos de apego foi iniciado somente depois de sua mãe ter consciência suficiente de como a depressão e o seu próprio trauma não resolvido haviam impactado Francisco. Foram realizadas, ainda, sessões com o pai usando os comportamentos de apego como alvos primários. Os pesadelos começaram a desaparecer após as primeiras duas sessões, nas quais o contato visual e o afeto físico com a mãe foram definidos como alvos. Os monstros em seu quarto começaram a desaparecer quando Francisco e seus pais encontraram maiores níveis de conexão e assim que as redes de memória, contendo informação de experiências de apego traumáticas com seus pais foram acessadas e reprocessadas por meio do comportamento de apego.

Quando o contato visual for difícil para as crianças, o terapeuta pode usar, também, os Chapéus de Invisibilidade e os óculos, por exemplo, da mesma forma que o cobertor tímido.

Entrelaçamentos Usando Narração de Histórias

Histórias que curam podem ser usadas durante as fases de reprocessamento quando o mesmo fica bloqueado. Algumas delas vêm da natureza ou de passagens de filmes e livros. Harry Potter, o Senhor dos Anéis, dentre vários outros podem trazer luz para a dificuldade na qual a criança está ficando paralisada. Por outro lado, histórias reais que podem ser desconhecidas ou parcialmente conhecidas pela criança podem ser contadas durante as sessões de reprocessamento na forma de entrelaçamentos, na hora certa, quando o processamento de informação ficar bloqueado.

Jennifer, uma menina de 8 anos, foi trazida à terapia devido à extrema angústia de separação de sua mãe. Ela, ainda, apresentava dificuldade para dormir à noite e insistia em dormir com a mãe. Sua mãe relatou que a angústia de Jennifer tinha começado no início da sua vida, antes mesmo de ela haver sido molestada por um amigo da família. Depois de reprocessar a memória do abuso sexual, Jennifer apresentou melhora em sintomas relacionados à agressividade e aos comportamentos opositores; todavia, os sintomas de angústia de separação, apresentaram apenas uma ligeira diminuição. Uma exploração mais apurada, relativa às experiências de apego precoce, proporcionou a informação de que a mãe de Jennifer experimentava alta ansiedade e medo de que algo pudesse acontecer a ela. O pai de Jennifer havia ido embora logo depois de ter descoberto a gravidez. Criar Jennifer sozinha e ter de deixá-la com babás ou membros da família, para que pudesse trabalhar, deixava sua mãe em estados de medo e ansiedade elevados quando se tratava da segurança e do bem-estar de sua filha. A mãe relatou ter conseguido superar este medo, mas agora sua filha estava, constantemente, com medo de que algo pudesse lhe acontecer. A memória mais precoce de Jennifer, relativa ao tempo em que ela tinha de ser deixada com uma babá, foi estabelecida como alvo. O processamento espontâneo foi, acima de tudo, honrado, mas quando o processamento de informação ficou bloqueado, devido ao elevado medo de Jennifer de perder sua mãe, convidei sua mãe para contar a ela sua história de medo. Vale destacar que as sessões de preparação foram feitas com a mãe para auxiliá-la a criar e a escrever sua história de uma maneira amigável e concisa. A mãe de Jennifer a segurou em seus braços enquanto contou a história. Enquanto esta era contada, foram feitos MBL na criança. Este entrelaçamento muito poderoso auxiliou Jennifer a integrar informações que, embora estivessem afetiva e somaticamente codificadas em seu cérebro, permaneciam não integradas no que se referia à compreensão cognitiva da raiz do medo. Em vários casos, contudo, o aspecto cognitivo da memória pode permanecer desconhecido e, ainda assim, a integração do material afetivo e somático ser possível e factível. No entanto, se a história está disponível e é adequadamente apropriada para a criança conhecê-la, então ela pode ser usada como um entrelaçamento. Em minha experiência clínica aprendi que a contação de histórias, na forma de entrelaçamentos, não precisa ser longa, mas deve conter, de fato, o centro e a essência conectados ao sintoma atual da criança. Isto pode ser diferente de outras abordagens, nas quais a peça central é a história contada pelo cuidador (ver Lovett, 1999) que requer um roteiro mais extenso e complexo da narrativa da memória.

Estimulando o Uso da Comunicação Não-Verbal Por Meio de Entrelaçamentos

Ao se acessar as memórias de trauma de apego precoce, estamos acessando a linguagem do cérebro inferior e do hemisfério direito. O uso de estratégias não-verbais pode facilitar bastante o processo para crianças que estejam trabalhando com memórias de eventos ocorridos em um período pré-verbal. Desenhos e instrumentos musicais podem ser usados. Veja, a seguir, exemplos destas estratégias.

Usando Desenhos e Arte

Os desenhos têm sido muito utilizados na terapia com crianças e na terapia EMDR. Arte e desenhos podem fornecer distância do material perturbador, por isso são mais toleráveis para a criança. Veja, abaixo, como os desenhos podem ser usados durante a fase de dessensibilização na terapia EMDR com crianças:

1. Quando o reprocessamento da criança trava, ela é convidada a observar no corpo, dentro do coração e da mente o que está acontecendo e a fazer um desenho que represente isto. Este desenho pode ser de uma figura amorfa, de uma cor que melhor represente o sentimento, a sensação ou o pensamento que surge para a criança. Tal entrelaçamento funciona bem quando a criança relata não ter uma imagem clara e estar sentindo "alguma coisa" que ela não é capaz de colocar em palavras. Esta estratégia, inclusive, auxilia crianças que relatam não sentirem "nada" ou que respondem "Eu não sei o que está acontecendo" após uma série de MBL. Importante destacar a necessidade **de o** terapeuta estar sintonizado com as mudanças fisiológicas da criança, pois qualquer uma destas respostas pode ser um indicativo de que ela esteja entrando em estados dissociativos. A criança deve ser convidada a trazer "o eu observador" para observar de forma plena o que está acontecendo e, sem palavras, colocar isto no papel. Primeiramente, ela deve escolher a cor, ou as cores, sendo, então, encorajada a desenhar o que o seu "eu observador" está percebendo sobre o que está acontecendo dentro. A "câmera interna", descrita no Capítulo 11, também pode ser usada. Então, a criança deve ser convidada a usar o "zoom interno" e o "zoom externo", enquanto ela ou o "eu observador" está observando e desenhando isto no papel. O terapeuta pode usar o desenho para fazer MBL visuais na criança, pedindo a ela que simplesmente preste atenção ao desenho. Depois da série de MBL, deve ser dado à criança outro pedaço de papel para que ela desenhe o que o "eu observador" está percebendo e, novamente, ela é convidada a seguir o desenho. Nenhuma palavra é necessária, a não ser que a criança queira adicionar uma emoção, uma sensação, ou um pensamento, por exemplo, e expressá-los com palavras.

José, uma criança adotada aos 4 anos de idade em um orfanato na América Central, enquanto trabalhava a memória da sua mãe biológica, afirmou que "nada" estava acontecendo. Perguntei a ele se nada significava que ele estava indo embora ou que ele estava se sentindo mal, mas não sabia como me dizer. Ele afirmou que nada significava: -- *"Eu me sinto mal, mas eu não sei como lhe dizer"*. Então, convidei José para trazer seu "eu observador" e o "me observando" para "observar" o que estava acontecendo por dentro, escolher uma cor e colocar o que ele estava sentindo e vendo dentro em um pedaço de papel. Pedi a ele que deixasse esta experiência subjetiva interior sair da forma que ela quisesse e com a cor que ela queria ser vista. José desenhou uma grande forma redonda, verde, com várias pontas. Ele foi convidado a seguir seu desenho com seus olhos. Após a segunda série de MBL, pedi a José, novamente, para fazer um desenho de como esta experiência interior era percebida agora. Ele desenhou uma figura menor com pontas similares. Depois de desenhar a figura, foi pedido a José para segui-la com seus olhos, enquanto ele focava nesta experiência interna. À medida que o MBL continuou, a forma representando o estado interno de José foi ficando menor e menor até alcançar o formato de um pequeno ponto. Neste momento, ele afirmou que estava se sentindo melhor e que a "coisa ruim por dentro" tinha ido embora.

2. O terapeuta pode usar um quadro para a criança desenhar após cada série. Ela não precisa usar a linguagem verbal. Além disso, o profissional pode usar uma caneta laser para fazer o MBL. Depois de a criança ter terminado de desenhar a figura do que está vendo depois da série, o terapeuta deve convidá-la a seguir o ponto da caneta laser que está sendo refletido no quadro. Após cada série, a criança, ou o terapeuta, apaga o desenho anterior, para que uma nova ilustração possa ser criada. O papel também pode ser usado para preservar cada desenho. Neste caso, a caneta laser é refletida no papel que contém o desenho criado pela criança.

3. As crianças tendem a desfrutar muito da pintura e da sensação de pintar, especialmente da sensação oferecida pela pintura com o dedo. Pintar não só mantém a criança em estados lúdicos como também mais envolvida. Quando se desenvolve um trabalho com crianças que apresentam sistemas simpático e parassimpático sensibilizados e que têm a tendência a entrar em hiper ou hipoativação, elas podem beneficiar-se do uso da arte e das estratégias não-verbais durante as fases de reprocessamento da terapia EMDR. De fato, estas estratégias do cérebro direito, baseadas no sensório, podem facilitar a ativação do sistema de engajamento social, mantendo as crianças dentro de níveis ideais de ativação.

Usando Música e Instrumentos Musicais

A música também é uma forma maravilhosa de falar a língua do hemisfério direito. Crianças que já desenvolveram uma relação com um instrumento musical e com a música, em geral, podem usar isto como um recurso e como um veículo de conexão entre o mundo interior e exterior. A criança pode ser convidada a conectar o instrumento musical ao seu mundo "interior" e permitir que ele se torne a voz do mundo interior, como descrito no Capítulo 11. Pode, ainda, encontrar melodias já conhecidas por ela que melhor representem estados internos. Entre as séries, a criança é convidada a tocar a música "interna". Depois de ter expressado o que observou por meio do instrumento musical, ela deve ser convidada a seguir os MBL enquanto ouve este som interior. Os instrumentos musicais ajudam as crianças a manterem a consciência dual e a atenção focada, facilitando o reprocessamento. Eles podem ser incorporados na fase de preparação. Crianças que já têm uma relação próxima com a música e com um instrumento específico podem tê-los como companheiros de suas jornadas de cura. Elas podem usá-los como um recurso e como a voz dos seus mundos interiores. Durante as etapas de reprocessamento, elas podem usar o instrumento musical a qualquer momento; podem, inclusive, utilizá-lo na maior parte do tempo ou somente por algumas sessões. Inicialmente, a comunicação não-verbal pode ser mais fácil para a criança por oferecer uma voz ao hemisfério direito e ao "eu implícito" (Schore, 2010). Todavia, tão logo o nível de perturbação diminua, a comunicação verbal e o modo de processamento cognitivo do cérebro esquerdo podem surgir naturalmente para a criança.

Trabalhando com o Sistema de Apego: Entrelaçamentos Reparadores

Vários entrelaçamentos desenvolvidos para reparar e curar o sistema de apego serão apresentados nos capítulos 12 e 13 deste livro, envolvendo o uso de Theraplay e de estratégias dos Sistemas Familiares Internos (SFI). Neste capítulo, iremos cobrir o uso de entrelaçamentos fornecidos pelos pais, sob a orientação do terapeuta de EMDR, assim como o uso de táticas de estado de ego. Quando os pais são os próprios agentes causadores do sofrimento, a reparação pode ser imperativa para que a cura aconteça. No entanto, uma verdadeira reparação não pode acontecer a não ser que os pais consigam restaurar sua capacidade de mentalização, funcionamento reflexivo e *insight*. Isto significa que o pai precisaria de um nível apropriado de assimilação e de integração das memórias de trauma e adversidade. Caso contrário, se os pais fazem a reparação durante as sessões de reprocessamento, mas continuam tendo em casa os mesmos comportamentos que causam sofrimento à criança, estes acontecimentos podem causar um dano maior. Quando os entrelaçamentos reparadores são feitos de forma sincera, verdadeira e sentidos com o coração, eles podem ser extremamente poderosos. Novamente o terapeuta de EMDR vai precisar olhar para o panorama clínico geral, para a prontidão dos pais para dar bem como para a prontidão da criança para receber, antes de decidir sobre os tipos de entrelaçamentos que podem ser necessários. A presença dos pais promove um senso de segurança e abertura para a criança? Ou, pelo contrário, inibe a habilidade da criança para abrir-se e processar o material perturbador? Em minha experiência clínica, de maneira ideal, se os danos foram causados dentro do sistema de cuidado, a capacidade dos pais e sua abertura para a reparação aceleram o processo de integração e, finalmente, de cura para a criança.

Os procedimentos seguintes e os entrelaçamentos presumem a participação apropriada dos pais na terapia. Isto inclui um trabalho individual em quaisquer dos níveis propostos no Capítulo 5, como também a boa vontade para compreender a mente da criança e para agir em conformidade. Os pais de crianças adotadas, que não causaram diretamente tais danos, também irão se beneficiar de um pouco de psicoeducação e de algum trabalho de autorregulação. No entanto, lidei com alguns pais que, ou fizeram um extenso trabalho de EMDR antes de trazerem seus filhos para a terapia, ou possuíam a habilidade de conhecê-los em um nível mais profundo, respondendo de maneira contingente às suas necessidades. Estes pais, com estados mentais seguros, só requerem psicoeducação básica, se necessário. Pais não ofensivos de crianças biológicas ou adotivas, com históricos de negligência, abuso, abandono e, em geral, crianças com necessidades de apego não supridas podem se beneficiar de ter os pais presentes para reparar e suprir suas necessidades de apego. Crianças de pais divorciados e com apego inseguro podem ter muito a ganhar com a presença dos pais nas sessões para fornecer-lhes entrelaçamentos reparadores. Porém, elas não devem ser forçadas caso não queiram sua presença. Pois, a criança e o terapeuta podem, independente disso, realizar um grande trabalho juntos, enquanto os pais estão fazendo um tratamento terapêutico individual. No entanto, a recusa da criança em ter os pais presentes pode ser explorada e usada terapeuticamente para tocar em alvos potenciais para o reprocessamento. Por outro lado, quando houver consentimento da participação dos pais nas sessões de reprocessamento da criança, uma sessão de preparação deve ser marcada com eles. Como afirmado no Capítulo 5, o processo deve ser previsível tanto para a criança quanto para os pais. Os papéis devem ser esclarecidos e entendidos pelo cuidador. Além disto, quando a criança concorda em ter os pais participando ou até mesmo solicita a presença deles, o processo será mais previsível para ela. Quando surgir a oportunidade, porque o processamento ficou bloqueado, o terapeuta deve intervir solicitando aos pais para participarem. Em geral, estas sessões são muito comoventes e poderosas. Por isso, os terapeutas devem estar preparados internamente para sintonizar, ressoar e sincronizar com ambos, criança e cuidador, de uma maneira compreensiva e honrosa. O tom de voz, o estado interno, a postura corporal e a proximidade física devem ser levados em consideração. Para crianças com alguma tolerância para compartilhar experiências positivas e afetivas, as sessões devem ser estabelecidas de maneira a promover a proximidade Então, os envolvidos neste trabalho terapêutico devem sentar-se no chão, bem próximos uns dos outros, em almofadas confortáveis, por exemplo.. Já crianças com estratégias evitativas ou com "fobia" de toque e proximidade podem necessitar, no início, de um nível de proximidade que elas possam tolerar, como, por exemplo, o terapeuta sentado em uma cadeira e elas e os pais no sofá. Deve ser dada às crianças a oportunidade de escolher o lugar onde todos devem se sentar e o quão próximos devem estar uns dos outros os participantes das sessões. À medida que as sessões progridem, também progride a proximidade física que as crianças podem tolerar. Em geral, se começa sentando em cadeiras e sofás e, após várias sessões, as crianças estão prontas para escolher as almofadas do chão e também maiores níveis de proximidade com os pais. Isto, é claro, não é estabelecido pelos padrões do terapeuta, mas por aquilo que nutre e alimenta profundamente as crianças.

Quando, então, chega o momento apropriado, porque a criança está em "*looping*", em uma situação na qual a reparação seja necessária, o terapeuta deve guiar o processo reparador, denominado por mim de "entrelaçamento reparador". Por exemplo, uma criança que, como resultado de negligência, não foi estimulada, pode precisar ouvir os pais se desculparem, verdadeiramente, e legitimarem sua experiência. Além disto, o "eu mais novo" da criança pode precisar ter suas necessidades não supridas preenchidas pelos pais agora. Um filho de pais divorciados, que fique bloqueado na crença de que "é minha culpa que meus pais não estejam juntos", pode precisar que seus pais assumam a responsabilidade de maneira apropriada e a expressem em sua presença. Uma criança vítima de abuso sexual pode precisar ouvir dos pais não ofensores um pedido de desculpas por não a terem mantido segura ou não terem percebido o que estava acontecendo, uma vez que, sendo seus pais, era sua responsabilidade protegê-la. Uma criança que precisou obedecer aos altos padrões de exigência dos pais, resultando em estresse e ansiedade muito altos, pode beneficiar-se ao ouvir, verdadeiramente, os pais se desculparem por terem a necessidade de que ela fosse perfeita. Pode precisar, também, escutar que é boa, amável, etc, mesmo quando comete um erro ou quando não tira as melhores notas.

Quando o terapeuta de EMDR considera apropriado incluir um "entrelaçamento reparador", os pais são convidados a *"conectarem-se com a voz do seu coração e deixarem a criança saber, a partir da voz do seu coração, que..."* Os pais podem ser encorajados a falar mais sobre a situação específica da criança, dizendo que quando a mamãe e o papai gritaram um com o outro foi porque adultos, algumas vezes, têm problemas com "grandes sentimentos", pelos quais as crianças não são responsáveis. Eles também podem dizer: – *"Sinto muito por não ter protegido você, uma vez que este era o meu trabalho. A mamãe teve problemas e não pode fazer o que precisava fazer por você, mas a mamãe está trabalhando para ser uma mãe que pode mantê-la segura e tomar conta de você agora".* Os MBL podem ser realizados:

1. Enquanto os pais estão fornecendo o entrelaçamento.
2. Quando os pais terminaram a reparação e a criança é convidada a perceber o que está surgindo para ela. Em casos em que o movimento visual está sendo usado, pode ser necessário esperar até que os pais completem o entrelaçamento reparador, a não ser que a movimentação tátil ou o abraço da borboleta estejam sendo usados. O momento profundo de reparação precisa do engajamento completo da criança e dos pais e isto envolve o contato visual, se o mesmo for tolerável para a criança. Nestes casos em que se usa o movimento visual o, o terapeuta deve esperar e pedir à criança para notar o que está acontecendo logo após o entrelaçamento completo ter sido fornecido.
3. Após os pais fornecerem o entrelaçamento reparador, o terapeuta deve fazer uma pergunta para ajudar a criança a ligar a informação fornecida pelos pais à memória que está sendo processada. O profissional, neste caso, pode dizer algo como: – *"As crianças são responsáveis pelas escolhas feitas pelos pais? Então, você é responsável pelos problemas que seus pais tiveram"?* Uma vez que a criança responda, o terapeuta diz: – *"Observe isto ou vá com isto".* A terceira abordagem envolve um método mais Socrático em conjunto com o entrelaçamento reparador. O terapeuta pode usar perguntas para extrair a informação necessária dos pais. Por exemplo: – *"Mamãe, existe alguma coisa que Laurie possa fazer que faça com que você deixe de amá-la?"* A mãe responde, "não, não há nada que ela possa fazer que me faça deixar de amá-la". – *"Mesmo se ela cometer um erro"?* A mãe responde: –"Mesmo se Laurie cometer um erro eu ainda irei amá-la. – *"E se Laurie tirar uma nota ruim? E se ela estiver nervosa? Ou triste? Ou frustrada"?* A criança também pode ser convidada a fazer as perguntas "e se" para os pais .

Brandon, um garoto de 6 anos, que estava trabalhando em uma memória na qual ele se envolveu em atos sexuais com outra criança da sua idade, carregava extrema vergonha. Seu pai biológico o havia molestado quando ele tinha 3 anos e sua mãe o havia abandonado logo após o abuso. Durante o reprocessamento da memória de tocar as partes íntimas da outra criança, Brandon afirmou que os seus pais adotivos não o amavam porque ele tinha sido maldoso com o outro garoto. A mãe adotiva os encontrou em seu quarto, então gritou com Brandon, dizendo que ele era um garoto muito ruim. Quando o entrelaçamento reparador foi usado, o terapeuta fez perguntas para a mãe, que transmitia amor incondicional a Brandon. Sua ação foi uma escolha ruim, mas mesmo assim ele era bom e ela o amava. Depois de o terapeuta ter feito uma série de perguntas, como as descritas acima, Brandon indagou à sua mãe adotiva o seguinte: *"E se eu destruir uma casa, você ainda vai me amar"?* A mãe respondeu: – Mesmo que você tenha destruído uma casa, eu ainda vou amá-lo. – *"E se eu for para a cadeia, você ainda vai me amar"?* A mãe respondeu: –

Você não vai para a cadeia, mas se você fosse quando adulto, mas eu não acredito que isto vá acontecer, eu ainda vou amá-lo e ficar esperando por você quando você sair. Este foi um entrelaçamento muito poderoso para Brandon, pois ele confirmou a possibilidade de receber amor incondicional e aceitação, mesmo quando fizesse uma escolha ruim. Esta é a natureza verdadeira dos entrelaçamentos que transmitem amor incondicional. Amar o filho perfeito pode ser fácil, mas amá-lo quando ele está demonstrando seu pior comportamento é o verdadeiro coração e a essência do amor incondicional.

Entrelaçamentos Reparadores com o Eu Mais Jovem

Os entrelaçamentos reparadores podem ser bastante poderosos quando usados em conjunto com o trabalho da criança interior. Várias abordagens diferentes têm, há muito tempo, feito uso do trabalho com a criança interior. Este processo foi introduzido no trabalho terapêutico de EMDR por muitos terapeutas e autores (Paulsen & Lanius, 2009; Wesselmann, 2007, 2010), cada um deles usando diferentes estilos e caminhos para acessar, engajar e curar a parte mais nova do Eu. Ao se trabalhar com o Eu mais novo, honrar os mecanismos de adaptação desta parte é fundamental.

Na perspectiva do PAI, a criança interior representa as experiências de apego precoce codificadas nas memórias que contêm representações do Eu e do outro. Estas memórias são gentilmente exploradas, acessadas e reprocessadas por meio da "criança interior". Vários profissionais da saúde mental de diferentes escolas de pensamento podem presumir que a maioria de nós, ao acessar o Eu mais novo, deseja de imediato abraçar, estimular e conectar com a "criança interior". Em minha experiência, muitas pessoas com transtornos de apego podem ter grande dificuldade para envolver-se com suas partes interiores mais novas. Baseada em minhas observações clínicas, nossa relação com a nossa "criança interior" espelha nossos estados mentais no que se refere às experiências precoces de apego e aos mecanismos que aprendemos a usar para nos adaptarmos quando não temos nossas necessidades de apego atendidas. As crianças que fazem uso de estratégias evitativas podem não gostar de se aproximarem de seu "pequeno eu". Conectar-se com esta parte vulnerável mais nova pode ser desconfortável e "estranho". As crianças com padrões de apego e estratégias desorganizadas podem apresentar respostas contraditórias que vão de interações amorosas a violentas com o "pequeno eu". Algumas vezes elas expressam impulsos de bater e dizem ao eu mais novo para ir embora. Elas podem engajar-se em comportamentos estranhos que parecem repetir a forma como suas figuras parentais interagiram com elas. As crianças com padrões de apego ambivalentes podem oscilar entre intensa intimidade e um desejo de cuidar da parte que representa o "pequeno eu", enquanto em certas horas expressam raiva com relação a esta parte vulnerável. Ao longo de vários anos fazendo uso do trabalho com a "criança interna" com os pais como entrelaçamentos durante as fases de reprocessamento, descobri um paralelo entre a forma como eles se relacionam com as suas próprias "crianças internas", o seu estado mental, no que diz respeito às suas próprias experiências precoces de apego, e como eles se relacionam com seus filhos. Novamente, pais com estados mentais desapegados, preocupados e não resolvidos tendem a reagir diferentemente quando conhecem seu Eu mais novo. Desde uma completa distância e recusa de se aproximar do Eu mais novo, para um grande desejo de segurar e cuidar da criança interior acompanhado de expressões intensas de emoções, até o fato de sentir raiva e frustração na presença deste. Diante de tais informações, é importante não presumir que, de pronto, todos os nossos clientes querem cuidar, abraçar e envolver-se com seu Eu mais novo. Move-se muito rápido e antecipadamente no processo de conexão com a criança interior. Segue uma sequência que pode ser utilizada para guiar crianças, adolescentes e adultos durante o trabalho para conhecer a criança interior:

1. Comece explicando para a criança que você irá encontrar o "pequeno eu", o "eu mais novo", o "eu pequenino", "o eu bebê" ou o "eu menor". Mantenha em mente a idade da criança à época do evento que está sendo estabelecido como alvo. O Eu mais novo é convidado a vir para o presente ou para receber a visita da criança no passado e quem quer que ela deseje levar. A escolha é dada à criança, todavia, em algum momento o "eu presente" pode precisar visitar o "eu passado" para ajudar, para cuidar, para honrar ou concluir questões inacabadas no passado.

   Existem várias maneiras para acessar o Eu mais novo que foram discutidas em diferentes capítulos neste livro. 1) A primeira opção é por meio do uso de imagens e do convite para que a criança se visualize fazendo uma visita ao seu "pequeno eu" ou ao "eu bebê"; 2) A segunda opção refere-se ao uso de bonecas ou de animais bebês que representem o Eu mais novo. Embora a visita possa acontecer no passado ou no presente, a criança, o pai e o terapeuta interagem, conectam e cuidam da boneca que a represente; 3) A terceira opção é fazer uso da terapia da caixa de areia e, na história criada pela criança, fazer um convite para o Eu mais novo escolher um bebê, animal ou figura que irá representá-lo. O Capítulo 12 descreve estratégias nas quais o Theraplay e o SFI são combinados para trabalhar com o Eu mais novo. O Capítulo 13 também direciona o uso de estratégias do SFI com o "pequeno eu". Uma vez que a segunda e a terceira opções estão cobertas em outros capítulos, iremos nos concentrar na primeira opção.

2. Caso a criança tenha escolhido ir para o passado, ela deve ser convidada a fazer uma "visita" ao "eu bebê", ao "pequeno eu" ou ao "eu mais novo" e a imaginar onde o "pequeno eu" está. – "*Perceba onde ele está, ele está dentro ou fora? O que ele está fazendo? O que ele está vestindo? Veja se você consegue ver o rosto dele. Tem alguém com ele? Esta é uma boa hora para visitá-lo?*" Caso afirmativo, siga em frente; do contrário, convide a criança para explorar este fato com o Eu mais novo. – *O que faz com que esta não seja uma boa hora? Quando pode ser uma boa hora? Há alguma condição do Eu mais novo para que a visita aconteça?* Uma vez que o Eu mais novo tenha dado permissão para a visita, peça à criança para notar quaisquer impulsos ou para aproximar-se ou distanciar-se do Eu mais novo. – "*Quando você vê o seu 'você bebê' ou o 'bebê Maria', verifique por dentro e veja o que o seu corpo, seu coração e sua mente estão querendo fazer. Você está querendo chegar perto, muito perto?; Ou, por outro lado, distanciar-se ou distanciar-se muito dele*"? A criança pode dizer que quer chegar bem perto. O terapeuta irá responder com "observe isto ou pense nisto ou siga com isto" e iniciar os MBL. Quando os MBL param e os procedimentos habituais de EMDR são utilizados, tal como 'respire', a criança pode relatar estar se sentindo triste pelo "pequeno eu" e a resposta do terapeuta deverá ser: – "*Simplesmente perceba esta tristeza com o seu 'eu observador'.* Se a criança ficar "bloqueada" nesta tristeza, um novo entrelaçamento pode ser usado para ajudá-la a resolver esta tristeza velha e precoce. "*À medida em que você vê e sente a tristeza do 'você bebê', deixe-o contar ou mostrar o que ele precisa ou anseia, pois isso pode ajudá-lo com esta tristeza*". Os MBL são iniciados novamente. Se o "bebê interior" relatar querer ou precisar de cuidado, peça para ele deixar a criança saber como ele quer ser cuidado. Itens podem ser oferecidos, tais como: –"*Talvez o 'você bebê' gostaria de ser balançado, alimentado ou gostaria que brincasse com ele. Talvez ele precise de alguém para conversar,*

ou ele possa querer alguém para adivinhar o que ele quer". Após a criança ter relatado o que o Eu mais novo precisa ou quer, a próxima pergunta deve ser: – *"Há alguém em particular que o "pequeno eu" gostaria de ter para ajudar com isto? Ele quer que você ou a mamãe ou eu faça isto por ele"?* Uma vez que a criança o deixe saber como o Eu mais novo quer que a necessidade seja suprida, o terapeuta deve assegurar que o Eu mais novo receba o que ele está necessitando ou ansiando. Se o Eu mais novo quer que o pai supra sua necessidade de apego, este será solicitado a fazer o que o Eu mais novo está pedindo. Se a criança escolheu uma boneca para representar o Eu mais novo, a boneca recebe o cuidado necessitado. Se a criança está visualizando o Eu mais novo por dentro e no passado, o "eu bebê" é convidado a escolher onde, no corpo da criança, quer criar um lar. O Eu mais novo pode ser colocado no coração, na mente ou nos olhos. De qualquer forma, o Eu mais novo deve ser convidado a estar presente no corpo da criança e receber o cuidado que ele está ansiando. O pai deve ser encorajado a alimentar, balançar, brincar ou cantar para a criança. É importante ter cobertores, comida (biscoitos, água, suco, etc.) mamadeiras, brinquedos e livros de bebê para que as necessidades possam ser supridas no estágio de desenvolvimento do Eu mais novo. Os MBL podem ser feitos enquanto o Eu mais novo está recebendo os cuidados. Tendo sido atendido, por completo, o primeiro pedido do Eu mais novo, o terapeuta para com os MBL, pedindo à criança para respirar, soltar e observar o que está surgindo ou o que está acontecendo. Caso ela relate respostas positivas ou negativas, os MBL continuam até que esta necessidade esteja completa e inteiramente experimentada. O terapeuta, então, deve perguntar de novo, de novo, e de novo se existe alguma coisa que o Eu mais novo necessita, anseia, queira saber, queira ajuda, queira dizer ou fazer e assim por diante.

3. O Eu mais novo pode ser convidado a vir para o presente para fazer um tour. Este entrelaçamento pode ser bastante efetivo para ajudar a localizar a memória no tempo e no espaço. Por exemplo, uma criança que tenha passado os primeiros quatro anos da sua vida em um orfanato e agora tem uma família adotiva amável, pode apresentar medo de ficar sozinha e de não ter pais agora. Convidar o "pequeno eu" a vir para o presente e fazer um tour, para ele ver e experimentar todas as mudanças positivas obtidas pela criança no presente, pode ser bastante poderoso. Peça à criança para o seu Eu mais novo olhar através dos seus olhos: os novos pais; o novo lugar onde eles moram; os novos amigos; e como tanto o Eu mais novo quanto a criança estão seguros e têm uma família permanente. Você também pode convidar a criança ou o pai para mostrar à figura ou à boneca que representa o "pequeno eu" todas as circunstâncias positivas da vida atual que rodeiam a criança.

De acordo com o que foi discutido no Capítulo 8, um alvo apropriado para as crianças pode ser um estágio de desenvolvimento específico, em que, baseado em seu histórico, sabe-se que elas experimentaram trauma e adversidade. Este tipo de alvo, especialmente, irá necessitar de entrelaçamentos reparadores, usando a estratégia da "criança interna". Quando se for direcionar uma memória de um evento ocorrido cedo na vida da criança, o "pequeno eu" pode ser acessado e auxiliado também. Por exemplo, uma criança que não podia correr ou escapar, pode ter agora a oportunidade de imaginar-se visitando o Eu mais novo e ajudando-o a escapar. Se a criança deseja que o pai ou o terapeuta a acompanhe na visita, então todos eles irão dar apoio ao Eu mais novo. Os entrelaçamentos reparadores não apenas auxiliam a criança a suprir as necessidades de apego não preenchidas como também a completar respostas de defesa, dizer palavras não ditas e executar atos vitoriosos que não puderem ser realizados na hora do evento.

Questões Culturais

É imperativo estar consciente e respeitar a herança cultural da criança e do seu sistema familiar. Em muitas culturas e grupos étnicos, o contato físico, a conexão e o contato visual são considerados um sinal de desrespeito. Durante as fases iniciais da terapia EMDR, obter informação e educar-se por meio dos pais e da criança, relativamente às questões culturais importantes, é essencial para que as etapas de reprocessamento possam incluir entrelaçamentos que honrem a criança e os valores do seu sistema familiar. O quanto o terapeuta de EMDR deve participar da jornada curativa da criança também pode ser orientado pelos pontos de vista culturais da família. Por exemplo, em alguns casos, pode não ser apropriado dar à criança a opção de ter o terapeuta auxiliando-a no cuidado do "eu mais novo". Por isso, somente ela ou o pai deve ser convidada. De modo geral, o terapeuta deve facilitar o processo e ser um agente promotor da conexão entre o pai e a criança. Respeitar os limites apropriados enquanto se mantém uma presença sintonizada e cuidadosa promoverá e facilitará a mudança. Além do mais, crenças religiosas e valores devem ser explorados uma vez que podem ser recursos extremante poderosos para a criança e para a sua família. Por exemplo, quando se reprocessam questões relacionadas à dor e à perda, se educar nas crenças familiares no que se refere à morte e ao morrer, pode ajudar a criar entrelaçamentos potenciais que ajudem a criança a permanecer conectada ao ente querido que faleceu. Se a família acredita na existência do espírito humano, pode ser utilizado um entrelaçamento em que a criança conecta o seu coração por meio de uma "corda do coração". Vários livros infantis têm histórias de "cordas ou cordões do coração" que podem ser lidas com a criança durante a etapa de preparação. Durante as fases de reprocessamento da terapia EMDR, se a criança ficar bloqueada em sentimentos de tristeza por sentir-se desconectada do ente querido, o terapeuta pode convidá-la a criar uma "corda do coração", de qualquer cor, e deixá-la voar e viajar até que ela ache o coração no espírito do amado. Ela pode viajar para o céu ou para qualquer outro lugar maravilhoso no universo. Em geral, convido a criança a olhar para os livros com fotos das galáxias e do universo maravilhoso em que vivemos, para mostrar a ela como somos parte de algo maior do que nós mesmos. No entanto, os valores da família devem ser explorados e, em primeiro lugar, honrados. Somente assim, entrelaçamentos adequados e curativos, que possam auxiliar a criança a integrar memórias de perda, podem ser preparados e efetivamente utilizados. Além disso, Deus, anjos, Buda, entre outros, podem ser convidados a auxiliar a criança como ajudantes e conselheiros durante a sessão.

Cada cultura pode possuir símbolos e histórias que podem auxiliar tanto a criança quanto sua família a chegar a um melhor entendimento do trauma, sintomas de trauma e recursos já guardados pelo Eu cultural e pelo contexto cultural da criança. Por exemplo, a cultura Nativa Americana possui símbolos incríveis e recursos pertencentes à natureza e à jornada da espécie humana. Eu, particularmente, tive uma experiência maravilhosa trabalhando com a tribo indígena Saginaw, em Michigan em 2011, onde aprendi a respeito de ensinamentos profundos e importantes de nativos americanos. A "árvore sagrada" e a "roda da cura" podem ser honradas e utilizadas durante a terapia EMDR. A roda da cura é um símbolo antigo do universo. Ao longo das oito fases da terapia EMDR, uma jornada em torno desta roda pode ser incorporada. Cada ponto da roda da cura representa os ciclos da natureza, como as estações e as quatro direções; as crianças podem identificar os recursos e as experiências positivas do leste e da "primavera", uma estação de abundância. Também podem identificar as experiências emocionantes do verão e aquelas de decomposição do outono; momentos em nossas vidas em que sentimos que "nossas folhas" estavam caindo aos pedaços. As experiências frias do inverno também podem ser exploradas, acessadas e processadas enquanto a criança é convidada a visitar o "inverno" em sua vida e a identificar as "experiências de inverno" diferentes. Com a ajuda de cada direção: o leste, o sul, o oeste e o norte, ela pode viajar em volta da roda da cura, procurando por recursos, experiências de empoderamento, ajudantes e memórias de adversidade e sofrimento. Diferentes animais e símbolos vêm para a assistência do viajante na cultura nativa americana. A montanha, por exemplo, é um dos símbolos do Norte e do inverno, lembrando-nos de que, quanto mais alto estamos, mais íngreme pode ficar. Também se pode utilizar a águia e o rato que são os professores e mestres do leste. Cada direção e estação trazem seus próprios professores e ajudantes que podem auxiliar a criança a viajar pela vida e pelas diferentes fases da terapia EMDR.

Na América Central, mais especificadamente na Guatemala, as "bonecas problema" podem auxiliar as crianças a identificarem alvos para o processamento de EMDR. Na Guatemala, as crianças podem conversar com cada boneca e contar para elas os seus problemas. Convidar a criança a contar cada preocupação, inquietação ou coisa "ruim" do seu passado para a para as bonecas pode ser apropriado para a identificação de alvo.

Em resumo, ficar curioso a respeito do Eu cultural e das tradições que trazem o contexto cultural para o processo terapêutico é fundamental. Práticas culturais e tradições também podem tornar o processo terapêutico mais familiar, seguro e agradável para as crianças. Vale relembrar que qualquer estímulo ou estratégia bem intencionada pode ser potencialmente ativador para a criança. Até mesmo as práticas culturais favoráveis podem conter associações negativas para a criança e, como resultado, ser contraproducentes. É sempre uma boa prática clínica familiarizar-se com o que a criança e a família consideram agradável e vivificante em sua cultura. No entanto, se elas são provocantes e negativas, podem ser colocadas como alvos potenciais para o processamento.

Usando as Estratégias da Terapia da Caixa de Areia

Uma vez que a criança tenha criado a "história" ou o "mundo", bem como se tenha estabelecido a linha de base da memória, como é feito durante a fase de avaliação (vide Capítulo 8), ela deve ser instruída a pensar a respeito da história. E todas as perguntas devem ser direcionadas para o personagem principal da história, que tanto pode ser a criança, desde que ela se reconheça na história, quanto "o cavalinho" ou "o garoto" ou qualquer nome dado pela criança ao personagem principal. Enquanto os MBL são feitos com a criança, ela pode estar apenas olhando para a história ou para o mundo na caixa de areia ou pode estar deslocando os personagens. Após cada série, a criança deve ser instruída a respirar; caso ela seja capaz de entender o conceito de "solta", então pode ser convidada a soltar-se. Em minha experiência clínica, tenho percebido que este conceito pode ser confuso para as crianças. Por isso, na maioria das vezes, eu apenas convido a criança para respirar, perguntando-lhe sobre o que está acontecendo ou o que ela está observando. A criança pode ser convidada a simplesmente mostrar na caixa de areia o que está acontecendo e o que está surgindo para ela, sem palavras, que podem ser convidadas, mas não necessárias. No entanto, em algum momento, a participação mais ativa do hemisfério esquerdo pode ser importante para marcar a experiência e criar uma narrativa do que está acontecendo, enquanto a criança está trabalhando para assimilar e integrar a memória. É importante destacar que a coleção de miniaturas da caixa de areia deve conter as figuras necessárias para o uso apropriado de entrelaçamentos. Por exemplo, figuras representando estágios de desenvolvimento diferentes, sexos e grupos raciais devem ser partes da coleção. Também devem fazer parte da coleção, animais, plantas, árvores, metáforas da natureza e totens, ajudantes ou conselheiros apresentados à criança durante a fase de preparação ou que possam ser solicitados durante as etapas de reprocessamento da terapia EMDR. Além disso, itens para estimular, alimentar e brincar com o "eu mais novo" devem também estar disponíveis para a criança. Quando o processamento de informação fica bloqueado, entrelaçamentos podem ser utilizados de maneiras maravilhosas, enquanto o trabalho da terapia da caixa de areia fornece símbolos, figuras e a oportunidade para o "eu implícito" expressar-se. A maioria dos entrelaçamentos abordados neste capítulo pode ser adaptada para ser utilizada com o trabalho da terapia da caixa de areia. Se o personagem da história está impotente e necessita de auxílio, pode-se perguntar a ele o que precisa. Deixe o "cavalinho" lhe mostrar ou lhe contar o que ele precisa. Caso ele precise de ajudantes, pergunte a ele quem poderia ajudá-lo e use as figuras escolhidas por ele para ajudar, auxiliar e capacitar o "cavalinho". Se houver ações que não puderam ser executadas durante o evento traumático ou adverso, ou palavras não faladas, o personagem principal pode ser encorajado a executar as atividades ou a dizer o que não podia ser dito antes.

Se enquanto visita a memória a criança queira trazer conselheiros, ajudantes ou totens da natureza, pode-se usar ou um lugar especial ou um canto da caixa de areia para colocar todos os conselheiros e os ajudantes. Quando o processamento de informação ficar paralisado, a criança ou o personagem principal pode ser convidada a ir para o "canto dos ajudantes ou conselheiros" e pedir por conselho ou ajuda. No mesmo sentido, a criança e o terapeuta EMDR podem trabalhar com o "eu mais novo" enquanto se utilizam estratégias da terapia da caixa de areia. As estratégias descritas anteriormente neste capítulo para trabalhar com o "pequeno eu" também podem ser utilizadas com as abordagens da caixa de areia em combinação com a terapia EMDR.

Passos do Procedimento Padrão para a Fase de Dessensibilização com Crianças (Adaptado de Shapiro, 2010)

Durante a fase de dessensibilização, o reprocessamento continua com ciclos repetidos de MBL e questionamento até que o SUDS seja igual a 0. Lembre-se de que as séries são longas (aproximadamente 24) e rápidas (a maior velocidade tolerada pela criança).

1. Ao final de cada série de MBL diga: – "*Respire* (respire com a criança), *solte, o que aconteceu ou o que você observa*"? Diga: – "*Vá com isto, note isto ou pense a respeito disso*", e independente do que a criança relatar siga com outro ciclo de MBL e questionamento. Se a criança precisa de esclarecimento diga: – "*Quando eu digo pense a respeito disto, note isto ou vá com isto, o que eu gostaria que você fizesse é simplesmente observar quaisquer sentimentos que estão surgindo, quaisquer pensamentos, qualquer coisa que você veja em sua mente ou qualquer coisa que você sinta em seu corpo*".
2. Continue alternando séries de MBL com os relatos da criança até que eles se tornem positivos ou neutros.

3. Voltando ao alvo: você voltará ao alvo pelas razões abaixo expostas.

Quando os relatos da criança tornarem-se neutros ou positivos por várias séries de MBL diga: – *"Quero que você pense sobre esta memória que seu cérebro tem trabalhado. Quando você pensa a respeito desta memória, o que acontece agora"*? Se a criança precisar de esclarecimento diga: –*"Enquanto visitamos esta memória, quais pensamentos, sentimentos você nota ou vê em sua mente ou sente em seu corpo agora"*? Diga: – *"Vá com isto, note isto ou pense a respeito disso"*, para qualquer coisa que a criança relatar e faça outra série de MBL. Se a criança esquecer qual memória está sendo reprocessada, dê a ela um título geral e diga: – *"A memória da mamãe e do papai, ou a memória do carro"*. Considerando que a criança possa estar em uma parte diferente ou em outro aspecto da memória, NÃO se deve repetir novamente a memória em detalhes ou o que a criança relatou como a pior parte. Se após a série de MBL, a criança relatar material novo, continue reprocessando com ciclos repetidos de MBL e questionando até que nenhum material novo esteja surgindo ou até que o material seja positivo. Pode ser necessário retornar ao alvo várias vezes durante o reprocessamento até que todos os canais estejam limpos e torna-se necessário medir o SUDS (Shapiro, 2001, 2005).

- **Se o processamento da criança ficar bloqueado –** Se após **duas** séries de MBL a criança não relatar mudanças enquanto indica emoções, pensamentos ou estados corporais negativos idênticos ou similares, as respostas negativas podem continuar a se intensificar sem *insight*, movimento ou resolução. Pode ser que a criança continue a dizer: – "Eu não entendo nada"; ou que ela vá para várias coisas ou questões que estão muito distantes ou completamente não relacionadas à memória que está sendo processada. Neste momento, mude a mecânica (velocidade, tipo ou direção do MBL). Caso o processamento não for reiniciado, **volte ao alvo** e verifique se o processamento é novamente iniciado. Se isto não ocorrer, use qualquer dos entrelaçamentos apresentados neste capítulo.

4. Verificando o SUDS: Quando voltar ao alvo, se a criança relatar:
   - Algo novo ou qualquer coisa negativa ou perturbadora diga: – "*Vá com isto ou note isto*".
   - Nada de novo, verifique o nível do SUDS. Usando a "Escala de Chateação" coloque os números de espuma de 0 a 10 na frente da criança. Dê a ela um ajudante ou um pequeno boneco que pode andar na "Escala de Chateação". Diga: – "Agora nós vamos usar a "Escala de Chateação" novamente. Quando você pensa a respeito da memória que seu cérebro está visitando, trabalhando ou resolvendo, o quanto você se sente ruim agora de 0 a 10? Lembre-se que 0 significa que é neutro e 10 significa que o incomoda muito". Permita à criança "deslocar" o boneco ou o ajudante na "Escala de Chateação" até que ela possa fornecer o nível de perturbação.
   -

Sumário e Conclusões

A fase de dessensibilização e, em geral, todas as etapas de reprocessamento da terapia EMDR promovem a assimilação e a integração de sistemas de memória. Crianças que experimentaram trauma complexo podem apresentar déficits severos de regulação afetiva e de tolerância. Como resultado da falta de experiências apropriadas de desenvolvimento e de apego, estas crianças apresentam escassez de sistemas de memória que contêm informação adaptativa a respeito do Eu e do outro. Devido à presença da dissociação e de transtornos dissociativos em crianças com trauma precoce e abuso, a presença sintonizada do terapeuta é essencial para dar suporte às diferentes formas de processamento da informação, bem como aos vários níveis de integração: vertical e horizontal. O terapeuta EMDR precisa possuir um considerável desempenho no uso dos procedimentos padrão de EMDR quando utiliza os entrelaçamentos, assim como necessita, inclusive, de uma grande variedade destes para poder auxiliar a criança quando o processamento de informação fica bloqueado. O processamento espontâneo de informação é bem mais encorajado e honrado. No entanto, as crianças com sistemas altamente desregulados podem tender a mover-se para estados de hiper ou hipoativação e, como resultado, saírem das janelas de tolerância afetiva. O terapeuta EMDR sintonizado conseguirá, então, auxiliar a criança a permanecer dentro de estados de ativação ideais nos quais a consciência dual e a atenção plena são possíveis. Trabalhar com crianças traumatizadas de maneira complexa e dissociativa pode requerer uma participação mais ativa do terapeuta, em comparação com o nível de absorção requerido, quando se desenvolve um trabalho com crianças com TEPT simples, com evento de trauma único e com experiências de apego totalmente apropriadas. Este capítulo oferece uma vasta gama de entrelaçamentos agradáveis e adequadamente apropriados. Embora um grande número de entrelaçamentos tenha sido apresentado, queremos honrar, principalmente, a sabedoria da criança, intervindo apenas quando o processamento de informação ficar bloqueado ou quando a assistência é solicitada para facilitar a ligação entre as redes de memória no cérebro da criança.

Capítulo 10 - Instalação, Checagem Corporal, Fechamento, Reavaliação e Projeção Para o Futuro

Fase Cinco: Instalação

Após a criança ter relatado um SUDS de nível zero, a instalação da crença positiva está em andamento. Um importante objetivo da fase de instalação é a melhoria das redes positivas e adaptativas, bem com a completa assimilação da nova crença positiva "sentida". Amplificar e elevar a força da crença positiva como, ainda, aumentar o acesso às redes de memória adaptativas e positivas são outras das finalidades importantes desta etapa. Durante a fase de instalação, a criança pode experimentar uma crença positiva sentida a respeito de si mesma em associação com a memória que está sendo reprocessada.

As crianças com histórico de trauma crônico e precoce têm dificuldade para tolerar o afeto positivo. Melhorar e amplificar sua habilidade para tolerar e experimentar emoções positivas, assim como para manter visões positivas do Eu são aspectos essenciais da terapia de dessensibilização e reprocessamento por meio dos movimentos oculares (EMDR). De acordo com Shapiro (2001), é fundamental o cliente identificar uma crença positiva que seja mais significativa para ele. No caso de crianças, a instalação da crença positiva pode conter elementos lúdicos para torná-la, adequadamente, apropriada e mais atraente para elas. Por sua vez, isto irá manter a criança mais envolvida e focada e, como resultado, com uma participação mais ativa no processo. Cantar a cognição positiva é uma ótima e divertida alternativa. A criança pode escolher uma canção na qual as letras são mudadas para incluir a crença positiva. Por exemplo, a crença positiva (CP) "Eu estou seguro" pode ser cantada usando a música de Barney, "Amo você". A criança pode escolher cantá-la sozinha ou convidar os pais e o terapeuta para cantarem juntos. Em geral, as crianças têm escolhido vários ritmos e músicas para cantarem suas cognições positivas. Algumas delas também escolheram dançar e cantar a crença positiva (CP) durante a instalação. A mente, o coração e o corpo da criança estão, intimamente, envolvidos para abrangerem uma nova perspectiva e uma meta-percepção positiva a respeito do Eu no que se refere à memória alvo.

As crianças com traumas complexos podem experimentar "turbulência" durante a fase de instalação. O reprocessamento pode ficar bloqueado e a intervenção sintonizada do terapeuta pode ser necessária para fornecer entrelaçamentos apropriados. A primeira linha de intervenção deve ser minimamente invasiva e requer somente a mudança na velocidade, na direção e no tipo de MBL. No entanto, podem ser necessários, neste momento, os entrelaçamentos que podem auxiliar as crianças a restaurarem a consciência dual, a modularem a ativação e a estimularem níveis diferentes de processamento de informação. Além disso, outras memórias que induzam alto nível de ativação podem ser acessadas em qualquer estágio. Entretanto, os novos canais associativos que estão ainda acompanhados por algum nível de perturbação, normalmente se limpam quando os MBL são realizados e se convida a criança a apenas observá-los.

Algumas vezes, as crianças podem relatar rapidamente uma validação 7 da crença positiva (VoC), o que pode significar que, na realidade, esta crença é sentida como completamente verdadeira, mas os mecanismos de adaptação usados pela criança podem continuar a surgir durante a fase de instalação. O ato de agradar, a evitação e a inversão de papéis podem estar por trás de um VoC 7. Com a finalidade de evitar que isto aconteça, o terapeuta EMDR deve abordar tais mecanismos de adaptação durante as fases iniciais da terapia. Honrar estes recursos usados pela criança para sobreviver pode estabelecer uma atmosfera de aceitação. Os fantoches de diferentes animais que representam estas estratégias podem ser usados. Por exemplo, o camaleão é um bom representante de estratégias de inversão de papel e de tentativas de agradar. Caso tais estratégias surjam durante a instalação ou ao longo de outras fases do reprocessamento, o animal ou a metáfora representando o mecanismo de sobrevivência pode ser levantado. A criança pode ser convidada a percebê-los e a seguir os MBL.

Observar a comunicação não verbal do cérebro direito ao longo de todas as fases da terapia EMDR é relevante. Durante a fase de instalação, costumo olhar para a equivalência e para a coerência das dicas verbais e não verbais oferecidas pela criança. Embora a criança possa estar explicitando que a crença positiva "Eu sou forte" é completamente verdadeira, ela se apresenta com o semblante caído, triste e com uma postura corporal colapsada. Conferir com a criança, de uma maneira gentil e carinhosa, o que observamos, pode auxiliá-la a notar como sua mente e sua voz comunicam uma coisa, mas o corpo pode estar dizendo outra. Apesar de este não ser um procedimento padrão da terapia EMDR, a iniciativa ajuda a trazer à consciência a informação que pode não estar disponível explicitamente, para a criança. Em minha experiência clínica, quando a crença positiva é verdadeiramente integrada e emitida pelo hemisfério direito e esquerdo, a coerência entre a comunicação verbal e não verbal torna-se evidente. No entanto, a informação contida somaticamente pode, ainda, ser perturbadora e, como resultado, os estados corporais podem não ser tão harmônicos com a cognição positiva durante a fase de instalação.

Algumas vezes, as crianças que "viveram" por um período prolongado de tempo experimentando estados afetivos negativos ou níveis muito altos e baixos de ativação podem ficar hesitantes em "deixá-los" completamente. Os estados cognitivos, afetivos e corporais tornaram-se familiares e, de uma forma distorcida, "seguros" para estas crianças. Várias delas temem o desconhecido, mesmo se ele tem o potencial de ser positivo. Mark, um cliente de 11 anos, lutando com a ansiedade e com ataques de pânico, escolheu a cognição positiva: – "Eu estou seguro agora", mas o VoC nunca alcançou um 7. Segundo Mark, para ele estar verdadeiramente seguro, ele precisava do seu medo, mesmo que só "um pouquinho", para que pudesse permanecer vigilante e proteger-se diante do perigo. Neste momento, ele foi convidado a observar o medo de não ter medo. Os entrelaçamentos "somáticos" foram usados para ajudá-lo a perceber os estados corporais associados ao medo de não estar com medo (vide Capítulo 11). Mais tarde, os entrelaçamentos de natureza mais cognitiva foram utilizados para ajudar Mark a entender que ele não precisava desistir, completamente, do seu medo, pois este era um grande mensageiro quando ele precisava. Mark também entendeu que ele sempre carregou consigo seu maravilhoso "sistema de alarme" que foi projetado para alertá-lo de qualquer perigo em seu ambiente.

Durante a fase de instalação, é útil ter os cartões, cubos, bolas, etc., usados durante a fase de preparação para a criança escolher uma nova cognição positiva, se necessário. Além disso, a "Escala de Pensamento" deve estar disponível para a criança no momento de checar o VoC.

A seguir estabelecemos, um roteiro adaptado para crianças a partir do manual de treinamento do Instituto EMDR, que pode ser usado durante a fase de instalação:

1. Verificando a crença positiva inicial. Você pode dizer: – *"Quando você pensa na lembrança com a qual você tem trabalhado* (se a criança não se lembra dela, dê um título rápido para a lembrança, tal como, as crianças na escola, mamãe e papai, a

memória do carro, etc), *o pensamento bom que você escolheu* (repita a CP) *ainda serve ou há agora um pensamento bom melhor?"*

2. Verifique o VoC. Neste estágio, você pode usar a "Escala de Pensamento" e colocar os números de espuma na frente da criança. Dê a ela um ajudante ou um pequeno boneco que pode andar nos números. Coloque o cartão com a CP no número 7. Você pode dizer: – *"Agora, nós vamos usar a Escala de Pensamento novamente. Lembre-se de que o número 1 significa que o pensamento bom não é sentido como verdadeiro e o número 7 significa que ele é sentido como muito verdadeiro. Quando você pensa a respeito da memória com a qual você tem trabalhado, o quanto você sente que as palavras* (repita a cognição positiva selecionada) *são verdadeiras para você agora?"* Permita que a criança "desloque" o boneco ou o ajudante na Escala de Pensamento até que ele ou ela possa fornecer o VoC.

3. Ligando a CP e o alvo. Você pode dizer: – *"Agora, eu gostaria que você pensasse a respeito da lembrança com a qual estamos trabalhando, e ao mesmo tempo, repita em sua mente as palavras* (repita a crença positiva selecionada, tal como, "eu sou bom, eu gosto de mim do jeito que eu sou"). Neste momento, a crença positiva pode ser instalada, enquanto a criança pensa a respeito dela, a canta ou dança com ela, enquanto pensa a respeito da memória alvo.

Faça séries de MBL usando a mesma velocidade e a duração aproximada como feito na fase de dessensibilização para instalar, por completo, a crença positiva (VoC = 7). Verifique o VoC após cada série de MBL até que a CP esteja instalada por completo (VoC = 7). Se o VoC não subir para 7, verifique a existência de memórias alimentadoras ou crenças bloqueadoras. Diga: – *"O que a está impedindo de chegar a um 7?"* Caso a criança tenha a tendência de agradar, relembre a ela que não há uma maneira correta de fazer EMDR e que independentemente do número que surgir para ela, está ótimo. – *"Porém, precisamos ter certeza de que o cérebro mastigou toda a coisa ruim, então nós queremos saber o que o impede de acreditar que o pensamento bom é verdade."* A reafirmação extra pode ser necessária para crianças que tendem a agradar e se sentem compelidas a suprir as necessidades dos outros, especialmente as figuras de autoridade.

Fase Seis: Checagem Corporal

Um objetivo crucial da checagem corporal é acessar qualquer perturbação residual contida somaticamente (Shapiro, 2001). A consciência interoceptiva é convidada a acessar, processar e integrar informação somática e sensorial que ainda seja perturbadora em associação com a memória alvo. Várias abordagens lúdicas podem auxiliar as crianças a se conectarem com o corpo (vide Capítulo 11). Ferramentas tais como o "detector de sentimento" ou a "câmera interna "ou telescópio interno", com as funções de *zoom* interno e *zoom* externo, podem auxiliar as crianças a trabalhar com o corpo na terapia EMDR. Caso a perturbação seja acessada, os entrelaçamentos podem ser necessários para auxiliar as crianças a moverem a informação perturbadora para uma resolução adaptativa.

Em seguida há um roteiro que pode ser usado com as crianças durante a fase de checagem corporal.

– *"Gostaria que você fechasse seus olhos e mantivesse em mente esta memória* (dê um título rápido para a memória sem, contudo, enfocar nenhum detalhe, como, as crianças na escola, mamãe e papai, a memória do carro, etc) *e as palavras* (repita a crença positiva selecionada) *e verificasse seu corpo da cabeça até os pés e me dissesse se você tem quaisquer sentimentos ou sensações em qualquer parte do seu corpo."*

Durante a fase de checagem corporal da terapia EMDR, novas associações podem emergir, devendo ser completamente reprocessadas (Shapiro, 1995/2001). Uma vez que o reprocessamento do alvo escolhido esteja completo e a checagem corporal esteja limpa de todas as sensações negativamente associadas, a fase de checagem corporal está finalizada.

Fase Sete: Fechamento

Auxiliar as crianças a atingirem o equilíbrio emocional e psicológico após cada sessão de reprocessamento, bem como assegurar a estabilidade geral delas são objetivos fundamentais da fase de fechamento da terapia EMDR. Garantir o equilíbrio e a homeostase no sistema da criança, após cada sessão da terapia EMDR, assim como quando o tratamento é concluído são também objetivos importantes da fase de fechamento. Os recursos e as estratégias, extensivamente trabalhados nos Capítulos 3 e 4 deste livro, podem ser usados ao final das sessões de tratamento para auxiliar a criança na restauração do equilíbrio psicológico. Qualquer sessão em que as experiências perturbadoras forem exploradas, acessadas ou processadas devem ser concluídas com o uso de estratégias reguladoras. O terapeuta pode pedir à criança para acessar o lugar seguro ou um recurso previamente instalado ou, ainda, colocar qualquer material perturbador dentro de um container. A criança deve ser instruída a colocar todos os "pensamentos e sentimentos confusos" ou quaisquer "coisas ruins" que possam, ainda, estar na mente, no coração ou no corpo. Então, ela deve ser convidada a perceber quaisquer pensamentos, sentimentos ou sensações corporais que precisam ser contidos.

As atividades que envolvem jogos, riso, conexão e cuidados podem funcionar muito bem ao final das sessões de EMDR. A Theraplay (Booth & Jernberg, 2010) oferece uma ampla variedade de atividades que promovem o equilíbrio emocional por meio do uso da brincadeira, do toque, da estimulação e do riso (vide Capítulo 12). Além disso, devem ser fornecidas informações aos pais e aos cuidadores a respeito de como melhor cuidar da criança enquanto ela está passando pela terapia EMDR. Os pais aprendem a como acompanhar suas crianças ao longo de suas jornadas de cura. Os cuidadores, neste ponto, já estão familiarizados com todos os recursos e estratégias reguladoras que são parte do repertório de enfrentamento da criança. Os pais podem auxiliar a criança tanto oferecendo apoio durante o uso de tais recursos quanto alertando-as para apenas usá-los quando realmente for necessário. Para além destes apontamentos, os cuidadores foram preparados para serem eficientes "termostatos emocionais" para as suas crianças. Durante a fase de fechamento da terapia EMDR, o terapeuta relembra à criança e ao cuidador da importância de usar estas estratégias enquanto as memórias de trauma e de sofrimento estão sendo acessadas. Esta iniciativa, além de aumentar a probabilidade de a criança permanecer estável, também manterá o equilíbrio emocional enquanto o material disfuncional estiver sendo processado (Shapiro, 2001).

Estabelecemos a seguir procedimentos específicos para fechar as sessões de terapia EMDR com crianças:

Antes de a sessão terminar, reserve de 10 a 15 minutos para o uso de estratégias de fechamento. Caso a sessão tenha sido especialmente difícil para a criança, utilize tempo suficiente para trazê-la para um estado de homeostase. Se os pais estiverem presentes e a criança reagir bem às estratégias regulatórias interativas, fazer uso da conexão com os pais para trazer a criança de volta ao equilíbrio pode ser um caminho utilizado para finalizar a sessão. Importante lembrar que usar as estratégias de fechamento tem o propósito de assegurar a estabilidade geral da criança durante a terapia EMDR. Como consequência, as atividades de fechamento devem ser selecionadas com base nas necessidades de cada criança relativamente à sessão realizada. Embora o lugar seguro seja normalmente usado como uma atividade de fechamento quando se trabalha com casos de trauma complexo, a sintonia por parte do terapeuta também é imprescindível. A mesma criança pode beneficiar-se do uso de diferentes atividades de fechamento dependendo da sessão que ela finalizou. Em casos de crianças altamente dissociativas, realizar um trabalho direcionado para assegurar que elas estejam alerta e completamente presentes, é fundamental. Para os casos em que a criança ainda esteja em estados de hipoativação, usar atividades de fechamento que ativem o sistema de engajamento social e envolvam movimento pode ser o caminho ideal para restaurar o equilíbrio. Se a sessão terminar e a hiperativação for observada no sistema da criança, as atividades reguladoras que aumentem um senso de segurança e modulem a ativação podem ser a melhor escolha.

1. Instruções para o encerramento de sessões completas:

(SUDS = 0, VoC = 7, Checagem Corporal Limpa)

– *"Você fez um ótimo trabalho hoje, excelente! Como você está se sentindo?"* Questionar, se necessário, pode ajudar a criança a se preparar para terminar a sessão. Mesmo quando se estiver terminando uma sessão completa, é sempre importante verificar com a criança se ela quer usar qualquer um dos recursos previamente instalados.

2. Instruções para fechar todas as sessões:

– *"Hoje seu cérebro começou a trabalhar para mastigar as coisas confusas; você pode ter sonhos, pensamentos ou sentimentos ou pode lembrar-se ou não de coisas. Por favor, desenhe ou escreva no seu caderno especial qualquer coisa que surja para você esta semana. Vamos conversar a respeito disso na próxima vez. Eu quero que você se lembre de usar* (mencione os recursos desenvolvidos com a criança) *sempre que você sentir-se pra baixo ou que você tiver sentimentos e pensamentos misturados"*.
Encoraje os cuidadores a incentivarem a criança a usar o lugar seguro ou os outros recursos quando ela estiver experimentando perturbação.

3. Instruções para fechar as sessões incompletas:

Deixe que a criança saiba que é hora de terminar e use o lugar seguro ou qualquer outra estratégia de mudança de estado ou recursos. Instrua a criança a usar estes recursos entre as sessões, inclusive.
– *"Agora, eu vou dizer aquela palavra especial (repita a palavra-chave) e eu quero que você pense a respeito do seu lugar seguro. Pense a respeito de todas as cores neste lugar e de tudo o que você vê em volta. Pense a respeito de todos os sons deste lugar, dos cheiros e de tudo o que o faz sentir-se bem"*. Permita que a criança fique no seu lugar seguro e feliz por quanto tempo ela precisar. Diga: – *"Como você se sente agora"?* Quando estiver trabalhando com crianças altamente dissociativas, verifique o quão presente elas estão. Você pode usar os sinais ou outras estratégias descritas no Capítulo 7 para avaliar a orientação presente da criança. Se a criança relatar não se sentir completamente presente, use as estratégias descritas no Capítulo 7 para restaurar a consciência dual e melhorar a orientação presente. Algumas crianças podem relatar nunca se sentirem completamente presentes. Como uma linha de

base foi estabelecida durante a fase de preparação, o terapeuta terá uma ideia do estado de consciência presente habitual da criança. As estratégias de consciência dual serão usadas para trazer a criança a um nível ideal de consciência que a mesma seja capaz de acessar neste estágio do tratamento.

Uma vez que a criança tenha sido estabilizada, forneça encorajamento. Diga: -"*Bom trabalho! Você fez um trabalho realmente muito bom hoje. Como você está se sentindo"*?

O fechamento no final do tratamento irá assegurar, ainda, a estabilidade da criança depois de terminado. Algumas crianças serão capazes de trabalhar toda a sequência de alvo, bem como as três etapas. No entanto, muitas delas, em virtude de diversas razões, podem não conseguir completar um tratamento inteiro. As mudanças, os problemas financeiros e as dificuldades dos pais, entre outros, podem causar uma interrupção precoce. Como afirmado em outros capítulos deste livro, alguns pais vêm para a terapia com suas crianças para limparem uma mesa, um quarto ou a casa inteira. Alguns deles podem ficar satisfeitos com o resultado do tratamento que apenas limpou um quarto. Consequentemente, apesar de toda a educação e informação fornecidas durante as fases precoces da terapia EMDR, alguns pais irão finalizar o tratamento mesmo quando ele não for considerado, clinicamente, completo. A criança pode ter chegado a um lugar mais positivo, mesmo se todos os alvos não foram reprocessados. O encerramento deve conter informação apropriada a respeito de como as redes de memória, que não foram estabelecidas como alvo, podem ser ativadas no futuro, tornando necessário o retorno da criança para a terapia. Deve-se discutir com os pais sobre os riscos potenciais de terminar o tratamento mais cedo, permitindo que eles tomem uma decisão orientada. Um plano que inclua o uso contínuo das estratégias reguladoras e de mudança de estado desenvolvidas na terapia EMDR deve ser providenciado. Alguns pais e crianças, diante da finalização do tratamento, param de utilizar todos os recursos que eles desenvolveram durante a terapia EMDR. Encorajar o uso de tais estratégias, se necessário, deve fazer parte do plano e das recomendações feitas pelo terapeuta EMDR antes de terminar o tratamento. Além disso, estágios de desenvolvimento diferentes, especialmente a adolescência, têm o potencial de ativar redes de memória que podem ter permanecido "adormecidas" e desativadas durante o tratamento. Os pais de crianças traumatizadas de maneira complexa devem estar conscientes de que elas podem precisar de mais terapia EMDR à medida em que alcançam novas fases de desenvolvimento. Por exemplo, uma nova perda, crise ou experiência com o potencial de ativar estas redes neurais pode levantar ou exacerbar sintomas existentes não percebidos antes.

Fase Oito: Reavaliação

A fase de reavaliação da terapia EMDR assegura que a integração e a assimilação adequadas do material mal adaptativo foram realizadas. Além disso, garante que todos os alvos relevantes e o material associado foram reprocessados e que todos os elementos do plano de tratamento foram seguidos para a conclusão.

Após cada sessão de reprocessamento com o EMDR, o nível de funcionamento do cliente é avaliado e explorado, bem como a memória alvo a ser processada. Um novo *insight* pode ter surgido, como também novos alvos potenciais. Cada sessão de EMDR é integrada a um plano de tratamento abrangente (Shapiro, 2001), garantido ao cliente que ele pode cumprir as metas e os objetivos do tratamento.

A reavaliação é feita depois de cada sessão e também no final do tratamento. O protocolo EMDR de três etapas usa como alvo as experiências passadas, os eventos atuais disparadores, que podem ter criado marcas negativas no cérebro, e também os eventos futuros, para assegurar respostas adaptativas no futuro diante do enfrentamento de estímulos anteriormente ativadores.

A fase de reavaliação, inserida ao longo de cada sessão da terapia EMDR, permite ao terapeuta EMDR avaliar se a assimilação adequada de todas as redes de memória foi atingida (Shapiro, 1995/2001). O terapeuta EMDR, durante a fase de reavaliação, deve certificar-se de que os alvos foram inteiramente reprocessados e integrados. Este procedimento permite um funcionamento melhorado no presente e uma capacidade aumentada para fazer escolhas positivas para o futuro. Quando a memória for acessada novamente durante a reavaliação, caso ocorra perturbação provocada por sua lembrança, o reprocessamento deve continuar. Tão logo a memória esteja completamente processada, um novo alvo deverá ser identificado. Ao se trabalhar com casos de trauma complexo, é fundamental reavaliar o nível de estabilidade da criança, assim como os ganhos do tratamento. Devido ao frequente caos e instabilidade presentes nas vidas dessas crianças, o reprocessamento de alvos pode não ser linear e direto. Na maioria das vezes, o reprocessamento de memórias de adversidade pode ser combinado com sessões de mobilização de recursos e estabilização, não somente da criança, mas do sistema familiar. Algumas crianças podem estar vivendo situações de mudanças constantes em seus ambientes de vida atual. Mudanças para um novo lar adotivo depois de adoções interrompidas, uma nova ordem judicial que mude a reunificação familiar para o rompimento dos direitos dos pais, e assim por diante, pode criar grandes níveis de instabilidade que afetam a organização do curso geral do tratamento. Além disto, novos eventos traumáticos podem surgir, tornando o plano de tratamento mais complexo. Como abordado no Capítulo 8, pode ser necessário selecionar os alvos para ajustar o nível atual de estabilidade da criança e sua capacidade regulatória geral. Quando a criança experimenta uma nova perda repentina, ou um evento adverso, pode ser preciso colocar em espera o reprocessamento das memórias traumáticas, enquanto o trabalho de estabilização é reiniciado. No caso de um evento traumático recente estar presente, decisões clínicas deverão ser tomadas, requerendo a incorporação, no tratamento global, do Protocolo de Evento Recente (Shapiro, 2001) e do Protocolo de Episódio Traumático Recente (R-TEP) (Shapiro & Laub, 2008). Crianças com comprometimento no sistema de engajamento social e na habilidade para modular afeto experimentam as situações do dia a dia como enormes eventos traumáticos. Como resultado, elas sentem-se traumatizadas diariamente.

Katie, uma garota de 7 anos, encaminhada para a terapia com diagnóstico de transtorno de apego reativo, sofreu um acidente na escola enquanto tentava chegar ao banheiro e urinou em suas roupas. Alguns dos seus amigos e outras crianças que presenciaram o ocorrido zombaram dela. Ela ficou tão desregulada e agitada que correu para fora do prédio da escola e pulou sua cerca. A busca por Katie durou uma hora, causando uma grande confusão na escola e em seu sistema familiar. Para a maioria das crianças, este incidente seria considerado um evento negativo e perturbador; mas, com a ajuda dos professores e dos pais, esta situação muito provavelmente seria negativa, porém manejável. No entanto, para Katie este evento ativou suas reações de luta e fuga levando-a a fugir da escola. Segundo sua mãe, devido ao seu intenso estado interno, ela não pode ir à escola por alguns dias. Pesadelos e alta ansiedade preencheram os dias e as noites de Katie depois do incidente. Embora para a maioria das crianças esta ocorrência não se tornasse um evento extremamente traumático, mas para Katie o foi. Como resultado, decidi defini-la como alvo, fazendo uso de um dos protocolos que trabalham com eventos traumáticos recentes. Assim, várias vezes tivemos de tomar como alvo e reprocessar eventos recentes à medida que eles surgiam na vida de Katie.

Quando as experiências traumáticas passadas e adversas foram assimiladas em um sistema de memória adaptativo maior, o reprocessamento de disparadores presentes deve ser iniciado. Uma vez que o passado foi integrado, na maioria das vezes o presente pode não conter nenhuma perturbação. Todavia, alguns eventos atuais disparadores podem necessitar ser definidos como alvos e processados separadamente. Isto pode ocorrer devido à uma associação estabelecida entre o disparador atual e o afeto negativo eliciado ligado ao evento passado (Shapiro, 1995/2001). Estas associações repetitivas, por meio de condicionamento, podem imprimir perturbação e afeto negativo aos eventos disparadores presentes. Assim, quando os gatilhos do passado e do presente já tiverem sido processados e assimilados, o terapeuta deve reavaliar todas as memórias do passado e do presente para assegurar completa integração e assimilação. Somente assim, a criança poderá abraçar o futuro. Na medida em que a criança vai conseguindo imaginar as antigas situações disparadoras no futuro, através de novas lentes de crenças positivas, emoções e reações somáticas, o tratamento estará concluído.

As abordagens lúdicas são elementos essenciais ao longo das diferentes fases da terapia EMDR. Quando as crianças fazem reavaliações, elas desenvolvem um "trabalho de detetive". Algumas delas, na verdade, gostam de usar seus equipamentos de detetive enquanto nos envolvemos nos cronogramas semanais ou quando brincamos com a casa de boneca para descobrir o que aconteceu durante a semana anterior em casa ou na escola.

Quando as crianças relatam, durante a reavaliação, uma experiência positiva resultante do trabalho que estão fazendo na terapia, estas experiências de empoderamento ou atos de triunfo podem ser instalados como recursos para ajudar as crianças a maximizarem suas habilidades de experimentar afeto positivo.

Baseado no manual de tratamento do Instituto EMDR (Shapiro, 2011), oferecemos, a seguir, um roteiro que pode ser usado durante a reavaliação com crianças.

Avalie o que a criança e o cuidador perceberam desde a sessão anterior:

- Sonhos;
- Mudanças no comportamento;
- Novos disparadores do ambiente;
- Novos pensamentos, sentimentos, etc;
- Outros aspectos da memória alvo;
- Memórias precoces associadas.

Deve-se, imprescindivelmente, verificar com os pais e com os cuidadores o quanto eles estão dando sequência às recomendações ou instruções oferecidas na terapia. Quaisquer mudanças no nível de estresse da família ou dos pais, como também alterações nas rotinas ou nas estratégias de cuidados maternos e paternos sugeridas nas sessões de terapia podem estar no fundo de um súbito aumento dos sintomas. Além disso, qualquer evento novo, positivo ou negativo, ocorrido durante a semana anterior à terapia deve ser minuciosamente explorado.

Robert, um garoto de 4 anos trazido para a terapia em decorrência de um abuso sexual sofrido em um abrigo para vítimas de violência doméstica, estava mostrando melhora em suas sessões com a terapia EMDR. A mãe normalmente o trazia para as sessões de terapia, mas seu pai era cético e, até mesmo, resistente sobre continuar a levá-lo aos encontros terapêuticos. Após uma sessão em que a memória do abuso sexual foi reprocessada, os pais voltaram realmente aborrecidos, especialmente o pai, afirmando que a sessão de terapia EMDR havia feito com que Robert tivesse uma semana bastante difícil.

Então, aproveitei o momento para honrar seus sentimentos enquanto explorava, detalhadamente, as ocorrências da semana anterior. Os pais relataram que Robert havia apresentado uma forte infecção de garganta e de ouvido, afirmando não acreditar que a doença houvesse causado seu desregulamento emocional. Continuei a explorar a situação, perguntando sobre a medicação ministrada à criança e como eles a haviam utilizado. Os pais afirmaram que Robert não queria tomar a medicação e que eles tiveram que contê-lo, diariamente, para que ele a ingerisse. Quando Robert foi abusado sexualmente, o autor do ato o conteve e ele não pode escapar. As repressões repetitivas que aconteceram na semana anterior continuaram a ativar e a aumentar estas redes de memória não adaptativas associadas ao abuso. Robert continuou a reviver a experiência de sentir-se preso e impotente. Então, cuidadosamente, expliquei isto aos seus pais sem fazer sequer uma única acusação, ajudando-os a enxergar a importância de usarem outras maneiras de fazê-lo tomar a medicação. Sem esta exploração minuciosa, a razão por trás do aumento repentino do sintoma de Robert teria sido atribuída de forma equivocada, fazendo com que seus pais continuassem a retraumatizá-lo, já que ele ainda teria de fazer uso dos remédios por mais uma semana. Um plano foi estabelecido com os pais para estabilizar Robert e evitar o reforço destas redes neuronais. Quando Robert estava estabilizado e os pais envolvidos, as sessões de reprocessamento foram reiniciadas, fornecendo um senso maior de segurança e proteção em casa.

Durante a reavaliação com a criança, você pode dizer: *"Me conta o que aconteceu desde a última vez em que eu o vi. Você teve alguns sonhos? Quaisquer mudanças em seu comportamento na escola? Em casa? As coisas na escola ou em casa estão melhorando, piorando ou estão do mesmo jeito? Tem alguma coisa no seu diário que você gostaria de compartilhar comigo"?*

Você também pode usar um formulário padrão usado semanalmente pelos pais e pelas crianças, para medir os sintomas, numa escala de 0 a 10.

Retomando o Reprocessamento de um Alvo Incompleto

O alvo não atingiu SUDS = 0, VoC = 7 e checagem corporal limpa.

Acessando o Alvo

Imagem
- *"Quero que você pense na lembrança (ou na coisa que aconteceu com você) que nós trabalhamos na semana passada ou na sessão passada".*

Unidades Subjetivas de Perturbação
Usando a "Escala de Chateação", coloque os números de espuma de 0 a 10 na frente da criança. Dê a ela o ajudante ou um pequeno boneco que possa andar na Escala de Chateação.
- *"Agora, vamos usar a Escala de Chateação outra vez. Quando você pensa a respeito da memória com a qual seu cérebro tem trabalhado, como se sente agora, de 0 a 10? Lembre-se de que 0 significa que é neutro e 10 significa que o incomoda muito".* Permita que a criança "desloque" o boneco ou ajudante na Escala de Chateação até que ela possa fornecer o nível de perturbação.

Localização Corporal
– *"Onde você sente isto em seu corpo? Onde você sente isto por dentro? Ou onde isto está localizado em seu corpo?"* Você pode dar à criança o "detector de sentimento" para auxiliá-la a conectar-se com o corpo.

Retomando a Dessensibilização
– *"Agora, eu gostaria que você apenas pensasse a respeito desta lembrança ou foque no que você vê em sua mente. Observe onde você sente isto em seu corpo e siga o ajudante".* Fale o nome do ajudante ou use a forma de MBL combinada com a criança. Inicie os MBL.

Se a sessão anterior terminou com SUDS = 0 e VoC = 7, o SUDS e o VoC precisarão ser avaliados como parte da reavaliação.

Projeção Para O Futuro

A projeção para o futuro do protocolo EMDR de três etapas é um aspecto essencial da terapia EMDR. A projeção para o futuro é realizada em função do reprocessamento de alvos de eventos futuros que ainda eliciam reações negativas. Além disso, tem o propósito de aumentar a capacidade da criança para responder, adaptativamente no futuro, aos eventos anteriormente disparadores. Os eventos futuros evocativos de perturbação podem, agora, ser abordados através das lentes de redes de memória mais adaptativas e de um senso do Eu renovado. Para responder de maneira adaptativa aos eventos futuros, o terapeuta EMDR identifica as raízes da perturbação, caso existam, decorrentes destes eventos futuros. Alternativamente, a criança pode necessitar aprender uma variedade de habilidades para compensar o déficit em várias áreas, que podem estar no fundo da perturbação associada ao evento futuro.

A projeção para o futuro é desenvolvida para estimular a habilidade da criança no que se refere a utilizar novos recursos no futuro, praticar novas habilidades e responder, adaptativamente, aos estímulos disparadores do passado. Como resultado do trauma, várias crianças ficam presas em estágios precoces de desenvolvimento. Elas são incapazes de adquirir novas habilidades, de atingir novos marcos de desenvolvimento ou elas, simplesmente, perdem habilidades já adquiridas devido ao trauma. Em decorrência disto, a projeção para o futuro é uma parte fundamental da terapia EMDR que pode auxiliar as crianças com traumas complexos a dominarem o que, uma vez, foi desregulado. À medida que elas vão conseguindo antecipar o futuro com sucesso, isto se torna um ato de triunfo e uma experiência de fortalecimento.

Enquanto as crianças trabalham com a terceira etapa da terapia EMDR, elas podem criar um filme do evento disparador anterior usando a caixa de areia ou a casa de boneca. Elas também podem fazer um desenho usando o Play-doh® ou criar um show de fantoches. O terapeuta EMDR deve auxiliá-las a identificar como a mente, o coração e o corpo querem experimentar este evento no futuro. Por exemplo, uma criança com dificuldade relativa ao controle esfincteriano criou uma projeção para o futuro em que ela poderia usar o banheiro com sucesso. Ela afirmou querer ter o seguinte pensamento em sua mente: – "Eu gosto de mim do jeito que eu sou."; em seu coração, queria ter sentimentos de alegria e de orgulho. Ela identificou como queria que seu corpo se sentisse e qual postura estava em alinhamento com o que sua mente e o seu coração estavam experimentando. Identificou, inclusive, as novas respostas comportamentais, tais como, perceber quando queria e precisava ir ao banheiro e até mesmo ler algo divertido enquanto curtia sua experiência de ir ao banheiro. Trabalhei com crianças que não podiam ler ou escrever em um nível de idade apropriado em virtude da sequela de experiências de vida traumáticas repetitivas e adversas. Mas, quando os eventos perturbadores foram integrados e assimilados, elas estavam livres para aprender. Durante a projeção para o futuro, elas puderem visualizar a si mesmas lendo e escrevendo com sucesso, com um novo senso do Eu, empoderado e saudável.

Emily, uma menina de 5 anos, veio para a terapia após seus pais serem presos à noite, pelos oficiais de polícia. Depois deste incidente que a separou de suas figuras de apego primárias, Emily não conseguia dormir à noite sozinha. Os avós maternos assumiram sua custódia e ela passou a dormir com eles. Emily não conseguia dormir com a luz apagada e isto se tornou muito incômodo para os seus avós. Então, a memória dos seus pais sendo presos foi reprocessada com o uso de um protocolo para eventos recentes, seguido de outros eventos passados. Após o disparador atual ter sido processado, Emily criou sua projeção para o futuro usando a casa de boneca. Ela escolheu uma boneca para representá-la e adesivos com desenhos dos seus bons pensamentos, emoções, estados corporais e comportamentos foram adicionados à cena.

Para isso, as crianças podem visualizar, também, um "bolso da mente", um "bolso do coração" e um "bolso do corpo", onde elas podem escrever ou desenhar figuras de como querem antecipar-se ao evento futuro em suas mentes, corações e corpos. O "bolso do corpo" inclui, ainda, as ações que elas gostariam de desempenhar. Elas também podem desenhar seu próprio contorno corporal com bolsos reais, sendo encorajadas a colocar nestes bolsos pensamentos, emoções e estados corporais. Podem, inclusive, criar a cena inteira da projeção para o futuro na caixa de areia, com figuras em volta d
elas mesmas representando a crença positiva, as emoções e as reações sensório-motoras.

Os desenhos vêm sendo utilizados há bastante tempo na terapia EMDR com crianças e, especificamente, na aplicação do protocolo das três etapas (Adler-Tapia & Settle, 2008; Gomez, 2006, 2008; Greenwald, 1999; Lovett, 1999; Tinker & Wilson, 1999). Miniaturas de prédios como, por exemplo, de uma escola, uma casa, um hospital, etc, podem ajudar as crianças a criarem uma experiência de projeção para o futuro mais concreta.

Sumário e Conclusões

As fases de instalação, checagem corporal, encerramento e reavaliação são etapas extremamente importantes da terapia EMDR. Melhorar as redes de memória positivas e adaptativas e escanear o corpo completa o reprocessamento das redes de memória contendo material traumatogênico. Também é essencial assegurar a estabilidade geral da criança durante o tratamento e sua finalização. A fase de encerramento é voltada para proteger a segurança e o bem-estar da criança enquanto ela está passando pelo processamento de eventos traumáticos e adversos. A fase de reavaliação, adicionalmente, permite ao terapeuta explorar e avaliar o progresso feito pelo cliente, as mudanças experimentadas entre sessões e o nível geral do funcionamento da criança à medida em que o tratamento vai progredindo. Além disso, a projeção para o futuro fornece à criança a oportunidade de se envolver com os eventos ativadores anteriores com um novo senso de poder pessoal e com um senso do Eu renovado. Todas as oito fases da terapia EMDR contribuem de maneira única para o resultado geral do tratamento; e, especialmente, com crianças com histórico de trauma complexo, é necessário realizar uma abordagem de tratamento abrangente, incluindo, minuciosamente, as oito etapas de tratamento.

Capítulo 11 - Terapia EMDR e Psicoterapia Sensório-motora com Crianças (Pat Ogden e Ana M. Gomez)

A terapia de dessensibilização e reprocessamento por meio dos movimentos oculares (EMDR) e a Psicoterapia Sensório-motora são abordagens de tratamento compatíveis. Ambas consideram os componentes não verbais e implícitos de memórias traumáticas – tão difíceis de resolver para muitas pessoas com transtornos relacionados ao trauma. Embora cada abordagem tenha sua própria eficácia, a inclusão de intervenções da Psicoterapia Sensório-motora à terapia EMDR, com crianças que sofrem de TEPT, pode ajudar a fortalecer os componentes somáticos da terapia EMDR. Apesar de a terapia EMDR já abranger o processamento de informação descendente[12] e ascendente[13] (Shapiro, 1995/2001) incluir intervenções ascendentes adicionais, tendo como alvo a ativação desregulada e outros sintomas somáticos do trauma, pode, entre outros, ajudar a resolver os sintomas, a dar suporte à regulação afetiva e a aumentar a capacidade de comportamento adaptativo (Bakal, 1999; Ogden & Minton, 2000; Ogden, Minton, & Pain, 2006). Vários autores abordaram a forma como estas duas abordagens podem ser integradas com adultos (Fisher, 2000; Minton, 2009; Paulsen & Lanius, 2009). Este capítulo é a primeira tentativa de integrar as técnicas da Psicoterapia Sensório-motora à terapia EMDR para tratar crianças com históricos de trauma complexo.

O objetivo principal deste capítulo não é mudar, mas enriquecer o uso da terapia EMDR com crianças amplamente desreguladas, por meio da incorporação de estratégias da Psicoterapia Sensório-motora, que ampliam o trabalho direto com o corpo. Este processo é realizado preservando o núcleo e a essência da terapia EMDR e do modelo PAI (Shapiro, 1995/2001). Para melhor integrar as estratégias da Psicoterapia Sensório-motora à terapia EMDR, serão apresentados, através da lente do modelo do PAI, uma visão geral dos princípios e técnicas da Psicoterapia Sensório-motora Além disso, também serão apresentados exercícios específicos, orientados para o corpo, desenvolvidos por cada um dos autores, que podem ser usados com crianças durante as diferentes fases da terapia EMDR. Ao longo deste capítulo, tentaremos esclarecer as semelhanças e as diferenças existentes entre a terapia EMDR e a Psicoterapia Sensório-motora no tratamento com a criança.

Ativação Desregulada, Defesas Animais e o Cérebro

A ativação desregulada e as defesas animais hiperativadas provocadas pela experiência traumática estão na raiz de vários sintomas e dificuldades observados em crianças traumatizadas (Ogden, Goldstein, & Fisher, no prelo; Ogden & Minton, 2000; Ogden, Minton, & Pain, 2006). As crianças traumatizadas têm uma tendência a experimentar "muita" ativação (hiperativação) ou "pouquíssima" ativação (hipoativação) e

---

[12] NT: são conexões que seguem da direção do neocórtex para o subcórtex e deste para o neocórtex, respectivamente.

[13] NT: são conexões que seguem da direção do neocórtex para o subcórtex e deste para o neocórtex, respectivamente.

frequentemente oscilam entre estes dois extremos (Ogden, Minton, & Pain, 2006; Post, Weiss, Smith, Li, & McCann, 1997; van der Hart, Nijenhuis & Steele, 2006; van der Kolk, van der Hart, & Marmar, 1996). As crianças hiperativadas são tipicamente hipervigilantes, ansiosas e emocionalmente reativas, ao passo que as crianças hipoativadas podem ser entorpecidas, passivas e não responsivas emocionalmente (Ogden et al., 2006; Ogden et al., no prelo). Quando as memórias de trauma e adversidade são acesas, a capacidade regulatória da criança torna-se altamente prejudicada, deixando-a incapaz de adaptar-se, efetivamente, ao seu ambiente (Ogden & Goldstein, no prelo: Ogden & Minton, 2000; Ogden, Minton, & Pain, 2006; Shapiro, 1995, 2001). O comportamento torna-se impulsivo ou destrutivo em casos de hiperativação e difícil ou impossível em casos de hipoativação.

A hiper e a hipoativação relacionadas ao trauma correspondem às defesas animais desreguladas de luta, fuga, congelamento e morte simulada. Quando tais reações defensivas são ineficazes para garantir a segurança, como em casos de trauma infantil, elas tendem a persistir em formas intensas e alteradas (Herman, 1992). Crianças traumatizadas tendem a repetir as defesas que foram estimuladas durante as circunstâncias traumáticas originais e que podem estar na raiz de vários sintomas (Ogden et al., 2006). Alimentadas pelo sistema nervoso simpático, as defesas de mobilização de luta e fuga são frequentemente refletidas pela musculatura contraída, nas respostas de evitação ativas ou agressivas e hiperatividade (Ogden, no prelo: Ogden et al., 2006). As crianças podem ser facilmente disparadas pelos menores eventos, causando comportamentos impulsivos, tais como ataques agressivos ou tendências de ir embora e correr, que as colocam em risco pela possibilidade de se ferirem ou de se acidentarem. Por outro lado, as crianças com respostas de hipoativação muito ativadas, governadas pelo sistema parassimpático vagal dorsal, experimentam contínuo estado de baixa ativação e, tipicamente, exibem retraimento social e falta de motivação. Seus cuidadores podem descrevê-las como complacentes, preguiçosas ou socialmente retraídas e propensas a "distraírem-se" e sonharem acordadas.

De acordo com Perry (2009), "o cérebro se organiza de baixo pra cima, das áreas menos complexas (tronco cerebral) para as mais complexas (límbico, cortical)" (p. 242). Caso o trauma e os transtornos de apego sejam impostos durante períodos críticos de desenvolvimento, afetando o funcionamento das regiões cerebrais menos plásticas e mais baixas, o tratamento precisa enfatizar intervenções que abranjam estas áreas subcorticais do cérebro. MacLean (1985) descreveu seu conceito de cérebro triuno como um "cérebro dentro de um cérebro, dentro de um cérebro" e tanto a terapia EMDR quanto a Psicoterapia Sensório-motora são compatíveis com o trabalho de MacLean, que pode elucidar as teorias contemporâneas do processamento de informação.

De acordo com a Psicoterapia Sensório-motora e com o modelo do PAI, quando redes de memória contendo material traumatogênico são inflamadas, não apenas materiais cognitivos e emocionais são ativados, como estados corporais por meio dos ramos aferentes e eferentes do sistema autônomo (Ogden & Minton, 2000; Ogden et al., 2006; Shapiro, 1995, 2001). Cronologicamente, o cérebro reptiliano é o mais primitivo e o primeiro a se desenvolver em uma linha evolutiva. É a sede das respostas instintivas e de sobrevivência e "correlaciona-se com o nível sensório-motor do processamento de informação, incluindo a sensação e os impulsos de movimento programados" (Ogden et al., 2006, p. 5). Ao redor do cérebro reptiliano, o cérebro límbico ou paleomamífero é responsável por sentimentos, emoções e algum comportamento social e, deste modo, pelo processamento emocional. O neocórtex é responsável pelo processamento cognitivo, pela autoconsciência e pelo pensamento consciente e, ainda, por regular os cérebros límbico e reptiliano. No entanto, o neocórtex é imaturo no nascimento e depende do cuidado emocionalmente sensível e precoce dos pais para desenvolver sua capacidade regulatória. Os bebês e as crianças mais novas são dependentes de suas figuras de apego para ajudá-los a modular estados de ativação. Quando os pais, constantemente, deixam de responder a um bebê ou a uma criança mais jovem angustiada, os caminhos entre o cérebro superior e essas estruturas cerebrais inferiores podem falhar para se desenvolverem. A amígdala ou "sistema de alarme", localizada dentro do cérebro límbico, pode estar cronicamente hiperativa, tornando as crianças cronicamente hiperativadas.

Enquanto cada um dos três níveis do cérebro tem sua própria "compreensão" do ambiente, eles são mutuamente dependentes e entrelaçados (Damasio, 1999, LeDoux, 1996; Schore, 1994), funcionando como um todo coeso, com o grau de integração dos níveis superiores dependente daqueles inferiores. MacLean (1985) aponta que os níveis do cérebro podem não trabalhar em harmonia, o que impede o processamento de informação integrado. Estes três níveis de arquitetura cerebral são conceituados como correlacionados com os três níveis de processamento de informação – cognitivo, emocional e sensório-motor, com o processamento sensório-motor preparando a base para o desenvolvimento dos níveis superiores (Ogden et al., 2006). "De várias formas o processamento Sensório-motor é fundamental para os outros tipos de processamento e inclui características de uma forma mais simples e mais primitiva de processamento de informação do que os seus homólogos mais evoluídos. Mais diretamente associado com o processamento total do corpo, o processamento sensório-motor inclui: as mudanças físicas em resposta aos estímulos sensoriais; os padrões de ação fixos vistos em defesas; as mudanças na respiração e no tônus muscular; a ativação do sistema nervoso autônomo; e assim por diante (p.6-7)

Particularmente como consequência do trauma, o processamento sensório-motor, na forma de ativação desregulada e defesas hiperativas, conduz o processamento cognitivo e emocional da criança traumatizada. Quando as áreas mais inferiores do cérebro não estão bem reguladas, como no caso de crianças com histórias de trauma precoce, crônico e complexo, pode ser útil estender a fase de preparação da terapia EMDR, com a finalidade de focar mais no corpo para ensinar mecanismos regulatórios e, em seguida, direcionar o processamento emocional e cognitivo (Fisher, 2000; Gomez, 2009b; Minton, 2009; Ogden et al., 2006; Ogden et al., no prelo; Paulsen & Lanius, 2009; Perry, 2009). Por exemplo, quando os mecanismos regulatórios são subdesenvolvidos, é crucial, primeiro, encontrar maneiras de promover a regulação afetiva objetivando atingir, positivamente, o funcionamento das áreas subcorticais do cérebro. Perry (2009) e Ogden (Ogden & Minton, 2000; Ogden et al.,2006) propõem que, nestas situações, trabalhar exclusivamente em níveis cognitivos ou emocionais de processamento de informação pode ser menos eficaz uma vez que estes níveis são dependentes do nível sensório-motor para um funcionamento ideal. Em uma abordagem da Psicoterapia Sensório-motora, focar no nível sensório-motor de processamento de informação, trabalhando com o movimento, com a postura, com o gesto e com a sensação corporal, facilita este objetivo. Na terapia EMDR, um maior foco no corpo, especialmente quando se trabalha com crianças com trauma complexo, pode, em alguns casos, otimizar o processamento de informação por impactar diretamente nas áreas mais inferiores do cérebro e, como consequência, obtém-se um efeito positivo no resultado geral da terapia EMDR.

Vale destacar que, na terapia EMDR, uma vez que a rede de memória seja acessada durante as fases de reprocessamento, o modo de processamento de informação escolhido pelo cliente é tomado como alvo. No entanto, quando o processamento de informação fica bloqueado, separar os efeitos sensoriais do trauma das interpretações afetivas cognitivamente carregadas e focar em estados corporais, se o cliente ainda não os acessou, pode ser uma maneira de estimular a ligação adaptativa e a integração das redes de memória (Shapiro, 1995/2001). Na Psicoterapia Sensório-motora, o processamento de informação em cada nível é avaliado em colaboração com o cliente para que se determine, em parceria, qual nível será tomado como alvo, visando acessar um resultado ideal em todos os três níveis (Ogden et al., 2006). Por exemplo, quando as redes de memória são acessadas, um cliente pode esperar resolver sua imobilidade por meio do processamento emocional ou cognitivo, mas pode não estar consciente de que sua postura curvada e sua musculatura flácida refletem e sustentam a imobilidade. Por conseguinte, o Psicoterapeuta Sensório-motor pode sugerir trabalhar com o processamento ascendente (postura e movimento), antes de abranger níveis cognitivos e emocionais, para desenvolver um recurso somático que possa apoiar o processamento adaptativo nos níveis superiores. De outra forma, o Psicoterapeuta Sensório-motor (assim como o terapeuta EMDR) pode trabalhar, simultaneamente, com os níveis somático, cognitivo e emocional para promover a integração e a transformação em todos os três níveis, ao mesmo tempo. Em qualquer dos casos, na Psicoterapia Sensório-motora o corpo está constantemente incluído no processo terapêutico; sua reorganização é vista como essencial para a mudança terapêutica.

Juntamente com os três componentes do cérebro triuno, os dois sistemas lateralizados do cérebro direito e esquerdo também cumprem funções específicas. O hemisfério esquerdo é responsável, principalmente, pelo processamento cognitivo, pela elaboração verbal, pelo raciocínio, pelos comportamentos linguísticos e pela construção de significado e representa um auto-sistema consciente e explícito (Schore, 2011). O hemisfério direito responde pelo processamento emocional e corporal, pela intersubjetividade, pela regulação afetiva inconsciente e pelos estímulos de ameaça, além de representar um sistema auto implícito (Schore, 2011). Enquanto o hemisfério direito está totalmente desenvolvido no nascimento, o hemisfério esquerdo desenvolve-se, progressivamente, nos primeiros anos de vida. Schore (2001) afirma que quando a sincronização entre os hemisférios esquerdo e direito ocorre, "a organização do cérebro direito da criança mostra maior coerência, à medida em que o fluxo de energia entre os componentes corticais superiores direitos e os subcorticais inferiores direitos, hierarquicamente organizados, aumentam sua conectividade, permitindo ao cérebro direito agir como um todo autorregulador integrado e, portanto, capaz de aumentar a complexidade" (p.24).
O cérebro direito é dominante em relação ao cérebro esquerdo no que se refere a governar o comportamento humano, indicando a necessidade de abordagens de tratamento que possam abranger o processamento implícito, ao invés de, apenas, o processamento consciente e explícito no tratamento.

Tanto a Psicoterapia Sensório-motora quanto a terapia EMDR elegem como alvo, diretamente, as memórias fisiologicamente armazenadas que são vistas na base da patologia (Ogden & Minton, 2000; Ogden et al., 2006; Shapiro, 1995, 2001). A atenção do cliente é focada em elementos cognitivos, afetivos e somáticos durante as fases de acesso e de reprocessamento. No entanto, as crianças com desregulação abrangente podem precisar trabalhar inicialmente, durante a fase de preparação da terapia EMDR, com atividades que acalmem, regulem e estabilizem os sistemas emocionais, antes de acessar memórias de trauma e adversidade. Quando se acessam memórias traumáticas com crianças que apresentam sistemas de engajamento social comprometidos e tendências à hiper e à hipoativação, o uso de entrelaçamentos na terapia EMDR, que as encorajem a focarem na resposta somática e que as desatrelem das cognições e emoções associadas, pode auxiliá-las a reintegrarem informação enquanto permanecem dentro de janelas de tolerância apropriadas (Ogden et al.,2006).

Breve Introdução à Psicoterapia Sensório-motora

A Psicoterapia Sensório-motora é uma terapia verbal orientada para o corpo, desenvolvida por Pat Ogden. Oriunda dos princípios da neurobiologia interpessoal e do trabalho de Ron Kurtz (1990), esta abordagem é fundamentada por pesquisa contemporânea em trauma, dissociação, neurociência, apego e desenvolvimento. A Psicoterapia Sensório-motora integra técnicas da psicoterapia tradicional com intervenções centradas no corpo, especificamente desenvolvidas para tratar os efeitos do trauma psicológico, da falha de apego, dor e perda e interrupção do desenvolvimento.

A Psicoterapia Sensório-motora é baseada na premissa de que "o cérebro funciona como um todo integrado, mas é composto por sistemas hierarquicamente organizados. As funções integrativas do "nível superior" [cognitivo] evoluem da integridade de estruturas do "nível inferior" [límbico (emocional) e reptiliano] e são dependentes da experiência sensório-motora" (Fisher, Murray, & Bundy, 1991, p. 16). Trabalhar com o movimento, com a postura, com o gesto e com a sensação como alvos primários da intervenção clínica abrange diretamente as funções mais primitivas, automáticas, físicas, involuntárias e fisiológicas do cérebro subcortical que estão na base das respostas traumáticas e pós-traumáticas. Trabalhar a partir da experiência sensório-motora "de baixo para cima" ao invés daquela "de cima para baixo" torna-se o ponto de entrada principal para a intervenção, e, assim, uma nova expressão emocional, uma construção de significado e cognições positivas surgem da reorganização somática subsequente de respostas habituais relacionadas ao trauma. À medida em que o nível de ativação, a sensação, a postura e o movimento do corpo mudam, um senso do Eu mais positivo emerge, apoiado por estas mudanças físicas. Começando com o corpo e integrando níveis de processamento de informação cognitivos e emocionais em uma atmosfera de brincadeira e de exploração, a Psicoterapia Sensório-motora ajuda crianças cronicamente traumatizadas a descobrirem seu instinto natural em direção à integração e cura por meio do corpo.

O Modelo do Processamento Adaptativo de Informação e a Psicoterapia Sensório-motora

Experiências traumáticas ou adversas estão codificadas em redes de memória no cérebro. Tanto a Psicoterapia Sensório-motora quanto a terapia EMDR envolvem a ativação de redes neurais com seu material anexo, afetivo e somático. Assim como na Psicoterapia Sensório-motora, o foco primário da terapia EMDR é a integração de redes contendo material mal adaptativo com outra informação adaptativa e corretiva. Como resultado, as memórias traumatogênicas são assimiladas em uma rede adaptativa abrangente (Shapiro, 1995/2001). Apesar das grandes diferenças na metodologia e nos princípios, a terapia EMDR e a Psicoterapia Sensório-motora compartilham objetivos e procedimentos importantes. O objetivo principal da terapia EMDR e da Psicoterapia Sensório-motora é promover a integração do Eu e a resolução do trauma passado. Os três níveis diferentes de *processamento* de informação são acessados tanto na terapia EMDR quanto na Psicoterapia Sensório-motora (Ogden et al., 2006; Ogden e Minton, 2000; Shapiro, 1995/2001). A terapia

EMDR incorpora intervenções relativas à consciência corporal ("O que você percebe em seu corpo? Como você vivencia isto em seu corpo?"). Além dos elementos cognitivos e afetivos, a terapia EMDR também incentiva os clientes a observarem quando os impulsos de movimento ocorrem espontaneamente e lhes permite completá-los, particularmente quando o processamento espontâneo fica bloqueado. No entanto, em contraste com a Psicoterapia Sensório-motora, o corpo não é destacado na terapia EMDR; ao invés disto, o cliente é encorajado a relatar respostas cognitivas, afetivas e somáticas à medida em que elas, espontaneamente, surgem e se movem para a conclusão. Por ser uma abordagem orientada para o corpo, a Psicoterapia Sensório-motora ressalta intervenções de processamento sensório-motor além da consciência corporal, bem como acompanha os impulsos de movimento para mudar deliberadamente como a informação é processada em um nível corporal e para dar suporte ao processamento de informação em níveis superiores. As intervenções da Psicoterapia Sensório-motora são desenvolvidas para, diretamente, abrangerem e mudarem os padrões posturais, fisiológicos e de movimento, que refletem e sustentam as questões relacionadas ao trauma, para ajudar a realizar estes objetivos.

Como afirmado, a Psicoterapia Sensório-motora concentra-se em, primeiramente, trabalhar no sentido ascendente para focar os níveis inferiores do cérebro e a desregulação afetiva. No entanto, uma vez que a autorregulação se encontre em processo, de modo que a ativação possa permanecer dentro de uma janela de tolerância afetiva, níveis emocionais e cognitivos de processamento de informação são direcionados e integrados ao processamento sensório-motor. A terapia EMDR acessa, concomitantemente, todos os níveis do processamento de informação (Paulsen & Lanius, 2009; Shapiro, 1995/2001) e usa vários procedimentos durante a fase de preparação para alcançar plenamente a estabilização e a janela de tolerância (Siegel, 1999). Ela incorpora a consciência corporal dentro das fases de preparação, avaliação e reprocessamento, ao invés de trabalhar, explicitamente, para mudar os hábitos posturais e de movimento, embora estas mudanças possam ocorrer, e normalmente ocorrem espontaneamente durante a terapia EMDR. Tanto a Psicoterapia Sensório-motora, quanto a terapia de EMDR, trabalham com o cliente para expandir ou comprimir a quantidade de informação e o nível de processamento de informação que está sendo acessado.

Ambas, a terapia EMDR (Shapiro, 1995/2001) e a Psicoterapia Sensório-motora (Minton, 2009; Ogden, 2009; Ogden et al., 2006), inicialmente focam em "partes" ou imagens de um único quadro da experiência ou da memória e não na narrativa do evento inteiro. Durante a fase de avaliação da terapia EMDR, o cliente é encorajado a identificar uma única "imagem" que represente o evento e, a partir dela, os diferentes aspectos da memória são acessados: cognitivo, emocional e somático. Este fato estimula o sistema de processamento de informação e durante as sucessivas séries de estimulação bilateral, a mudança da informação armazenada é acompanhada em níveis multidimensionais. O cliente relata mudanças espontâneas nos níveis cognitivos, afetivos e somáticos.

No tratamento da Psicoterapia Sensório-motora para a memória traumática, uma abordagem passo a passo é usada. Enquanto o cliente acessa uma parte da memória pensando no trauma, ou relatando imagens disparadoras, ou recursos disponíveis durante a experiência traumática, o terapeuta e o cliente acompanham como o corpo deste último reage. Quando os recursos são relatados, disponibiliza-se tempo para incorporá-los. Quando a ativação se aproxima dos limites reguladores da janela de tolerância, ou quando os movimentos preparatórios que indicam defesas truncadas emergem, o foco muda para atender aos impulsos fisiológicos e de movimento do corpo. Usando o conteúdo da memória para evocar a experiência corporal relacionada ao trauma, o Psicoterapeuta

Sensório-motor atende primeiro à maneira como o corpo "lembrou-se" do trauma e ajuda o cliente a resolver estes fenômenos em um nível sensório-motor, por meio do corpo. Deste modo, a ênfase está na ação física e no acompanhamento da sensação corporal enquanto ela progride pelo corpo (vide seção sobre Sequenciamento Sensório-motor, neste capítulo), baseado no seguinte conhecimento: uma vez que o trauma afeta profundamente o corpo e o sistema nervoso, muitos sintomas relacionados ao trauma são somaticamente conduzidos (Nijenhuis, Steele, & Brown, 2004; van der Kolk, 1994; van der Kolk & McFarlane, 1996). Em seguida, outra "parte" é discutida e o processo é repetido, integrando os elementos cognitivos e emocionais à medida em que eles emergem. O trauma foi descrito por Pierre Janet (1898; 1907) como uma "falha da capacidade integrativa" e, deste modo, o foco primário na terapia é aumentar a capacidade integrativa do cliente em todos os níveis de processamento de informação e expandir a janela de tolerância.

Na terapia EMDR, quando a ativação do cliente ultrapassa as janelas de tolerância e a consciência dual é comprometida, o foco é estimular a capacidade integrativa do cliente por meio do uso de entrelaçamentos (Shapiro, 1995/2001). Os entrelaçamentos variam e são desenvolvidos para ativar os diferentes níveis de processamento de informação; "dar o arranque" ao reprocessamento e modular os estados afetivos para que a capacidade integrativa do cliente seja restaurada. A terapia EMDR não necessariamente foca nos estados corporais para alcançar este objetivo, apesar de esta ser uma das possibilidades que podem ser usadas quando o reprocessamento fica bloqueado.

Tanto a Psicoterapia EMDR quanto a Sensório-motora dão grande importância à manutenção da consciência dual e da observação plena da experiência. Elas não *exigem* que o cliente "narre" os episódios perturbadores; ao invés disto, o cliente é encorajado a "perceber" a experiência interna por meio da consciência plena da experiência do momento presente. A consciência plena é normalmente descrita como sendo receptiva a "qualquer coisa que surja dentro do olho da mente" (Siegel, 2007), sem predileção; no entanto, a atenção plena é melhor guiada de formas específicas. Na terapia EMDR, o cliente é instruído a "simplesmente observar e deixar qualquer coisa que tenha de acontecer, acontecer". Então, pede-se a ele que sinalize o que vier à mente (Shapiro, 1995/2001). Isto permite ao cliente informar qualquer coisa que surja enquanto a memória se torna integrada dentro das redes adaptativas mais abrangentes. O objetivo é permitir que o processamento espontâneo ocorra em todas as manifestações da memória armazenada. No entanto, outras vezes, o terapeuta EMDR pode usar um entrelaçamento e/ou convidar o cliente a ter um maior "foco interno direcionado" a uma resposta em particular (Shapiro, 1995/2001, no prelo).

Na Psicoterapia Sensório-motora, uma "consciência plena direcionada" (Ogden, 2007/2009; Ogden et al., no prelo) guia a consciência da criança em direção aos elementos particulares da experiência interna do momento presente considerados importantes para os objetivos terapêuticos. Para ilustrar: um exemplo de consciência plena não direcionada a respeito do corpo seria uma pergunta geral, tal como: – *"O que você percebe em seu corpo?"* Já um exemplo de consciência plena direcionada poderia ser: –*"O que você percebe no seu peito agora quando você me conta a respeito deste valentão"?* A segunda pergunta baseia-se no acompanhamento específico do terapeuta relativamente à reação física da criança (aperto no seu peito que restringe sua respiração) ao material traumático. Na psicoterapia Sensório-motora, chamar a atenção da criança para seu peito abre o caminho para as intervenções, tomando como alvo os sintomas de constrição e respiração restrita.

Na terapia EMDR, as fases com maior flexibilidade e nas quais as estratégias da Psicoterapia Sensório-motora podem ser usadas apropriadamente são a história do cliente, o planejamento do tratamento e a etapa de preparação. Além disso, o uso de entrelaçamentos durante as fases de reprocessamento do EMDR que promovam e estimulem o processamento sensório-motor pode ser adequado e apropriado, desde que eles sejam guiados pelo modelo do PAI e as injunções implícitas das estratégias de entrelaçamento possam intervir o mínimo possível e busquem imitar o processamento espontâneo (Shapiro, 1995/2001). Na terapia EMDR, assim como na Psicoterapia Sensório-motora, o processamento espontâneo é primeiramente honrado e preferido. No entanto, como afirmado anteriormente, quando o processamento de informação fica bloqueado, estratégias que abranjam estados corporais podem ser altamente eficazes (Shapiro, 1995/2001). Neste capítulo, o uso de entrelaçamentos direcionados a estimular o processamento de informação sensório-motor somente será coberto durante as fases de dessensibilização e de instalação da terapia EMDR. No entanto, estes entrelaçamentos podem também ser usados durante qualquer uma das etapas de reprocessamento.

Fase Um: História do Cliente e o Planejamento do Tratamento

Avaliar o corpo nos primeiros estágios do tratamento é essencial em uma abordagem de Psicoterapia Sensório-motora. Este procedimento proporciona informação inestimável sobre o impacto do apego e da experiência traumática na postura, movimento e gesto; questões implícitas e processamento que não são expressos verbalmente e sugerem oportunidades potenciais de exploração somática e de mudança. Deve ser observado que, muitas vezes, as crianças não conseguem falar do que aconteceu por diversas razões: os centros de linguagem do cérebro não estão desenvolvidos; elas não podem formular as palavras; estão envergonhadas; temem represálias e assim por diante (Ogden & Goldstein, no prelo). Nestes casos, o corpo ainda "conta a história" e, deste modo, o resíduo do trauma pode ser abrangido, somaticamente, de forma eficaz. Na terapia EMDR, além de toda a informação habitual reunida durante a fase inicial, a avaliação não verbal e o acesso à "história do corpo e aos registros" podem ser igualmente utilizados para produzir dados importantes a respeito de como os corpos dos pais e da criança foram moldados pela experiência (Gomez, 2009b; Ogden et al. 2006; Ogden et al., no prelo). Em ambas as abordagens, observar o corpo fornece informação útil da qual nem o pai nem a criança estão conscientes e explicitamente cientes e, portanto, são incapazes de relatá-la verbalmente para o terapeuta. Com a finalidade de avaliar a "história do corpo e os registros", o terapeuta observa a postura da criança, os gestos, a musculatura, a respiração, o nível de energia e os movimentos e, assim por diante, para somaticamente avaliar tanto a criança quanto os pais: "A musculatura da criança ou do pai mostra-se rígida e tensa ou, ao contrário, flácida e mole? A criança ou o pai apresenta-se com posturas corporais em colapso e, em caso afirmativo, onde estes colapsos estão presentes no corpo? Enquanto a criança ou o pai conta suas histórias, existe qualquer mudança na tensão, respiração ou postura do corpo? Como a criança se comporta na presença de cada pai? A criança busca ou evita proximidade física com os cuidadores ou demonstra comportamentos estereotipados ou contraditórios ou movimentos que, simultaneamente, ou sequencialmente buscam e evitam proximidade"?

Presley, uma garota de 12 anos, trazida à terapia pelo fato de estar experimentando extrema ansiedade e medo, apresentou uma ampla variedade de reações e posturas corporais que forneceram informação fundamental para compreender sua experiência e desenvolver seu plano de tratamento. Seu corpo mudava dramaticamente dependendo de quem estivesse no quarto com ela. Quando sua mãe estava presente, sua voz era mais alta e agressiva e sua musculatura permanecia rígida. No entanto, quando seu pai entrava no quarto, sua postura corporal mudava significativamente. Seu peito desabava, seu corpo se tornava visivelmente menor e sua voz sumia. Presley e os seus pais relataram ter uma relação positiva no geral. Em nenhum momento, durante a anamnese, foram formuladas questões verbais que apontassem para preocupações que viriam a se tornar evidentes mais tarde, tais, como, o perfeccionismo do pai, os ataques de raiva e os altos padrões estipulados para ela. No entanto, o corpo apresentava uma imagem clara das dinâmicas familiares "não ditas" e da história desta criança.

A integração vertical – integrando partes inferiores e superiores do cérebro (Siegel, 2010) – é um conceito orientador no cumprimento dos objetivos tanto da terapia EMDR quanto da Psicoterapia Sensório-motora. Este objetivo pode ser apoiado por meio da informação dos três diferentes níveis de processamento de informação na anamnese. A maioria das ananmeses clínicas tende a focar em níveis cognitivos e emocionais, deixando para trás a informação sensório-motora extremamente importante que, se avaliada precocemente, irá melhorar consideravelmente o plano de tratamento e o resultado. Além disto, acompanhar e abranger as representações de funções do cérebro esquerdo – como também do cérebro direito – permitirá, não somente começar a promover a integração horizontal (integrando os hemisférios esquerdo e direito; Siegel, 2010), como, ainda, obter uma imagem completa do panorama clínico. Já que o hemisfério direito e o "implícito Eu" (Schore, 2010) irão manifestar-se não verbalmente nas sessões de terapia, ter estratégias que possibilitem capturar a voz da parte direita do cérebro será fundamental ao longo das oito fases da terapia EMDR.

Fase Dois: Preparação

Crianças traumatizadas vêm para a terapia com a ativação autônoma desregulada, com o engajamento social comprometido, com padrões somáticos de tensão e colapso que refletem as defesas animais hiperativas, com janela de tolerância estreita e, frequentemente, com uma série de lembranças, principalmente não verbais. Além disso, a presença de redes de memória contendo informação positiva e adaptativa é escassa. De acordo com Shapiro:

> "A Fase de Preparação, a partir de uma perspectiva do PAI, promove a estabilização por meio da incorporação e do maior acesso às redes de memória positivas que também facilitarão, posteriormente, o processamento. Por exemplo, para além dos efeitos calmantes intrínsecos, as técnicas de regulação afetiva também promovem a estabilização, aumentando estas redes positivas com memórias de controle e domínio. O volume de preparação depende do grau de debilitação do cliente. No entanto, em vários casos, a estabilização por si só pode ser facilitada por meio do processamento das memórias fisiologicamente armazenadas que contêm um vulcão de respostas afetivas perturbadoras." (Shapiro, no prelo).

A fase de preparação da terapia EMDR (Shapiro, 1995/2001) é comparável à primeira fase do tratamento (Herman, 1992; Janet, 1898; Ogden et al., 2006; van der Hart, Nijenhuis, & Steele, 2006), que foca na regulação afetiva, na redução do sintoma e na estabilização. Uma vez que a maior parte do trauma de apego foi imposta quando as áreas inferiores do cérebro da criança ainda estavam em desenvolvimento, os mecanismos regulatórios afetivos foram comprometidos. As intervenções que ajudam a suavizar e a acalmar as regiões subcorticais do cérebro devem ser o ponto de partida para estas crianças. Em seguida, há uma uma variedade de abordagens orientadas para o corpo, que podem ser empregadas nesta fase de tratamento, começando com a psicoeducação.

Psicoeducação: o Cérebro Triuno e o Sistema de Alarme

Além da informação habitual e da educação relativas aos procedimentos de processamento, durante a fase de preparação da terapia EMDR, fornecer informação para a criança e para os pais sobre como o cérebro funciona é útil. Uma explicação agradável sobre o cérebro triuno e sobre o sistema de alarme do cérebro pode ser de ajuda para que os pais e as crianças compreendam a desregulação. Estas três camadas do cérebro estão interconectadas, mas cada uma delas tem sua própria linguagem e subjetividade. Como afirmado, a forma como esta linguagem é falada dentro do cérebro e como as diferentes camadas operam e interagem umas com as outras é moldado por experiências externas. Este modelo ajuda as crianças e seus pais a olharem para seus conflitos e problemas, bem como para sua própria cura, através de uma lente de compreensão diferente. A explicação que se segue e os exercícios (Gomez, 2009b) exemplificam como o modelo de MacLean pode ser explicado e utilizado no tratamento com crianças: – *"Vou lhe contar uma coisa muito legal que aprendemos a respeito dos cérebros humanos. Nós temos quase três cérebros que trabalham juntos em um cérebro. Cada cérebro tem suas próprias tarefas, necessidades, música e linguagem. Eles se comunicam um com o outro para terem certeza que nós temos tudo que precisamos. Vamos começar com a primeira camada do cérebro, 'o cérebro crocodilo'. Nós compartilhamos este cérebro com todos os répteis e é por esta razão que nós o chamamos de "o cérebro crocodilo". Este cérebro fala por meio do corpo, como quando nós estamos sentindo medo e o corpo nos diz que nós estamos com medo tendo um frio na barriga ou uma sensação de formigamento em alguma parte do corpo ou nós sentimos que temos braços e pernas moles. O cérebro crocodilo é, na verdade, responsável por nos ajudar a sobreviver e a lidar com o perigo. O segundo cérebro é chamado de cérebro "cavalinho". Nós compartilhamos este cérebro, na verdade, com todos os mamíferos, como cachorrinhos, cavalos e vacas. Este cérebro fala por meio de nossos corações e usa a linguagem dos sentimentos. Este cérebro é bastante importante, pois ele nos permite amar e receber amor, aconchegar e acarinhar. Ele também nos permite ter um arco-íris de sentimentos de feliz a mal-humorado, de triste a raivoso e de medroso a animado. O último cérebro é o "bacana inteligente" cérebro pensante. Este cérebro é o que nos permite falar palavras, entender matemática, ler e controlar nossos impulsos. Algumas vezes o cérebro cavalinho pode querer alguma coisa logo e o cérebro bacana inteligente fala ao cérebro cavalinho para relaxar e esperar. Todos os cérebros são muito importantes e nos ajudam de diferentes maneiras. No entanto, quando o cérebro crocodilo é disparado ou ligado, o cérebro bacana inteligente pode ter a difícil tarefa de acalmá-lo. Nós iremos aprender a reconhecer qual cérebro está falando. Você está pronto?"*

Após esta explicação, o terapeuta e a criança podem abarcar as experiências em que ela exibiu ativação elevada e comportamentos desorganizados. Uma vez que a criança lembre-se destas experiências e dos comportamentos resultantes, o terapeuta pode convidá-la a ouvir a linguagem do cérebro inferior. Ouvir o "coração acelerado" e as "respirações rápidas" ou quaisquer outras experiências fisiológicas resultantes da ativação de partes mais baixas do cérebro. Se a criança tende a experimentar hipoativação, o mesmo procedimento pode ser seguido, com discussão de como o cérebro crocodilo pode deixar o corpo bem quieto, como uma lagartixa imóvel em uma pedra. A criança pode ser encorajada a escutar e a perceber a voz do cérebro crocodilo e descrever o que acontece no corpo, incentivada pelas opções utilizadas pelo terapeuta no vocabulário de sensação (vide a seção "Rastreamento", abaixo, para mais informações sobre as opções). De maneira similar, a criança é encorajada a escutar o cérebro cavalinho quando as emoções emergem ou quando a mesma dá e recebe afeto. Quando ela está pensando claramente, dando sentido ao seu mundo ou compreendendo um problema, a referência é feita ao cérebro pensante. Quando a criança sente-se calma e segura, convide-a a notar como todos os cérebros estão trabalhando juntos, usando a metáfora dos três cérebros "de mãos dadas" uns com os outros.

Esclareça que o objetivo não é negligenciar nenhum dos nossos cérebros, mas apoiar os três níveis trabalhando juntos, dando as mãos e estando em sincronia e em harmonia uns com os outros. Explorar os ritmos de cada cérebro por meio do uso de maracas e outros instrumentos musicais (Capítulo 7) também pode ser útil, encontrando, primeiramente, um ritmo para cada cérebro e então um ritmo que inclua todos os três. Por um lado, este exercício pode fornecer informação importante sobre os recursos da criança e das experiências que promovem estados calmos e regulados; por outro lado, pode fornecer informação das memórias de trauma e sofrimento que, por sua vez, podem ser colocadas na sequência de alvo da criança.

Ajudar os pais a entenderem o conceito do cérebro triuno pode facilitar o uso de estratégias de cuidados com os filhos, que podem ser eficazes para acalmar e regular a criança, dependendo da área do cérebro que está ativada. Pode, ainda, ajudá-los a desenvolverem empoderamento e a se tornarem efetivos reguladores psicobiológicos para a criança (Schore, 1994).

Um primeiro passo, tanto na terapia EMDR quanto na Psicoterapia Sensório-motora, é ajudar as crianças a identificarem estados de ativação e aumentarem a autorregulação. A psicoeducação inicial a respeito do maravilhoso "sistema de alarme" do corpo pode ser fornecida à criança enquanto ela aprende a respeito do cérebro. Auxiliá-la a identificar quando e o que liga o sistema de alarme pode ser um bom ponto de partida. O "Modelo de Modulação" da Psicoterapia Sensório-motora representa graficamente a "janela de tolerância" (Siegel, 1999) e ilustra os estados de hiper e de hipoativação (vide Figura 11.1).

O Modelo de Modulação© pode ser uma ajuda visual útil para auxiliar as crianças a entenderem sua ativação. Veja, a seguir, um exemplo de como ele pode ser usado.

No consultório, o aumento da consciência sobre a ativação pode começar com o terapeuta criando uma janela de tolerância em um quadro magnético (ou em papel ou quadro negro), explicando à criança, por meio de metáforas e em uma linguagem apropriada para a idade, o que os níveis de ativação mais altos e mais baixos significam. Após a escolha de um conjunto brilhante, colorido e atraente de imãs, a criança deve ser convidada a colocá-los na janela de tolerância, no lugar apropriado, para representar sua própria ativação. À medida em que a ativação flutua ao longo da sessão, em resposta aos diferentes estímulos, o ímã pode ser movido adequadamente e a criança pode ser solicitada a mostrar e a descrever como o nível de ativação é refletido em seu corpo. Quando uma criança foi questionada sobre como podia saber que sua ativação estava subindo, ela disse: – *"Porque eu estou completamente agitada na minha barriga e os meus olhos estão arregalados"*. Usando estas técnicas, a criança pode ser auxiliada a reconhecer os sinais do corpo que indicam flutuações na ativação e, então, ser convidada a experimentar tomar medidas para mudar os níveis de ativação, se ela assim o desejar. (Ogden & Goldstein, no prelo).

A criança pode ser convidada a trazer situações que ligaram o sistema de alarme no passado, enquanto o terapeuta acompanha e descreve as mudanças observadas, tais como o coração ou a respiração "indo" mais rápido. Estas mudanças podem, então, ser escritas e simbolizadas no gráfico da janela de tolerância e contrastadas com os estados quando a ativação da criança está dentro da janela.

A criança é ensinada a perceber e a observar este "maravilhoso sistema de alarme" que permite nos protegermos do perigo. É importante para a criança entender que *"quando muitas coisas 'ruins' ou uma 'coisa ruim muito grande' aconteceu com a gente, ela pode modificar o funcionamento do sistema de alarme. O sistema de alarme pode desligar o tempo todo, mesmo em situações que são, na verdade, seguras, ou ele pode desligar e, então, nós não sermos alertados quando há perigo real".* Enquanto a criança continua em um estado lúdico e de atenção plena, o terapeuta e a criança podem investigar situações seguras nas quais o sistema de alarme tende a se desligar. Pode-se fazer um convite à criança para que ela observe e siga quaisquer sensações usando o "detector de sentimento" (Gomez, 2006), uma lupa usada pela criança para explorar o corpo e seus sentimentos e sensações especiais. Ela também pode ser encorajada a usar a "câmera interna" que navega ao longo do corpo. Ela, então, deve fazer uso das funções de "zoom interno" e de "zoom externo" quando uma sensação for localizada (Gomez, 2009b/2010a). Empenhar-se nestas atividades pode, não somente estimular as memórias de trauma, como também fornecer uma oportunidade para a criança desenvolver conhecimento sensório-motor e tornar-se familiarizada com as etapas processuais do EMDR que incluem consciência somática.

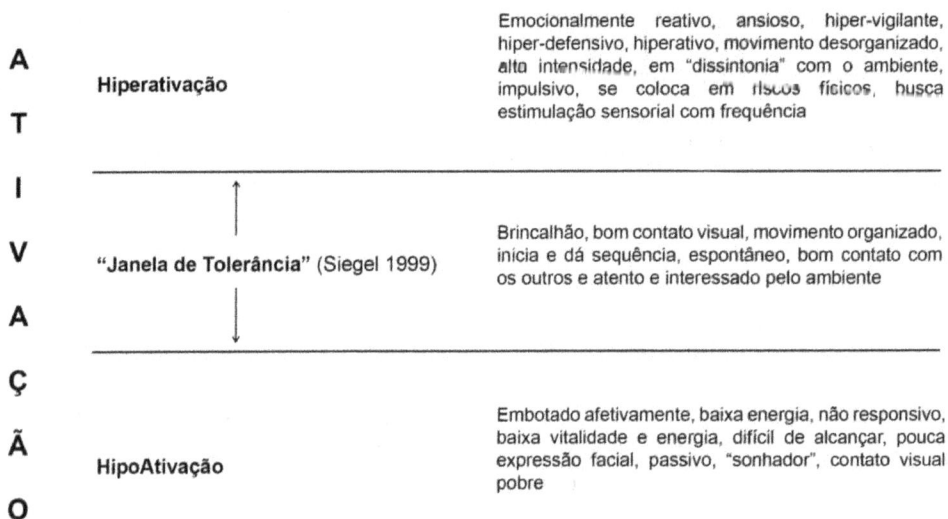

ATIVAÇÃO		
Hiperativação	Emocionalmente reativo, ansioso, hiper-vigilante, hiper-defensivo, hiperativo, movimento desorganizado, alta intensidade, em "dissintonia" com o ambiente, impulsivo, se coloca em riscos físicos, busca estimulação sensorial com frequência
"Janela de Tolerância" (Siegel 1999)	Brincalhão, bom contato visual, movimento organizado, inicia e dá sequência, espontâneo, bom contato com os outros e atento e interessado pelo ambiente
HipoAtivação	Embotado afetivamente, baixa energia, não responsivo, baixa vitalidade e energia, difícil de alcançar, pouca expressão facial, passivo, "sonhador", contato visual pobre

Figura 11.1 - O Modelo de modulação©.
Fonte: Adaptado de Ogden (1995); Ogden & Milton (2000); Ogden et al. 2006; Ogden (2009/2011)

Lugar Seguro

Um primeiro passo na terapia EMDR é encontrar um lugar seguro, o que pode ser difícil para as crianças altamente traumatizadas. Caso o lugar seguro seja identificado quando a estimulação bilateral (EB) é iniciada, a criança pode ser sequestrada pela ativação de estruturas cerebrais inferiores imaturas, à medida em que outras memórias de trauma se inflamam – típico de casos com crianças diagnosticadas com o Transtorno de Apego Reativo (TAR). Quando crianças altamente desreguladas têm dificuldade para identificar um lugar seguro ou ele se torna contaminado enquanto a EB é iniciada, é útil, como afirmado em outros capítulos deste livro (vide Capítulo 3), ter um lugar seguro "aqui e agora" ou um momento seguro.

Quando se usa o protocolo EMDR do lugar calmo-seguro, utilizar abordagens agradáveis e lúdicas encoraja o desenvolvimento de recursos não verbais que podem ajudar a acalmar o afeto e o corpo da criança. Por exemplo, encontrar melodias e músicas experienciadas pela criança como tranquilizadoras e suaves, pode ser usado como um recurso seguro "aqui e agora", ao invés de um lugar calmo-seguro visualizado. Pode-se pedir à criança para identificar e trazer para a sessão uma música ou um som que a acalme, podendo este recurso ser tocado durante a sessão de terapia. Sons da natureza como o de chuva, da água, de riachos ou oceanos podem ser reproduzidos enquanto a criança é convidada a perceber os sentimentos e os estados corporais associados a estes sons seguros e calmos. O "Detector de Sentimento" (lupa), a "antena do corpo" e a "câmera interna" podem ser usados para, de maneira lúdica, auxiliarem a criança a conectar-se com o corpo e encontrar seus sons e vozes.

A Psicoterapia Sensório-motora enfatiza a incorparação de estados positivos (Ogden et al., 2006). O profissional pode acompanhar, quando a criança está experimentando uma sensação agradável indicada por um sorriso, o engajamento aumentado com o terapeuta, uma respiração profunda, um movimento espontâneo e integrado e assim por diante. Durante a jornada da criança ao longo do corpo, quando ela se depara com uma sensação corporal positiva, deve ser feito a ela um convite para investigar, com o "Detector de Sentimento" ou com a "Antena do Corpo", o que o corpo está "dizendo" sobre esta experiência. Inicialmente, a criança deve ser encorajada a expressar isto sem palavras, talvez com um movimento, fingindo ser um animal com tais sentimentos ou postura corporal. Mais tarde, ela pode ser convidada a encontrar as palavras para nomear a experiência. Quando os estados emocionais e corporais já tiverem sido identificados, o terapeuta EMDR pode pedir à criança para obsevá-los enquanto realiza EB para aumentar as redes de memórias positivas e adaptativas (Gomez, 2009b/2010a/ 2011).

Instrumentos musicais podem ser usados como um meio de expressão não-verbal e como uma forma de dar voz ao corpo (Gomez, 2009b; Ogden &Goldstein, no prelo). Em nossa sociedade ocidental, guitarras, teclados e tambores podem ser ideais. No entanto, outros instrumentos de outras partes do mundo também podem ajudar a criança a expressar sua experiência, assim como honrar a herança cultural delas e de suas famílias. Pedir à criança para trazer um instrumento musical com o qual ela está acostumada também será útil, porque a familiaridade pode promover um senso de segurança. Os tambores têm sido usados na terapia EMDR para fornecer a estimulação bilateral tátil (EB) (Adler-Tapia & Settle, 2008; Gomez, 2006). No entanto, além dos tambores, outros instrumentos musicais também podem ser usados como um meio de expressão não-verbal de estados internos (Gomez, 2010a/ 2011; Ogden e Goldstein, no prelo). A Psicoterapia

Sensório-motora usa os tambores para auxiliar as crianças a identificarem segurança e competência e outras experiências positivas, emoções, imagens, e assim por diante, como também para descrever suas experiências de trauma passado a respeito das quais elas não podem ou não querem falar a respeito (Ogden & Goldstein, no prelo; Ogden et al., no prelo). Os instrumentos musicais ajudam a criança a praticar a atenção plena para sintonizar-se com as vozes interiores, ao mesmo tempo em que se conecta ao mundo exterior por meio dos sons emitidos por eles. A criança deve ser convidada a ouvir os sons ou a música que emitem emoções positivas e usar o instrumento musical selecionado para refletir, não verbalmente, os estados corporais e emocionais. Então, ela deve ser encorajada a encontrar as palavras para as suas emoções e seus estados corporais. Os itens do vocabulário de sensação podem ser úteis, já que a maioria das crianças em geral não possui um repertório ou conhecimento sensório-motor bem desenvolvido. (Consulte a seção sobre "Rastreamento", abaixo, para conhecer outros itens).

As crianças altamente desreguladas, com históricos de trauma precoce, podem precisar passar mais tempo apenas conectando-se aos "sons internos do corpo" e expressando-os não verbalmente, antes que o lugar seguro ou o momento seguro possa ser instalado por completo (Gomez, 2010a). Devem ser convidadas a deixar o corpo falar por meio do instrumento. Devem, ainda, ser encorajadas a alternar ou oscilar (Ogden et al., 2006; vide "Técnicas de Oscilação" abaixo) entre os estados associados ao lugar seguro ou momento e à menor perturbação. Seguindo o protocolo usual do lugar calmo-seguro do EMDR, elas devem ser estimuladas a observar a diferença. Para isso, duas "estações" podem ser criadas: a estação na qual o som ou a música calmante e relaxante é tocada; e a estação em que a menor perturbação é experimentada (Gomez, 2009b).

Além disso, quando se utiliza o protocolo do lugar calmo-seguro, as crianças devem ser encorajadas a encontrar o lugar no corpo que parece o mais seguro e onde as sensações positivas e as emoções parecem as melhores e as mais fortes e trazer o "momento seguro" ou a "canção segura" para dentro do corpo para que esteja sempre ao alcance, se necessário (Gomez, 2009b). Ademais, elas aprendem a usar o corpo como um recurso, ou seja, elas aprendem ações físicas que podem executar para trazer a ativação para uma janela de tolerância, assim como sintonizar o lugar seguro no corpo (Ogden et al., 2006; Ogden & Fisher, no prelo).

Desenvolvendo Consciência Sensório-motora e Compreensão

A maioria das crianças não tem o vocabulário para descrever e compreender suas reações sensório-motoras. Durante a fase de preparação da terapia EMDR e a etapa de desenvolvimento de habilidades (Gomez, 2006), podem ser usados jogos para desenvolver a compreensão sensório-motora. Além disso, técnicas da Psicoterapia Sensório-motora, tais como, rastreamento, declarações de contato, limites, ação física, sequenciamento sensório-motor e o uso de micro-movimentos, entre outros, podem auxiliar os terapeutas EMDR a trabalharem com crianças com desregulação afetiva. Segue, fazemos uma descrição de intervenções e estratégias que honram o corpo. Vale a pena ressaltar que estas estratégias são necessárias na terapia EMDR apenas quando se desenvolve um trabalho com crianças que, devido às suas capacidades regulatórias e integrativas limitadas, não estão prontas, ainda, para se moverem para o processamento do trauma.

Rastreamento (Ogden et al., 2006)

Na Psicoterapia Sensório-motora, rastreamento é uma habilidade fundamental que se refere à observação momento-a-momento de como a experiência é codificada no corpo. Ogden, Minton e Pain (2006) definem o rastreamento como segue:

"Rastreamento refere-se à habilidade do terapeuta para observar, de perto e discretamente, a manifestação de componentes não-verbais da experiência imediata do cliente: movimentos, sinais físicos de ativação autônoma ou mudanças na sensação do corpo. Os sinais somáticos de emoções (olhos úmidos, mudanças na expressão facial ou no tom de voz) e como crenças e distorções cognitivas, que emergem da narrativa e da história do cliente, afetam o corpo (tais como o pensamento "eu sou mau" correlacionando-se com a tensão e o fato de olhar para o chão) também são rastreadas" (p. 189).

O terapeuta ressoa e observa (rastreia) o corpo por toda a sessão. Não apenas as respostas traumáticas, tais como paralisação, perda da integridade postural ou o tremor de um sistema nervoso desregulado, como também os recursos e a evidência física de capacidade e empoderamento são percebidos, como, por exemplo, uma respiração profunda, o alongamento da coluna, o relaxamento dos ombros, etc.

Para tentar aumentar a habilidade das crianças para a atenção focada, ela pode ser convidada a rastrear o corpo a partir do seu interior, usando a atenção plena direcionada com a assistência do terapeuta (Ogden, 2009; Ogden et al., 2006; Ogden & Goldstein, no prelo). Quando as ensinamos a rastrearem seus corpos, um ambiente divertido torna-se um elemento importante, para não só facilitar o rastreamento, como também ativar os sistemas lúdicos e de engajamento social da criança (Ogden et al., 2006). O uso do "Detector de Sentimentos" ou da "bússola do corpo" pode adicionar um componente lúdico para a exploração consciente de estados corporais (Gomez, 2006). Quando se utiliza a "bússola do corpo" ou a "câmera interna" com as funções de "zoom interno", "zoom externo" e "desacelerar" (Gomez, 2006), a criança é convidada a criar um destes dispositivos imaginários especiais dentro de si para verificar o que está acontecendo no corpo e detectar quaisquer sinais corporais. A "câmera interna" também pode "desacelerar" qualquer movimento ou sensação, como também dar zoom interno e zoom externo para experimentar isto mais de perto ou à distância. A criança é convidada a fazer "trabalho de detetive", (vide Capítulos 3 e 4), mas desta vez ela deve ser direcionada a ouvir o corpo. Assim que ela tomar consciência de uma reação somática, ela pode ser convidada a rastreá-la internamente com o Detector de Sentimento ou com a bússola do corpo, curiosamente seguindo a sensação, verificando para onde ela está indo ou para onde ela quer ir.

O rastreamento não-verbal e a expressão de estados corporais internos podem ser usados para ajudar a criança a desenvolver consciência corporal. Este trabalho inicial é seguido pela categorização dos estados corporais e das emoções, com a intenção de engajar o córtex e o cérebro esquerdo. Como a maioria das crianças não possui um conhecimento sensório-motor bem desenvolvido, o terapeuta pode ajudá-las a desenvolver seu repertório de palavras sensoriais fornecendo uma "lista do vocabulário de sensação". Podemos dizer: – "Eu me pergunto que tipo de sentimento é... talvez seja formigamento, calafrio, tremor ou calor. Ou talvez isto se pareça com uma pressão empurrando pra fora ou pra dentro". Esta iniciativa oferece à criança opções para escolher e, caso as suposições do terapeuta estejam exatas ou não, ela vai estimular as próprias palavras da criança para descrever seu corpo (Ogden et al., 2006). À medida em que a criança desenvolve consciência somática e interoceptiva, informação sobre recursos, estímulos eliciadores atuais e experiências passadas de adversidade podem surgir e ser colocada na sequência de alvo da criança (Shapiro, 2010). A lista abaixo (Ogden, 1997, Ogden et al., 2006) fornece alguns exemplos de vocabulário sensório-motor que podem ser usados com crianças:

Beliscão	Entediante	Afiado
Congelado	Arejado	Grosso
Vibração	Impaciente	Intenso
Bloqueado	Em movimento	Congestionado
Borbulhante	Formigamento	Instável
Úmido	Confuso	Agitado
Elétrico	Fluido	Leve
Latejante	Fraco	Forte
Radiante	Tremor	Inchado
Palpitação	Pressão	Assustado
Enjoado	Giratório	Tonto
Agitado	Abafado	Esmurrando
Arrepiado	Tensão	

Dolorido	Suave	Irregular
Tremor	Trêmulo	Calafrios
Ameno	Amortecido	Flácido
Expansível	Apertado	Inchado
Paralisado	Suado	Molhado
Energizado	Pegajoso	Viscoso
Confuso	Denso	Fresco
Pulsante	Angustiante	Quente
Corado	Espinhoso	Animado
Tenso	Vacilante	Ardendo
Trêmulo	Sem fôlego	Abalado
Pesado	Rigidez	Distorcido

Elas também podem sugerir suas próprias palavras, como o fizeram as crianças em tratamento com um dos autores: como espaguete, agulha, terremoto, borboletas.

Declarações de Contato (Ogden et al., 2006)

O terapeuta observa as mudanças no corpo por meio do rastreamento e, subsequentemente, o que é rastreado pode ser comunicado à criança na forma de "declaração de contato" (Kurtz, 1990). Ela provavelmente não irá perceber as experiências do seu corpo até que o terapeuta chame a atenção para estas por meio de uma simples declaração descritiva, tal como: – *"Parece que seu corpo está ficando tenso"*; ou: – *"Enquanto você diz estas palavras, suas mãos se aproximam do seu coração"*; ou: *"Parece que você está começando a tremer"*. O terapeuta pode rastrear e entrar em contato com o processo físico comunicado pelo corpo como também com a formação de sentido e com a emoção despertada pelo conteúdo (Kurtz, 1990). Por exemplo, no tratamento da Psicoterapia Sensório-motora, quando Adam mencionou seus sentimentos sobre ter sido molestado, a terapeuta percebeu a tristeza no rosto dele. Sua declaração de contato *("Eu reparei que seu rosto ficou muito triste e permaneceu assim quando você mencionou seus sentimentos")* ajudou a trazer a atenção de Adam para este fato. Ela rastreou, ainda, que sua respiração ficou muito superficial. Suas declarações de contato *("Você segurou sua respiração durante todo o tempo em que suas mãos contaram a história. É difícil recuperar o fôlego quando a história é tão assustadora. Eu vejo a dificuldade que você está tendo para respirar")* ajudaram-no a perceber seu corpo e abriram o caminho para o recurso somático de expandir seu peito estendendo seus braços para os lados (Ogden & Goldstein, no prelo). É importante que os terapeutas atendam tanto às reações traumáticas quanto aos sinais físicos de controle e bem-estar. Quando Adam conseguiu respirar enquanto estendia seus braços, a declaração de contato de sua terapeuta foi: – *"Uau, esta foi uma grande respiração quando você abriu seus braços"*, o ajudou a sentir um senso de controle.

Ao rastrear e descrever as mudanças que ocorrem no corpo à medida em que se manifestam, o terapeuta redireciona a atenção da criança para a experiência corporal presente e a ajuda a se tornar curiosa a respeito do corpo. Com isso, o profissional não tenta interpretar ou dar sentido ao fenômeno físico do cliente, mas simplesmente observar e descrever os elementos sensório-motores nos termos mais simples e mais concretos possíveis. Concomitantemente com o encorajamento da consciência da experiência atual, as declarações de contato evocam e mantêm o engajamento social. Como Kurtz (1990, p. 77) escreveu: "Declarações de contato não são obrigatórias. Elas são opcionais. Criar uma conexão é obrigatório". Boas declarações de contato devem induzir, manter e aumentar o engajamento social entre o terapeuta e a criança.

A técnica de fazer declarações de contato pode ser usada durante as diferentes fases da terapia EMDR. Durante a etapa de preparação, enquanto a informação continua a ser recolhida para desenvolver a sequência de alvo do EMDR (Shapiro, 2010), rastrear e, então, entrar em contato com a maneira como o corpo participa e tem participado na experiência da criança, irá fornecer informação valiosa de como o corpo conta a história. Durante as fases de reprocessamento da terapia EMDR, quando o processamento de informação fica bloqueado, entrelaçamentos "somáticos" podem ser um dos caminhos utilizados pelo terapeuta EMDR para restaurar o processamento de informação.

Traduzindo a Linguagem do Corpo (Ogden & Peters, 1990)

O significado das experiências físicas frequentemente permanece inconsciente até que possamos traduzir estes hábitos não-verbais em palavras, ou "traduzirmos a linguagem do corpo" (Kurtz, 1990; Ogden, 1997; Ogden & Peters, 1990; Ogden et al., 2006). A Psicoterapia Sensório-motora sugere que se pode traduzir a linguagem do corpo encontrando o equivalente verbal e o significado da experiência física. Esta técnica auxilia as crianças a conectarem o corpo com a linguagem verbal e a formação de sentido trazendo, deste modo, a inconsciência para a consciência e integrando níveis de processamento de informação cognitivos, emocionais e sensório-motores. O PAI olha para os diferentes componentes da rede de memória: cognitiva, emocional e somática. A terapia EMDR e suas oito fases acessam não somente os aspectos cognitivos da memória, mas também os estados afetivos e corporais. Diferentes caminhos podem ser tomados para acessar as redes de memória, como, por exemplo, por meio da cognição, do afeto ou do corpo.

No trabalho com crianças, o uso de microfones pode adicionar uma abordagem lúdica para traduzir a linguagem do corpo (Gomez, 2009b/2001). Ao usar esta técnica, o terapeuta entrevista partes do corpo ou sensações, rastreando e contatando o corpo: – *"Eu noto que suas mãos estão fechando em punho"*. Após a criança ser encorajada a observá-las e a rastrear quaisquer movimentos ou sensações, elas podem ser entrevistadas usando um microfone de brinquedo. Também podem ser convidadas a fazer um barulho ou um movimento ou a usar palavras e imagens, se disponíveis. – *"Me pergunto se há um barulho, palavras ou alguma coisa que as mãos gostariam de fazer ou dizer. Deixe que o som, as palavras ou as imagens venham das suas mãos, não dos seus pensamentos"*. O uso de um microfone torna a tradução da linguagem do corpo divertida, atraente e concreta para a criança. Ele deve ser introduzido como um dispositivo especial que ajuda o corpo e as suas músicas a serem ouvidas, vistas e sentidas pela criança e pelos outros com os quais ela se sente segura (Gomez, 2009b/2010a/2011). Ouvir os sons interiores e a música interior do corpo pode auxiliar as crianças a expandirem suas habilidades para focar atenção, aumentar sua habilidade para a atenção plena, desenvolver regulação afetiva e, mais tarde, acessar memórias traumáticas. Como afirmado acima, estas estratégias podem representar um caminho para a rede de memória enquanto os aspectos somáticos são explorados durante as fases iniciais da terapia EMDR; podem, inclusive, ser usadas como entrelaçamentos durante as etapas de reprocessamento. Durante a fase de preparação da terapia EMDR, a criança desenvolve habilidades importantes requeridas quando as fases de reprocessamento são iniciadas e as memórias de trauma e adversidade são acessadas (Shapiro, 2001). No momento em que as memórias são abordadas, a criança deve ter alguma familiaridade com as ferramentas e as técnicas usadas para explorar o corpo conscientemente.

O Jogo de Congelar-Descongelar

Quando se está ensinando às crianças sobre as respostas de congelamento, o exercício a seguir (Gomez, 2010a, 2011) pode ser bastante útil. Primeiramente, a criança deve ser convidada a jogar o "jogo de congelar-descongelar" e a criar, junto com o terapeuta, um "controle remoto de congelar e descongelar". O terapeuta, o pai e a criança, se revezam no uso do controle remoto. Este exercício também ajuda as crianças a experimentarem imobilização sem medo, enquanto elas estão em um estado lúdico. Elas são encorajadas a estudar o corpo quando ele está imobilizado e depois quando está mobilizado. A atenção plena direcionada e a tradução da linguagem do corpo, como descrito anteriormente neste capítulo, são encorajadas com questões como: – *"O que acontece no corpo? O que o corpo está dizendo e/ou comunicando? Como o corpo está comunicando isto? O coração ou o estômago estão dizendo algo? O que as pernas e as mãos estão comunicando a você"*? A criança é convidada a congelar e a posar antes de cada foto ser tirada. O terapeuta pode praticar com curtos e longos períodos de mobilização e imobilização (Gomez, 2011).

Técnicas de Oscilação

Técnicas de Oscilação (Ogden, 2006) também chamadas de "pendulação" por Levine & Frederick 1997 são igualmente úteis para ajudar as crianças a mudarem seu foco de estados desregulados para uma experiência com mais recursos, que apoia a flexibilidade na mudança de estado e aumenta a consciência de estados diferentes. As técnicas de oscilação envolvem direcionar a criança a primeiro, repetida e conscientemente, incorporar estados calmos ou com recursos, e, então, estados desregulados ou desconfortáveis e praticar ir e voltar entre estes dois estados. O exercício seguinte (Gomez, 2009b) mostra como técnicas de oscilação podem ser usadas com crianças: o terapeuta deve convidar a criança a identificar algo incômodo em sua vida. Enquanto ela identifica a situação incômoda atual, peça a ela que ouça e perceba como "o corpo está falando" com ela. Sem palavras, convide a criança a encontrar um animal que melhor descreve o que o seu corpo está dizendo. Por exemplo, se o corpo está comunicando sobre sentir-se bem pequeno e assustado, a criança pode escolher uma formiga ou um rato. Depois, peça a ela para perceber como gostaria que seu corpo se sentisse ou para lembrar de um momento em que se sentiu muito bem e identificar o animal que melhor representa este estado corporal. Algumas crianças podem escolher um leão, se querem se sentir fortes; uma águia se querem experimentar uma sensação de liberdade; ou um elefante se querem sentir-se grandes e poderosas por dentro. Convide a criança a expressar o "estado elefante" e a "postura corporal do elefante" para que ela possa incorporar o estado de força e o empoderamento simbolizado pelo elefante, como alongar a coluna e sentir-se grande por dentro. Após o animal que está representando os estados corporais positivos ter sido inteiramente incorporado, o terapeuta deve ter duas estações, ou áreas diferentes no consultório, e convidar a criança a mover-se entre as estações para experimentar e aprender sobre a mudança de estado. Em outras palavras, o terapeuta e a criança criam a "estação do rato" e a "estação do elefante", nas quais ela pode experimentar cada animal e seu estado corporal, respectivamente. Quando a criança estiver na estação de "estado positivo", ela pode ser encorajada a perceber os estados positivos e a verbalizá-los juntamente com a respectiva emoção, para engajar o hemisfério esquerdo. Então, o profissional deve fazer uso de séries lentas e curtas de MBL (Gomez, 2009b/2010a/2011). A regulação afetiva inclui flexibilidade e transições suaves entre os estados; as experiências de controle são proporcionadas quando estas oscilam, com sucesso, pra trás e pra frente de um estado para o outro (Ogden & Goldstein, no prelo).

Limites

O trauma relacional indica a ocorrência de uma violação dos limites da criança, destruindo sua integridade física e psicológica e deixando-a sentir-se vulnerável e desprotegida. Crianças com trauma precoce e experiências de apego frustradas carecem dos sistemas de memória adaptativa contendo informação apropriada a respeito do Eu, do outro e do mundo. Como resultado, seu senso de limites é comprometido. Durante a fase de preparação da terapia EMDR, as intervenções da Psicoterapia Sensório-motora podem ser incorporadas para auxiliar as crianças a desenvolverem um senso somático de limites e aprofundarem sua experiência corporal. "Um *senso somático* de limite, não é o mesmo que uma compreensão cognitiva, porque ele se baseia no senso sentido das preferências, desejos e direitos de um indivíduo, como também no senso sentido de segurança" (Ogden et al., 2006, p 226). Um senso sentido de limite anda de mãos dadas com a ativação que está dentro da janela de tolerância, enquanto estados de hiper ou hipoativação indicam que a criança não possui um senso somático adequado de segurança ou limite.

O restabelecimento de um senso somático de limites é facilitado pela exploração de ações, tais como, afastar com os braços, chutar ou ir embora, estabelecendo, deste modo, distância entre o indivíduo e a invasão indesejada de pessoa ou objeto. Uma variedade de exercícios pode ser usada para ensinar às crianças qual distância pessoal correta pode ajudá-las a se sentirem seguras. Adam, 7 anos de idade, foi molestado na escola por uma garoto mais velho, recusando-se a discutir sobre o que tinha acontecido e a retornar para a escola. Com uma postura colapsada, fraco, voz hesitante, ele foi incapaz de dizer "não" ou de definir seus limites. Os objetivos do tratamento de Adam incluíam aprender a respeito de limites e praticar movimentos de limites, como afastar, por exemplo. Várias sessões focaram no desenvolvimento do seu senso somático de limites; sendo uma delas descrita no trecho abaixo:

Sentado no chão, Adam foi convidado a usar uma corda para criar uma "bolha" em volta dele e, então, empurrar para fora o que ele não queria dentro do seu limite de espaço. Sua irmã mais velha, que participou dessa sessão, atuou no papel de invadir seu limite e Adam descobriu várias maneiras de dizer "não": – *"Eu sou responsável por mim"! "Você não pode me tocar a não ser que eu deixe"! "Eu decido". "Eu posso ser poderoso, eu sou poderoso"!* O terapeuta o ajudou a encontrar os movimentos de empurrar com seus braços, o que melhor correspondia ao seu "não". Primeiro, ele empurrou sua irmã para fora da sua bolha com hesitação e pouca força, mas com a prática, seu empurrão se tornou mais e mais assertivo e forte, ocorrendo o mesmo com sua voz (Ogden & Goldstein, no prelo).

Ao invés de serem incapazes de definir limites, como Adam, algumas crianças definem seus limites por meio da raiva, dominação e comportamento perturbador. O exemplo seguinte ilustra o uso de exercícios de limites da Psicoterapia Sensório-motora com uma criança que havia aprendido a definir seus limites agressivamente.

Jake, 7 anos, o garoto mais novo de uma família de sete, dormia na sala de estar com seus três irmãos. Constantemente atormentado por sua família, ele não podia nem mesmo utilizar o banheiro com privacidade sem ser provocado por seus irmãos. Extremamente hostil, inquieto e perturbador, com ombros curvados e rígidos, Jake disse muitas vezes, de forma agressiva, para outras crianças: – "Eu quero te MATAR". Na terapia de grupo, estas questões foram abordadas, pedindo a ele para fazer uma barreira em volta de si mesmo com uma corda. Ele foi encorajado a manter todo mundo fora da sua "bolha", nome dado por Jake para o círculo de corda criado por ele, e a usar sua voz e seus braços para transmitir a mensagem "saia daqui". Ele também experimentou pedir aos outros para entrarem em sua bolha e, então, dizer a eles para saírem. Os membros do grupo foram instruídos a fazerem o que ele dizia e a saírem do seu limite de espaço quando solicitados. De maneira repetida, os padrões processuais de Jake mudaram visivelmente: sua coluna alongou; sua cabeça ergueu-se; seus olhos suavizaram-se; e seus ombros relaxaram. Estas ações físicas deram apoio ao engajamento com os outros, enquanto seus ombros tensos, seus olhos semifechados, a cabeça abaixada e a coluna curvada davam apoio à desconexão e à agressão. Jake, finalmente, adquiriu o controle sobre seu próprio limite, algo que ele nunca teve em sua família, e seus ataques agressivos diminuíram (Ogden & Goldstein, no prelo).

Outra maneira de ajudar as crianças a se conectarem com seus corpos e com seu próprio senso de limites é usando um exercício no qual o terapeuta auxilia a criança a desenvolver uma forma sentida de dizer "sim" e "não" com o próprio corpo, ao invés de usar palavras (Ogden, 2006; Ogden et al., no prelo). A criança é encorajada a incorporar a sensação sentida de "sim" à medida em que anda em volta da sala e a compartilhar momentos em que ela se lembra de ter dito "sim". A criança e o terapeuta também podem explorar momentos em que o corpo queria dizer "não", mas disse "sim". A criança pode andar em volta percebendo como o corpo disse "não", mas a palavra que saiu foi "sim". A criança pode, então, praticar a incorporação de um estado condizente em que o corpo, o coração e a mente estão alinhados, "de mãos dadas" e dizendo "sim" ou "não", ao contrário de quando eles não estão alinhados e não estão "de mãos dadas". O terapeuta pode perguntar à criança o que acontece quando a mente, o coração e o corpo estão de mãos dadas" e convidar o lado esquerdo do seu cérebro para participar, pedindo a ela para identificar, verbalmente, as emoções e as sensações corporais associadas com tornar-se capaz de, coerentemente, dizer "sim" ou "não". Após a criança identificar as emoções e as sensações do corpo associadas a dizer "sim" e "não", estas experiências "adequadas" podem ser aprimoradas com séries lentas e curtas de MBL.

Usando Música

O exercício a seguir (Gomez, 2010a/2011) aproveita o amor natural das crianças pela música para ajudá-las a melhorar sua consciência interoceptiva e desenvolver e/ou aprimorar sua capacidade de acessar redes de memória positivas. O terapeuta deve explicar a elas como todos nós carregamos a música dentro dos nossos corpos, como ela é executada pelas nossas diferentes partes e órgãos. Algumas vezes, esta música torna-se barulho se todos os órgãos e partes do corpo funcionarem "rápido demais". Outras vezes, a música desliga e nos silencia quando todos os órgãos no corpo estão funcionando "muito devagar". A criança deve ser encorajada a escutar apenas um órgão ou parte do corpo por vez, sendo encorajada pelo terapeuta a ouvir o órgão ou parte do corpo mais acessível para ela. Maracas podem ser usadas para ajudá-la a sintonizar no ritmo do órgão ou da parte do corpo e a tocar os ritmos internos externamente. Se a criança escolher o coração, o terapeuta pode encorajá-la a conectar o coração às maracas, criando uma conexão invisível, ou "corda" do coração, com as maracas. Ela deve, então, ouvir a música do seu coração e deixar as maracas tocarem esta música. O terapeuta pode ainda pedir à criança para pensar em uma situação irritante e notar o que o seu coração está comunicando à maraca e, novamente, convidar a maraca para ser a voz do seu coração. O pai e a criança podem ser encorajados a escutar e sentir o ritmo do coração da criança por meio das maracas. Envolver a criança em atividades que aumentam e diminuem a frequência cardíaca fornece a oportunidade para perceber os diferentes ritmos do coração. Outras partes do corpo (pernas, braços, costas, cabeça, peito) e órgãos (estômago, pulmões, etc.) podem ser explorados da mesma maneira.

O próximo exercício (Gomez, 2010a) objetiva promover na terapia EMDR o desenvolvimento e/ou a estimulação de sistemas de memória que dão apoio a uma habilidade maior por tolerância afetiva, regulação e consciência interoceptiva. Estimula ainda a integração entre os hemisférios direito e esquerdo quando a criança usa a maraca primeiro com a mão esquerda e depois com a mão direita, observando como cada lado escuta o órgão específico. De maneira similar, a criança pode ser convidada a perceber o pé esquerdo enquanto segura a maraca com a mão esquerda ou experimentar segurar a maraca com a mão direita enquanto percebe o pé esquerdo. Estes exercícios podem ser usados durante as fases de reprocessamento da terapia EMDR. Quando, enfim, a criança conseguir deixar o terapeuta saber mais explicitamente o que está acontecendo internamente,; e permitir à maraca ser a voz, ela terá aprendido a dar voz à sua experiência interna e ao seu nível de ativação por meio deste instrumento.

O uso de sons e do canto é outra forma de ajudar a criança a sintonizar com sua própria experiência interna. Ela pode experimentar com sons baixos, médios ou altos em tom e afinação. Também pode ser convidada a conectar sua voz a um órgão ou a uma parte do seu corpo e dar uma voz a este órgão por meio de sons e palavras (Gomez, 2010a/2011). Aqui, o importante é a criança aprender a falar a linguagem do corpo, do coração e da mente. O terapeuta e o pai podem participar se a criança concordar com esta ideia e permitir que eles compartilhem um momento por meio de sons e cantos. Este exercício fornece à criança a oportunidade de ter a sensação de como a sua experiência interna é sentida, conhecida e vista pelo pai e pelo terapeuta. Usar séries curtas e lentas de MBL com a criança pode melhorar estes momentos de regulação, sintonia e conexão durante a fase de preparação. O terapeuta sintonizado deve fazer declarações de contato e descrever o que o corpo está expressando durante este momento de conexão. Usando uma voz que ressoa com os estados corporal e emocional da criança, o terapeuta pode usar uma declaração de contato, tal como: –"*Posso ver, enquanto você canta, como seu rosto fica bem relaxado e suas pernas e braços ficam bem calmos*". O terapeuta, então, deve fornecer séries curtas e lentas de MBL para instalar esta experiência. Mais tarde, ele pode convidar a criança a classificar o sentimento e onde ele é sentido no corpo, como é feito nos protocolos padrão de EMDR para a instalação de recursos. Todos estes exercícios, em geral, aumentam o acesso e/ou reforçam as redes de memórias positivas e adaptativas e podem tornar-se experiências de controle para a criança, na medida em que aumentam sua autoconsciência e a autoeficácia.

Ações do Corpo

O exercício de Psicoterapia Sensório-motora para ser utilizado com crianças consiste na exploração do que as partes do corpo podem fazer (Ogden et al., 2006; Ogden et al., no prelo). Nele, o terapeuta deve convidar a criança a focar em movimentos e gestos, tais como, alcançar, segurar, apertar, empurrar ou agarrar, e perceber quais deles parecem "novos" e quais parecem "familiares". A criança deve ser encorajada a estudar e a explorar cada movimento e gesto e a permitir que o corpo "fale". Enquanto se envolvem neste exercício, algumas crianças podem se lembrar de experiências passadas, positivas e negativas, provocadas pela postura corporal ou pelo movimento. O terapeuta pode convidar a criança a encontrar histórias de eventos provocados por um movimento ou gesto e acessar memórias de recursos e experiências de controle, como também memórias de adversidade e trauma. A criança pode criar um container ou uma "caixa de memória" (ver Capítulo 4) para colocar "memórias negativas ou ruins" e outro para depositar "memórias positivas e boas" (Gomez, 2006/2007b). Caso a história lembrada por ela represente um recurso ou uma experiência de empoderamento, o terapeuta de EMDR pode convidá-la a conectar-se com suas emoções e com seus estados corporais enquanto fornece séries lentas e curtas de MBL, para instalar este recurso e experiência positiva.

Fase de Dessensibilização

Depois que as memórias de trauma e adversidade forem exploradas e acessadas, o reprocessamento de tais eventos deve ser, então, iniciado. Mesmo que a síntese e a assimilação espontânea de memórias sejam preferidas e, principalmente, encorajadas, o processamento de informação da criança pode ser interrompido (Shapiro, 1995/2001). Quando isto acontecer, o terapeuta de EMDR sintonizado precisará utilizar, habilmente, estratégias para estimular e reengajar o sistema de processamento de informação da criança (Shapiro, 1995/2001). Procedimentos padrão de EMDR, para dar o arranque ao reprocessamento, devem ser seguidos. Por exemplo, deve-se considerar a mudança da mecânica antes de tentar utilizar um entrelaçamento. Além disto, após cada entrelaçamento ter sido utilizado, a criança deve ser incentivada a envolver-se com os MBL seguidos dos procedimentos e perguntas habituais. No entanto, as crianças com cronicidade em suas histórias de trauma podem necessitar da participação ativa e sintonizada do terapeuta EMDR. As intervenções propostas neste capítulo para as fases de reprocessamento da terapia EMDR somente devem ser utilizadas quando o processamento espontâneo ficar bloqueado.

Os entrelaçamentos voltados para a promoção da assimilação em um nível somático são de extrema importância, considerando o fato de tantas crianças traumatizadas se apresentarem com a ativação desregulada e as respostas de defesa truncadas e incompletas, bem como com ações que não podem ser realizadas durante o evento traumático (Ogden et al., 2006; Ogden & Minton, 2000). Evidentemente, integrar a experiência corporal da criança com as emoções e as cognições na fase de reprocessamento, juntamente com o contato corporal de cuidadores amáveis, pode auxiliar no reprocessamento eficiente das memórias perturbadoras. A maioria das técnicas descritas acima pode ser adaptada como entrelaçamentos durante as fases de reprocessamento da terapia EMDR. É importante destacar que, na terapia EMDR, a assimilação e o processamento de informação cognitiva, afetiva e somática podem acontecer simultaneamente. No entanto, quando o processamento de informação estiver bloqueado, intervenções agradáveis, que incluem a participação ativa do corpo na terapia EMDR (Gomez, 2006, 2009b, 2010a/2011) e a inclusão de estratégias da Psicoterapia Sensório-motora (Ogden et al., 2006; Ogden et al., no prelo) podem ser usadas com sucesso para estimular o processamento bloqueado.

Usando o Toque

O toque da própria criança e o toque do pai podem ser usados para desenvolver novos recursos somáticos, alimentar a autorregulação e criar uma conexão entre a criança e o pai quando o toque deste for usado (Gomez, 2010a/2011; vide também Wesselman, 2007). A criança pode aprender a usar o toque para se regular e para utilizar seu corpo como um recurso. Por exemplo, colocar sua própria mão no coração, tocar suas pernas para se sentir enraizada e, assim por diante, pode ensiná-la a autorregular-se, criando um senso de atuação e empoderamento (Ogden et al., 2006; Ogden & Goldstein, no prelo).

Durante a fase de dessensibilização e, em geral, em todas as etapas de reprocessamento da terapia EMDR, o toque pode ser usado como um entrelaçamento. Quando o toque fornecido pela criança ou pelo pai promove estados positivos, ele é reconhecido por estimular o desenvolvimento de redes neurais adaptativas e também pode ser útil durante a fase de preparação (Gomez, 2009, 2010a, 2011; Wesselman, 2007, 2010). De acordo com Cozolino (2006), "toque leve e contato confortável levam ao aumento da oxitocina e da endorfina que fortalecem os laços sociais por meio de uma associação com a sensação de bem-estar" (p.103). A criança pode ser convidada a tocar uma área do corpo onde a perturbação esteja sendo experimentada, ou o pai, caso esteja presente, pode fornecer o toque. Por exemplo, durante o reprocessamento de um evento perturbador, quando o processamento de informação fica bloqueado enquanto a criança relata medo e uma sensação de formigamento no peito, uma maneira possível de estimular o processamento de informação é encorajar a criança a permanecer com a sensação e expressar o que ela precisa (Gomez, 2009b, 2010a/2011). O terapeuta pode fornecer opções, tais como: tocar a área experimentando a perturbação da forma como a criança quer ser tocada para experimentar alívio; ou para fornecer o que ela precisa. Outro entrelaçamento que pode ser oferecido à criança é receber uma ajuda de outra pessoa (Gomez, 2009b). A sensação deve ser convidada a escolher a mão do pai ou a da criança e, então, colocar a mão escolhida no corpo onde a ela é experimentada. Em uma abordagem da Psicoterapia Sensório-motora várias intervenções podem ser usadas com relação ao toque: encontre o tipo de toque que a área do corpo precisa, aperfeiçoe o toque para que ele esteja precisamente correto em termos de pressão, área exata tocada, mão parada ou em movimento, movimento rápido ou lento, traduza a linguagem do corpo, traduza o que a mão está dizendo ao corpo e obtenha relatos da criança sobre "o que acontece por dentro quando o toque é usado" (Ogden & Goldstein, no prelo; Ogden & Peters, 1990; Ogden et al., 2006). Ao se utilizar o "entrelaçamento da mão amiga", diretrizes tais como: - *"Deixe que o 'som', a 'sensação' ou a 'música' do seu corpo diga à mão o que ele precisa"* pode "dar o arranque" ao processamento de informação por meio do uso de um entrelaçamento "somático".

Outras intervenções incluem: *"O que a 'sensação' gostaria que a mão fizesse? Ela pode querer que a mão permaneça parada ou que se mova enquanto a esfrega? Deixe que a 'sensação' mostre à mão quanta pressão ela quer e quão rápido ou devagar ela deseja. Este lugar está sendo tocado exatamente no ponto certo ou é melhor mais para cima ou para o lado?"* As perguntas seguintes podem auxiliar na tradução da linguagem do corpo: - *"Se a mão pudesse dizer alguma coisa, o que a 'sensação' gostaria de ouvir da mão"?* E: - *"O que este lugar em seu corpo diria de volta para a mão"?* Opções como as descritas anteriormente podem auxiliar a criança a conectar-se atentamente com a sua mão e descrever o que acontece por dentro quando ela é tocada. Rastrear e contatar quaisquer mudanças corporais resultantes de se convidar a "mão amiga" também ajudam a criança na compreensão de sua experiência. Estes entrelaçamentos focados no corpo são usados para restaurar o processamento de informação, quando o mesmo fica bloqueado pela perturbação da manifestação atual da rede de memória, e para promover a integração por meio da estimulação de estados afetivos e somáticos positivos.

Quando se faz uso desta estratégia durante as fases de reprocessamento da terapia EMDR, os MBL são utilizados depois de a nova informação ser acessada a partir da "sensação". Os MBL também são usados enquanto o pai está tocando ou esfregando a área do corpo onde a sensação está presente. Os procedimentos básicos da terapia EMDR são utilizados após cada série de MBL. Estas intervenções são especialmente significativas quando o toque do pai é usado (Gomez, 2009b/2010a/2011). A criança é estimulada a observar o que acontece no corpo enquanto a mão do seu pai, que está sintonizada com a experiência corporal da criança, fornece exatamente o que a "sensação" está pedindo;

promove-se, deste modo, uma conexão entre a criança e o pai. Caso os pais estejam envolvidos durante as fases de reprocessamento da terapia EMDR, como afirmado em capítulos anteriores, preparação suficiente com o cuidador deve ter sido atingida para garantir sua participação durante as sessões de processamento de trauma.

Criando Experiências

De acordo com Ogden (2006), as experiências ocorrem dentro do contexto de engajamento social e induzem o sistema de ação exploratório da criança. Conduzida em uma atmosfera de colaboração e curiosidade, uma experiência "convida à exploração de novas vivências sem investimento em um resultado específico, uma atitude que torna respostas 'certas' e 'erradas' irrelevantes e se reflete na formulação de declarações de contato e em perguntas de atenção plena" (Ogden et al., 2006, p 195). O texto usado pelo terapeuta durante as experiências é uma versão de "O que acontece quando... ?" No tratamento com Adam, sua terapeuta sugeriu que ele experimentasse empurrar um travesseiro com seus braços, enquanto ela perguntava: – "O que acontece quando você empurra"? Adam foi encorajado a relatar o que observou dentro do seu corpo. Estas experiências também podem ser propostas para trazer a ativação para dentro da janela de tolerância, caso a criança se torne hiper ou hipoativada, como em: – "Vamos ver o que acontece quando nós levantamos e andamos em volta". Apesar de na terapia EMDR a ligação espontânea e a assimilação de informação serem preferidas e normalmente acessadas quando o processamento de informação fica bloqueado, "experiências" podem ser usadas como uma forma de entrelaçamentos "somáticos". O movimento, especialmente com crianças que tendem a experimentar estados de hipo ou hiperativação durante o reprocessamento de EMDR, pode ser usado para trazê-las de volta às janelas apropriadas de tolerância afetiva e também tornar sua experiência mais tangível, concreta e mais significativa para elas.

O terapeuta pode convidar a criança a experimentar a execução de um movimento ou gesto ou focar em uma sensação: – "O que você acha de nós apenas verificarmos aquela sensação de formigamento em seu estômago com a sua "câmera interna" e ver o que acontece"? Outro entrelaçamento pode ser: – "Eu percebo quando você diz que suas mãos estão armando um soco; estaria tudo bem fazer isto de novo e verificar? Vamos fazer isto de novo e, simplesmente, notar ou verificar isto com sua câmera interna e ver o que acontece". A criança pode ser estimulada a utilizar as funções de "zoom interno", "zoom externo" ou "desacelerar" para estudar de perto as mãos e suas sensações físicas e a intensificar o movimento para que ele também possa ser analisado. Enquanto a criança está experimentando executar o movimento, pode-se pedir a ela para assisti-lo através da "câmera interna" e relatar o que acontece. Também se pode encorajá-la a usar a função "desacelerar" e a assistir o movimento vagarosamente enquanto ele se desdobra.

O terapeuta também poderia encontrar ações incompletas e ajudar a criança a executá-las. Ou seja, ele a ajuda a descobrir a ação que está emergindo do corpo naturalmente e a movê-la para a conclusão (Ogden & Goldstein, no prelo; Ogden & Minton, 2000; Ogden et al., 2006; Shapiro, 1995, 2001). O profissional pode, ainda, utilizar objetos lúdicos para ajudar a criança a completar a ação, como, por exemplo, segurar um travesseiro contra a criança para que ela possa empurrar; ou "marshmallows" feitos de papel higiênico, para ela poder jogar; ou um jornal velho para ela rasgar enquanto o terapeuta o segura (Booth & Jernberg, 2010) são formas divertidas de incentivar a criança a executar ações defensivas fortalecedoras. Também é útil explorar o ritmo e a intensidade do movimento (Ogden & Goldstein, no prelo). O "controle remoto do corpo" (Gomez, 2010a) com a função "desacelerar" ou a "câmera lenta" é usado para desacelerar o movimento enquanto a criança o estuda atentamente. O terapeuta, ludicamente, deve utilizar o controle remoto para incentivar a criança a desacelerar o movimento e modular a ativação. Usar o "botão de volume" para aumentar ou diminuir a intensidade do movimento e o esforço necessário para executá-lo, também pode ser bem útil (Ogden & Goldstein, no prelo). No entanto, a criança deve ter todo o poder para usar o botão de volume e o controle remoto para testar velocidades e intensidades diferentes e encontrar as que lhes pareçam mais adequadas.

Sequenciamento Sensório-motor

Esta intervenção da Psicoterapia Sensório-motora facilita a conclusão de ações corporais involuntárias associadas a memórias traumáticas (Ogden et al., 2006). O sequenciamento sensório-motor é descrito como "... rastreando lenta e atentamente, detalhe por detalhe, os movimentos físicos involuntários e as sensações que pertencem originalmente à ativação autônoma não resolvida, reações orientadoras e defensivas" (Ogden et al., 2006, p. 253). O uso da "câmera interna" (Gomez, 2009b) é uma ferramenta eficiente para crianças durante o sequenciamento sensório-motor. Com as funções de "zoom interno", "zoom externo" e "desacelerar", as crianças podem, lenta e atentamente, acompanhar os micromovimentos e a ativação simpática. Então, elas devem ser convidadas a observar e a rastrear os micromovimentos involuntários ao invés de fazê-los voluntariamente. Elas devem ser apoiadas a permanecer com estes movimentos involuntários até que eles estejam completos e a sensação no corpo se instale. (Ogden et al, 2006; Ogden & Minton, 2000; Ogden et al., no prelo). Na terapia EMDR, quando as memórias são acessadas e o reprocessamento para, o sequenciamento sensório-motor pode ser um entrelaçamento somático eficaz. No exercício seguinte (Gomez, 2009b, 2010a, 2011), o terapeuta pode lhe dizer: *"Usando sua maravilhosa 'câmera interna' especial, vamos simplesmente assistir o que está acontecendo no seu corpo agora"*. Uma vez que a criança consiga identificar uma sensação, ela deve ser convidada a continuar observando enquanto os MBL são fornecidos. A criança permanece em um modo observador curioso, enquanto o terapeuta diz: – *"Ok, simplesmente continue rastreando e seguindo onde este sentimento corporal está indo ou se ele está permanecendo no mesmo lugar. É um sentimento de formigamento, de zumbido"*? Depois de a criança relatar o que está acontecendo em seu corpo, o terapeuta pode encorajar o rastreamento enquanto os MBL são fornecidos: – *"Simplesmente continue observando isto com sua câmera especial"*. Outras perguntas que também podem ser úteis são: *"Isto é pesado ou leve, frio ou quente? Simplesmente continue ouvindo os sons, a música ou o barulho que este sentimento está fazendo em seu corpo. Existem quaisquer impulsos enquanto seu corpo conta sua história"*? Caso surjam impulsos, a criança deve ser convidada a notá-los e a permitir que eles continuem sua sequência ao longo do corpo sem tentar controlá-los (Ogden et al., 2006). A segurança e um senso de curiosidade e de autocontrole são importantes: "A lentidão deste microprocessamento e a manutenção do engajamento social com o terapeuta sustentam a experiência de forma segura e manejável, desafiando a habitual reexperiência de emoções implícitas, sensações e atividade motora" (Ogden et al., no prelo).

Fase de Instalação

Neste estágio da terapia EMDR, a criança já alcançou um nível de perturbação zero (0) ou ecologicamente correto de um (1) (Shapiro, 1995/2001). Durante a fase de instalação da terapia EMDR, o objetivo principal é aumentar as redes de memória positivas enquanto informações cognitivas, afetivas e somáticas continuam a ser assimiladas espontaneamente (Shapiro, 2001). Por exemplo, a crença positiva instalada pode ser incorporada por meio do uso de intervenções da Psicoterapia Sensório-motora, ajudando a criança a identificar e a praticar a postura física e o movimento que reflete a crença positiva (Ogden, et al., 2006; Ogden & Goldstein, no prelo). Olhar para as dicas verbais e não-verbais fornecidas pela criança durante a etapa de instalação e, em geral, em todas as oito fases da terapia EMDR, pode ajudar o terapeuta EMDR a perceber se as mudanças e a integração do processamento de informação estão acontecendo em diferentes níveis. Uma criança que esteja trabalhando com uma crença positiva "Eu sou uma criança boa", mas relata uma validação da crença positiva (VoC 7) exibindo uma postura corporal em colapso e uma expressão facial fixa, não pode estar mostrando como esta crença positiva está inteiramente integrada. Muito frequentemente na terapia EMDR, estas mudanças de tendências processuais acontecem espontaneamente. No entanto, caso elas não apareçam, o terapeuta pode perguntar à criança pela postura corporal que acompanha a crença positiva, se ela poderia "mostrar" a crença positiva com um movimento e a postura. Por exemplo, se a crença positiva for "Eu sou forte," a criança pode ser convidada a perceber como as pernas, os braços e a postura expressariam a crença positiva. Pode ser útil relembrá-la sobre a linguagem especial que o corpo fala: –"*O corpo pode dizer a mesma coisa que o cérebro e o coração dizem, mas usando uma linguagem diferente*". A criança pode ser encorajada a falar a mesma crença positiva com todas as três "linguagens": – "*Vamos dizer 'Eu sou forte' com o seu corpo, com o seu coração e com a sua mente*". (Gomez, 2010a/2011). Sendo a crença positiva de Jim "Eu sou forte," seu terapeuta usou entrelaçamentos como: – "*Como o seu corpo diria, 'Eu sou forte'*"? Incorporar a nova postura juntamente com a crença positiva continua a estimular a integração e a assimilação de informação adaptativa. A mesma estratégia pode ser usada durante a projeção para o futuro, da terapia EMDR, à medida em que a criança identifica os estados cognitivos, afetivos e somáticos positivos enquanto visualiza a resposta adaptativa futura na presença de uma situação ativadora anterior.

Sumário e Conclusões

Crianças com trauma complexo e desregulação afetiva difusiva podem necessitar de uma preparação mais extensa e complexa e do desenvolvimento de recurso durante a terapia EMDR. Devido ao fato de as crianças poderem se mover rapidamente de suas janelas de tolerância para estados de hiper e hipoativação, as fases de reprocessamento também podem ser mais complexas, além de requererem participação e intervenções mais ativas do terapeuta EMDR. As crianças que experimentaram trauma precoce e crônico, na maioria das vezes, têm uma consciência interoceptiva pobre e podem sentir-se desconectadas dos seus corpos. A inclusão de intervenções adicionais da Psicoterapia Sensório-motora pode melhorar o trabalho terapêutico e o resultado geral do tratamento quando se usa terapia EMDR com crianças com trauma complexo. Apesar das grandes diferenças entre a terapia EMDR e a Psicoterapia Sensório-motora, ambas compartilham objetivos e procedimentos de tratamento importantes. O objetivo final de alcançar os três níveis de processamento de informação – cognitivo, emocional e sensório-motor – e de promover a integração entre eles é comum tanto para a terapia EMDR quanto para a Psicoterapia Sensório-motora, apesar de elas atingirem este objetivo por meios diferentes. Este capítulo tem a intenção de fornecer abordagens teóricas e práticas para a integração de técnicas da Psicoterapia Sensório-motora em uma terapia EMDR abrangente. As estratégias fornecidas ao longo deste capítulo não têm a intenção de mudar o núcleo e o aspecto fundamental da terapia EMDR e do modelo do PAI, mas sim de melhorar e enriquecer seu trabalho com crianças difíceis de serem tratadas enquanto honra a essência e o coração da Psicoterapia Sensório-motora.

Capítulo 12 - Usando Terapia EMDR e Theraplay
(Ana M. Gomez e Emily Jernberg)

O principal foco deste capítulo é apresentar como a terapia de dessensibilização e reprocessamento por meio dos movimentos oculares (EMDR) e o Theraplay podem ser usados, em conjunto, durante o tratamento de crianças com histórico de trauma complexo. Assim, este capítulo fornecerá uma introdução ao Theraplay, às formas como ele pode ser adaptado para atender às necessidades de crianças traumatizadas e como ele pode ser adicionado a um tratamento de EMDR abrangente para intensificar os processos curativos das referidas crianças. Essas duas abordagens funcionam juntas tão bem porque as suas áreas de atuação são complementares.

- Theraplay foca no relacionamento pai-filho como o agente de cura que detém em si o potencial de cultivar o crescimento e a segurança da criança.
- O foco principal do EMDR é na estimulação do sistema de processamento adaptativo de informação do cérebro, a fim de promover a integração das memórias de trauma e adversidade que constituem o núcleo do sofrimento e das dificuldades atuais da criança.

Quando o relacionamento pai-filho constitui-se no gerador do trauma, a integração de tais memórias de apego, assim como a transformação das interações atuais pai-filho são necessárias para promover a verdadeira cura. Frequentemente, as crianças dissociativas e apegadas de forma insegura não tiveram experiências apropriadas de desenvolvimento e de apego. Como resultado, as redes neurais contendo experiências de segurança, assim como modelos congruentes e unitários do "Eu" e do outro são inexistentes. Essas crianças precisarão de experiências reparadoras apropriadas, constituídas de interações saudáveis entre pai-filho ou adulto-criança, para que novas conexões neurais sejam desenvolvidas no cérebro. Por outro lado, mesmo quando as interações pai-filho são reparadas e curadas, as redes de memória formadas durante o tempo em que o trauma e a adversidade foram vivenciados podem permanecer não integradas. Como resultado, estas memórias têm o potencial de serem ativadas por estímulos atuais, fazendo com que a criança se comporte de maneira mais consistente com o passado (Shapiro, 2001). Elas podem continuar a usar os mecanismos de adaptação que eram necessários quando o trauma estava acontecendo e responder a um ambiente seguro como se ainda enfrentassem o perigo. Consequentemente, as memórias implícitas que permanecem não integradas e fragmentadas manterão a criança presa ao passado.

Além disso, se estas memórias de dificuldades forem integradas e assimiladas, mas os pais continuarem a se envolver em interações traumatizadoras no presente, eles continuarão a reforçar as mesmas memórias que o terapeuta EMDR está auxiliando a criança a processar e assimilar. Diante disso, está claro como essas duas abordagens podem trabalhar em conjunto nos casos onde trauma e adversidade ocorreram dentro do sistema de cuidado. É importante destacar, no entanto, que o Theraplay não é uma abordagem destinada a trabalhar diretamente com as memórias do trauma. Consequentemente, quando se usa o Theraplay com crianças traumatizadas, outras abordagens, tais como a terapia EMDR, precisam ser incorporadas para processar e assimilar, diretamente, os eventos traumáticos. Com o objetivo de integrá-las, uma revisão ampla dos princípios e dos procedimentos do Theraplay serão aqui apresentados, seguidos das fases específicas da terapia EMDR em que atividades do Theraplay podem ser incorporadas. Também será descrito, minuciosamente, quando e como usar o Theraplay dentro das oito fases da terapia EMDR.

O Que é Theraplay?

A psicóloga Ann M. Jernberg desenvolveu o Theraplay, um método terapêutico embasado na teoria do apego e moldado no relacionamento precoce pai-filho, em 1967. Jernberg utilizou o modelo de Austin Des Laurier (1962) de engajar, insistentemente, as crianças no aqui-e-agora, bem como as ideias terapêuticas de Viola Brody, segundo as quais o terapeuta fornece cuidado amoroso às crianças (Brody, 1978, 1993). Além disto, Jernberg estava convencida de que o relacionamento saudável entre pai e filho era a chave para o crescimento e a mudança. Ela baseou-se na emergente teoria do apego de John Bowlby para maior assertividade (Bowlby, 1969). Embora importantes elementos de corregulação e sintonia tenham sido apresentados desde o início do Theraplay, nos últimos anos a abordagem tem sido adaptada para dar maior foco a estes importantes aspectos. A melhor prática atual de Theraplay enfoca na segurança (Bowlby, 1973/1980), na intersubjetividade (Trevarthan, 1989), no sistema de engajamento social (Porges, 2011), assim como em brincadeiras e alegria (Panskepp, 1998/2009).

O Theraplay é um tipo de terapia ativa, associada ao lado direito do cérebro, divertida e voltada ao aqui-e-agora, que enfoca a saúde ao invés da patologia. Os objetivos são fortalecer o apego, a autoestima, a alegria e a regulação. O relacionamento é o veículo da mudança e o terapeuta guia a terapia de um modo empático e sintonizado. Além disto, treina os pais (a palavra "pais" será usada neste capítulo como sinônimo de "cuidador primário" ou similar) para serem coterapeutas; eles conduzem a terapia em casa sempre que possível. O Theraplay ampara a criança em seu estágio atual de desenvolvimento. Assim, se ela vive dificuldades em estágios precoces do desenvolvimento, o tratamento de Theraplay fornece experiências relevantes para estas fases. Usado em indivíduos em todos os estágios da vida, o Theraplay é mais comumente aplicado em clientes com idade entre os primeiros anos de vida até 12 anos.

Teoria e Princípios Básicos do Theraplay

O Theraplay foi moldado a partir de interações normais e saudáveis entre pai e filho, as quais permitem o desenvolvimento da criança em um relacionamento amoroso, estimulante, atencioso, fazendo com que ela se torne um adulto seguro, resiliente, satisfeito e feliz; o tipo de relacionamento que leva a um apego seguro. Pais que cultivam um relacionamento saudável com a criança irão agir, consciente ou inconscientemente, de formas variadas para ajudar o seu desenvolvimento, assim como para estruturar a experiência da criança, quando apropriado. Eles atraem suas crianças para se relacionarem consigo e lhes passam a ideia de que o mundo é um lugar empolgante, cuidando delas de forma que se sintam seguras, confiantes e amadas. Os pais podem dar suporte para que a criança enfrente desafios apropriados, o que levará ao crescimento das suas habilidade e confiança. Também podem ajudar a criança a tolerar a frustação caso ela não supere um desafio. Interações saudáveis entre adultos e crianças variam de lúdica à melancólica, de quieta e pacífica à barulhenta e tempestuosa, de altamente interativa à convivência relaxada. Ao longo destas interações, os pais são, idealmente, altamente atenciosos e sintonizados às necessidades e ao "lugar" da criança, podendo, ainda, ajustar atividades de acordo com o que julguem ser necessário a ela.

Assim, os componentes básicos de um relacionamento entre pais e filhos que possibilitam o crescimento e a segurança em uma criança seguramente apegada, formam os alicerces do Theraplay. São eles: ESTRUTURA, ENGAJAMENTO, CUIDADO AMOROSO e DESAFIO. Crianças diferentes precisam de atividades dentro de cada um destes componentes em diferentes momentos e de modos distintos. A mãe sintonizada de uma menina de 8 anos de idade, cansada e faminta, mas que corre freneticamente pelo quarto, insistirá de forma amável, porém firme, para a garota sentar-se à mesa de jantar, mantendo-se também determinada em uma rotina ritualizada de ir para a cama, de maneira a auxiliar a transição da garota fatigada ao sono (ESTRUTURA). Um bebê e seu pai olham profundamente para os olhos um do outro e sorriem e gargalham em sincronia um com o outro (ENGAJAMENTO). Pais sintonizados selecionam, intuitivamente, o que é preciso em determinados momentos. Por exemplo, um menino de 4 anos corre para dentro de casa depois de machucar seu joelho brincando no quintal. Sua mãe limpa a ferida, coloca um curativo no local e lhe dá um beijinho (CUIDADO AMOROSO). Um pai tenta persuadir sua filha pequena a jogar a bola um pouco mais longe ao afastar-se cuidadosamente mais um passo, depois de perceber que ela já consegue lançar a bola para a posição atual do pai (DESAFIO).

As Quatro Dimensões do Theraplay
Estrutura

Assim como em um relacionamento saudável pai-filho, o terapeuta, e não a criança, é quem tem o controle. O tom do terapeuta é firme e diretivo, enquanto permanece positivo. Ao fornecer clareza e organização, o adulto ajuda a reduzir a ansiedade e a incerteza. Por exemplo, o terapeuta pode cumprimentar a criança na sala de espera dizendo algo como – *"Eu vejo que trouxe suas pernas fortes com você. Vamos nos dar as mãos e saltar juntos como dois coelhinhos até minha sala de jogos"*. O terapeuta planeja uma sequência de atividades na sessão e cada uma delas é estruturada com começo, meio e fim. Pode haver também uma mudança no ritmo de cada atividade, com o terapeuta ditando a mudança. Por exemplo, durante a atividade "Barco a Remo", o terapeuta senta-se de frente para a criança e lhe dá as mãos. À medida em que ele canta a música do "reme seu barco" e balança no ritmo com a criança, ele pode cantar um verso de modo mais calmo. Já no caso de uma "tempestade chegando", ele pode agitar o barco mais rapidamente e, como em "águas calmas", desacelerá-lo. Esta mudança de um estado mais calmo para um mais ativo e de volta ao mais calmo dá à criança a oportunidade de praticar a regulação da ativação.

Embora as sessões sejam planejadas previamente, o terapeuta deve estar sempre preparado para modificar o plano em resposta às necessidades da criança. Ele pode ter planejado uma sessão cujo alvo seria a estrutura, realizando atividades que objetivassem a regulação no caso de uma criança hiperativa. Mas se a criança chegar cansada ou entristecida por algo que aconteceu naquele dia, o terapeuta pode mudar a sessão para focar em atividades de cuidado. Caso a criança sinta-se assustada durante a atividade, ele pode ajustar a atividade para confortá-la. Ou seja, o terapeuta dá ritmo à sessão de acordo com a necessidade da criança. Uma criança hiperativa pode ser, inicialmente, trabalhada em seu próprio ritmo acelerado, para, em seguida, ser desacelerada. Ao se fazer o "Barco a

Remo" com uma criança nesta condição, por exemplo, o terapeuta pode começar com remadas rápidas até as águas tornarem-se calmas, enquanto a criança e o terapeuta diminuem o ritmo, para terminar de um modo calmo. Portanto, o adulto está no comando, não controlando rigidamente, mas atento às necessidades da criança. Não importa a reação da criança, o adulto estabelece o tom da sessão para aceitá-la.

A estrutura no Theraplay, tal como as atividades descritas acima ilustram, conduz a criança aos sentimentos de segurança e confiança no cuidador e à experiência de sentir-se bem regulada. No caso de crianças traumatizadas, é particularmente importante que elas não sintam a obrigação de serem responsáveis. Em vez disso, elas devem ser cuidadas e capazes de se divertirem. Elas devem ter a oportunidade de sentir que o mundo é previsível, o que lhes permitirá aproveitar a possível nova experiência de divertir-se, enquanto deixa o adulto encarregado. Isto, por sua vez, as ajudará a se desarmarem

Engajamento

Se você imaginar a cena de um pai brincando de esconde-esconde com um bebê, você poderá ter uma ideia do modo como o engajamento no Theraplay é baseado nas interações saudáveis pai-filho. Observando cuidadosamente as pistas do bebê, pais os atraem e instigam para o jogo. Eles estimulam sua criança, atraindo-a para uma troca de olhares e um senso mútuo de diversão momentânea. Esta troca cria uma comunicação poderosa antes mesmo de o bebê ser capaz de falar. Como resultado, a criança sente que tem o poder de atrair outras pessoas e que vale a pena conhecê-las.

Pela mesma razão, o engajamento no Theraplay atrai a criança para o mundo interpessoal do jogo de aventura. Assim como em uma troca ideal entre pai e filho, no Theraplay a criança sente alegria e conexão como ainda sente que possui o impacto que causa no terapeuta. Ao explorar o relacionamento com o outro, a criança passa a se perceber como divertida, atraente, única e "percebida". Da mesma maneira, ela aprende a experienciar os outros como algo seguro, emocionante e divertido. Isso se traduz em um modo de ver o mundo como algo cheio de oportunidades emocionantes.

Enquanto o jogo de esconde-esconde pode parecer restrito aos bebês e às crianças pequenas, nas mãos de um criativo terapeuta de Theraplay, brincadeiras como esta também podem ser usadas com crianças mais velhas com surpreendente sucesso. Por exemplo, um menino mal humorado e retraído de 13 anos se curva semicoberto por sua jaqueta pela sala de espera, evitando, constantemente, o contato visual ou, aparentemente, qualquer outro tipo de interação com seu terapeuta, até que este transforma seu comportamento em um jogo. A frase, – *"Eu vejo você aí debaixo"*, provoca uma primeira expressão cética de sobrancelhas, mas o adolescente abaixa o casaco para investigar o que este adulto esquisito está querendo. Continuando a brincar, o terapeuta, então, diz: – *"Você não pode me enganar. Aí está você"*! O adolescente cobre de novo o seu rosto com a jaqueta, mas surge um sorriso relutante e, eventualmente, ele pode não resistir a olhar de novo. Depois de mais algumas rodadas deste jogo, eles logo estarão rindo juntos. Assim, um jogo em geral e usado para bebês e crianças mais novas, pode ser adaptado para crianças, especialmente para as com trauma complexo, cujo desenvolvimento emocional não acompanhou sua idade cronológica, permitindo que a cura ocorra nos estágios de desenvolvimento precoce.

O terapeuta deve monitorar a intensidade da conexão para a criança poder ficar em um nível de ativação ideal. Crianças que ficam tensas com facilidade podem precisar de um engajamento mais modulado, diminuindo o ritmo ou permitindo mais pausas na conexão. Por exemplo, uma criança que sente vergonha intensa, pode não ser capaz de tolerar muito contato visual, então o jogo de assoprar uma bola de algodão pode ser feito com um menor contato visual entre ela e o terapeuta. O engajamento é especialmente útil para crianças com o sistema de engajamento social comprometido e subdesenvolvido, bem como arredio, com evitação de contato para crianças dissociativas, com a presença de afeto embotado ou para aquelas que têm um transtorno do espectro autista.

Cuidado Amoroso

Pais alimentam, passam loção, dão amparo, cantam canções de ninar para acalmar e, geralmente, ajudam a criança a relaxar. Eles também as confortam e bajulam, naturalmente, sem que elas tenham de "trabalhar" por isso. Eles acalmam as crianças e transmitem a mensagem de que ela é especial, cuidada e que merece coisas boas. Os terapeutas, por sua vez, devem demonstrar algumas destas atividades acima citadas em sessões com os pais, treinando-os, assim, para assumirem aquele papel de cuidado direto, o mais rápido possível. O terapeuta deve, então, começar cada sessão com uma checagem de todas as características que fazem aquela criança ser especial. – *"Vejo que trouxe seus olhos castanhos como chocolate e seu sorriso enorme hoje e parece até que tem mais sardas do que a última vez em que nos vimos"*.

Feridas são atendidas durante a checagem e o terapeuta ou pai pode colocar loção em volta do "dodói" da criança. Ela pode ter seu rosto pintado durante a sessão, enquanto o adulto usa sua "tinta" imaginária em um pincel limpo, e comenta: – *"Agora, estou pintando suas bochechas macias. Você tem a maior covinha bem aqui"*. Frequentemente, ao final da sessão, o terapeuta faz a criança sentar-se no colo do seu pai, ou próximo dele, enquanto o pai alimenta a criança. Sentindo-se acalmada, ela desenvolve mais capacidades para regular-se. Quando a criança se sente valiosa e tem como experiência suas próprias necessidades atendidas, ela pode olhar para fora de si mesma e reconhecer as necessidades do outro e seus sentimentos. Assim, quando a criança é cuidada de forma amorosa ela pode, eventualmente, desenvolver empatia em relação aos outros.

Muitas crianças com trauma complexo assumem um ar desafiador que nega seus sentimentos internos de vulnerabilidade e medo. Receber a mensagem de que são amadas do jeito que são, incluindo suas vulnerabilidades, é uma poderosa força em sua cura. Devido ao fato de muitas delas se afastarem do cuidado amoroso, o terapeuta deve adaptar a atividade relativa a este tipo de cuidado para que a criança a aceite mais facilmente. O jogo em que a criança tenta morder um biscoito que está nos dedos do adulto, sem quebrá-lo, é um modo de fazê-la aceitar o cuidado enquanto ainda se sente envergonhada. Até mesmo os adolescentes aceitam o desafio de morder biscoitos ou adivinhar onde e em qual das mãos estão sendo tocados pela pena macia. Assim, o Desafio pode ser adicionado ao Cuidado amoroso no início da terapia para crianças com trauma complexo até que elas estejam confortáveis o bastante para aceitá-lo. Este tipo de cuidado é especialmente útil para crianças com histórias de transtorno de apego e privação precoce.

Desafio

Os pais olham, fingindo surpresa, quando tentam ajudar seu bebê a ficar em pé e celebram quando ele aprende a caminhar. O bebê ou a criança sente-se poderoso e competente: "eu posso fazer coisas quando eu tento; eu tenho um efeito no mundo".

No Theraplay, o terapeuta também se esforça para ajudar a criança a alcançar, além do que ela pensa ser capaz de fazer. A criança pode ser encorajada a fazer certa atividade: – *"Me pergunto se você é capaz de pular desses dois travesseiros até os braços de seu pai. Nossa, muito bem! Agora, vamos ver se você consegue pular de três travesseiros. Uau, meus parabéns"!* É importante acertar o grau de dificuldade da atividade para que a criança não só possa tentar como também conseguir realizá-la no final.

Como visto acima, no exemplo do Cuidado Amoroso, o desafio é acrescentado para permitir que a criança aceite outros elementos na interação com o adulto. Ele pode, ainda, ser utilizado para canalizar a resistência da criança ou o alto nível de sua atividade. Para uma criança que esteja batendo, pode-se dizer: –*"Veja se você consegue socar um buraco no meio deste jornal, se eu segurar desta forma".* Frequentemente, a criança fica seduzida a fazer a atividade, aceitando o direcionamento do adulto, que não pode ser feito sem o desafio. Assim, o que antes era um momento de desregulação e provocação torna-se uma experiência de autoeficácia.

Muitas crianças traumatizadas e apegadas de forma insegura têm de crescer muito depressa e, geralmente, assumem o papel do adulto. O terapeuta não precisa planejar muito o Desafio; pois elas próprias fazem a maioria das coisas tornarem-se desafiadoras. Por debaixo do seu desafio, no entanto, elas se sentem desamparadas. Sendo o Desafio a dimensão menos necessária para crianças que sofreram trauma, ele é utilizado nas últimas sessões. Entretanto, atividades desafiadoras podem permitir que elas tenham clareza sobre o que podem ou não cumprir em um nível de contato com a realidade. Por exemplo, elas podem não ter tido sua mãe biológica para cuidar delas, mas conseguem pular em um pé só. O Desafio é especialmente útil para crianças que se apresentam como passivas, desamparadas, arredias e com medo de sua raiva.

Todas as crianças precisam das quatro dimensões em cada sessão. Decidir qual delas reforçar em cada uma, vai depender do que a criança necessita na sessão e de uma maneira geral. Ela precisa desenvolver estratégias para se acalmar e regular? Precisa de um senso de autovalidade? De alegria no relacionamento? Usando sintonia e empatia, muitas vezes em complementação a uma avaliação formal (Método de Interação Marschak, que será descrito posteriormente), o terapeuta determina a dimensão, as atividades, o tom e as interações que eliciam esses objetivos. As atividades são propostas a fim de garantir certas dimensões, como o Barco a Remo para a estrutura, por exemplo. Algumas atividades podem atingir mais de uma dimensão, como o "morda o biscoito" faz com o Cuidado Amoroso e o Desafio.

Conceitos Centrais: Theraplay em Ação

Complementando as quatro "dimensões" fundamentais, que formam a base do tratamento de Theraplay, existem sete "conceitos fundamentais" que ajudam a definir e a esclarecer sua aplicação. Estes conceitos centrais estão sempre presentes, independentemente de qual dimensão é utilizada em um dado momento.

1. **Theraplay é interativo e baseado no relacionamento.** Como enfatizado previamente no Theraplay, o foco terapêutico está no relacionamento. É a conexão entre o pai (ou o terapeuta) e a criança que forma o alicerce para a sua ação terapêutica. A formação de um relacionamento saudável, que compensa quaisquer deficiências existentes nas quatros dimensões, é a mágica que permite a reparação e a cura ocorrerem. Em uma sessão normal de Theraplay, existe uma experiência ativa e, muitas vezes, um intenso encontro de mentes em que o adulto auxilia a criança a também criar, em colaboração, uma experiência lúdica. A visão problemática da criança a respeito de si mesma e dos outros, vai surgir no comportamento dentro do relacionamento. A resposta do terapeuta, focada no relacionamento, apresenta a oportunidade para reparar estes pontos de vista e comportamentos.

2. **Theraplay é uma experiência direta, "aqui-e-agora".** Mais do que explorar cognitivamente o passado ou o futuro, Theraplay foca no que está acontecendo no presente momento. A mudança ocorre quando uma experiência direta é sentida no momento. As experiências emocionais, físicas, cinestésicas e sensoriais, assim como o cérebro da criança e seu corpo absorvem o que está acontecendo no momento, de um modo muito importante para ela. Quando o terapeuta transita rápida, confiante e cuidadosamente de uma atividade engajante e desafiadora, para uma atividade de cuidado amoroso, a criança que precisa vivenciar o cuidado, mas o acha perturbador, está menos propícia a moldar eficazmente as defesas. Quando elas são contornadas, a criança está livre para usufruir do conforto, do amparo e para ser alimentada. Estas novas experiências rítmicas, repetitivas, relacionais e reparadoras podem criar um novo caminho neural no cérebro da criança.

3. **Theraplay é guiado por um adulto.** Assim como o pai fornece a estrutura à criança, o adulto no Theraplay guia a sessão de terapia, permitindo à criança sentir-se segura e protegida. Se a criança torna-se opositora, o adulto continua a dar o tom como sendo de aceitação e, se apropriado, de ludicidade.

4. **Theraplay é responsivo, sintonizado, empático e reflexivo.** Pesquisas sobre o apego têm demonstrado que a resposta parental é o fator determinante da segurança de apego. No Theraplay, o adulto guia a sessão enquanto permanece sintonizado com a criança e está preparado para mudar a interação em resposta às suas necessidades. É justamente esta responsividade que permite à criança sentir-se vista, sentida e ouvida, assim como vivenciar os adultos como confiáveis e cuidadosos. Por exemplo, o terapeuta "aperta" o nariz da criança e ela se move, levemente, para longe. O terapeuta reflete para si mesmo que "talvez o 'aperto' tenha sido muito invasivo, porque foi feito no rosto da criança". Para verificar essa hipótese, ele pode, então, 'apertar' o joelho da criança ou o seu pé. Caso a criança mostre-se chateada com o 'aperto' no nariz, o terapeuta pode dizer: –"Este aperto foi demais. Eu vou fazê-lo aqui e perceba se você se sente mais confortável."

5. **Theraplay é pré-verbal, social e relacionado com o lado direito do cérebro.** O sistema límbico, intimamente conectado ao lado direito do cérebro, é responsável por administrar as emoções em resposta às emoções dos outros, permitindo que a pessoa tenha empatia e regule as interações e os relacionamentos entre o Eu e o outro. A fiação destes circuitos emocionais é influenciada pelas interações com o cuidador, com o tom de voz emocional, com o contato visual e com os gestos corporais (Trevarthen, 1990). A regulação ou a desregulação destas comunicações prévias determina quanto o bebê apega-se ao cuidador e, em última análise, qual o modelo de funcionamento interno, alojado no sistema límbico do cérebro direito, é

formado. Assim, é importante chegar a um nível mais precoce em que as impressões dessas experiências foram distorcidas para criar novos modelos internos. Em complementação à Theraplay, nosso objetivo é "falar a língua" do cérebro direito. Nós o fazemos focando nas interações pré-verbais (como ritmo, tom de voz, movimento) mais do que no processamento cognitivo. Muitas vezes, isso se manifestará com o uso frequente do ritmo na sessão, como introduzir uma música ou um jogo de bate-palma. Caso a criança esteja desregulada, e, por exemplo, dispersa, nós podemos mudar para um jogo como esconde-esconde. Espere por um lampejo de interesse e, então, repita até que um ritmo se estabeleça e a criança possa ficar regulada novamente.

6. **Theraplay é multissensorial.** Assim como o pai usa o toque, o contato visual e o tom de voz para se conectar com o bebê, o terapeuta faz uso destas mesmas modalidades no tratamento com a criança. Quando fazemos isso, falamos a língua do cérebro direito. Existe, por vezes, ansiedade sobre este dia, bem como sobre a época do contato inapropriado com a criança. Embora plenamente consciente dessas preocupações e bem informado sobre o histórico de trauma da criança, o terapeuta busca fornecer experiência apropriada, respeitosa e reparadora em um ritmo que a criança possa aceitar e beneficiar-se. Em Theraplay, acredita-se que as crianças devam vivenciar o toque bom e saudável, cabendo aos terapeutas encontrar maneiras de experimentar isto, principalmente entre o cuidador e a criança. Podemos, ainda, usar o olfato ou o paladar. Frequentemente, introduzimos a comida nas sessões e utilizamos aromas suaves, como loção de lavanda, por exemplo, para ajudar a criança a acalmar-se.

7. **Theraplay é divertido.** Para as crianças, a base das mudanças acontece por meio do lúdico. Assim, nossa brincadeira é movimentada, otimista, de qualidade e transmitimos, por meio dela, que a criança é divertida, atraente, sendo uma alegria estar com ela e que seus comportamentos são apropriados. Com estas mensagens em mente, a criança pode perceber o mundo como divertido, atraente e como um lugar emocionante para estar.

Adaptações para o Trauma Complexo

O Theraplay é, frequentemente, usado com crianças que sofreram trauma relacional, oferecendo exatamente o que faltou para elas:

- Foco no relacionamento como reparador (o que é oposto à experiência anterior da criança em relacionamentos);
- Ênfase na regulação da criança que facilmente se torna desregulada;
- Ênfase na sintonia e na empatia para as crianças que tiveram pouca experiência em serem verdadeiramente vistas e sentidas por seus cuidadores;
- Comunicação na "linguagem" do cérebro direito para as crianças expostas aos modelos incongruentes e múltiplos do Eu e do outro.

No entando, mesmo sendo o Theraplay muitas vezes, um ajuste tão necessário para estas crianças, esta é uma população muito difícil de tratar. Isto ocorre devido ao seu histórico de trauma ter comprometido seriamente sua capacidade de confiar, tanto no mundo em geral como em seus cuidadores adultos em particular. Elas ficam muito assustadas com a perspectiva de o adulto estar no comando. A característica de "preciso-estar-no-controle" de muitas crianças traumatizadas e daquelas com apego desorganizado-inseguro atrapalha a tentativa de restabelecer a confiança em seus pais.

Aqui, o desafio do terapeuta é guiar a criança, que está sempre por um fio de ser engatilhada e pronta para sucumbir à desregulação, a mover-se para atividades lúdicas que tanto tranquilizam quanto ampliam. Ele deve respeitar o medo da criança, mas também atraí-la para dentro de um engajamento o mais divertido e mais amorosamente cuidadoso que ela possa tolerar. Atingir o equilíbrio ideal é uma questão delicada. Muita cautela ou tranquilidade pode comprometer o processo. Assim, o profissional deve manter-se cuidadosamente sintonizado para não agravar as feridas de trauma existentes rápido ou cedo demais quando as capacidades regulatórias da criança estão sobrecarregadas.

Por mais difícil que isto seja, o Theraplay foi adaptado para direcionar maneiras de caminhar nesta linha. O primeiro princípio é de que a criança deve sentir-se segura. O passo nessa direção é a previsibilidade. Caso a criança possa prever como o futuro irá prosseguir, ela se sentirá mais segura. O terapeuta pode, por exemplo, mostrar um cronograma da sequência de planejamento e dispor de materiais e objetos lúdicos e visíveis para a criança, ao invés de tê-los em uma sacola de atividades surpresa. Ele pode fazer a atividade, primeiramente, para o pai ou fazer com que a criança a faça para seu pai (Booth & Jernberg, 2010).

O engajamento é modificado para a criança não ser estimulada além da conta. Em um jogo tipicamente desenvolvido com o contato visual direto, a criança pode esconder o rosto debaixo de um cachecol fino e as vozes podem ser acalmadas, vagarosa e gentilmente. A proximidade pode ir acontecendo à medida em que a criança se sinta confortável.

Além disso, o terapeuta precisa estar altamente sensível para quando a criança estiver experienciando o medo, que pode aparecer por meio de sinais sutis do corpo, como os olhos arregalados, por exemplo. Ele pode oferecer mais explicações e reflexões para a atividade fazer sentido para a criança, assim como a explicação da própria reação da mesma à atividade. Por exemplo, uma criança pode não saber o que está sentindo e pode precisar que o terapeuta verbalize isto.

Desde que as crianças já estejam tentando tomar conta de si mesmas e que os desafios promovam um senso de autonomia, o terapeuta deve ajudá-las a se sentirem relaxadas e cuidadas e não reforçar sua luta. Fazendo uso do Desafio, as crianças podem ser levadas a aceitarem as atividades difíceis de serem apreciadas por elas, devido às memórias de trauma estarem ativadas.

Como elas por vezes rejeitam seus pais, podendo, de maneira alternativa, recorrerem ao terapeuta como a figura do pai, é especialmente importante trabalhar a cura do relacionamento pai-filho e empoderar o pai. Quando se trabalha com crianças que apresentam trauma complexo, os pais devem participar das sessões desde o início, desde que elas tenham permitido, previamente, a presença deles na terapia.

Um exemplo de empoderamento do pai é promover experiências em que a criança possa ver a consciência do pai sobre ela. O terapeuta pode perguntar: – *"Mãe, a Susie gosta mais de suco de laranja ou de maçã?"* Caso a mãe responda que ela prefere suco de maçã e, em seguida, ela tomar alegremente o seu suco preferido, o terapeuta pode dizer: – Sua mãe realmente conhece as coisas que você gosta".

Em suma, ainda que o Theraplay não seja indicado inicialmente para crianças traumatizadas, adaptações atuais têm feito desta uma importante forma de terapia que pode ajudá-las a se curarem. Entretanto, vale lembrar que o Theraplay não foi desenvolvido para tratar, diretamente, o trauma. Assim, uma vez que a criança tenha desenvolvido capacidades regulatórias adequadas e esteja preparada para acessar e processar memórias traumáticas e eventos adversos é necessário utilizar outras abordagens terapêuticas que lidam com o trauma, como a terapia EMDR, por exemplo.

O modelo do PAI e os princípios do Theraplay

Após termos fornecido uma avaliação clara dos princípios básicos do Theraplay, abordaremos, aqui, de forma detalhada, a terapia EMDR e o modelo do PAI em conjunto com o Theraplay e seus valores fundamentais. O modelo do PAI é fundamentado na premissa de que o cérebro humano e os seres humanos movem-se na direção da saúde, da integração e da inteireza. Quando o trauma ou a adversidade ocorre, a capacidade do cérebro para processar e integrar a informação é impedida, fazendo com que estas memórias permaneçam não processadas e não integradas (Shapiro, 2001). Crianças que vivenciaram traumas e transtornos de apego não tiveram interações apropriadas pai-filho, e, como resultado, não foram integradas em um senso do Eu saudável. O modelo do PAI analisa o impacto destas experiências prévias que são mantidas no sistema nervoso em forma estado-específica como o núcleo das atuais características e dos sintomas disfuncionais (Shapiro, 2001). Para crianças que cresceram em ambientes caóticos, traumatizantes, emocionalmente empobrecidos, as redes de memória contendo informação positiva e adaptativa são, normalmente, escassas. Devido aos seus limitados recursos internos e externos, promover experiências reparadoras entre pais e filho deve ser uma parte primordial das etapas iniciais da terapia EMDR.

A fase de preparação do EMDR com crianças tem como base a promoção da estabilização, dos estados homeostáticos e a expansão das Janelas de Tolerância. Isto é parcial, mas fundamentalmente feito auxiliando os cuidadores no aumento de sua capacidade de sintonizar, sincronizar e de ressoar com o cérebro e com o sistema nervoso da criança. Antes de processar as memórias de eventos de vida perturbadores, a presença de sistemas de memória adaptativos no cérebro é essencial. Durante o reprocessamento de memórias de eventos adversos, parece acontecer uma síntese no cérebro (Shapiro, 2001). As ligações dos sistemas de memória, as conexões, a assimilação da informação e, em última instância, a integração de memórias perturbadoras são o núcleo da terapia EMDR. Para a assimilação e a transmutação da experiência, as conexões positivas de memória deverão estar presentes no sistema da criança. Algumas crianças com trauma complexo podem não responder inicialmente a certos protocolos como o lugar calmo-seguro, devido à ausência de experiências que possam nutrir o senso de proteção e de segurança. As atividades do Theraplay ativam as quatro diferentes dimensões fornecendo à criança experiências adequadas de toque, conexão, diversão, estrutura, limites e cuidado amoroso. O Theraplay desafia as representações do Eu e do outro que estão impressas no cérebro na forma de redes neurais. Por sua vez, estas novas experiências reparadoras fornecidas nas sessões de Theraplay podem criar novos padrões de disparo neural no cérebro da criança. As experiências reparadoras durante as sessões de Theraplay desafiam o cérebro a desenvolver novos sistemas de memória positivos e adaptativos que são incongruentes com o que a criança espera nos relacionamentos (Booth & Jernberg, 2010). O Theraplay pode auxiliar o cuidador a fornecer experiências que podem ajudar a criança a reparar e a reconstruir a confiança nos outros, especialmente nos adultos. Frequentemente, ela pode ficar relutante em processar memórias de adversidade devido à falta de confiança nos outros, incluindo o terapeuta. As experiências traumáticas e adversas podem ter prejudicado, ainda, sua capacidade de vivenciar a esperança. Após experiências repetitivas nas quais o sistema de cuidado falhou em atender às necessidades da criança, novas experiências serão abordadas com o senso de descrença e desconfiança. O Theraplay trabalha ajudando a criança a vivenciar o que significa estar em um relacionamento no qual a segurança e a confiança são sua essência.

O tratamento com o Theraplay também é voltado para promover a sintonia e facilitar a capacidade do pai para atender às necessidades mais profundas da criança por conexão, limites, cuidado amoroso, confiança e regulação, dentre outras. Por outro lado, o objetivo da terapia EMDR é acessar, reprocessar, integrar e assimilar memórias perturbadoras que são a base para os problemas e os sintomas atuais. Entretanto, o reprocessamento e a integração destas memórias precisam ser feitos em um ambiente terapêutico seguro e contido. A criança pode vivenciar o relacionamento com os terapeutas e com os cuidadores como uma forte rede de proteção que fornece o senso de segurança e contenção. Dentro desta rede, a criança pode acessar, processar e assimilar, com segurança, as memórias de adversidade que continuam a moldar sua vida atual. A terapia EMDR está focada, ainda, em promover e reforçar as redes neurais que contêm as informações positivas e adaptativas sobre o Eu e o outro.

Cada uma das oito fases da terapia EMDR contribui para o resultado final do tratamento de maneiras muito específicas. O objetivo final é, entretanto, a assimilação, a integração e a resolução adaptativa das memórias de adversidade e sofrimento. Todavia, a terapia EMDR realiza este objetivo enquanto promove a estabilidade e a regulação dos sistemas biológicos. A fase de preparação é dedicada a apoiar a expansão da tolerância afetiva e da regulação. O objetivo de promover o aumento das emoções positivas e de criar novos caminhos neurais que contenham informação positiva e adaptativa é primordial durante esta etapa da terapia EMDR. Entretanto, ao longo das oito fases do tratamento, a promoção da estabilidade, da regulação, bem como do desenvolvimento e do fortalecimento de redes de memória positivas é, antes de tudo, cultivada. Já que o Theraplay é um tipo de psicoterapia baseada no apego que estimula a conexão, a regulação e os estados afetivos positivos, adicioná-lo a um tratamento abrangente de EMDR pode facilitar e revigorar, enormemente, o resultado da terapia em casos de trauma complexo.

Terapia EMDR e Theraplay: Quando e Como

Saber quando e como integrar o Theraplay à terapia EMDR ajudará os terapeutas a manterem a adesão à terapia EMDR e ao modelo do PAI, assim como preservar a essência e o núcleo do Theraplay. Para melhor integrar a terapia EMDR e o Theraplay, os terapeutas devem buscar treinamento formal em Theraplay (**www.theraplay.org**). Para auxiliar o terapeuta a compreender melhor o uso apropriado do EMDR e do Theraplay, cada fase da terapia EMDR em que as atividades do Theraplay podem ser incorporadas será aqui, minuciosamente, abordada. O que está a seguir relacionado pode servir como critério geral para incorporar o Theraplay:

- A criança vivenciou trauma precoce e cresceu em um ambiente relacional empobrecido.
- O pai ou o cuidador atual continua a envolver-se em interações pai-filho mal adaptativas e não possui a capacidade para sintonizar. Como resultado, as necessidades de apego atuais não estão sendo atendidas.
- A criança apresenta-se com transtornos e traumas de apego, sendo incapaz de encontrar o lugar seguro, além de apresentar recursos relacionais limitados. Ao se utilizarem os protocolos do lugar calmo-seguro e os de IDR, eles se tornam contaminados com afetos negativos à medida em que os MBL se iniciam. Este fato

deve-se à falta de experiências de apego positivas e de segurança na vida da criança.

- A criança desenvolveu um padrão de apego inseguro com os cuidadores anteriores ou com os atuais e as interações reparadoras pai-filho são necessárias.
- Os pais atuais demonstram estados mentais desapegados, preocupados ou não resolvidos a respeito de suas próprias experiências de apego e, como resultado, sua capacidade de mentalização e sua função reflexiva estão comprometidas.
- Os pais exibem, claramente, falta de sintonia emocional, sincronia e ressonância com a criança. Como resultado, a necessidade por conexão, cuidado amoroso e limites são ausentes nas interações entre pai e filho.
- A criança é incapaz de explorar as memórias de adversidade e desliga-se ou torna-se hiperativada. O terapeuta encontra ambientes familiares caóticos e interações pai-filho desreguladas no presente ou no passado.
- A criança apresenta-se com transtornos de comorbidades ao trauma, como os transtornos do espectro autista. Além disso, apresenta severo comprometimento do sistema de engajamento social, como é visto no transtorno de apego reativo.
-

Fase Um: História do Cliente e Planejamento do Tratamento

Após a realização de uma avaliação minuciosa e da coleta de dados, o terapeuta EMDR pode mapear as áreas que necessitam de intervenção. Durante a entrevista inicial, colher informação relacionada ao histórico de apego e sobre a atual dinâmica pai-filho determinará a necessidade por Theraplay. Uma criança com um pai identificado como possuindo estados mentais desapegado, preocupado ou não resolvido, no que se refere à sua própria experiência de apego, poderá se beneficiar do Theraplay como abordagem auxiliar à terapia EMDR, assim como a criança com padrões de apego evitativo, ansioso-ambivalente ou desorganizado, relativo ao pai atual ou ao cuidador primário. Ter consciência de que o foco principal do Theraplay é a sintonia, a regulação, as interações pai-filho e os sistemas de apego, ajudará o terapeuta EMDR a reconhecer as crianças que se beneficiarão do Theraplay como abordagem adjunta. Além disso, crianças que são altamente desreguladas e com grande dificuldade para explorar experiências adversas também se beneficiarão imensamente das sessões de Theraplay durante as fases iniciais da terapia EMDR. É importante destacar a necessidade de sintonia e a capacidade de entrar em ressonância com o sistema da criança. Os terapeutas EMDR e Theraplay se beneficiarão, profundamente, da compreensão das estratégias utilizadas pela criança para se adaptar por não ter suas necessidades de apego atendidas. A criança em uso da evitação como estratégia necessitará de uma introdução gradual para receber e aceitar o cuidado amoroso, uma vez que o mecanismo de adaptação tenha sido, na verdade, desapegar-se de suas próprias necessidades por conexão e cuidado. A criança com estratégias desorganizadas tem, provavelmente, experimentado interações assustadoras e assustadas com o cuidador ou com o pai. Como resultado, o terapeuta que esteja utilizando as atividades do Theraplay sem a sintonia apropriada, pode ativar redes de memória associadas com conexões aterrorizantes ou desreguladas com os outros.

Durante a fase inicial da terapia EMDR, são coletados dados sobre o histórico prévio, retornando ao relacionamento dos pais e ao histórico específico para os sintomas. O uso de uma avaliação interativa que corresponde a um instrumento usado por terapeutas

Theraplay também pode ser útil para os terapeutas EMDR. Em Theraplay, o terapeuta avalia cuidadosamente a criança e o relacionamento com seus pais ou cuidadores primários utilizando uma avaliação interativa, o método de interação Marschak (MIM). O MIM permite ao terapeuta observar o pai ou o cuidador interagindo com a criança em um ambiente controlado. O pai e a criança sentam-se sozinhos em uma sala, com cartões de instrução dados ao pai e com materiais ou objetos específicos (ex: bichos de pelúcia, chapéus de fantasia, blocos). A interpretação e a realização das tarefas escritas ajudam a revelar os pontos fortes e os desafios do indivíduo adulto e da criança e de seu relacionamento pai-filho. Um exemplo de uma tarefa MIM é "pai e filho alimentam um ao outro", com um envelope contendo lanches predeterminados e aprovados pelo pai. Algumas vezes, o pai convida a criança para se sentar mais perto e, gentilmente, coloca um biscoito em sua boca. Se a criança tem problemas para aceitar o biscoito e, ao invés disso, rejeita a comida ou tenta alimentar o adulto (bastante comum em crianças com questões relativas ao apego ou ao trauma), o terapeuta perceberá que um dos objetivos do tratamento será incluir a permissão para a criança tornar-se mais confortável para aceitar o cuidado amoroso de um cuidador bem-intencionado. Com base nos resultados da entrevista inicial e do MIM (caso tenha sido administrado), o terapeuta planejará uma série de sessões de Theraplay.

O uso do MIM pode fornecer uma linha de base relativamente à avaliação da capacidade parental para ser divertido e para envolver-se em interações lúdicas; estabelecer limites apropriados; regular, cuidar e confortar a criança; motivá-la a atingir marcos de desenvolvimento (Booth & Jernberg, 2010).

A aplicação prática do Theraplay envolve avaliar, cuidadosamente, as necessidades específicas da criança. Isto é feito de maneira particular, em relação aos componentes de um relacionamento saudável que podem estar deficientes com esta criança em específico. As sessões interativas do Theraplay são adaptadas para reparar as dimensões particulares não encontradas nesta criança que, normalmente, estariam presentes em uma criança saudável e em seu relacionamento com o cuidador primário. Sendo o Theraplay relacional, uma avaliação dos pais faz parte do processo. Uma vez tendo sido estabelecida a linha de base, o terapeuta pode identificar os recursos e os déficits existentes no relacionamento pai-filho: o que funciona ou não neste relacionamento que pode ser fortalecido e estimulado ou reparado?

Com isto em mente, o terapeuta EMDR pode fazer o encaminhamento da criança para receber as sessões auxiliares de Theraplay; caso o treinamento formal em Theraplay tenha sido recebido, as sessões de Theraplay podem ser fornecidas dentro de um tratamento de EMDR mais abrangente. Depois de elaborar o panorama clínico e mapear as forças e os déficits, um plano de tratamento deve ser criado e desenvolvido para atingir as necessidades da criança. Caso o encaminhamento tenha sido feito para o Theraplay, este capítulo irá auxiliar o terapeuta EMDR a ter uma melhor compreensão dos objetivos e das atividades usadas em Theraplay, para tornar mais eficiente a comunicação com o terapeuta Theraplay. Assim, objetivos claros, baseados no panorama clínico desenvolvido pelo terapeuta EMDR, devem ser criados; além disso, deve também ser estabelecida uma comunicação próxima e contínua entre os terapeutas de EMDR e de Theraplay. Tanto as estratégias quanto o uso específico do Theraplay na terapia EMDR abordados a seguir são destinados a terapeutas EMDR treinados formalmente em Theraplay.

Fase Dois: Preparação

As crianças com trauma precoce e complexo normalmente requerem prazos variados e extensos de preparação. Quando o Theraplay for identificado com uma abordagem auxiliar à terapia EMDR, sessões de Theraplay devem ser iniciadas durante a fase preparatória. O pai e a criança recebem informações sobre o EMDR e sobre o uso do Theraplay. O pai deve receber esclarecimento suficiente para poder tomar uma decisão informada e para que autorizações apropriadas possam ser obtidas.

A Fase de preparação do EMDR: Sessões de Theraplay

Durante as sessões de Theraplay, a criança é envolvida em séries lúdicas de interações determinadas pelo terapeuta. O terapeuta deve estar seguro e confortavelmente encarregado de cada atividade na sessão, mas não deve fazê-lo de forma rígida. A composição específica de cada sessão é cuidadosa e antecipadamente planejada. Entretanto, o humor da criança ou o nível de energia no momento da sessão particular de Theraplay pode influenciar o itinerário planejado para coincidir mais empaticamente com a necessidade da criança no momento.

Para as crianças que vivenciaram um trauma significativo, algumas adaptações podem ser incorporadas. Apesar de o toque físico ser um componente essencial das sessões padrão de Theraplay, no caso da criança que tenha experimentado trauma, ele deve ser utilizado cautelosa e respeitosamente. O uso do toque deve ser minuciosamente administrado ao longo de cada sessão, a fim de evitar a ativação de redes de memória da criança contendo material traumático. Deve ser usado criteriosamente para ajudar a estabelecer na criança o senso de segurança e de cuidado amoroso. O objetivo não é privar a criança que tenha sido traumatizada do toque saudável. Entretanto, para a criança com histórico de trauma, que pode ter sido traumatizada por conexões físicas ou experiências intensas, o terapeuta deve checar frequentemente se pode ou não fazer uso de determinado toque, para garantir não só que ela se sinta segura com a atividade, como também que seu espaço pessoal e sua privacidade estão sendo, de fato, respeitados. Para não sobrecarregar a criança ao colocá-la no comando, o terapeuta não deve pedir sua permissão, mas, sim, refletir sobre o que vê, fazendo um breve comentário a respeito disso, de forma a ter certeza de que a criança está realmente se sentindo confortável com o toque usado por ele. Por exemplo, se a criança desliga-se quando o terapeuta a toca de um jeito cuidadoso, ou lúdico, o terapeuta deve refletir: *"Você parece assustada quando ponho minha mão no seu ombro. Penso que, talvez, isto lembre a você o modo como seu vovô a tocava, algumas vezes"*. Se a criança ressoar com a afirmação do terapeuta, ele deve dizer: – *"Aquilo deve ter sido muito difícil e assustador. Eu vou trabalhar para descobrir com qual tipo de toque você se sentiria melhor e mais seguro"*. Assim, gradualmente, e com atenção cuidadosa ao nível de conforto da criança, o toque gentil e seguro é usado para transmitir que o terapeuta (e, posteriormente, o pai) está atento às necessidades da criança e pode fornecer um relacionamento saudável, revigorante, com toque cuidadoso. Quando as informações sobre eventos traumáticos ou adversos são divulgadas ou aproveitadas durante as sessões de Theraplay, o terapeuta deve tomar nota delas para poder adicioná-las à sequência de alvo da criança e ao panorama clínico abrangente.

A Fase de Preparação do EMDR: Estratégias de Theraplay
com os Pais

No início do seu desenvolvimento, o Theraplay integrou o envolvimento parental ao seu modelo terapêutico. Embora o Theraplay possa ser eficaz em casos em que a participação parental seja improvável ou impossível, descobrimos que a participação do pai nas sessões de Theraplay acelera e solidifica consideravelmente o processo terapêutico. Ter o pai intimamente envolvido, com a supervisão atenta e encorajadora do terapeuta, é fundamental. Além disso, ajudar o pai a compreender como atender às necessidades da criança e, ainda, ajudar a criança a aprender a transferir sua confiança e seu envolvimento com o terapeuta para o pai, é fundamental no Theraplay. Com uma participação cuidadosamente coordenada dos pais nas sessões de Theraplay, estes aprendem como o terapeuta guia as atividades determinadas pelas necessidades da criança em diferentes situações.

Para usar o Theraplay com crianças que não tenham sido traumatizadas ou com pais que não estejam prontos para estar nas sessões, talvez devido à sua própria desregulação, inicialmente, por trás de um espelho unidirecional ou assistindo aos vídeos das sessões de Theraplay, o pai observa a criança interagindo com o terapeuta. Isso ocorre, frequentemente, quando o próprio terapeuta do pai o está ajudando a refletir sobre o que está acontecendo na sala de Theraplay. Eles discutem sobre o porquê da estrutura terapêutica da atividade vista na sala ou porque ele reage a certo comportamento da criança. Ainda importantes na sala de observação, são os comentários do terapeuta sobre como aquilo que a criança possa estar pensando e sentindo elicia, nos pais, diferentes emoções e *insights* em comportamentos ou atividades particulares.

Em alguns casos, o pai é trazido mais cedo à terapia. Com crianças adotadas e outras que tenham sido traumatizadas, o pai deve estar na sessão desde o primeiro encontro. Caso o pai não tenha estado presente desde o começo, quando ele estiver pronto, no final das primeiras sessões, o terapeuta deve convidá-lo a participar por um período ou por toda a sessão. Antes de encontrar a criança individualmente, o terapeuta deve preparar o pai sobre o que ele deverá fazer quando se juntar à sessão. O terapeuta envolve tanto o pai quanto a criança em atividades específicas de Theraplay destinadas a ensinar ao pai como suprir as dimensões necessárias para o desenvolvimento de um relacionamento saudável entre pai e filho, bem como para o crescimento saudável da criança. Frequentemente, achamos que o pai pode usar algum apoio emocional e, nestas situações, muitas vezes um terapeuta deverá se sentar atrás da mãe e outro atrás da criança, tão logo mãe e criança fiquem face a face ou se aconcheguem. Na ausência de outro terapeuta que possa trabalhar com o pai, as sessões podem ser filmadas e assistidas posteriormente com o pai ou com o cuidador. Assim, os pais aprendem a compreender as dinâmicas saudáveis e não tão saudáveis e, ainda, como se relacionar de forma a beneficiar a criança e a capacitar a parentalidade saudável. Por meio de orientação e treinamento durante a participação dos pais nas sessões de Theraplay, eles adquirem as habilidades essenciais e as perspectivas emocionais que os ajudarão a serem cuidadores mais efetivos e, ao longo do percurso, a ganharem um maior sentido de realização pessoal no seu modo de serem pais.

Ao participarem ativamente do Theraplay, os pais passam a compreender melhor seus filhos. Considere, por exemplo, uma criança com sensibilidade auditiva elevada, que põe as mãos nos ouvidos ou fica irritada após o pai cantar uma música. O terapeuta, seja por meio do aconselhamento direto ao pai, ou por modelagem, pode encorajá-lo a responder da seguinte maneira: – *"Bobby está nos deixando saber que a música está muito alta para ele. Mamãe, cante novamente, mas agora de uma forma mais serena"*, ou, então: –*"Bobby, eu acho que a minha música foi alta demais para você. Eu cantarei mais baixinho para que isto não machuque seus ouvidos"*. Tal interação fornece a oportunidade para o pai tornar-se mais sintonizado com a criança, como também para desenvolver maneiras de responder mais empaticamente.

Um componente importante da participação parental é ajudar o pai a compreender a etiologia do "mau comportamento" da criança. Durante a observação, o terapeuta deve estimular a capacidade reflexiva do pai ao analisar as ações da criança e discutir as reações do pai ao comportamento do seu filho. Por exemplo, no caso de uma garota encaminhada por agressão e histórico de trauma, o terapeuta deve adicionar o seguinte comentário reflexivo em um aparte do pai: – *"Você vê o quanto ela parece assustada antes de bater? Ela pode estar agressiva neste caso porque está com medo. Ela pode precisar que nos movamos mais vagarosa e previsivelmente e que falemos de maneira mais clara o que vamos fazer"*. Deste modo, o mau comportamento torna-se uma oportunidade, como Phillis Booth (2010), escreve:

"Nós criamos momentos de excitação que, repentinamente, mudam a criança para o momento de conexão agradável. Nós desafiamos os modelos internos de funcionamento negativo da criança respondendo a estes comportamentos que são incongruentes com o que ele espera; por exemplo, nós tomamos o comportamento negativo da criança e o enxergamos por um viés positivo e, ao fazê-lo, nós organizamos um comportamento que pode, normalmente, obter uma resposta negativa em um que é positivo e criamos um comportamento de compartilhamento, atividade lúdica. Ao invés de falarmos de novos significados, nós o criamos em interação".[14]

Capacitar os pais para compreenderem o que a criança está "pretendendo" também lhes permite tornarem-se *experts* em seus filhos. Na parceria com o terapeuta, eles não apenas podem perceber a criança de maneira diferente, como também entenderem e se tornarem competentes e confortáveis em seus importantes papéis de protetores e de adultos responsáveis encarregados de ajudar a criança.

Além disso, se as próprias vulnerabilidades dos pais surgem no curso deste processo intenso e frequentemente íntimo, o terapeuta e o pai podem explorar isto juntos. O pai pode receber a terapia EMDR (vide Capítulo 5 para conhecer as estratégias de como trabalhar com os pais) e trabalhar completamente as redes de memória ativadas pela criança. No caso de ter sido o pai quem foi emocionalmente disparado por algum dos comportamentos regressivos da criança durante a sessão ("não fale como um bebê, você está muito velho para isto"), o terapeuta será capaz de detectar e explorar, posteriormente, (não na frente da criança) junto com o pai, suas próprias experiências infantis que fizeram surgir esses sentimentos. Esta ocorrência mostrou que o pai foi forçado a "crescer muito rápido" e, tornando-se capaz de processar e integrar as memórias contendo sentimentos de ressentimento e frustação sobre o seu passado, ele capacitou-se melhor para ser paciente com o ocasional comportamento infantil do seu filho. Sem este nível de trabalho, a culpa e a vergonha emergentes do próprio passado do pai podem ter minado a conexão pai-filho.

O terapeuta Theraplay sintonizado com o que está surgindo no pai, assim como na criança, será mais que competente quando receber crianças que tenham sofrido trauma. Para além das formas mais ou menos tradicionais, nas quais o pai pode ser disparado durante a sessão, pais de crianças traumatizadas são vulneráveis a uma camada mais profunda de exposição emocional. A experiência traumática ensina às crianças que elas não estão seguras e que devem ficar ainda mais vigilantes às fontes de perigo reais ou

---

[14] NT: como no original **http://theraplay.org/downloads/core_concepts.pdf,p.2** originalmente publicado no Jornal de Theraplay, p.7, 2010

imaginárias. Como resultado, elas se tornam aptas a conhecer os pontos fracos de seus pais. Devido ao fato de estas crianças tenderem a vigilantemente escanearem o panorama emocional dos seus pais, elas sabem exatamente como dispará-los. Como resultado, os pais são arrastados para uma disputa pelo poder; eles podem, até mesmo, perceberem-se não gostando dos seus filhos e depois sentirem-se culpados e envergonhados por isto. Também podem estar sofrendo pelo que não puderam oferecer aos seus filhos durante o tempo em que eles foram traumatizados e sentirem-se impotentes porque não puderam evitar o trauma.

Os terapeutas EMDR e Theraplay devem, portanto, apoiar os pais e explorar suas histórias acerca do apego e do trauma para identificar as redes de memórias que continuam a ser ativadas nas interações com a criança. Devem, inclusive, educar os pais sobre a experiência da criança: – *"Quando ele estava no orfanato, tinha de manter-se vigilante, e não tinha aprendido, ainda, que era seguro baixar a guarda..."* para que eles possam ser empáticos ao invés de levarem a questão para o lado pessoal. Os pais podem, até mesmo, ser levados a comemorar o fato de terem compreendido que o comportamento difícil da criança foi parte da estratégia que a ajudou a sobreviver. Com a experiência dos pais de receberem empatia e sentirem-se protegidos, bem como estarem psicologicamente seguros, o terapeuta pode permitir ao pai fornecer a mesma experiência para seus filhos. Em situações semelhantes, o trauma está tão enraizado que pode exigir, muitas vezes, níveis heroicos de paciência e empatia por parte dos pais, até que as memórias de trauma possam ser acessadas e integradas.

Uma vez que, em última instância, as crianças precisam estar seguramente apegadas aos seus pais, um objetivo importante do Theraplay é restaurar a hierarquia do sistema familiar para uma condição positiva, para que a criança possa confiar em seus pais e estes, em contrapartida, possam se sentir confiantes e competentes para sustentar tal confiança. A transição de um relacionamento assustador ou frustrado, para uma relação próspera e "em sintonia", pode, na verdade, produzir uma autossustentação satisfatória do pai e da criança na companhia um do outro. O objetivo é oferecer aos pais a oportunidade de mudar seu relacionamento com a criança pela interação direta, primeiramente, sob a supervisão e o apoio do terapeuta e, então, por meio da prática cotidiana. Estas novas interações no modelo do PAI, da terapia EMDR, têm o potencial de promover o desenvolvimento de novos caminhos neurais na criança, assim como em seu pai.

Usando as Atividades do Theraplay como Estratégias de Mudança de Estado

O Theraplay possui uma gama de atividades que promovem a homeostase no sistema da criança por meio do toque, do riso, da conexão e da brincadeira. Caso ela não tenha conseguido identificar um lugar seguro ou este lugar, assim como outros recursos tornaram-se contaminados e negativos, e uma vez que os MBL foram iniciados, as atividades de Theraplay podem ser usadas como estratégias de mudança de estado. O terapeuta EMDR pode fortalecer os estados emocionais positivos experienciados durante as atividades de Theraplay. Pode, ainda, identificar os momentos em que a criança está experimentando o afeto positivo, a regulação e a conexão enquanto está envolvida nas atividades Theraplay e fornecer séries curtas e lentas de MBL. Este profissional pode perguntar o que o coração e o corpo estão dizendo sobre este momento e instalá-los como recurso. Embora o objetivo principal do Theraplay seja engajar o lado direito do cérebro por meio da nomeação de estados afetivos, o lado esquerdo também é envolvido. Após o material perturbador ter sido acessado e a criança necessitar resgatar o seu equilíbrio, estas atividades tornam-se estratégias de mudança de estado, podendo, também, ser realizadas em casa, pelo pai ou pelo terapeuta.

Caso o terapeuta EMDR não esteja fornecendo o Theraplay diretamente, ele pode perguntar à criança quais atividades de Theraplay ela mais gosta e convidá-la a pensar sobre elas ou então desenhá-las. Pode, então, avançar auxiliando a criança na identificação dos sentimentos e da sua localização no corpo; e, então, realizar séries curtas e lentas para instalá-los como recursos. Estes sentimentos positivos dos momentos de Theraplay podem ser armazenados dentro da "caixa de ajuda ao coração", permitindo, assim, que ela possa sempre tê-los perto de si e acessá-los quando necessário. Ou seja, sempre que as coisas não estiverem bem, ela pode acessar sua "caixa de ajuda ao coração".

Promover a integração vertical e horizontal no cérebro é um componente intrínseco do tratamento EMDR. Muitas crianças com hiperativações das áreas mais baixas do cérebro, assim como do seu lado direito, podem beneficiar-se da calma trazida pela que a nomeação do afeto. Em um estudo realizado por Cresswell et al. (2007), verificou-se que nomear afetos negativos aumenta a regulação cortical pré-frontal do afeto. Mesmo que o Theraplay ofereça, com gentileza sincronizada, a porta e a chave para acessar o lado direito do cérebro, o terapeuta EMDR pode trabalhar convidando o lado esquerdo do cérebro a também participar. Esta "arte terapêutica" pode ser a chave para promover a integração horizontal e o equilíbrio.

Fase Quatro: Dessensibilização

Durante as fases de reprocessamento da terapia EMDR, o Theraplay pode ser muito útil em fornecer diferentes caminhos para a regulação emocional e para a reparação do sistema de apego.

Usando as atividades do Theraplay como Entrelaçamentos para Curar o Sistema de Apego

Quando se trabalha com crianças que apresentam apego inseguro, a reparação é necessária para assimilar e integrar, completamente, as experiências de apego traumático adversas. Uma inovação no uso de atividades do Theraplay, da terapia do estado do ego e do EMDR tem sido desenvolvida por Gomez (2009b, 2011). Uma vez que as atuais interações pai-filho tenham sido positivamente afetadas e mudadas, a reparação de experiências de apego do passado pode acontecer. As experiências repetitivas de trauma ou adversidade, apesar das mudanças positivas no ambiente experimentadas no presente podem, ainda, permanecer congeladas no sistema nervoso em forma estado-dependente. Um elemento de armazenamento disfuncional destas memórias é que elas são armazenadas em isolamento, incapazes de se ligarem a qualquer informação adaptativa. Consequentemente, tais memórias em estado-dependente continuam a ser ativadas por estímulos atuais, apesar das mudanças positivas atingidas pelos pais ou cuidadores. Por exemplo, crianças adotadas por pais que fornecem experiências de apego positivas de conexão e segurança continuam a sentir como se seus pais não as amassem. Apesar das constantes demonstrações de amor e cuidado, tais crianças ainda se sentem abandonadas e rejeitadas. Nestes casos, quando estas memórias permanecem não processadas e não integradas, o uso de entrelaçamentos reparadores (Gomez, 2009b, 2011) para ajudá-las a entender as necessidades de desenvolvimento não atendidas, pode ser muito poderoso. Mantenha-se ciente de que esta estratégia é utilizada para eventos traumáticos ou adversos ocorridos no sistema de cuidado.

A partir da perspectiva do PAI, a "parte" ou o "estado do ego" é uma manifestação de redes de memórias não processadas, isoladas e não integradas que contém informação de experiências de vida prévias e adversas. Portanto, durante as sessões de reprocessamento com o EMDR, a criança e seu pai são convidados a conhecer, cuidar amorosamente e a envolver-se com a "criança interna", o "pequeno eu" ou o "bebê ou minha parte pequenina". Todos eles representam a parte ou o estado do ego que contém a informação relacionada com as memórias de abandono, rejeição, negligência ou abuso experienciado precocemente na vida. Durante a exploração de tais lembranças prévias de adversidade, uma boa maneira de acessar estes sistemas de memória é visitar o passado ou trazer para o presente o Eu mais jovem. Neste caso, as atividades de Theraplay podem ser encorajadas, mas, desta vez, não à criança diretamente, mas ao seu Eu mais jovem. Uma boneca bebê pode representar o Eu mais jovem ou a criança pode imaginar o "pequeno eu" dentro do seu coração. Durante as sessões de Theraplay, o terapeuta convida o pai e a criança para cuidar e se conectarem de forma amorosa, com o Eu mais jovem. A criança pode pedir para o "pequeno eu" se apresentar enquanto o pai se envolve em atividades de cuidado e engajamento. Considerando o fato de as sessões de reprocessamento requererem uma quantidade maior de planejamento e organização, o terapeuta EMDR deve identificar a eventual necessidade de suprir as deficiências de apego passadas não atendidas. Neste caso, o eu mais jovem deve ser identificado previamente e convidado para as sessões de Theraplay durante a fase de preparação. Por exemplo, após cantar uma música para a criança, o terapeuta canta ou pede para o cuidador cantar uma música para o Eu mais jovem. Caso o pai esteja cuidando de cicatrizes, machucados ou sardas especiais da criança, ele deve ser convidado a também fazê-lo na boneca que representa o "pequeno eu". Assim, quando a memória detentora de informação sobre o trauma precoce é acessada, a criança já está familiarizada com o conceito do "pequeno eu" e com a necessidade de cuidar desta parte do Eu, que precisa de cura. Inicialmente, ela pode não querer ter muita conexão emocional com a parte do Eu mais jovem, mas, com o tempo, sua compaixão e o cuidado para com a sua parte que sofreu e experimentou dor e sofrimento irá crescer. É importante destacar que o "pequeno eu" deve ser introduzido após a criança ter acessado algum nível de conforto com o terapeuta e com o processo do Theraplay em si. Caso demonstre altos níveis de desregulação, comportamentos opositores e resistência em renunciar a alguns níveis de controle, o conceito do "pequeno eu" não deve ser introduzido. Além disso, a maneira como cada criança responde ao referido conceito, tende a estar muito conectada com as estratégias utilizadas por ela para lidar com o fato de não ter suas profundas necessidades de apego atendidas. Muitas crianças com padrões de apego evitativo tenderão a rejeitar e a não gostar da aproximação com o "pequeno eu". Para elas, ser pequeno e mais novo está associado com vergonha e, como resultado, elas querem crescer rapidamente e serem tratadas como crianças mais velhas ou adultos. Algumas delas com estratégias desorganizadas podem querer bater ou machucar o "pequeno eu" ou, então, podem dizer que o odeiam. No entanto, assim que elas começam a aceitar a si mesmas e a ter maiores níveis de conexão com o terapeuta e com o pai, o Eu mais jovem pode ser introduzido e aceito pela criança. As analogias que explicam a multiplicidade do Eu são apresentadas nos primeiros capítulos deste livro e podem ser utilizadas para introduzir o conceito das diferentes cores do Eu.

Quando o terapeuta houver selecionado previamente um alvo de rejeição, abuso ou negligência, ele planejará a sessão com a presença do Eu mais jovem, convidando-o tão logo a criança possa ter uma boneca que o represente. Primeiramente, a memória é acessada fazendo uma avaliação completa com o Eu mais jovem. Durante a fase de avaliação, todas as questões sobre a memória são direcionadas para a boneca que representa o "pequeno eu". Após a fase de dessensibilização ter sido iniciada, o terapeuta irá procurar pelo "ponto de bloqueio" para usar os entrelaçamentos reparadores e suprir o apego e as necessidades de desenvolvimento usando as atividades do Theraplay. Por exemplo, quando a oportunidade surge, o terapeuta EMDR pode perguntar ao "pequeno eu" o que ele precisava e que não recebeu. O Eu mais jovem pode dizer que a mamãe não o alimentou ou que não tomou conta dele direito. Neste caso, o cuidador pode ser convidado a alimentar tanto a boneca quanto a criança. O responsável, sob a supervisão do terapeuta, pode pegar a parte mais jovem em seu colo enquanto canta, brinca ou fornece o toque carinhoso à boneca que representa o Eu mais jovem. A criança também pode ser convidada, antes ou depois do pai, a fazer o mesmo. Os entrelaçamentos reparadores, fornecidos durante o reprocessamento de experiências adversas prévias, devem ser acompanhados pelos MBL até que todas as necessidades do "pequeno eu" sejam atendidas e o Eu mais jovem relate sentir-se amado, pleno, cuidado e feliz. Caso a criança escolha imaginar o "pequeno eu" dentro do seu coração, o pai ou o terapeuta se envolverá em atividades de Theraplay com ela, porém deverá deixar claro estar se dirigindo ao Eu mais jovem. A criança pode ser alimentada, ter o seu rosto pintado, ser embalada ou elogiada, mas é convidada a deixar que o "pequeno eu" olhe através de seus olhos.

Fase Cinco : Instalação

Nesta fase, a crença positiva sobre o Eu é fortalecida e, junto dela, surge um novo senso do Eu. As atividades de Theraplay podem auxiliar a amplificar esta experiência positiva para a criança e seu pai; e o seu uso na fase de instalação da terapia EMDR pode oferecer à criança uma experiência mais profunda e mais expansiva, fortalecendo ainda mais a instalação da cognição positiva. Por exemplo, quando cognições positivas como "eu mereço amor", "eu sou forte", "estou seguro agora" ou "eu mereço coisas boas" tiverem sido instaladas, uma atividade de Theraplay fortalecedora pode ser incorporada ao final da sessão. Em relação ao cuidado amoroso, uma atividade de Theraplay que fortaleça a crença positiva da criança sobre ser digna de amor, pode ancorar intensamente a crença cognitiva, afetiva e somática. Enquanto o pai está pintando o rosto da criança, o terapeuta EMDR pode pedir, ainda, que sussurre a cognição positiva "eu estou seguro" ou "eu mereço amor". Os MBL podem ser fornecidos enquanto a cognição positiva e o afeto associado são revigorados mais profundamente.

Depois da instalação de uma crença positiva como "eu estou feliz agora" ou "eu sou forte", uma atividade desafiadora de Theraplay pode ser incorporada. Além disso, caso a criança, durante o evento traumático, não tenha conseguido completar respostas defensivas, em virtude de ter se movido para respostas de submissão ou congelamento, atividades de Theraplay que incorporem o movimento poderiam ajudar a fortalecer, profundamente, a instalação da crença positiva. Com isso, a crença positiva é incorporada e sentida em diferentes níveis da experiência.

Quando entrelaçamentos reparadores tiverem sido utilizados e o "pequeno eu" tiver sido envolvido durante a fase de dessensibilizaçao, a instalação da CP deve, também, envolver o "pequeno eu". Enquanto o terapeuta realiza os MBL, o "pequeno eu" é instruído a pensar sobre o evento adverso e sobre o pensamento positivo. Então, o cuidador e a criança são convidados a criar uma música ou, simplesmente, a cantar a CP para o "pequeno eu". Por exemplo, usando qualquer uma das músicas infantis como música de fundo, repita a cognição positiva diversas vezes enquanto o cuidador e a criança seguram o "pequeno eu". Estas são maneiras criativas, amigáveis e apropriadamente desenvolvidas para instalar a CP, usando atividades de Theraplay que facilitarão o envolvimento da criança na fase de instalação da terapia EMDR. É importante observar que, mesmo que os entrelaçamentos amigáveis e criativos sejam utilizados, a adesão aos procedimentos de EMDR ainda é possível e encorajada.

Fase Seis: Checagem Corporal

Ao deslocar-se para a fase de escaneamento corporal da terapia EMDR, se o "pequeno eu" tiver participado, o Eu jovem é convidado a fazer o escaneamento corporal da cabeça aos pés. O "Detector de Sentimentos", apresentado nos primeiros capítulos deste livro, pode ser usado para acrescentar um componente lúdico. Caso a sessão esteja incompleta e termine com o escaneamento corporal não totalmente definido, o Eu jovem é convidado a auxiliar a criança a identificar a localização corporal na qual a perturbação ainda é apresentada.

Outro cenário de entrelaçamentos que contém atividades de Theraplay está conectado com os estados corporais tranquilizadores ao longo do Theraplay. Por exemplo, quando a criança relata reações somáticas negativas, o terapeuta comunica-se com esta área do corpo e com o estado corporal. Do que ele precisa? Como podemos acalmá-lo ou aliviá-lo? Para uma criança que expressa dores na barriga, o terapeuta pode dizer: *"Posso comunicar-me ou falar com este sentimento de dor? Senhor Sentimento de dor, como nós podemos ajudá-lo?"*? Você pode fornecer opções e dizer: – *"Podemos cantar uma música ou usar a "escova do amor" e escovar esta parte do seu corpo".* O terapeuta ou o pai pode cantar uma música para essa sensação ou dor experimentada no corpo. Caso seja apropriado tocar esta área do corpo, o pai ou o terapeuta pode fingir pintar a parte onde a sensação negativa é experimentada com a cor do 'amor' ou com a cor 'tranquilizadora'. O pai pode, também, colocar loção ou tocar esta área com um algodão especial de cuidado. Cada vez em que o terapeuta intervém usando entrelaçamentos que incluem atividades Theraplay, os procedimentos básicos de EMDR são usados: – *"Respire fundo, solte; o que você percebe ou o que vem para você? Ok, apenas perceba como a mamãe está 'escovando' ou 'pintando' a 'ferida' com a 'cor do amor'".* Os MBL são utilizados enquanto o pai ou o terapeuta está usando a atividade de Theraplay. Os mesmos também podem ser fornecidos após a atividade Theraplay ter sido usada e o terapeuta seguir com uma pergunta, tal como: – *"O que aconteceu quando a mamãe estava tocando a sensação de dor"?* Depois, a criança é convidada a observar qualquer coisa que surja enquanto os MBL são fornecidos.

Fase Sete: Fechamento

O uso do Theraplay pode continuar como abordagem auxiliar durante as fases nas quais as memórias do trauma são acessadas e processadas. Cada sessão na qual o material perturbador e mal adaptativo foi acessado deve seguir os procedimentos adequados de fechamento. As atividades de Theraplay podem ser usadas durante os últimos 10 a 15 minutos da sessão, com o propósito de trazer a criança de volta ao equilíbrio.

Durante a fase de fechamento da terapia EMDR, as atividades de Theraplay devem ser selecionadas de acordo com o trabalho realizado pela criança durante a sessão de EMDR. Se a sessão foi incompleta e a criança está emocionalmente esgotada, atividades de cuidado amoroso ou de engajamento podem ser apropriadas. Caso a criança tenha completado a sessão de reprocessamento e sente-se revigorada pelo trabalho realizado, uma atividade desafiadora ou engajadora pode ser mais apropriada. A idade da criança deve ser levada em consideração quando se selecionam as atividades para encerrar as sessões de EMDR. Com o objetivo de estimular o sistema de engajamento social e promover o equilíbrio fisiológico no sistema da criança, brincadeiras, cuidado, e risadas são maneiras muito eficazes de terminar a sessão. Atividades que envolvam alimentação também podem ser úteis tão logo o sistema de apego seja acalmado e o sistema digestivo ativado. Com a ativação do sistema de engajamento social e do sistema digestivo, o sistema Parassimpático vagal ventral ganha vida.

Caso 1: Terapia EMDR e Theraplay com Uma Criança Traumatizada

Um resumo deste caso é apresentado à medida em que avançamos pelas fases da terapia EMDR na qual o Theraplay também foi utilizado. Por se tratar de um resumo, serão apresentados apenas os aspectos mais relevantes e as fases nas quais o Theraplay foi utilizado.

Fase Um: A História do Cliente e o Planejamento do Tratamento

Vladimir, de 6 anos, apresentava um histórico de trauma complexo e foi diagnosticado com Transtorno de Apego Reativo. Ele foi adotado em um orfanato búlgaro quando tinha 3 anos. Houve um trauma médico prolongado. A mãe adotiva foi informada de que, quando ele chegou ao orfanato, ele costumava olhar pela janela por horas e gritava para que sua mãe voltasse. Ele passou por várias adoções em alguns lugares nos Estados Unidos e dois de seus potenciais pais adotivos o devolveram após dois meses devido à sua raiva extrema e aos comportamentos de controle e de oposição. Houve alegações de abuso sexual em sua primeira casa adotiva, mas elas nunca foram comprovadas.

Vladimir era altamente desregulado, opositor e hipervigilante. Ele teve algum apego indiscriminado e sentia-se um "lixo de menino" de acordo com suas próprias palavras. Ele precisava estar intensamente no controle de quase tudo na maior parte do tempo. A mais singela falta de sintonia por parte dos adultos poderia levá-lo a comportamentos descontroladamente destrutivos. Os colegas da mesma idade de sua primeira turma o temiam porque ele "perseguiu" uma criança e atacou outras pessoas que se aproximaram do seu amigo escolhido.

Após três anos de terapia mal-sucedida, Vladimir foi encaminhado para a terapia EMDR. Uma avaliação inicial minuciosa foi realizada, assim como também foi coletada toda a sua história e a dos seus pais atuais. Os pais adotivos tiveram grande dificuldade em lidar com os comportamentos de Vladimir. O MIM foi utilizado e descobriu-se que sua mãe exibia grande dificuldade em sintonizar-se com as necessidades de Vladimir e de impor limites quando necessário.

Os aspectos chave do panorama clínico desenvolvido para Vladimir são apresentados a seguir:

- A sequência de alvo potencial foi desenvolvida usando a informação fornecida pela mãe.
- Foram identificadas deficiências relativas às habilidades dos pais no que se refere às capacidades reflexivas e de sintonia para compreender o comportamento da criança.
- Deficiências foram encontradas nas áreas de engajamento e na habilidade para aceitar estrutura e cuidado.
- Ausência de apego positivo e adaptativo, como ainda experiências de desenvolvimento e grande dificuldade para regular estados foram identificadas.
- Em contraste com as dificuldades que Vladimir e sua família enfrentavam, o MIM também permitiu que o terapeuta identificasse pontos fortes. Especificamente, Vladimir e seus pais compartilhavam alta inteligência e certo nível de ludicidade, como humor, além de alta motivação para resolver seus problemas.
-

Fase Dois: Preparação

A terapeuta EMDR começa o trabalho fazendo com que Vladimir tente usar o protocolo do lugar calmo-seguro. Ele foi incapaz de encontrar o lugar calmo-seguro e se tornou agitado, atirando os lápis de cor e o papel para todo lado. Começou a correr pelo consultório e o terapeuta teve grande dificuldade em regular Vladimir.

Dentro de uma perspectiva do EMDR, a meta para Vladimir era reprocessar as memórias traumáticas de apego e de experiências adversas vivenciadas em seus relacionamentos com os cuidadores principais. Todas as memórias de abandono, abuso sexual e físico e trauma médico foram colocados em sua sequência de alvo e no plano de tratamento. Desenvolver a tolerância afetiva e a habilidade para regular afeto, assim como revigorar a capacidade para aceitar conexão, cuidado amoroso e estruturante foram identificados como objetivos importantes. Entretanto, considerando a ausência do apego adaptativo positivo e das experiências de desenvolvimento, o terapeuta EMDR decidiu focar no fornecimento de experiências reparadoras que pudessem estimular a criação de novas e adaptativas redes de memória. Durante a fase de preparação, o terapeuta EMDR decidiu incorporar experiências que pudessem acalmar as partes inferiores do cérebro e começar a promover integração vertical e regulação do sistema de Vladimir. Com o objetivo de atingir tais metas, o Theraplay foi incluído como uma forma auxiliar de tratamento, a fim de fornecer as experiências reparadoras que poderiam promover o apego seguro e a autorregulação.

As metas do Theraplay para Vladimir eram: desenvolver um apego mais seguro com sua mãe; tornar-se mais regulado de uma maneira geral; e, particularmente, durante as interações com os outros, permitir aos adultos ficarem responsáveis por ele, bem como aumentar a empatia para com os outros. Com todos esses objetivos em mente, o terapeuta decidiu que o Theraplay para Vladimir iria enfocar em estruturação e cuidado amoroso. Vladimir resistiu veementemente à estruturação, permitindo que o cuidado fosse realizado apenas do seu modo. Felizmente, ele abriu uma exceção, permitindo que sua mãe fizesse a estruturação e o cuidado amoroso quando estivesse ferido. A terapeuta usou o desafio como forma de engajar Vladimir, para que ele pudesse se permitir aceitar cuidado e estruturação.

Parte da Sessão de Theraplay

A terapeuta cumprimentou Vladimir e sua mãe na sala de espera, ao final do corredor, com um divertido: – *"Nós não fizemos a corrida com o andar do caranguejo, ainda"*. Vladimir olhou feliz e surpreso. – *"Você se lembra de como se faz o andar do caranguejo? Aqui vamos nós pelo corredor até minha sala de jogos"*.

A terapeuta havia planejado algumas atividades estruturantes: checagem; impressão das mãos e dos pés de Vladimir em uma folha de papel com a sua mãe adivinhando quais partes do corpo dele tinham vindo; assoprar uma pena para frente e para trás; e alimentação. Quando eles chegaram ao consultório, a terapeuta fez com que Vladimir se sentasse no colo de sua mãe e fizesse a lista de atividades que ela havia planejado. Era um esquema visual para que ele pudesse entender tanto com o lado direito do cérebro quanto com o esquerdo. Quando a terapeuta moveu-se para a checagem, Vladimir revirou-se no colo da sua mãe e correu pelo consultório. A terapeuta, rapidamente, mudou o plano da sessão e começou a fazer uma atividade desafiadora com o propósito de capturar sua atenção e ajudá-lo a regular-se. Uma vez pronto para participar, eles puderam mover-se para as dimensões reparadoras da estrutura e para os cuidados que Vladimir precisava. A terapeuta disse: – *"Vladimir estou muito feliz que você tenha trazido suas pernas fortes e rápidas com você hoje. Você acha que nós podemos manter este balão* (puxando rapidamente o balão para fora do seu armário de jogos) *no ar com seus pés? Aí vai, prepare-se para chutá-lo"*. Vladimir, que está sempre à procura de desafios, aderiu à proposta e logo estava jogando com muito prazer. A terapeuta fez com que sua mãe contasse, em voz alta, o tempo em que o balão permaneceu no ar. Após algumas rodadas de "Chute o Balão", Vladimir estava mais regulado e pronto para se sentar. Então a terapeuta mostrou a folha de papel para ele e explicou o que iriam fazer com ela. Como era previsto, ele exigiu que sua mãe fizesse as impressões na folha primeiro, para que ele adivinhasse. Se o comportamento dele não tivesse sido guiado pela sua adaptação ao trauma complexo, a terapeuta poderia ter decidido que ele se beneficiaria em seguir a estrutura proposta e continuaria com a agenda original permitindo que Vladimir seguisse sem ficar envergonhado, dizendo, por exemplo: – *"Você tem ideias ótimas. Agora, isto é só para você"*.

Devido ao fato do papel traumático ter atuado, a terapeuta pensou na hipótese de que Vladimir estivesse com medo da folha. Foi o som ou a textura? Ou o fato de ter um adulto responsável é que era intolerável? Ou o fato de a atividade ser nova pode tê-lo levado a não ser capaz de prever como iria proceder e ele precisava ver antes como esta atividade era e sentir-se seguro para prosseguir com a mesma? Por nunca tratar Vladimir de um jeito infantil, a terapeuta refletiu brevemente:– *"Você quer que nós saibamos como se sente. Eu estou feliz que você tenha me deixado ciente de sua necessidade*, e prosseguiu com o desejo de Vladimir.

Durante a "checagem", a terapeuta procurou por "feridas" e colocou loção nestas. Rapidamente, convidou a mãe para juntar-se a ela e colocar creme nas feridas e nas sardas especiais do seu filho. Vladimir aceitou o cuidado amoroso da sua mãe e a contemplou, afagando sua face. Essa sessão foi filmada, para que na sessão seguinte a terapeuta e a mãe pudessem assisti-la juntas.

Na sessão seguinte, elas assistiram ao vídeo enquanto a terapeuta estimulava a capacidade reflexiva e de sintonia da mãe. Trabalhou direcionando a mãe a perceber as respostas do seu filho e a refletir sobre as mesmas enquanto se sintonizava com as mudanças fisiológicas do sistema de Vladimir, com as necessidades subjacentes e os disparadores. Algumas sessões com a mãe e com o pai foram agendadas subsequentemente.

Começando a Estimulação Bilateral

Após doze sessões de Theraplay, Vladimir tornou-se mais receptivo ao cuidado emocional e à estruturação dentro das sessões. Ele envolvia-se mais facilmente nas atividades propostas pela terapeuta, que, algumas vezes, passava algum tempo com a mãe e com Vladimir explicando sobre o EMDR e mostrando as diferentes formas de MBL. Durante a sessão, a terapeuta percebeu momentos em que Vladimir parecia calmo e alegre e usou séries lentas e curtas de MBL. Neste ponto, a terapeuta, propositalmente, ainda não pedia que esta criança nomeasse as emoções e sua localização no corpo, já que estes momentos de união e conexão ainda permaneciam não-verbais e alojados no hemisfério direito do cérebro. A mãe foi convidada para, no lugar da terapeuta, realizar séries lentas e curtas de toques, bem como para passar creme nos pés de Vladimir. A mãe foi instruída a fornecer uma massagem bilateralmente, indo de um pé para o outro, enquanto a terapeuta espelhava o estado de Vladimir: – *"Eu posso ver que isto é agradável e tranquilizador. Você deve estar se sentindo muito seguro hein?!"* Vladimir ressoava com as reflexões da terapeuta e a mãe foi convidada a refletir sobre as emoções e os estados corporais de Vladimir: – *"Seu corpo está realmente calmo e seguro e isto o faz sentir-se bem"*.

Durante outra sessão de Theraplay, a terapeuta encontrou várias oportunidades para fornecer MBL lúdicos. Enquanto contava os dedos de Vladimir, ela foi de um dedo da mão direita para outro dedo da mão esquerda enquanto dizia que Vladimir havia trazido todos os seus dedos especiais para a sessão.

À medida em que as sessões foram progredindo, a mãe também estava usando algumas das atividades de Theraplay em casa. Assim, Vladimir estava recebendo estimulação reparativa de forma padronizada, repetitiva e diária, tanto para fortalecer a formação de novas vias neuronais adaptativas quanto para promover a regulação afetiva.

Durante as últimas sessões de Theraplay, quando Vladimir teve reações negativas, ele começou a falar sobre as coisas "assustadoras" que experienciou no hospital e no orfanato. A terapeuta honrou a coragem de Vladimir e validou o quanto tudo isto deve ter sido difícil para ele. Além disso, criou um espaço especial para as memórias dos eventos negativos que estavam por vir e o "estabeleceu" no consultório. Vladimir concordou em colocar estas "coisas" que ele estava recordando na caixa que a terapeuta havia criado para ele. Toda vez que Vladimir tinha uma "memória assustadora" ou "difícil", ele era convidado a pegar um pedaço de papel e desenhar um símbolo da memória e colocar dentro da caixa. Depois disto, ele foi capaz de retomar as atividades de Theraplay. As lembranças foram convidadas a virem livremente, sem nenhuma indução por parte da terapeuta. A profissional afirmou para Vladimir que as memórias poderiam ser visitadas com segurança no consultório quando elas precisassem vir.

Desenvolvendo o Lugar Seguro

Após aproximadamente dezoito sessões, a terapeuta EMDR decidiu usar a atividade Theraplay favorita de Vladimir, o lugar seguro. Ele experimentou grande alegria quando sua mãe o presenteou com as "histórias nas costas", narrando contos enquanto desenhava as histórias nas costas de Vladimir. Durante a sessão, a mãe foi convidada a usar esta estratégia por algum tempo enquanto o filho identificava os sentimentos e os estados corporais associados com esta atividade maravilhosa. A terapeuta instalou este momento especial e o lugar seguro usando MBL. Assim que Vladimir identificou e caracterizou suas emoções, a capacidade do hemisfério esquerdo do cérebro para nomear foi convidada a participar. Ele também identificou a localização no corpo e, sem resistência, envolveu-se nos movimentos oculares seguindo um dos fantoches definido como o ajudante de EMDR.

Convidando o "Pequeno Eu"

A terapeuta começou a falar com Vladimir sobre o "arco-íris" e sobre o "eu que brilha" que todos temos dentro de nós (vide Capítulo 7 para uma explicação minuciosa desta analogia). Vladimir escolheu uma boneca bebê para representar o seu "pequeno eu". O jovem Eu foi convidado para as sessões e começou a ser o beneficiário das atividades de Theraplay que envolviam cuidado e engajamento. Por exemplo, quando Vladimir foi alimentado, o "pequeno eu" também o foi. Quando as checagens foram feitas, o jovem Eu também recebeu hidratante em suas sardas especiais e machucados. O jovem Eu foi convidado, ainda, a compartilhar qualquer memória difícil que o fazia sentir-se amedrontado, entristecido ou memórias de quando não foi bem tratado ou onde suas necessidades não foram supridas. A terapeuta começou a auxiliar Vladimir a desenvolver compreensão emocional, sensório- motora e cognitiva por meio do seu envolvimento em jogos sobre pensamentos, emoções ou sensações (vide Capítulo 4). Vagarosamente o lado esquerdo do cérebro também foi envolvido, assim como as partes superiores do cérebro.

Fases Três, Quatro, Cinco e Seis: Avaliação, Dessensibilização, Instalação e Checagem Corporal

Como Vladimir estava atingindo maiores níveis de estabilização e seus pais estavam desenvolvendo sintonia e capacidade de promover apego seguro, a terapeuta decidiu seguir para o reprocessamento do material traumático. Ela conversou com Vladimir sobre começar a ajudar o cérebro a digerir as "coisas difíceis". A memória de quando um trabalhador do orfanato bateu nele foi o primeiro alvo. O "pequeno eu" foi convidado a contar a história por meio de Vladimir. A fase de avaliação foi feita tendo Vladimir desenvolvido, anteriormente, compreensão emocional, cognitiva e sensorial, ele foi capaz de identificar as crenças negativas, as emoções e sua localização corporal. Durante o reprocessamento desta memória, vários entrelaçamentos reparadores foram utilizados para auxiliar o jovem Eu a suprir suas necessidades de apego. A mãe foi convidada a fornecer ao "pequeno eu" o que ele pedia, além do que foi relatado como requisitado ou desejado e que não foi atendido no orfanato. O jovem Eu sentou-se no colo da sua mãe e foi protegido e defendido do operário, cantou músicas, foi alimentado e, por fim, amado ao longo do processo. Cada vez em que o jovem Eu expressava uma necessidade não atendida, a mãe fornecia o que era necessário e isto era acompanhado pelos MBL. Os procedimentos padrão para o uso de entrelaçamentos durante as fases de reprocessamento de EMDR foram seguidos.

Durante a fase de Instalação, o "pequeno eu" pediu uma música, então a terapeuta, a mãe e Vladimir criaram uma música que continha a cognição positiva: "Eu estou seguro agora". Vladimir e seu jovem Eu foram convidados a pensar sobre o alvo da memória, ao mesmo tempo em que cantavam a música detentora da cognição positiva. Em todas as sessões em que o trauma foi explorado ou processado, as atividades de Theraplay foram usadas como estratégias de mudança de estado para encerrá-las.

Após o tratamento, Vladimir ficou mais calmo e tornou-se orgulhoso dos seus pontos fortes. Apenas ocasionalmente ele sentia-se um "lixo de menino" e descrevia, com entusiasmo, seus olhos azuis "brilhantes" e suas pernas fortes. Eventualmente, ele trapaceava no basquete quando os sentimentos do "lixo de menino" surgiam. Agora ele tinha vários amigos e, devido ao seu "grande coração", em suas próprias palavras, seu professor pôs sua carteira em frente à de um menino com Síndrome de Asperger, em sua sala de aula, para ele ajudá-lo. Ambos os pais acharam Vladimir mais fácil de ser compreendido, afirmando ser prazeroso brincar com ele. Ele os deixava aconchegá-lo e aceitava afeto facilmente. Vladimir e seus pais concordaram que ele geralmente seguia as regras gerais da casa e que a vida em família estava "divertida e engraçada".

Sumário e Conclusões

As crianças feridas e traumatizadas dentro do sistema de cuidado apresentam os sistemas de engajamento social comprometidos, dificuldades profundas de regulação afetiva e redes de memória detentoras de representações múltiplas e incongruentes do Eu e do outro. A capacidade regulatória dos pais destas crianças é normalmente afetada, interferindo em sua capacidade de sintonizar, sincronizar e ressoar com os sistemas dos seus filhos. Devido à escassez ou à ausência de padrões de disparo neural contendo informação adaptativa e experiências reparadoras que envolvem o brincar, o riso, o toque carinhoso e a conexão, estar sob o cuidado de um adulto sintonizado e confiável, é fundamental.

O Theraplay é uma abordagem lúdica baseada no relacionamento, em que o adulto guia a terapia de uma forma sincronizada e sintonizada. Os princípios e valores fundamentais do Theraplay são guiados pela teoria do apego, pela teoria da regulação e pelas pesquisas atuais sobre o cérebro. Focando no relacionamento curativo pai-filho, ele promove a mudança e também o apego seguro, a regulação emocional e a autoestima, por meio de interações diádicas sintonizadas entre a criança e seu pai e/ou seu terapeuta. O Theraplay não foi desenvolvido para abordar diretamente as memórias de trauma e adversidade; ao invés disto, ele foca na promoção de experiências restauradoras de conexão, toque e brincadeira, enquanto permanece dentro de um ambiente apropriado e estruturado. Para crianças traumatizadas, o Theraplay costuma ser utilizado com abordagens que trabalham diretamente por meio do trauma. Este capítulo apresenta como o Theraplay pode ser usado, efetivamente, dentro do trabalho sistematizado das oito fases da terapia EMDR. Portanto, as diretrizes são apresentadas para que terapeutas EMDR possam identificar as crianças para quem o Theraplay possa ser um importante complemento para o tratamento EMDR de forma geral. Esforços são feitos para manter a fidelidade ao modelo do PAI e aos procedimentos padrão do EMDR, ao mesmo tempo em que se preserva o núcleo e a essência do Theraplay.

Capítulo 13 - A Terapia EMDR e o Uso de Estratégias dos Sistemas Familiares Internos com Crianças (Ana M. Gomez e Pamela K. Krause)

O objetivo principal deste capítulo é integrar os elementos e as estratégias da psicoterapia dos sistemas familiares internos (SFI) com a terapia de dessensibilização e reprocessamento por meio dos movimentos oculares (EMDR) com crianças traumatizadas de maneira complexa. Vale a pena destacar que o mesmo representa a primeira tentativa de combinar estas duas abordagens com crianças. A integração destas duas abordagens é feita por meio da identificação dos seus pontos em comum enquanto honra suas diferenças. Examinar os paralelos de ambas as abordagens, enquanto se olha para o sofrimento e para a cura humana, pode lançar luz sobre a utilização adequada e eficaz das estratégias dos SFI para um tratamento abrangente de EMDR com crianças. Este capítulo apresenta uma visão geral dos princípios e dos procedimentos dos SFI, como também a visão destes princípios através das lentes do modelo do PAI e da terapia EMDR. Também aborda, minuciosamente, as fases do tratamento EMDR nas quais as estratégias dos SFI podem ser utilizadas, para aumentar sua eficácia nos casos de crianças com trauma complexo. Vale ressaltar que a adesão geral ao modelo do PAI e à metodologia EMDR é, acima de tudo, honrada. No entanto, o resultado geral do tratamento de crianças e famílias com histórias de trauma complexo pode ser amplamente beneficiado com o uso de estratégias terapêuticas complementares.

Visão Geral dos SFI: Princípios Básicos

O modelo terapêutico dos SFI foi desenvolvido por Richard Schwartz há mais de 20 anos. Trata-se de uma abordagem centrada no cliente que pode ser amplamente classificada como um modelo de estado de ego. Segundo um dos pressupostos básicos do modelo, é normal para a mente ser subdividida em "partes" ou subpersonalidades. No entanto, além das partes, o modelo dos SFI também incorpora um componente adicional, que é o conceito do 'Eu'. Neste modelo, o Eu é definido como um todo, não danificado, uma entidade curativa que existe em todos nós. Presume-se que todas as pessoas tenham um Eu, não importa quanto trauma ou negligência elas tenham experimentado em suas vidas, e que ele seja capaz de curar qualquer transtorno atual no sistema interno. Portanto, ele é designado como o agente de cura no modelo dos SFI.

Pressupostos Básicos do Modelo dos SFI

Primeiro Pressuposto

De acordo com o primeiro pressuposto dos SFI, o estado natural da mente é ser subdividida em "partes". Neste modelo, partes são vistas como seres multidimensionais, pequenas pessoas por assim dizer, com uma escala de pensamentos, sentimentos e crença. Cada parte tem uma função ou papel preferido dentro de um sistema. Alguns papéis, por exemplo, incluem partes boas em planejar e organizar; partes divertidas ou criativas e partes contemplativas ou calmas.

Já que cada parte é multidimensional, cada uma possui uma escala completa de pensamentos, crenças e emoções. Ou seja, não há uma parte que seja triste ou uma parte que está com raiva, etc, mas, ao invés disto, que cada parte pode sentir-se triste, com raiva e uma série de outras emoções.

Afirma-se que as pessoas nascem com partes manifestadas ou em seu potencial para se manifestarem e estas irão emergir à medida que uma criança cresce e interage com outros no mundo. Enquanto as partes emergem, elas formam um sistema de interação não muito diferente de uma família, por isto o nome de terapia dos Sistemas Familiares Internos.

Segundo Pressuposto

O segundo pressuposto importante do modelo é que, para além das partes, todos têm também um "Eu". O Eu não é uma parte, mas o essencial, o núcleo não danificado de quem somos nós. O Eu não pode ser danificado, não importa o que a pessoa tenha experimentado em sua vida. No entanto, ele pode ser ofuscado, fazendo parecer que ele não é um Eu. Definir o Eu é difícil, na medida em que ele é, muitas vezes, experimentado como uma "forma sentida". Richard Schwartz descreve o Eu como o "Eu na tempestade" (Schwartz, 1995). O Eu é frequentemente descrito como portador das seguintes qualidades: calma, curiosidade, compaixão, confiança, coragem, clareza, conectividade, criatividade, paciência, presença, perspectiva e perseverança.

Enquanto o Eu está destinado a ser o líder do sistema interno, ele não demanda a liderança e, somente, pode assumi-la se as partes o permitirem.

Terceiro Pressuposto

Como afirmado acima, cada parte entra no mundo com uma função ou papel favorito no sistema. Com o cuidado parental "bom o suficiente" e um ambiente seguro o bastante, as partes irão crescer e prosperar em seus papéis preferidos. À medida em que as partes crescem e prosperam, o Eu irá emergir e assumir a liderança do sistema interno. Isto é conhecido como um sistema autoguiado pelo Eu, no qual todas as partes estão conectadas ao Eu e umas com as outras. Cada parte é honrada e respeitada por sua contribuição e o sistema é equilibrado e harmonioso. No entanto, a maioria das pessoas não experimenta o cuidado "bom o suficiente" dos pais e/ou um ambiente seguro o bastante. A maioria das crianças com trauma complexo passa por rejeições, traições, perda de amor ou afeto, duras críticas, punição física ou emocional, vergonha e até agressão sexual. Quando isto acontece, as partes são machucadas e podem se tornar feridas ou "sobrecarregadas". Sobrecargas são definidas como "ideias extremas, comportamentos ou sentimentos derivados de eventos extremos ou interações com outros na vida de uma pessoa" (Schwartz, 1995 p. 52). As partes carregam estas ideias, comportamentos ou sentimentos como cargas transferidas.

Quando uma parte é sobrecarregada, ela começa a organizar-se em torno da dificuldade, tendo de trocar o seu papel favorito e assumir o novo papel, mais extremo. Um exemplo pode ajudar a ilustrar este ponto. As partes podem entrar no mundo cheias de alegria e curiosidade querendo explorá-lo. Partes como esta podem sentir-se amáveis, cheias de entusiasmo e curiosidade, com um desejo de explorar seus mundos. O que pode acontecer caso uma parte como esta seja recebida com crítica (*"você é tão intrometida"*) ou punição verbal e física enquanto ela explora seu ambiente? A crítica e/ou punição poderia ser sentida como chocante, assustadora e dolorosa para a parte e ela, provavelmente, começaria a acreditar que houve algo errado com a sua curiosidade. Ela poderia acreditar na existência de algo errado com ela por ser curiosa e sentir-se falha, defeituosa ou não suficientemente boa. Ou, ela poderia decidir que a melhor maneira de evitar a crítica ou a punição seria parar de ser curiosa. Ela poderia se tornar dócil, afastada ou até mesmo desapegada.

As partes sobrecarregadas não crescem e não prosperam nos seus papéis favoritos. Quando elas são forçadas aos papéis extremos, o Eu é incapaz de emergir como o líder do sistema interno, podendo tornar-se ofuscado. Em um sistema interno sem a liderança do Eu, as partes lutam pelo controle do sistema. As partes desenvolvem diferentes crenças a respeito da melhor maneira de protegerem o sistema e desenvolvem polarizações umas com as outras criando, deste modo, um sistema em conflito e disputa sem harmonia ou calma.

A Natureza e a Classificação das Partes

Schwartz descreve três categorias de partes (Schwartz, 1995): "gerente", "bombeiro" e "exilada". As partes "gerente" e as partes "bombeiro" compõem uma categoria mais ampla de partes protetoras. As partes "exilada" contêm quaisquer sentimentos dolorosos ou memórias de eventos traumáticos. Estes pensamentos e sentimentos são considerados muito intensos para o sistema aguentar. Antes de serem feridas, estas partes são, frequentemente, as mais alegres, sensíveis e criativas. No entanto, uma vez machucadas pelo mundo exterior, elas começam a acreditar que não são amáveis, que não têm valor, que são estúpidas ou defeituosas de alguma forma. As partes "exilada" sentem emoções intensas como solidão, vazio, aflição, tristeza, vergonha, constrangimento e humilhação. Em uma tentativa de proteger o sistema destes pensamentos, memórias e sentimentos, estas partes são forçadas pela percepção consciente ou "exilada" pelas partes protetoras.

Schartz (1995) define duas categorias de partes protetoras: as "gerente" e as "bombeiro". As "gerente" são proativas em suas tentativas de protegerem as partes "exilada" de serem machucadas. Elas têm uma filosofia do "nunca mais", ou seja, "Eu nunca mais vou deixar que nada aconteça que me faça sentir assim". As partes "gerente" tentam prevenir sentimentos como vergonha, humilhação, constrangimento ou inutilidade. As partes "gerente" têm estratégias como: "Se eu, simplesmente, fosse inteligente o bastante... boa o bastante...bonita o bastante... se eu conquistasse o bastante...eu nunca me sentiria magoada de novo". Estas partes podem trabalhar duro, serem organizadas, ótimas em planejamento, atentas aos detalhes e nuances, "Segurança da Casa" interna.

No entanto, não importa o quanto as partes "gerente" sejam habilidosas e diligentes, elas não podem prever toda eventualidade. Invariavelmente, algo ocorrerá que irá ferir a parte "exilada", novamente liberando seus sentimentos para o sistema. Uma vez que a parte "exilada" tenha sido acionada, a parte "bombeiro" intervém para anestesiar ou suprimir as sensações desagradáveis. Estas partes protetoras são chamadas de "bombeiro" porque sua prioridade é apagar a chama da emoção; elas reagem, dando pouca atenção ao possível dano colateral de sua ação.

As partes "bombeiro" utilizam uma variedade de abordagens para suprimir as partes "exilada", incluindo algumas classicamente descritas como comportamentos de dependência (exemplo: álcool, drogas, sexo, jogos de azar). No entanto, as "bombeiro" também empregam outras estratégias tais como: cortar, consumir compulsivamente, dissociar-se, fúria e até suicídio. É fácil entender porque a reação comum destas partes é tentar gerenciar, conter, minimizar, eliminar ou redirecionar seus comportamentos. No entanto, no modelo dos SFI uma abordagem diferente é utilizada, não somente, com as partes "bombeiro", mas também com as "gerente" e as "exilada". Esta abordagem de cura é descrita abaixo.

A Abordagem dos SFI para a Cura

À medida em que entendemos a natureza e a origem das partes, torna-se claro que não existem partes ruins, mas apenas partes que foram forçadas a papéis extremos devido ao trauma. Quanto mais severo ou intenso o transtorno (natureza e grau do trauma), mais sobrecarregadas as partes estarão. Quanto maior a sobrecarga, mais intensas ou extremas elas serão.

Sabe-se que as protetoras ("gerente" e "bombeiro") utilizam estratégias, pois elas acreditam que: 1) previnem o sistema de ser machucado novamente; e 2) mantêm os sentimentos dolorosos afastados. Como resultado, algumas partes são exiladas do sistema.

Quando as partes "gerente" e/ou "bombeiro" são entrevistadas, descobre-se que a maioria não aprecia seus papéis extremos. No entanto, elas se sentem obrigadas a assumir seu papel na medida em que existem partes vulneráveis para proteger. Por esta razão, geralmente é difícil, se não impossível, alterar permanentemente ou modificar o comportamento das partes "gerente" ou "bombeiro" enquanto as "exilada" estão sobrecarregadas. Mas, se as "exilada" não estivessem mais sobrecarregadas, não haveria a necessidade das partes "gerente" e/ou "bombeiro" continuarem a protegê-las de maneiras extremas.

Portanto, parece claro que caso as partes "exilada" possam ser aliviadas de seus fardos (remover a sobrecarga) então as protetoras podem ficar livres de seus papéis e comportamentos extremos. Esta é a forma como os terapeutas dos SFI abordam o processo de cura. O trabalho começa esclarecendo o papel das partes protetoras ("gerente" e "bombeiro") no sistema; as formas por meio das quais elas tentam criar segurança ou limitar a dor. Também oferecemos a elas esperança; esperança de que as partes "exilada" possam ser aliviadas, amenizando, deste modo, as "gerente" e as "bombeiro" de suas responsabilidades de proteger. Uma vez que a responsabilidade seja levantada, tanto as "gerente" quanto as "bombeiro" estarão livres para assumirem o papel que preferem, ao invés do papel extremo que foram forçadas a adotar.

Os Seis Passos Para Curar Uma Parte

A terapia dos SFI é igualmente eficaz com adultos e crianças. O que se segue é uma descrição de cura usando o *olhar interno* de uma criança. O *olhar interno* "envolve ter o cliente olhando para dentro para encontrar e trabalhar com partes que ele vê ou sente e descreve para o terapeuta" (Schwartz, 1995, p.95).

Primeiro Passo: Crie um Relacionamento de Confiança entre o Eu do Cliente e a Parte

Como em qualquer modelo de terapia, o objetivo inicial é criar um ambiente seguro, de confiança e esperançoso no qual a cura pode ocorrer. O terapeuta dos SFI começa assegurando que o ambiente externo do cliente é seguro e de suporte da terapia, ajudando-o, também, a sentir-se seguro e confortável no ambiente terapêutico. Ele faz isto dando as boas-vindas a todas as partes do cliente com curiosidade e compaixão. Em outras palavras, o terapeuta relaciona-se com o cliente a partir da sua própria energia do Eu.

O terapeuta ajuda o cliente a começar a identificar suas próprias partes nomeando-as enquanto elas surgem. As partes podem manifestar-se em uma variedade de formas, incluindo pensamentos, emoções, sentimentos, imagens ou sensações corporais. Então, por exemplo, um jovem cliente conta ao terapeuta sobre uma parte que se manifesta como um sentimento dizendo: – "Meu amigo me deixou tão nervoso que eu bati nele". O terapeuta poderia responder: – *"Então, parte de você ficou com raiva e bateu em seu amigo. Eu me pergunto o que te deixou tão bravo"*. Com este tipo de resposta o terapeuta expressa curiosidade e compaixão, não reação ao sentimento.

O terapeuta ficaria curioso e compassivo sobre qualquer parte revelada e começaria a introduzir o conceito de que todas as pessoas têm partes e que é normal tê-las. Por exemplo, o terapeuta pode dizer: – *"Você sabe, todo mundo tem partes que ficam bravas, até eu. Nosso sentimento de raiva não é tudo o que somos, é somente parte de quem somos"*.

À medida em que a criança se sinta mais confortável, o terapeuta pode oferecer a ela uma oportunidade de conhecer suas partes para que ela possa se sentir melhor. Quando a criança está curiosa, o olhar interno pode começar. O primeiro passo do olhar de dentro é ajudar uma parte a diferenciar-se ou distinguir-se.

Distinção

Antes que qualquer parte possa ser conhecida, ela deve ser diferenciada de outras partes e do Eu. Sem diferenciação é impossível saber onde uma parte termina e a outra começa e/ou onde as partes terminam e o Eu começa. Uma vez diferenciada, uma parte pode desenvolver uma relação com o Eu, que é fundamental para o processo de cura. Lembre-se, neste modelo a relação de cura é entre o Eu do cliente e suas partes.

A diferenciação ocorre por meio de um processo chamado "distinção". Richard Schwartz escreve: "se eu pedisse aos clientes para se separarem de partes extremas e polarizadas... a maioria deles poderia mudar rapidamente para um estado mental compassivo. Neste estado, eles saberiam o que fazer para ajudar suas partes" (Schwartz, 1995, p.37). A distinção ou diferenciação começa por localizar a parte como um pensamento, emoção, sensação corporal e/ou imagem no corpo incluindo o torso, membros e/ou cabeça. Uma vez que uma parte tenha sido identificada e localizada, ela é convidada a distinguir-se do Eu para que uma relação possa começar. A distinção é iniciada perguntando ao cliente: – *"Como você se sente em relação à parte"*? A resposta a esta simples pergunta revela se o Eu do cliente ou outra parte está presente.

Se a resposta for algo semelhante às qualidades do Eu – 8c - (calma, curiosidade, compaixão, confiança, coragem, clareza, conectividade ou criatividade) o Eu está presente. Os clientes não precisam responder precisamente com uma das 8c, eles podem dizer algo como: – *"Eu gostaria de conhecê-la"*; ou: – *"Eu estou interessado nela"*. Com este tipo de resposta, o terapeuta sabe que a parte está distinta, que o Eu do cliente está presente e uma relação entre o Eu e a parte é possível.

Entretanto, se a resposta não é uma das qualidades associadas ao Eu, ela indica que o Eu não está presente. Ela poderia indicar que outra parte está presente, então a relação parte-a-parte está ocorrendo. Alguns exemplos que indicam uma relação parte-a-parte incluem: – *"Eu não gosto disto"*; ou: –*"Eu gostaria que parasse de agir desta maneira"*. Todas as partes devem ser distinguidas antes que uma relação Eu-parte seja possível. Pode ser necessário distinguir várias partes antes que o Eu esteja presente.

Uma vez que o cliente consiga responder à pergunta de uma maneira que soa como o Eu, uma relação entre a parte e o Eu pode começar. A relação começa, simplesmente, perguntando para a parte a respeito de si mesma. A parte pode revelar sua função atual ou trabalho no sistema, como ou onde ela aprendeu a comportar-se da maneira como se comporta e/ou o que ela gosta e não gosta a respeito de seu trabalho, dentre outras coisas.

As respostas das partes indicarão se ela é uma protetora (gerente ou "bombeiro") ou uma "exilada" ferida. As protetoras descreverão comportamentos que tentam afastar ou minimizar sentimentos dolorosos. As "exilada" mantêm os sentimentos dolorosos e/ou sensações para que elas possam aparecer como assustadas, chorosas, mansas ou calmas.

Se a parte é uma protetora, o foco é esclarecer a respeito de seu papel no sistema e oferecer esperança para que as partes "exilada" possam ser aliviadas e curadas. No geral, as partes protetoras aparecem primeiro e requerem reafirmação e esperança antes de permitirem acesso às "exilada".

O processo inicial com as "exilada" é similar ao das protetoras; a parte deve ser distinguida para estabelecer a relação Eu-"exilada". Uma vez conectada com o Eu, a parte "exilada" pode revelar sua história a respeito de como foi ferida e sobrecarregada. Este processo, chamado de testemunho, é o segundo passo no processo de cura.

Segundo Passo: Testemunhando

As partes protetoras exilam as partes vulneráveis em uma tentativa de impedir que elas sejam machucadas novamente e que sintam sua dor, porque acreditam que é interesse maior do sistema fazê-lo. Esta estratégia pode fornecer alívio temporário, mas a parte "exilada" ainda está repleta de memórias e emoções fortes e dolorosas, congeladas no tempo e nos lugares onde o sofrimento ocorreu. As "exilada" anseiam contar sua história e serem compreendidas, *testemunhadas*, para que possam ser libertadas de suas dores e do exílio.

Uma vez que a relação Eu-parte seja estabelecida, uma "exilada" pode ser testemunhada de várias formas, incluindo memórias na forma de imagens visuais, sentimentos e emoções e/ou com sensações físicas no corpo (somaticamente). Cada parte "exilada" sabe, exatamente, como transmitir sua história para o Eu do cliente. O Eu e a parte "exilada" estão conectados durante o testemunho, permitindo ao Eu do cliente estar "com" os sentimentos não "dentro" ou sobrecarregados pelos sentimentos. O testemunho continua até que a parte "exilada" se sinta compreendida pelo Eu do cliente.

Por causa do desejo intenso de serem testemunhadas, algumas "exilada" podem adiantar-se e inundar o sistema com sentimentos e pensamentos. Quando isto ocorre, significa que a parte misturou-se com o Eu e deve ser distinguida antes que o testemunho possa continuar. Uma estratégia para fazer a distinção é pedir à parte "exilada" para não sobrecarregar o sistema com emoção, e somente compartilhar a quantidade mínima de sensação necessária para expressar o que ela sente. Isto permite à "exilada" distinguir-se e reestabelecer uma relação com o Eu. Já que as partes "exilada" anseiam por serem testemunhadas, elas estão, geralmente, abertas a quaisquer sugestões que possam facilitar o processo.

Terceiro Passo: Recuperação

Como indicado acima, as partes exiladas estão congeladas no tempo, no momento do seu ferimento. Em casos de trauma mais severo, estas cenas podem ser extremamente intensas e perigosas. Frequentemente, as partes precisam deixar a cena ou serem *recuperadas*, antes que elas possam sentir-se seguras o bastante para serem testemunhadas ou aliviadas. Se este é o caso, o Eu do cliente pode entrar em cena e/ou permanecer com a parte até que ela esteja pronta para ir embora ou tirá-la da cena para um lugar onde ela se sinta segura para contar ou mostrar o que aconteceu. Todas as partes sabem se precisam ou não ser recuperadas e podem indicar isto para o Eu do cliente e para o terapeuta.

Quarto Passo: Removendo a carga

Uma vez que a parte "exilada" se sinta compreendida pelo Eu do cliente, ela pode remover a carga que adquiriu (*descarregar*). As cargas vêm de várias formas, mas todas contêm crenças (eu sou inútil, eu não sou amável, eu sou estúpido) e sentimentos (solidão, mágoa, vazio, vergonha, humilhação, etc.). Algumas, ainda, irão incluir sensações corporais (dores, contrações, etc.). Quando uma parte remove a carga, ela não abandona a memória do(s) evento(s), mas somente a dor e o sofrimento a ele(s) associados.

Para começar o processo de remoção da carga, pede-se à parte para localizá-la dentro ou ao redor do seu corpo. As cargas assumem muitas formas e podem incluir, entre outros, massas de algum tipo na barriga, no coração, na cabeça, roupa pesada, como casacos ou capas, energia e emoção indesejada, para nomear alguns. Longa, esta lista tem o objetivo de fornecer alguns exemplos comuns.

Uma vez que a parte localize o fardo, ela é convidada a liberá-lo ou deixá-lo ir. As partes, frequentemente, escolhem liberar suas cargas para um dos cinco elementos (terra, água, ar, fogo ou luz), mas não estão limitadas a estas escolhas. Simplesmente como no testemunho, cada parte sabe, exatamente, como liberar sua carga.

Quinto Passo: Convite

Após a carga ser liberada, a parte é solicitada a convidar para dentro de si mesma quaisquer qualidades que ela queira ou precise naquele momento ou no futuro. Estas qualidades incluem uma escala de possibilidades muito numerosas para nomear, mas uma lista curta de exemplos inclui, entre outros, amor, felicidade, divertimento, competência, força ou coragem. Novamente, a parte terá um senso claro de quais qualidades ela quer e precisa.

Sexto Passo: Integração

Depois que uma parte "exilada" retira a carga, ela não precisa mais permanecer "exilada" e está livre para assumir um novo papel no sistema. O Eu do cliente interage com a parte para ajudá-la a encontrar seu novo lugar no sistema. As partes, frequentemente, querem contato permanente com o Eu do cliente ``a medida em que elas são assimiladas no sistema.

Obviamente, outras partes serão afetadas por esta mudança, então é importante encontrá-las e ajudá-las a se ajustarem à nova realidade. Algumas partes protetoras podem estar temerosas a respeito da mudança e sobre o que estas significam para elas e para o seu papel. Estas partes precisam de atenção e de garantia do Eu do cliente, bem como de ajuda para encontrar um novo papel, menos radical. Outras partes protetoras podem estar aliviadas ou felizes sobre a mudança e podem mudar, espontaneamente, para papéis menos extremos. Outras, ainda, podem precisar ser testemunhadas e liberadas da carga assim como as "exilada". A integração pode levar apenas alguns minutos ou várias sessões. Isto depende do sistema de cada indivíduo.

Um sistema liderado pelo Eu

A maioria das pessoas tem mais de uma parte "exilada", então pode ser necessário repetir o processo de cura com outras destas partes. À medida em que as partes "exilada" são liberadas das cargas, elas não estão mais desligadas do Eu ou das outras partes; mais e mais partes têm uma relação com o Eu e umas com as outras. Este fato permite ao Eu emergir e assumir a liderança do sistema – um sistema liderado pelo Eu – ou seja, aquele no qual cada parte tem uma relação com o Eu e tem uma voz no sistema. Em um sistema liderado pelo Eu, polarizações estão ausentes ou muito diminuídas, permitindo mais harmonia e equilíbrio. Quando as partes têm uma relação com o Eu, elas não estão mais tão vulneráveis ao sofrimento vindo de fora. A vida é cheia de rejeição e perda e é provável que impacte a todos. As partes descarregadas podem, ainda, ser machucadas, no entanto, uma vez conectadas com o Eu, o resultado do impacto é diferente. Quando uma parte é ferida, o Eu pode confortá-la para que a dor não precise mais ser armazenada como uma carga, ela pode ser sentida, reconhecida e liberada. Ajudar as pessoas a conquistarem um sistema liderado pelo Eu é o objetivo final da terapia dos SFI.

SFI com Crianças
Exteriorizando Partes em Objetos

O modelo de terapia dos SFI pode ser facilmente aplicado a crianças a partir de 3 ou 4 anos de idade e adolescentes. No entanto, algumas crianças e adolescentes mais jovens têm dificuldade em conceituar partes e se beneficiam da representação concreta das mesmas. Estes clientes podem utilizar o modelo exteriorizando suas partes em objetos, tais como: bonecas, fantoches, figuras de animais, desenhos, criações feitas de argila e objetos inanimados, como, por exemplo, pedras ou conchas do mar. Nenhum objeto tem maior prioridade sobre o outro, a seleção deve ser baseada no que parece mais confortável para o cliente.

Incorporando Pais ou Cuidadores na Terapia

Assim como acontece em outros modelos de terapia, é importante incorporar os pais ou cuidadores no processo terapêutico. Infelizmente, várias crianças que entram na terapia foram feridas e sofreram com sobrecargas vindas dos seus próprios pais ou responsáveis. Portanto, a terapia com os adultos no sistema pode minimizar a possibilidade de a criança ser ferida novamente.

Alguns terapeutas dos SFI trabalham com os adultos e as crianças juntas no consultório, outros trabalham com estes separadamente. Embora haja benefícios para ambas as abordagens, algumas ressalvas devem ser consideradas quando da tomada de decisão.

Pode ser benéfico para os pais e cuidadores testemunharem, silenciosamente, as partes de seus filhos serem aliviadas. Este processo pode ajudar aos adultos a compreenderem mais claramente suas crianças e a minimizar as tensões entre eles. No entanto, antes de permitir que isto aconteça, o terapeuta deve certificar-se de que o adulto é capaz de testemunhar qualquer uma ou todas as partes da criança com cuidado e curiosidade. Caso o adulto não possa ser cuidadoso e curioso, as partes da criança correm o risco de serem feridas pelo adulto, seja durante ou após a sessão. Se isto acontecer, o consultório de terapia pode não ser mais um lugar seguro para a criança, dificultando, deste modo, o processo de cura. Portanto, a habilidade do pai para ser atencioso e curioso durante uma sessão de terapia deve ser cuidadosamente avaliada antes de permitir-lhe testemunhar sua criança, principalmente quando o pai ou cuidador foi o responsável por ferir a criança.

A presença do adulto poderia ativar as partes protetoras da criança, tornando difícil e/ou impossível acessar as partes "exilada", temendo que elas sejam machucadas novamente. Nesta situação, é melhor trabalhar com a criança separadamente permitindo a ela curar algumas partes antes de convidar o(s) adulto(s) para a sala. Ao mesmo tempo, o(s) adulto(s) deve(m) buscar sua própria terapia para curar sua parte que tenha ferido sua(s) criança(s).

O Modelo do Processamento Adaptativo de Informação (PAI) e os Princípios dos SFI

Os SFI baseiam-se na premissa da existência do Eu como um líder sábio e compassivo que existe em todos os seres humanos desde o nascimento. No entanto, quando e como o Eu é formado pode ser visto e conceituado por meio de diferentes lentes no PAI-EMDR e SFI. A visão dos SFI sobre o Eu converge para o reino espiritual, que nem é negada nem abordada no modelo do PAI. No entanto, o modelo do PAI reconhece a presença de um sistema inato no cérebro voltado para a saúde e para a cura. Um aspecto central do modelo do PAI é a condução do organismo humano em direção à inteireza e integração. A terapia dos SFI, assim como outras abordagens do estado de ego, mantém uma noção baseada na multiplicidade da mente. A teoria dos SFI propõe a existência de partes "exilada", "bombeiro" e "gerente". Para usar uma analogia, o modelo dos SFI vê o sistema familiar e suas partes como uma "cabeça de alho" contendo vários "dentes". Cada sistema é contido pelo Eu com suas próprias partes "exilada, "gerente" e "bombeiro". Uma vez que uma nova "cabeça com seus próprios dentes" seja identificada, o processo de distinguir, de retirar a carga e de integrar é repetido até que níveis de integração cada vez melhores sejam atingidos dentro de um sistema conduzido pelo Eu.

Com esta analogia em mente, vamos explorar como o sistema familiar é visto por meio do modelo do PAI. De acordo com este modelo, o cérebro humano e os sistemas biológicos são moldados pelas experiências do ambiente em que eles se encontram. Estas experiências criam mapas e padrões de disparo neural que estão codificadas em diferentes formas de memória, implícita e explícita.

As memórias de eventos traumáticos e adversos irão seguir um caminho para a codificação implícita e para o isolamento de outra informação adaptativa e positiva gravada no cérebro. Estas redes, como a "cabeça de alho e seus dentes", contêm suas próprias emoções, pensamentos, reações sensoriais e metapercepções, tais como: "Eu não sou amável"; "Eu não sou bom o bastante"; etc. Elas também incluem os mecanismos de enfrentamento e as respostas de defesa que o organismo humano chegou a usar para se defender contra as emoções, as reações somáticas e as crenças negativas codificadas nestes mapas de memória. Quando estas redes neurais são repetidamente ativadas pelos estímulos do ambiente, os mapas neuronais contendo informação sobre as percepções específicas do Eu, do outro e do futuro emergem. Diante do exposto, nós poderíamos dizer que as diferentes redes de memória que se tornaram reforçadas por experiências traumáticas repetitivas ou negativas tornam-se, nos termos da teoria dos SFI, as diferentes partes do sistema familiar interno.

As partes "exilada" contêm as experiências de trauma não resolvido e experiências adversas (cargas). De acordo com Twombly & Schwartz (2008), as partes "exilada" carregam as emoções, as sensações e as crenças associadas aos eventos traumáticos e perturbadores. Quando se olha para elas a partir do modelo do PAI (Shapiro, 2001), elas representam as partes das redes de memória contendo as emoções, pensamentos, sensações e metapercepções de eventos traumáticos e adversos que não foram integrados em uma memória autobiográfica coerente.

De acordo com Twombly & Schwartz (2008), a presença de *flashbacks*, ansiedade e queixas somáticas, dentre outros, indicam que as partes "exilada" tomaram, por completo, o sistema. Baseado no EMDR e o no modelo do PAI, *flashbacks*, ansiedade e outros sintomas são manifestações das experiências passadas de trauma não resolvido e adversidade que permanecem não processadas e não integradas (Shapiro, 2001).

"Bombeiro" vistos a partir do modelo do PAI representa a ativação de defesas animais de luta, fuga e respostas dissociativas. Essas partes incorporam mecanismos de enfrentamento autodestrutivos usados para proteger e modular afeto resultante da ativação de sistemas de memórias contendo material traumatogênico. Estes mecanismos foram desenvolvidos para modular níveis altos e baixos de ativação psicológica esmagadores provocados pela ativação de redes de memória mal adaptativas. Importante destacar que estas estratégias de enfrentamento também se tornaram inseridas na memória.

Por outro lado, "gerente" no modelo do PAI constituem canais dentro das redes neurais que contêm os mecanismos de adaptação que foram utilizados pelo indivíduo para suprimir, gerenciar e evitar as memórias de trauma existentes ("exilada"). Isto é realizado por meio da evitação e mantendo as memórias de trauma e adversidade distantes, compartimentadas e contidas. A evitação de quaisquer estímulos que poderiam ativar as memórias contendo informação perturbadora ("exilada") é um dos primeiros objetivos das "gerente". As crianças podem ter desenvolvido várias maneiras de se adaptarem e de se ajustarem ao sofrimento e à adversidade, tais como: os comportamentos de controle e a inversão de papel; a evitação de sentimentos; o ato de agradar e o perfeccionismo, dentre outros. Estas estratégias ("gerente") têm permitido ao sistema manter algum nível de controle e de segurança interno e externo.

Um dos objetivos principais da terapia EMDR seria acessar, processar e integrar as memórias de trauma e seu afeto associado ("exilada") como também os mecanismos de adaptação ("gerente"), enquanto se mantém um nível apropriado de estabilização e de regulação emocional ("bombeiro" estabilizada).

A terapia EMDR promove a síntese, a assimilação, a ligação e a integração de redes de memória mal adaptativas para um senso de Eu saudável e coerente. Nos termos dos SFI, estamos retirando a carga, integrando e reconfigurando o sistema familiar interno (Twombly & Schwartz, 2008). Apesar das grandes diferenças na conceituação de caso e na metodologia, o EMDR e o SFI compartilham o objetivo primário de tratamento de ajudar indivíduos a chegarem a um lugar onde o amor, a conexão, as relações saudáveis e satisfatórias podem ser experimentadas. A terapia EMDR trabalha para atingir este objetivo por meio do uso de um modelo de oito fases no qual os indivíduos são auxiliados a assimilar e a ligar as memórias que constituem o núcleo do seu sofrimento enquanto mantêm níveis apropriados de estabilização. Isto é realizado estimulando o sistema de processamento de informação inato do cérebro enquanto se vai acessando e movendo estas memórias de sofrimento para uma resolução adaptativa. Por outro lado, o SFI trabalha para atingir este objetivo testemunhando e tirando o fardo das partes do sistema de família interno, permitindo, assim, ao Eu emergir como o líder, criando um sistema mais harmonioso e bem equilibrado.

Terapia EMDR e Psicoterapia SFI Com Crianças: Por Que, Quando e Como

As crianças com históricos traumatogênicos crônicos vêm com grande déficit na regulação afetiva. Como resultado, a exploração, o acesso e o processamento das memórias podem ser devastadores. As estratégias da terapia SFI podem melhorar o processo de estabilização do sistema da criança e fornecer distância suficiente para que as redes de memória mal adaptativas possam ser acessadas, integradas e assimiladas, mantendo-a estabilizada, regulada e em um estado homeostático. O uso de estratégias e da linguagem dos SFI na terapia EMDR com crianças com traumas múltiplos e transtornos de apego tornam as redes de memória mais tangíveis. A rede neural não é um conceito abstrato, mas torna-se concreta quando escolhemos um cavalinho ou uma girafa para representá-la. Quando se utilizam objetos ou animais de brinquedo para representar as redes de memória contendo informação mal adaptativa, isto não é feito com o propósito de aumentar a divisão no sistema da criança, mas sim de tornar a informação codificada na memória mais concreta, tangível e acessível para ela. Por exemplo, o "cachorrinho" escolhido pela criança é o objeto que representa a memória do trauma, os mecanismos de adaptação ou as suas respostas desreguladas. Crianças altamente desreguladas acham avassalador lidar com seus traumas e estados afetivos atuais; então a linguagem das partes, quando usada na terapia EMDR, as ajuda a titular o que, de outra maneira, poderia ser material devastador. Além disto, ela fornece distância para facilitar a exploração de material perturbador. A "analogia do arco-íris" (vide Capítulo 7) pode ser usada para ajudar as crianças a entenderem o conceito da multiplicidade do Eu. Ao utilizá-la, as crianças aprendem que somos como um arco-íris, com várias cores diferentes, ou seja, somos uma pessoa com "várias cores" ou partes. Assim, não só se enfatiza a singularidade, como também se destacam as várias cores do Eu. Além disto, crianças altamente traumatizadas tendem a identificar-se mais com suas reações negativas e com os traumas. "Eu sou apenas uma vítima" ou "uma criança má". Quando nos vemos como o lindo arco-íris que somos, com várias cores diferentes, nos enxergamos maiores e melhores do que o trauma por si mesmo e as partes sofridas que se tornaram desreguladas. Também ainda vemos e acessamos o "eu que brilha" e os aspectos positivos de quem nós somos.

A incorporação de estratégias dos SFI para a terapia EMDR com casos de trauma complexo pode:

- Facilitar a exploração, o processamento e a assimilação de redes de memória contendo material traumático, assim como os mecanismos que as crianças usaram para se defenderem e se adaptarem (acessando o sistema familiar interno).
- Acessar os mecanismos de adaptação utilizados pelas crianças e que podem impedi-las de participar, por completo, na terapia EMDR. Crianças que usam evitação e, como resultado, se opõe a fazer o EMDR podem beneficiar-se da exploração e lidarem com tais mecanismos usando as estratégias dos SFI. Acessar e conversar diretamente com a parte ("gerente", "bombeiro") que não está permitindo o acesso à memória do trauma oferece uma abordagem direta, mas dosada, para lidar com os mecanismos de adaptação que podem interferir com a boa vontade da criança para envolver-se por completo com a terapia EMDR.
- Fornecer um excelente caminho para titular, dispor em camadas e promover distância apropriada para que as memórias traumáticas e adversidade possam ser exploradas, acessadas e processadas enquanto se mantém níveis ideais de estabilização.
- Auxiliar no acesso aos atributos positivos do Eu e usar o Eu como um recurso por todas as oito fases da terapia EMDR.
- Facilitar o trabalho durante as fases de reprocessamento da terapia EMDR, auxiliando o acesso à informação adaptativa e ligando-a ao material que está sendo reprocessado. Por exemplo, quando a criança pode testemunhar e honrar os mecanismos de adaptação que ela usava para sobreviver, a informação adaptativa é acessada e ligada às redes contendo material mal adaptativo.
- Facilitar o processo de fornecer experiências corretivas para promover a formação de novas redes neurais, positivas e adaptativas. Por exemplo, uma criança que não teve experiências apropriadas de cuidados amorosos dos pais pode ter, agora, a jovem parte negligenciada sendo vista, ouvida, amada e sentida pelo seu Eu, pelos pais (se presentes) e pelo terapeuta durante as sessões de EMDR.

O modelo dos SFI pode, efetivamente, ser utilizado ao longo de todas as oito fases da terapia EMDR. Todas as fases, com exceção da Fase Um, serão minuciosamente trabalhadas neste capítulo. Os procedimentos padrão de EMDR devem ser utilizados durante a fase inicial da terapia EMDR (vide Capítulo 2).

Fase Dois: Preparação

Como Introduzir o EMDR e o SFI para a Criança

Quando se utiliza o EMDR e o SFI, é melhor introduzir o processo de EMDR como descrito em capítulos anteriores deste livro. No entanto, pode ser esmagador para a criança introduzir o modelo SFI ao mesmo tempo. Por isso, parece mais apropriado introduzir o modelo SFI `a medida em que as partes da criança começam a surgir e precisam ser abordadas. No entanto, o uso da "analogia do arco-íris" (vide Capítulo 7) pode ser útil para auxiliar a criança a compreender as várias cores que todos nós temos.

Acessando o Sistema Familiar: Estratégias Criativas Com Crianças

Uma vez que um histórico minucioso tenha sido realizado, a fase de preparação da terapia EMDR está em movimento. Durante a fase de preparação, o sistema familiar interno pode começar a ser identificado e acessado.

Estratégias lúdicas podem ser usadas para auxiliar a criança a acessar as diferentes partes e encontrar sua própria energia do Eu. O uso de fantoches, argila, contornos corporais, bonecos de madeira e/ou varinhas, como também figuras da caixa de areia, podem facilitar este processo. As partes podem ser identificadas usando uma variedade de abordagens não diretivas e diretivas. A linguagem das partes oferece uma ótima oportunidade às crianças para acessarem o material perturbador de uma maneira suave e progressiva. Como resultado, elas podem explorar, acessar e reprocessar o material enquanto permanece dentro de níveis ideais de ativação. Deve-se enfatizar que o fantoche ou o animal apenas representa a parte, de uma forma lúdica. Além disso, apesar de, assim como o arco-íris, termos várias cores diferentes dentro de nós, somos apenas uma pessoa; acessamos o sistema com o propósito de promover integração, não para reforçar divisão e fragmentação.

Conforme mencionado anteriormente, os seis passos básicos do modelo dos SFI podem ser aplicados às crianças e aos adolescentes mais jovens usando técnicas de exteriorização. As partes podem ser "convidadas" a se distinguirem em objetos, tais como, figuras de animais, fantoches, desenhos, argila. Por exemplo, quando a criança tem sentimentos perceptíveis – tais como, raiva, tristeza, ansiedade –, o terapeuta pode convidá-la a perceber onde esta sensação está localizada no corpo ou onde ela o percorre. Você pode usar o "Detector de Sentimento" (vide Capítulo 4) para a criança poder identificar a localização no corpo. Quando o sentimento for localizado, ela pode ser convidada a conhecer a parte (rede de memória) e escolher um objeto para representá-la. O ponto-chave é a parte (rede de memória) escolher o objeto para representá-la. Isto pode ser feito usando uma miniatura, um animal e um fantoche ou pedindo para a parte criar uma figura com argila ou desenhar uma imagem que a represente. Uma vez que uma parte (rede de memória) selecione uma representação de si mesma, ela pode ser caracterizada por aquele objeto e o terapeuta pode ajudar a facilitar uma relação entre o Eu da criança e a parte dela. Após a parte selecionar um animal para representá-la, o terapeuta pergunta como a criança se sente em relação à parte (não a respeito da parte). Se a resposta for algo que soa como o Eu – tal como: eu quero conhecê-la, eu me pergunto quem ela é, eu estou curioso a respeito dela, eu gosto dela –, o terapeuta pode convidar a parte (animal) para contar à criança o que ela quer que esta saiba a respeito de si mesma. Este tipo de resposta indicaria que a parte se distinguiu e que há o começo de uma relação entre o Eu da criança e sua parte. Caso a resposta seja algo que não reflita o Eu – tal como, eu a odeio, ela é estúpida, eu queria que ela fosse embora – isto indica que não há o começo de uma relação do Eu com a parte. Significa, isto sim, que outra parte está presente e que pode estar polarizada com a parte original, devendo ser localizada e distinguida antes que uma relação do Eu com a parte possa ocorrer.

Se a parte é uma protetora (um "gerente" ou "bombeiro"), ela deve ser compreendida e tranquilizada antes que permita o acesso à parte "exilada" por ela protegida. A protetora (mecanismos de adaptação ou defesas) pode necessitar ser tranquilizada a respeito dos sentimentos e das memórias vivenciados pela "exilada", para estes não serem muito para o sistema; ou, então, para que, uma vez liberados, a criança não fique permanentemente presa àqueles sentimentos de terror, vergonha, humilhação, inutilidade, etc, mas consiga liberar os sentimentos e curar a parte "exilada". Quando a protetora receber esta garantia, ela se afastará, permitindo à "exilada" se apresentar para ser testemunhada e curada.

Identificar as respostas das "bombeiro" e "gerente" e obter clareza a respeito do papel desempenhado por elas no sistema deve ser um objetivo importante da fase de preparação da terapia EMDR quando se utiliza as estratégias dos SFI. Já que as "bombeiro" constituem as defesas animais da parte inferior do cérebro, como luta ou fuga, congelamento e respostas dissociativas, maiores níveis de estabilização no sistema podem ser promovidos trabalhando com a "bombeiro". Quando usada durante a terapia EMDR, a linguagem dos SFI fornece à criança uma maneira concreta de ver e conhecer seu "alarme fisiológico e seu sistema de defesa". Também concretiza a visão e a compreensão das memórias de trauma ("exilada"), do sistema de alarme do corpo ("bombeiro") e da segurança interna do corpo e dos mecanismos de adaptação ("gerente").

O objetivo de acessar as partes protetoras durante a fase de preparação da terapia EMDR é honrar o trabalho que vem sendo feito por elas para proteger as "exilada" (memórias de trauma) e permitir o acesso a elas, para que o processamento de EMDR possa ser iniciado.

A maioria das protetoras sentiu-se desprezada e até criticada pela forma como foram obrigadas a protegerem as "exilada". Um importante primeiro passo é, realmente, ouvir o que a parte protetora está tentando fazer. Por exemplo, se a criança tem uma parte repleta de raiva, é provável que esta a tenha colocado em problemas com os pais, professores, outras crianças e adultos. No entanto, ninguém deve ter perguntado o que esta parte estava tentando fazer. Se você pedir a uma parte raivosa para descrever seu trabalho, ela, frequentemente, dirá algo como: – *Estou tentando ajudá-lo a sentir-se poderoso e não tão fraco e vulnerável (a parte "exilada"); estou tentando manter pessoas más afastadas de você".* Então, a primeira pergunta importante a se fazer é: qual é o papel da parte no sistema? Ela pode ser questionada da seguinte maneira: – *"Qual é o seu trabalho pela 'criança?' Como você tenta ajudar 'a criança?' O que você quer que 'a criança' saiba a respeito de você e o que você faz por ela"?*

Quando a função da parte for revelada, ela também pode querer que a criança saiba, por exemplo: 1) como ela aprendeu a proteger da maneira que ela protege, 2); quanto anos ela tem; 3) coisas que ela gosta a respeito do seu trabalho e 4); coisas que ela não gosta muito a respeito do seu trabalho. Estas perguntas, muito provavelmente, irão produzir crenças negativas e metapercepções contidas nos sistemas de memória da criança, e ainda, emoções e outras informações relevantes que podem ser colocadas em sua sequência de alvos e no plano geral de tratamento EMDR.

À medida que estas partes são compreendidas e apreciadas, é provável que elas se afastem e permitam o acesso à parte "exilada". Escutar as "bombeiro", apreciar suas tentativas de minimizar o impacto sobre as "exilada" (memórias traumáticas), pedir sua cooperação para não sobrecarregar o sistema e permitir acesso às partes "exilada" são estratégias dos SFI que podem ser incorporadas durante as fases de preparação e de reprocessamento da terapia EMDR. Tais estratégias oferecem uma maneira gentil, honrosa, e até mesmo divertida, para entrar nas redes de memória sem causar tanta desregulação no sistema.

Quando as partes de proteção tiverem concedido permissão para acessar as "exilada" (memórias de trauma), elas são encorajadas a contar suas histórias enquanto o Eu testemunha com compaixão. A parte "exilada" da criança pode ser convidada a contar sua história conversando, desenhando, criando a história na caixa de areia ou usando Play-doh®. Caso a criança tenha um histórico de múltiplos traumas de desenvolvimento, encoraje a parte a transmitir sua história colocando-a em um livro. A linha do tempo, a caixa de memória ou a varinha de memória (vide Capítulo 4) pode tornar o processo mais divertido. O terapeuta EMDR pode colocar esta informação na sequência de alvos da criança. À medida em que o Eu da criança desenvolve relações com suas partes, ela irá começar a identificar o Eu como "mim" ou "eu". Também irá perceber como a presença da energia do Eu é sentida em seu corpo. As crianças geralmente a descrevem como (1) abertura no coração, peito, ou em volta do coração ou (2) um sentimento de calma.

Ao longo de todas as diferentes fases da terapia EMDR, o terapeuta pode instalar atos de triunfo. Caso as partes protetoras se afastem ou tenham sucesso em lidar com um disparador, estas experiências de controle podem ser aprimoradas e instaladas como recursos. Neste caso, a parte, na presença do Eu da criança, é encorajada a notar "o ato de triunfo", a desenhar uma figura deste ou, simplesmente, a pensar sobre ele. Então, a parte é convidada a perceber os sentimentos positivos associados a esta experiência, onde eles estão localizados no corpo e se envolver em uma série curta e lenta de MBL. – *"Deixe a parte lhe mostrar o que ela sente enquanto ela pensa a respeito... e onde estes sentimentos estão no corpo"*. Além disso, uma parte pode ser convidada a criar qualquer tipo de lugar ou espaço que ela necessita para se sentir segura. – *"Que tipo de lugar ela quer? Vamos criá-lo da maneira como ela quer. Ele poderia ser uma fortaleza, um espaço aberto, um lugar lá em cima nas montanhas, etc."* Convide a parte a observar os sentimentos associados ao fato de estar neste lugar seguro e onde eles são experimentados no corpo e utilize séries lentas e curtas de MBL para instalar o lugar seguro. O protocolo completo do lugar calmo-seguro pode ser usado convidando a parte a participar da identificação do lugar seguro, fazendo uma figura sensorial deste local, identificando os sentimentos, a localização no corpo e realizando os MBL. O protocolo IDR também pode ser utilizado, se necessário, quando grandes níveis de estabilização são imprescindíveis.

Fase Três: Avaliação

Quando a estabilização de respostas fisiológicas da parte inferior do cérebro tiver sido atingida (as partes protetoras concederam acesso às "exilada") e as memórias de trauma tiverem sido exploradas e acessadas (as partes "exilada" foram capazes de contar suas histórias quando sentiram a aceitação e compreensão do Eu), o reprocessamento de memórias pode ser iniciado (a liberação das cargas está a caminho). Na terapia SFI, os fardos carregados pelas partes "exilada" (memórias de trauma) podem ser liberados para um dos cinco elementos. No entanto, na terapia EMDR, esta liberação é realizada pelo processamento, assimilação e integração de memórias com protocolos e procedimentos específicos. Ao se preparar para o reprocessamento de uma memória específica, a figura (animal, argila, brinquedo) selecionada pela parte "exilada" para representá-la pode estar presente, assim como as partes protetoras; e, sem dúvida, o Eu. No momento em que a memória tenha sido selecionada e a parte "exilada" e as protetoras tenham concordado em participar de uma sessão de reprocessamento, a avaliação completa é feita com a parte "exilada". Prosseguir utilizando a linguagem dos SFI permite à criança um nível de distanciamento que facilita o processo de acessar e assimilar tais memórias. Esta linguagem deve continuar a ser usada durante as fases de avaliação e reprocessamento da terapia EMDR.

Durante a fase de preparação, a criança já escolheu uma figura ou fantoche para representar cada parte ou "cor". Assim que você se move para a fase de avaliação, comece convidando a parte "exilada" e a figura que a representa para selecionar a forma de MBL e o ajudante que ela gostaria de ter para o movimento ocular ou o toque (Elizabeth, Mario, David ou Robbie). Pergunte à criança: – *"Está bem para a parte ou para a cor mostrar-lhe qual ajudante ela quer? Ela quer mover os olhos, usar o toque, etc? "Nós vamos começar ajudando a parte ou cor a contar sua história. Está bem para a parte lhe mostrar o que ela precisa que você saiba sobre o que aconteceu? Enquanto estamos fazendo EMDR, vou pedir à parte ou cor para lhe mostrar qualquer coisa que ela veja, sinta e pense. Não há maneira certa ou errada de fazer EMDR. De qualquer maneira que você e a parte fizerem está bem. Você pode usar seu sinal de Pare quando você precisar dele, então vamos praticá-lo* (pratique o sinal de Pare).

1. Imagem:

"O que a parte ou a cor quer lhe mostrar a respeito do que aconteceu"? Você também pode usar a figura ou o fantoche escolhido pela criança para representar a parte. Se ela escolheu um "cachorrinho" para representar a parte, você pode dizer: – *"O que a sua parte cachorrinho quer lhe mostrar sobre o que aconteceu? Deixe que a parte lhe mostre a foto ou a imagem que mais importa para ela. Ela pode desenhar uma figura ou criá-la usando a caixa de areia".*

2. Cognição Negativa (CN):

– *"Quando ela pensa a respeito de* (repita sobre a imagem referida pela parte), *deixe a parte ou a cor lhe contar qual é o sentimento confuso que ela tem a respeito de si mesma agora. Deixe que a parte ou deixe que a sua parte "cachorrinho"* (repita o nome do animal ou do fantoche que representa a parte) *saiba que os cartões, cubos e bolas com sentimentos confusos estão disponíveis se ela quiser usá-los".* Consulte o Capítulo 4 para o uso de cartões, cubos e bolas.

3. Cognição Positiva (CP):

– *"Quando ela pensa a respeito de* (repita a imagem trazida pela parte), *deixe a parte lhe contar qual pensamento bom ela gostaria de ter a respeito de si mesma. Deixe que a parte saiba que os cartões, os cubos e as bolas com bons pensamentos estão disponíveis caso ela queira usá-los".* Tenha os cartões e outras ferramentas disponíveis na frente da criança.

4. VoC (a "Escala do Pensamento" – Validação da Cognição Positiva):

Use a "Escala do Pensamento" e coloque os números de espuma de 1 a 7 na frente da criança (vide o diagrama abaixo). Convide a parte a usar a Escala do Pensamento e coloque o cartão com a Cognição Positiva no número 7, e diga:

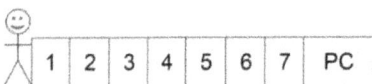

1	2	3	4	5	6	7	PC

– *"Agora, nós vamos usar esta coisa legal chamada de 'Escala do Pensamento', que ajuda as crianças a verificarem o quanto os bons pensamentos parecem verdadeiros para elas. Deixe-me lhe mostrar como funciona. A 'Escala do Pensamento' tem números que vão de 1 a 7. O número 1 significa que o pensamento bom não é sentido como verdadeiro e o número 7 que ele é sentido como muito verdadeiro. Agora, vamos convidar a parte* (usando a figura ou o fantoche selecionado pela parte da criança) *a praticar, usando a 'Escala do Pensamento' com o bom pensamento que ela escolheu. Deixe o* (repita o nome do animal ou do fantoche que representa a parte, tal como o cavalinho ou o lobo) *lhe mostrar. Quando ela pensa a respeito* (repita a imagem que representa a memória relatada pela parte), *o quanto estas palavras* (repita a CP) *parecem verdadeiras para (o cavalinho, o lobo) agora? Lembre-se de que o 1 é sentido como completamente falso e o 7 como completamente verdadeiro".*

5. Emoções:

"Quando (repita o nome do fantoche ou do animal) *pensa a respeito* (repita a imagem que representa a memória ou mostre o desenho) *e das palavras* (repita a CN), *quais sentimentos ele tem agora"?*

6. SUDS (A 'Escala de Perturbação' – Unidades Subjetivas de Perturbação):

Usando a "Escala de Perturbação", coloque os números de espuma de 0 a 10 na frente da criança (vide o diagrama a seguir):

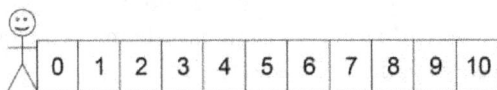

– *"Agora, nós vamos usar esta coisa legal chamada de Escala de Perturbação, com números que vão de 0 a 10. O número 0 significa que não lhe incomoda ou que é sentido como neutro, e o número 10, que lhe incomoda muito. Agora, vamos praticar usando a Escala de Perturbação com o* (repita o nome do animal ou do fantoche que representa a parte). *Quando ele pensa a respeito de* (repita a imagem que representa a memória ou mostre o desenho) *e sobre o pensamento confuso* (repita a CN) *quanto lhe incomoda agora ou quão ruim ele se sente agora? Lembre-se de que 0 significa que é neutro e 10 que a parte ou cor se sente muito incomodada."*

7. Localização da Sensação Corporal:

"Vamos contar com a sua parte 'cachorrinho' (repita o nome do animal ou do fantoche que representa a parte) *para ajudá-lo a encontrar onde isto é sentido em seu corpo."* Tenha o Detector de Sentimento disponível para auxiliar a criança na localização da sensação corporal. – *"Eu gostaria de convidar* (repita o nome do animal ou do fantoche que representa a parte) *para pensar a respeito ou observar* (repita a imagem que representa a memória ou mostre o desenho) *o pensamento confuso ou negativo* (repita a CN) *e os sentimentos e onde eles estão localizados no seu corpo e siga o ajudante ou os meus dedos* (repita o nome do ajudante ou use o MBL selecionado pela criança)". Comece a dessensibilização.

Fase Quatro: Dessensibilização

Durante o reprocessamento de memórias traumáticas, outras partes "exilada" (memórias) podem surgir à medida que novos canais associativos são acessados. Caso o surgimento de novas "exilada" ou protetoras parem o reprocessamento, os entrelaçamentos com os seis passos para curar as partes podem ser usados. Pedir à criança para, novamente, notar onde ela sente isto em seu corpo e para exteriorizar a parte usando objetos, convidar o Eu para perceber os sentimentos em relação a esta parte, etc., constituem entrelaçamentos bastante eficazes e poderosos. Após cada passo, o terapeuta EMDR convida a criança a notar o que está surgindo e então a envolve em MBL. Por exemplo: quando a criança é convidada a observar uma parte, o terapeuta pode pedir a ela para seguir o objeto que representa tal parte e iniciar o movimento ocular. Depois que o MBL for realizado, as diretrizes habituais são dadas: respire, solte; o que você nota agora? Quando a criança relata compaixão, empatia ou sentimentos positivos em relação à parte, convide-a para, novamente, seguir os MBL.

Ao se reprocessarem memórias de adversidade e trauma, o processamento de tais memórias pode parar. Seguir os passos para desenvolver, primeiro, uma relação com a parte que pode estar bloqueando o processo, pode ser o motor de arranque do reprocessamento. Além disso, convidar o Eu para testemunhar a parte e sua história ou memória, como também distingui-la, pode ser usado como entrelaçamentos.

Após receber as respostas do Eu da criança e/ou da parte, convide-a a observar e continue a usar os MBL. Estes podem ser entrelaçamentos bem eficazes para promover a integração e a resolução adaptativa.

O que está relacionado a seguir representa potenciais "pontos de estagnação" durante as fases de dessensibilização e outras fases do reprocessamento, bem como os entrelaçamentos que podem ser utilizados juntamente com as estratégias SFI:

1. Para identificar se a parte ainda está estagnada no passado ou se ela está no presente, pergunte: – "Você está aqui no presente ou está há a cinco anos atrás"? Se a parte ainda está no passado, pergunte a ela se existe algo mais que a criança precisa saber a seu respeito. Pergunte: – "Está ok para a parte ou para a cor lhe mostrar o que ela precisa que você saiba a respeito dela? Ou: – Está ok para a sua parte "cachorrinho" lhe mostrar o que ela precisa que você saiba a respeito dela"? Convide a criança a testemunhar a parte ou a cor da maneira que ela queira ser testemunhada. – "Veja o que ela quer que você veja, sinta o que ela quer que você sinta, ou saiba o que ela quer que você saiba. A parte tem qualquer palavra ou barulhos que ela quer que você fale ou faça? Há qualquer movimento que a parte quer que você faça"? Pergunte: – "Está ok para a parte lhe mostrar como ela quer se mover"? A criança não tem que necessariamente mover-se; o movimento pode acontecer no interior, enquanto a parte é testemunhada. De acordo com o modelo SFI, toda parte sabe como quer ser testemunhada. Se a criança se recusar a testemunhar a parte, há outra parte que precisa ser identificada e distinguida. Esteja ciente de que as perguntas descritas acima não precisam ser feitas todas ao mesmo tempo. Faça uma pergunta e espere pela resposta da criança e, então, convide-a para "ir com isto" ou "notar isto" enquanto faz os MBL. Uma vez que estes canais tenham sido acessados e integrados, faça uma nova pergunta até que a parte consiga comunicar por completo suas necessidades, desejos, medos, etc. Uma criança com histórico de negligência severa e privação de alimento identificou a parte que tinha sofrido privação. Ela escolheu um fantoche de um golfinho para representá-la. Quando se perguntou à "parte golfinho" sobre o que ela precisava, ela expressou o desejo de ser alimentada. Então, pediu-se à criança para testemunhar as necessidades desta parte enquanto os MBL foram feitos. A parte foi encorajada a deixar a criança saber do que e como ela queria ser alimentanda, como também quem ela queria que a

alimentasse. Eu, Ana Gomez, mostrei para a parte uma variedade de comidas de brinquedo para ela escolher o que queria. A criança e eu alimentamos a parte até ela nos deixar saber que estava se sentindo satisfeita. À medida em que a parte estava sendo alimentada, a criança foi encorajada a notar o que a parte estava experimentando e sentindo enquanto ela acompanhava os MBL. Os passos processuais habituais para o uso de entrelaçamentos foram usados.

2. Convidar o Eu para entrar em cena. Quando se trabalha com memórias de trauma em que existem palavras não ditas e reações de defesa que não puderam ser concluídas, o terapeuta pode convidar o Eu para intervir e ajudar a parte. Por exemplo: – "Se você quiser, e se isto estiver OK para a parte, pode entrar na cena para proteger a parte como ela desejou ter sido protegida naquele momento". O terapeuta pode também oferecer para entrar com o Eu da criança: – "Se você quiser, eu posso entrar com você. Estarei aqui se a parte quiser. Agora que estamos aqui, pergunte para a parte como ela quer que você e eu a protejamos". "Se a parte quiser, você pode entrar lá e tomar conta dela, da forma como ela deseja ser cuidada".

3. Suprindo as necessidades de apego – As estratégias SFI oferecem uma maneira maravilhosa de auxiliar as crianças a suprirem as necessidades de apego. Quando se encontra uma parte mais jovem que passou por negligência ou abuso, a parte pode ser convidada a compartilhar o que ela precisava e desejava e que não obteve. Por exemplo, crianças que não tiveram a oportunidade de experimentar acolhimento, afeto, cuidado apropriado, etc., podem ser convidadas a pedir para a parte mais jovem partilhar estas necessidades não supridas. Uma parte pode dizer que não foi segurada ou que não foi amada. A parte é, então, convidada a dizer ao Eu da criança como ela quer ser segurada ou balançada e como quer ser amada. A parte também pode ser solicitada a deixar o Eu da criança saber se ela quer o Eu, o terapeuta ou os pais (se presentes) para participarem desta oportunidade de suprir suas necessidades. Se a parte deseja ser segurada, balançada, alimentada ou caso queira brincar, os pais, o terapeuta ou o Eu da criança serão convidados a fazer o que ela pede. Isto deve ser feito até a parte sentir que a necessidade foi completamente preenchida. Esteja consciente de que os MBL e os procedimentos habituais de reprocessamento do EMDR seguem cada ação direcionada para suprir a necessidade de uma parte. O Eu da criança e a parte são convidados a perceber o que acontece enquanto estas necessidades vão sendo supridas e os MBL são realizados.

Trabalhando com Cuidadores

Quando se utilizam as terapias de EMDR e dos SFI, os pais podem ser convidados a testemunhar o trabalho da criança. Caso a criança queira que os pais participem, é sugerido que estes também façam algum nível de trabalho, a fim de que suas partes feridas não continuem a machucá-la. Isto é especialmente verdadeiro se os pais foram os responsáveis pelo sofrimento. Se os pais não fizerem sua própria cura, a presença deles pode inibir a habilidade e o desejo da criança de revelar as suas partes mais vulneráveis, desacelerando ou parando, deste modo, o trabalho interno. No entanto, uma vez que os pais comecem seu próprio trabalho, sessões muito poderosas podem ser feitas com eles funcionando como agentes acompanhantes da cura. Então, os pais podem participar da ajuda e do acompanhamento da criança, para suprir as necessidades de uma parte, se isto for o que a parte está escolhendo ou pedindo que eles façam. A participação dos pais deve ser explorada com as partes da criança, para que o envolvimento deles honrem as partes ou a parte e, de modo geral, o sistema interno da criança.

Fase Cinco: Instalação

Quando a parte relatar ter atingido um nível SUDS de 0, convide qualquer parte que protegeu a "exilada" (memória de trauma) para testemunhar a cura alcançada pela ex-"exilada". Se diferentes animais ou fantoches foram identificados para representar o sistema familiar, então todas estas figuras ou maneiras de representar cada parte devem estar presentes. Um círculo pode ser criado com os animais ou fantoches representando o sistema em volta da criança enquanto se trabalha com a parte "exilada" durante a fase de instalação. Isto é feito com o propósito de permitir aos "gerente" e "bombeiro" testemunharem a cura se instalando, enquanto a memória de trauma ou adversidade está se movendo para uma resolução adaptativa. A parte "exilada" é convidada, com o Eu da criança, a verificar se há um "pensamento bom" melhor ou se um novo pensamento positivo surgiu. A Validação da Cognição Positiva (VoC) é avaliada, seguida da instalação da cognição positiva enquanto a(s) parte(s) protetora(s) testemunha(m). Uma música pode ser criada com a cognição positiva. A parte "exilada" (memória do trauma) pode deixar a criança saber se ela quer cantá-la somente com o Eu da criança ou se ela quer fazê-lo com as outras partes, com o pai e com o terapeuta, enquanto este realiza os MBL para instalar esta cognição positiva. Músicas infantis tais como ("Brilha, brilha, estrelinha" ou "O velho McDonald tinha uma fazenda", etc.) podem ser usadas como a canção principal enquanto se integram as letras contendo a cognição positiva (por exemplo, Eu estou seguro agora... E-I-E-I-O).

Fase Seis: Checagem Corporal

Ao acessar o material traumático residual, mantido somaticamente, a parte é convidada a ajudar a criança a encontrar quaisquer sensações e reações somáticas experimentadas no corpo, enquanto pensa a respeito da memória de trauma ou adversidade.

Você pode dizer para a criança: –"*Enquanto a parte, a cor ou* (repita o nome do animal ou fantoche que representa a parte) *pensa a respeito ou observa aquela coisa ruim que aconteceu, nós podemos convidar a parte, a cor ou* (repita o nome do animal ou do fantoche que representa a parte) *para ajudá-lo a verificar seu corpo, da cabeça aos pés, para encontrarmos quaisquer sentimentos ou sensações?*" O "Detector de Sentimento" deve estar disponível para auxiliar a criança na localização da sensação corporal.

Se a criança relatar quaisquer sensações negativas ou positivas, convide a parte e o Eu da criança para notá-las enquanto os MBL são realizados. Caso a parte relate estar experimentando um sentimento negativo no estômago, diga: – "*Gostaria de convidar a parte, a cor ou* (repita o nome do animal ou do fantoche que representa a parte) *para perceber esta coisa no estômago e seguir meus dedos ou o ajudante* (inicie os MBL selecionados pela criança)". Os procedimentos padrão para completar a fase de escaneamento corporal devem ser seguidos.

Fase Sete: Fechamento

As atividades de fechamento envolvendo as estratégias SFI podem ser benéficas para ajudar a criança a obter homeostase emocional antes de terminar a sessão. Se uma parte foi aliviada durante a sessão ou se o material da parte "exilada" (memórias de trauma) foi acessado, atividades de fechamento apropriadas devem ser realizadas. O terapeuta deve destacar o maravilhoso trabalho feito pela criança e pela parte. Relembre à criança e à parte que partes novas ou conhecidas podem aparecer durante a semana. Convide a criança para desenhar figuras ou escrever qualquer "coisa" que surgir juntamente com as partes novas ou conhecidas que possam aparecer.

O terapeuta pode pedir à criança para escutar qualquer coisa que a parte necessite antes de terminar a sessão. Convide a parte para deixar o Eu da criança saber do que ela precisa. Ela pode precisar sentir-se segura novamente. Então, neste estágio, a parte é convidada a criar o lugar seguro ou qualquer outro recurso ou estratégias de mudança de estado instaladas durante a fase de preparação. Cada parte pode escolher como ela quer ser "aconchegada" ao final da sessão para que o equilíbrio seja atingido antes de ela terminar. Se a criança escolheu um fantoche para representar a parte, esta é convidada a encontrar um lugar para o fantoche no consultório do terapeuta. Lembre-se de que você sempre pode usar a linguagem das "cores." Onde esta cor se sentiria segura em seu corpo? Uma vez que a(s) parte(s) e a criança retornem ao estado homeostático, a sessão pode ser apropriadamente finalizada.

Fase Oito: Reavaliação

Durante a fase de reavaliação, um acompanhamento é realizado para encontrar quaisquer mudanças na vida da criança após a sessão anterior. Alguma parte "gerente" ou "bombeiro" esteve presente ou foi ativada desde a sessão anterior? Novas partes "exilada" (memórias de trauma) foram ativadas recentemente? Uma importante parte da fase de reavaliação é identificar se a memória do trauma (parte "exilada") foi, adequadamente, assimilada e integrada.

Ao se retomar o reprocessamento de um alvo não finalizado, a parte "exilada" (memória do trauma) é convidada a apresentar-se e deixar o Eu da criança saber o quanto o evento traumático é experimentado como perturbador agora.

Acessando o alvo:

1. Imagem:

– *"Vamos começar convidando a parte, a cor ou* (repita o nome do animal ou do fantoche representando a parte) *que estava presente na semana passada ou na sessão anterior para estar aqui novamente, para que nós possamos continuar a ajudar esta parte a contar sua história".*

2. Unidades Subjetivas de Perturbação:

Usando a Escala de Perturbação coloque os números de espuma de 0 a 10 na frente da criança.

- *"Agora, vamos usar a Escala de Perturbação outra vez. Lembre-se de que ela tem números que vão de 0 a 10. O número 0 significa que isto não lhe incomoda ou que você sente isto como neutro e o número 10 significa que lhe incomoda muito. Quando a parte, a cor ou* (repita o nome do animal ou fantoche que representa a parte) *pensa a respeito da coisa ruim que aconteceu, o quanto se sente incomodada ou o quanto isto faz a parte, a cor ou* (repita o nome do animal ou fantoche que representa a parte) *se sentir mal agora"?*

3. Localização Corporal

- *"Vamos ter a parte, a cor ou* (repita o nome do animal ou do fantoche que representa a parte) *ajudando você a encontrar onde isto é sentido em seu corpo"?* Tenha o Detector de Sentimento disponível para auxiliar a criança na localização da perturbação no corpo. - *Gostaria de convidar a parte, a cor ou* (repita o nome do animal ou fantoche que representa a parte) *a pensar a respeito disto e onde isto é sentido em seu corpo e siga o ajudante ou os meus dedos"* (repita o nome do ajudante ou use o MBL selecionado pela criança). Continue o reprocessamento.

Uma reavaliação minuciosa deve ser executada ao final do tratamento. Partes que participaram nas sessões de reprocessamento devem ser convidadas a revisitarem suas memórias e histórias para avaliar se qualquer nível de perturbação ainda permanece. Os fantoches ou os animais usados para representarem as partes devem ser utilizados, enquanto as partes relatam para o Eu da criança o quão perturbador a memória ou o evento traumático é agora. Caso qualquer perturbação ainda esteja presente, o reprocessamento de tal memória (parte "exilada") deve ser iniciado até que a completa integração e assimilação da memória sejam obtidas.

Sumário e Conclusões

O trabalho desenvolvido com crianças portadoras de traumas e sofrimentos, assim como com tendências dissociativas, pode ser mais complicado e confuso. Como resultado, elas podem necessitar de uma variedade de estratégias para alcançarem níveis ideais de integração e de saúde. Técnicas e estratégias tomadas de empréstimo da psicoterapia dos SFI podem facilitar, para as crianças, a exploração, o acesso e o processamento de memórias traumáticas e adversidades. As crianças com capacidade regulatória limitada e com menores respostas animais sensibilizados podem ser capazes de acessarem estas defesas ("bombeiro") delicadamente por meio do uso das estratégias dos SFI. Então, o acesso ao material traumático (partes "exilada") é concedido pelo sistema. Mediante o trabalho inicial com as partes "bombeiro" durante a fase de preparação, a estabilização do sistema é alcançada antes de as memórias traumáticas e de adversidade serem acessadas e ativadas. Além disso, os mecanismos de adaptação (partes "gerente") utilizados pelas crianças, que podem estar impedindo sua participação na terapia EMDR, podem ser testemunhados, descarregados, convidados a participar, e, ao final, ser integrados. Este capítulo é a primeira tentativa de incorporar as estratégias dos SFI ao tratamento do EMDR com crianças. Um cuidado especial foi observado para preservar a adesão à terapia EMDR e aos princípios e procedimentos básicos do PAI; e, ao mesmo tempo, honrar o coração e a essência da teoria e da prática dos SFI.

Referências

Abidin, R. R. (1995). *Parenting stress index: Professional manual* (3rd ed.). Odessa, FL: Psychological Assessment Resources.

Achenbach, T. (1992). *Manual for the child behavior checklist/2–3 and 1992 profile*. Burlington, VT: University of Vermont Department of Psychiatry.

Adler-Tapia, R. L., & Settle, C. S. (2008). *EMDR and the art of psychotherapy with children*. New
York, NY: Springer Publishing.

Aduriz, M. E., Bluthgen, C., & Knopfler, C. (2009). Helping child flood victims using group EMDR intervention in Argentina: Treatment outcome and gender differences. *International Journal of Stress Management* , 16, 138–153.

Ahmad, A., Larsson, B., & Sundelin-Wahlsten, V. (2007). EMDR treatment for children with PTSD: Results of a randomized controlled trial. *Nord Journal Psychiatry* , 61, 349–354.

Ainsworth, M. D. S., Blehar, M., Waters, E., & Walls, S. (1978). *Patterns of attachment*. Hillsdale, NJ: Erlbaum.

American Psychiatric Association. (1994). *Diagnostic and statistical manual of mental disorders* (4th ed.). Washington, DC: Author.

American Psychiatric Association. (2000). *Diagnostic and statistical manual of mental disorders* (4th ed., text rev.). Washington, DC: American Psychiatric Association.

Andrews, T. (2011). *Animal speak: The spiritual & magical powers of creatures great & small* (2nd ed.). Woodbury, MN: Llewellyn Publications.

Armstrong, J. G., Putnam, F. W., Carlson, E. B., Libero, D. Z., & Smith, S. R. (1997). Development and validation of a measure of adolescent dissociation: The adolescent dissociative experiences scale (A-DES). *Journal of Nervous & Mental Disease*, 185, 491–497.

Badenoch, B. (2008) *Being a brain-wise therapist: A practical guide to interpersonal neurobiology*. New York, NY: W.W. Norton & Co.

Badenoch, B. (2011). *The brain-savvy therapist's workbook: A companion to BEING a brain-wise therapist*. New York, NY: W.W. Norton & Co.

Bakal, D. (1999). *Minding the body: Clinical uses of somatic awareness*. New York, NY: The Guilford Press.

Barach, P. M. M. (1991). Multiple personality disorder as an attachment disorder. *Dissociation*, 4, 117–123.

Baradon (Ed.). (2010). *Relational trauma in infancy: Psychoanalytic, attachment and neuropsychological contributions to parent-infant psychotherapy* (pp. 180–193). London, UK: Routledge.

Barrowcliff, A. L., Gray, N. S., Freeman, T. C. A., & MacCulloch, M. J. (2004).Eye-movements reduce the vividness, emotional valence and electro dermal arousal associated with negative autobiographical memories. *Journal of Forensic Psychiatry and Psychology*, 15, 325–345.

Becker-Blease, K. A., Deater-Deckard, K., Eley, T., Freyd, J., Stevenson, J., & Plomin, R. (2004). A genetic analysis of individual differences in dissociative behaviors in childhood and adolescence. *Journal of Child Psychology and Psychiatry*, 45(3), 522–532.

Becker-Blease, K. A., Deater-Deckard, K., Eley, T., Hulette, A., J. Freyd, J., & Fisher, P., (2011). Dissociation in middle childhood among foster children with early maltreatment experiences. *Child Abuse & Neglect*, 35, 123–126.

Benjamin, L. R., & Benjamin, R. (1992). An overview of family treatment in dissociative disorders. *Dissociation*, V, 5, 236–241.

Benjamin, L. R., Benjamin, R., & Rind, B. (1996). Dissociative mothers' subjective experience of parenting. *Child Abuse and Neglect*, 20(10), 933–942.

Bisson, J., & Andrew, M. (2007). Psychological treatment of post-traumatic stress disorder (PTSD). *Cochrane Database of Systematic Reviews* 2007, Issue 3. Art. No.: CD003388. doi: 10.1002/14651858.CD003388.pub3

Blader, J., & Carlson, G. (2006). Increased rates of bipolar disorder diagnoses amongst US child, adolescent and adult inpatients 1996–2004. *Biological Psychiatry*, 62, 107–114.

Bleuler, E. (1911). *Dementia praecox or the group of schizophrenias* (J. Zinkin, Trans.). New York, NY: International Universities Press. (Original work published 1911).

Bliss, E. L., Larson, E. M., & Nakashima, S. R. (1983). Auditory hallucinations and Schizophrenia. *Journal of Nervous & Mental Disorders* , 171 (1), 30–33.

Bokhorst, C. L., Bakermans-Kranenburg, M. J., Fearon, R. M., van IJzendoorn, M. H., Fonagy, P., & Schuengel, C. (2003). The importance of shared environment in mother-infant attachment security: A behavioral genetic study. *Child Development*, 74, 1769–1782.

Booth, P., & Jernberg, A. (2010). *Theraplay: Helping parents and children build better relationships through attachment-based play.* San Francisco, CA : John Wiley & Sons.

Bowen, M. D. (1978). *Family therapy in clinical practice.* Northvale, NJ: Jason Aronson.

Bowlby, J. (1973). *Attachment and loss, vol. 2: Separation, Anxiety and anger.* London, UK: Hogarth Press.

Bowlby, J. (1980). *Attachment and loss, vol. 3: Sadness and depression.* London, UK: Hogarth Press.

Bowman, E. S., Blix, S. F., & Coons, P. M. (1985). Multiple personality in adolescence: Relationship to incestual experience. *Journal of the American Academy of Child & Adolescent Psychiatry*, 24, 109–114.

Bradley, R., Greene, J., Russ, E., Dutra, L., & Westen, D. (2005). A multidimensional meta-analysis of psychotherapy for PTSD. *American Journal of Psychiatry*, 162 , 214–227.

Braun, B. G. (1985). The transgenerational incidence of dissociation and multiple personality disorder. In R. P. Kluft (Ed.), *Childhood antecedents of multiple personality disorder* (pp. 127–150). Washington, DC: American Psychiatric Press.

Bremner, J. D. (2005). Effects of traumatic stress on brain structure and function: Relevance to early responses to trauma. *Journal of Trauma & Dissociation* , 6 (2), 51–68.

Bremner, J. D., Vythilingam, M., Vermetten, E., Southwick, S. M., McGlashan, T., Nazeer, A., Khan, S., Vaccarino, J. S., & Charney, D. S. (2003). MRI and PET study of deficits in hippocampal structure and function in women with childhood sexual abuse and posttraumatic stress disorder (PTSD). *American Journal of Psychiatry*, 160, 924–932.

Bretherton, I., & Munholland, K. A. (1999). Internal working models in attachment relationships: A construct revisited. In J. Cassidy & P. R. Shaver (Eds.), *Handbook of attachment: Theory, research and critical applications* (pp. 89–111). New York, NY: Guilford press.

Briere, J. (1996) *Trauma symptoms checklist for children: Professional manual.* Lutz, FL: Psychological Assessment Resources.

Brody, V. A. (1978). Developmental play: A relationship-focused program for children. *Journal of Child welfare*, 57(9), 591–599.

Brody, V. A. (1993). *The dialogue of touch: Developmental play therapy.* Treasure Island, FL: Developmental Play Training Associates.

Brown, S. (2009). *Play: How it shapes the brain, opens the imagination, and invigorates the soul.* New York, NY: Avery.

Cassidy, J. (2008). The Nature of the Child's Ties. In J. Cassidy & P. R. Shaver (Eds.), *Handbook of Attachment: Theory, Research, and Clinical Application* (3rd ed., pp. 3–22). New York, NY: The Guilford press.

Cassidy, J., & Shaver, P. (Eds.). (1999). *Handbook of attachment: Theory, research, and clinical applications.* New York, NY: Guildford Press.

Chemtob, C. M., Nakashima, J., & Carlson, J. G. (2002). Brief-treatment for elementary school children with disaster-related PTSD: A field study. *Journal of Clinical Psychology, 58,* 99–112.

Christman, D., Propper, R. E., & Dion, A. (2004). Increased interhemispheric interaction is associated with decreased false memories in a verbal converging semantic associates paradigm. *Brain and Cognition, 56,* 313–319.

Christman, S. D., Garvey, K. J., Propper, R. E., & Phaneuf, K. A. (2003). Bilateral eye movements enhance the retrieval of episodic memories. *Neuropsychology, 17,* 221–229.

Christman, S. D., Propper, R. E., & Brown, T. J. (2006).Increased interhemispheric interaction is associated with earlier offset of childhood amnesia. *Neuropsychology, 20,* 336–345.

Chu, J. A., Dill, D. L. (1990). Dissociative symptoms in relation to childhood physical and sexual abuse. *American Journal of Psychiatry; 147 ,* 887–892.

Coons, P. M. (1985). Children of parents with multiple personality disorder. In R. P. Kluft (Ed.), *Childhood antecedents of multiple personality disorder* (pp. 151–165). Washington, DC: American Psychiatric Press.

Coons, P. M. (1996). Clinical phenomenology of 25 children and adolescents with dissociative disorders. *Child and Adolescent Psychiatric Clinics of North America, 5 ,* 361–374.

Courtney, D. (2009). *The EMDR journey.* Author.

Cozolino, L. (2006). *The neuroscience of human relationships: Attachment and the developing social brain.* New York, NY: W.W. Norton & Company.

Cozolino, L. (2010). *The neuroscience of psychotherapy: Healing the social brain.* (2nd ed.). New York, NY: W.W. Norton & Company.

Cresswell, J. D., Eisenberger, N. I., & Lieberman, M. D. (2007). Neurobehavioral correlates of mindfulness during social exclusion. *Psychosomatic Medicine, 69(6),* 560–565.

Crisci, G., Lay, M., & Lowenstein, L. (1998). *Paper dolls and paper airplanes:Therapeutic exercises for traumatized children.* Indianapolis, IN: Kidsrights.

Crowell, J. A., Treboux, D., & Waters, E. (1999). The Adult Attachment Interview and the Relationship Questionnaire: Relations to reports of mothers and partners. *Personal Relationships, 6,* 1–18.

Damasio, A. (1999). *The feeling of what happens.* New York, NY: Harcourt, Brace, and Company.

Damasio, A. (2010). *Self comes to mind: Constructing the conscious brain.* New York, NY: Pantheon Books.

Davies, D. (2011). *Child development: A practitioner's guide.* (3rd ed.). New York, NY: The Guildford Press.

de Roos, C., Greenwald, R., den Hollander-Gijsman, M., Noorthoorn, E., van Buuren, S., & de Jongh, A. (2011). A randomised comparison of cognitive behavioural therapy (CBT) and eye movement desensitisation and reprocessing (EMDR) in disaster exposed children. *European Journal of Psychotraumatology, 2,* 5694–doi: 10.3402/ejpt.v2i0.5694

Dell, P. (2006). The Multidimensional Inventory of Dissociation (MID): A comprehensive measure of pathological dissociation. *Journal of Trauma and Dissociation*, 7(2), 77–106.

Dell, P., & Eisenhower, J. W. (1990). Adolescent multiple personality disorder: A preliminary study of eleven cases. *Journal of the American Academy of Child and Adolescent Psychiatry*, 29, 359–366.

Dell, P., & O'Neil, J. (Eds.). (2009). *Dissociation and the dissociative disorders: DSM V and beyond*. New York, NY: Routledge.

DesLauriers, A. (1962). *The experience of reality in childhood schizophrenia*. Monograph Series on Schizophrenia, No. 6. New York, NY: International Universities Press.

Dutra, L., Bianchi, I., Lyons-Ruth, C., & Siegel, D. (2009). The relational context of dissociative phenomena. In P. F. Dell & J. A. O'Neil (Eds.), Dissociation and the dissociative disorders: *DSM-V and Beyond* (pp. 83–92). New York, NY: Routledge.

Dworkin, M. (2005). *EMDR and the relational imperative*. New York, NY: Routledge.

Eckers, D. (2010). The method of constant installation of present orientation and safety (CIPOS) for children. In M. Luber (Ed.), *Eye movement desensitization and reprocessing (EMDR) scripted protocols: Special populations* (pp. 51–58). New York, NY: Springer.

Ellenberger, H. (1970). *Discovery of the unconscious*. New York, NY: Basic Books.

Erikson, E. H. (1968). *Identity: Youth and crisis*. New York, NY: Norton.

Evers- Szostak, M., & Sanders, S. (1992). The children's perceptual alteration scale (CAPS): A measure of children's dissociation. *Dissociation*, 5, 91–97.

Fagan, J., & McMahon, P. P. (1984). Incipient multiple personality in children. *Journal of Nervous & Mental Disease*, 172, 26–36.

Fernandez, I. (2007). EMDR as treatment of post-traumatic reactions: A i eld study on child victims of an earthquake. *Educational and Child Psychology*. Special Issue: Therapy, 24, 65–72.

Fernandez, I., Gallinari, E., & Lorenzetti, A. (2004). A school-based EMDR intervention for children who witnessed the Pirelli building airplane crash in Milan, Italy. *Journal of Brief Therapy*, 2, 129–136

Fisher, A., Murray, E., & Bundy, A. (1991). *Sensory integration: Theory and practice*. Philadelphia, PA: Davis.

Fisher, J. (2000, November 12). *Adapting EMDR techniques in the treatment of dysregulated or dissociative patients*. Paper presented at the International Society for the Study of Dissociation Annual Meeting, San Antonio, Texas.

Flavell, J. H. (1979). Metacognition and cognitive monitoring: A new area of cognitive-developmental inquiry. *American Psychologist*, 34, 906–911.

Fonagy, P., & Target, M. (1997). Attachment and reflective function: Their role in self-organization. *Development and Psychopathology*, 9, 679–700.

Fonagy, P., Gergely, G., Jurist, E. J., & Target, M. (2002). *Affect regulation, mentalization, and the development of the self*. New York, NY: Other Press.

Fonagy, P., Steele, H., & Steele, M. (1991). Maternal representations of attachment during pregnancy predict the organisation of infant-mother attachment at one year. *Child Development*, 62, 891–905.

Forbes, H. T., & Post, B. B. (2006). *Beyond consequences, logic, and control: A love bases approach to helping children with severe behaviors*. Doulder, CO: Beyond Consequences Institute.

Forbes, H. T. (2009). *Dare to love: The art of merging science and love into parenting children with difficult behaviors*. Boulder, CO: Beyond Consequences Institute, LLC.

Ford, J. D., & Courtois, C. A. (2009). Dei ning and understanding complex trauma and complex traumatic stress disorders. In C. A. Courtois & J. D. Ford (Eds.), *Treating complex traumatic stress disorders: An evidence-based guide* (pp. 13–30). New York, NY: The Guilford Press.

Fromm, E. (1965). Hypnoanalysis: Theory and two case excerpts. *Psychotherapy: Theory, Research, and Practice*, 2, 127–133.

Frost, J., Silberg, J., & McIntee, J. (1996, November). *Imaginary friends in normal and traumatized children.* Paper presented at the 13th meeting of the International Society for the Study of Dissociation, San Francisco, CA.

George, C., & Solomon, J. (2008). The caregiving system: A behavioral system approach to parenting. In J. Cassidy & P. R. Shaver (Eds .), *Handbook of attachment: Theory, research, and clinical application* (3rd ed., pp. 3–22). New York, NY: The Guilford press.

Gomez, A. M. (2006). *Creative approaches to motivate, prepare, and guide children to use EMDR.* Paper presented at the XI annual EMDR International Association conference. Philadelphia, PA.

Gomez, A. M. (2007a). *Dark, bad . . . day go away: A book for children about trauma and EMDR.* Phoenix, AZ: Author.

Gomez, A. M. (2007b). *Creative ways of administering the EMDR protocol with children.* Paper presented at the XII annual EMDR International Association conference. Dallas, TX.

Gomez, A. M. (2008a). *Beyond PTSD: Treating depression in children and Adolescents using EMDR.* Preconference workshop presented at the XIII annual EMDR International Association conference. Phoenix, AZ.

Gomez, A. M. (2008b). *Step by step: Making EMDR developmentally appropriate for children and adolescents.* Workshop co-sponsored by the EMDR Institute. San Diego, CA.

Gomez, A. M. (2009a). *The thought kit for kids.* Phoenix, AZ: Author.

Gomez, A. M. (2009b). *Complex trauma attachment and dissociative symptoms: Treating children with pervasive emotion dysregulation using EMDR and adjunctive approaches.* Workshop co-sponsored by the EMDR Institute. Seattle, WA.

Gomez, A. M. (2010a). *Treating children with pervasive emotion dysregulation using EMDR and adjunctive approaches.* Paper presented at the XV annual EMDR International Association conference. Minneapolis, MN.

Gomez, A. M. (2010b). Using olfactory stimulation with children to cue the safe or happy place. In M. Luber (Ed.), *Eye movement desensitization and reprocessing (EMDR) scripted protocols: Special populations* (pp. 9–18). New York, NY: Springer publishing.

Gomez, A. M. (2010c). Using olfactory stimulation with children to cue resource development and installation (RDI). In M. Luber (Ed.), *Eye Movement Desensitization and reprocessing (EMDR) scripted protocols: Special populations* (pp. 19–29). New York, NY: Springer publishing.

Gomez, A. M. (2011). *Treating children with pervasive emotion dysregulation using EMDR and adjunctive approaches.* Paper presented at the XVI annual EMDR International Association conference. Anaheim, CA.

Gomez, A. M., & Paulsen, S. (In press). The different colors of me: My first book about dissociation. Phoenix, AZ: Author

Goodyear-Brown, P. (2010). *Play therapy with traumatized children*: A prescriptive approach. Hoboken, NJ: John Wiley & Sons, Inc.

Greenwald, R. (1999). *Eye movement desensitization and reprocessing (EMDR) in child and adolescent psychotherapy.* Northvale, NJ: Jason Aronson Press.

Harris, J. (2005). The increased diagnosis of "Juvenile Bipolar Disorder": What are we treating?. *Child & Adolescent Psychiatry*, 56(5), 529–531.

Hensel, T. (2009). EMDR with children and adolescents after single-incident trauma an intervention study. *Journal of EMDR Practice and Research*, 3, 2–9.

Herman, J. (1992). *Trauma and recovery*. New York, NY: Basic Books.

Hesse, E. (1999). The adult attachment interview: Historical and current perspectives. In J. Cassidy & P. R. Shaver (Eds.), *Handbook of attachment: Theory, research and clinical applications* (pp. 395-433). New York, NY: Guilford Press.

Hesse, E. (2008). The adult attachment interview: Protocol, method of analysis, and empirical studies. In J. Cassidy & P. R. Shaver (Eds.), *Handbook of attachment: Theory, research, and clinical application* (3rd ed., pp. 552-598). New York, NY: The Guilford press.

Hesse, E., & Main, M. (1999). Second-generation effects of unresolved trauma in non-maltreating parents: Dissociated, frightened, and threatening parental behavior. *Psychanalytic inquiry* , 19, 481-540.

Hesse, E., & Main, M. (2000). Disorganized infant, child, and adult attachment: Collapse in behavioral and attentional strategies. *Journal of the American Psychological* Association, 48, 1097-1127.

Hesse, E., & Main, M. (2006). Frightened, threatening, and dissociative parental behavior: Theory and associations with parental adult attachment interview status and infant disorganization. *Development and Psychopathology*, 18, 309-343.

Holmes, T. (2007). *Parts work: An illustrated guide to your inner Life.* Kalamazoo, MI: Winged Heart Press.

Homeyer, L. E., & Sweeney, D. S. (2011). *Santray therapy: A practical manual* (2nd ed.). New York, NY: Routledge.

Hornstein, N. L., & Putnam, F. W. (1992). Clinical phenomenology of child and adolescent dissociative disorders. *Journal of the American Academy of Child and Adolescent Psychiatry*, 31, 1077-1085. Retrieved from http://isst-d.org/education/faq-teachers.htm

Hulette, A. C., Fisher, P. A., Kim, H. K., Ganger, W., & Landsverk, J. L. (2008). Dissociation in foster preschoolers: A replication and assessment study. *Journal of Trauma and Dissociation*, 9, 173-190.

Hulette, A. C., Freyd, J. J., Pears, K. C., Kim, H. K., Fisher, P. A., & Becker-Blease, K. A. (2008). Dissociation and post-traumatic symptomatology in maltreated preschool children. *Journal of Child and Adolescent Trauma*, 1, 93-108.

Hyun, M., Friedman, S., & Dunner, D. (2000). Relationship of childhood physical and sexual abuse in adult bipolar disorder. *Bipolar Disorders*, 2, 131-135.

Jaberghaderi, N., Greenwald, R., Rubin, A., Dolatabadim S., & Zand, S. O. (2004). A comparison of CBT and EMDR for sexually abused Iranian girls. *Clinical Psychology and Psychotherapy*, 11, 358-368.

Jacobson, E. (1938). *Progressive relaxation*. Chicago, IL: University of Chicago Press.

Janet, P. (1898). *Névroses et idées fixes*. Paris, France: Felix Alcan.

Janet, P. (1907). *The major symptoms of hysteria: Fifteen lectures given in the medical school of harvard university*. London, UK: Macmillan & Co.

Jarero, I., Artigas, L., & Lopez-Lena, M. (2008). The EMDR integrative group treatment protocol: Application with child victims of mass disaster. *Journal of EMDR Practice and Research*, 2, 97-105.

Jarero, I., Artigas, L., Mauer, M., Alcala, N., & Lupez, T. (1999). *EMDR integrative group treatment protocol and the butterfly hug.* Paper presented at annual meeting of the International Society for Traumatic Stress Studies, Miami, FL.

Kandel, E. R. (2006). *In search of memory: The emergence of a new science of mind.* New York, NY: W.W. Norton & Company.

Kaplowa, J., Hallb, E., Koenenc, K., Dodged, K., & Amaya-Jacksone, L. (2008). Dissociation predicts later attention problems in sexually abused children. *Child Abuse Neglect*, 32(2), 261–275.

Kemp, M., Drummond, P., & McDermott, B. (2010). A wait-list controlled pilot study of eye movement desensitization and reprocessing (EMDR) for children with post-traumatic stress disorder (PTSD) symptoms from motor vehicle accidents. *Clinical Child Psychology and Psychiatry*, 15, 5–25.

Kisiel, C., & Lyons, J. (2001). Dissociation as a mediator of psychopathology among sexually abused children and adolescents. *American Journal of Psychiatry*, 158, 1034–1039.

Kitchur, M. (2005). The Strategic Developmental Model for EMDR. In R. Shapiro (Ed.), *EMDR solutions: Pathways to healing* (pp. 8–56). New York, NY: W.W. Norton & Company.

Klaff, F. (2005). *Practical EMDR with children and adolescents: An integrative family systems approach.* Paper presented at the X EMDR International Association conference. Seattle, WA.

Kluft, R. P. (1984). Multiple personality disorder in childhood. *Psychiatric Clinics of North American*, 7, 121–134.

Kluft, R. P. (1987a). First rank symptoms as a diagnostic clue to multiple personality disorder. *American Journal of psychiatry*, 144, 293–298.

Kluft, R. P. (1987b). The parental fitness of mothers with multiple personality disorder. *Child Abuse and Neglect*, 2, 273–280.

Kluft. R. P. (1985). Hypnotherapy of childhood multiple personality disorder. *American Journal of Clinical Hypnosis*, 27, 201–210.

Knipe, J. (2010). The method of constant installation of present orientation and safety (CIPOS). In M. Luber (Ed.), *Eye movement desensitization and reprocessing (EMDR) scripted protocols: Special populations* (pp. 235–241). New York, NY: Springer Publishing.

Koren-Karie, N., Oppenheim, D., Dolev, S., Sher, S., & Etziom-Carasso, A. (2002). Mother's insightfulness regarding their infants' internal experience: Relations with maternal sensitivity and infant attachment. *Developmental Psychology*, 38, 534–542.

Korn, D. L., & Leeds, A. M. (2002). Preliminary evidence of efficacy of EMDR resource development and installation in the stabilization phase of treatment of complex posttraumatic stress disorder. *Journal of Clinical Psychology*, 58(12), 1465–1487.

Kurtz, R. (1990). *Body-centered psychotherapy: The hakomi method.* Mendicino, CA: LifeRhythm.

Lanius, U.F. (2005). EMDR with Dissociative Clients: Adjunctive Use of Opioid Antagonists. In R. Shapiro (Ed). *EMDR Solutions: Pathways to Healing.* New York: W.W. Norton.

Lanius, R. A., Blum, R., Lanius, U., & Pain, C. (2006). A review of neuroimaging studies of hyperarousal and dissociation in PTSD: Heterogeneity of response to symptom provocation. *Journal of Psychiatric Research*, 40(8), 709–729.

Lanius, R. A., Williamson, P. C., Boksman, K., Densmore, M., Gupta, M., Neufeld, R. W., . . . Menon, R. S. (2002). Brain activation during script-driven imagery induced dissociative responses in PTSD: A functional magnetic resonance imaging investigation. *Biological Psychiatry*, 52, 305–311.

Le Doux, J. (2002). *Synaptic self: How our brains become who we are.* New York, NY: Viking.

LeDoux, J. (1996). *The emotional brain: The mysterious underpinnings of emotional life.* New York, NY: Simon & Schuster.

Leeds, A. M. (2009). *A guide to the standard EMDR protocols for clinicians, supervisors, and consultants.* New York, NY: Springer.

Levine, P. A. & Frederick, A. (1997). *Waking the tiger: Healing trauma.* Berkeley, CA: North Atlantic Books.

Levine, P. A. (2010). *In an unspoken voice: How the body releases trauma and restores goodness.* Berkeley, CA: North Atlantic Books.

Levine, P. A., & Kline, M. (2007). *Trauma through a child's eyes: Awakening the ordinary miracle of healing.* Berkeley, CA: North Atlantic Books.

Levitan, R. D., Parikh, S. V., Lesage, A. D., Hegadoren, K. M., Adams, M., Kennedy, S. H., & Goering, P. N. (1998). Major depression in individuals with a history of childhood physical or sexual abuse: Relationship to neurovegetative features, mania, and gender. *American Journal of Psychiatry,* 155, 1746–1752.

Levy, B. (2009, October). *Bipolar disorder and dissociative identity disorder: A pluralistic approach to diagnosis and treatment.* Paper presented at the New England College Health Association and New York State College Health.

Lichtenstein, L. (Executive Producer). 2005. *The bipolar child. Infinite Mind.* New York, NY: National Public Broadcasting.

Liotti, G. (1992). Disorganized/disoriented attachment in the etiology of the dissociative disorders. *Dissociation,* 5, 196–204.

Liotti, G. (2006). A model of dissociation based on attachment theory and research. Journal of *Trauma & Dissociation,* 7(4), 55–73.

Liotti, G. (2009). Attachment and Dissociation. In P. F. Dell, J. A. O'Neil (Eds.) *Dissociation and the dissociative disorders: DSM-V and beyond* (pp. 53–65). New York, NY: Routledge.

London, S. (2004). Teaching meditation to children and beginners. *Insight Journal,* 22, 24–29.

Lovett, J. (1999). Small wonders: Healing trauma with EMDR. New York, NY: The Free press.

Lyon-Ruth, K., & Jacobvitz, D. (2008). Attachment disorganization: Genetic factors, parenting context, and developmental transformation from infancy to adulthood. In J. Cassidy & P. R. Shaver (Eds.), *Handbook of attachment: Theory, research, and clinical application* (pp. 666–697, 3rd ed.). New York, NY: The Guilford press.

Lyons-Ruth, K., & Jacobvitz, D. (1999). Attachment disorganization: Unresolved loss, relational violence and lapses in behavioral and attentional strategies. In J. Cassidy & P. R. Saver (Eds.), *Handbook of attachment* (pp. 520–554). New York, NY: Guilford Press.

MacCulloch, M. J., & Feldman, P. (1996). Eye movement desensitization treatment utilizes the positive visceral element of the investigatory rel ex to inhibit the memories of post-traumatic stress disorder: A theoretical analysis. *British Journal of Psychiatry,* 169, 571–579.

Macfie, J., Ciccehtti, D., & Toth, S. (2001). The development of dissociation in maltreated preschool-aged children. *Development and Psychopathology,* 13, 233–254.

MacLean, P. D. (1985). Brain evolution relating to family, play, and the separation call. In *Archives of General Psychiatry,* 42(4), 405–417.

MacLean, P. D. (1990). *The triune brain in evolution.* New York, NY: Plenum Press.

Mahler, P., Pine, M. M., & Bergman, A. (1975). *The psychological birth of the human infant.* New York, NY: Basic Books.

Main, M. (1991). Metacognitive knowledge, metacognitive monitoring, and singular (coherent) vs. multiple (incoherent) models of attachment: Findings and directions for future research. In C.M. Parkes, J. Stevenson-Hinde, & P. Marris (Eds.) *Attachment across the life cycle* (pp. 127–159). London, UK: Routledge.

Main, M. (1995). Recent studies in attachment: Overview with selected implications for clinical work. In S. Goldberg, R. Muir, & J. Kerr (Eds.), *Attachment theory: Social, developmental, and clinical perspectives* (pp. 407–475). Hillsdale, NJ: *Analytic press*.

Main, M., & Solomon, J. (1986). Discovery of an insecure disorganized/disoriented attachment pattern: Procedures, i ndings and implications for the classii cation of behavior. In T. B. Brazelton & M. W. Yogman (Eds.), *Affective development in infancy* (pp. 95–124). Norwood, NJ: Ablex.

Main, M., Hesse, E., & Goldwyn, R. (2008). Studying differences in language usage in recounting attachment history: An introduction to the AAI. In H. Steele & M. Steele (Eds.), *Clinical applications of the adults attachment interview* (pp. 31–68). New York, NY: The Guilford Press.

Malinosky-Rummel, R. R., & Hoier, T. S. (1991). Validating measures of dissociation. *Behavior Assessment, 13*, 341–357.

Mann, B. J., & Sanders, S. (1994). Child dissociation and the family context. *Journal of Abnormal Child Psychology, 22*(3), 373–388.

Marschak, M. (1960). A method for evaluating child-parent interactions under controlled conditions. *The Journal of Genetic Psychology, 1960, 97*, 3–22.

Marschak, M. (1980). *Parent-child interaction and youth rebellion*. New York, NY: Gardner Press.

Maxfield, L., Melnyk, W. T., & Hayman, C. A. G. (2008). A working memory explanation for the effects of eye movements in EMDR. *Journal of EMDR Practice and Research, 2*, 247–261.

McCallum, K. E., Lock, J., Kulla, M., & Rorty, M., & Wetzel,R. (1992). Dissociative symptoms and disorders in patients with eating disorders. *Dissociation, 5*(4), 227–235.

McElroy, L. P. (1992). Early indicators of pathological dissociation in sexually abused children. *Child Abuse & Neglect, 16*, 833–842.

McGilchrist, I. (2009). *The master and his emissary*. New Haven, CT: Yale University Press.

Meins, E., Fernyhough, C., Fradley, E., & Tuckey, M. (2001). Rethinking maternal sensitivity: Mothers' comments on infants' mental processes predicts security of attachment at 12 months. *Journal of Child Psychology and Psychiatry, 42*, 637–648.

Minton, K. (2009, December 17). *Somatic interventions for enhancing EMDR effectiveness*. Paper presented at seminar in Vancouver, Canada.

Minuchin, S. (1974). *Families and family therapy*. Cambridge, MA: Harvard University Press.

Moreno, C., Gonzalo, L., Blanco, C., Jiang, H., Schmidt, A. B., & Olfson, M. (2007). National trends in the outpatient diagnosis and treatment of bipolar disorder in youth. *Archives of General Psychiatry, 64*, 1032–1039.

Moskowitz, A. (2011). Schizophrenia, trauma, dissociation, and scientific revolutions. *Journal of Trauma & Dissociation, 12*(4), 347–357.

Mueser, K. T., Goodman, L. B., Trombetta, S. L., Rosenberg, D., Osher, C., Vidaver, R., & Auciello, P. (1998). Trauma and posttraumatic stress disorder in severe mental illness. *Journal of Consulting Clinical Psychology, 66*(3), 493–499.

National Institute Mental Health. (2007). *Rates of bipolar diagnosis in youth rapidly climbing, treatment patterns similar to adults*. Retrieved from www.nimh.nih.gov/science-news/2007/rates-of-bipolar-diagnosis-in-youth-rapidly-climbing-treatment-patterns-similar-to-adults.shtml

Nelson, C. A. (2007). What would Superman do? In L. C. Rubin (Ed.), *Using superheroes in counseling and play therapy* (pp. 49–67). New York, NY: Springer publishing.

Nijenhuis, E. R. S. & van der Hart, O. (1999). Somatoform Dissociative Phenomena: A Janetian Perspective. In J.Goodwin & R. Attias (Eds.), *Splintered reflections: Images of the body in trauma*. Basic Books, Inc.

Nijenhuis, E. R. S., & van der Hart, O. (2011). Dissociation in trauma: A new definition and comparison with previous formulations. *Journal of Trauma & Dissociation*, 12(4), 416–445.

Noyes, R., & Kletti, R. (1977). Depersonalization in response to life-threatening danger. *Psychiatry*, 18, 375–384.

Ogden, P. (1995). *The use of somatics with the sexually abused. Paper presented at the Proceedings of the International Somatics Congress, San Francisco, California.*

Ogden, P. (1997). *Inner body sensation.* Part one. In E. G. Hanna (Ed.), *Somatics*, XI(2). 40–43.

Ogden, P. (1998). *Inner Body Sensation.* Part two. In E G. Hanna (Ed.), *Somatics*, XI(3), 42–49.

Ogden, P. (2007). *Beneath the words: A clinical map for using mindfulness of the body and the organization of experience in trauma treatment.* Paper presented at Mindfulness and Psychotherapy Conference. Los Angeles, CA: UCLA/Lifespan Learning Institute.

Ogden, P. K. (2009). Emotion, mindfulness, and movement: Expanding the regulatory boundaries of the window of affect tolerance. In D. Fosha, D. J. Siegel, M. Solomon (Eds.), *The healing power of emotion: Affective neuroscience, development & clinical practice* (pp. 204–231). New York, NY: W.W. Norton & Company.

Ogden, P. (2011). *The role of the body in forecasting the future.* Paper presented at the Proceedings of the Affect Regulation Convened: Implicit Communication and Therapeutic Change. New York, NY.

Ogden, P. K., Minton, K., & Pain, C. (2006). *Trauma and the body: A sensorimotor approach to psychotherapy.* New York, NY: Norton.

Ogden, P. & Fisher, J. (in press). *The body as resource: Sensorimotor psychotherapy interventions for the treatment of trauma.* New York: W. W. Norton.

Ogden, P., & Goldstein, B. (in press). *New directions in child and adolescent treatment: A sensorimotor psychotherapy approach.* New York, NY: W.W. Norton & Company.

Ogden, P., & Minton, K. (2000). Sensorimotor psychotherapy: One method for processing traumatic memory. In *Traumatology*, 3(3), 1–20.

Ogden, P., & Peters, A. (1990). Translating the body's language. Hakomi Forum, 8, 31–34.Ogden, P., Goldstein, B. & Fisher, J. (in press) A sensorimotor psychotherapy perspective on the treatment of children and adolescents in R. Longe, J. Bergman, K. Creeden, & D. Prescott (Eds.) *Current Perspectives & Applications in Neurobiology: Working with Young Persons who are Victims and Perpetrators of Sexual Abuse.* Fitchberg, MA: Neari Press.

Ogden, P., Minton, K., & Pain, C. (2006). *Trauma and the body: A sensorimotor approach to psychotherapy.* New York, NY: Norton.

O'Shea, K. (2009). The EMDR early trauma protocol. In R. Shapiro (Ed.), *EMDR solutions II: For depression, eating disorders, performance, and more* (pp. 313–334). New York, NY: W.W. Norton & Company.

Panksepp, J. (1998). *Affective neuroscience: The foundations of human and animal emotions.* New York, NY: Oxford University Press.

Panksepp, J. (2009). Brain emotional systems and qualities of mental life: From animal models of affect to implications for psychotherapeutics. In D. Fosha, D. J. Siegel, & M. Solomon (Eds.), *The healing power of emotion: Affective neuroscience, development & clinical practice* (pp. 1–26). New York, NY: W.W. Norton & Company.

Papolos, D., & Papolos, J. (2000). *The bipolar child: The definitive and reassuring guide to childhood's most misunderstood disorder*. New York, NY: Broadway Books.

Parry, P. I., & Levin, E. C. (2012). Pediatric bipolar disorder in an era of "mindless psychiatry." *Journal of Trauma & Dissociation*, 13(1), 51–68. doi: 10.1080/15299732.2011.597826

Paulsen, S. (2009). *Looking through the eyes of trauma and dissociation: An illustrated guide for EMDR therapist and clients*. Bainbridge Island: the Bainbridge Institute for Integrative Psychology.

Paulsen, S., & Lanius, U. (2009). Towards and embodied self: Integrating EMDR with somatic and ego state interventions. In R. Shapiro (Ed.), *EMDR Solutions II: For depression, eating disorders, performance, and more* (pp. 335–388). New York, NY: W.W. Norton & Company.

Pellegrini, A. D. (2009). *The role of play in human development*. New York, NY: Oxford University Press.

Perry, B. D, (2009). Examining child maltreatment through a neurodevelopmental lens: Clinical Applications of the Neurosequential Model of Therapeutics. *Journal of Loss and Trauma*, 14, 240–255. doi: 10.1080/15325020903004350

Perry, B. D. (2006). The neurosequential model of therapeutics: Applying principles of neurodevelopment to clinical work with maltreated and traumatized children. In N. B. Webb (Ed.), *Working with traumatized youth in child welfare*. New York, NY: Guildford Press.

Perry, B. D., & Hambrick, E. (2008). The neurosequential model of therapeutics. *Reclaiming Children and Youth: The Journal of Strength-Based Interventions*, 17, 38–43.

Perry, B., & Szalavitz, M. (2006). *The boy who was raised as a dog and other stories from a child psychiatrist's notebook*. New York, NY: Basic Books.

Peterson, G. (1991). Children coping with trauma: Diagnosis of dissociation identity disorder. *Dissociation*, 4, 152–164.

Peterson, G., & Boat, B. (1997). Concerns and issues in treating children of parents diagnosed with dissociative identity disorder. *Journal of Child sexual Abuse*, 6(3), 1–13.

Peterson, G., & Putnam, F. W. (1994). Further validation of the child dissociation checklist. *Dissociation*, 7, 204–211.

Piaget, J. (1954). *The construction of reality in the child*. New York, NY: Ballentine.

Porges, S. W. (1995). Orienting in a defensive world: Mammalian modifications of our evolutionary heritage: A polivagal theory. *Psychophysiology*, 32, 301–318.

Porges, S. W. (2009). Reciprocal inl uences between body and brain in the perception and expression of affect: A polyvagal perspective. In D. Fosha, D. J. Siegel, & M. Solomon (Eds.), *The healing power of emotion: Affective neuroscience, development & clinical practice* (pp. 27–54). New York, NY: W.W. Norton & Company .

Porges, S. W. (2011). *The polyvagal theory: Neurophysiological foundations of emotions, attachment, communication, self-regulation*. New York, NY: W.W. Norton & Company.

Post, R., Weiss, S., Smith, M., Li, H., & McCann, U. (1997). Kindling versus quenching: Implications for the evolution and treatment of posttraumatic stress disorder. In R. Yehuda & A. C. McFarlane (Eds.), *Psychobiology of posttraumatic stress disorder* (pp. 285–295). New York, NY: New York Academy of Sciences.

Prochaska, J. O., & Norcross, J. C. (2010). *Systems of psychotherapy: A transtheoretical analysis*. Belmont, CA: Brooks/Cole.

Putnam, F. W. (1997). *Dissociation in children and adolescents: A developmental perspective*. New York, NY: Guilford.

Putnam, F. W., & Trickett P. K. (1993). Child sexual abuse: A model of chronic trauma. *Psychiatry*, 56, 82–95.

Putnam, F. W., Hornstein, N., & Peterson, G. (1996). Clinical phenomenology of child and adolescent dissociative disorders: Gender and age effects. *Child and Adolescent Psychiatric Clinics of North America*, 5, 351–360.

Putnam, F., Helmers, K., & Trickett, P. (1993). Development, reliability, and validity of a child dissociation scale. *Child Abuse & Neglect*, 17(6), 731–741.

Ribchester, T., Yule, W., & Duncan, A. (2010). EMDR for childhood PTSD after road traffic accidents: Attentional, memory, and attributional processes. *Journal of EMDR Practice and Research*, 4(4), 138–147.

Riley, R. L., & Mead, J. (1988). The development of symptoms of multiple personality in a child of three. *Dissociation*,1, 41–46.

Rodenburg, R., Benjamin, A., de Roos, C., Meijer, A. M., & Stams, G. J. (2009). Efficacy of EMDR in children: A meta-analysis. *Clinical Psychology Review*, 29, 599–606.

Rogers, S., & Silver, S. M. (2002). Is EMDR an exposure therapy? A review of trauma protocols. *Journal of Clinical Psychology*, 58, 43–59.

Rosenbaum, M. (1980). The role of the term schizophrenia in the decline of diagnoses of multiple personality. *Archives of General Psychiatry*, 37, 1383–1385.

Ross, C. A., Joshi, S., & Currie, R. P. (1990). Dissociative experiences in the general population. *American Journal of Psychiatry*, 147, 1547–1552.

Ross, C. A., Miller, S. D., Reagor, P., Bjronson, L., Fraser, G., & Anderson, G. (1990). Schneiderian symptoms in multiple personality disorder and schizophrenia. *Comprehensive Psychiatry*, 31, 111–118.

Ross, C. A., Norton, G. R., & Wozney, K. (1989). Multiple personality disorder: An analysis of 23 cases. *Canadian Journal of Psychiatry*, 34, 413–418.

Rubin, P. B., Lendner, D., & Mroz Miller, J. (2010). *Theraplay for children with histories of complex trauma*. In P. B. Booth & A. M. Jernberg, Theraplay: Helping parents and children build better relationships through attachment-based play. San Francisco, CA: John Wiley & Sons.

Sack, M., Lempa, W., Steinmetz, A., Lamprecht, F., & Hofmann, A. (2008). Alterations in autonomic tone during trauma exposure using Eye Movement Desensitization. *Journal of Anxiety Disorders*, 22, 1264–1271.

Sanders, S. (1986). The perceptual alteration scale: A scale measuring dissociation. *American Journal of Clinical Hypnosis*, 29, 95–192.

Sar, V., & Ozturk, E. (2009). Psychotic presentations of dissociative identity disorder. In P. Dell & J. O'Neil (Eds.), *Dissociation and the dissociative disorders: DSM V and beyond* (pp. 535–545). New York, NY: Routledge.

Satir, V. (1983). *Conjoint family therapy*. Palo Alto, CA: Science and Behavior Books.

Schore, A. (1994). *Affect regulation and the origin of the self: The neurobiology of emotional development*. Hillsdale, NJ: Lawrence Erlbaum Associates.

Schore, A. (2001). The effects of early relational trauma on right brain development, affect regulation, and infant mental health. *Infant Mental Health Journal*, 22, 201–269.

Schore, A. (2010). The right brain implicit self: A central mechanism of the psychotherapy change process. In J. Pertucelli (Ed.), *Knowing, not-knowing and sort-of-knowing: Psychoanalysis and the experience of uncertainty* (pp. 177–202). Paper originally presented at the annual meeting of Division 39 (Psychoanalysis) of the American Psychological Association, spring 2008. London, UK: Karnac Books.

Schore, A. (2011). *The right brain implicit self lies at the core of psychoanalysis*. Psychoanalytic dialogues, 21, 75–100.

Schore, A. N. (2003a). *Affect dysregulation and disorders of the self* (1st ed.) New York, NY: W.W. Norton & Company.

Schore, A. N. (2003b). *Affect regulation and the repair of the self* (1st ed.) New York, NY: W.W. Norton & Company.

Schore, A. N. (2009). Attachment trauma and the developing right brain: Origins of pathological dissociation. In P. F. Dell & J. A. O'Neil (Eds.), *Dissociation and the dissociative disorders: DSM-V and beyond* (pp. 107–141). New York, NY: Routledge.

Schore, A. N. (2010). Relational trauma and the developing right brain: The neurobiology of broken attachment bonds. In T. Baradon (Ed.), *Relational trauma in infancy: Psychoanalytic, attachment and neuropsychological contributions to parent-infant psychotherapy* (pp. 19–47). London, UK: Routledge.

Schubert, S. J., Lee, C. W., & Drummond, P. D. (2011). The efficacy and psychophysiological correlates of dual-attention tasks in eye movement desensitization and reprocessing (EMDR). *Journal of Anxiety Disorders* , 25 (1), 1–11.

Schwartz, R. C. (1995). *Internal family systems therapy.* New York, NY: The Guildford Press.

Schwartz, R. C., Schwartz,M. F., & Galperin, L. (2009). Internal family systems therapy. In C. A. Courtois & J. D. Ford (Eds.), *Treating complex traumatic stress disorders: An evidence-based guide* (pp. 353–370). New York, NY: The Guilford Press.

Seidler, G. H., & Wagner, F. E. (2006). Comparing the efficacy of EMDR and trauma-focused cognitive-behavioral therapy in the treatment of PTSD: A meta-analytic study. *Psychological Medicine*, 36, 1515–1522.

Shapiro, E., & Laub, B. (2008). Early EMDR intervention (EEI): A summary, a theoretical model, and the recent traumatic episode protocol (R-TEP). *Journal of EMDR Practice and Research*, 2 (2), 79–96.

Shapiro, F. (1995). *Eye movement desensitization and reprocessing: Basic principles, protocols and procedures.* New York, NY: Guilford Press.

Shapiro, F. (2001). *Eye movement desensitization and reprocessing. Basic principles, protocols and procedures* (2nd ed.) New York, NY: Guilford Press.

Shapiro, F. (2005). *Eye movement desensitization and reprocessing (EMDR) training manual.* Watsonville, CA: EMDR Institute.

Shapiro, F. (2005). *Eye movement desensitization and reprocessing (EMDR) training manual.* Watsonville, CA: EMDR Institute.

Shapiro, F. (2007). EMDR, adaptive information processing, and case conceptualization. *Journal of EMDR Practice and Research*, 1, 68–87.

Shapiro, F. (2010). *Eye movement desensitization and reprocessing (EMDR) training manual.* Watsonville, CA: EMDR Institute.

Shapiro, F. (2012). *Getting past your past: Take control of your life with self-help techniques from EMDR therapy.* New York, NY: Rodale.

Shapiro, F. (in press). Redefining trauma and its hidden connections: Identifying and reprocessing the experiential contributors to a wide variety of disorders. In M. Solomon & D. S. Siegel (Eds .) , *Healing moments in psychotherapy: Mindful awareness, neural integration, and therapeutic presence.* New York, NY: W.W. Norton.

Shapiro, F., Kaslow, F., & Maxi eld, L. (2007). *Handbook of EMDR and family therapy processes* Hoboken, NJ,: John Wiley & Sons.

Shimizu, M., & Sakamoto, S. (1986). Depersonalization in early adolescence. *Japanese Journal of Psychiatry and Neurology*, 40, 4, 603–608.

Shirar, L. (1996). *Dissociative children.* New York, NY: W. W. Norton.

Siegel, D. J. (1999). *The developing mind: How relationships and the brain interact and shape who we are.* New York, NY: The Guilford Press.

Siegel, D. J.(2007). *The Mindful Brain: Reflection and attunement in the cultivation of well-being.* New York: W. W. Norton.

Siegel, D. J. (2010). *Mindsight: The new science of personal transformation.* New York, NY: Bantam Books Trade Paperbacks.

Siegel, D. J. (speaker). (2008). *The neurobiology of we: How relationships, the mind, and the brain interact to shape who we are.* [Audio Recordings]. Louisville, CO: Sounds True.

Siegel, D. J., & Bryson, T. B. (2011). *The whole brain child: 12 revolutionary strategies to nurture your child's developing mind.* New York, NY: Delacorte Press.

Siegel, D. J., & Hartzell, M. (2003). *Parenting from the inside out: How a deeper self-understanding can help you raise children who thrive.* New York, NY: Tarcher & Putnam.

Silberg, J. (1998). Interviewing strategies for assessing dissociative disorders in children and adolescents. In J. Silberg (Ed.), *The dissociative child* (2nd ed., pp. 47–58). Lutherville, MD: Sidran Press.

Silberg, J. (2000). Fifteen years of dissociation in maltreated children: Where do we go from here? *Child Maltreatment, 5,* 119–136.

Silberg, J. (2001). An optimistic look at childhood dissociation. *ISSTD News,* 19(2), 1.

Silberg, J. (2012). *The child survivor.* New York, NY: Routledge Press.

Silberg, J. (Ed.), (1998). *The dissociative child* (2nd ed.). Lutherville, MD: Sidran Press.

Silberg, J. L. (Ed). (1996/1998). *The dissociative child: Diagnosis, treatment and management.* Lutherville, MD: Sidran Press.

Silberg, J. L., & Dallam, S. (2009). Dissociation in children and adolescents: At the crossroads. In P. F. Dell & J. A. O'Neil (Eds.), *Dissociation and the dissociative disorders: DSM-V and beyond* (pp. 67–81). New York, NY: Routledge.

Sim, L., Friedrich, W., Hobart Davies, W., Trentham, B. Lengua, L., & Pithers, W. (2005). The child behavior checklist as an indicator of posttraumatic stress disorder and dissociation in normative, psychiatric, and sexually abused children. *Journal of Traumatic Stress,* 18(6), 697–705.

Simeon, D., Guralnik, O., Schmeidler, J., Sirof, B., & Knutelska, M. (2001). The role of childhood interpersonal trauma in depersonalization disorder. *American Journal of Psychiatry* 158, 1027–1033.

Sleed, M., & Fonagy, P. (2010). Understanding disruptions in the parent-infant relationship: Do actions speak louder than words? In T. Baradon (Ed.), *Relational trauma in infancy: Psychoanalytic, attachment and neuropsychological contributions to parent-infant psychotherapy* (pp. 136–162). London, UK: Routledge.

Soberman, G. B., Greenwald, R., & Rule, D. L. (2002). A controlled study of eye movement desensitization and reprocessing (EMDR) for boys with conduct problems. *Journal of Aggression, Maltreatment, and Trauma,* 6, 217–236.

Solomon, J., & George, C. (Eds.). (1999). *Attachment disorganization.* New York, NY: Guilford Press.

Sroufe, L. A., & Ward, M. J. (1980). Seductive behavior of mothers of toddlers: Occurrence, correlates, and family origins. *Child Development,* 51, 1222–1229.

Sroufe, L. A., Egeland, B., Carlson, E., & Collins, W. A. (2005). *The development of the person: The Minnesota Study of risk and adaptation from birth to adulthood.* New York, NY: Guilford Press.

Steele, H., & Steele, M. (2008). The clinical uses of the adult attachment interview. In H. Steele & M. Steele (Eds.), *Clinical applications of the adults attachment interview* (pp. 3–30). New York, NY: The Guilford Press.

Steele, K., Dorahy, M. J., van der Hart, O., & Nijenhuis, E. R. S. (2009). Dissociation versus alterations in consciousness: Related but different concepts. In P. Dell & J. O'Neil (Eds.),

Dissociation and the dissociative disorders: DSM V and beyond (pp. 155–169). New York, NY: Routledge.

Steele, M., Steele, H., & Murphy, A. (2010). The adult attachment interview and relational trauma: Implications for parent-child psychotherapy. In H. Steele & M. Steele (Eds.), *Clinical applications of the adults attachment interview* (pp. 3–30). New York, NY: The Guilford Press.

Steele, W., & Raider, M. (2001). *Structured sensory interventions for traumatized children, adolescents and parents: Strategies to alleviate trauma.* Lewiston, NY: The Edwin Mellen press.

Stein, M. B., Koverola, C., Hanna, C., Torchia, M. G., & McClarty, B. (1997). Hippocampal volume in women victimized by childhood sexual abuse. *Psychological Medicine, 27,* 951–959.

Steinberg, M. (1994). *Interviewer's guide to the structured clinical interview for DSM-IV dissociative disorders* (Rev. ed.). Washington, DC: American Psychiatric Press.

Steinberg, M. (1995). *Handbook for the assessment of dissociation: A clinical guide.* Washington, DC: American Psychiatric Press.

Stern, D. N. (1985). *The interpersonal world of the infant: A view from psychoanalysis and developmental psychology.* New York, NY: Basic Books, Inc.

Stickgold, R. (2002). EMDR: A putative neurobiological mechanism of action. *Journal of Clinical Psychology, 58,* 61–75.

Stickgold, R. (2008). Sleep-dependent memory processing. *Journal of EMDR Practice and Research, 2*(4), 2, 289–299.

Stien, P., & Kendall, J. (2004). *Complex PTSD in children: Brain and behavior. Psychological trauma & the developing brain neurologically based interventions for troubled children.* New York, NY: Haworth Press.

Stolbach, B. C. (1997). The children's dissociative experiences scale and posttraumatic symptom inventory: Rationale, development, and validation of a self-report measure. *Dissertation Abstracts International, 58*(3), 1548B.

Stolbach, B. C. (2005). Psychotherapy of a dissociative 8-year-old boy burned at age 3. Psychiatric Annals, 35, 685–694.

Teicher, M. H, Samson, J. A., Polcari, A., & C. E. McGreenery. (2006). Sticks, stones, and hurtful words: Relative effects of various forms of childhood maltreatment. *American Journal of Psychiatry,* 163, 993–1000.

Terr, L. C. (1991). Childhood trauma: An outline and overview. *American Journal of Psychiatry,* 148, 10–20.

Tinker, R. H., & Wilson, S. A. (1999). *Through the eyes of a child: EMDR with children.* New York, NY: W. W. Norton.

Trevarthen, C. (1989). Development of early social interactions and the affective regulation of brain growth. In C. von Euler, H. Fossberg, & H. Lagercrantz (Eds.), *Neurobiology of early infant behavior.* Wenner-Gren Center International Symposium Series, Vol. 55. New York, NY: Stockton Press.

Tronick, E. (2007). *The neurobehavioral and social-emotional development of infants and children.* New York, NY: W.W. Norton & Company.

Twombly, J. H., & Schwartz, R. C. (2008). The integration of internal family systems model and EMDR. In C. Forgash & M. Copeley (Eds.), *Healing the heart of trauma and dissociation with EMDR and ego state therapy* (pp. 295–311). New York, NY: Springer publishing.

van der Hart, O., Nijenhuis, E., Steele, K., & Brown, D. (2004). Trauma-related dissociation: conceptual clarity lost and found. *The Australian and New Zealand Journal of Psychiatry*, 38, 906–914.

van der Hart, O., Nijenhuis, E. R. S., & Steel, K. (2006). *The haunted self: Structural dissociation and the treatment of chronic traumatization.* New York, NY: W.W. Norton.

van der Kolk, B. A. (1996). Trauma and memory. In B. A. van der Kolk, A. C. McFarlane, & L. Weisaeth (Eds.), *Traumatic stress: The effects of overwhelming experience on the mind, body, and society* (pp. 279–302). New York, NY: Guildford Press.

van der Kolk, B. A. (2005). Developmental trauma disorder. *Psychiatric Annals*, 35 (5), 401–408.

van der Kolk, B. A., & McFarlane, A. (1996). The black hole of trauma. In B. A. van der Kolk, B. A. McFarlane, & L. Weisaeth (Eds.), *Traumatic stress: The effects of overwhelming experience on mind, body, and society* (pp. 3–23). New York, NY: The Guilford press.

van der Kolk, B. A., McFarlane, A., & Weisaeth, L. (1996). *Traumatic stress: The effects of overwhelming experience on mind, body and society.* New York: Guilford Press.

van der Kolk, B., Pynoos, R. S., Cicchetti, D., Cloitre, M., D'Andrea, W., Ford, J. D., ... Teicher, M. (2009, February 2). *Proposal to a developmental trauma disorder diagnosis for children and adolescents in DSMV.* Retrieved from www.traumacenter.org/announcements/DTD_papers_Oct_09.pdf

van der Kolk, B., van der Hart, O., & Marmar, C. (1996). Dissociation and information processing in posttraumatic stress disorder. In B. van der Kolk, A. McFarlane, & L. Weisaeth (Eds.), *Traumatic stress: The effects of overwhelming experience on mind, body and society* (pp. 303–327). New York, NY: Guilford Press.

Vermetten, E., Schmahl, C., Lindner, S., Loewenstein, R. J., & Bremner, J. D. (2006). Hippocampal and amygdalar volumes in dissociative identity disorder. *American Journal of Psychiatry*, 163, 1–8.

Vincent, M., & Pickering, M. R. (1988). Multiple personality disorder in childhood. *Canadian Journal of Psychiatry*, 33, 524–529.

Wadaa, N. N., Zaharim, N. M., & Alqashan, H. F. (2010). The use of EMDR in treatment of traumatized Iraqi children. *Digest of Middle East Studies*, 19, 26–36.

Wanders, F., Serra, M., & de Jongh, A. (2008). EMDR versus CBT for children with self-esteem and behavioral problems: A randomized controlled trial. *Journal of EMDR Practice and Research*, 2, 180–189.

Waters, F. S. (1996, November). *Quadri-theoretical model for the treatment of children with dissociation.* Paper presented at the meeting of the International Society for the Study of Dissociation, San Francisco, CA.

Waters, F. S. (2005a). When treatment fails with traumatized children . . . Why? *Journal of Trauma & Dissociation*, 6(1), 1–8.

Waters, F. S. (2005b). Recognizing dissociation in preschool children. *ISSTD News*, 23(4), 1–2, 4–5.

Waters, F. S. (2005c). Atypical DID adolescent case. *ISSTD News*, 23(3), 1–2, 4–5.

Waters, F. S. (2011). Ryan (8 to 10 years old) connecting with the body. In S. Wieland, (Ed.), *Dissociation in traumatized children & adolescents: Theory and clinical interventions* (pp. 141–195). New York, NY: Routledge.

Waters, F. S. (Executive Producer of ISSTD) (2007). *Trauma and dissociation in children. I: Behavioral impacts, II: Issues for interviewing, III: Guidelines for prosecutors.* Nevada City, CA: Cavalcade Productions.

Waters, F. S., Laddis, A., Soderstrom, B., Yehuda, N. (2007, November). *Differential diagnostic issues in dissociative and bipolar disorders in children & adults.* In F. S. Waters

(Chair). Symposium conducted at the meeting of the 24th International Society for the Study of Trauma and Dissociation, Philadelphia, PA.

Waters, F. W., & Silberg, J. (1998). Therapeutic phases in the treatment of dissociative children. In J. L. Silberg (Ed.), *The dissociative child: Diagnosis, treatment, and management* (2nd ed., pp. 135–156). Lutherville, MD: The Sidran Press.

Watkins, J., & Watkins, H. (1997). *Ego states: Theory and therapy.* New York, NY: W.W. Norton and Company.

Weiss, M., Sutton, P. J., & Utecht, A. J. (1985). Multiple personality in a 10-year-old girl. *Journal of the American Academy of Child & Adolescent Psychiatry,* 24, 495–501.

Welch, M. (1988). *The holding time.* New York, NY: Fireside.

Wesselmann, D. (2007). *Overcoming obstacles to healthy bonds: Treating parent-child attachments with EMDR.* Paper presented at the XII annual EMDR International Association conference. Dallas, TX.

Wesselmann, D. (2010). *Facilitating the journey from fear to love: Using EMDR to treat insecure and disordered attachments in children and adults.* Paper presented at the XV annual EMDR International Association conference. Minneapolis, MN.

Wexler, B. E., Lyons, L., Lyons, H., & Mazure, C. M. (1997). Physical and sexual abuse during childhood and development of psychiatric illness during adulthood. *Journal of Nervous Mental Disorder,* 185, 522–524.

Whitfield, C. L., Shanta, R., Dube, S. R., Felitti, V. J., & Anda, R. (2005). Adverse childhood experiences and hallucinations. *Child Abuse & Neglect,* 29, 797–810.

Wieland, S. (2011). Dissociation in children and adolescents: What it is, how it presents, and how we can understand It. In S. Wieland (Ed.), *Dissociation in traumatized children and adolescents: Theory and clinical interventions* (pp. 1–27). New York, NY: Routledge.

Wieland, S. (Ed.). (2011). *Dissociation in traumatized children & adolescents: Theory and clinical interventions.* New York, NY: Routledge.

Yeager, C. A., & Lewis, D. O. (1996). The intergenerational transmission of violence and dissociation. *Child & Adolescent Psychiatric Clinics of North America,* 5(2), 393–430.

Zaghrout-Hodali, M., Alissa, F., & Dodgson, P. W. (2008). Building resilience and dismantling fear: EMDR group protocol with children in an area of ongoing trauma. *Journal of EMDR Practice and Research,* 2, 106–113.

Índice

www.ingramcontent.com/pod-product-compliance
Lightning Source LLC
Chambersburg PA
CBHW080354030426
42334CB00024B/2869